btb

Als die elfjährige Susan Taubes im April 1939 den Boden von New York betrat, lag hinter ihr eine Kindheit in Budapest als Tochter eines bekannten Psychoanalytikers. Vor sich hatte sie ein bewegtes kurzes Leben, in dem sie keine Heimat mehr fand. Ihre Studienjahre verbrachte die junge Philosophin in Jerusalem, an der Sorbonne und in Harvard, ihr Leben als Schriftstellerin in Paris und New York: Orte, die den Rahmen ihrer intellektuellen und künstlerischen Arbeit bildeten, etwa zum Judentum nach dem Zweiten Weltkrieg oder der Shoah, und zu außergewöhnlichen Begegnungen führten, wie mit Susan Sontag oder Emmanuel Lévinas. Auf der Basis von Aufzeichnungen und Hinterlassenschaften der Schriftstellerin legt Christina Pareigis die Biographie einer großen jüdischen Intellektuellen vor, die zeitlebens im Schatten ihres Mannes stand.

Christina Pareigis, geb. 1970, Literatur- und Kulturwissenschaftlerin, ist Studienrätin in Hamburg und war zuvor wissenschaftliche Mitarbeiterin am Leibniz-Zentrum für Literatur- und Kulturforschung Berlin (ZfL). Zu ihren Forschungsschwerpunkten zählen u. a.: europäisch-jüdische Literatur des 19. und 20. Jahrhunderts, jiddische Literatur und Literatur der Shoah. Sie wurde ausgezeichnet mit dem Joseph Carlebach-Preis (2004).

Christina Pareigis

Susan Taubes

Eine intellektuelle Biographie

btb

Inhalt

Von Budapest nach Amerika und zurück – Einleitung

Am 14. April 1939 legte die R. M. S. Aquitania an den Kaianlagen vom Hafen von New York an; die Transatlantikpassage von Southampton aus hatte sechs Tage gedauert. An Bord des Passagierdampfers, so lässt sich der »List or Manifest of Alien Passengers for the United States Immigrant Inspector at Port of Arrival«[1] entnehmen, befand sich eine große Anzahl jüdischer Emigranten aus nahezu allen Teilen Europas, unter ihnen die elfjährige Judit Zsuzsánna Feldmann und ihr Vater Salamon Sándor Feldmann aus Budapest.

Der Weg die Gangway hinab mündete für die Reisenden der Touristenklasse direkt im Labyrinth der Einreiseprozeduren auf Ellis Island, zu dem Zeitpunkt Sitz der Behörde für Einwanderer in die Vereinigten Staaten. Die dem New Yorker Festland vorgelagerte Insel war zugleich der Korridor in eine andere Welt oder, wie Georges Perec schrieb, »eine Fabrik, um Auswanderer in Einwanderer zu verwandeln«[2]. Dies geschah in einem Durchlauf von Befragungen und körperlichen Untersuchungen, dazu kam oftmals die Umwandlung der europäisch prononcierten Namen in amerikanische, noch bevor diese, meist viel später, im Zuge der Naturalisierungsverfahren amtlich festgeschrieben wurden. Aus dieser Zeit überlieferte Schriftstücke legen nahe, dass dies auch für Salamon Sándor Feldmann und seine Tochter Judit Zsuzsánna galt. Für diese war die Umbenennung nur der Beginn einer Abfolge von Namensverwandlungen; mit ihrer Heirat zehn Jahre später sollte sie den Nachnamen Taubes tragen. An jenem Apriltag im Jahr 1939 aber betraten Vater und Tochter als Sandor S. Feldman und Susan J. Feldman den Boden der Vereinigten Staaten von Amerika.

Hinter sich eine Kindheit im großbürgerlichen Budapest, als Enkelin eines angesehenen Rabbiners und Tochter eines Psychoanalytikers, vor sich ein bewegtes Leben zwischen vielzähligen Orten; nur an wenigen sollte sich Susan Taubes fortan länger als ein Jahr aufhalten. Da waren unmittelbar nach der Ankunft in den Staaten die Monate bei Verwandten in Pittsburgh, dann die Schulzeit in Rochester. Es folgten die erste Reise nach Europa kurz nach Ende des Zweiten Weltkrieges, die Studienjahre der jungen Philosophin am Bryn Mawr College, an der Universität Genf, der Hebräischen Universität Jerusalem und der Sorbonne, das Doktorat in Religionsphilosophie am Radcliffe College/Harvard. Zuletzt ein Leben als Schriftstellerin mit wechselnden Wohnsitzen in Paris und New York. Dazu immer wieder ausgedehnte Reisen: nach England, Italien, Frankreich und Spanien, in die Schweiz und durch Südosteuropa, in die Karibik und nach Mexiko.

Im September 1969 brach Susan Taubes zu einer letzten großen Reise auf, beinahe genau zwei Monate vor ihrem Freitod am 6. November 1969 auf Long Island. Das Ziel war Budapest: Fluchtpunkt für eine immer gegenwärtige, gleichwohl fragile Erinnerung an die Welt des eigenen Aufwachsens und Ausgangspunkt für eine lebensgeschichtliche Aneinanderreihung von Erfahrungen der Trennung und des Verlusts. Die Stationen dieser Erinnerungsreise dokumentiert das »Budapest Journal«, ein Tagebuch, das Taubes unterwegs führte, bis zum 25. Oktober, da war sie bereits wieder auf dem Weg nach New York, ihrem letzten Wohnort. Halb Journal, halb intime Aufzeichnung, wechseln im Tagebuch Schilderungen des Alltagslebens von Arbeitern, Schriftstellern und Dissidenten im Budapest der 1960er und die Beschreibungen privater Empfindungen einander ab.

Im Eintrag, niedergeschrieben kurz nach der Ankunft in Ungarn am 6. September, schildert sie die Wiederbegegnung mit dem Haus in der Pasaréti út 35, einer Straße im Villenviertel des nördlichen Buda, wo Taubes bis zum zwölften Lebensjahr den größten Teil ihrer Kindheit verbracht hatte:

> Late afternoon rush hour. Number five buses roared by at intervals of a minute. Small crowds at the bus stops even on P. ut. Got off around no. 21, walking up past beautiful but somewhat dilapidated large mansions, the lush flower gardens behind stone and iron and wire fences.
> The wrought iron gate to #35 which had been flush with the sidewalk had been moved in closer to the house. It was open. A feeling of beauty and grief, unbearable, overwhelmed me, the green shutters, the verandah bright with plants, and more flowering plants tumbling from window, I couldn't recall terrace, wasn't sure to the green shutters, I checked the number again it would be crazy to suffer this powerful onrush of feeling in front of the wrong house, but yes it said 35 on the right of the gate.
> (I was confused because the long alley leading up to the house lined with walnut trees and the front garden with flowerbeds had been displaced with part of a new small apt building, the house which used to be terra cotta was painted yellow and a gray slate roof covered the flat terrace

top) and the outside steps at the right leading to the front entrance on the second floor with the rough stone. I remembered I walked up there home from school, and the bushes at the side leading to the garden in the back; now I remembered the green shutters; my dog wasn't on the flat stone balustrade, and I couldn't run up the steps to my home. The house more beautiful now that it had aged, grown rank. Kept trying to reason against sudden outrage and bitterness: But your father sold the house, they didn't take it from you. He sold the house. In vain, when the heart cried out against a pain deeper than political injustice, against time and change itself; intolerable that I should stand here as another, denied access to the house; intolerable to stand here after thirty years of disembodied rootless wandering. Intolerable this other person I was for [/] became through thirty years, was now and would continue to be, intolerable to be the person who ceased to live in this house. The surroundings haven't changed, along the steep street up the hill, the presence of cement troughs, mountain heaps of sand, brick piles, villas being built or renovated. And the bushes with their berries that fascinated me as a child.
Standing before the house twenty years ago I felt nothing. And even the sense of mourning produced by ruins and bombed bridges, part of me resented. Wanting this irrelevant episode to be over; to be on the train to Geneva; wanting to read my philosophy book; and afraid to open it in Budapest. Afraid (to find out that) the philosopher was put out of circulation, that very delicate, artificial, invented self. The house seen twenty years ago with strange, numb detachment, a frozen memory now thaws suddenly into live, raging, devouring monster of time.[3]

Die Wiederbegegnung mit den Plätzen und Wegen der Kindheit löst unvermittelt eine überwältigende Erinnerung aus, von der Taubes angenommen hatte, sie sei lange schon abgelebt. Die Wucht der jäh einsetzenden Trauer wird abgemildert nur für den Augenblick einer tragisch komischen Vorstellung, sie könne sich durch ein bloßes Versehen im falschen Moment Bahn brechen. Dann aber setzt das Wiedererkennen der zugewachsenen Veranda, der gealterten Hausfassade einen Prozess in Gang, in dem historische Geschehnisse und persönlich Erlebtes, jahrzehntelang als voneinander Abgetrenntes im Gedächtnis »eingefroren«, mit einer unerwarteten Plötzlichkeit in die Gegenwart dieses Septembertages im Jahr 1969 gelangen und dabei unaufhaltsam ineinanderfließen: das Schulmädchen, das von einem Tag auf den anderen nicht länger die Stufen zum Eingang dieses Hauses hinaufrannte, die junge Studentin aus Amerika auf dem Weg nach Genf, die zwei Jahre nach Ende des Krieges mit versteinerter Distanz auf die Trümmer jener Landschaft blickte, die sie acht Jahre zuvor auf der Flucht vor den Nationalsozialisten verlassen musste – jetzt die erwachsene Frau, welcher der Zutritt in das Haus ihrer Kindheit verweigert wird.

Wogegen jetzt das »Herz protestiert«, ist eine Gedächtnisstrategie, die für Taubes im Laufe von Jahrzehnten zur Überlebensstrategie wurde. Gegen das kontinuierliche Vergehen von Zeit setzte sie die Vorstellung, dass Verlorenes und Unwiederbringliches an unterschiedlichen Orten und Zeiten weiterhin, wenn auch unabhängig voneinander, existieren. Jeder neue Verlust und jede weitere Trennung wird von einer immer anderen Person erfahren. Die Unmöglichkeit, für die Länge eines einzigen Lebens ein und dieselbe zu bleiben, war ein Gedanke, den sie schon als Kind erahnte und der im Rückblick an Bedeutung gewann. Als Taubes mit Ende zwanzig die Philosophie aufgab, um sich von nun an dem Theater und vor allem dem literarischen Schreiben zu widmen, begann sie, den bis dahin mal mehr, mal weniger latent vorhandenen Gedanken zu einem autobiographischen Erinnerungskonzept auszubauen.

In einem aus den 1960er Jahren datierenden Konvolut aus Taubes' Hinterlassenschaften mit der Aufschrift »Old Unfinished Stories« finden sich Notizen über ein grundsätzliches Gefühl, die Erscheinungen ihrer Umgebung in keinen lückenlosen Zusammenhang einordnen zu können:

> The commonplace assumption that a person has a self, soul or core of some sort which he is born with and carries with him from cradle to the grave, the idea that one is the same person from one day to the next and so on throughout one's life, the basic assumption of self identity was a tenet I questioned since early childhood even before I could properly express it, I was surprised that in other people's mind I existed as »somebody else«, i. e. not the fleeting changing multiplicity I experienced but as entity of some sort. As a child it was clear to me that should I in the course of time turn into a grown up*, this grown up would be someone else to whom the child I was then would be like a stranger. (Deceptive sense of continuity was part of system of conventions set of routines, relative permanence of scene, being surrounded by more or less the same faces. And I can confirm in retrospect that any radical and sudden change in scene or persons like moving to a different city or a new teacher did in fact precipitate first a period of disorientation, confusion numbness followed by a metamorphosis […].
>
> * Whenever I hesitatingly entertained this possibility it was clear [/] answered by adults – What will you be when you'll grow up?[4]

Die Äußerung ist gegenstrebig: Einerseits stellt sie die allgemeine Annahme eines unverbrüchlichen, identitätsstiftenden Kerns im Innern eines jeden Menschen in Frage, anderseits setzt sie die Spur einer lebensgeschichtlichen Kontinuität voraus, wenn sie rückblickend aus der Ich-Perspektive von jenem frühen Stadium der eigenen Kindheit spricht, in dem sich Empfindungen noch nicht in Worte artikulieren ließen. Was sie dann allerdings beschreibt, ist ein Kontinuum von Diskontinuitäten: Abrupte wie radikale Veränderungen von Aufenthalten und persönlichen Beziehungen lassen jeden Eindruck einer ruhig und bruchlos voranschreitenden Entwicklung von Persönlichkeit als trügerisch erscheinen. Stattdessen bewirkt jede Erschütterung sicher geglaubter Verhältnisse eine immer neue Verwandlung in der Folge von Orientierungslosigkeit, Verunsicherung und einem Gefühl von Betäubung. Was zwischen der Erwachsenen und dem fremd gewordenen Kind Beziehung stiftet, ist damit eine Zeit, die nicht einfach vergeht, sondern deren Dimensionen über verschiedene, scheinbar unzusammenhängende Orte aufgefächert sind. In einem anderen Tagebuch, entstanden auf einer Reise durch Frankreich und Italien – Taubes unternahm sie gleich nach dem Abschluss ihrer Dissertation im Sommer 1956 –, liest man inmitten von Überlegungen zu Architektur, Religion und Kunst, zugleich im Anschluss an eine Schilderung, wie der Anblick einer Schlachtereiauslage bei ihr Bilder aus den Vernichtungslagern evoziert:

> The topography of the soul is discontinuous full of gaps, chasms, uncommunicating summits + valleys a broken landscape with no passageways between the summits of beatitude and the precipices of horror, no bridges between its summers + winters; a turn up landscape that cannot be gauged to a single compass, cannot be mapped on one graph. ~~Hell~~ + Heaven + are deep + high in their own separate orbits. Hell's deep is not in contrast (relation) to heaven's high ~~one~~ in any space, on one plan, by the same unit measure. They are on different planes and between the different planes there is no traffic except the spirit the incomprehensible wind, nor communication, connection, intercourse.[5]

Die Seele ist nach vielen tradierten Auffassungen eine im menschlichen Körper lokalisierte Instanz, die Einheit und Kontinuität eines Individuums garantiert. Für Taubes indes ist das eigene Ich immer schon eine veränderliche Vielgestalt; diese ist nicht an die Grenzen einer einzigen, fest umrissenen Physis gebunden. Im Tagebucheintrag erscheint die Seele als ein Gelände, dessen Höhen, Tiefen und Weiten weder räumlich vermessen werden können noch durch die Zeiten hindurch einander berühren: kein Austausch, keine Verbindung, kein Verkehr zwischen ihnen. Was aber begründet dann diese umgestülpte Topographie von Bergen und Klüften, Glückseligkeit und abgründigem Schrecken? In welcher Beziehung stehen die Winter und Sommer, die unterschiedlichen Ausdehnungen von Hölle und Himmel? Und von welcher Natur ist der unergründliche Hauch, der sich zwischen ihnen bewegt? So komplex die Bedeutungsvielfalt des »spirit« ist, so sehr eint sie ihr Bezug auf den bewegten Hauch als Voraussetzung für das Leben, den Atem als das Leben selbst. Viele der hinterlassenen Schriften von Susan Taubes zeugen vom Versuch der Übersetzung einer solchen von Erschütterungen angetriebenen Bewegung des Lebens in ein Schreiben – sei es als theoretische Reflexion über Situationen von Entfremdung und Ortlosigkeit, sei es in eine poetische Sprache, die selbst die Spuren von Schock und Zerstreuung trägt.

Was bedeutet dies für die Darstellung eines Lebens und Schreibens, das sich auf derart extensive Weise zwischen Geographien und Sprachen, den unterschiedlichsten Verortungen als Künstlerin und Philosophin bewegt? Es ist der Versuch, die ins Schreiben übersetzten Bewegungen in Teilen zu entziffern. Zudem ist es der Versuch, entlang des Entzifferten die voneinander geschiedenen Orte aufzusuchen, an denen das Kind, die junge Philosophin und die Schriftstellerin ihr je eigenes Leben in ihrer je eigenen Zeit lebten. Den Wink für ein solches Unternehmen geben die Hinterlassenschaften von Susan Taubes selbst. Neben ihren Tagebüchern und Briefen, Entwürfen und Manuskripten gehört dazu auch ihr einziger zu Lebzeiten erschienener Roman, Taubes' letztes großes literarisches Projekt.

Als Susan Taubes sich im November 1969 das Leben nahm, geschah dies wenige Tage nach Erscheinen ihres Romans *Divorcing* bei Random House in New York. Erzählt wird die Lebensgeschichte der jüdischen Intellektuellen Sophie Blind, geborene Landsmann, und zwar aus der Perspektive einer Toten. Protagonistin und Romangeschehen weisen zahlreiche Ähnlichkeiten mit der Autorin und ihrer Biographie auf. Erst im letzten der drei großen Kapitel (das vierte hat die Kürze eines Epilogs) werden Sophies Erinnerungen an eine Kindheit im Budapest der 1930er Jahre und die Emigration kurz vor Beginn des Zweiten Weltkrieges nach Amerika entfaltet. Dafür hat der Leser gleich am Anfang von ihrem Unfalltod erfahren, kurz darauf ihrer Beerdigung beigewohnt und schließlich an ihrem Totenbett einem Gespräch des hinterbliebenen Ehemanns – der Gelehrte und Rabbiner Ezra Blind – mit seinen Schülern zugehört. Mit dem Wechsel der mal fantastisch, mal grotesk inszenierten Schauplätze ereignen sich Verwandlungen: Eine Hochzeit wird zum Totenbegräbnis, ein wissenschaftlicher Kongress mündet in eine Gerichtsverhandlung. Dazu kommt ein rasches Übereinanderblenden der unterschiedlichen Orte, an denen Sophie sich aufgehalten hat – darunter New York, Jerusalem, Paris und Budapest – und ein fortwährendes Ineinandergleiten von erzählten Zeiten, dies aus der Perspektive einer Toten und mitunter einer Lebenden, die denkt, sie sei tot.

Taubes wollte ihr Buch denn auch ursprünglich »To America and Back in a Coffin« nennen. Im Verlag hielt man diese Formulierung jedoch für zu sperrig, und so fand sie sich mit *Divorcing* ab[6], ein Wort, das in erster Linie ›Ehescheidung‹ meint und damit die Neugierde der Leserschaft auf ein Detail im Privatleben der Autorin lenkte, ihre Ehe mit dem Religionsphilosophen Jacob Taubes.

Verstärkt wurde dieser Effekt 26 Jahre später, als die deutsche Übersetzung unter dem noch irreführenderen Titel »Scheiden tut weh« im Feuilleton große Beachtung fand, und zwar nahezu durchgehend unter der vollständigen Identifizierung von Romanhandlung und Protagonistin mit der Autorin und ihrer Lebensgeschichte. Der Klappentext bezeichnet das Buch als »autobiografische[n] Roman« und »Susan Taubes' Testament«, begegnet damit einer geläufigen Erwartung an die Autobiographie, nämlich als Vermächtnis ihres Autors. Dieser Vorstellung entspricht *Divorcing* aber gerade nicht. Hier geht das Ableben der Autorin dem Romans voraus. Der Entschluss, darin eine Tote sprechen zu lassen, impliziert einen entscheidenden Hinweis auf die Quellen für eine Biographie über die Autorin: Dort, wo ein Leben zu Ende geht, bleiben Hinterlassenschaften zurück – oft ungeordnet und unvollständig, mitunter verborgen und vergessen. Sie sind es, die Auskunft über ein Leben geben können.[7]

In einer Passage soll Sophie Blind, deren Körper gerade auf einem Seziertisch in Einzelteile zerlegt wird, vor einem Gericht alter Herren Zeugnis von sich ablegen. Daraufhin verweist sie zunächst auf die amtlichen Dokumente über ihren juristischen Status und ihren körperlichen Zustand wie Pässe, Einbürgerungsurkunden und Röntgenbilder. Dann aber erinnert sie an vergessene Veröffentlichungen und Aufzeichnungen, die in einem verlorenen Koffer zu suchen seien:

> […] fast hätte ich meine Veröffentlichungen vergessen, die Seminararbeiten, Dissertation usw., in der Kartei. Lassen Sie Ihren Sekretär nach dem Koffer suchen, in dem sich all meine Aufzeichnungen befinden und der – bei wem? – hinterlegt ist … Sie können von mir nicht erwarten, daß ich mich an alles erinnere. Ich muß wiederholen, ich habe nichts Persönliches anzugeben, alles über mich ist öffentlich, es liegt Ihnen vor.[8]

Das Private öffentlich, das Veröffentlichte versteckt, jede Unterscheidung zwischen innen und außen aufgehoben. Damit gibt Sophie, deren Gliedmaßen sich mittlerweile in verschiedenen, im Gerichtssaal herumstehenden Behältnissen befinden, einen Hinweis auf die Quellen, die ihr Leben bezeugen. Auf die unzuverlässigen Erinnerungen eines dermaßen zerteilten Ichs kann sich niemand berufen, genauso wenig wie auf das, was die Herren über die Tote zu wissen meinen. Stattdessen gilt es, jene hinterlassenen Schriften aufzusuchen. An diese richtet die Biographin ihre Fragen nach einem Leben und Schreiben, in dem die Erfahrungen von Verlust und der Abwesenheit eines Grundgefühls, Akteurin der eigenen Lebensgeschichte zu sein, unauflöslich miteinander verknüpft sind. In der Zerlegung des eigenen Körpers, dem Zugriff von Pathologen, Richtern und Wissenschaftlern überlassen, artikuliert sich die äußerste Steigerung eines solchen Gefühls.

Taubes' letztes großes Romanprojekt war nicht der erste Versuch, das Problem einer am eigenen Leib erfahrenen extremen Entgrenzung erzählerisch zu perspektivieren. Aber im Gegensatz zu den meisten anderen nachgelassenen Erzählungen und Romanen verbindet sie hier Traumbilder und surreal anmutende Szenerien mit sehr realistischen Darstellungen, in die historische wie subjektive Erfahrungen der Autorin eingehen. Erzählt wird auf diese Weise die Geschichte einer jüdischen Familie in Ungarn, eine Geschichte von Vertreibung und einer nicht endenden Erfahrung von Fremdsein an den Orten der Flucht. Dabei spricht nicht die Stimme eines Gespenstes oder einer Untoten. Es ist die eines Ichs im Stadium der Zersetzung. Der Abstand zwischen den Erinnerungen eines solchen Ichs und dem lebendig erzählten Leben könnte größer nicht sein. Jeder Versuch, zwischen beiden Identität zu stiften, scheint vergeblich.

Unter Taubes' nachgelassenen Papieren befinden sich frühe Entwürfe für den Roman, darunter die mit vielen Streichungen und Zurücknahmen versehene Skizze für eine Vorrede. Diese zeugt noch vom Ringen um die Möglichkeit, zwischen einer physisch unversehrten Autorin und dem Roman ihres Lebens jeden Anschein von Identität von vornherein zu zerstreuen, dabei dennoch eine Spur jener Verbindung zu legen, die Taubes in der früheren Tagebuchnotiz mit dem Hauch des Lebens umschrieb:

> Prolegomena
> Preface to an Autobiography
>
> ~~PROCLAMATION~~
> Sophie Alexandra Landsman
> ~~MTS~~ is the pseudonym of a real person writing this book about ~~MTS~~ SAL. And she is really writing it. She, not ~~somebody~~ someone else. (In New York City ——— season year[)]

The room where she sits, or as it happens paces (a peripatetic writer?) her desk, her walls, her dress, her height, posture, the current color of her hair, pattern of wallpaper, bedspread, carpet, view from window whether she writes on a table or a desk whether it stands in the middle of the room or against a wall, whether she sits stands or writes in bed – may be must be [/] is best left to the reader's imagination who must besides by now wonder why if she herself is writing this, she does not write in the first person ~~(as is customary)~~

* suggest other places:
café
waiting room of train or bus station, boat train plane –

~~Why isn't MTS writing this in the first person..~~

~~By why, the reader may wonder hasn't she at least written this preface this brief proclamation in the first person? But that's because you don't know her, nothing about her at all and what she had been doing all these years and how after finding herself a little girl in a jewish family in Budapest and leaving that behind to come to America she started writing and married and had children and went on writing and is still writing – and she was never deliberately trying to be difficult, nor now,~~
It's only a preface you say, but it is a preface you see, if she were to appear in [/] her own [/] person ~~but then you see~~ she would have to get dressed and put up her hair and worry about the proper shoes and earring for a preface and she doesn't want to be bothered with all that and serving you tea or having to decide whether to ask you for dinner ~~because when she entertains she entertains and she's too busy writing this book to worry about dress and she only entertains people she knows very well and I and you she does not know at all nevertheless she is writing this book for you as much as for the people she entertains in person and right now this is more [2] important than [3] dressing to [1] entertain you~~
especially since it's only for a preface – because there is no difference in the [x] preparations, the makeup and the dress whether you make a two minute speech before the curtain or have the leading role in a five act play. She's spent so much time inventing roles and playing them whether she was going out on a real date or writing about a fictitious person going out on an imaginary date it began to look like reality was sustained by fiction and fiction, at least what she was writing was the nearest she came to anything real and it wasn't close enough besides now she is really

in her room writing leave her in peace ~~and in the years before she lived really even if she did not know it was~~ really she;

* and maybe she is travelling or not quite settled

Now this is enough. MTS is writing. Leave her in peace. She is writing this book about MTS in the third person. It is her wish. end
~~But if you wish to think she is merely being difficult, if it pleases you to picture her thus, an indolent foolish woman alone in a room, instead of going out or entertaining – and if you're a man or a man's sort of woman you're bound to set off at the start by the mere fact of a woman alone in a room writing, why isn't she cooking for a man? well she has done all that [x] what is expected of a woman for many years, cooking and cleaning, and delivering babies in her time lived a life that a man's sort of woman would approve and now she's done enough going out and entertaining for a time and now she just wants to be left in peace to write this book; so think of her as somewhat foolish, difficult or just too lazy to get dressed but if you think if you really think as you get a little further that it's pure caprice or her special situation if you think it's easy for other people easy for yourself then you things are not so difficult for other people never so difficult for yourself then you are simply not remembering or deceiving yourself.~~
But first the plain historic fact that MTS was born
~~It was easy to begin this book because~~ in Budapest, the Capital of Hungary in 1928 and what this can mean to you.[9]

Der monologisch mäandernde Text verrät zum einen, dass das Romanprojekt durchaus als ein autobiographisches angelegt war. Allerdings verschwimmt die Trennlinie zwischen dem fortwährenden Entwerfen und Spielen neuer Rollen im eigenen Leben und der Erfindung imaginärer Charaktere in einer Erzählung oder einem Roman. Mehr noch: Im Schreiben wird das Leben erst real. Mit der Feststellung aber, dass es in der Literatur niemals einen Grad der absoluten Annäherung an das Leben geben kann, eröffnet der Text nicht allein durch die Vielzahl an Streichungen ein Vexierspiel von unverschleierten Hinweisen auf eine Verschleierung von Identität: zwischen Lebenswirklichkeit und Imagination, zwischen der Stimme, die anstelle des Ichs der Autorin spricht, und der erinnerten Stimmen, die diese Autorin künftig sprechen lassen wird, zwischen der wahrhaft existierenden Schriftstellerin und der Nennung potenziell erdachter Orte, an denen sie sich zum Zeitpunkt der Abfassung dieser Vorrede befinden könnte.

Gleich zu Beginn werden die Namen Sophia Alexandra Landsmann und MTS – die Abkürzung steht für Maria Theresia Staubmann – als wechselnde Pseudonyme für die Autorin eingeführt. Dann verweigert sich die Autorin der von einer Autobiographie üblicherweise erwarteten Ich-Perspektive. Die Erzählstimme verteidigt diese Entscheidung und begründet sie damit, dass die Autorin für die Übernahme einer solchen Perspektive weder den Leser noch den Sprecher dieser Vorrede gut genug kennen würde. Sich ihnen in der ersten Person zu präsentieren würde der Autorin daher eine Maske, die Positur der unterhaltsamen, attraktiven Schriftstellerin abverlangen; die Vorkehrungen dafür aber würden sie gänzlich vom Schreiben abhalten. Damit wird die Spur einer Verbindung gelegt zwischen dem Leben, das es zu erzählen gilt, und dem, was der Leser über die Autorin *nicht* weiß – und das ist alles, was sich jenseits und abseits der erwähnten Haltepunkte eines Lebenslaufs abspielte, einer Kindheit in Budapest, der Ankunft in Amerika, den Jahren als patente Hausfrau, Gattin und Mutter: Gemeint sind die Augenblicke, in denen sie immer von Neuem ansetzte zu schreiben: »she started writing and married and had children and went on writing and is still writing«.

Wer also meint, mit diesen biographischen Hinweisen sei alles Wesentliche über die Schriftstellerin gesagt, und das Spiel mit den entgleitenden Perspektiven sei lediglich die Caprice einer Frau, die sich nicht zur Erfüllung der ihr in all den Jahren zugewiesenen Rollen aufraffen kann, der »erinnert schlichtweg nicht«. Das heißt, er kennt das unwegsame Gelände der Seele nicht und weiß nichts von den Plateaus und Abgründen, wo Geschehenes und Erlebtes ihr Eigenleben führen, voneinander unberührt und unzugänglich – solange wir die Schriftstellerin nicht endlich in Ruhe schreiben lassen.

Die »Prolegomena« für eine Autobiographie bekam die unbekannte Leserschaft am Ende nicht zu Gesicht. Die Entscheidung, im letztgültigen Manuskript eine Tote erzählen zu lassen, hat mit einem Schlag die gewunden formulierte Ausweglosigkeit, mit der sich die lebendig am Schreibtisch sitzende Schriftstellerin plagte, kondensiert. Als wiedergefundene Hinterlassenschaft der Philosophin und Schriftstellerin Susan Taubes gibt auch die verworfene Vorrede gleich mehrere wichtige Hinweise für eine Biographie über die Autorin:

Es gilt ihre vielen Autorschaften zu entdecken, die mit der schlichten Tatsache ihrer Geburt im Jahr 1928 in der ungarischen Hauptstadt ihren Anfang nahmen. Damit geht es auch um die historischen Geschehnisse und persönlichen Erfahrungen, in deren Horizont dieses Schreiben all die Jahre hindurch einsetzte, unterbrochen wurde und fortdauerte. Und schließlich: Alles hängt vom Wissen um die Erinnerung ab – von ihrer Lückenhaftigkeit und Veränderlichkeit, ihrer gelegentlichen Unzugänglichkeit und der Wucht, die sie manchmal entfaltet – und davon, was das Erinnerte für uns als Leser bedeuten kann.

Warum Paris

Unter den verworfenen und ausgesonderten Szenen für Taubes' Roman *Divorcing* findet sich ein Kapitelentwurf, überschrieben mit den Worten: »Why settle in Paris«. Das fragt sich Sophie Blind vor einem ihrer vielen Umzüge, diesmal von New York in die französische Hauptstadt.

Die Antwort lautet: Weil sie ihren Kindern etwas mitgeben wolle, und zwar das Wertvollste, was sie in ihrem Leben je hatte, gleichgültig, ob sie es wirklich besitzt oder ob es sich um Gewesenes oder Erträumtes handelt. Dieses Kostbarste ist die Erfahrung, an einem Ort aufgewachsen zu sein, an dem alles seinen Platz hat, ein Gefüge von landschaftlicher und architektonischer Harmonie, erfüllt von den Liedern und der Poesie einer Nation, die sich weder über Aus- noch Abgrenzung, sondern allein über Zugehörigkeit definiert. Was damit beschworen wird, ist nicht das Paris der erzählten Gegenwart, sondern die Hügel- und Flusslandschaft ihrer ersten zehn Lebensjahre:

> Why settle in Paris
>
> Like most parents Sophie wanted to give her children what in her life she most treasured whether in having or in wanting; and both have at least and all that she had that was good, not to suffer and have all or some of what she dreamed and did not have.
> What she had had was not there to bequeath, not like a family heirloom or code treasure that could be transported from place to place; it was simply the place she [x] for the first ten years of her life, actually five, a villa with garden and a city; and a nation everything connected with it, a certain slope on a hill, bridges, holidays, etc poems she could not bequeath, having left it and been away from it (in another language) and since then city ruined that rebuilt and became what in her american highschool years she learned ~~(newspaper)~~ was called a Soviet satellite; so this she did not have to give but something similar and better in some ways; a city with bridges, squares, gardens and people who cared, who corrected your child if it misbehaved on bus; and where you sang songs and memorized poetry at school.[10]

Wie beim Erwachen aus einem Traum wird die Beschwörung der Landschaft unterbrochen durch ein jähes Gewahrwerden, dass diese durch die Generationen hindurch nicht weitergegeben werden kann, weder als Sehnsuchtsort noch als realer Aufenthalt – nicht diese Villa mit diesem Garten und nicht diese bestimmte Neigung eines Hügels. Denn die Plötzlichkeit des einstigen Aufbruchs fiel in nicht synchronisierbare Bewegungen auseinander. Die integralen Bestandteile eines Lebens wie Gärten und Brücken, Rituale und Sprache blieben für immer an dem Ort, wo all dies miteinander in Beziehung stand, während das Mädchen fortging. Jahre später lernte sie auf einer amerikanischen High School, dass sich das Land, das sie einst hinter sich lassen musste, in der Folge politischer Neuordnungen radikal verwandelt hat. Der Weg zurück wurde dadurch doppelt versperrt: Das Grenzgebiet des jetzigen sowjetischen Satellitenstaats war abgeriegelt; dazu der Abstand der Zeit, angefüllt mit den Rekonstruktionen von Zerstörtem, welche die Spuren und Relikte von einst Erlebtem und Erlittenem verbergen. Das Erlittene aber will Sophie ihren Kindern ersparen, so setzt sie ihre Antwort auf die Frage ›Warum Paris?‹ fort:

> And what she did not have – more complicated; easier to say what she had and wanted it different for them; didn't want them to have what she had growing up in America, not that not that; even though New York was not like Pittsburgh or Buffalo but had something you could belong to and love and hate, it was too dangerous and alone might not be able to protect them from those dangers.
> So at least she was eliminating, preventing most frightening possibility. And if Paris was not right; Switzerland was around the corner; and a Swiss chalet in the mountains with fresh butter and apples red and yellow and a lake and cows and meadows and snow all winter was any child's dream one just had to make sure the people who ran the chalet were nice.[11]

Das erfahrene Leid begann mit dem Versetztwerden in ein Land, wo Verbundenheit und Zugehörigkeit nur Ausnahmen sind. Im Verlust dieser Qualitäten besteht die besondere Gefahr für ein Leben als Kind in Amerika. Für die erwachsene Sophie wird ein solcher Verlust schließlich zur Aussicht, die größtmögliche Angst erzeugt. Und so trägt jeder Ort fern von dieser besonderen Angst und Gefahr immer schon die Züge einer verlorenen Landschaft der Kindheit, ganz egal ob es die Gärten und Brücken von Paris sind oder eine Almwiese in den Schweizer Bergen.

Die Bilder, die zu Beginn dieser literarischen Skizze anklingen, ähneln, so stereotyp und unspezifisch sie zuerst auch scheinen, jenem Anblick, der im

September 1969 das über Jahrzehnte aufrechterhaltene Erinnerungskonzept der Autorin Susan Taubes kollabieren ließ. Das Haus in der Pasaréti út 35 und die mit Walnussbäumen gesäumte Auffahrt riefen bei der Besucherin des Landes hinter dem Eisernen Vorhang augenblicklich Erinnerungen hervor, deren Bestandteile sich nicht weiterhin voneinander getrennt im Gedächtnis ›einfrieren‹ ließen. Zwar hatte Taubes viele erinnerte Details wie die Gewächse im Garten oder die Farbe der Fensterläden schon früher in unzähligen Szenenentwürfen und schließlich im Roman *Divorcing* verarbeitet, etwa die ausgelassene Walnussernte im Frühherbst mit dem Vater und den Dienstmädchen, verträumte Sommertage im hohen Gras einer Wiese hinter dem Haus, die einsamen Erkundungen des Mädchens durch die verwinkelten Flure und Räume des Hauses an stillen Nachmittagen, wenn der Vater in seiner Praxis war und die Mutter abwesend. Was bei Taubes aber den Schock an der Schwelle zum Haus ihrer Kindheit auslöste, war nicht in erster Linie die Konfrontation mit den greifbaren Bezugspunkten für diese Erinnerungen. Es war die nachträgliche Bedeutung, die diesen aus der Perspektive der Erwachsenen plötzlich zukam, nämlich als Erinnerungen an eine Welt, in der alles – auch die Einsamkeit – einen Ort hatte. Diese Orte hingen zusammen, waren über Brücken, Plätze und Wiesen miteinander verbunden. An sie konnte man an der Hand der Eltern, mit dem hölzernen Tretroller oder mit der Straßenbahn gelangen, genauso wie durch Gedankenspiele und Phantasiereisen.

Taubes' Roman *Divorcing* skizziert mit Sophies Erinnerungen die Umrisse einer Welt, in der ein Kind sich orientieren konnte, auch wenn diese Welt zuweilen unverständlich und widersprüchlich war. In einer früheren Fassung des Romans mit dem Arbeitstitel »The Crossing« fallen die Kindheitsepisoden wesentlich detailreicher aus, zudem sind sie ausdrücklicher mit jener Frage nach dem diskontinuierlichen Erleben von Geschehnissen und Zeitlichkeit verknüpft, die auch Ausgang für Taubes' autobiographisches Erinnerungskonzept war. So setzt das Kapitel »Beginning in Budapest« mit Sophies ersten Erinnerungen an ein Bewusstsein über genau diese Frage ein; dabei sind es ihre Aufzeichnungen, anhand derer sie sich darüber vergewissert:

> According to her own records Sophie Alexandra Landsman begins around the age of five living in a red villa in the hills of Buda riding her wooden scooter uphill and downhill. It was just a board on wheels with the rudder leaning slightly toward her and handlebars carved just right for gripping, and it was wonderful. She kicked the ground away from herself and rolled. Sometimes she dragged her scooter into the fields and

rested. She lay down in the grass. She looked for a place to rest in the sky, away from the sun, with no clouds passing through, no hilltops showing. But everything was flying, throbbing and astir. She closed her eyes and listened to sounds coming from the grass, sounds in the wind and the trees and her own body. When she was rested then she ate whatever she had stuffed in her pocket before leaving the house: cookies, cherries, or just a fistful of groundnuts. She took her scooter back to the paved streets, kicked the ground away and rolled on.

In the house it was very different. There were many interesting things to look at in the different rooms, but she didn't feel at home. She went to her room whose window looked out on the back garden where she could watch the servants and listen to them talking outside the kitchen door. She heard the maid and her boyfriend whisper, and the cook call to the chickens in bird language. In her room she was drawing. She had lots of colored pencils, paper and old notebooks. She had a treasure box which she hid in different places from time to time and where she kept secrets. But she was most herself outside riding her scooter, or the minute she woke up in the morning impatient to be out in this new day, to walk in it and feel it around her, ~~a still day or a storm day, wet or dry, the rain soft of lashing, the rain sometimes invisible, a thickness in the air or smells rising from the drenched fields when the sun came out~~. … ~~In the mornings some gray some clear, some dazzling white, was being most herself~~.

She came out of nowhere, one day she simply appeared, if anybody asked. She came, out of the sky, out of the meadow, out of the cracks in the pavement and walls. She was always there. It began to dawn on her sometime in the summer of her fifths year. It was after they had moved into the red house in Buda, it was sometime in the summer of her fifth year, she knew that. It was before the walnut were ripe enough to pick on the row of trees that lined the long gravel path leading from the street through an iron gate up to the house where they lived.

It was a strange and wonderful world. Actually you were in many worlds: each was complete and separate. You didn't know how you got from one into the other. Suddenly you found yourself there. You could be doing different things at the same time and be in different places at once.[12]

Die Erlebnisse der Fünfjährigen lassen sich nicht einfach in ein bruchloses Kontinuum vergehender Zeit einfügen. Im Rückblick waren die Koordinaten in der Welt des Kindes zwar überschaubar. Dennoch bestanden die Umrisse dieser »herrlichen Welt« in keiner territorialen Begrenzung, im Gegenteil: Hier war alles in Bewegung. Unter dem Himmel fand das

Leben an vielen Orten statt, erfuhr das Kind eine ungeheuer lebendige Präsenz. Ob beim Fahren mit dem Roller durch das Villenviertel, ob in den eigenen mit Buntstiften gemalten Welten oder beim Belauschen des Kochs, wie er mit den Hühnern in Vogelsprache sprach: »She was always there.« Obwohl der Garten um die rote Villa nur durch ein Eisentor betreten werden konnte und die Kuppen der Hügel von Buda mitunter die Sicht auf den Horizont verstellten, waren diesem »Fliegen und regem Pulsieren« keine Grenzen gesetzt, man konnte überall hingelangen, wenn es auch manchmal rätselhaft war, auf welchen Wegen das geschah.

Sophies Gefühl, ihre Anwesenheit auf mehrere, einander überlappende Orte und Zeiten aufteilen zu können, und ihr Unvermögen, den eigenen Körper als fest umrissene Größe wahrzunehmen, erinnert ebenfalls an die Äußerungen von Taubes über das Problem der Identität. Danach erahnte sie schon als Kind, dass ihre Selbstwahrnehmung nicht im Einklang stand mit derjenigen der Menschen, die sie umgaben. Auch Sophie beschäftigt diese Diskrepanz zwischen sich und den anderen. Nur wenige Sätze weiter heißt es im Manuskript von »The Crossing«: »Sophie didn't know if it was in her head thinking or just in the fact of not being able to see her body as clearly and as whole as saw others and others saw it.«[13]

Erste Fremdheitserfahrungen klingen hier an, genauso wie in der vorangegangenen Bemerkung, sie fühle sich von den vielen verschiedenen Räumen im Haus ihrer Eltern zwar angezogen, aber keineswegs in ihnen zu Hause. Erfahrungen von Fremdheit, die zu diesem frühen Zeitpunkt jedoch nicht so sehr von schmerzhaftem Verlust geprägt waren, sondern vielmehr vom Glück, die eigene Vielgestaltigkeit in einem unendlich sich wandelnden Raum zu erleben. So heißt es weiter von der fünfjährigen Sophie:

> Your body became different when you lay, your eyes open, under the sky. The sky had only more sky behind it, always itself endlessly and that was the happiest way to be. That was the way she saw the sky, and if she thought the whole world was inside a different substance, surrounded by a metal casing, it was a horrible thought and she refused to believe it. The sky continued endlessly itself with many round worlds in it, she didn't care how many stars how thickly grouped or scattered as long as the sky went on endlessly itself.[14]

Die vielen runden Welten waren das Zuhause für die vielen Personen, als die Sophie sich sah. Neue, unerwartete Ereignisse unterbrachen im Lauf der Jahre den gewohnten Fluss dieser Veränderungen. Dazu gehörten die Trennung der Eltern, das neu gewonnene Wissen, als Jüdin nicht vollständig der sie umgebenden Welt anzugehören, und schließlich die erzwungene Emigration, über welche die nunmehr Elfjährige nicht mitentscheiden konnte. Diese und andere Ereignisse stellten sich zunehmend als eine Aneinanderreihung von Erschütterungen dar, in deren Folge die Gefühle von Freiheit und Aufgehobensein unter den unergründlichen Weiten des Himmels allmählich abgelöst wurden von solchen der Unsicherheit, Desorientierung und leiser Angst. Sie waren der Anlass für Verwandlungen, die sich bald nicht mehr fließend, sondern schockartig vollzogen; damit stellte sich nach und nach eine Empfindung von Zerrissenheit ein. Aus dem vertrauten Gefühl von Fremdheit wurde Entfremdung – eine Erfahrung, die die Romanfigur Sophie Blind, geborene Landsmann, mit ihrer Schöpferin Susan Taubes teilt.

Susan Taubes, Anfang der 1960er Jahre

1. Galanta

Susan Taubes kam am 12. Januar 1928 in Budapest zur Welt. Auf der ungarischen Geburtsurkunde, ausgestellt sechs Tage später, ist der Name Judit Zsuzsánna eingetragen, Tochter der Eheleute Dr. Salamon Feldmann und Margit Jozefa Ripper. Zu diesem Zeitpunkt war die bürgerliche Gleichstellung der Juden Ungarns im Zuge des österreichisch-ungarischen Ausgleichs seit gut sechzig Jahren rechtlich verankert. Damit wurde Taubes in die Welt einer europäisch jüdischen Kultur hineingeboren, deren gesprochene Sprache neben Deutsch und Jiddisch in erster Linie das Ungarische war. Dazu befand sich diese Kultur in einem Prozess markanter politischer und ideologischer Umwälzungen: Die Haskala, Akkulturationsbestrebungen, zionistische Ideen und Verwicklungen in die Zugehörigkeits- wie Abgrenzungskonflikte zwischen einer ungarischen Mehrheit und den nationalen Minderheiten waren Jahrzehnte zuvor die Vorreiterinnen einer extrem heterogenen Entwicklung des jüdischen Lebens im Vielvölkerstaat. Die religiösen Orientierungen reichten von den orthodoxen, in Teilen chassidisch geprägten Bewegungen bis hin zu den Reformbewegungen – den sogenannten Neologen – und schließlich den Status-quo-ante-Gemeinden, die sich weder der einen noch der anderen Richtung anschlossen. Die Auseinandersetzungen innerhalb der jüdischen Gemeinschaft waren insbesondere im fortgeschrittenen 19. Jahrhundert geprägt von harten Polemiken. Dies ging mit einer bedeutenden religiösen wie intellektuellen Profilierung aller Strömungen einher, sowohl in den vornehmlich orthodoxen geistigen Zentren wie Pressburg, Eisenstadt oder dem westslowakischen Galanta – dort wuchs Taubes' Vater als Sohn des Rabbiners Moses Feldmann auf (1859–1928) – als auch in der Hauptstadt, wo die reformorientierten Kreise einen größeren Zulauf hatten. Nach diversen Memoranden der verschiedenen Gemeinden und schließlich auf Betreiben des Kultusministers tagte von November 1868 an drei Monate lang ein »Israelitischer Landeskongress« im Stadthaus von Pest; Ziel war die Errichtung einer zentralistischen Verfassung und Organisation der ungarischen Judenheit. Ein Streitpunkt war das jüdische Bildungswesen, insbesondere der Plan, in Budapest ein säkular ausgerichtetes Rabbinerseminar zu gründen. Am Ende erkannte die Orthodoxie die von der Regierung ratifizierten Beschlüsse nicht an; dafür wurde sie 1871 nach einer Petition zur eigenen Körperschaft. Fortan waren die ungarischen Juden auch organisatorisch in drei Gruppen gespalten: die neologen Gemeinden, welche die Kongressbeschlüsse akzeptierten, die orthodoxen Gemeinden, welche die Beschlüsse ablehnten, sowie die Status-quo-ante-Gemeinden, die weder dem Kongress noch den Statuten der Orthodoxen folgten.[15] Die großen Aufbruchsbewegungen ließen vor allem in der Hauptstadt neue jüdische Institutionen entstehen. Synagogen wurden gebaut, darunter das 1872 eingeweihte Gebäude der konservativen Status-quo-ante-Gemeinde in der Rumbach utca mit Wohnungen für Rabbiner und Lehrer. Dort lebte ab 1901 auch Moses Feldmann, Taubes' Großvater väterlicherseits, mit seiner Frau Josephin (1860–1948) und den gemeinsamen zehn Kindern. Zuvor hatte er jahrelang im orthodox geprägten Galanta gewirkt; als Rabbinatsassessor war er für die Entscheidung religiöser Fragen gemäß dem Talmud und dem jüdischen Religionsgesetz zuständig. 1877 eröffnete schließlich das reformorientierte Budapester Rabbinerseminar, heute die weltweit älteste noch existierende Einrichtung dieser Art. Hier sollten in Abgrenzung zu den orthodoxen Jeschiwot die künftigen Rabbiner neben dem Talmudstudium mit säkularem Wissen vertraut gemacht werden. Dazu verstand sich das Seminar als nationale, das heißt ungarische Einrichtung. Auch Moses Feldmann lehrte dort in den 1920ern jüdisches Recht nach dem *Schulchan Aruch*, einem religionsrechtlichen Kompendium aus dem 16. Jahrhundert, das vom orthodoxen Judentum bis heute als verbindlich angesehen wird.[16] Der Eröffnung des Seminars war ein jahrelanger Protest orthodoxer Rabbiner vorangegangen, die mit einer Delegation bis zum Kaiser Franz Josef nach Wien gezogen waren. Zu den Protestierenden gehörte aller Wahrscheinlichkeit nach auch Moses Feldmanns Schwiegervater, der Rabbiner Simon Friedmann aus Galanta; von ihm wird überliefert, er hätte über das Budapester Seminar einen Fluch verhängt.[17]

Nicht immer lassen sich die Ereignisse um Susan Taubes' verschlungene Familiengeschichte sicher belegen. Als sie Mitte der 1960er Jahre mit den Recherchen für ihr großes Romanprojekt begann, aus dem später *Divorcing* hervorging, führte sie Interviews mit ihrem Vater und anderen ebenfalls in die Vereinigten Staaten emigrierten Verwandten. Dazu verschickte sie Fragebögen an weitere Familienmitglieder, die den Holocaust überlebt hatten und mittlerweile über die halbe Welt verstreut ansässig waren, u. a. in Kanada, Paraguay und Australien; nur ein Teil der Familie war in Ungarn geblieben. Liest man die Aufzeichnungen ergänzt um historische Quellen, entstehen Bilder von Geschichten dreier Generationen, die auf geradezu schillernde Weise in die religiösen und politischen Spannungen jener Zeit verwickelt waren.

Die Genealogie ihrer Vorfahren väterlicherseits erstreckt sich bis ins Reich der Legenden. So schreibt Taubes in einem Exposé für das Radcliffe Institute for Independent Study, das ihr Romanprojekt mit einem Stipendium förderte:

> The family background of grandparents: the one, daughter of a pious rabbi of renown in his own time and a legend still in my life time, both in Budapest and among Chassidic community in Brooklyn. His fame in Hungary rested on sayings as well as marginalia on talmud.[18]

Mit der legendären Gestalt ist niemand Geringeres gemeint als Taubes' Urgroßvater Simon Friedmann, jener orthodoxe Rabbiner in Galanta, der angeblich das Seminar verfluchte, an dem sein Schwiegersohn später lehren sollte; er trug den Beinamen »von Nyitra« nach seinem mutmaßlichen westslowakischen Geburtsort. Im Exposé folgen Spekulationen über die Herkunft des Familiennamens – ein gemäß dem Toleranzpatent von Joseph II. verordneter deutscher Name, der aber lange Zeit nur in offiziellen Dokumenten auftauchte –, dazu Vermutungen über eine angebliche Abstammung der Familie von den einst in Transsilvanien ansässigen Chasaren; das nomadische Turkvolk soll ungesicherten Annahmen zufolge vor Jahrhunderten nahezu vollständig im Judentum aufgegangen sein. Dann aber heißt es weiter über den »frommen Rabbiner«:

> The daughter of the renowned Rabbi of Neitra was married to a son of the estate manager of Prince Esterhazy; the bridegroom, eighteen years old had distinguished himself in talmudic studies, was invited to give a sermon in Neitra. A wedding was arranged on the basis of the sermon – the couple met for the first time under the canopy – the rabbi's son-in-law was soon afterward designated as his successor. From what I understand my grandfather was not intending to be a rabbi, he had a philosophic mind, liked quiet and solitude: wrangling congregations and a house full of noisy and hungry children was not how he imagined for himself. He died shortly before I was born.«[19]

Welche Verwicklungen verbergen sich hinter dieser kurzen Skizze, die genauso gut einem Roman des jiddischen Autors Schalom Jankev Abramowitsch (Mendele Moicher Sforim) entstammen könnte, in dessen Handlungen mit Vorliebe die Welten des traditionellen Judentums und der Haskala aufeinanderprallen?

Bei dem Bräutigam handelte es sich um Moses Feldmann, bei der Braut um Josephin, die Tochter des Simon Friedmann aus Nyitra. Über die sonstigen familiären Verhältnisse des legendenumwobenen Urgroßvaters von Taubes ist wenig bekannt, außer dass er mit seiner Frau Regina neben Josephin noch eine weitere Tochter und zwei Söhne hatte. Tradiert wurden von seinen Kindern und Enkelkindern vor allem Anekdoten. Diese ranken sich um Friedmanns charismatische, von Heiligkeit umgebene Erscheinung, eine an Fanatismus grenzende Gesetzestreue und die kompromisslose Haltung gegen jedwede Reform- und Emanzipationsbestrebungen innerhalb seiner Gemeinde. Als Lehrer war er bekannt für simple, aber prägnante Spruchweisheiten, die sowohl von seinen zahlreichen Schülern als auch von den Kindern und Enkeln wiederholt wurden, bis sie einen Status ewiger Wahrheiten bzw. augenzwinkernd kolportierter Familienwitze erhielten.

Zudem befeuerte seine unnachgiebige Haltung als Rabbiner gegenüber Neuerungen die religiösen Konflikte innerhalb der orthodoxen Gemeinde von Galanta. Neue Ideen erreichten auch die Kleinstadt. Ein Teil der Gemeinde war dafür aufgeschlossen, ein anderer kämpfte vehement für die unveränderte Überlieferung und Wahrung der schriftlichen und mündlichen Lehre der Thora, des Talmud und des *Schulchan Aruch*. Die Streitigkeiten drehten sich um den Grad der Gesetzestreue bei der Auslegung der Schrift. Nach Friedmanns Tod 1890 geriet sein Schwiegersohn Moses Feldmann als dessen Nachfolger zwischen diese Fronten, indem er selbst Gegenstand einer solchen Auseinandersetzung wurde.[20]

Als Moses Feldmann im Alter von 31 Jahren sein schwieriges Erbe in Galanta antrat, lag bereits eine Kindheit in der kleinen ostslowakischen Gemeinde Pazdics hinter ihm, wo er als Sechsjähriger mit dem Talmudstudium begonnen hatte, sowie eine vielversprechende säkulare Ausbildung am renommierten Reform-Kollegium in Sárospatak. Er war gerade zwanzig Jahre alt, als er vom berühmten Rabbi Friedmann nach Galanta eingeladen wurde, um vor dessen Schülern zu sprechen. Kurz darauf heiratete er Friedmanns Tochter Josephin. Neun Jahre lebte er im Haus des Schwiegervaters und widmete sich Tag und Nacht dem religiösen Studium.[21] Als dieser verstarb, beschloss die Gemeinde ihn in seiner Funktion als Rabbiner zum Dayan (rabbinischer Richter) und Moreh ha-Tzedek (Lehrer der Gerechtigkeit) zu bestellen, und zwar für drei Jahre. Als die Zeit verstrichen war, argumentierten einige, dass niemand zum Gemeindebediensteten werden darf, der in Galanta Verwandte hat. Feldmann jedoch war mit dem ebenfalls dort lebenden Bruder seiner Frau verschwägert. In der Streitsache wurde das Thorarecht angerufen, ein Rabbinatskollegium sollte entscheiden. Es ging um die Frage, ob auch ein Rabbiner unter den Begriff »Gemeindebediensteter« fällt. Die ›Feststellung‹ des Kollegiums, dass dies durchaus der Fall sei, löste eine Protestwelle unter den Befürwortern Feldmanns aus. Eine Zusicherung des Schwagers, die Gemeinde zu verlassen, kam zu spät. Die Entscheidung aber führte zum endgültigen Zerwürfnis zwischen den beiden Parteien und in der Folge zum seltenen Fall einer Koexistenz zweier autonomer orthodoxer Gemeinden am selben Ort. Feldmann aber verblieb in seiner Funktion in der weniger strikt ausgerichteten Gemeinde.[22]

Allerdings: Unter den skizzierten Umständen gestaltete sich sein Leben in Galanta und das seiner Familie nicht einfach. Die religiösen Konflikte gingen weiter und wurden nicht nur in Debatten ausgetragen, sondern auch auf der Straße; eingeworfene Fensterscheiben und Prügeleien unter den Kindern der verfeindeten Erwachsenen waren an der Tagesordnung.[23] Dazu lebte die große Familie – Moses und Josephin bekamen zwölf Kinder, zwei verstarben früh, das letzte kam bereits in Budapest zur Welt – in bescheidenen materiellen Verhältnissen. Ein Großteil der drei Töchter und sieben Söhne, darunter der 1889 geborene Sandor, wuchs in der traditionellen Welt des jüdischen Schtetls auf, einer Welt, die von religiösen Praktiken durchdrungen war. Sie unterschied sich vollkommen von jenen Orten, an denen sie als Erwachsene ihr Leben verbringen sollten, sei es Budapest, sei es die amerikanische Universitätsstadt Rochester, in der Sandor S. Feldman zuletzt lebte, oder Pittsburgh, wo etwa sein jüngerer Bruder Philip (Fülöp) sich nach der Flucht vor den Nationalsozialisten aus Ungarn niedergelassen hatte und fortan den Namen Philip Fieldman trug. Er und seine Familie waren 1939 zusammen mit Susan und ihrem Vater auf der R. M. S. Aquitania emigriert. Für ihren Roman hatte Taubes neben dem Vater auch ihn über seine Kindheit in Galanta ausgefragt. Die Antworten der beiden Brüder bestanden in einer Vielzahl von Anekdoten und Einschätzungen; ein Teil ging als Erinnerungen von Rudolf Landsmann, Vater der Romanfigur Sophie Blind, in *Divorcing* ein. Unter Taubes' Originalaufzeichnungen findet sich die Mitschrift einer Äußerung des Onkels, für den die Beschwörung dieser nicht mehr existierenden Welt schmerzhaft war:

> On your request, I will try to answer laconically your questions about our family. (He wrote to his niece.) For me it is partly painful to recollect and recapture the events of the lost past, but I will try.

Galanta: I remember we lived in a house with tramped earth floor and privy. We had pajamas, and in winter we wore boots – other times we ran around barefoot.

Galanta had two divided congregations, divided on religious issues, and they fought each other viciously as the Capulets and Montagues in Romeo and Juliet.

My father every morning collected in bundles the clothing of each of his children to escape easily in case of fire. Often when awakened during the night, I saw my mother bend over her foot-driven sewing machine. She fixed the clothing of the children.

I left this Hungarian town when I was 5 years old with my parents, 5 brothers and 3 sisters.[24]

Sandor war bereits zehn, als die Familie nach Budapest zog. Seine Erzählungen aus Galanta gestalten sich plastischer als die des sechs Jahre jüngeren Bruders. Einem Vortrag für die Eastern Psychoanalytic Society über die Bedeutung biblischer Urszenen für die Entwicklung menschlicher Affekte stellt er eine Passage über seine persönliche Verwurzelung mit der jüdischen Tradition voran, in Gestalt längerer Ausführungen über das Aufwachsen im strenggläubigen Milieu. In ihnen überlagern sich Eindrücke von der Geborgenheit einer in sich geschlossenen, von zauberhaften Ritualen geprägten Kindheit mit der Erfahrung ihrer Gefährdung durch die eigenen, langsam wachsenden Zweifel einerseits und den herrschenden Antisemitismus andererseits.[25]

Die Familie lebte in zwei bis drei Zimmern, die direkt an die Synagoge grenzten; diese diente gleichzeitig als Bet ha-Midrasch (Lehrhaus). Lakonisch berichtet der Psychoanalytiker Sandor S. Feldman in seinen Aufzeichnungen von einer Welt, in der der Schammes – Synagogendiener – vor Eintritt ins Gebetshaus mit seinem schweren Schlüssel an das Türholz klopfte und somit die dahinter weilenden Geister der Verstorbenen daran erinnerte, dass sie gehen müssten, da jetzt die Lebenden hereinkämen. Eine Welt, in der an jedem Vollmond der Vater seine Söhne zur Nachtzeit auf der Straße um sich versammelte, um besondere Segenssprüche aufzusagen, und in der die jüdischen Kinder am christlichen Osterfest regelmäßig des Christusmordes beschuldigt wurden. Wenn die Geschwister an dunklen Wintermorgen zum Unterricht in den Cheder, die traditionelle jüdische Grundschule, durch die nur von einer Kerosinlampe beleuchtete Straße gingen, steckte die Mutter zum Händewärmen zwei heiße Kartoffeln in ihre Manteltaschen und band jedem eine Laterne mit einer Wachskerze um den Hals; in der Schule angekommen, wurde sie als Leselicht auf dem Pult befestigt. Zur Illustration der Sündenbocktheorie erinnert sich Taubes'

Vater in seinen Vortragspräliminarien an einen Vorfall in der weiterführenden Schule: Ein jüdischer Schüler wurde für das Vergehen eines christlichen Mitschülers bestraft. Die Begründung des Lehrers lautete, damit dieser wisse, was ihn beim nächsten Mal erwarten werde.

Die Söhne des Rabbiners erhielten eine traditionelle Ausbildung, ehe sie, wie dann auch die Töchter, auf eine reguläre Schule gingen. Nach Auskunft von Taubes' Vater konnten die Jungen Hebräisch lesen, bevor sie in der Lage waren, nur ein Wort auf Ungarisch zu entziffern. Im Alter von fünf Jahren bekam Sandor, er war der mittlere Sohn, die Gelegenheit, vor einem berühmten Rabbiner, der im Hause Feldmann zu Besuch war, einen Abschnitt aus dem Talmud vorzulesen. Als er geendet hatte, nannte ihn der Rabbiner einen »faynen bokher« – einen »ausgezeichneten Schüler« –, und die Erwachsenen berieten darüber, in welchen drei renommierten Jeschiwot der Junge ab dem zehnten Lebensjahr seine Karriere als Gelehrter fortsetzen sollte. Der Umzug nach Budapest durchkreuzte dann die Verwirklichung der ehrgeizigen Pläne.[26]

Die Söhne und Töchter von Moses und Josephin Feldmann kamen durchaus auch von Haus aus mit säkularem Wissen in Berührung. Die Eltern sprachen sowohl Ungarisch als auch Deutsch, und so wuchsen die Kinder mehrsprachig auf. Moses Feldmann, von dem überliefert ist, dass er als junger Mann eigentlich keine religiöse Laufbahn hatte einschlagen wollen, las die Tageszeitung und sah sich bei einem Besuch in Wien ein Stück von Schiller an. Diese und andere weltliche Interessen wurden ihm von seinen strenggläubigen Gegnern heftig angekreidet.[27]

Über die inneren Kämpfe und Sehnsüchte der Frauen aus dieser Familiengeneration ist wenig bekannt. Biographische Daten sind nur dann übermittelt, wenn es sich wie bei Josephin um Töchter oder Ehefrauen von Rabbinern handelte, ansonsten sind in den Stammbäumen und anderen Dokumenten oftmals nicht einmal ihre Geburtstage verzeichnet. Ein anderes Konvolut mit Kindheitserinnerungen von Sandor S. Feldman ist direkt an seine Tochter Susan adressiert; diese hatte ihn für die Recherchen gefragt, wie denn ihre Großmutter in Galanta zurechtgekommen sei. Einige der schriftlich notierten Antworten gingen wortwörtlich in die Erinnerungen von Rudolf Landsmann, Sophie Blinds Vater im Roman *Divorcing*, ein, darunter diese:

> … Du fragst mich, wie meine Mutter es in Galanta geschafft hat. Sie bekam zwölf Kinder. Zwei davon starben. Sie war entweder schwanger

> oder stillte ein Kind. Daher hatte sie kaum je eine Periode. Mutter blieb nach ihrer Niederkunft nie länger als einen Tag im Bett liegen. Sie stand auf und arbeitete. Wenn Gäste kamen, sprang sie schnell ins Bett, um die Glückwünsche entgegenzunehmen.[28]

Die Versorgung der Kinder gehörte zu den größten Herausforderungen der Mutter in einem frommen Haushalt. Da waren der Druck, allen Kindern das gleiche Maß an Zuwendung zu geben, die nicht endenden Verrichtungen des Alltags, schließlich die üblichen Konkurrenzen unter den heranwachsenden Geschwistern. Eine Anekdote von Taubes' Vater, die ebenfalls buchstabengetreu der Romanfigur Rudolf Landsmann in den Mund gelegt wurde, illustriert diese Situation aus dem Blickwinkel des Sohnes und lässt dabei an die biblische Geschichte von Joseph und seinen Brüdern denken:

> Die Apfel-Szene
>
> Mutter bereitete uns immer Mittagsbrote für die Schule. Wir standen an der Haustüre, um zur Schule zu gehen. Vor mir standen zwei oder drei meiner Brüder. Mutter reichte uns unsere Beutel. Ich war der letzte. Mutter stand bei mir und gab mir auch einen Apfel, die anderen bekamen keinen. (Obst war damals eine Seltenheit.) Die anderen merkten es aber, was Mutter und mich verlegen machte. All meine Brüder – die vor mir standen – haßten mich, obwohl sie es nicht zeigten. Nur durch Anspielungen. Ich war in der Mitte. Die Älteren wollten mich beherrschen, die Jüngeren mich ausnutzen. Alle waren sie mir im Weg. Ich kämpfte nach beiden Seiten. Ich war dadurch isoliert, aber ich war der Stärkere. (»Der Stärkere ist am mächtigsten allein« – Freud über sich selbst nach Goethe.)[29]

Die Begebenheit erscheint nachträglich als kindliche Selbstbehauptung in einer Welt, in der Gemeinschaft viel galt, die Belange der Einzelnen aber oft ungehört blieben. Sie zeigt auch, dass es innerhalb dieser Gemeinschaft nicht viel Raum gab für individuelle Gesten der Zuneigung, die sich an Gerechtigkeit nicht messen ließen. In der Beobachtung des Kindes war die Mutter am glücklichsten, wenn der Vater am Schabbat das Lob der tüchtigen Hausfrau aus dem biblischen Buch der Sprichwörter anstimmte mit den Worten: »Eine tüchtige Frau, wer findet sie? / Sie übertrifft alle Perlen an Wert.« Sandor S. Feldman erinnerte sich auch, wie er als Kind mitunter nachts aufwachte und die Mutter noch immer bei der Arbeit sah, wobei der Vater sie manchmal heimlich unterstützte:

> Touching scenes. My mother went to bed late: she was mending the children's clothing and socks (she sent Sarah and Rachel to bed; they had to go to school next morning). I awakened one night, looked at the big clock on the wall: it was 2.00, p.m. Saw my mother putting together the mended clean things, in a row, on the table. Is it possible that I get up in the evenings, always at two o' clock or around it? Who knows. Awakening one night about the same time I saw my father rocking a baby in his arms, that mother should get rest. Otherwise he left such »chores« to mother.[30]

Wenn in den Augen der Kinder auch viele der traditionellen Vorschriften zur Markierung der Geschlechterrollen unverständlich erschienen, wie etwa die Tatsache, dass die Mutter ihr natürliches Kopfhaar mit einer Perücke bedeckte, so waren diese Dinge doch Teile einer größeren Ordnung, die Sicherheit und Orientierung versprach. (Taubes schreibt in ihren eigenen Aufzeichnungen, die Großmutter habe, nachdem sie Krieg und Holocaust überlebt hatte, nie wieder eine Perücke getragen und sei überdies zur Atheistin geworden.) Die höchste Erfüllung aber für eine Frau, so wurde es sowohl Töchtern als auch Söhnen vermittelt, bestand darin, einen Ehemann zu haben, der ›lernte‹, das heißt, sich durch Gelehrsamkeit im Studium der religiösen Überlieferung hervortat. Eine solche intellektuelle Laufbahn war den männlichen Mitgliedern der Gemeinde vorbehalten. Für die Mädchen gab es keine entsprechende Möglichkeit, ihr Leben außerhalb des vorgeschriebenen Radius von Familie und Haushalt zu gestalten, das erklärte der Psychoanalytiker Sandor S. Feldman später seiner Tochter Susan. Schon früh hegte er Zweifel gegenüber einer Welt, die möglicherweise nur durch Absonderung und das Festhalten an einem illusionären Glauben fortbestehen konnte. Im Rückblick deutete er dies Unbehagen als eine besondere Angst: Sie umfasste mehr als die Furcht, der unerschütterlich scheinende Glaube seiner Eltern und Großeltern könne eines Tages den Geschehnissen außerhalb der engen Grenzen eines frommen Lebens nicht mehr standhalten:

> There wasn't such a thing for the girls as having »lives of their own.« There were no telephones, no radio, no TV, no movies, no theaters, no dates, nothing, nothing of this kind. The only occasion to see (in to meet, or to talk, with others,) was to go to the synagogue, at services, (at the balcony, with dense screens, to exclude flirtations). Sometimes talmud students came, when invited [in] the house. The girls were silent. (They tittered and blushed). It was very exciting. And I looked, and looked, felt what is going on, and agreed, that this is the right way. It was more

> exciting than a strip-tease or a ›la dolce vita party‹. It gave me the sense of a happy group spirit, a belonging to a lofty traditional Jewish past, present and glorious future, at the life here-after. But, but … I felt, dimly, that this is a precarious situation, it is isolation. The only sureness was the belief in the existence of God, the Jewish God. And gradually I was in doubt about Him. I had to find something else (a scientific ground). It was excruciating not to share the beliefs, the illusions of my group. I felt that the Jews are in great danger. I did feel this but verbalized this later.[31]

Die Entzauberung in der Generation der Kinder von Josephin und Moses Feldmann setzte unwiderruflich mit dem Umzug nach Budapest im Jahr 1901 ein. Tatsächlich heirateten die beiden älteren, noch in Galanta aufgewachsenen Töchter jeweils einen Rabbiner; die Geschwister aber wandten sich, teils unter erbitterten Kämpfen mit dem Vater, nach und nach von der Religion ab und ergriffen weltliche Berufe. Vollständig entfernten sie sich von der Gedanken- und Erziehungswelt ihrer Herkunft jedoch nie.

Taubes selbst erinnert sich an die Seder-Abende, die sie als kleines Mädchen im Haus ihrer mittlerweile schon verwitweten Großmutter Josephin in Budapest verbrachte. Ihr Vater und die Familien der Geschwister zelebrierten den Vorabend des Feiertags mit einer Mischung aus grotesker Pantomime, übertriebener Ehrerbietung und zwischenzeitlicher Ernsthaftigkeit, die gleich wieder in Melancholie oder Lustigkeit umschlug. Noch im Jahr 1938, kurz vor der Emigration, besuchte Sandor S. Feldman eine traditionelle Hochzeit in Galanta und erfuhr staunend, dass sich das frisch vermählte Paar bereits vor der Trauung einige Male getroffen hatte. Von seinen eigenen Eltern wusste er, dass sie noch einer Sitte gefolgt waren, nach der Braut und Bräutigam bis zur Hochzeit nicht miteinander sprechen durften. Ihrem Sohn hatten sie von einer Begegnung in einem Eisenbahnabteil erzählt, da seien sie zwar schon verlobt gewesen, aber noch nicht verheiratet. Schweigend hatten sie einander angelächelt.[32]

Susan Taubes war mit den Geschichten aus Galanta aufgewachsen, lange bevor sie die systematische Recherche für ihren Roman begonnen hatte. Die jüdische Tradition war der Tochter eines Psychoanalytikers und Enkelin eines Rabbiners fremd geblieben. Als Kind war ihr die Tatsache, Jüdin zu sein, vor allem als Grund für eine prinzipielle Unterschiedenheit von den Menschen in ihrer außerfamiliären Umgebung und für die Aberkennung von Zugehörigkeit zu Vertrautem ins Bewusstsein getreten. In einem Kapitel für »The Crossing« verarbeitet sie ihre Erinnerungen an den Schabbat. Oft verbrachte sie den Ruhetag bei ihrer Großmutter; diese bewahrte auch als Witwe in Budapest den Geist von Galanta. Wenn die Dämmerung am

Freitagabend den Beginn des Schabbats anzeigte, überkam das Mädchen ein Gefühl von Beklommenheit. Denn während draußen auf den Straßen der Großstadt das Leben wie gewohnt weiterging, schien in der großmütterlichen Wohnung zwischen den alten, dunklen Möbeln die Zeit stillzustehen:

> She was afraid of grandmother because the Sabbath was in her house. The Sabbath came to grandmother. It wasn't anywhere else. She looked out the window from the dark room and saw the lights and stores lit, cars moving, people moving about. It was as if you were living outside the city or the city didn't exist, or like being dead and forgotten.[33]

Obwohl ihr Vater diese und andere Rituale, mit denen er selbst aufgewachsen war, als Heucheleien und Ersatzhandlungen ›entlarvte‹, verlieh er der Tatsache, Jude zu sein, eine gewisse Dignität; diese bestand gerade in der Fähigkeit, die Phänomene der Welt aus einem Blickwinkel der Unterschiedenheit zu betrachten. Dabei war es ganz egal, ob man ein frommes Leben führte oder sich gerade davon abkehrte wie Sandor S. Feldman, der sich selbst als Atheisten bezeichnete. Im Haushalt von Susans Eltern spielte die Religion keine Rolle. Aber wenn das kleine Mädchen im Zuge der erstarkten nationalen Begeisterung auf Ungarns Straßen äußerte, sie wolle für ihr Land kämpfen, wurde sie ausgelacht mit dem Hinweis, sie sei eine Jüdin.

Eine Szene in *Divorcing* reflektiert die zu keiner Lösung kommenden Überlegungen um die eigene Zugehörigkeit, ausgelöst durch diese Situation. Sophie Blind sitzt mit Verwandten zur Seder-Feier am Tisch, gemeinsam wird die Haggada gelesen, die Geschichte vom Auszug des Volkes Israel aus Ägypten:

> [...] das Kind, das den Sinn darin nicht sah, ein jüdisches Kind, denn, wie das Sprichwort sagt, auch ein schlechter Jude ist nichtsdestoweniger ein Jude. Ein Kind fragt sich vielleicht dabei, was es bedeutet, ein Jude zu sein, und Sophie fragte sich insbesondere, ob sie den glücklichen Umstand, in Budapest zu leben, etwa einer Ahnenkette von frommen Juden verdanke, beginnend mit einem Urahn, der mit Moses aus Ägypten gekommen war. Denn nur auf Grund der Bilder in der Haggadah wäre sie lieber sie selbst als Pharaos Tochter. Sie grübelte über das Wort nach, das vom schlechten Sohn gesprochen wurde: Wäre er in Ägypten gewesen, der Herr hätte ihn nicht errettet. Das auf dem Konditionalsatz beruhende Argument zerschmetterte sie, so daß es sie nach allen Richtungen auseinandertrieb. Wäre sie damals dort gewesen ... war sie ... hätte sie denn dort sein können? Wo war sie zu Pharaos Zeiten?[34]

Das biblische Ereignis von der Befreiung aus der Unterdrückung ist Bestandteil des kollektiven jüdischen Gedächtnisses. Im jährlich wiederkehrenden Pessach-Ritus stiftet es durch die Generationen hindurch Gemeinschaft. Bei Sophie aber verstärkt die Überlieferung das Gefühl einer völligen Kontingenz von Ort und Zeit ihrer eigenen Existenz; ein Gefühl, das gerade kein sicheres Wissen von Aufgehobenheit im Kontinuum der Generationen befördert, vielmehr einen Zustand von Zerschmettert- und Auseinandergetriebensein. »Wäre sie damals dort gewesen …« Ein solcher unvollendeter Konditionalsatz begleitete auch die Autorin Susan Taubes ihr Leben lang. Mit der Flucht vor den Nationalsozialisten im Jahr 1939 bezog er sich allerdings nicht auf den mythischen Ort der Knechtschaft, sondern auf Budapest, den Ort, an dem sie sich im Garten der elterlichen Villa unendlich frei gefühlt hatte und den sie verlassen musste, weil sie Jüdin war.

Die Ahnung des Kindes, nicht dazuzugehören, weder zu einem Staat oder einer Nation noch zu einer Religionsgemeinschaft, wurde im Verlauf des Älterwerdens zur unumkehrbaren Gewissheit. Aus dieser sich verfestigenden Außenseiterposition heraus entwickelte Taubes eine kritische Unabhängigkeit im Denken, von der unter anderem die in den 1950ern entstandenen theoretischen Beiträge der jungen Religionsphilosophin zeugen, mit Themen wie Entfremdung und Revolte, Nihilismus und negative Theologie. Das Gefühl von Nichtzugehörigkeit war auch der Grund für eine tief empfundene Sehnsucht nach sakraler Gemeinschaft, geregelt von Kult und Ritual, zusammengehalten durch eine Sprache des Gebets und der Poesie. Ein Leben im orthodoxen Milieu, wie es der Vater noch gekannt hatte, war allerdings das Gegenteil von dem, was Taubes für sich erträumte. Immer schon stand sie den restriktiven Regeln, nach denen aus ihrer Sicht ein Individuum, vor allem ein weibliches, wenig galt, ablehnend gegenüber. Dafür war sie auf der Suche nach ihrem »eigenen Altar«[35], wie sie mit Anfang zwanzig an ihren Ehemann Jacob Taubes, kurz nach der Hochzeit schrieb (den Brief hatte sie allerdings nicht abgeschickt); dieser stammte aus einer frommen Familie und war selbst ordinierter, wenn auch nicht praktizierender Rabbiner. Und so reagierte sie auf die Erzählungen des Vaters mal mit Distanz, mal mit heftiger Sehnsucht, hervorgerufen durch einen als persönlich empfundenen Verlust, der sich bereits ereignet hatte, ehe sie geboren war.

Auch in *Divorcing* erzählt Rudolph Landsmann seiner Tochter Sophie wieder und wieder die Ereignisse um seine Familie in Galanta und Budapest. Eines Tages durchforstet Sophie Papiere, die der Vater 1939 mit über den Ozean gebracht hatte und die nun auf dem Dachboden seines Hauses lagern: Stammbäume, Nachrufe, psychoanalytische Artikel. Die Lektüre der darin verborgenen Geschichten ruft in Sophie ein zweigeteiltes, widerstreitendes Bewusstsein hervor: einmal für die eigene biographische Verstrickung mit diesen Geschichten und einmal für die Trauer darüber, diese selbst nicht erlebt zu haben:

> Die Geschichte handelt von einer Ehe, denkt sie, im Behandlungszimmer ihres Vaters sitzend. Es ist die Geschichte der wahren Ehe, wie sie der Sohn aus jener Ehe seiner halbwüchsigen Tochter erzählte, die sie immer mit einer Mischung von Nostalgie, Übelnehmen und Gleichgültigkeit vernahm; die immer glaubte, das habe alles nichts mit ihr zu tun und könnte ihr nie passieren, sich aber trotzdem wünschte, in jene andere Welt hineingeboren worden zu sein, in der ein Mädchen einfach von ihrem Vater in die Ehe gegeben wurde wie ihre Großmutter; sie wußte, daß sie nie diese Art von Frau würde sein können und empfand Zorn darüber, daß ihr dieses versagt blieb, weil die Welt sich dahingehend verändert hatte; schon in der Jugendzeit ihres Vaters verändert hatte, bevor sie je geboren war, so daß sie ein Produkt jenes Wandels wurde: eines Vaters, der mit dem traditionellen Elternhaus brach, dem seine eigene Ehe ein Problem oder ein Witz war, der sie nach Amerika brachte, wo sie sich von ihrer Kindheit in Budapest abnabeln konnte, wo sie keine Wurzeln hatte, die sie an Land und Leute binden konnten, weil Amerika ja nur aus diesem harten Pflaster bestand, das man benutzte, um sich davon abzustoßen und sich seine eigene Wahrheit aufzubauen, was ja auch zum Besten war, wie sie als junges Mädchen hatte glauben wollen, da es nun einmal ihr tatsächliches Schicksal war; aber immer am Hadern mit sich selbst, und, wenn sie ihrem Vater zuhörte, sich immer fragend, worin diese Veränderung genau bestand; ihr Versuch, das Ungeheuerliche zu begreifen: Die Erfahrungen, die ihre Großeltern und all die ihnen vorausgegangenen Generationen ihrer Jugend gemacht hatten, welche auch immer sie gewesen waren, die ihrem Leben Weihe, Geheimnis und Sinn verliehen hatten, waren unwiderruflich im Namen von Fortschritt, Vernunft und Aufklärung überholt und für ungültig erklärt worden. Aber worauf lief das hinaus?[36]

Sophies innerer Monolog wird ausgelöst durch ein Ineinanderschieben von Erinnerungen – ihren eigenen und denen ihres Vaters. Er mündet in einer Frage, die auf ähnliche Weise für die Autorin Taubes immer mehr in den Vordergrund rückte, je mehr sie über ihr Projekt eines autobiographischen Romans nachdachte: Was bedeutet es, in der Gegenwart einer Vergangenheit zu leben, an der man nie, auch nicht als bloße Möglichkeit, teilhaben konnte? Daran knüpft sich die Frage nach jenem »Wandel«, der schon vor der Geburt einen Einschnitt für das eigene Leben bedeutet hatte. Wie kann man mit den Folgen eines solchen Einschnitts, jederzeit spürbar am eigenen Leib, an einem Ort zurechtkommen, an dem die Umstände jeglichen erlebten Wandels für ungültig erklärt worden sind? Als Schriftstellerin im Amerika der 1960er Jahre erkundete Susan Taubes die Möglichkeit, ihre persönlichen, weit verstreuten Erfahrungen in einen Roman zu überführen. Für sie lautete die Frage: Was heißt es, beinahe – nur durch eine Generation verhindert – in einer jüdischen Welt groß geworden zu sein, mit deren Besonderheiten der Vater noch vor ihrer Zerstörung durch den Holocaust, radikal gebrochen hatte? Was bedeutet es für die nunmehr Erwachsene, Eltern gehabt zu haben, die das Unglück ihrer Ehe vor ihrem Kind nicht verbergen konnten? Und was löste es aus, bei der Emigration nicht nur das Zuhause, sondern auch die Mutter zurücklassen zu müssen, die überlebte, aber deren Schicksal sowohl vor als auch während des Krieges weitgehend unerzählt blieb? Mit dem Wechsel auf den fremden Kontinent schien die Verbindung zu alledem vollständig gekappt. Wie ist es möglich, dennoch einen Zugang zum Erlebten zu finden? Eine Antwort lässt sie Sophie in der früheren Romanversion »The Crossing« geben. Diese sitzt in New York an ihrem Schreibtisch und findet es befremdlich, darüber schreiben zu sollen, wie es war, als Kind in Budapest zu leben:

> She was writing in English in a New York City apartment. The child was in another country, in another language. She who was writing, had not been there, couldn't be there, then. But she could go back. Sophie Blind now in New York could go back. The child cannot, never having left. There is always that part which remains, continues, captive in its moment, and another that escapes.[37]

Das Kind bleibt gefangen in seiner Zeit, aber die Autorin jetzt vermag an Orte zurückzukehren, zu denen sie damals keinen Zutritt hatte, und zwar im Schreiben.

Familie Feldmann, Budapest ca. 1934

2. Budapest

In einer Szene des Romans *Divorcing* betrachtet Sophie Blind den Stammbaum von Familie Landsmann und fragt sich, wie das Zustandekommen ihrer eigenen, mittlerweile gescheiterten Ehe in diese verästelte Aufeinanderfolge von Eheschließungen einzureihen sei: »Es ist die Geschichte ihrer Vermählung mit einem Mann, dem es wichtig war, daß sie die Enkelin des ehemaligen Oberrabbiners von Budapest war, glaubt sie jedenfalls, da sie immer noch versucht zu verstehen, worum es in ihrer Ehe eigentlich ging; [...].«[38]

Auch der Autorin Taubes ging es um Verstehen. Mit der Generation ihres Vaters hatte die Tradition der Rabbinerfamilie Feldmann geendet. Im Lichte der Ereignisse und Geschehnisse in den Leben ihrer Eltern und Großeltern erkundete sie ihr persönliches Verhältnis zu dem Umstand, im Jahr 1928 als Nachkommin dieser Familie, in der so unterschiedliche Vorstellungen vom Leben und von der Religion aufeinandertrafen, geboren zu sein. Dass viele von Taubes' lebensgeschichtlichen Entscheidungen und Orientierungen, wie ihre Heirat, die Distanz zum Judentum, ihre häufigen Ortswechsel oder der Umschwung von der Philosophie zur Literatur, von einer stetig wachsenden Zerrissenheit begleitet waren, führte sie nicht einfach auf etwaige schwierige Erlebnisse in der Kindheit zurück. Vielmehr bekamen im Rückblick der Recherche die von ihren Vorfahren tatsächlich oder auch nur potenziell gelebten Traditionen und Brüche eine besondere Bedeutung für die Gegenwart. Für Taubes lebten die Erfahrungen der vorausgegangenen Generationen in den Stationen der eigenen Biographie fort. Alle Wendungen, die vor ihrer Geburt stattgefunden hatten, reichten in die künftigen Verläufe ihres Lebens hinein; manche Wege wurden damit eröffnet, andere für immer verschlossen. Auf diese Weise konnte ein Verlust erlebbar sein, auch wenn man zum Zeitpunkt seines Ereignisses noch gar nicht geboren war. Es war die Vorstellung einer Einbettung der eigenen Biographie in ein mehrfach gebrochenes Kontinuum von Generationen; einer solchen Vorstellung entsprang der Arbeitstitel für das längere Vorgängermanuskript zu *Divorcing*: »The Crossing« – »Der Scheideweg«.

Taubes' familiengeschichtliche Recherchen dokumentieren einen solchen Scheideweg im Jahr 1901, fast drei Jahrzehnte vor ihrer Geburt.

Moses Feldmann zog mit seiner Frau und den Kindern von Galanta nach Budapest. Von dort hatte er das Angebot erhalten, als Assessor im Rabbinatsgericht nach dem jüdischen Gesetz Recht zu sprechen. Wirkungsort war der Sitz der konservativen Status-quo-ante-Gemeinde, die Synagoge in der Rumbach utca, ein großräumiges, erst dreißig Jahre zuvor im maurischen Stil errichtetes Gebäude. Es war der Aufbruch in eine andere Zeit. Sandor S. Feldman schilderte in den Erinnerungsnotizen für seine Tochter die neuen Eindrücke von der Großstadt: wie er als Zehnjähriger zum ersten Mal fließend Wasser aus einem Hahn sah, wie ihn die mehrstöckigen Häuser und die Straßenbahn faszinierten. Sein jüngerer Bruder, Philip, beschwor den feierlichen Einzug der zu diesem Zeitpunkt elfköpfigen Familie in die ungarische Hauptstadt:

> We moved to Budapest in 1902 [sic], where my father was invited to fill a post. There was a big fanfare in Budapest to welcome us. The leaders of the congregation and hundreds of the faithfuls gathered there and accompanied us to the Rombach utca, where a 7-room completely furnished apartment was given to our disposal. These were the heydays of the Hungarian Jews, who became leaders of the nation in industry, science, art, literature, etc. The happy and glorious chapter lasted until the war, and later Hitler came and the holocaust began.[39]

Aufgrund der andauernden Querelen in Galanta war der Ortswechsel für die Familie höchst willkommen. Die religiösen Auseinandersetzungen gingen jedoch auch in Budapest weiter und gestalteten sich sogar komplizierter. Mit der überaus starken Präsenz sowohl der orthodoxen als auch der Reform- und der Status-quo-ante-Gemeinde prallten hier noch viel heterogenere Kräfte aufeinander. In seiner verantwortungsvollen, exponierten Stellung als rabbinische Autorität war Moses Feldmann der Wucht dieser Kräfte besonders ausgesetzt; ständig musste er Entscheidungen treffen, die von mindestens einer der Seiten in Frage gestellt wurden. Nach seinem Tod noch vor Susan Taubes' Geburt erschienen in ganz verschiedenen Organen der jüdischen Presse – von konservativ bis zionistisch – ehrerbietige und anerkennende Nachrufe auf den ›Nestor von Budapest‹[40]. Sie schildern Moses Feldmann als einen klugen, besonnenen, diplomatisch agierenden Mann, der es schaffte, die zersplitterte Gemeinde wieder auf traditionelle Werte zu verpflichten. Andererseits war er zeit seines Budapester Lebens Attacken ausgesetzt, insbesondere von orthodoxer Seite. In seinen Erinnerungen mutmaßte Sandor S. Feldman, die Entscheidung seines Vaters, in den 1920ern zusätzlich den Ruf auf einen Lehrstuhl am Budapester Rabbinerseminar anzunehmen, sei einerseits die Erfüllung seiner intellektuellen Träume gewesen. Andererseits sei er vermutlich genau daran zugrunde gegangen. Sozialisiert im strenggläubigen Milieu sollte er nun den *Schulchan Aruch,* verbindlicher Gesetzeskodex für die Orthodoxie, ausgerechnet in jenem reformorientierten Rabbinerseminar lehren, das unter dem Fluch seines verstorbenen Schwiegervaters stand. Moses Feldmann wusste, dass er damit die orthodoxe Gemeinde vehement gegen sich aufbringen würde. Und wirklich: Mit Aufnahme der Lehrtätigkeit vermehrten sich die Diffamierungen; gleichzeitig verschlechterte sich sein Gesundheitszustand. Als er in einem Krankenhaus verstarb, war sein Sohn Sandor bei ihm. In der Familienüberlieferung heißt es, dass Moses sich als junger Mann, noch vor seiner Heirat mit Josephin, ein ganz anderes Leben vorgestellt hatte. Was das für ein Leben gewesen wäre, hatte er niemandem erzählt.[41]

Eine weitere Sorge, die Moses und Josephin nach der Übersiedelung umtrieb, war die Furcht, ihre Kinder könnten sich vom traditionellen Judentum, in das sie hineingewachsen waren, entfremden. Dabei hatten die Wegbewegungen schon viel früher eingesetzt. Der älteste Sohn, David, hatte noch in Galanta unter nicht genauer kolportierten Umständen das Elternhaus verlassen und tauchte nur noch einmal in Budapest auf, bevor er nach Amerika auswanderte und sich dort als Geschäftsmann betätigte. Ein anderer Sohn, Simon, war dem älteren Bruder in die Vereinigten Staaten gefolgt und stieg dort ins Möbelgeschäft ein; ein paar Jahre später nahm er sich das Leben. Arthur (ungar. Artúr, Áron), den Zweitältesten, bezeichnete Sandor in seinen Aufzeichnungen als »tragische Gestalt«. Genau wie jener hatte er die ›Untere Abteilung‹ des Budapester Rabbinerseminars besucht; jüdischen Kindern wurde dort neben dem Sprachunterricht in Aramäisch und Hebräisch eine allgemeine Gymnasialbildung ermöglicht. Danach hatte er sich in der ›Oberen Abteilung‹ als Rabbiner ausbilden lassen, konnte diesen Beruf dann aber nicht mit seiner skeptischen Einstellung zur Religion vereinbaren und schlug schließlich eine medizinische Laufbahn ein; er emigrierte nach Kanada. Philip lebte nach der Emigration 1939 mit seiner Frau und den beiden Kindern als Ingenieur in Pittsburgh.

Die Töchter Rachel (Rahél) und Sarah (Sára) entsprachen den Erwartungen der Eltern und heirateten jeweils einen Rabbiner. Rachel, ihr Ehemann und die beiden Töchter waren in Ungarn geblieben: Sie wurden in Auschwitz ermordet. Sarah und ihre Familie überlebten zunächst in Jugoslawien, dann in der Emigration in Frankreich. Die jüngste Tochter, Izabella, emigrierte nach Australien, ihr Mann wurde von den Nazis ermordet. Der jüngste Sohn, Eugene (Jenő) – geboren schon in Budapest –

blieb in Ungarn und wurde in ein Arbeitslager deportiert. Er überlebte und wurde ebenfalls Arzt. Moses' und Josephins Sohn Joseph (József) hielt sich als Fußballspieler und Geschäftsmann über Wasser. Auch er blieb mit seiner Familie in Ungarn und überlebte den Holocaust, über die näheren Umstände ist kaum etwas bekannt.[42]

Für den mittleren Sohn, Sandor, eröffnete Budapest ebenfalls Möglichkeiten, die ihm in der isolierten Welt von Galanta verschlossen geblieben wären. Mit dem Umzug in die Hauptstadt, so heißt es in seinen eigenen Aufzeichnungen, wurde dem Heranwachsenden zum ersten Mal klar, dass es außerhalb der frommen Tradition und Folklore seiner Kindheit eine vielfältige ungarische Kultur gab. Als Jugendlicher in Budapest identifizierte er sich, wie viele junge Juden in dieser Zeit, voll und ganz mit dem ungarischen Nationalstolz.[43] Auch ihn schickte sein Vater auf das Gymnasium am Rabbinerseminar, aber eine religiöse Laufbahn war für ihn nie in Frage gekommen. Noch vor dem Beginn des Ersten Weltkrieges absolvierte er an der Königlichen Ungarischen Universität in Budapest ein Studium der Allgemeinmedizin, später spezialisierte er sich auf Neurologie und Hirnpathologie, zudem schloss er sich der psychoanalytischen Bewegung an. Als Student verkehrte er in sozialistisch wie avantgardistisch geprägten Intellektuellen- und Künstlerzirkeln, ließ sich dort inspirieren, war aber selbst nicht politisch aktiv. Was die Beschäftigung mit den neuen Blickwinkeln und Theorien für die Entfremdung von der elterlichen Welt bedeutete, schilderte Sandor S. Feldman in einer Reihe kleiner Anekdoten, die Taubes in *Divorcing* ebenfalls fast wörtlich Rudolf Landsmann, Vater von Sophie Blind, in den Mund legte:

Budapest

> Ich war zehneinhalb Jahre alt, als mein Vater zum Rabbi einer der größten Gemeinden Europas berufen wurde. Wir zogen nach Budapest, und mein Leben und meine Ansichten veränderten sich völlig. Ich wurde Gymnasiast und dann ein Medizinstudent. Mit all der Begeisterung eines jungen Mannes machte ich mich mit den neuesten Entdeckungen der Chemie, der Physik vertraut, lernte die literarischen Talente jener Zeit kennen mit ihren soziologischen Theorien, den neuen Richtungen in der Kunst, und schließlich machte ich die Bekanntschaft der Schriften Sigmund Freuds. Als sein Buch »Totem und Tabu« erschien, erzählte ich meinem Vater den Inhalt in den Hauptzügen; daß nämlich, Freud zufolge, Gott eine Projektion unseres Gewissens ist und nicht, wie die Religion behauptet, das Gewissen die inthronisierte Gottheit sei. Mein

Vater schwieg. Als ich ihn um einen Kommentar bedrängte, sagte er endlich: »Du bist *meschugge*.« Dies war das erste und das letzte Mal, daß ich mit meinem Vater über die Psychoanalyse sprach.

Mit achtzehn Jahren verließ ich das Elternhaus. Ich machte mich selbständig. Aber ich blieb ihnen immer ein treuer Sohn. Solange ich bei ihnen lebte, nahm ich an verschiedenen Ritualen teil. Mein Vater wußte, wie ich darüber dachte. Viel später, als Analytiker, schrieb ich verschiedene Aufsätze über die jüdischen Rituale und habe darin aufgezeigt, wie jedes Ritual ein gewaltiger Schritt nach vorn war, zur Beherrschung der antisozialen Triebe; aber daß wir jetzt ihre Bedeutung erkennen und durch dieses Wissen die Kontrolle darüber erlangen können. Aber ich bin nicht gegen die, die das Ritual befolgen, die ihm gehorchen.[44]

Als der Erste Weltkrieg begann, war Sandor S. Feldman fünfundzwanzig Jahre alt; er wurde eingezogen, konnte jedoch seine berufliche Laufbahn weiterverfolgen. Eine Fotografie aus jenen Jahren zeigt ihn in k. u. k. Uniform, allerdings diente er nicht als Soldat, sondern als Militärarzt in einer neuropsychiatrischen Abteilung in Banja Luka, nahe der serbischen Front. Von dort wurde er für einige Wochen nach Wien abberufen, um sich mit den Folgen psychischer Verwundungen von Soldaten zu beschäftigen.[45] Damit hatte er am Aufbruch der psychiatrischen, psychologischen und neurologischen Erforschung dieser tausendfach erlittenen Kriegstraumata teil. Vertreter der Psychoanalyse versuchten, brutale Behandlungsmethoden wie die Elektroschocktherapie – darauf ausgerichtet, die Soldaten schnellstmöglich wieder kriegstauglich zu machen – durch das analytische Gespräch, Traumanalyse und Hypnose zu ersetzen.

In Wien traf Sandor S. Feldman auf den Analytiker und Freud-Schüler Sándor Ferenczi. Dieser war beeindruckt von den Fähigkeiten des knapp fünfzehn Jahre Jüngeren. In den darauffolgenden Monaten entwickelte sich ein intensives Lehrer-Schüler-Verhältnis, das allerdings ein jähes Ende fand: Im Juni 1919 wurde der knapp dreißigjährige Sandor S. Feldman Mitglied der Ungarischen Psychoanalytischen Vereinigung; nur ein Jahr darauf legte ihm sein Lehrer nahe, die Vereinigung wieder zu verlassen. Feldman schloss sich daraufhin den an Wilhelm Stekel orientierten »aktiven Analytikern« an. Die Gründe für den Rauswurf und ein damit einhergehendes Zerwürfnis zwischen Lehrer und Schüler sind nicht vollständig geklärt. Korrespondenzen zwischen Ferenczi und Freud, ein Briefwechsel zwischen den Analytiker-Kollegen Sándor Radó und Imre Hermann, schließlich eine in der Zeitschrift *Gyógyászat* (ungar. »Heilkunde«) öffentlich geführte Polemik zwischen Ferenczi und Feldman lassen durchschimmern, dass der Konflikt zunächst den Umgang mit der ›reinen Lehre‹ betraf. Dann aber folgten schlimme persönliche Kränkungen.[46] Aus einem Lebenslauf, 1949 von Feldman selbst verfasst, geht hervor, dass er noch in den 1920er Jahren unter Ferenczi an der Budapester Universitätsklinik gearbeitet hatte und von 1935 bis 1938 wieder Mitglied der Psychoanalytischen Vereinigung war, denselben Zeitraum gibt er für die Durchführung seiner Lehranalyse an, bei wem das war, verschweigt er.[47]

So bewegt wie seine berufliche Karriere gestaltete sich in jenen Jahren auch Sandor S. Feldmans Privatleben. Noch vor dem Krieg hatte er im linksintellektuellen Galilei-Kreis – ein Zirkel, über den viele Anhänger der Psychoanalyse Kontakt zur sozialistischen und kommunistischen Bewegung suchten[48] – Barbara Ripper, kurz darauf Lantos, kennengelernt, die ältere Schwester seiner späteren Frau und Mutter von Susan. (Diese trug zu jenem Zeitpunkt den Namen Margit Jozefa Ripper. Im Zuge verschiedener Ortswechsel und einer Heirat nach der Scheidung von Sandor S. Feldman wechselte sie mehrmals ihren Namen; zuletzt nannte sie sich offiziell Marion Batory.) Lantos studierte ebenfalls Medizin an der Budapester Universität und hatte zudem bei Ferenczi eine Lehranalyse begonnen. Feldman und sie verlobten sich, allerdings hielt die Beziehung den politischen Gärungen jener Zeit nicht stand. Während Sandor keine Ambitionen auf eine aktive Einmischung in das politische Geschehen zeigte, war Barbara als überzeugte Marxistin an den Vorbereitungen zur Revolution beteiligt, die 1919 in der Räterepublik unter Béla Kun münden sollten. Als ihr Verlobter sich schon an der Front befand, teilte sie ihm per Brief ihren Beschluss mit, so heißt es in der Familienüberlieferung, Albert Lantos, einen führenden Kommunisten und Medizinstudenten, zu heiraten. Im August 1919 wurde die kurzlebige Räterepublik von einer dreijährigen Periode konterrevolutionären Terrors abgelöst; im Zuge dessen wurden zahlreiche, auch antijüdische Gewaltakte begangen. Barbara Lantos, eine führende Anhängerin der kommunistischen Kun-Regierung, entging der Hinrichtung, indem sie zunächst nach Wien flüchtete. In der Familie wurde erzählt, dass sie barfuß im Nachthemd Budapest verließ und auf einen fahrenden Zug aufsprang.[49] Nach Stationen in Leipzig und Berlin emigrierte sie 1934 über Paris nach London und wurde dort zu einer erfolgreichen Analytikerin am von Anna Freud gegründeten Hampstead Child Therapy Course. 1947 unternahm Susan Taubes ihre erste Europareise von den USA aus. Mehrere Monate wohnte sie bei ihrer Tante in London und erfuhr dort viel über die verwickelte Geschichte ihrer Eltern.

Als Barbara Lantos sich 1919 auf den Weg in das Wiener Exil machte, war Sandor S. Feldman bereits mit deren jüngerer Schwester Marion verlobt.

Der Weg zur Hochzeit verlief hürdenreich: Ihr Verlöbnis fand während eines Heimaturlaubs von Sandor nach einem Besuch im Hause Ripper statt; schon früher waren die beiden sich in jenen intellektuellen Zirkeln begegnet, in die Marion ihre Schwester Barbara begleitet hatte. Als Sandor schon wieder an die Front zurückgekehrt war, versprach Marion jedoch einem anderen Mann die Ehe, einem transsilvanischen Grafen, so die Familienlegende. Sandor löste die Verlobung postwendend. Nach dem Krieg, Anfang der 1920er Jahre, begegneten sich die beiden in Budapest wieder und beschlossen, nun doch noch zu heiraten; die Vermählung mit dem Grafen wurde annulliert.

Die Stiftung der Ehe von Taubes' Eltern fiel in eine weiterhin unruhige Zeit. Die Doppelmonarchie existierte nicht mehr; Ungarn hatte infolge des Friedens von Trianon über die Hälfte seines Territoriums an die umliegenden Staaten abtreten müssen. Damit gehörten auch die großen orthodoxen Zentren aus der Zeit vor dem Ersten Weltkrieg nicht mehr zu Ungarn, darunter die Kleinstadt Galanta, aus der die Familie Feldmann stammte und die nun zur neu entstandenen Tschechoslowakei gehörte. In den 1920er und 30er Jahren lebte über die Hälfte der ungarischen Juden im Großraum Budapest. Der neu errichtete reaktionäre Staat verfolgte eine deutlich antisemitische Politik, die Einführung eines Numerus clausus für Juden an Hochschulen 1920 war nur eine von mehreren diskriminierenden Maßnahmen. Dazu wurden politisch missliebige Bürger, das heißt Linke aller Schattierungen, verfolgt und hingerichtet. Auch der Name von Sandor S. Feldman fand sich auf einer schwarzen Liste. Als er auf eine Vorladung hin bei der Behörde erschien, wurde ihm seine frühere Mitgliedschaft im linksradikalen Galilei-Kreis vorgehalten. Er beteuerte, dennoch weder Marxist noch Kommunist gewesen zu sein. Tatsächlich wurde er entlassen; über den Grund dafür gibt es nur Spekulationen: ein Versehen, Ärztemangel. Später erfuhr er, dass er auch auf der schwarzen Liste der Kommunistischen Partei gestanden hatte, ein Umstand, der die Obrigkeit eventuell zu einer nochmaligen Erwägung des Falls veranlasst hatte.

Sandor S. Feldmans persönliche Situation gestaltete sich auch unter anderen Aspekten schwierig: Zu jener Zeit arbeitete er Tag und Nacht in drei verschiedenen Kliniken. Zugleich unterstützte er die Schwiegereltern; nach dem Konkurs ihrer Brauerei waren diese in die kleine Wohnung von Tochter und Schwiegersohn gezogen. Im Eheleben bahnten sich Konflikte an, und die prekäre wirtschaftliche Lage verschärfte sich, als Sandor zwei seiner Arbeitsstellen verlor und der Schwiegervater krank wurde. In dieser Situation beantragte er 1927 beim Konsulat der Vereinigten Staaten von Amerika ein Einwanderungsvisum. Als er nach einer Wartezeit die zwei Monate gültige Bewilligung erhielt, war die Ausgangslage abermals eine andere: Er hatte begonnen, sich einen Patientenstamm aufzubauen, eine psychoanalytische Studie über Migräne, an der er zusammen mit dem Psychoanalytiker Wilhelm Stekel arbeitete, stand kurz vor dem Abschluss; dazu war seine Frau schwanger. Unter diesen Umständen war es unmöglich, innerhalb von acht Wochen die Zelte in Ungarn abzubrechen. In den folgenden Monaten ging mit dem beruflichen Erfolg auch ein materieller Aufschwung einher. Feldman konnte seine eigene Praxis einrichten und zog mit der Familie in eine geräumige Wohnung nach Pest.

Liest man in Taubes' Aufzeichnungen, so hatte für sie die Heirat ihrer Eltern immer den Charakter eines Provisoriums, eines Versehens, zustande gekommen aus einer Reihe von kurzlebigen Affekten und Irrtümern unter verworrenen äußeren Umständen. Und obwohl sie zeit ihres Lebens eine entschiedene Abwehr gegen jedwede religiös reglementierte Lebensweise hegte, so erzeugte die wahrgenommene Unverbindlichkeit in der elterlichen Beziehung eine Faszination für das Gegenteil: Eine unhinterfragte Selbstverständlichkeit im Zusammenleben, wie sie nur ein formell und vollkommen unsentimental geschlossenes Bündnis hervorbringen kann. Das Modell dafür waren die arrangierten Hochzeiten im orthodoxen Milieu von Galanta, bei denen Braut und Bräutigam unter der Chuppa, dem Traubaldachin, zum ersten Mal unter den Augen der Öffentlichkeit einander begegneten. Über diese Trauzeremonien hatte sie von ihrem Vater oft gehört, aber sie schienen einer Welt anzugehören, zu der sie selbst niemals Zugang haben würde. Die Ehe ihrer eigenen Eltern hatte in der Abfolge der Generationen die erste Abweichung dargestellt; sie verlief nicht glücklich, dies womöglich sogar von Anfang an.

Zusammengefunden hatten sich zwei Menschen mit völlig unterschiedlichen Interessen und Erwartungen an das Leben. Dazu kam eine unverhohlene Skepsis von Seiten der Familie Feldmann gegenüber der jungen Frau, die schon einmal geschieden war, die einen Hang zu auffälliger Selbstinszenierung hatte und dazu aus einer ganz und gar nicht religiösen Familie stammte. Mit alledem entsprach Marion Batory in keiner Weise dem Ideal einer Hausfrau und Mutter, wie es in der Familie ihres Ehemanns als maßgebend angesehen wurde.

Taubes' Recherchen über die Familie ihrer Mutter fielen nicht annähernd so ergiebig aus wie diejenigen über die Familie väterlicherseits. Sicher belegt ist, dass es sich bei den Rippers um eine jüdische Brauerfamilie handelte, die bis zur Weltwirtschaftskrise sehr wohlhabend war. In Taubes' eigenem Rückblick gestalteten sich die Familienverhältnisse unübersichtlich: Der Großvater mütterlicherseits war zweimal hintereinander verheiratet gewesen, seine sechs Kinder zum Teil Stiefgeschwister. Taubes selbst hatte nur undeutliche Erinnerungen an den Großvater; sie war noch sehr klein, als er starb. In der Familie aber erzählte man von seinem autoritären Gebaren sowohl gegenüber seiner zweiten Frau als auch gegenüber den Söhnen und Töchtern. Diese sollten nach seinen festen Vorstellungen Medizin studieren und Karrieren als Ärzte einschlagen. Zwei der Kinder entsprachen den väterlichen Erwartungen: die Tochter Barbara und ein Sohn, der später als Dermatologe in Budapest praktizierte. Marion aber verweigerte sich den Ansprüchen ihres Vaters und zog schon als junges Mädchen zu Barbara, die als Studentin in einer eigenen kleinen Wohnung in Budapest lebte. Von dort aus begleitete sie die ältere Schwester in die Künstler- und Intellektuellenkreise, in denen sie auch zum ersten Mal ihrem späteren Ehemann begegnete.[50]

Marion und Sandor lebten bereits in Pest, als am 12. Januar 1928 ihr einziges Kind zur Welt kam. Auf einer von zwei überlieferten Geburtsurkunden ist der Ort des Ereignisses notiert: eine Klinik in der Ráth György utca 5, nahe dem Burgviertel. Mitte der 1930er Jahre bezog die dreiköpfige Familie schließlich jene Villa in Buda, die für Taubes zeit ihres Lebens ein Sehnsuchtsort blieb.

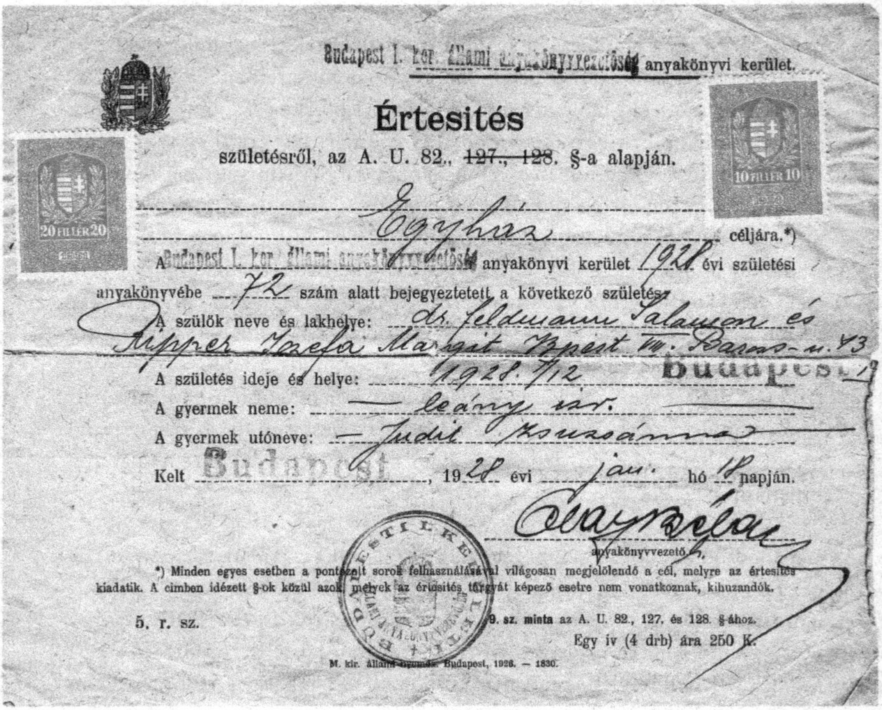

Budapest I. ker. állami anyakönyvvezetőség anyakönyvi kerület.

Értesités

születésről, az A. U. 82., ~~127., 128.~~ §-a alapján.

Egyház céljára.*)

A Budapest I. ker. állami anyakönyvvezetőség anyakönyvi kerület 1928 évi születési anyakönyvébe 72 szám alatt bejegyeztetett a következő születés:

A szülők neve és lakhelye: dr. Feldmann Salamon és Kupper Jozefa Margit Ujpest VIII. Baross-u. 43

A születés ideje és helye: 1928. I/12 Budapest

A gyermek neme: leány

A gyermek utóneve: Judit Zsuzsánna

Kelt Budapest, 1928. évi jan. hó 18 napján.

anyakönyvvezető.

*) Minden egyes esetben a pontozott sorok felhasználásával világosan megjelölendő a cél, melyre az értesités kiadatik. A cimben idézett §-ok közül azok, melyek az értesités tárgyát képező esetre nem vonatkoznak, kihuzandók.

5. r. sz. 9. sz. minta az A. U. 82., 127. és 128. §-ához.

Egy ív (4 drb) ára 250 K.

M. kir. állami nyomda. Budapest, 1926. — 1830.

Geburtsbescheinigung

3. Pasaréti út 35

Im Exposé für ihren Roman *Divorcing*, Anfang 1966 adressiert an das Radcliffe Institute for Independent Study, erläutert Taubes die Quellen für ihr autobiographisch inspiriertes Schreibprojekt. Neben den mündlich tradierten und schriftlich festgehaltenen Familiengeschichten nennt sie ihre persönlichen Kindheitserinnerungen. Dabei ist sie sich der Unzuverlässigkeit der eigenen wie der fremden Erinnerungen bewusst; sie schreibt:

> The stories told by different members of the family as well as the narrator's own childhood memories, are like variants of myth whose true original cannot be reconstructed, which exists only in its variants (some, distortions; some, fragmentary flashes) creating a mood of suspension where a tone of gravity and humor can alternate.[51]

Keine dieser Quellen, seien es Familienlegenden, Interviews oder historische Darstellungen, können wiedergeben, »wie es eigentlich gewesen« (Ranke) ist. Dafür bilden die Geschichten mit ihren je unterschiedlichen Perspektiven ein Panorama an Entstellungen und bruchstückhaften Blitzen, in denen die gelebten Leben in einem immer anderen Licht aufscheinen. Dies gilt auch für die eigenen Erinnerungen. Das Verfahren ihrer Beschwörung beschreibt Taubes zunächst anhand dessen, was es nicht ist: »My past, unlike Proust's is not neatly conjured by the fragrance of a cookie dipped in a cup of tea – but that is part of the challenge.«[52] Keine zufällige Sinneserfahrung wie die in Tee getunkte Madeleine in Prousts *À la recherche du temps perdu* beschwört das Kind in Budapest. Ihre eigene Art, sich Zugang zu einer anderen Zeit an einem anderen Ort zu verschaffen, beschreibt Taubes im Exposé als »shamanistic voyages to my Budapest childhood«. Gemeint ist eine Praxis des Hinübergleitens in diese anderen Welten, angetrieben durch intensive Introspektion und Vorstellungskraft. Genauer begründet sie den Unterschied ihrer »schamanischen Reisen« zu Prousts mémoire involontaire in privaten Aufzeichnungen, welche die Entstehung des Romans begleiteten:

> Proust's way. Read about P before launching on A la recherche. Didn't believe village came out of teacup. No, it was all too literary. As literature, character study it was fine. But perhaps if one had that sort of world as a child it will emerge from a teacup. I never knew a world except in books, therefore Proust's Vevay strikes me as a literary reconstruction. When I think of a world I do think of what is described or assumed in continental literature and present in layout of old European towns. Americans seem to manage without this; they don't feel lack of anything and the few great writers have managed to invent an American world.
> Born in Europe and leaving before I was formed – before I could ~~claim either~~ assess how much or little world was left; I am somewhat acutely aware of the lack of a world, I suffer it as some malnutrition or nervous disease.[53]

In der *recherche* richtet sich die Suche auf eine verlorene Zeit, die es im unwillkürlichen Akt wiederzufinden und mit einer weiteren, bewussten Erinnerungsarbeit zu rekonstruieren gilt. Auch bei Taubes geht es um Verlust. Aber im Wissen darum, dass das Verlorene zwar da ist, jedoch zurückgeblieben an den unterschiedlichen Orten, die sie im Laufe ihres Lebens verlassen hat, richtet sich ihre Suche nicht auf das Wiederfinden, sondern auf eine Annäherung an diese Orte im Schreiben. Nur so kann das Verlorene aufgesucht werden, außerhalb des Geschriebenen gibt es für Taubes kein einstiges Leben zu entdecken: »I never knew a world except in books«. In der Literatur treten Geschehenes und Erlebtes über die Zeiten hinweg in Kontakt. Dabei sind die solcherart zugänglich gemachten Welten nicht allein auf sich selbst bezogen, im Gegenteil: Sie stehen im Dialog mit anderen literarischen Welten. Gemeint ist damit allerdings die europäische Literatur, nicht die amerikanische, die in der Regel, so Taubes, nichts von schmerzhaftem Verlust weiß.

Das Ausmaß des eigenen, persönlichen Verlustes wird die Autorin niemals mehr feststellen können, wie sie selber schreibt. Denn der radikale Einschnitt des Ortswechsels setzte in dem Moment ein, als die Heranwachsende gerade erst dabei war, die Welt, in der sie lebte, zu entdecken. Die anhaltenden Auswirkungen der einst erlittenen Trennung aber, fortwährend spürbar am eigenen Leib wie die Folgen einer Mangelernährung, gaben Taubes den Impuls zum Schreiben.

Die schamanischen Reisen hinein in die ersten Jahre in Budapest führten zu den Erlebnissen der Tochter eines orthodoxen Psychoanalytikers und einer Frau, die ihr erträumtes Leben überall suchte, nur nicht in der familiären Dreisamkeit. Das Erlebte scheint als »Fragmente« und »Blitzlichter«

in Erinnerungsnotizen sowie in literarischen Skizzen und Manuskripten auf. Dabei verschwimmen autobiographisches Zeugnis und literarische Schrift: Dort, wo die Autorin ihre persönlichen Erlebnisse notierte, wurden diese sogleich in die Welt der Literatur transformiert. Dies geschah manchmal nur durch die Chiffrierung von Namen und einer Verschiebung der Erzählperspektive von der ersten Person in die dritte, so auch in einer frühen Skizze von Taubes, in der Sophie Blind über die besondere Schwierigkeit, das Kind ihrer Eltern gewesen zu sein, nachdenkt:

> It was difficult to be the child of Rudolf Landsman and his wife, even looking back as a grownup, being the child named Sophie Alexandra Landsman was very confusing it was so difficult and complicated it was really impossible to be Sophie Alexandra Landsman and whoever it was they named, the child refused to believe it.
> So, to begin with, this Sophie A. L. didn't exist
> It is easier today for SAL looking back over many years to think of the child as SAL, than it was for the child itself
> The child did not believe it; (not then, or for many years.)
> The child on its way to school, picking wild chestnuts pondered; who it was and continued to ponder because it did not arrive at an answer, wherever it found itself, on boats and trains, classrooms different countries, at household chores etc
> the child pondered[54]

Im Nachdenken eröffnen sich die Schwierigkeiten auf zwei Ebenen. Sie betreffen die Erfahrungen des Kindes selbst, aber auch die Perspektive, aus der davon berichtet wird. Für die erwachsene Sophie ist die Vorstellung, mit dem Kind von Rudolf und Kamilla Landsmann identisch zu sein, vollkommen undenkbar. Folglich konnte es gar nicht existieren. Über wessen Kindheit sollte sie dann aber schreiben? Sie richtet den Blick zurück, über all die Jahre hinweg, und sieht das Mädchen, dessen Geschichte sie erzählen wird. Sie findet es auf dem Weg zur Schule beim Kastaniensammeln, in einem Eisenbahnwaggon, auf einem Schiff und in den Klassenzimmern unterschiedlicher Länder. Ganz gleich, wo das Mädchen ist und was es tut: Es fragt sich, wer es ist und was es heißt, den Namen seiner Eltern zu tragen.

Als Kind war Susan Taubes, bis sie in die Schule kam, viel allein. Sandor S. Feldman hatte in der Villa in der Pasaréti út eine eigene psychoanalytische Praxis und behandelte dort seine Patienten nach einem strikten Zeitreglement. Einen familiären Alltag, etwa mit gemeinsamen Mahlzeiten, gab es kaum. Dennoch erinnert sich Taubes an viele Dinge, die der Vater an seinen freien Nachmittagen mit ihr unternahm: Spaziergänge, Besuche bei den Verwandten, ein Ausflug ins Wellenbad der berühmten Gellert-Therme oder ins Kindertheater; manchmal war die Mutter mit dabei. Die häufigsten beiden Wörter aber, die in Taubes' Aufzeichnungen in Verbindung mit der Mutter auftreten, sind »absent« und »absence« – »Abwesenheit«. Außerhalb der Pasaréti út lebte Marion Batory das glückliche Leben, das sie weder als Ehefrau von Sandor noch in einer Rolle als Mutter fand. In der Familienüberlieferung ist die Rede von außerehelichen Romanzen und Versuchen, sich eine eigene berufliche Existenz aufzubauen, als Schauspielerin oder mit der Einrichtung eines Modesalons – beides gebilligt bzw. unterstützt von ihrem Ehemann, der ihr sprunghaftes Tun gegenüber den abfälligen Beurteilungen seiner Verwandtschaft mitunter als Symptome einer Neurose rechtfertigte. In der Erinnerung der Tochter beschränkte sich ihre Anwesenheit hauptsächlich auf Geselligkeiten, die Gestaltung des häuslichen Interieurs, um den gesellschaftlichen Status der Familie nach außen zu spiegeln, und Erholungspausen von ihren Ausflügen. Um die alltäglichen Grundbedürfnisse der gemeinsamen Tochter kümmerten sich abwechselnd Verwandte, Kindermädchen und das Hauspersonal.

Es war nicht so, dass im Hause Feldmann keine klaren Vorstellungen von Erziehung herrschten. Im Gegenteil: Taubes' Vater, mit den pädagogischen Debatten seiner Zeit bestens vertraut, vertrat antiautoritäre Prinzipien, ausgerichtet auf die kindliche Entwicklung von Kreativität und psychischer Unabhängigkeit. So schickte er seine Tochter auf die Neue Schule, eine Reformschule der Pädologischen Gesellschaft in Ungarn, die den neuesten Theorien der Entwicklung des Kindes folgte. Dort wurden Mädchen und Jungen aller gesellschaftlichen Schichten gemeinsam in den verschiedensten Fächern unterrichtet, darunter Tanz und verschiedene Sprachen. Neben Englisch wurde auch das Schreiben deutscher Texte in Frakturschrift beigebracht; den meisten Schülern war das Deutsche nicht fremd, da ihre Eltern noch unter der Habsburgerdynastie aufgewachsen waren. Außerdem erlernten die Kinder eine besondere, nach reformpädagogischen Prinzipien konzipierte Schreibschrift, die auf die Herausbildung einer individuellen Handschrift zielte. Wenn ihre Freunde aus dem Gymnasium zu Besuch kamen, machten sie sich über Taubes' steil aufragende, auf ungewohnte Weise miteinander verbundene Schriftzeichen lustig. In ihren Hinterlassenschaften zeugen handschriftliche Dokumente aus nahezu allen Lebensjahrzehnten von Experimenten mit Druck- und Schreibschrift sowie unterschiedlich geneigten Schnörkeln und Buchstaben.

Noch vor ihrem Eintritt in die Schule studierte Sandor S. Feldman am Beispiel seiner Tochter die teils aus der Psychoanalyse stammenden Theoreme der modernen Pädagogik. In zahlreichen literarischen Szenen zwischen dem Analytiker Rudolf Landsmann und seiner kleinen Tochter Sophie verarbeitet Taubes in gelegentlich humoristischer Weise die am eigenen Leib erlebte Kollision von Theorie und Praxis, wie in diesem Entwurf:

> Rudolf defended his philosophy of child raising, both against his family and governesses of the old school. He was prepared for opposition. He was a pioneer. No man is a prophet in his own country [/] household, he quoted. Had they read his last book on the harmfulness of authoritarian discipline on children? Yet Rudolf had his doubts. It should be said he had his doubts about women in general; his own child, however, raised by his principles … But could he make exception of his daughter? It is true that while she was an infant their relation was idyllic; even as stern a critic as his sister-in-law Olga had to admit that Sophie was a perfect baby. As his child grew older, however, indeed, from the time she began to speak Rudolf noted a drastic change. His daughter flew in a rage every time some one spoke to her, even if she was told how sweet she was, what pretty rosy cheeks she had. And before she could properly argue with him she was angered by all his explanations. Part of a child's normal development he tried to reassure himself and explain to her but she just stamped her foot and burst into tears. This is what troubled the father most, her rage and tears – why couldn't he teach her the most basic principle: Not by rage and tears; but reason. He quoted Spinoza; <u>sine ira et studio</u>.
> He quite overlooked that she was a child. Was there something wrong with his daughter? The question would inevitably occur to him since from eight in the morning till nine at night he saw only people with whom there was something wrong.[53]

Auch für das Familienleben im Hause Feldmann galt: Es war nur bedingt als Versuchslabor für die neuen, reformpädagogischen Ideen tauglich. Sandors Schwestern und Schwägerinnen, involviert in das Erziehungsgeschehen als Ersatz für die meist abwesende Mutter, sahen beides kritisch: Zunächst überhaupt den Umstand, dass sich in erster Linie der Vater für die Erziehung von Susan zuständig hielt. Und dann dessen Experimente, die darin bestanden, dass er das Kind bei nahezu allem, was es tat, gewähren ließ. Wutanfälle, stundenlanges Herumstromern mit dem Roller, Exkremente an die Wand schmieren: All dies wurde als wichtige Stufen der Subjektbildung interpretiert. Wenn die Tochter mit ihrem Verhalten an die Grenzen ihrer Umgebung stieß, etwa wenn sie den Nachbarsjungen dazu verleitete, mit einem Regenschirm vom Dach der Villa zu springen, reagierte der Vater darauf mit Fragen, die ihm und seiner Tochter den Sinn ihres Handelns erschließen sollten. Die Versuche, ihre Beweggründe im Gespräch zu rationalisieren, führten bei der Tochter allerdings zu Verwirrung, da sie die Suggestionen ihres Vaters mit den eigenen Motiven nicht in Übereinstimmung bringen konnte, zumal sie diese noch nicht in Worte fassen konnte. So wusste sie oft nicht, ob das, was ihr Vater vermutete, eigentlich eine sie betreffende Wunschvorstellung war, die sie aber nicht erfüllen konnte – oder ob ihre eigenen Bedürfnisse vielleicht einfach falsch waren. Das betraf auch die eigenen Erinnerungen. Der Vater erkundete das Phänomen des frühkindlichen Vergessens, indem er die Tochter mit Ereignissen ihrer ersten Lebensjahre konfrontierte, an die sie selbst sich nicht erinnern konnte. Die Schieflagen, die aus solchen Kommunikationen zwischen Erwachsenem und Kind entstanden, waren Taubes später immer wieder ein Quell für die Verarbeitung in teils komische, teils nachdenkliche Szenen wie dieser Dialog zwischen Sophie und Rudolf Landsmann aus *Divorcing*:

> »Weißt du noch?« leitete Papi immer ihre Sonntagsspaziergänge ein und erzählte ihr von Dingen, die sie getan oder gesagt hatte; von Dingen, die sie gemeinsam unternommen hatten, als sie noch auf der anderen Flußseite wohnten und sie drei Jahre alt war oder ein Baby.
> »Weißt du nicht mehr«, sagte er, »du hattest zwei riesige Teddybären, als du drei warst. Ich habe für das Paar bestimmt fünfzig Pengo bezahlt.«
> »Und was ist mit ihnen passiert?« fragte sie.
> »Du hast sie aus dem Fenster geschmissen! Weißt du das nicht mehr?«
> »Warum denn?«
> »Du sagtest, um sie zu bestrafen.«
> »Warum bist du nicht runtergegangen und hast sie geholt?«
> »Ich war in meinem Sprechzimmer mit einem Patienten beschäftigt. Wir wohnten im fünften Stock. Bis das Dienstmädchen unten angekommen war, waren sie weg. Irgendjemand hatte sie mitgenommen. Zwei wunderschöne Teddybären!«
> Was er über sie erzählte und woran sie sich tatsächlich erinnerte, das gehörte in verschiedene Schubladen. Nur, daß sie sich nicht sicher war, was wirklich ihres war, alles war mit anderer Leute Sachen vermischt: was sie ihr erzählten, Papi, Omama und ihre vielen Tanten und Onkels. Sie brauchte wirklich eine Schublade, wo sie deren Dinge einlagern konnte.[56]

Die Herausforderung, zwischen den eigenen und fremden Erinnerungen unterscheiden zu sollen, begründete im Kind früh das Bestreben, sich seiner selbst zu vergewissern. Das geschah, indem es sich entweder den Zuschreibungen der anderen vollständig entzog oder aber versuchte, diese noch zu überbieten. So war die Dreijährige, Fünfjährige oder Siebenjährige hin- und hergerissen zwischen dem unbändigen Wunsch, das genaue Gegenteil von dem zu tun, was man von ihr erwartete, und diesem erst recht zu entsprechen; mit anderen Worten: Wenn jemand ihr sagte, sie sei ein böses Kind, tat sie alles dafür, um nicht bloß böse, sondern beispielsweise auch selbstsüchtig und herzlos zu erscheinen. Die Reaktionen, die dies wiederum hervorrief, erzeugte auf allen Seiten Unmut und Verzweiflung. Es galt für diese Situationen genau das, was im Entwurf zu *Divorcing* die erwachsene Sophie Blind im Rückblick über die pädagogischen Ambitionen ihres Vaters Rudolf Landsmann schreibt, der angesichts solcher Szenen mitunter seine Theorien doch nicht bestätigt fand und schließlich darüber nachdachte, ob etwas mit seiner Tochter nicht stimmte: »Er übersah einfach, dass sie ein Kind war.«

Ob aus dem Fenster geworfene Teddybären oder einfach die mal aggressive, mal gleichgültige Zurückweisung von elterlichen Zuwendungsversuchen: Geschildert wird, wie die vollkommen gewöhnlichen Versuche eines Kindes, Grenzen auszutarieren, auf mitunter ungewöhnliche Reaktionen der Erwachsenen stoßen, die zwischen Indifferenz und Ratlosigkeit rangieren. Die kindliche Erfahrung von entweder unverständlicher oder gänzlich ausbleibender Resonanz der Eltern animierte Taubes auch über *Divorcing* hinaus zu literarischen Experimenten. Anfang der 1960er begann sie mit der Arbeit an einem für sie sehr wichtigen Text, der Novelle *Lament for Julia* – »Klage um Julia«. Thematisiert wird darin das Problem eines zerrissenen Selbst in höchst stilisierter Form; Taubes selbst bezeichnete ihren Text einmal als »abstract comedy«[57]. Der Ich-Erzähler ist aufgespalten in »Ich« und eine junge Frau namens »Julia«. Aus dieser gespaltenen Perspektive wird das Leben von Julia Brody, geborene Klopps, erzählt. Julia wächst als Einzelkind zweier statisch und unpersönlich agierender Eltern auf; alle drei leben zusammen in einem isoliert liegenden, plüschig ausstaffierten Anwesen:

> Mutter und Vater Klopps hatten die eigenartige Angewohnheit, über Julias drollige kleine Eigenarten in Julias Gegenwart zu sprechen und sie dabei völlig zu ignorieren. Und ob Julia nun einen Knicks machte, was sie tun sollte, oder sich die Hosen herunterzog und ihnen die Zunge herausstreckte, was sie nicht tun sollte, ob sie weinte oder lachte, und auch wenn sie etwas ganz Gewöhnliches sagte oder tat, sie hielten sie stets für das süßeste Ding auf der Welt.

Noch eigenartiger war, dass sie zwar endlos über Julia diskutierten, es ihnen aber nie einfiel, mit ihr selbst zu sprechen. Und auch dann, wenn es ganz selbstverständlich und sogar höchst angebracht gewesen wäre, das Wort an Julia zu richten, weil Julia sich gerade wie ein Quälgeist aufführte, lehnten sie sich lieber zurück und beobachteten die kleine Szene, als säßen sie in einer Theaterloge. Allenfalls bemerkte Mutter Klopps einmal zu Vater Klopps: Wäre es dir nicht auch lieber, wenn Baby Klopps nicht so auf das Klavier eindreschen würde? Oder Vater Klopps sagte zu Mutter Klopps: O je, jetzt zerbricht Baby Klopps auch noch die letzte unserer Ming-Vasen. Doch normalerweise riefen Mutter und Vater Klopps voller Freude: Nun sieh dir nur an, wie schön Baby Klopps Pipi auf den Teppich macht!

Wenn Julia kurz davor stand, aus dem Fenster zu springen oder den Kronleuchter auf den Kopf zu bekommen, betrat zum Glück gleich ein Bediensteter die Szene und schritt wie ein *Deus ex machina* ein, um eine Katastrophe zu verhindern.[58]

In der Lebenswirklichkeit der Autorin Susan Taubes gestaltete sich die Beziehung zwischen Kind und Eltern wesentlich ambivalenter als in dieser zur Groteske stilisierten Szene. Die Erinnerungen an die Gefühle von Unsicherheit und Alleinsein sind überlagert von solchen der Unbeschwertheit und Geborgenheit in der Gegenwart eines Vaters, der physische Stärke und intellektuelle Überlegenheit ausstrahlte. Verwandte und Bekannte beobachteten immer wieder Ähnlichkeiten zwischen Tochter und Vater und meinten damit sowohl die äußere Erscheinung als auch einen herausragenden Intellekt, was dieser nur bestätigen konnte. Dazu hatte er einen mitreißenden Humor. Taubes erinnert sich an das Vergnügen, das sie als Kind empfand, ausgelöst durch seine Maskeraden, Parodien von Verwandten und Bekannten sowie Witze und Wortspiele. In solchen Augenblicken entstand so etwas wie eine ausgelassene Komplizenschaft zwischen beiden, auch wenn dabei die Grenzen von Spaß und Ernst nicht immer auszumachen waren. Dennoch, die Momente von Nähe sollten vor allem in den ersten Jahren nach der gemeinsamen Emigration in die Vereinigten Staaten ein starkes Gewicht bekommen. So zeugen viele Briefe aus den späten 1940er Jahren, die sich die beiden schrieben, als Sandor S. Feldman schon in Rochester lebte und Taubes in den USA und Europa studierte, von großer gegenseitiger Zuneigung und Sorge sowie Vertrautheit und Halt.

Zwiespältig war auch das Verhältnis zwischen Susan und ihrer Mutter Marion Batory. Taubes erinnert sich an ein Kind, das die Mutter für ihre besondere Schönheit und ein Geheimnis, das sie umgab, bewunderte. Zugleich war ihr Verhältnis zueinander von einem uneinholbaren Moment der Fremdheit bestimmt. Die Intervalle der mütterlichen An- und Abwesenheiten in der Villa waren für das Kind nicht berechenbar. Wenn Batory sich zu Hause aufhielt, war es eher die Tochter, die die Aufmerksamkeit der Mutter suchte, und weniger umgekehrt. Folgt man Taubes' Aufzeichnungen, so entsteht das Bild einer Frau, die hastig widersprüchliche Signale von Abwehr oder Wunsch nach Verbundenheit aussandte und damit die eigene Traurigkeit und Resignation darüber kaschierte, dass sie die Tochter schon verloren hatte, bevor sie je eine richtige Beziehung zu ihr aufbauen konnte. Im Roman *Divorcing* gestaltete Taubes mehrere Begegnungen zwischen Sophie und ihrer Mutter Kamilla Landsmann, geboren Ripper, die von einer solchen Spannung gezeichnet sind. Wann immer das Kind den Kontakt zur Mutter aufnahm, gab diese ihr abwechselnd das Gefühl, ein schon nicht mehr erwarteter, aber ersehnter Gast oder ein Eindringling in ihrem Leben zu sein:

> »Wer bist denn du?« sagte ihre Mutter dann in strengem Tonfall. »Was machst du denn hier, du kleiner Fremdling? Das ist doch nicht etwa mein kleines Mädchen – »und dann lachte sie. Scherzte sie oder war es ihr ernst? Ihr Lachen war nicht echt; ihr Gesichtsausdruck war so seltsam, als ob sie jeden Moment in Tränen ausbrechen würde, und ihr Kopf, den sie von einer Seite auf die andere kippte, ließ sie wie eine lebende Marionette aussehen.[59]

Geschildert werden auch Momente von Nähe, etwa wenn Sophie die Mutter auf den Ausflügen mit ihren Bekannten begleitete oder wenn sie sich zu zweit mit der Straßenbahn aufmachten, um die in weniger wohlhabenden Verhältnissen lebenden Onkel zu besuchen und danach in einer Konditorei auf der Donaupromenade bei Kakao und Kuchen zusammenzusitzen. Die Vertrautheit in solchen Situationen hatte allerdings überhaupt keinen Bestand. Allgegenwärtig war dagegen die Ausweglosigkeit eines Doublebind, in die das Kind verstrickt war. In einer anderen Romanszene sucht die Tochter ihre Mutter im Schlafzimmer auf, um Geld für ein Schulbuch zu erbitten. Ihr unvermitteltes Auftauchen löst zuerst eine kurze, aber missglückte Geste von Zärtlichkeit aus, dann eine Kaskade an Vorwürfen:

> »… ein unnatürliches Kind, vom Tage deiner Geburt an. Schon als Säugling hast du mich weggestoßen. Alle Kinder sind Egoisten, aber es ist unnatürlich, wenn ein Kind seine Mutter nicht liebt …« Sie beobachtete ihre Mutter, wie sie auf und ab schritt, sie schimpfte, tadelte, ihr drohte; sie bemerkte die makellos lackierten Fingernägel, das rötliche Gesicht

> mit seinem gebleichten Flaum, die trockenen, blonden Locken. Aus dem weiten Kimonoärmel kam ein Arm hervor und verschwand wieder. Jetzt, als der Arm waagrecht auf sie gerichtet war, tauchte der blaue Papagei auf dem Ärmel lang genug auf, daß sie ihn in seiner Gänze sehen konnte, die verschiedenen Blautöne, etwas Grün, eine Spur Orange – plötzlich löste er sich auf, und er verschwand in der Fältelung, ihre Mutter machte eine plötzliche Bewegung, tat einen Schritt auf sie zu, ihre Arme wie ein Zirkusartist schwingend, der eine komplizierte Figur mit der Peitsche vollführt. Der Anblick war ausgesprochen faszinierend: ihre dramatischen Gesten, die sich verändernde Linie ihres Mundes, die verschiedenen Farben, die im Muster ihres Kimonos aufblitzten, wenn sich die Falten verschoben, das Stampfen ihrer pantoffelbeschuhten Füße – für Sekunden fügten sich all diese Einzelheiten zu dem überwältigenden Eindruck ihrer Schönheit, Majestät, Häßlichkeit – alles an ihr hatte die Schönheit ihrer Porzellanhände; oder aber alles an ihr war abstoßend wie ein verwundetes Tier. Sophie fühlte, wie sie sich unter der Heftigkeit dieser Empfindung auflöste. Es blieb von ihr nur der schematische Umriß und das schmerzhafte Bewußtsein des Kindes im Raum als eine andere Figur, eine unbeschriebene Masse, eine leere Kontur. Teile des Kindes tauchten auf, verschwanden, erschienen wieder – plötzlich, unvollständig, irritierend wie Trugbilder: die scharrenden Füße, die heiß-feuchte Haut eines Gesichts, hinter dem sich Knochen, Hirnmasse, Geleeaugen und Dunkelheit befanden; keiner da in der Dunkelheit, nur Achselzucken.[60]

Im Lichte anderer Passagen im Roman, wie etwa der von Sophie auf dem Seziertisch, aber auch privater Aufzeichnungen von Taubes über eine nicht vorhandene Einheit und Stabilität der eigenen Person, wirkt die Schilderung dieses mütterlichen Ausbruchs wie eine Urszene für den Verlust von innerer und äußerer Integrität. Unter dem überwältigenden Eindruck von Anziehung und Schrecken ist Sophie unfähig, sowohl zur Mutter wie zu sich selbst eine Verbindung herzustellen; stattdessen verteilt sich das »schmerzhafte Bewußtsein des Kindes« genau wie die Bestandteile seines Körpers in einem Raum, der nichts als dunkel ist.

Im Mai 1969, nur ein paar Monate vor ihrem Tod, notierte Taubes im Tagebuch eine Erinnerung an die Erscheinung ihrer eigenen Mutter als eine ganz ähnliche Verbindung von Schönheit, Unnahbarkeit und völliger Unberechenbarkeit. Der Notiz gehen Gedanken über die Frage voraus, warum Männern und Frauen auf dieser Welt nicht in gleicher Weise das Recht zugesprochen wird, fremd zu sein:

A man is born and accepted a stranger; for a woman it is unnatural to be a stranger. She turns strange like milk sours. She turns in on herself, spiteful, tormented, twisted; a witch.
[…]
Exceptions: Liv Ullman who is earthy and lunar. White, silver, cold; something frozen. Inhuman, inorganic, utterly aloof and inaccessible, strange and hostile like the sea, like rocks, elemental and absolutely impersonal (not to be confused with any social style, manner or polish) My mother had something of that quality, except that the beautiful cold white of her hands was not stone but porcelain, which I could not forgive. And then the hysteria when the maid forgot the slice of lemon; to drink it without lemon, or cold a catastrophy!... that something other than earth about her body (she was no family) which I wanted to adore, wanted to believe was magical like snow and always the disappointment when I found it was articles of fashion, utterly mundane with its fussiness irritability at maids, dressmakers …
Nevertheless her jewels and perfumes were magical.[61]

Momente der Identifikation klingen in den Überlegungen der erwachsenen Tochter an: Der Vergleich mit der Schauspielerin, das Maskenspiel mit Äußerlichkeiten, vor allem jedoch die für eine Frau »unnatürliche« Tatsache, nicht dazuzugehören: »she was no family«.

Die Entfremdung in der Beziehung zur Mutter schien früh unumkehrbar, nämlich als die Eltern sich 1938 scheiden ließen und Sandor S. Feldman im Frühling 1939 mit Susan in die USA emigrierte, Marion Batory aber in Budapest blieb. Wenig ist von dem überliefert, was diese in den Jahren von Krieg und Holocaust in Ungarn erlebte. Nach dem amerikanischen Kriegseintritt im Dezember 1941 gab es kaum briefliche Nachricht, und auch später blieben die Erzählungen bruchstückhaft. Nach Ende des Krieges lebte die Korrespondenz wieder auf. Erhalten sind aus der zweiten Hälfte der 1940er Jahre lange Briefe auf Ungarisch, aber auch sorgfältig mit Hilfe eines Englischlehrers verfasste Sätze, in denen Batory das schwierige Leben im Nachkriegsbudapest schildert, ihre Sehnsucht und Bewunderung für die selbstständige und kluge Tochter formuliert, aber auch Sorge um deren körperliches und seelisches Wohlergehen in dem fremden Land. Diese schildert im Gegenzug ihre meist kritischen Eindrücke von Amerika, ihre Pläne für ein Studium in Europa und legt den Schreiben erste selbstgeschriebene Stücke auf Englisch bei, die sich Batory zum Teil übersetzen lassen musste. 1947 gelang es Taubes von London aus, vor ihrer Weiterreise zum Studium in Genf, für knappe zwei Wochen nach Budapest zu reisen, um dort neben der Mutter auch andere Familienmitglieder zu treffen, welche die Judenvernichtung überlebt hatten, darunter die Großmutter Josephin. Batory wiederum gelang im Frühjahr 1948 nach langem Warten auf ein Visum endgültig die Ausreise aus Ungarn, zunächst zu ihrer Schwester Barbara nach London und 1951 in die USA, wo sie die letzten Jahrzehnte ihres Lebens verbringen sollte. Die Wiederbegegnungen zwischen Tochter und Mutter in den Jahren kurz nach Ende des Krieges waren überfrachtet mit unerfüllbaren Erwartungen und Hoffnungen von beiden Seiten; die daraus immer wieder entstehenden heftigen Auseinandersetzungen führten bei der inzwischen Anfang zwanzigjährigen Susan zu Fluchtbewegungen. Den Abstand von Zeit, Ort und Geschehnissen zwischen zwei vollkommen unterschiedlich verlaufenden Leben vermochten beide nicht zu überbrücken.

Die Beziehung zwischen Sophie und ihrer Mutter Kamilla in *Divorcing* ist von ganz ähnlichen inneren und äußeren Spannungen gekennzeichnet. Im Roman wird beschrieben, wie Sophie die erste Zeit nach der Emigration bei der Familie ihres Onkels in Pittsburgh verbringt, während Rudolf Landsman sich um den Aufbau seiner berufliche Existenz in dem neuen Land kümmert, und wie sie dann ihre ersten High-School-Jahre – es sind gleichzeitig die letzten Kriegsjahre – zusammen mit dem Vater in dessen neu erworbenem Haus in Garfield verlebt, wo dieser auch seine Praxis eingerichtet hat. Auf ihren abendlichen Spaziergängen durch die Straßen des Viertels lenkt er immer wieder das Gespräch auf die abwesende Mutter. Die Erinnerung der jungen Sophie aber ist stillgestellt in einem einzigen Gedächtnisbild; es ähnelt schwach einer Fotografie, die ihr die Mutter zum Abschied in einem Medaillon mitgegeben hatte, die auf der Überfahrt aber verloren gegangen war:

> Die periodisch wiederkehrende Frage ihres Vaters »Denkst du manchmal an deine Mutter?« traf sie immer unvorbereitet, brachte sie in Verlegenheit. Es war ihr unmöglich, sich an ihre Mutter zu erinnern. Alle Erinnerungen waren von einem Bild, vereinfacht und isoliert, ersetzt worden, und doch hatte sie einen reelleren Eindruck von ihrer Mutter als zuvor: einer Frau, die sich noch immer durch die Straßen Budapests bewegte, wohin Sophie nicht mehr konnte, einer elegant gekleideten Frau in einer schönen Stadt; einer mit einem großen, blonden Mann verheirateten Dame, ein liebenswürdiger, höflicher Mann, ganz anders als ihr Vater; einer Frau, die vor Sophies Geburt mit einem echten Aristokraten verheiratet gewesen war; einer schönen, fremden, geheimnisvollen Frau, die ihr nie wirklich als die eigene Mutter vorgekommen

war. Die Frage ihres Vaters schmerzte sie, obwohl sie unter Umständen gar nicht an sie gerichtet war.[62]

Der Schmerz gleicht einem Phantomschmerz, denn die Frage des Vaters beschwört keine Erinnerung, sondern reine Imagination. Dazu richtet sie sich an eine Person, die Sophie nicht ist: eine Tochter, die sich der Mutter, ob nah oder fern, gewiss ist, sie schmerzlich vermisst und ihr lebendiges Bild in sich bewahrt. Überblendet wird die Szene von einer anderen: Sophie ist bereits unglücklich mit Ezra verheiratet, sie sitzt mit ihrem Vater im Sprechzimmer seiner Praxis in Garfield, beide betrachten Familienfotos. Eine Fotografie zeigt die Mutter Kamilla als junges Mädchen in nachdenklicher Haltung. Sophie erkennt sie erst nicht, fragt nach und ist enttäuscht, dass Rudolf »seine Erinnerungen an ihre Mutter, als er sie liebte, verdrängt, bevor sie sich in die Möchtegern-*femme fatale* der späteren Fotos verwandelte«[63]. Als sie später am Abend allein im Zimmer verweilt, setzt der Schmerz von neuem ein, als jähes Gewahrwerden der Anwesenheit von Abwesenheit und einer Nähe durch Identifikation, die jedoch keinen Bezugspunkt in der realen Begegnung mit dem anderen Menschen findet:

> Es ist das Gespenst ihrer Mutter, das dieses Haus heimsucht: die junge Frau, die ihre Mutter war, bevor Sophie geboren wurde, deren Leben sie jetzt nachvollziehen muß, in dieselben Umstände versetzt; eine junge Frau, die mit einem Mann lebte, der nie Zeit für sie hatte, der sie nicht ernst nahm, der über Sex nur Witze riß und sie durch seine Gleichgültigkeit kränkte. Die Phantomgegenwart der Frau, die ihr Vater mißbilligte, der Ehefrau, die versagt und ihren Platz eingebüßt hatte, sie war stärker als alles, woran sich das junge Mädchen im Zusammenhang mit ihrer Mutter erinnern oder was sie sich als ihre derzeitige Realität vorstellen konnte; das Phantom war um vieles mächtiger als das junge Mädchen. Es war das Phantom der Mutter, nicht sie, die in ihres Vaters Haus in Garfield lebte, unterdrückt, verängstigt und heimlich, hinter der Maske des jungen Mädchens verborgen.[64]

Hier ist das Phantom nicht die Tochter, die es nie gegeben hat. Das Gespenst ist die Frau, die ihrer Tochter in der Zeit vor deren Geburt viel näher gewesen ist, als sie es als Mutter je war.

In einer der frühen Skizzen für *Divorcing* gleitet die Erzählperspektive unvermittelt, für die Dauer weniger Absätze, von der dritten in die erste Person der Autorin Susan Taubes. Sie schreibt davon, wie sehr sie stets in der Gegenwart ihrer Mutter lebte, auch wenn diese abwesend war:

> a mother leaves a big hole [/] space, I needed a lot of room; that I should replace her step into her role was her accusation, my family's wish, something I had to fight against; it was sheer vacancy I needed, for my own, to be private, to make my own world [/] or let my own gods make me, which excluded all, father, mother etc who made claims on me, tried to mould me.
> It was wrong, how my grandmother spoke about her, and even my father; it was wrong how she reproached me. Still I knew she was a woman robbed of her child; an unwanted, unloved woman. It was her helplessness [/] Some wrong she did which made her so vicious. But it was right with me. Cold. Heartless, unnatural. (many years later, some weeks after my first child was born, she was sent to informal announcement; in her letter, the lines, now that you have a little son perhaps you can be more generous)
> I wanted things as they were. A mother who wasn't there, the possibility of having a real mother, was terrifying.
>
> My mother's outburst though aimed at an innocent object [/] had they not been at my person ~~had more relevance to~~ had greater effect than her coquetry – might have been moved, won over even promise of a relationship – more than my father's attitude of treating our family as a joke. (In either case guilty; but going along with father seemed safer; while I had contempt for safety and survival I had to survive simply in order to atone.)
> Conclude on mother: relationship did not grow; her strength and influence on my destiny in her absence, absence at passover (weak explanations – Judaism religion politics meaningless to her etc) Important thing her absence
> Empty space she left in which I could build something other
> It was not right with her. The false parents and the false child, even if she lived a true life in another world.[65]

Dort, wo die Mutter hätte sein sollen, aber nicht war, setzte die Freiheit ein, sich die eigenen Welten zu schaffen, von der Taubes an anderer Stelle als dem größten Glück ihrer Kindheit schreibt. Genau dann, wenn in der Skizze zum zweiten Mal von diesen anderen Welten die Rede ist, wechselt die Erzählperspektive wieder in die dritte Person. »She«, das Kind, zieht angesichts der von Unsicherheiten geprägten Beziehungen zu Vater und Mutter in Betracht, ein falsches Kind von falschen Eltern zu sein, während sein richtiges Leben an einem entfernten Ort stattfindet. Der längst erwachsenen Autorin hingegen eröffnet die Abwesenheit Raum für ein

Nachdenken über die Mutter im Schreiben; darin gelingt ihr eine Annäherung, die im leibhaftigen Austausch nicht entstehen konnte. Die früheren, abweisenden Reaktionen auf die Tochter, so die Erkenntnis, entsprangen einer Einsamkeit und Hilflosigkeit, die Taubes am Ende vertrauter waren als die Fähigkeit ihres Vaters, jedes auftauchende Problem mit Witz und analytischem Verstand zu rationalisieren, auch die Verhältnisse in seiner eigenen Familie.

Taubes' Eltern hatten die Scheidung vermutlich im Frühjahr 1938 beschlossen; zur selben Zeit begann ihr Vater mit der Vorbereitung für die Flucht aus Ungarn. Unter »Reichsverweser« Miklós Horthy waren die Juden – viele waren seit dem 19. Jahrhundert in bürgerlichen Berufen sozial aufgestiegen – zum bevorzugten Feindbild avanciert. Im Mai 1938 wurden die »Judengesetze« verabschiedet; sie legten die Beschränkung des Anteils jüdischer Berufstätiger in sämtlichen Kammern erst auf zwanzig, dann auf sechs Prozent fest. Schon in den beiden Jahrzehnten davor hatte es im Zuge eskalierender Grenzkonflikte nach dem Auseinanderbrechen des Habsburger Vielvölkerreichs, einer rapide schlechter werdenden wirtschaftlichen Lage und schließlich der ›judeobolschewistischen‹ Béla-Kun-Ära immer wieder Pogrome und Gewalt gegen jüdische Einrichtungen gegeben; jetzt kamen Enteignungen und Zwangsumsiedlungen hinzu. In vielen historischen Abhandlungen wird es als Ironie oder Tragödie beschrieben, dass sich die Juden Ost- und Mitteleuropas nirgendwo mehr mit einer Nation identifiziert hatten als in Ungarn. Spätestens ab den späten 1930er Jahren gab es angesichts des offen antisemitischen Kurses der Regierung keinen Haltepunkt mehr für eine solche nationale Identifikation. Und umgekehrt bot ein Selbstverständnis als überzeugter Ungar keinen Schutz vor Verfolgungen. Unter dem Ministerpräsidenten Gyula Gömbös, Gründer der »Partei der ungarischen nationalen Unabhängigkeit«, auch »Rassenschutz-Partei« genannt, hatten diese bedrohlichere Züge angenommen als je zuvor. Zwar hatte Horthy seinem Ministerpräsidenten 1936 die Unterstützung entzogen, dafür gewann kurz darauf die faschistische Pfeilkreuzler-Partei um Ferenc Szálasi an Kraft; ihre Anhänger verübten auch auf den Straßen Budapests Terror gegen Juden. Dazu kam 1938 das Bündnis mit Deutschland; dessen aggressive Politik fiel mit einer extrem nationalistisch aufgeheizten Stimmung in der ungarischen Bevölkerung zusammen. Als Anlass dafür wurde immer wieder »Trianon« beschworen, Chiffre eines nationalen Traumas. Infolge des Friedensvertrags von 1920 hatte Ungarn etliche Gebiete an die Nachbarstaaten abgeben müssen, im Pakt mit Hitler glaubte man nun, einen Ausgleich für die Demütigung erzwingen zu können.

In dieser prekären Situation beschloss Sandor S. Feldman, der Entscheidung seines Bruders Philip und dessen Frau Gizella zu folgen. Diese waren bereits nach dem ›Anschluss‹ Österreichs fest entschlossen, mit den beiden Söhnen nach Amerika auszuwandern.

Der Zusammenfall beider Trennungen – die Scheidung der Eltern und die Emigration – unterbrach den spielerischen Verwandlungsstrom jener Welten, die sich die mittlerweile Zehnjährige noch immer neu erschuf. Die lustvollen und aufregenden Phantasien, wie etwa eines Morgens als Fisch in einem Gewässer aufzuwachen, von Unbekannten gekidnappt zu werden oder hinter einer vertrauten Tür etwas gänzlich Unerwartetes zu entdecken, wurden abgelöst vom Gefühl, in unterschiedliche Personen auseinanderzufallen, die einander nicht kannten. In Taubes' Roman *Divorcing* erlebt Sophie einen ähnlichen Doppelverlust mit ähnlichen Folgen. Für sie ist die Erfahrung, sich selber fremd zu werden, untrennbar mit dem Umstand verknüpft, Jüdin zu sein:

> Der Tag, an dem alles anders wurde, war so, als stieße er jemand anderem zu, einem anderen Kind. Ein unbestimmter Fremdling versuchte den Betrug zu fassen, den unendlichen Verlust; Verlust der Welt als auch der Person, der sie fraglos gehörte, die gerade begonnen hatte, sich mit der Welt befreunden, welche ja auch seltsam genug war, mit ihren Wiesen, Bäumen und ihrem Himmel, und auch die einzige Welt, die es gab. Plötzlich wurde einem klargemacht, dass sie den Juden nicht gehörte: es war die Welt von anderen Leuten – Ungarn, Deutschen, Franzosen, Russen –, die die Juden unter Umständen eine Weile auf ihrem Boden leben, vielleicht auch ein Haus oder Geschäft besitzen ließen, die sie aber irgendwann wieder loshaben wollten; keiner wollte sie wirklich bei sich behalten. So mußte es wohl sein, Juden sollten sich nirgends in der Welt ganz zu Hause fühlen; die Felder, Obstgärten, Pferde, Rinder, Flüsse und der Himmel waren nicht für die Juden und auch nicht das, was die Juden haben wollten oder haben sollten, denn sie waren von Gott zum Anderssein auserwählt, auserkoren für ein anderes Geschick.
> Der Doppelverlust einer Welt und einer Person, die dieser Welt angehörte, wurde von einem namenlosen Schulmädchen in einer Matrosenblusen-Uniform und hohen braunen Schnürschuhen erlebt. Sophie Landsmann, der Name auf dem Trambahnpassierschein, wer war sie?[66]

›Jüdin‹ lautete die einzige unverrückbare Antwort auf die Frage nach der Identität von Sophie Landsmann. Eine Zuschreibung, die nicht aus ihr selbst kam, sondern die sie fortan als einen von außen verhängten, schicksalhaften Grund für jeden Einschnitt in ihrem Leben hinnehmen musste. Ab jetzt wurde Sophie ihr Judentum nicht nur für die Dauer eines Schabbat-Abends bei der Großmutter bewusst, der wöchentlichen Pflichtübung beim Hebräisch-Unterricht oder einer dahingeworfenen Bemerkung ihres Vaters über den grundsätzlichen Stolz, anders zu sein. Jüdin zu sein bedeutete nun die Aberkennung von jedweder Zugehörigkeit. Damit setzte ein Abhandenkommen von Welt ein, das weder rückgängig gemacht noch künftig verhindert werden konnte. Denn alles, was die Welt ausmachte, war zugleich alles, was die Juden nicht »haben wollten oder haben sollten«.

Das Problem von gewaltsamer Fremdzuschreibung und Nichtzugehörigkeit thematisiert Taubes in vielen ihrer Kurzgeschichten und Romane. Aber nirgends außer in *Divorcing* bindet sie es so explizit an die persönliche Erfahrung, durch eine solche Fremdzuschreibung dazu gezwungen worden zu sein, das Land ihrer Geburt zu verlassen und diesem Umstand gar nichts entgegensetzen zu können. Es ist nicht klar, in welchem Ausmaß Taubes als Kind auf den Straßen von Budapest und in der Schule mit dem Antisemitismus ihrer Umgebung konfrontiert wurde. Verstreute Aufzeichnungen lassen Vorkommnisse wie ein auf den Mantel geschmiertes Pfeilkreuz-Symbol durchschimmern, vor allem aber die wachsende Verunsicherung in Hinsicht auf eine unbestimmte Zukunft.

In einer sehr frühen Skizze zu *Divorcing* – das Kind trägt dort noch nicht den Namen Sophie, sondern das Kürzel »B.« – sind die Auswirkungen der gleichzeitig erlittenen Verluste auf eine andere Weise drastisch charakterisiert, nämlich als plötzliches Ende der Kindheit und erste Todeserfahrung:

> A kind of death
>
> Difficulty placing her the year before the family left for U.S. ~~Villa had been sold, parents divorced~~; don't remember where B's father stayed. A hotel, perhaps. ~~She lived with relatives. Took trolley to school~~. See her in garden of villa; the moment she chose to daydream (because soon she would cease to be a child) is vivid, walking between rosebushes and snapdragons; the morning she was told about divorce. Premonition of loss of childhood more present than political tension, or even the dissolution of family. A year of confirmation; the family that was not family dissolved; childhood ended; a new future: a voyage was almost in order to objectivize a great change. America was a place with very modern white houses and gadgets and the english language which two or three years ago, in a village by Danube, as a capricious summer breeze brought

gypsy melody, at dusk she understood as her destiny. Also, perhaps the first serious and prolonged meditation of death; touch taste of death. Presence [/] Sense of death makes that year of preparations, change, excitement, so strangely void. (Among confirmation: arrowcross chalked on coat [)]. Jew. Jew leaving country which was now dimly grasped in context of world politics – the magical earth and sky, debunked.[67]

Die politischen Ereignisse und das endgültige Auseinanderbrechen der Familie werden überlagert von einer Ahnung, die rasch zur Gewissheit wird: Aus dem, was kommt, werden die Tagträume bald kein Ausweg mehr sein. Die Orte, an denen diese lebendig waren, die Erde und der Himmel von Budapest oder ein Dorf am Fluss, haben ihre Magie verloren. Während das Kind im Garten voller Rosenbüsche und Löwenmäulchen und in den Sommern an der Donau zurückbleibt, tritt die namenlose »Jüdin« die Reise in ein unbekanntes Land an. Es ist dieser Einschnitt, mit dem die Leben dieser beiden Personen auseinandertreten und der damit einer Erfahrung an der Schwelle zum Tod gleichkommt.

Nachdem die Emigration beschlossen war, befand sich die Familie für einige Monate in einem Schwebezustand, man wartete auf die Ausstellung der Visa. 1938, unmittelbar nach dem Anschluss, hatte die American Psychoanalytic Association (APsaA) das Emergency Committee on Relief and Immigration ins Leben gerufen. Ziel der Organisation war es, Analytikern aus Europa die Auswanderung in die Vereinigten Staaten zu erleichtern, sie finanziell zu unterstützen und ihnen dabei zu helfen, im neuen Land beruflich Fuß zu fassen. Aus einem Bericht des Emergency Committee von 1948 geht hervor, dass Sandor S. Feldman schon Anfang 1938 um Hilfe bei der Einwanderung nach Kanada gebeten hatte[68], wo bereits sein Bruder Arthur lebte; diesen Plan konnte er aber aus ungeklärten Gründen nicht realisieren, die Flucht aus Ungarn musste um ein Jahr verschoben werden.

Der 1924 verabschiedete Immigration Act hatte die Einreise von Staatsbürgern aus den süd- und osteuropäischen Ländern in die Vereinigten Staaten erschwert. Insbesondere die Quote für Einwanderer aus Ungarn war mit ca. 400 pro Jahr extrem niedrig. Sandor S. Feldman und vermutlich auch sein Bruder Philip galten allerdings zu dem Zeitpunkt als tschechoslowakische Staatsbürger, da deren Geburtsort Galanta infolge der Gebietsabtretungen zur Tschechoslowakei gehörte, ein Land, für das eine weitaus höhere Einreisequote errechnet worden war. Laut Stempel in Taubes' ungarischem Kinderpass erteilte ihr das amerikanische Konsulat in Budapest am 16. Februar 1939 die Erlaubnis zur Einreise in die Vereinigten Staaten, knappe sechs Wochen ehe die Familie ihre Reise nach New York per Zug und Schiff über Paris, Le Havre und Southampton antrat. Die vorangegangene Wartezeit war angefüllt mit eiligen Abwicklungen und der Errichtung von Provisorien, all dies in vollkommener Ungewissheit darüber, wie es an welchem Ort weitergehen sollte. Marion Batory verließ die Villa und zog mit ihrem neuen Mann in eine Wohnung, das Haus selber wurde verkauft, die Tochter zunächst bei der Großmutter, dann bei Onkel und Tante untergebracht, ihr Vater wohnte derweil woanders, wahrscheinlich im Hotel. Die Zehnjährige sah ihre Eltern nur zu verabredeten Zeiten und meist in Gegenwart anderer Verwandter.

Die ansteigende Geschwindigkeit, mit der in *Divorcing* die letzten Monate und Wochen vor der Abreise von Rudolf und Sophie Landsman erzählt werden, erinnert an die schneller werdende Bewegung von Zylinderkolben einer anfahrenden Dampflokomotive: Eines Morgens die Eröffnung über die Scheidung, der endgültige Auszug der Mutter, im Sommer 1938 ein Ferienaufenthalt in Dubrovnik mit dem Vater und einer Tante, noch einmal mit der Straßenbahn fahren und die Kettenbrücke überqueren, ein letztes Mal Hausaufgaben erledigen, packen, Einkäufe – all dies begleitet von der Beobachtung, dass jedes Detail der vertrauten Dinge und Tätigkeiten an Bedeutung verliert – und schließlich die rasch wechselnden Gefühle von Betäubung und Erregung am Tag, als der Zug den Bahnhof von Budapest verlässt, nach Paris, wo der Vater sie erwartete, er war schon vorausgefahren:

> Auf dem Bahnsteig, kurz vor dem Einstieg in den Waggon, wird die Betäubung durch den zischenden Wasserdampf und die plötzliche Erregung erschüttert, die faßbare Wirklichkeit von Händen, von Körpern, die sich zum letzten Mal umklammern, ermahnen, bis du dich im Zugabteil wieder in Sicherheit gebracht hast. Diese schrecklichen letzten Augenblicke, die man noch auszuhalten hatte, dieses Stillstehen vor dem Abteilfenster wie eine Statue, auf dem Bahnsteig die Familiengruppe, Taschentuch winkend, Gesichter schneidend, Worte formende Münder. Es taucht der Gedanke auf, daß der Zug nicht anfahren wird, die Familiengruppe mit ihren winkenden Taschentüchern und Sophie, ausdruckslos wie ein Standbild beim Fenster, auf immer und ewig. Langsam setzt sich der Zug in Bewegung, ein Ruck, ein kurzes Stampfen; lange stehst du unbeweglich da, während der Zug an Geschwindigkeit gewinnt, Räder singen, Gebäude vorbeifliegen – jetzt hatte ihre Reise begonnen.[69]

Die Ereignisse vor der Abfahrt rasen im Tempo der Erzählung auf den Aufbruch zu, der aber im Moment des Eintritts plötzlich stillgestellt ist. Im

Standbild büßen sowohl die Gruppe der auf dem Bahnsteig Zurückbleibenden als auch Sophie am Abteilfenster an Leben ein; fortan gehören sie alle einer anderen Zeit und einem anderen Ort an, während eine andere Person ihre Reise erst begonnen hat.

Für die Beschreibung des Abschieds von Budapest finden sich unter Taubes' hinterlassenen Papieren mehrere Varianten, die in die letzte Fassung des Romans nicht eingegangen sind. Manche Szenen sind, im Unterschied zu der in *Divorcing*, wie in Slow Motion erzählt. Etwa diejenige aus der unveröffentlichten, längeren Fassung »The Crossing«, in der Sophie zum letzten Mal die wöchentliche Privatstunde bei einer Englischlehrerin besucht. Schon im Mantel, steht sie noch in deren Zimmer und erblickt durch ein Fenster den Himmel über dem beginnenden Grün in einem Garten. Sie denkt daran, dass in all den kommenden Jahren Frühling, Sommer, Herbst und Winter wie gewohnt ihren Lauf nehmen werden, nur ohne sie, und ist sich mit einem Mal nicht sicher, ob sie es schaffen wird, den Raum zu verlassen.

Die Vorstellung, dem Gang vergehender Zeiten nicht mehr anzugehören, ruft einen Trennungsschmerz hervor, der sich augenblicksweise in physischer Erstarrung bemerkbar macht. Die Szene ist eine von vielen, in der das Erleben einer Trennung sich über ungleichzeitige Bewegungen verteilt. Ein solches Auseinanderfallen von Zeitverläufen findet man zum Beispiel auch in einem kleinen Konvolut früher Skizzen. In ihnen erfolgt ein dreifacher Anlauf für die »schamanische« Suche nach dem Kind in Budapest. Das erste Mal setzt sie im Frühling 1938 ein und endet vor dem Gartentor der Villa; durch die Gitterstäbe blickt das Kind und versperrt der Suchenden den Weg:

> She looks for a [/] the child ~~when it still possessed its childhood~~, before the spring of 1938; going back to the house in Buda she always comes up against the locked wrought iron gate, a child looks through the lattice to the house that is no longer her own; the child bars entry, stands guard[70]

Der Satz ist auf einem Zettel notiert, aufgeklebt auf ein vollgeschriebenes Manuskriptblatt, auf dem ein weiterer Versuch geschildert wird: Die Suchende überspringt Frühling und Sommer 1938, verirrt sich in einer in Auflösung begriffenen Umgebung, begegnet sich dabei selbst und erkennt sich kaum, bis sie auch hier an das schmiedeeiserne Gitter stößt. Dort steht abermals das Kind und lässt den suchenden Blick nicht passieren:

> She thinks of the first crossing twentyfive years ago, as incredible today as it was to a ten year old child. (She is) Looking for a child in Budapest,

> ~~at home in its streets~~, difficult to locate her, the house has been sold, she is living with her grandmother, then *relatives, of the doorways she entered the rooms she slept ate no memory* but the child she finds riding on the trolley is already a stranger in the city, it is herself.
> Budapest in the fall of 1938, was a city suspended midair on explosive slogans and posters, a city turning slowly alien, its familiar sights odd and remote, a city that started to recede months before the train she boarded in April 1939 pulled out of the station. It is difficult to place her the last six months. The house was sold. Her parents divorced. Her mother married – She lived with Grandmother first; then Aunt Lea; her father visited her Sundays at his family. She knew he lived in a hotel but not where. She met with her mother a few times in town; once in her new home very briefly. Her new husband, once a constant visitor at their house seemed to have vanished.
>
> standing guard before the gate that she may not cross, or walking down the long gravel path between walnut trees from the house out through the garden gate, the last time; ~~the last walk remains~~ vivid and poignant the last walk is dreamlike eternal, unhappened, something she rehearsed while still living in the villa. The child's ceremonies shroud the real event even while [/] as it took place, whether she knew at all, was there a taxi waiting? someone carrying luggage, she would have to invent all the details …
>
> * see addit material[71]

Das Kind wacht vor dem Hauseingang und ist somit Gehilfe für jene Gedächtnisstrategie, die Taubes über all die Jahrzehnte nach der Emigration zur Überlebensstrategie ausbaute. Gebannt werden im Haus Erinnerungen. Unbewacht würden sie sich aus dem Innern heraus, entlang der Kieswege und der Allee aus Walnussbäumen unkontrolliert Bahn brechen.

Als das Kind zum dritten Mal in das Blickfeld der Suchenden gerät – diesmal erfahren wir, dass es sich dabei um die Romanfigur Sophie handelt –, wendet es ihr den Rücken zu, und das Haus, in dem die Erinnerungen unter Verschluss gehalten waren, ist »unfassbar verlassen«. Wo aber einst Geschehenes und Erlebtes nicht mehr angetroffen werden können, da setzen endgültig Traum, Imagination und Verwandlung ein:

> The child appears once more, for the last time, Sophie sees her in the garden the moment she chose to daydream because soon she would cease to be a child; her back is turned, the house implausibly deserted.

> ~~The child has drawn a magic circle around itself and will not show it's child's face.~~
>
> ~~Months before the train pulled out of the station Budapest began to recede, the city was falling apart~~
> Unstable images of a small child in a tantrum …
> followed by the grim [/] stern, unyielding figure of a person, a mere figure, a little old wizard and somehow theatrical, sheer will and invention, but not the less true. Perhaps all her life she was her own willful invention and could not conceive of being someone any other way. ~~And there is nothing behind the curtain.~~[72]

Im Roman ihres Lebens werden nicht bloß die Details um Sophies Abschied erfunden sein, möglicherweise war ihr ganzes Leben von Anfang eine eigene Erfindung.

Ähnlich wie die unveröffentlichten »Prolegomena« für eine Autobiographie zeugen diese Skizzen vom Versuch, einander entgleitende Perspektiven in eine erzählbare Ordnung zu bringen, ohne dabei den Anschein einer irgendwie gearteten Trennung von Realem und bloß Erdachtem erzeugen zu wollen. Im Versuch der Erzählstimme, das Kind in einer ferner werdenden Topographie zu lokalisieren, wird es selbst, mitsamt der zu ihm gehörenden Erlebnisse, fremd und fragmentarisch. Die Einzelheiten dessen, was ›wirklich geschah‹, müssen erdacht werden, weil sie immer schon von Imaginiertem überlagert wurden. Dazu gehören die probeweise in Gedanken durchgespielten Abschiede genauso wie die Verwandlung eines zornigen Kindes in eine »bloße Figur«: die eines Zauberers – oder die Hauptfigur eines Romans.

Zweimal reiste Susan Taubes nach dem Aufbruch im März 1939 nach Budapest: 1947, auf dem Weg zum Studium in der Schweiz, und im Herbst 1969, während jener sechswöchigen Erinnerungsreise, auf der die jahrelang aufrechterhaltene Strategie, Verlorenes an unterschiedlichen Orten und Zeiten voneinander getrennt weiterleben zu lassen, so heftig kollabierte.

Beim ersten Budapest-Besuch war dies anders, so erinnerte es Taubes am 10. September 1969 im »Budapest Journal«. Darin beschwört sie die junge Frau, die gut zwanzig Jahre zuvor seltsam gefühllos auf das Haus in der Pasaréti út 35 blickte und dabei schon ahnte, dass ihre Reserviertheit das sorgsam gehütete Selbst als Philosophiestudentin aus einer anderen Welt womöglich nicht immer vor einem Ansturm der Erinnerungen schützen könnte:

> Standing before the house twenty years ago I felt nothing. And even the sense of mourning produced by ruins and bombed bridges, part of me

> resented. Wanting this irrelevant episode to be over; to be on the train to Geneva; wanting to read my philosophy book; and afraid to open it in Budapest. Afraid (to find out that) the philosopher was put out of circulation, that very delicate, artificial, invented self.[73]

Schon Ende 1946 hatte Taubes mit ihrer drei Jahre älteren Freundin Judith Brodsky für den Frühherbst 1947 ein Auslandsjahr in Europa geplant, um Kurse an der Universität Genf zu belegen, Exkursionen nach Paris und Rom zu unternehmen und sich dort in der Theaterlandschaft umzusehen. Die beiden hatten sich auf dem Bryn Mawr College kennengelernt. Als sie im Sommer 1947 dann tatsächlich kurz vor ihrer großen Reise standen, hatte Judith ihren B.A. in Philosophie bereits absolviert und strebte fest eine Laufbahn in der Theater- oder Filmbranche an. Susan dagegen war noch am Beginn ihres Studiums, der Tapetenwechsel sollte ihr bei der Entscheidung, in welche Richtung es weitergehen sollte – Philosophie oder Theater? –, helfen. Zur selben Zeit hatte sich Marion Batory bereits seit Monaten vergeblich darum bemüht, Ungarn zu verlassen, um zunächst nach England auszuwandern, wo ihre Schwester Barbara Lantos mittlerweile als erfolgreiche Psychoanalytikerin lebte. In den zahlreichen überlieferten Briefen, die Sandor S. Feldman und seine Tochter 1946/47 zwischen Rochester und dem Bryn Mawr College in Pennsylvania wechselten, lassen viele Andeutungen über die anstrengenden und vergeblichen Bemühungen der Mutter die große Anspannung und ständige Enttäuschung auf allen Seiten nur erahnen. Gleichzeitig wurden neue, optimistische Pläne geschmiedet, für Zusammentreffen in Genf, London oder sogar in den USA; wenn alle Stricke reißen, sollte Susan nach Budapest reisen. Als es schließlich so aussah, als würde es Batory tatsächlich gelingen, mit Hilfe eines russischen Visums nach London auszureisen, beschloss Taubes, den für September geplanten Aufbruch nach Europa in den Sommer vorzuverlegen und zunächst allein, ohne Judith, nach London zu reisen, um dort die Mutter zu treffen. Das Wiedersehen bei »Aunt Barbara« kam jedoch nicht zustande. Anhand der Briefe, die Sandor S. Feldman und seine Tochter zwischen Rochester und London wechselten, läßt sich der Grund dafür rekonstruieren: Wegen politischer Umwälzungen – die Parlamentswahl in der Republik Ungarn mit Sieg der Kommunistischen Partei stand bevor, die damit abgesetzte Partei der kleinen Landwirte war faktisch jetzt schon entmachtet – war entweder ihr Ausreiseantrag oder das bereits bewilligte Visum spontan für ungültig erklärt worden; neue Regelungen waren noch nicht amtskräftig. Innerhalb weniger Wochen fand sich jedoch ein Ausweg: Ebenfalls im September wurde in Budapest eine Industriemesse abgehalten. Taubes erhielt in ihrem Pass einen Stempel, der sie als Vertreterin einer amerikanischen Geschäftsfirma auswies. Anstatt dass also die Mutter zu ihrer Tochter nach London reiste, flog diese nun für zwei Wochen über Prag nach Budapest, das erste Mal seit dem Abschied im März 1939.

Aus der Zeit des Europaaufenthaltes sind viele Korrespondenzen überliefert, vor allem zwischen Taubes und ihrem Vater. Es sind lebendige Berichte von den Erlebnissen in London, Paris und Genf. Von den Briefen indes, die Taubes zweifelsohne aus Budapest schrieb – das lässt sich Repliken und Anspielungen in anderen Briefen entnehmen –, sind keine erhalten.

Davon, was sie in jenen zwei Wochen empfand und erlebte, zeugen nur die wenigen verstreuten Rückblicke im zwanzig Jahre später entstandenen »Budapest Journal« und eine literarische Verarbeitung in *Divorcing*. Darin widmet Taubes ein ganzes Kapitel der Reise von Sophie, die 1947 mit einem Businessvisum von London nach Budapest fliegt und dort der Mutter Kamilla und anderen überlebenden Verwandten begegnet.

Geschildert wird, wie Sophie dem veränderten Gesicht der Stadt ihrer Geburt begegnet; diese liegt zum Teil in Trümmern, und das Leben in ihr ist von der russischen Besatzung geprägt. Die Wahrnehmung von sich selbst als »Heimkehrerin« vergrößert nur noch den Abstand von Zeit und Geschehnissen, der sie von den Dortgebliebenen trennt, und verstärkt damit das grundsätzliche Gefühl von Nichtzugehörigkeit:

> Und jetzt – auf russisch besetztem Boden, wenn auch nur für die zehn Tage der Industriemesse mit einem Sondervisum, das Vertretern amerikanischer Geschäftsfirmen ausgestellt wurde, zu denen Sophie nicht einmal dazu gehörte – verstärkte sich für eine Außenstehende nur das Gefühl der Unwirklichkeit dieser Stadt, die nicht einmal sich selbst ganz real vorkam.[74]

Fast beiläufig werden die Spaziergänge, vorbei an der eingestürzten Kettenbrücke und durch das mühsam wiederbelebte Geschäftsviertel, vom nicht abreißenden Redestrom der Mutter begleitet. Diese erzählt von den aufgestapelten Leichen am Donauufer nach den massenhaften Erschießungen von Juden durch die Pfeilkreuzler noch kurz vor Kriegsende, von den Luftangriffen der Alliierten und wie die Befreiung durch die sowjetische Armee auch neue Gewalt brachte. Seltsam substanz- und emotionslos blieben die Berichte darüber, wie sie selbst mit einer Mischung aus Zufällen und Hilfe von nichtjüdischen Freunden der Deportation durch die deutschen Nationalsozialisten entgangen war. Kamillas dritte Ehe, so erfährt Sophie zudem, war ebenfalls in die Brüche gegangen, zudem gestaltete sich das Alltagsleben mit den materiellen Engpässen und der Ungewissheit, wohin die unruhigen politischen Neuordnungsprozesse führen würden, schwierig.

Das Gefühl, nicht dazuzugehören, äußert sich bei Sophie in Beklommenheit und Sprachlosigkeit, wenn die Verwandten zwischen ungläubiger Wiedersehensfreude und heiteren Berichten über ihr jetziges Leben immer wieder, entweder betont sachlich oder mit plötzlicher Ausdruckslosigkeit, von den Erlebnissen während des Krieges berichten: Die Familienmitglieder, die auf dem Weg nach Auschwitz umkamen, der Onkel, der »als alter Mann« aus Buchenwald zurückgekehrt war, die Großmutter, die mit Kindern und Enkeln bei ungarischen Bauern versteckt überlebte und beim Anblick von Sophie als Einzige vollkommen haltlos ihren Gefühlen von Bitterkeit und Trauer über das Geschehene freien Lauf lässt.

Von Ernst, Befangenheit und einem Anflug von Romantik gezeichnet ist die Erzählung ihrer Begegnung mit Peter, einem Sandkastenfreund und Nachbarsjungen aus der Pasaréti út. Er überredet sie dazu, gemeinsam die Villa aufzusuchen. Es folgt eine Szene, die leicht als eine weitere Blende im Ensemble der drei frühen Skizzen über das Kind am verschlossenen Gartentor gelesen werden kann:

> Sie standen vor dem hohen Eisentor, das mit einem Vorhängeschloß verschlossen war; sie tat einen kurzen Blick auf das in den Hügel gebaute, mit rotem Stuck verzierte Haus am Ende einer Allee von Walnußbäumen, dann starrte sie auf seine Hände, die die Eisenstäbe umklammerten; sie rührte sie nicht an. Er zählte ihr die verschiedenen Bewohner des Hauses auf, seitdem sie es verlassen hatten. Jetzt gehört es Regierungsbeamten. Sie erwartete in sich ein Gefühl von Enttäuschung oder ein bißchen Rührung, empfand aber gar nichts. Das Haus, welches ihr auffiel, war hinter einer stattlichen alten Villa eingequetscht, zur Linken von Büschen umgeben und auf der anderen Seite von einem kleineren Haus flankiert, hinter dem sich ein hoher Apartmentblock erhob; diese Gebäude bedrängten jetzt so auffällig ihr Gesichtsfeld, daß es sie überraschte, wie sie diese so völlig hatte vergessen können.[75]

Die beginnende Verwandlung des Kindes, das in den frühen Entwürfen der erwachsenen Erzählerin mal das Gesicht, mal den Rücken zuwendet, ist in der Passage des Romans vorerst vollendet. Hier steht im Jahr 1947 die achtzehnjährige Sophie vor dem Gitter und bannt die dahinterliegenden Erinnerungen und die mit ihnen verbundenen Gefühle. Sie bleiben verschlossen, bis Sophie das Land ihrer Kindheit wieder verlässt und damit außer Sichtweite ist. An Ort und Stelle werden Erlebtes und Erlittenes nicht zugänglich, dafür entsteht im Augenblick der zeitlichen und räumlichen Entfernung eine Topographie des Traums:

> Die zehn Tage sind vorbei; auf dem Nachtzug nach Genf verläßt sie langsam die Benommenheit, die sich in Budapest auf sie gesenkt hatte. Sie entsinnt sich des Fluges von Prag: vor zehn Tagen, früh am Morgen, als die Maschine die Vorgebirge der Karpaten überflog, wo die Donau sich nach Süden wendet; wie sie die Donauschleife erblickte, wurde sie vom Gefühl der Heimkehr ergriffen; durch die dicke Glasscheibe starrend, stemmte sie sich gegen den Ansturm der Empfindungen, von längst vergangenen Sommertagen, auf Tränen nicht gefaßt. Es war nicht der richtige Moment in ihrem Leben, um sich an den Geruch der Donau bei Visograd zu erinnern; und sie ging behutsam durch zehn Tage hindurch wie in einem Traum, in dem es zwecklos ist, die auf der Straße liegenden Goldstücke aufzuheben, weil man in einem Zimmer in einem anderen Land aufwachen wird, ohne diese herrlichen Münzen, nur mit dem Gefühl, schrecklich betrogen worden zu sein.[76]

Der Ansturm der Empfindungen kann gebändigt werden, wenn auch nur mit Behutsamkeit. Im Roman tritt für Sophie der »richtige Moment«, sich zu erinnern, erst mit ihrem Tod ein. Im Sarg, auf dem Seziertisch, im Stadium der Verwesung beginnt sie zu erzählen.

Gab es für Taubes einen solchen Moment? Antwort gibt ein Brief, den sie auf ihrer letzten Reise 1969 an eine Freundin schrieb. Ihren Ungarnaufenthalt hatte sie für eine zweiwöchige Exkursion in den Balkan, in die Türkei und nach Griechenland unterbrochen. Wieder zurück, lagen jetzt die letzten beiden Wochen in Budapest vor ihr. Im Schreiben (sie schickte es nicht ab, sondern legte es dem Tagebuch bei) rekapituliert sie noch einmal ihre Begegnung mit der Pasaréti út 35, die sie schon im »Budapest Journal« beschrieb:

> Also there have been moments of shattering anguish, going back to the old house; I wasn't sure it was the right house, it had been painted yellow, and I didn't remember the green shutters, till I saw the steps on the side leading up to the front door, but no wooly black dog, no child, no Papi with a walking stick would come up or down those steps, and the thought that I had become that child, the gap of thirty years and simply that it could happen to that or any child to turn into someone else was just unbearable and while I cried some voice kept repeating, »but they didn't rob you of the house; your father sold it« which wasn't the point of course. And unexpectedly in Transylvania sitting down in a gays dining

with music and dancing place full of young attractive people, the hideous death of my cousins came on me with a grief I had ever felt. Once my soul had a fireproof steel door (it let a lot of smoke through but never mind) and I think I have too extravagantly celebrated its demolition.[77]

Im »Budapest Journal« wie auch in den Aufzeichnungen aus den Jahren davor schreibt Taubes davon, sich das Leben nehmen zu wollen, zuerst als Wunsch, zuletzt als festes Vorhaben. Gleichzeitig ließ ihre Behutsamkeit im Umgang mit der feuerfesten Stahltür, die ihre Seele umgab, im Laufe der Jahre nach. Was auf den Stationen ihrer letzten Reise durch den Türspalt quoll, war nicht bloß Rauch, sondern die unbeschreibliche Wucht der Empfindungen. Das Erlebte ließ sich nicht mehr fern von dem Zimmer, in dem man aufwachte, ablegen; es konnte unerwartet und an jedem erdenklichen Ort in die Gegenwart gelangen. Die bis dahin nicht gekannte Trauer um die ermordeten Cousinen überkam Taubes in einem rumänischen Tanzlokal, die eingefroren geglaubte Erinnerung kam zum Leben an einem sonnigen Tag im September 1969. Diesmal hielt kein Kind Wache vor dem Eisengitter, auch keine Romanfigur, die aus Angst, betrogen zu werden, die Erinnerung im Haus und auf den Straßen Budapests liegenlässt. Diesmal stand dort die Autorin Susan Taubes, ganz außerhalb der Welt der Literatur.

Mit den Eltern, Budapest ca. 1930

4. Pittsburgh

Taubes' literarisches Autobiographie-Projekt trägt die Züge einer radikalen Synthese von Kunst und Leben. Die späteren Tagebuchaufzeichnungen zeugen allerdings davon, dass die Erkundung ihres Lebens im Schreiben immer öfter an Grenzen gelangte. Im »Budapest Journal« schilderte sie am 16. Oktober 1969, einige Wochen nach der Wiederbegegnung mit dem Haus ihrer Kindheit und wenige Tage vor der Rückreise nach New York, wie ihr die Literatur als Ort für das Leben abhandenkommt: »Take a walk in the dull sun, crying is useless and my walking through streets I must be lying in bed somewhere in reality I feel so sick and the knowledge that this is not a book I'm writing or a dream.«[78]

Über den Unterschied zwischen Literatur und Leben lässt Taubes im Roman *Divorcing* die Protagonistin Sophie nach einem morgendlichen Erwachen reflektieren; auch hier ist der Anlass dafür ein Verlust, nämlich die Trennung von ihrem Geliebten namens Ivan:

> Bücher waren besser als Träume oder das Leben. Ein Buch endet nie, wie es das Leben tat, abrupt, unvermittelt; auch nicht wie ein Traum mit einem unbeholfenen Zappeln und einem Gefühl von Betrogensein; sondern wohlwissend und taktvoll bereitet es den Leser auf den Schluß vor. Zwischen Leben und Traum war eigentlich kein allzugroßer Unterschied, sosehr die beiden auch miteinander zankten, stritten, sich gegenseitig auszutricksen versuchten. Anders war nur ein Buch. Von vornherein weiß man, wo man ist: man ist in einem Buch, und ob die Handlung jetzt in Paris oder in New York oder auf dem Mond oder an nicht näher bestimmtem Ort sich abspielt, man weiß zumindest, daß man in einem Buch ist. Vielleicht fliegt man gerade, oder man befindet sich in einem Hotelzimmer in einem Balkandorf und liest ein Buch, oder man liest oder schreibt in einem anderen Zimmer oder in der eigenen Küche, während die Kinder schlafen. Man kann träumen, ohne zu wissen, daß man träumt. Man kann wach sein und sich fragen müssen, ob man träume, und

man kann es nicht glauben. Aber ein Buch ist und bleibt ein Buch – dessen kann man sicher sein. Und ob man ein Buch liest oder schreibt, man ist dabei auf jeden Fall wach. Die Frage stellt sich gar nicht. Der Gedanke, ein Buch zu schreiben, gefiel Sophie aus all diesen Gründen. In einem Buch wußte sie, wo sie war. Denn mochte es auch noch so verwirrend, stümperhaft und doppelsinnig sein – ein Buch war und blieb ein Buch.[79]

Anders als Taubes in ihrer Tagebuchnotiz rückt Sophie auch den Traum in die Nähe des Lebens: Im Gegensatz zu einem Buch bedeutet das eine wie das andere Orientierungslosigkeit sowie die Gefahr eines unkalkulierbaren, jähen Endes. Das Schreiben jedoch ermöglichte beiden, Susan Taubes und Sophie Blind, den vielen Personen, als die sie sich sahen und die ihre Leben an unterschiedlichen Orten lebten, Gestalt zu geben. Ob Paris, New York, Budapest oder der Mond: Anfang und Ende der Geschichten, die sich dort abspielten, konnten der Autorin des Romans und der Autorin *im* Roman sicher sein.

Was ein Leben ohne Schreiben bedeutete, erfuhr Taubes, und zwar auf ihrer letzten Reise, da war der Roman über das Leben von Sophie Blind bereits geschrieben und gerade frisch gedruckt (ein Belegexemplar wurde aus New York nach Budapest geschickt).

Im »Budapest Journal«, gleich nach dem Satz über das schmerzhafte Gewahrwerden, sich außerhalb von Poesie und Traum zu befinden, formuliert Taubes den Grund für diesen schwindenden Kontakt zwischen Leben und Schreiben ganz deutlich:

> General nausea of West, frenetic, terminal stage of disease, pathological, booming, fevered, despaired perhaps specific revulsion at American which could not be aired in Western Europe which was in just slightly less ghastly throes of same fever, this drove me to go to Eastern Europe perhaps more than the need to revisit country I left at the age of ten. Toward the latter my ~~feelings~~ emotions are more conflictual, than that of most exiles toward their country of origin, because of my feeling on not having left. I did not myself chose the decision was made for me, and this has left me in a sense open to the country in a dangerous and completely irrational way (as well as closing myself to it by a necessary kind of overcompensation just as irrationally all the years I lived in America) – It's as if part of me simply hasn't accepted the fact of my having left, refuses to accept my American (really not white American [/] complex post Hungarian) self and longs for some kind of impossible restitution and reintegration.[80]

Der geäußerte Widerwille hat mit Amerika zu tun, seiner Kultur und Lebensweise, die Taubes in Briefen und Aufzeichnungen immer wieder als oberflächlich und geschichtsvergessen, roh und gewalttätig kritisiert; vor allem aber ist es das Land, in das sie gegen ihren Willen transplantiert wurde. Die Verwandlung der darauf folgenden Jahre in ein »amerikanisches« bzw. »postungarisches Ich« war nie vollständig und immer nur vorläufig; Taubes vollzog sie mit aller Macht, um den Teil in ihr zu schützen, der sich fortwährend, über alle Zäsuren hinweg, nach Wiedergutmachung des zugefügten Verlustes sehnte, im Wissen, dass dies niemals geschehen würde. In jenem Herbst 1969, als die Erinnerung mit Wucht ihr Eigenleben entfaltete, kam die Vermittlung zwischen den verschiedenen Ichs, die sie im Schreiben vollzog, zum Erliegen. An deren Stelle trat die Erkenntnis, dass die Erfindung der anderen Personen immer nur ein unzureichender Ausgleich für den stetigen Mangel war, gefährlich und unzugänglich für den Verstand. Das damals erschaffene amerikanische Ich, als Ersatz für alles Verlorene, sollte Taubes das Überleben in der neuen Welt sichern; jetzt schien es fragil und künstlich.

In den Jahren des Schreibens aber wurden daraus viele Geschichten von vielen Personen, gegossen in Skizzen, Erzählungen und schließlich zusammengehalten durch die Kapitel eines Romans. Eine dieser Geschichten endete im Frühjahr 1939 auf einem Bahnsteig in Budapest, eine neue begann Wochen später auf dem Boden der Vereinigten Staaten von Amerika, dazwischen nahm wiederum eine andere ihren Anfang auf der R. M. S. Aquitania, die gerade im Hafen von Southampton ablegte.

Der 1914 fertiggestellte Passagierdampfer trug den Beinamen »The Ship Beautiful« und galt auch fünfundzwanzig Jahre später noch als modern und komfortabel. Erste und zweite Klasse waren ausgestattet mit Speisesälen im Stil Ludwigs XVI., Gartenlounges und einer Schwimmhalle. Eine auf farbigem Glanzpapier gedruckte, mehrseitige Passagierliste weist Taubes und ihren Vater (»Dr. S. Feldman« und »Miss J. Feldman«) sowie dessen Bruder mit seiner Frau und den beiden Söhnen (»Mr. L. F. Feldman«, »Master G. Feldman«, »Mrs. Feldman«, »Master L. Feldman«) als Reisende der zur »Touristenklasse« aufgewerteten dritten Klasse aus. Die Räumlichkeiten dort boten mehr Annehmlichkeiten und Privatsphäre als die stickigen Unterdecks der sogenannten Auswandererklassen älterer Schiffe. An die Überfahrt von Southampton nach New York erinnern zweierlei Schilderungen: zunächst kurze biographische Fragmente in Taubes' Unterlagen und dann ein Abschnitt in *Divorcing*, der von Sophies Erlebnissen an Bord handelt. Hier wie dort erscheint die Transatlantikpassage als ein

Ort des Übergangs, an dem alles Nachdenken über Vergangenheit und Zukunft in weite Ferne rückt. In den unveröffentlichten Notizen wird davon berichtet, wie das Mädchen durch die Gänge des Luxusliners rennt, während die Familienmitglieder sich seekrank in ihren Kabinen aufhalten. Die Wege führen vom Rauchsalon der Touristenklasse, wo die Passagiere dicht aneinandergedrängt sitzen, in die Räume der ersten Klasse: einen Ballsaal mit Kronleuchter oder einen eleganten Schreib- und Lesesalon. Auf der Suche nach dem Gymnastiksaal, wo sich ein mechanisches Pferd befinden sollte – so heißt es in der Niederschrift der Erinnerungen –, gerät sie in einen Matrosentrakt und schließlich, wie Karl Roßmann in Kafkas *Der Verschollene*, in den Heizungsraum des Schiffes. Ab hier wird die Szene überblendet von einem leicht surrealen Moment:

> [...] the boiler room even though the noise is enough to make anyone run, the relentless regularity with which those pistons move up and down is hypnotic. After a while the noise penetrates you, your own bones vibrating, you do not hear noise and perhaps if you stared at those pistons long enough you would die. Flash of furnace gate ripped open, to be fed with fresh coals; concentrate on sheen, muscled back of stoker glistening in the flare. See those red girls dancing in the flames.[81]

In das hypnotische Geräusch der stampfenden Dampfmaschinenkolben mischt sich die Vision von tanzenden Mädchen in den Flammen des Heizkessels. Aus einem losen Fragment desselben Konvoluts erfährt man, dass es sich bei den Gestalten um die vergangenen Ichs der Erzählerin handelt – »Past selves burning in a cauldron« – , verschlossen hinter einer feuerfesten Kesseltür, aber: »every so often the stoker pulled the door of the furnace open and you saw those red girls dancing in the flames«[82] – jedes Mal, wenn der Heizer diese Tür öffnete, waren sie zu sehen.

In der finalen Fassung von *Divorcing* wird die Fahrt auf Hoher See – auch hier mit einem Schiff namens Aquitania – zu einem Ort, an dem Trennungsschmerz und Angst vor dem, was kommt, für die Dauer der Passage vollständig suspendiert sind. Die Erregung des Augenblicks und die Erwartung von Veränderung gehen mit einer Befreiung von den gewohnten Fremdzuschreibungen einher, die Sophie noch an der ungarischen Grenze erfahren hatte. Dort war es zwischen ihrer Tante und dem Zöllner zu einem Wortwechsel über die Frage gekommen, ob sie und ihre Cousins nun jüdische Kinder oder jüdische Ungarn waren. Auf dem fahrenden Schiff aber, diesem »Nicht-Ort« (Augé), wo nur die Gegenwart zählt, hätte Sophie »gern den Rest ihres Lebens verbracht«[83].

Für Taubes selbst war das Reisen im Verlauf ihres Lebens zur Obsession geworden, davon zeugen nicht nur die Visastempel unzähliger Länder in ihren Reisepässen. Die persönlichen Aufzeichnungen aus ihrem letzten Lebensjahrzehnt, darunter auch ein Traumtagebuch, berichten davon, dass sich die Träume häufig auf Schiffen, in Flugzeugen, Zügen und Autos abspielten. Dazu beschreibt sie wiederholt die palliative Wirkung des Unterwegsseins, zum Beispiel in einem Journal, das sie im Herbst 1969 während ihres Balkan-Abstechers von Budapest aus führte:

> When the futility of one's life becomes unbearable, pain and hardship often offer a relief and introduce an element of necessity. Travel is an almost sure (and socially acceptable) way of providing necessities. Lodging must be found from day to day in strange cities. The bed, the bath, the meal become urgent necessities for the exhausted, [x], hungry traveler.[84]

Für Taubes nahmen die alltäglichen Notwendigkeiten auf einer Reise Dimensionen an, welche die täglich empfundene Not zu überlagern vermochten. An anderer Stelle, in einem Fragment mit dem Titel »Indecision«, schildert sie ihre eigene Ruhelosigkeit beim Planen einer (See-)Reise; diese führte dazu, dass sie sich noch nicht einmal unterwegs, schon an Bord des jeweiligen Schiffes, der richtigen Route versicherte, denn: »So much the better, not to know where one is going, as long as one has left.«[85] In Zeit und Raum dazwischen – nach dem Aufbruch und vor der Ankunft im Ungewissen –, hielt der Zustand von Erleichterung an, genauso wie die Freiheit, keinem Ort fest angehören zu müssen. Weder abrupte Trennungen noch künftige Gefahren können im Ich das alte Maß an Verunsicherung und Betäubung auslösen, solange es auf Reisen ist.

In *Divorcing* erkundet Sophie, ähnlich wie das Mädchen in Taubes' früherem Entwurf zur Überfahrt, die drei Klassen, die sich ineinandergreifend über mehrere Decks erstrecken. Ihre Streifzüge enden jedoch nicht mit der flüchtigen Begegnung im Feuerschein des Dampfkessels; die in Ungarn gebliebenen Ichs bleiben außer Sichtweite. Dafür findet sie sich am reich mit Utensilien ausgestatteten Schreibtisch eines Lesesalons wieder; dort beginnt sie, in ihrer neuen Sprache, dem Englischen, zu schreiben: »Sie mußte ihre Sätze noch mühsam mit Hilfe des ungarisch-englischen Wörterbuchs zusammenbauen, was sie oft dazu verführte, etwas eigentlich Unbeabsichtigtes zu schreiben, nur um das zufällig im Wörterbuch erspähte Wort auf ihrer Seite unterzubringen.«[86]

Die erste große Schiffsreise als ein passagerer Ort: An ihm siedelte Taubes die Urszene für ein Schreiben an, das vom Augenblick eines Übergangs und von Fremdheit geprägt ist. Sie selbst erwähnt in ihrem Anschreiben von 1964, das sie dem Romanexposé für das Radcliffe Institute for Independent Study beilegte, den Wechsel vom Ungarischen ins amerikanische Englisch als eine wichtige Station auf ihrem Weg als Schriftstellerin. Zwar hatte sie schon als Kind, inspiriert von Volksballaden und Legenden, lange Versepen auf Ungarisch verfasst. Auch sind aus ihren ersten zwei amerikanischen Jahren vereinzelte Briefe in ihrer Muttersprache überliefert, geschrieben an Verwandte. Englisch aber wurde und blieb die Sprache der Autorin Susan Taubes. Gleichwohl vergaß sie das Ungarische nicht. Über all die Jahre entwickelte sich die Zweitsprache in einer zwar meist unsichtbaren und unhörbaren, dennoch überaus starken Präsenz der Sprache ihrer Kindheit. Als Taubes dann während ihrer letzten Reise zum ersten Mal seit langem wieder Ungarisch sprach, zeigte das Englische plötzlich sein »fremdes Gesicht«, und ihr wurde die Spannung bewusst, welche die Koexistenz beider Sprachen unmerklich in ihr erzeugt hatte:

> I'm at home in it and I'm afraid it's beginning to have an effect on my feeling about English. A kind of alienation sets in. My acquired language shows its foreign face, it is not mine, not inside me but an external acquisition I handle. I become aware of the tension of the effort of maneuvering the language like a tem of horses (like in the worst moment of writing, and of my dissatisfaction with English. Why are the words, expressions so pale, abstract, colorless, inert compared to my native tongue?[ )][87]

Die Passage aus dem »Budapest Journal« ist eines der seltenen Dokumente, in denen Taubes äußert, sie fühle sich »zu Hause«. Der Ort, an dem sie sich heimisch fühlte, war nicht etwa Budapest im Jahr 1969, sondern die Sprache, mit der sie aufgewachsen war. Im Kontrast dazu verlor das Englische, das ihr jetzt mehr denn je durch die Umstände der Emigration wie von außen aufgezwungen vorkam, an Farbe und konkreter Ausdruckskraft. Ein paar Jahre vorher beschrieb Taubes in der Bewerbung für das Radcliffe Institute dies »Gespann« (»tem«) aus einander fremden Sprachen noch als »Stimulus« für erste Schreibversuche: »Change of language was a stimulus: I sat down with a Hungarian-English dictionary and wrote an impossible novel and some short stories one of which won the high school prose prize.«[88]

Als Schülerin und Studentin hatte Taubes erste Erfolge mit diversen Kurzgeschichten auf Englisch, sie alle drehen sich um Auswege aus Situationen von Fremdheit und Einsamkeit. Zunächst sind die Schauplätze noch das Familienleben und die Schule (*Resolutions and a Pink Hat*; *The Imperfect*

Crime), dann ist es ein Universum, in dem weder die Sterne noch Gott zu einem sprechen (*Time of Midnight Snow*; *The Phoenix*). Etliche der später in den 1960ern entstandenen Erzählungen handeln passagenweise vom Spiel mit dem Wörterbuch selbst, von einer besonderen Sensibilität für die Gestalt eines Wortes, unabhängig von jedem Satz- und Sinnzusammenhang. In *Klage um Julia* etwa berichtet der Ich-Erzähler von Julia als Schulmädchen, die ein Wort bestaunen konnte, »wie ein Kind vor dem Schaufenster einer Konditorei«:

> Wir verbrachten glückliche, selbstvergessene Stunden damit, im Wörterbuch zu lesen. Welch ein Schatz von Visionen! Das Wort *archaisch* beschwor uralte Männer mit dünnen weißen Bärten herauf. Aus grauen Knochenhaufen erhoben sie sich riesig und hager, und ihre Bärte flatterten wie Fackeln im Wind. Am meisten liebte sie die sanften Wörter: *Schatten* hatte einen sanften Klang, sanft wie der Wind und die Flamme der Fackeln.[89]

Die Erzählung *Dr. Rombachs Tochter* berichtet von Marianna, der heranwachsenden Tochter eines Psychoanalytikers. Um der Einsamkeit im Haus des Vaters zu entfliehen, sitzt sie nachts am Küchentisch und beschwört, ähnlich wie Julia ihre Visionen, ganze Welten allein aus der Betrachtung einzelner Wörter:

> Sie mochte es einfach, nachts lange aufzubleiben. Sie konnte Stunden damit verbringen, einfach nur im Wörterbuch zu blättern. Manchmal schrieb sie einzelne Wörter heraus und arrangierte sie in Gruppen. Marianna liebte Wörter. Wörter waren ihr einziges Mittel, um sich etwas zu vergegenwärtigen. Die Dinge blieben für sie im Außen und abgetrennt von ihr. Das Blau, das sie sah, die Traurigkeit und die Scham, die sie empfand, die flatternde Motte auf dem Lampenschirm, das alles blieb ihr fern. Doch die Wörter, *blau*, *Traurigkeit*, *Scham*, *Motte*, die gehörten zu ihr. Das Wort *blau* war mehr als das Blau des Himmels oder ein Stück blauer Samt. Alles Blaue war in dem Wort *blau* eingefangen. Die Welt war wie eine Wand. Ihre Objekte waren ihr fremd, bis sie sie benannt hatte. Dann erst ließ der Himmel sie ein. Sie nannte Dinge bei ihren Namen, und sie kamen zu ihr wie Tiere. Manchmal fütterte sie sie. Manchmal boten sie sich ihr als Nahrung an. Manchmal setzten sie sich auch auf ihr Herz und verschlangen sie.[90]

Die Arrangements aus Wörtern vermitteln zwischen Marianna und einer ihr fremden Welt; sie machen lebendig, was vorher starr und abweisend schien, die Grenzen zwischen innen und außen werden durchlässig. Und umgekehrt ermöglicht ihr erst das eigene Fremdheitsgefühl, Wörter als etwas anderes zu sehen als bloße Träger von Bedeutung und Mittel zur Kommunikation: Wörter sind Farben, Klänge und Lebenselixier.

Im Lichte solcher Erzähl-Passagen erscheint die Szene mit Sophie im Schreibsalon, während sie den Atlantik überquert, als Gründungsszene eines Schreibens, für das die Position der Fremden überhaupt erst Voraussetzung ist. Der Wunsch aber nach einem anderen Ich, das an die Stelle des zurückgelassenen tritt, entsteht, als sie wieder festen Boden unter den Füßen hat.

*

Einen Tag nach ihrer Ankunft in New York am 14. April 1939 reiste die Familie weiter nach Pittsburgh im Bundesstaat Pennsylvania. Dort wurde sie empfangen von Sandors und Philips älterem Bruder David; dieser war schon vor dem Ersten Weltkrieg nach Amerika gekommen und lebte jetzt gut situiert als Geschäftsmann in Pittsburgh. Seinen beiden Brüdern mit ihren Familien hatte er eine kleine Wohnung in einem der weniger wohlhabenden Viertel besorgt. Mit seinem Beruf als Psychoanalytiker konnte Sandor in Amerika nicht nahtlos an seine erfolgreiche Karriere in Ungarn anknüpfen. Um für sich und seine Tochter eine Existenz aufzubauen, musste er wie alle eingewanderten Analytiker eine staatliche Prüfung zur Erlangung der ärztlichen Zulassung absolvieren – die Vorbereitungen dafür dauerten in der Regel zwei Jahre. Dazu musste er Geld verdienen und sein Englisch perfektionieren. In Pittsburgh, zu jener Zeit Metropole der amerikanischen Stahlindustrie (mit dem Ruf, schmutzigste Stadt des Landes zu sein), war das alles jedoch nicht möglich. Ein Bericht des Emergency Committee on Relief and Immigration, einer 1938 von der American Psychoanalytic Association ins Leben gerufenen Hilfsorganisation zur Unterstützung aus Europa eingewanderter Analytiker[91], verweist auf einen langwierigen, bürokratischen Prozess, den auch Sandor S. Feldman durchlaufen musste, bevor er in den USA praktizieren konnte. Zunächst versuchte er, die Zulassung durch die pennsylvanische Behörde zu bekommen, und wurde dafür sogar, was eine absolute Ausnahme darstellte, vom vorgeschriebenen praktischen Jahr befreit – die entsprechenden Prüfungen bestand er jedoch nicht. Daraufhin beschloss er, den Antrag auf ärztliche Zulassung erneut zu stellen, diesmal im Bundesstaat New York; die dort vergebenen Approbationen hatten den Vorteil, auch in den meisten anderen Teilen des Landes gültig zu sein. So wurde ein Arrangement getroffen: Während Sandor nach New York City ging, um dort den Weg für ein künftiges Leben in Amerika zu bereiten, sollte die elfjährige Susan bei Onkel, Tante und den beiden Cousins in Pittsburgh bleiben; fortan trennte sie eine Luftlinie von fünfhundert Kilometern. Bis ihr Vater so weit war, dass er mit der Tochter im Herbst 1941 nach Rochester ziehen konnte, erst in eine Wohnung und dann in ein Haus mit eigener Praxis, vergingen zweieinhalb Jahre.

Wenig ist in Taubes' Hinterlassenschaften über diese Zwischenstation ihrer Biographie dokumentiert. *Divorcing* widmet ein paar kurze Passagen Sophies Erinnerungen an die Zeit – hier sind es ganze drei Jahre –, die sie nach ihrer Ankunft in Amerika bei Verwandten in Pittsburgh verbringt. Von einer Schule mit chaotischen, lärmenden Klassen ist die Rede und davon, wie sie in dem Einwandererviertel nahe dem East-Liberty-Bezirk, wo sie wohnt, zum ersten Mal ein »jüdisches Ghetto« erlebt, neben dem irischen und italienischen. Erzählt wird auch, wie es mit Beginn des Krieges endgültig keine Hoffnung mehr auf Rückkehr gibt und wie die Nachrichten von den Deportationen die Wohnblocks in Pittsburgh erreichen. Dort überlagern sie einen Alltag, wo man Schmutz und Armut durch Konsum zu entkommen versucht:

> [...] die Todeslager waren näher und wirklicher als die Drugstores, die sie im Vorbeigehen mit den bunten Bildern von riesigen Süßtafeln und Eiscreme-Soda-Drinks verspotteten; vielleicht befand sie sich selbst in einem dieser Todeszüge; vielleicht hatte eine Maschinengewehrkugel ihr gerade die Kehle durchbohrt; die Straßen zwischen ihrem Heimatblock und East Liberty, auf denen sie sich herumtrieb, wurden zu einem unbeschrifteten Niemandsland, während sie sich mit ihrem wirklichen oder scheinbaren Ich, das auf der anderen Seite geblieben war, wieder vereinte.[92]

Während die Ereignisse auf der anderen Seite des Atlantiks an Realität und Gegenwart gewinnen, verliert das Leben in Pittsburgh die Signaturen des Wirklichen. Unwirklich bleibt dieser Abschnitt im Leben von Sophie auch für den Leser: An ihm gleiten die Eindrücke auf nicht einmal vier Romanseiten vorbei wie aneinandergereihte Bilder in einem Traum. Dazu gehört auch das Bild der zweigeteilten Sophie: Der Teil von ihr, den sie während der Schiffsüberfahrt weit entfernt gewähnt hatte, ist nun wieder da und erleidet das Schicksal der Zurückgebliebenen, Seite an Seite mit demjenigen, der sich auf den unwirklichen Straßen im Niemandsland bewegt. Ein versuchter Ausweg aus dieser Mesalliance von »wirklichem« und »scheinbarem Ich« war für Sophie die Fortsetzung des auf dem Schiff begonnenen Spiels mit den Wörtern der neuen Sprache:

> Dann waren da die Stunden, die sie mit Schreiben zubrachte; nachdem alle anderen schlafen gegangen waren, wurden die Worte lebendig; von ihren Formen und Farben in Bann geschlagen, befand sie sich in einem Zauberwald und suchte nach Schätzen, fern der Welt, in der Worte häßliche Laute waren, die den Leuten aus dem Munde sprangen. Es waren nur Worte aus einem Wörterbuch; dieses Glück hatte nichts mit ihr zu tun, das sah sie ein; sie stand ihm sogar im Wege. Sophie Landsmann war ein Hindernis, das getilgt werden mußte.[93]

Anders allerdings als das naive Glück des Schulmädchens in *Klage um Julia* beim Vernehmen bestimmter Wörter, anders auch als Marianna in *Dr. Rombachs Tochter* (orig. *Dr. Rombach's Daughter*), die in das Leben, das die Wörter zu erzeugen vermochten, hineingezogen wurde – sie kamen zu ihr, setzten sich auf ihr Herz und verschlangen sie –, bleibt Sophie in dieser Szene außerhalb einer solchen Lebendigkeit. Ihr Wunsch, der Welt von Farben und Formen aus dem Wörterbuch anzugehören, konnte nur erfüllt werden, wenn sie jemand anderes wurde.

Am 30. August 1947 schrieb Sandor S. Feldman aus Rochester einen Brief an seine Tochter Susan nach London, erste Station ihres einjährigen Europaaufenthalts. Das Schreiben beginnt mit einem Rat an die Tochter über den Umgang mit Vergangenem:

> Nietzsche says: the greatest achievement a human being can make is to forget the insults of the past. I am bearing this always in my mind and try to accomplish it. The same I suggesting for you and to you, for consideration. This refers to your Pittsburgh experiences with the Fieldmans and with me.[94]

Was Taubes zuvor an den Vater über ihre Erfahrungen damals in Pittsburgh geschrieben hatte, ist nicht überliefert. Seine Replik aber lässt durchschimmern, dass diese noch nachwirkten, als sie längst schon ein anderes Leben führte, als junge Studentin, die allein eine Reise auf den anderen Kontinent unternahm, die mit viel Energie dabei war, ihren sehr unabhängigen Intellekt und eine ganz eigene Kreativität in die Bahnen einer beruflichen Perspektive zu lenken.

Wenige Zeugnisse aus Taubes' Nachlass berühren die Monate bei der Familie ihres Onkels; sie legen nahe, dass es eine schwierige Zeit war, geprägt von Heimweh nach dem Vater und der Selbstbehauptung in einer als feindlich wahrgenommenen Umgebung, ohne jeglichen Halt durch vertraute Personen und Anreiz durch Interessantes oder Schönes. Die größtenteils fragmentarischen Erinnerungen, die Taubes in den 1960er Jahren niederschrieb, dann aber doch nicht wie geplant in den Roman einbaute, lassen nachträglich vieles von dem, was sie als Kind tat und dachte, in die Nähe des Nietzsche-Wortes rücken, das ihr der Vater später in seinem Brief ans Herz legte: »Es gehört sehr viel Kraft zum Vergessen dazu, um leben zu können.«

Taubes' unveröffentlichte Entwürfe zum Pittsburgh-Kapitel erzählen zunächst von Sophies Erinnerungen an ihre Versuche, zu vergessen. Dabei ringen sie mit einer kaum aufzulösenden Dialektik, die jedem Wunsch nach Vergessen inhärent ist. In einem der Fragmente erreicht Sophie »total oblivion«, und zwar hinsichtlich aller Erinnerungen an Budapest, die sie auf den Straßen von Pittsburgh mit sich herumtrug, sowie der Jahre in Pittsburgh selbst.[95] An anderer Stelle begegnet ihr das in Budapest gebliebene Kind ganz plötzlich auf ihren einsamen Spaziergängen durch die Pittsburgher Straßen, so als wolle es sie – Sophie – an ihre besondere Verantwortung für dieses Kind erinnern: »as if the child were more real than she, her true strength, as if she had a responsibility to this child«.[96] In einem dritten Fragment schließlich stellt es sich Sophie in den Weg, um gegen deren Versuch zu protestieren, die ersten zehn Jahre ihres Lebens zu amputieren und sich in eine Person ohne Wurzeln und Bindung zu verwandeln – »someone without roots or attachments«[97].

In weiteren Fragmenten ließ Taubes die Erzählerin, hier trägt sie das Namenskürzel »B.«, sich erinnern. Das konnte diese aber nur, indem sie dafür verschiedene Charaktere aufrief. In deren Erleben hatte sie die unterschiedlichen Facetten der Geschehnisse nach der Ankunft in Amerika ausgelagert. Die Charaktere sollten B. helfen, sich in den neuen Verhältnissen zu orientieren, als Vermittlerinnen zwischen ihr und einer Umgebung, in der unbekannte Regeln galten. Schließlich wurde daraus ein halbes Dutzend:

> In the spring preceding the outbreak of the war some half a dozen personages entered the U. S. under the Tyrolian flannel cape of little Maria Theresa Staubmann. The moment the passport official scrutinized her papers than her face, his eyes returning to the passport photo then again to her face until he was satisfied that she was it and it was she, B though only ten crossed over into adult life.
> Among the personages she smuggled in under her cape were M[x], the little Orphan girl, the witch in snowhite, ~~old Krauss~~, and good Anna.[98]

Im Unterschied zu »person« oder »personality« bezieht sich das hier verwendete Wort »personage« auf repräsentative Eigenschaften realer oder imaginärer Charaktere, etwa einer historischen Gestalt, auch einer Figur in einem Theaterstück oder Roman. Entsprechend durchlebten die verschiedenen Figuren, die Maria Theresa Staubmann – auch sie eine *personage* – unter ihrem Tiroler Umhang durch die amerikanische Passkontrolle schmuggelte, die darauffolgende Zeit wie in einem Schauspiel. Sie wurden hervorgezogen, wenn die Szene es erforderte, und traten ab, wenn ihre Eigenschaften zum Bühnengeschehen nicht mehr passten.

Aus verschiedenen Einzelfragmenten wird deutlich: Die Lebensdauer dieser »Personae« – auch diese Bezeichnung aus der antiken Theaterwelt taucht einmal auf – war unterschiedlich. Während die »kleine Waise« oder »Mary Jane« von der Bildfläche verschwanden, bevor sie zu Akteurinnen im Zusammenleben der durch die Emigration zusammengewürfelten Familie werden konnten, wartete die schöne und starke Hexe, inspiriert von Disneys *Snow White*, vergeblich auf ihren Auftritt. »Good Anna« entstand, als B. den großen Ortswechsel in ihrem Leben zum Anlass nahm, sich selbst als eine neue Person zu entwerfen, liebenswert und hilfsbereit. »Good Anna« bot ihrer Tante Unterstützung an, wann immer es ging. Aber egal ob sie die Windeln ihres kleinen Cousins wechseln wollte oder einen Koffer tragen: Die Tante wies sie zurück, sie solle sich um ihre Puppen kümmern. Sobald »Good Anna« aber in ihr Spiel vertieft war, begann die Tante sie herumzustoßen. In Wut geriet sie wegen dieser Zurückweisungen nie, dafür wurde sie täglich dünner, bis sie nicht mehr zu bemerken war. An ihrer Stelle wurde »St. Theresa« B. s Ideal. Die Heilige Theresa im Lumpengewand nahm Übergriffe und Anschuldigungen lächelnd hin und verrichtete jede Arbeit als einen Auftrag Gottes. Um diese Maske der Persona zum Leben zu erwecken, war allerdings die Spur einer Identität notwendig, wenn sie im Sinne von B. agieren, sie schützen und nicht bloß eine Imitation ihres unerreichbaren Ideals sein sollte. B. aber konnte nicht an Gott glauben, und schon gar nicht an einen, um dessen Gnade willen man leiden müsse. Sie ersann neue, selbstbewusste Figuren, die sich in Konflikten mit dem älteren Cousin behaupten konnten und den Anweisungen der Tante entzogen: »Sexy Tess«, »Crazy Mary«. Ihr aufsässiges Verhalten provozierte Bestrafungen durch den Onkel. Die ganzen Anstrengungen, um in den neuen Lebensumständen zurechtzukommen, nutzten die Masken eher ab, als dass sie B. dabei halfen. B. aber überdauerte die selbst erfundenen Rollen und resümiert:

> B reviewed the situation: there was her Uncle whom she feared, her Aunt who bossed her around and would not grant her niece an opportunity to please her, Cousin Frank whom she could not abide, and her little cousin

to whom she would have gladly been a big sister if the Aunt had not kept him jealously for herself.[99]

Verstreut in Taubes' Nachlass finden sich andere Erzählfragmente, in denen die Eindrücke aus Pittsburgh weniger abstrakt, dafür dichter und plastischer zu kleinen Geschichten und Anekdoten verarbeitet sind. Auch in ihnen geht es um das Erfinden von Rollen als Mittel zum Überleben. Sie thematisieren die Gedanken- und Gefühlswelten, denen der Wunsch danach überhaupt erst entspringt, dazu die Begegnung mit einem Medium, das diese Art von Verwandlungskunst befördert: dem Film. Immer steht im Erzählmittelpunkt ein etwa zehnjähriges Mädchen, das fern von Vater und Mutter sein Leben bei Verwandten in einer ewig von Ruß und Staub verhangenen Stadt verbringt. Der Onkel arbeitet Tag und Nacht, die Tante schwitzt in der Küche und schickt die Kinder auf die Straße mit Geld für Eis und Kino.

Pittsburgh war insbesondere in den 1940er und 50er Jahren bekannt als »Rust Belt« und »Hell with the Lid Off«. Die Anlagen der Stahlwerke zogen sich um die gesamte Stadt, riesige, mit Rost überzogene Rohre der Hochöfen beherrschten die Skyline. Der Ausstoß aus den Schornsteinen war so heftig, dass die meisten Gebäudefassaden schwarz waren; oft konnte man die oberen Stockwerke im Smog nicht erkennen. Auch bei strahlendem Sommerwetter war der Himmel von einem trüben Gelb.

In ihren Erzählfragmenten fängt Taubes das Leben unter dieser Dunstglocke ein. Eines beginnt damit, wie das Mädchen Sheila mit seinem Cousin am Bahnsteig einer »East End Station« steht – der zunächst ausgeschriebene Name »Pittsburgh« ist im Manuskript durchgestrichen –, um die Vibration der vorbeifahrenden Züge zu spüren. Sheila, im Gefühl, vom Gemisch aus metallischem Lärm und Geschwindigkeit gleich in Stücke gerissen zu werden, erinnert den Cousin an ihr eigentliches Vorhaben, nämlich ins Kino zu gehen:

> – Let's go, George, she said.
> They stood grounded till at least the last coach rolled by tracksetting into the far. George turned, loosened his arms and sopped his sweat-swathed face in his sleeve.
> – Come on, he called roughly into the air – we'll be late for the show.
> She followed him out into the street breathing her way from the thick small cloud into a larger one that held the whole city. Slapping air grayfogged and grainy with cinders, darkly exhaled from round about towering chimneys filled out the cupping curve of the sky, streamings of

> sunlight filtered through grim veils; pale streamings rapped hotly down upon the city and rebound dagger-like from store windows.[100]

Der beschriebene allgegenwärtige Schmutz auf den Straßen erschwert das Atmen und verschleiert die Sicht auf alles, was sich außerhalb des Nebels aus Rußpartikeln befindet. Zugleich vermischt er sich mit Sheilas eigenen Verstrickungen in negative Gefühle: Scham, weil der Cousin sie als plumpe Erscheinung in Kleidern aus dem Five and Ten Store sah, Schuld gegenüber dem Vater, der sich ihretwegen Vorwürfe und Demütigungen von den Verwandten bzw. bei der Arbeit gefallen lassen musste, Undankbarkeit, weil sie, obwohl es jeden Tag genug zu essen und anzuziehen gab, sich in ein völlig anderes Leben wünschte, und sei es in eine vollkommenere, dafür noblere Art von Armut, in der man mit Stolz und Würde bestehen konnte.

Wenn sich das Unbehagen zu einem Gefühl von Panik und dem Wunsch zu sterben steigert, ist das Kino für Sheila ein Zufluchtsort. Für die Dauer eines Films bleiben Beklommenheit und Angst draußen auf den Straßen, während drinnen, im Lichte des Leinwandgeschehens, die verborgenen Träume von Schönheit und Leidenschaft mit einem Mal als reale Möglichkeiten erscheinen:

> Knifing flash of panic. But in the darkly domed movie-house, shuttered in peace, it will be cool and silent. Everything stilled for them, the shrilling streets made to recede for them; there will be only the sensuously dreamy mooding with their passions breathing from the screen. There, from the dark seat, yearning to be drawn in with them, into the thrilling depth and purity of feelings unfolding in the music of eyes and movements and voices; blissful tension of inwardness lit up, sung out from darkness and depth; there, in the ethereal light-world of passionate beings, to feel the tightly compressed power, the life and beauty locked in the breast stream out, warmly exfoliating, radiant. Someday I shall be lifted into that world where the radiance clenched in everlasting night shall be spread out in brightness everywhere she thought; someday the fist will unclench and turn gentle and giving and all of heaven shall pour down unceasingly flooding everything.[101]

Nicht nur löst sich unter dem Eindruck von Tönen und Bewegung aus der Lähmung eine Hoffnung auf Veränderung, bezogen auf ein künftiges Leben außerhalb des Kinos. Auch an Ort und Stelle vollzieht sich eine Anverwandlung, die physisch spürbar wird. Als Sheila noch im Bann einer Verfilmung von Emily Brontës *Wuthering Heights* ins hell erleuchtete Foyer des Kinos tritt, meint sie in jedem Winkel ihres Leibes Cathy zu sein, jene tragische

Gestalt in Brontës Roman, die im Kindbett stirbt, aus Kummer über eine unerfüllte Liebe, die noch über den Tod hinaus ihren Geist umtreibt:

> Even when she saw the picture for the third time, when she already knew the ending, still, she hoped that Cathy would not die without unclenching her breast. But it was lovely that she did.
> »I am Cathy,« she thought and wished that the world were lit by blue glass tubes that softened everything into a faerylandish hue; […].[102]

Schuld, unstillbare Sehnsucht, Todeswunsch: Es sind Gefühle und Gedanken, die im alltäglichen Nachdenken darüber immer nur neue Angst und Scham auslösen. In der Identifikation mit den typisierten, endlos reproduzierbaren Leben im Film hingegen werden daraus Bestandteile einer verzauberten Welt, in der alles seine immerwährende und richtige Bedeutung hat. Ein anderes kurzes Fragment mit der Überschrift »The Movies«, vermutlich eine Skizze zur Erzählung von Sheila, erklärt, was aus dem cineastischen Vergnügen eine existenzielle Erfahrung macht:

> Entered a world of myth, where every scene of the passion was happening eternally. Each moment, every stance gesture, cast in some imperishable precious metal. The two children running down the slope of the heaths were outside of time. On her way home, in the lit up streets, confusion of traffic, back to the house, she was assured that Cathy was still standing by window in her long nightgown. Repetition: played over again, in the same way, inalterable, happening all time.
> A world utterly different from her own, in which lives formed an enclosed figure a store, developing toward a fulfillment, simplified, purified, definite complete. While in reality all was confused, indistinct, ephemeral, without beginning or end.[103]

Wie im Mythos bleiben Akteure und Szenerien in einem Film verlässliche Größen; ihre Handlungen und Schauplätze sind ein für alle Mal festgelegt und an die je eigene Bestimmung gekoppelt. Cathy stirbt, aber indem ihr Sterben wiederholbar ist, bleibt es lebendig, genauso wie die damit verbundene Hoffnung, ihr Begehren würde doch noch zu Lebzeiten erhört werden.

Was in *Divorcing* für Sophie ein Buch im Gegensatz zum Leben darstellt, ist für Sheila in »Two Children« das Kino im Gegensatz zur unverständlichen und unberechenbaren Welt, in der sie lebt. Zwischen Anfang und Ende eines Films war es möglich, das sonst sorgfältig unterdrückte Spektrum an Gefühlen und Phantasien immer neu zum Leben zu erwecken, ohne sich der Hoffnungslosigkeit oder Lächerlichkeit preiszugeben.

Susan Taubes war eine Kinogängerin. In den unveröffentlichten Pittsburgh-Texten siedelt sie die Entdeckung des Films in den ersten amerikanischen Jahren an, direkt nach dem Sprung in eine andere Welt mit einer unbekannten Sprache und fremden Gesetzen. Aus biographischen Notizen geht hervor, dass sie sich als Elf- und Zwölfjährige in einer Woche bis zu acht Filme angesehen hat. Western und Abenteuerfilme, Romanzen und Horrorstreifen. Sie waren eine Quelle der Inspiration, der Ablenkung und der beruhigenden Gewissheit, dass es außerhalb der sie umgebenden Enge Orte gab, an denen sie eines Tages nicht mehr das Mädchen sein würde, das auf den staubigen Gehwegen Schaufenster betrachtete und sich durch Hintereingänge in die Filmpaläste stahl, wenn das Geld nicht für den Eintritt reichte. Stattdessen würde sie selbst Teil von Geschichten auf der Leinwand sein, die dann vor anderen Betrachtern abliefen. Das Kino blieb für Taubes, nach dem Theater, ein Faszinosum. In ihrer Londoner Zeit verfolgte sie ernsthaft eine Theaterlaufbahn, der Film blieb nebenbei eine Option. Bei einem Vorsprechen mit John Burrell, Ko-Direktor des Old Vic, verpasste sie knapp ein persönliches Treffen mit dessen Kollegen Laurence Olivier, Darsteller von Heathcliff in *Wuthering Heights*; dafür konnte sie bei dem Filmregisseur David Lean mit einer Drehbuchidee für Dostojewskis *Brüder Karamasow* vorstellig werden (der fand Taubes und ihr Skript zwar prinzipiell vielversprechend, letzteres aber zu jugendlich pathetisch). Später, als Studentin in Paris, besuchte sie mit Vorliebe Filme europäischer Avantgarderegisseure wie Claudio Gora oder Jacques Becker. Noch während ihrer letzten Budapest-Fahrt sah sie sich mehrere Filme des Ungarn Miklós Jancsó an. Dass sie in ihren literarischen Entwürfen aus den 1960er Jahren den Hollywood-Kassenschlager *Wuthering Heights* als Projektionsort für Sheila wählte, lag sicher auch daran, dass der Film – uraufgeführt in den USA am 13. April 1939, einen Tag nach Taubes' Ankunft auf der Aquitania – mit großer Wahrscheinlichkeit zu ihren allerersten Kinoerlebnissen in Amerika gehörte. Betrachtet man Szenen aus dem Film oder ein Kinoplakat, verblüfft die äußerliche Ähnlichkeit der Darstellerin von Cathy, Merle Oberon, mit Taubes als etwa Zwanzigjähriger.

Der Übergang von den »Slums« – so Taubes – in Pittsburgh zum soliden Einfamilienhausviertel in Rochester war mit einigen Zwischenstationen versehen. Eine haargenaue Chronik der Ereignisse bis Herbst 1941 lässt sich nicht rekonstruieren. Sicher ist, dass Susan den Sommer 1940 in einem Ferienlager bei Buffalo, nahe der Niagarafälle und dann bei Verwandten im nicht weit weg gelegenen kanadischen Hamilton verbrachte. Erhalten sind einige Briefe, die sie aus dem Ferienlager an ihren Vater und die Verwandten in Pittsburgh auf Ungarisch schrieb. Die Äußerungen der Zwölfjährigen sind von einer teils wohlkalkulierten Ambivalenz. Einerseits bezeugen sie deutlich ihre Bemühungen, den Erwartungen der Familie, das Mädchen möge eine sorglose Zeit im Camp verleben, zu entsprechen. Andererseits geben sie ein Unbehagen in der abermals fremden Umgebung zu erkennen, das für sie den Aufenthalt in der geplanten Länge von zwei Monaten unmöglich macht. So berichtet sie von verschiedenen Aktivitäten wie Reiten, Schwimmen, Theaterspielen und ihrer Begeisterung für einen der männlichen Betreuer; einmal ist von einem »Roman« die Rede, an dem sie schreibt. Dann äußert sie wieder den festen Willen, auf keinen Fall den ganzen Sommer im Ferienlager zu verbringen, wo die Kinder ihren neuen englischen Namen zu »Suzanne« verballhornen und ihr bescheinigen, sie sähe gar nicht jüdisch aus – »nicht, dass ich jüdisch wäre«[104], kommentiert sie. Dass die Sommerferien für Susan nicht sorglos waren, zeigen auch detaillierte Beschreibungen von Albträumen in den Briefen an ihren Vater, versehen mit der Bitte, diese für sie zu deuten. So beschreibt sie etwa, wie sie in einem Traum – geträumt auf Englisch, wie sie schreibt – den Verstand verlor. Sie fragt darin ein älteres Mädchen nach dem aktuellen Monat, dieses antwortet »January« – Januar, der Monat von Taubes' Geburtstag. Bei der Träumerin beschwört die Antwort jedoch ein unangenehmes vergangenes Erlebnis. Sie wurde aufgefordert, ein Wort auf Ungarisch zu sagen. Daraufhin sprach sie das Wort »gyönyörű« aus – »wunderschön«. Wegen des ähnlichen Klangs aber nahm ihr Gegenüber an, es sei das ungarische Wort für »January«. In die Verzweiflung über das sprachliche Missverständnis mischt sich schließlich der plötzliche Eindruck, die Mutter befände sich in London, und die Träumerin empfindet den unbedingten Drang, herauszufinden, ob diese noch lebt.[105]

Das Geträumte war in jeder Hinsicht symptomatisch für Taubes' derzeitige Situation, geprägt von Nichtzugehörigkeit, Verlust und Ungewissheit. Die strukturierte Beschreibung des Geschehens und der Wunsch nach Interpretation zeugen hingegen von einer ungewöhnlichen intellektuellen Reife der Zwölfjährigen sowie einer Sicherheit im Rationalisieren mentaler Abläufe. Dazu kam eine stark ausgeprägte Expressivität. Die Verbindung dieser Eigenschaften machte sie oft zur Einzelgängerin, die auf ihre Mitmenschen Anziehung ausübte, aber auch Ratlosigkeit hervorrief. Abwechselnd provozierte und verblüffte sie ihre Umgebung mit drastischer Kritik bzw. Interessen, die ihre Altersgenossen kaum teilten. Mit einer Mischung aus Abgeklärtheit gegenüber Alltäglichem und überbordendem Enthusiasmus für bestimmte Dinge, wie etwa fürs Schreiben oder fürs Theater, legte Taubes als Heranwachsende den Grundstein für ein Außenseitertum, das ihr auch später in High School und College den Ruf einer extremen Individualistin einbrachte. Dazu kam ein ausgesprochener Widerwille gegen alles, was auch nur den Hauch einer Erziehungsanstalt umgab.

Ein Jahr darauf holte Sandor S. Feldman seine Tochter zu sich nach New York. Dort wohnten sie sechs Wochen gemeinsam im damaligen Hotel Park Plaza, direkt am Eingang zum Central Park und gegenüber vom Museum of Natural History. Sandor S. Feldman arbeitete weiterhin an seiner ärztlichen Zulassung, ohne die er in den USA weder praktizieren, noch vollwertiges Mitglied zweier wichtiger nationaler psychoanalytischer Gesellschaften werden konnte, der American Psychoanalytic Association und der New York Psychoanalytic Society. Die Vorbereitungen für die staatlichen Approbationsprüfungen fanden oft in informellen Arbeitsgruppen statt, organisiert von emigrierten Analytikern; einer solchen Gruppe gehörte vermutlich auch Sandor an; finanzielle Unterstützung erhielt er durch ein Darlehen des Emergency Relief and Immigration Committee. Während dieser also tagsüber seiner Arbeit nachging und sich für die Prüfungen präparierte, ging seine Tochter ins Museum und besuchte für kurze Zeit eine Privatschule; abends nahm der Vater sie mit in Restaurants, zu Treffen mit seinen Analytiker-Freunden (zu ihnen gehörte der 1940 ebenfalls aus Ungarn geflüchtete Analytiker und Psychiater Tibor Ágoston). Rückblickend beschrieb Taubes diese gemeinsamen Wochen nach zweieinhalb Jahren Trennung als eine Phase der Freiheit und des Glücks.

In *Divorcing* erlebt Sophie nach ihren drei Jahren in Pittsburgh die Stadt New York mit einem ähnlichen Hochgefühl von Erlösung:

> Im Sommer 1942 stieg sie vor dem Plaza Hotel in New York, in dem ihr Vater wohnte, aus einem Auto, und der Alptraum war beendet. Die drei Jahre Pittsburgh waren nur ein böser Traum, der nichts mit ihr zu tun hatte, als sie zusammen in der Abendbrise auf Central Park West zugingen und die Stadt ihnen lebendig und festlich vorkam.

Analog zur Überquerung des Atlantiks auf dem Passagierdampfer mit seinem Schreibsalon erscheint hier auch das Hotel als ein passagerer Nicht-Ort, an dem das Gewesene irrelevant wird und nur jene Ungebundenheit und Anonymität zählt, die allen Durchreisenden eigen ist. Sophie im Roman muss nicht zur Schule gehen, hat den ganzen Tag frei und kann in der Hotelhalle schreiben, wo Papier bereitliegt. »Hier zu leben war so schön wie auf dem Schiff. Wenn man sie fragte, wie es ihr in Amerika gefalle, antwortete sie, daß sie von New York begeistert war.«[106]

Für Taubes selbst blieb New York mit seinem pulsierenden, vielfältigen Leben lange der einzige Ort in den USA, der ihrer ätzenden Amerikakritik standhielt. Ihre Romanfigur Sophie ließ Taubes im ausgesonderten Fragment über die Frage, was Paris gegenüber Amerika auszeichne, bemerken, dass New York, im Gegensatz etwa zu Pittsburgh oder Buffalo, etwas an sich hatte, dem man sich verbunden fühlen und Gefühle wie Hass oder Liebe entgegenbringen könne.

Als Treffpunkt der intellektuellen und künstlerischen Avantgarden war New York für viele der Menschen, die in Taubes' Erwachsenenleben eine wichtige Rolle gespielt hatten, Wirkungsort und Lebensmittelpunkt. Zu ihnen gehörten Bernard Pomerance, Susan Sontag und auch Jacob Taubes. Ihn traf Susan bereits Ende 1948 in einem New Yorker Salon, in dem die intellektuellen Zirkel der Stadt zusammenkamen, und heiratete ihn im Jahr darauf. 1964, da lebten die beiden schon getrennt, teilte sie ihm nach dreijährigem Pendeln zwischen Paris und New York in einem Brief ihren Entschluss mit, für immer dorthin zurückzukehren:

> »I am […] happier in New York than I even anticipated. I think I told you when I decided to settle in Paris that either it will work out or it will enable me once and for all live in New York fullheartedly that is, without feeling acutely misplaced, and the last year has done this job. In short, I've decided to stay in New York.«[107]

Im Oktober 1969, als die Rückreise von der Budapest-Reise bevorstand, nannte Taubes in ihrem nicht abgeschickten Brief an eine Freundin die Stadt allerdings nur noch »the ten unlivable blocks between 116th and 106th street«. Diese Blocks, in denen man nicht leben konnte, münden im Westen Manhattans in der Claremont Avenue nahe zur Columbia University; dort wohnte sie zuletzt. Fünf Jahre zuvor aber erschien Taubes diese Adresse wie ein Ort, an dem sie sich nicht ganz so fremd fühlen sollte wie in den vielen anderen Ländern und Städten, zwischen denen sie bis dahin ihr Leben verbracht hatte.

Im September 1941 stand es der damals Zwölfjährigen nicht frei, in New York zu bleiben. Zu diesem Zeitpunkt verkündete ihr nämlich der Vater, dass ihm erstens endlich seine ärztliche Zulassung durch die New Yorker Behörde verliehen wurde und ihm zweitens das Emergency Committee die Möglichkeit zu Pionierarbeit im nördlichen Hinterland eröffnet hatte. Gemeint war damit die Stadt Rochester im Bundesstaat New York.

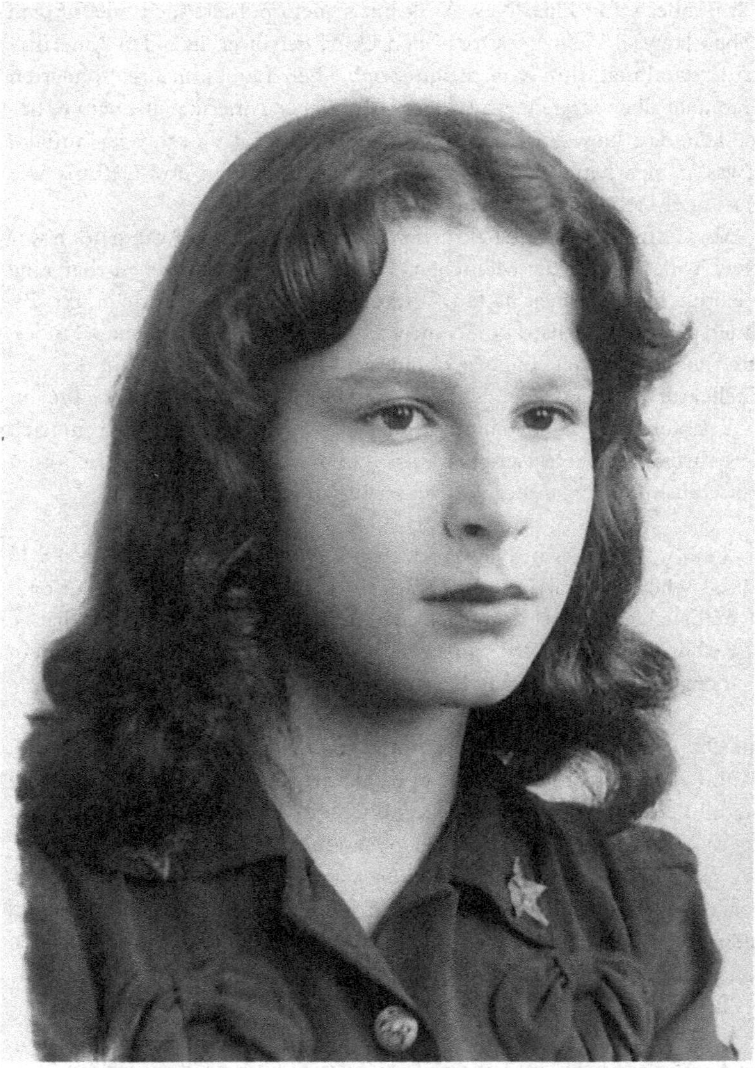

Susan Taubes (Feldman), Vereinigte Staaten ca. 1942

5. Rochester

Als Sandor S. Feldman mit seiner Tochter Susan im Herbst 1941 nach Rochester zog, hatte es in der nordwestlich von New York gelegenen Universitätsstadt noch keinen praktizierenden Psychoanalytiker gegeben. Damit hatte er teil an einem für die Psychoanalyse bedeutenden transatlantischen Wissenstransfer, der mit der nationalsozialistischen Vertreibung jüdischer Wissenschaftler aus Europa seinen Anfang nahm. Waren noch in den 1920ern viele Amerikaner für ihre psychoanalytische Ausbildung nach Berlin, Wien oder Budapest gereist, so kam nach 1933 eine große Anzahl jüdischer Analytiker, die vor Terror und Verfolgung fliehen mussten, aus Europa in die USA. Auf diese Weise verlagerte sich Ende der 1930er Jahre das Zentrum der psychoanalytischen Bewegung nach Nordamerika. Dort lag, gegenläufig zu Sigmund Freuds Eintreten für die Laienanalyse, der Akzent auf einer Medizinisierung der psychoanalytischen Praxis. Dies zeigte sich unter anderem in jenen behördlichen Vorschriften, nach denen die eingewanderten Analytiker für ihre Zulassung entsprechende amerikanische Prüfungen ablegen mussten, auch wenn sie wie Sandor S. Feldman bereits eine medizinische Ausbildung in ihrem Herkunftsland absolviert hatten.

Dieser wurde mit seiner Zulassung 1942 vollwertiges Mitglied der New York Psychoanalytic Society. Dafür wurde nach einem Antragsverfahren seine Mitgliedschaft in der Ungarischen Psychoanalytischen Vereinigung auf die US-amerikanische Institution übertragen. Als Mitglied der Society konnte er seinen Betätigungsradius in Rochester ausweiten. Dort gab es zu jener Zeit viele Vertreter medizinischer und sozialer Berufe, die sich für die Psychoanalyse interessierten. Unter den Auspizien der New Yorker Vereinigung bestand Sandor S. Feldmans Pionierarbeit ab 1943 zusätzlich zu seiner Praxistätigkeit auch darin, Ärzte, Psychologen und Sozialarbeiter mit den neuen Theorien und Praktiken vertraut zu machen.[108]

In den ersten Jahren bewohnten Vater und Tochter ein Apartment in der Oxford Street; die breite, mit einer Promenade versehene Allee lag im gediegenen Park- und East-Avenue-Bezirk. 1945 hatte Sandor S. Feldman sich so weit etabliert, dass er ein Haus mit eigenen Praxisräumen in der zwei Straßen weiter gelegenen Dartmouth Street kaufen konnte. In kurzer Zeit hatte er sich einen ansehnlichen Patientenstamm aufgebaut und war zudem ein gefragter Lehranalytiker. Zu seinen Analysanden gehörte George L. Engel, Spezialist für Psychosomatik. Dieser war am Aufbau einer neuen Abteilung für Psychiatrie am Medical Center der Universität Rochester beteiligt, wo auch sein Lehrer Sandor S. Feldman ab 1947 als Clinical Professor of Psychiatry praktizierte und lehrte (Engel war zudem Namensgeber für »Miss Engel«, eine Ärztin mit Vorliebe für Topfpflanzen in Taubes' Erzählung *Der Patient*, 1966/67, die in einer psychiatrischen Klinik spielt). Für Sandor S. Feldman begann mit dem Neuanfang in Rochester eine überaus produktive Zeit. Am Ende seines Lebens, er starb 1973, hatte er insgesamt sieben Bücher und etwa fünfzig Artikel publiziert. Darin geht es neben vielem anderen um Religion und Aberglaube sowie um die Rolle von unbewussten Motiven für verbale und nonverbale Ausdrucksweisen; die gleichermaßen informiert wie unterhaltsam geschriebene Studie *Mannerisms of Speech and Gestures in Everyday Life* (1959) wurde zum Klassiker in psychoanalytischen Kreisen. 1966 widmete die Fakultät Sandor S. Feldman einen Neubau auf dem Campus des Medical Center, 1971 wurde er emeritiert, in der 230 Dartmouth Street praktizierte er bis zuletzt.

Für seine Tochter Susan begann mit dem Umzug nach Rochester eine Zeit, in der sie den Herausforderungen, hervorgerufen durch die immer neuen Ortswechsel, nun ganz gezielt intellektuelle und künstlerische Aktivitäten entgegensetzte.

Ihr Vater tat einiges dafür, um sie bei der Entfaltung ihrer Interessen zu unterstützen: So suchte er sorgfältig nach Schulen, in denen die Förderung des Individuums Programm war, meldete sie in einer Kunstschule an, wo sie sich für Modezeichnung begeisterte, und kaufte mit ihr in den örtlichen Buchhandlungen ein, um ihr stetig anwachsendes Bedürfnis nach Lektüre zu stillen. In den Ferien schickte er sie in Sommerkurse, damit sie Techniken des Ausdrucks und Grundlagen des Darstellenden Spiels erlernen konnte, darunter die freie Altaraz School im Westen Massachusetts, das Priscilla Beach Theatre am Strand von Plymouth und das Emerson College Summer Theatre in Boston. Später spielte sie in Jasper Deeters renommiertem Hedgerow Summer Theatre. Briefe aus der Zeit bis zum Collegeeintritt im Herbst 1945 sowie zahlreiche Einträge in Poesie- und Freundschaftsalben zeigen, dass sie bei all diesen Gelegenheiten rege Kontakte zu Gleichaltrigen hatte. Dennoch, ihr Hang zum Einzelgängertum blieb. Zwar war sie beliebt, aber mit ihrer schwer auszumachenden Mischung aus Extrovertiertheit und Distanziertheit hielt sie die Altersgenossen auf Abstand; ihre ersten richtigen Freundschaften schloss sie in den letzten beiden Jahren ihrer Schulzeit in Rochester.

Das Zusammenleben mit ihrem Vater in der Dartmouth Street war für Taubes beides: ein Ort der Rückkehr und Geborgenheit, aber auch des Alleinseins. Letzteres galt eher für die Schulzeit; nach dem Unterricht sah sie zu Hause außer den Vater und seinen Patienten höchstens die seltenen Gäste oder eine Haushaltshilfe. Als sie ab Herbst 1945 das Bryn Mawr College besuchte, bewohnte sie dort ein Zimmer auf dem Campus, an den Wochenenden und in den Ferien war ihr das väterliche Haus ein willkommener Rückzugsort, wo sie sich vom Collegeleben erholen konnte. Auch später, während ihrer Studienjahre Anfang der 1950er in Jerusalem und Paris, kehrte sie zwischendurch immer wieder in das »old castle«[109] zurück; da waren sie und Jacob Taubes zwar schon verheiratet, hatten aber noch keine gemeinsame Wohnung. Im Oktober 1950 verbrachte sie einige Wochen in Rochester, um sich in Ruhe für die bevorstehenden B.A.-Prüfungen in Bryn Mawr vorzubereiten; Jacob befand sich zu der Zeit als Research Student in Jerusalem. Im Brief an ihren Ehemann schildert sie eine bedrückende Wirkung, die Haus und Umgebung nach mehreren Wochen Aufenthalt auf sie ausübten:

> I have had a good month of study – now long for N. Y. C. Rochester is terrible – not a soul I can speak to who understands my language, below freezing temperature, father's clock-work-days. – The simple elements observe different laws at different temperatures – and the humanity of Rochester climate is something outside of my understanding.[110]

Das in typisch amerikanischer Holzrahmbauweise errichtete dreistöckige Haus mit Säulen-Veranda, umgeben von einer endlosen Reihe ebensolcher Häuser, sowie der Eindruck von niedrig temperierten Uhrwerk-Tagen, die sich darin abspielten, inspirierte die Schauplätze zweier Erzählungen von Taubes, die sie Mitte der 1960er schrieb: *Schwan* (orig. *Swan*) und die schon erwähnte Erzählung *Dr. Rombachs Tochter*. Beide thematisieren das Heranwachsen im psychoanalytischen Milieu als eine in sich geschlossene Welt ritualisierter Gesten. Doch während es in *Schwan* im Stil der Groteske um eine Mesalliance, entstanden aus dem Aufeinandertreffen von Psychoanalyse und Judentum geht, schildert *Dr. Rombachs Tochter* in einer weniger grellen, dafür melancholisch-humoristischen Weise die

Einsamkeit in einer solchen Welt, und zwar aus der Perspektive von Marianna, der dreizehnjährigen Tochter des Analytikers Dr. Rombach. Vater und Tochter werden folgendermaßen eingeführt:

> Sie wohnten in einem alten Holzhaus mit Obergeschoss, Dr. Rombach und seine Tochter Marianna. Dr. Rombach war Psychoanalytiker und stammte aus Wien, ein korpulenter Mann mit einem leichten Buckel und buschigen Brauen. Das Kinn auf die Brust gesunken, musterte er die Welt aus tiefliegenden, melancholischen Augen.
>
> Es hatte in Brighton keinen Analytiker gegeben, bevor Dr. Rombach kam und seine Praxis eröffnete, zuerst in einem bescheidenen Hotel im Zentrum und nach einem Jahr in dem Haus, das er in der Wilbur Street gekauft hatte.
>
> Dr. Rombach behandelte seine Patienten bei sich zu Hause. Bis auf die Visite im staatlichen Krankenhaus jeden Donnerstagnachmittag, verließ er kaum je das Haus. Gelegentlich sah man ihn auf der vorderen Veranda stehen, wo er den Zustand der Dielenbretter prüfte.
>
> Dr. Rombachs Tochter war ein schlaksiges Mädchen, groß für ihre dreizehn Jahre und mit einem abwesenden Blick, der umso mehr der Welt entrückt wirkte, als sie ständig rannte. Die Schulbücher gegen die Brust gedrückt, der offene Mantel um sie herum flatternd und die Haare ins Gesicht geweht, so hastete Marianna Rombach die Wilbur Street entlang.[111]

Geschildert werden akribisch geplante Tage, strukturiert von Haushaltsbesorgungen und Patiententerminen. Wenn Dr. Rombach Kontakt zu seiner Tochter aufnimmt, dann um ihr Seelenleben in psychoanalytischen Kategorien zu erkunden. Schließlich muss sie erleben, wie er in seinem Hang zum Überrationalisieren die Beziehung zu einer Frau abbricht, zu der sie gerade Vertrauen gefasst hat. In zwei unterschiedlichen, einander abwechselnden Registern wird das Erzählte entfaltet: die inquisitorisch anmutenden Dialoge, initiiert vom Vater, und die vor ihm verborgene Gedanken- und Gefühlswelt von Marianna:

> Marianna saß im Wohnzimmer, das Notizbuch auf dem Schoß, einen Bleistift in die Luft streckend, als Dr. Rombach die Schiebetür öffnete und quer durch den Raum zum Telefontischchen ging, um die Einkaufsliste abzuhaken, da er die Lieferung am Fuß der Treppe stehen sah.
>
> »Woran denkst du gerade?« Er wandte sich unvermittelt ihr zu.

Marianna blickte auf. Sie sah, wie ihr Vater die Posten auf der Einkaufsliste durchstrich, den Zettel dann zerknüllte und in den Papierkorb fallen ließ.

»Es muss etwas sehr Wichtiges sein«, sagte ihr Vater listig, »wenn du es mir nicht sagen kannst.«

Marianna versuchte sich etwas einfallen zu lassen. »Ich dachte nur gerade, dass du ins Zimmer kommst, als du ins Zimmer kamst.«

»Warst du verärgert?«, fragte Dr. Rombach. »Gib zu, dass du ein wenig verärgert warst. Es ist absolut verständlich – ein alter Mann, der schon etwas schmuddelig wird! Du hast es satt, mich hier reinkommen zu sehen, Stunde um Stunde. Du würdest gerne einen jungen Mann hereinspazieren sehen, der an dir als Geschlechtspartnerin interessiert ist – dir ein bisschen den Hof macht. Und es ist auch dein gutes Recht, so zu empfinden«, fügte er hinzu und setzte sich auf die Lehne ihres Sessels, um sie zu tätscheln. »Was ist denn schon die Liebe eines Vaters?« Dann, in ernsthaftem Ton: »Du darfst diese natürlichen Triebe nicht wegen eines irrationalen Schuldgefühls verdrängen, das aus deiner ödipalen Bindung an mich herrührt. Natürlich bist du ein heranwachsendes Mädchen, deine Drüsen kommen in Gang, deine Brüste entwickeln sich –«, er betrachtete ihre Brüste, »sie könnten ein wenig, nun, formschöner sein. Trägst du keinen Büstenhalter?«

Marianna schüttelte den Kopf.

»Steh auf und lass mich dich ansehen«, befahl er.

»Nein«, murrte Marianna.

»Schamgefühle«, verkündete ihr Vater, »sind nur eine versteckte Form des Exhibitionismus. Gib zu, dass du in Wahrheit nur zu gern deine Weiblichkeit vor deinem Vater zur Schau stellen möchtest, du wirst schon nicht rot.«

In diesem Moment läutete der Sechsuhr-Patient. Dr. Rombach ging ihm aufmachen.

Marianna versuchte sich zu erinnern, woran sie gedacht hatte, bevor ihr Vater gekommen war und sie unterbrochen hatte. Die Seite in dem Notizbuch vor ihr war leer. Sie wollte sich etwas zum Hineinschreiben ausdenken. Einen hübschen Satz. Sie sah sich im Zimmer um, entdeckte aber nichts, was gerne in Worte gefasst worden wäre. Dann lauschte sie. Sie hörte das Brummen eines Rasenmähers und den Lärm von vorbeifahrenden Autos. *Leer* war das einzige, was ihr einfiel. Die Farbe von Leere? Sie hatte keine Farbe. Leer war ein schlechtes Wort, es gehörte zum Denken und auf das Papier. Das Herz könnte nie leer sein, auch wenn es unausgefüllt sein mochte oder einsam. Es gab bessere Worte als leer. *Verlassen* beschwor Räume herauf, menschenleere Häuser.

Leer war ein flaches Wort, flach wie ein Blatt. *Einsam* besaß Tiefe; es war dunkel oder von nebligem Weiß. *Einsam* passte am besten zum Herzen. Marianna war nicht sicher, ob sie ein Herz hatte.[112]

Die Passage stellt eine weitere Blende in der Reihe von Schreibszenen dar, die Taubes in ihre Manuskripte einstreute, zuletzt in *Divorcing*, mit Sophie auf dem Schiff im Lesesalon und am nächtlichen Schreibtisch auf der Zwischenstation in Pittsburgh. Auch in *Dr. Rombachs Tochter* sind die Anfänge des Schreibens an einem passageren Ort angesiedelt: am Übergang vom Kind zur jungen Frau. Der Vater begegnet seiner erwachsen werdenden Tochter befangen, was er mit einem mechanistischen, betont souverän artikulierten Zugang zur Sexualität, sowohl zur eigenen als auch zu ihrer, überdeckt. Marianna entzieht sich den kruden Befragungen, indem sie sich mit Hilfe der Wörter auf eine eigene Erkundungstour durch die veränderliche Welt von Seele und Leib begibt – für beides steht das »Herz«.

Taubes selbst führte als junges Mädchen die früher begonnenen Schreibversuche – in der Korrespondenz aus dem Sommercamp in Buffalo war schon von einem Roman die Rede gewesen – in Rochester mit Enthusiasmus fort. Das bezeugt zunächst ein Brief vom 30. Dezember 1941[113], den sie aus Rochester an ihre Tante in Pittsburgh schrieb. Der Absender lautet »Diane Karter«. Die Dreizehnjährige berichtet von einer selbst geschriebenen Kurzgeschichte, die sie an das seinerzeit populäre Frauenmagazin *Good Housekeeping* zur Veröffentlichung geschickt hatte, und zwar unter jenem ›Künstlernamen‹, der dahinter durchaus eine weiße, protestantische Mittelschichtsamerikanerin vermuten ließe. Dann richtet sie an die Tante den Wunsch nach einem Abonnement für Zeitschriften als Weihnachtsgeschenk, weil sie die darin abgedruckten Erzählungen interessierten, erwähnt die Arbeit an ihrem »Buch«, den Besuch eines Theaterstücks für Erwachsene (*Claudia*, ein Broadway-Erfolgsstück von Rose Franken) und wie sie das erste Mal ein Junge zum Tanzen ausführte. Auch schreibt sie von guten Schulnoten.

Sandor S. Feldman hatte seine Tochter mit dem Umzug nach Rochester für die öffentliche James Monroe High School in Rochester angemeldet. Den biographischen Aufzeichnungen von Taubes aus den 1960ern kann man entnehmen, dass es zunächst auf allen Seiten – Lehrer, Vater, Schülerin – zu Verunsicherungen kam, und zwar aufgrund unerklärlicher Diskrepanzen zwischen den Ergebnissen der Aufnahmetests und den tatsächlichen Leistungen im Unterricht. Die Einschätzungen ihrer Fähigkeiten schwankten zwischen überdurchschnittlich und dringend förderbedürftig.

Nach zwei Jahren, im Herbst 1943, schickte ihr Vater sie auf die Harley School, eine unabhängige, sogenannte Preparatory School, wo die Kinder und Jugendlichen mit freien, am individuellen Lerntempo orientierten Methoden auf das College vorbereitet wurden.

Im neuen Umfeld kam die mittlerweile Fünfzehnjährige offenbar besser zurecht. Ein überliefertes Zeugnis aus dem Schuljahr 1943/44 enthält ausnahmslos sehr gute bis herausragende Beurteilungen in allen Fächern – von Geometrie über Latein bis Englisch. Dazu werden ihre Auffassungsgabe, Selbstständigkeit und Fähigkeit zur schriftlichen und mündlichen Artikulation als durchgehend überragend bewertet. Die Notiz zum Unterpunkt »Social Relationships« zeugt von einer Position zwischen dem Bemühen um Integration und der Schwierigkeit, sich ihrer Umgebung anzupassen. Zwar bereichere sie ihre Umgebung mit sprühender Kreativität und herausragendem Intellekt, andererseits sollte sie ihre Reaktionen besser kontrollieren, das betraf zum Beispiel die Neigung, ihre Mitschüler in Diskussionen mundtot zu machen. Die Bemerkung zu »Public Speaking« liest sich wie ein Resümee zur Beschreibung einer höchst komplexen Persönlichkeit:

> Susan has a tremendous flair for interpreting and projecting emotion. In speaking she has stage presence in the sense of seeming well in control of her mind and her body. This year she has improved her gestures and use of body, although for dramatics – this is one field in which much work is yet to be done. A more fluid control of her body is desirable. Her voice has power and shading, but specially needs to add scope to express the steady and the sweet lyrical qualities. Sue is an interested and cooperative student and I notice she is better adjusted to her class mates than at the beginning of the year. Her preparation is thorough and intelligent. An excellent student; a fascinating personality. The study of music-voice would, I feel, add many desirable qualities to her voice and the study of dance to her body. All in all she is unusual in this field of her age. Next year she should make an effort to round out her scope toward comedy – away from tragedy.[114]

Eine Affinität zum Theatralischen klingt hier bereits an. Der Empfehlung am Schluss, das komödiantische Fach in ihr Verhaltensrepertoire aufzunehmen, kam sie jedoch nicht nach: Es war die Tragödie – und nicht die Komödie –, der Taubes zeit ihres Lebens nahestand: als persönlicher Habitus, in der Faszination für die dramatische Bühnengattung und als Konzept, mit dem sie ihre eigene Existenz und die Phänomene der Welt betrachtete. In ihrem Aufsatz »The Nature of Tragedy« (1953), den sie knapp zehn Jahre später als PhD-Studentin in der *Review of Metaphysics* publizierte, entwirft sie eine Theorie des Tragischen abseits gattungsgeschichtlicher Fragen. Mit ihr begreift sie die Tragödie als eine distinkte Präsentation des Lebens, angesiedelt an einem Ort der Schwelle: Der tragische Agon setzt ein, wenn menschliche Reflexion dort auftaucht, wo vorher ausschließlich göttliche Gesetze das Geschehen bestimmt haben. Erkenntnis entsteht dabei um den Preis des Leidens, in Gestalt von Verkennung, Ausgestoßensein, Tod und zugleich durch rationales Vermögen zur Kritik. Dies gilt für den tragischen Helden im antiken griechischen oder elisabethanischen Theater genauso wie für den modernen Menschen. Für ihn sind an die Stelle der entschwundenen göttlichen Ordnung Erfahrungen von Heimatlosigkeit und Entfremdung getreten, dies immer verbunden mit einem Rest an Erlösungshoffnung. Daraus resultiert, so Taubes, eine »gefährliche Balance zwischen Nihilismus und Hoffnung«[115]. Einer solchen Gratwanderung galt nicht allein das theoretische Interesse der jungen Philosophin in Harvard. Als Spannung zwischen der Sehnsucht nach einer Erlösung von gewaltsamer Fremdzuschreibung und dem Wissen darum, dass diese nicht eintreten wird, hatte die gefährliche Balance bereits für die Heranwachsende existenzielle Bedeutung. Auch die Religion interessierte sie, in den Mittelpunkt von Taubes' Aufmerksamkeit rückte sie aber erst, als diese sich 1949 endgültig für das Studium der Philosophie entschied; zum selben Zeitpunkt waren die Auseinandersetzungen mit ihrem Ehemann Jacob Taubes um das Judentum akut. Die Erfahrung von Fremdheit indes thematisierte sie bereits als Schülerin und Undergraduate-Studentin immer wieder in wechselnden Zusammenhängen; das belegen Briefe, erste literarische Erzeugnisse und ihre Lektüreinteressen. Fremdheit und das Problem von Zugehörigkeit als zentrale Bezugspunkte für ihre späteren philosophischen und literarischen Schriften kündigten sich hier schon an.

Seit der Emigration hatte Taubes ein fundamentales Gefühl von Nichtzugehörigkeit nie mehr verlassen. In den ersten beiden amerikanischen Jahren machte es sich mit diffusen Gefühlen von Lähmung und Desorientierung bemerkbar. Jetzt, in Rochester, erwuchs daraus eine Energie, die sich in Kritik äußerte: an ihrer Umwelt, an den Umständen, in denen sie lebte – gemeint war damit in erster Linie Amerika, seine Politik, das Bildungssystem –, aber auch am allgemeinen Zustand einer Welt, die sich im Krieg befand. In einer »Anthology of Private High School Poetry« von 1945 findet sich ein Antikriegsgedicht, das sich mit der Einführung der kanadischen Wehrpflicht in den letzten Kriegsmonaten beschäftigt: *Reaction to the Conscription Bill at 12:00 a.m. by One Who Does Not Understand War*; unterschrieben ist es mit »Susan Feldman – Harley School, Rochester, N.Y.«.[116]

Auf der Harley School fand Taubes in ihrem Jahrgang Freunde, mit denen sie ihre Interessen, aber auch die immer wieder empfundene Einsamkeit teilen konnte.

Unter den ausgesonderten Skizzen zum Roman *Divorcing* findet sich eine Passage über Sophie, wie sie auf die Zeit zurückblickt, als sie Pittsburgh verlassen hatte und mit ihrem Vater nach Garfield, New York, gezogen war. Amerika war ihr bis dahin als ein »hässlicher, ekelhafter, verseuchter, korrupter Vergnügungspark« (»ugly, nauseous, infested, corrupt amusement park«[117]) vorgekommen, aus dem sie als kompromisslose Außenseiterin hervorgegangen war. Der Konflikt zwischen selbst gewählter und aufgezwungener Nichtzugehörigkeit findet ein Ventil, als Sophie in der Schule auf Leute trifft, die sich ebenfalls fremd in Amerika fühlen, und das, obwohl es ihnen nicht an Wohlstand mangelt und sie weder aus einem anderen Land kommen noch jüdisch sind:

> But after living in Garfield three years Sophie found young people who didn't belong to America anymore than herself; the fact that they were not foreign born, nor Jewish, nor necessarily poor, made their existence their mode of alienation and solitariness all the more mysterious to Sophie. In all their differences they agreed [/] shared in a fundamental feeling of the unimportance of what was happening in the world, [/] indifference [/] politics at home or abroad after Hiroshima, the war slowly ending, the world was bad and would become worse but not in a way that could be opposed like nazism. [...]
> In progressive school where this happened they represented a clique of sometimes five sometimes two distinguished from the rest by their refusal to participate in Gym.[118]

Entfremdung, Vereinzelung und der fatalistische Blick auf eine Welt, die, hinter sich die Geschehnisse von Krieg und Vernichtung und vor sich das Atombombenzeitalter, nichts für eine Zukunft versprach: alles Themen, die auch Taubes und ihre Freunde aus der Harley School miteinander verbanden. Sie standen noch in postalischem Kontakt, als sich ihre Wege im Sommer 1945, mit dem Ende der Schulzeit, getrennt hatten. Die überlieferten Briefe, gewechselt zwischen verschiedenen Colleges, Elternhäusern und einem Navy-Stützpunkt – mit Anreden wie »Dear Fellow-Atom« oder »Dearest Verboten« –, zeugen vom intensiven, freundschaftlichen wie streitlustigen Austausch über Zukunftspläne, Seelenzustände, die allgemeine Weltlage, dabei oft den eigenen jugendlichen Rigorismus aufs Korn nehmend; manchmal waren den Schreiben Zeitungsausschnitte und Abschriften von Gedichten beigelegt. Einer der Freunde widmete Taubes eine Art

Stream of Consciousness, überschrieben mit »morally untidy«, er schließt mit den Worten: »[…] i need a conversation with you need to see your spindly legs walk across a room slouch into an overstuffed chair cigarette smoke drool from your inflated nostrils and words of wisdom emulating from the torn pocket of a mouth all loveliness thy name is morally untied.«[119]

Ein anderes Miniaturportrait ist auf der Postkarte einer Freundin vom 5. Februar 1946 zu lesen, gesendet an Taubes in Bryn Mawr. Darauf ist mit Schreibmaschine ein Fragebogen zur »Ontological classification« der Adressatin notiert, dazu Taubes' handschriftlich hinzugefügte Antworten:

> Ontological classification:
> (Please underline that which pertains to you.)
>
> 1. dec*is*eased *Yz*
> 2. living *Yz*
>   a. vegetable *eventually*
>   b. animal. *(I seek solitude)*
>   i. uncouth beast
>   ii. civilized beast
>   iii. demiourgeous
>   iv. deity
>
> *im*Pertinent Details
> 1. Have you received birthday gifts (two books) from friend recently? *Yes*
> 2. Have you read them? *Yes both [x]*
> 3. Did you like them? *loved them*
> 4. Do you read the dictionary regularly? *Yes.* Do you find it thrilling? *Yes apparently you do, too.*
> 5. List books you have read recently *G. Mansions, Wht. Cliffs of Dover, General Anthropology[,] Season in Hell, Portrait of Artist*
>
> Personal data
> 1. Do you think of yourself as well adjusted? *Yes*
> 2. Are you prone to moods of exultation and depression? *Yes*
> 3. Are you happy? *Yes*
> 4. Do people like you? *Yes?* Do you like them? *Yes*[120]

Die spielerische wie aufschlussreiche Mischung aus Selbst- und Fremdcharakterisierung zeigt, dass Taubes mit ihren Harley-School-Freunden ein ausgeprägtes Interesse für Literatur teilte. In Rochester hatte sie sehr bald die Magazine hinter sich gelassen, ihre Kinobesuche waren weniger exzessiv als noch in Pittsburgh. Dafür entdeckte sie Shakespeare, Dostojewski, Joyce. In ihren biographischen Notizen für *Divorcing* schreibt Taubes sich erinnernd, dass es nun die Gestalten der Literatur waren, denen sie sich nahe fühlte und die weiterhin ihre Verwandlungsphantasien befeuerten. Das galt vor allem für ambivalente Frauengestalten, charakterisiert durch rätselhafte Mischungen aus Ekstase und Selbstzerstörung: Nastassja aus Dostojewskis *Idiot*, die am Ende aus Leidenschaft erstochen wird, Anna Livia aus *Finnegans Wake*, deren Leben in einer endlosen Aneinanderreihung von Flussnamen lesbar wird. Auch lebte sie in der Vorstellung, Ikarus' Schwester zu sein, deren Flügel wie die ihres Bruders von den Sonnenstrahlen zerstört werden. Folgt man Taubes' Erinnerungen an sich selbst als Heranwachsende, galt ihre erste Liebe Männern wie Fürst Myschkin, Iwan Karamasow oder Stephen Dedalus. Obwohl sie als Teenager mehrere Verehrer hatte (davon zeugen diverse an sie adressierte Liebesgeständnisse aus der Schulzeit), konnte sie sich nicht vorstellen, dass jemals ein Mann an Obsession, Tragik oder glasklaren Verstand ihrer literarischen Helden heranreichen sollte.[121]

In diese Zeit intensiver Lektüren fiel auch Taubes' Wunsch, sich ernsthaft mit der Schauspielerei zu befassen. Damals im Kino war es die Betrachtung des Geschehens auf der Leinwand, die für den Moment eine gefühlte Verwandlung am eigenen Leib hervorrief, die flüchtige Vorwegnahme eines künftigen anderen Lebens. Jetzt ging es um Techniken, mit denen sich aktiv jede Rolle für jede gewünschte Dauer anverleiben ließe. Um diese zu erlernen, gab es für Taubes kaum jemand Geeigneteren als Jasper Deeter (1893–1972), Schauspieler, Regisseur und Gründer des Hedgerow Theatre im ländlichen Rose Valley in Pennsylvania. Deeter hatte das Theater 1923 als Gegenstück zum kommerziellen Broadway-Betrieb gegründet, lange galt es als das einzige professionelle Repertoiretheater in den USA. Zusätzlich zu den ca. 30 Ensemblemitgliedern kamen aus dem ganzen Land angehende Schauspieler, Regisseure, Autoren, Kostüm- und Bühnenbildner nach Rose Valley, um unter Sommercamp-Bedingungen und auf Basis eines kleinen Stipendiums von Deeter zu lernen. Taubes nahm, den Unterlagen in ihrem Nachlass zufolge, zum ersten Mal im Winterhalbjahr 1944/45 an Kursen der Hedgerow Theatre School of Expression teil, diese fanden allerdings im Gebäude der Musical Acadamy in Philadelphia statt; in den darauffolgenden beiden Sommern sammelte sie weiterhin Schauspielerfahrung im Hedgerow Theatre, diese Male vermutlich in Rose Valley.

Schauspieler, die sich von Deeter ausbilden ließen, betonten immer wieder dessen Fähigkeit, in die Einzelnen hineinzusehen, ihnen Blockaden zu nehmen und vermeintliche Schwächen fruchtbar zu machen. So hielt er seine Schüler dazu an, jegliche rigide Selbstkontrolle abzulegen, da diese die Selbstwahrnehmung, wichtiges Element auf dem Weg zur lebendigen Darstellung, einschränke; stattdessen lehrte er sie ›easy self-control‹. Er betonte zudem, dass jede Intensität des Fühlens vom Denken bestimmt sei und umgekehrt und dass dies in der Verkörperung der Charaktere auf der Bühne sichtbar werden müsse. Damit setzte er einen anderen Akzent als zum Beispiel Stanislawski mit seiner Psychotechnik, bei der das intuitive Handeln im Vordergrund stand. Mit der Methode, ganz bei der Individualität des einzelnen Schauspielers anzusetzen, ihn dazu zu bringen, wie es vier Jahrzehnte später George Tabori in Anlehnung an Strasbergs »method« ausdrückte, den »persönlichen Dreck auf der Bühne in Gold (zu) verwandeln«[122], traf er den Nerv bei Taubes. Lange schon hatte sich in ihr ein Bedürfnis angestaut, das empfundene Übermaß an Fühlen und Denken in die Bahnen eines kreativen Ausdrucks zu lenken. In der Kunst des Schauspiels schien sie den richtigen Ort dafür gefunden zu haben.

Der Unterricht bei Deeter zahlte sich aus: Im Dezember 1946 spielte Taubes in einer College-Aufführung die Stieftochter in Luigi Pirandellos Skandalstück *Six Characters in Search of an Author* (ital. *Sei personaggi in cerca d'autore*, 1925). In den *College News* erschien dazu am 18. Dezember ein grandioser Verriss. Die durchgehend blassen und steifen Schauspieler hätten die an sich gelungene Inszenierung zu einer enttäuschenden Darbietung gemacht – mit einer Ausnahme, die die Rezensentin gleich am Anfang hervorhebt:

> ›Six Characters‹
> Too Ambitious For Its Actors
> Susan Feldman Stars;
> Thon's Direction Praised
>
> By Helen Hale '49
>
> Pirandellos play turned out to be an adventurous undertaking for Haverford and Bryn Mawr. Few of the young actors and actresses gave the audience enough of themselves to be convincing. The notable exception to this statement was Susan Feldman, whose great interest in the stage and experience at the Hedgerow seemed to allow her to untangle herself from her present status as a Bryn Mawr sophomore. She played her part well, with no self-consciousness and greater fluidity. She acted with the others so that her lines never fell out into the audience like disconnected proclamations, but always like musical tones, blending with her fellow actors, the audience and Pirandello. […][123]

Taubes, zu dieser Zeit schon seit einem Jahr Bryn-Mawr-Studentin, hatte für diese Rolle gekämpft: »I want the part very badly«[124] schreibt sie an ihren Vater, als das Vorsprechen anstand. Von ihren viel später entstandenen, unveröffentlichten »Prolegomena« für eine Autobiographie her gesehen, versteht man, was sie an Pirandellos Stück faszinierte. Hier wie dort geht es um die Unmöglichkeit einer klaren Positionierung des Autors bei der Erzeugung von Leben im Schreiben. Bei Pirandello tauchen während einer Theaterprobe unvermittelt sechs Personen auf, alles Mitglieder einer Familie. Sie verlangen vom Theaterdirektor, dass er ihre Charaktere inszeniert. Sie seien als Bühnenfiguren von ihrem Autor erschaffen worden, aber unvollendet geblieben; jetzt wollten sie ihr Stück realisiert sehen, wollten »leben«:

> DIREKTOR *verärgert*: Ich habe Probe! Sie wissen genau, während der Probe darf hier niemand rein. *in den Zuschauerraum hinein* Was sind das für Leute? Was wollen sie?
> VATER *geht bis zu einer der beiden Treppen, die anderen folgen ihm* Wir sind hier auf der Suche nach einem Autor.
> DIREKTOR *verblüfft und zugleich ärgerlich* Einem Autor? Was für einem Autor?
> VATER Irgendeinem, Herr Direktor.
> DIREKTOR Aber hier ist kein Autor. Wir probieren kein neues Stück.
> STIEFTOCHTER *lebhaft, steigt schnell die Treppe hinauf* Umso besser, umso besser, Herr Direktor. Dann könnten wir Ihr neues Stück sein.[125]

Schließlich erklärt sich der Direktor bereit, ihre Geschichte auf die Bühne zu bringen. Dabei enthüllt sich ihm und den Schauspielern die völlige Zerrüttung der Familie. Der Versuch, das Geschehen als dramatische Geschichte auf die Bühne zu bringen, scheitert, die Realität der Bühnenfiguren kann mit dem illusionistischen Spiel der Schauspieler nicht zur Darstellung gebracht werden.

Pirandellos *Six Characters* und Taubes »Prolegomena« begegnen einander in einer ähnlichen Erkenntnis, und zwar jeweils um den Preis der Aufgabe einer Illusion von sicherer und einheitlicher Identität: Weder in der Literatur noch im Theater kann es eine absolute Annäherung an das Leben geben; kein Autor und kein Schauspieler kann mit seiner Kunst diesen Umstand verschleiern. Stattdessen überschreiten sie im fortwährenden Entwerfen und Spielen neuer Rollen sichtbar die Grenzen zwischen Roman, Theaterbühne und eigenem Leben.

Obwohl Taubes den Weg der professionellen Schauspielerin nicht gehen sollte, ließ sie das Theater nicht los. So spielte sie immer wieder in kleineren

Ensembles, etwa kurz nach ihrer Rückkehr aus Europa im Sommer 1948 im Cambridger Brattle Theater, das als sehr progressiv galt, und 1949, also noch im Jahr ihrer Heirat mit Jacob Taubes, im sogenannten Drama Lab, einer kleinen, nichtkommerziellen New Yorker Truppe, die sich öffentliche Bibliotheken als Aufführungsorte wählte. 1948 belegte sie zudem Theaterkurse an der Columbia University, bevor sie sich ein Jahr später ganz dem Philosophiestudium zuwandte. In den 1960er Jahren, da hatte sie die Philosophie längst schon wieder hinter sich gelassen, widmete sie sich neben dem Schreiben abermals der Bühne, das dokumentiert unter anderem ein von ihr selbst verfasstes, undatiertes Theater-Curriculum-Vitae[126]. Aus ihm geht hervor, dass sie in New York bei dem berühmten Pantomimen Étienne Decroux Unterricht nahm und die Professional Classes für Nachwuchsschauspieler der Shakespeare Academy in Stratford, Connecticut, besuchte. Von ihren wenig bezeugten Aktivitäten in Joseph Chaikins Open Theater ist allerdings (noch) nicht die Rede; sicher ist, dass sie mit Chaikin in näherem Kontakt stand – davon zeugt ein Briefwechsel zwischen ihm und Susan Sontag von 1969, Taubes' Tod betreffend –, außerdem schrieb sie vermutlich Texte für sein radikales Improvisationstheater. Im CV sind dafür noch, ohne Angabe von Datum und Ort, diverse Stücke genannt, bei denen Taubes im Laufe der Jahre mitwirkte, angefangen mit der Verkörperung von Shakespeares Julia bis zur Regie von Eugene O'Neills moderner Tragödie *Beyond the Horizon*. Dazu führt sie ihren Bühnennamen an: »Melissa Moore«. Dieser Name taucht, ausgeschrieben und als Abkürzung, in ihren späteren Tagebuchaufzeichnungen als Benennung eines Alter Egos auf.

Von einer Synthese aus Kunst und Leben als prägendes Moment der Biographie von Taubes war schon verschiedentlich die Rede, auch vom beginnenden Auseinanderbrechen dieser Synthese am Ende ihres Lebens. Gemeint war damit ihr literarisches Erinnerungsprojekt. In ihren »Prolegomena« für eine Autobiographie ist zu lesen, dass nicht allein zwischen Literatur und Leben eine Trennlinie verschwimmt, sondern auch zwischen der Erfindung imaginärer Charaktere in einem Roman und dem Spielen neuer Rollen im Leben außerhalb der Literatur. Der Raum einer Theaterbühne stellte für Taubes keine Begrenzung beim Entwerfen der vielen verschiedenen Personae dar, in deren Agieren, Erleben und Gedächtnis sie laut ihrer späteren Äußerungen bereits als Kind persönliche Erfahrungen verlagert hatte. In einem Tagebucheintrag vom Frühling 1969 beschreibt sie diese Praxis als »rätselhafte, gespaltene Art zu leben« (»mysterious polarized way of being«[127]), die sie vor dem Tod bewahre. Ausgangspunkt dafür ist die Schilderung eines momentanen Zustands großer Verzweiflung, hervorgerufen durch ein perverses Paradox: die unstillbare Sehnsucht nach einem Leben, das sie aufgrund der Flucht vor einer Bedrohung von Leib und Leben nicht realisieren konnte. Sobald jedoch der Schauplatz wechselt – vom morgendlichen Erwachen, bei dem sich diese schmerzhafte Einsicht blitzartig einstellt, zu einem geselligen Abendessen mit Bekannten aus Ungarn –, lässt sie eine Person entstehen, die für die Dauer des Beisammenseins ferne, nie oder längst gelebte Erfahrungen ganz Gegenwart sein lässt:

> The horror and bitterness of nights and waking up. No place, lovely public place where I have a chance to meet someone; never was, at 14 or 40 it's the same; no dancing.
> For this I could have perished in Auschwitz. For this I didn't have to be saved.
> But felt quite beautiful preparing and serving dinner with Hungarians, it was the feeling of being totally part of life, like a character in a book or movie, remote and long ago, the reality of bringing in course after course had the special mutedness (shelterness) perfection, gentle super-reality of fiction.[128]

Die Charakterisierung der Szene als »sanfte Super-Realität« macht deutlich, wie fragil diese fiktive Zugehörigkeit zum Leben ist. Genau wie »B.« – die Protagonistin aus einem der Pittsburgh-Fragmente – ihre Charaktere ein ums andere Mal sterben oder verschwinden ließ, sobald diese die jeweilige Situation nicht mehr meistern konnten, für die sie erschaffen worden waren, wird auch die Figur der schönen und charmanten Gastgeberin leblos, sobald die Gäste gegangen sind, die Szene ausgeblendet wird:

> […] Or through some situation or work of art, find myself polarized into two persons: the now acceptable as beautiful-mysterious and magical woman whose chores I'm doing – ages ago and away and another, somewhere else who takes in all spectacles, curious, compassionate, amused, who as soon as company leaves is plunged into unbearable anguish; he knows he should think of himself as that equally mysterious personage, the author accepting himself as such, grandiose ridiculous, dubious – must accept this and the knowledge that this is how we have survived till now (sometimes badly confusing art and life – it can't be helped) this is the only way we know of surviving, and this is not because we happen to be a female, it is the only way certain beings who refuse to surrender drown in time can survive; the

point is however that being a female this mode of survival is devilishly difficult to sustain; and now impossible.[129]

Aus der Doppel-Existenz als Autorin und ihrem eigenen Geschöpf, dieser mitunter »schlechten Vermengung von Kunst und Leben«, gibt es keinen Ausweg, denn sie ist die einzige Überlebensmöglichkeit, die beide, Autorin und Geschöpf, kennen, ein Mittel, um dem Gang vergehender Zeiten nicht zu unterliegen. Männlichen Autoren fällt es leichter, sich von Größe und Präsenz ihrer Helden ununterscheidbar zu machen, selbst wenn diese lächerlich oder zweifelhaft sind, so die Einschätzung von Taubes; im Laufe der Jahre war sie vielen Schriftstellern persönlich begegnet, darunter der Philosoph Albert Camus und der exzentrische Jakov Lind. Ihr selbst dagegen schien es am Ende unmöglich geworden zu sein, wenigstens augenblicksweise mit dem Glück oder vielmehr der lebendigen Tragik ihrer erdachten Personae eins zu sein.

Die »magische Kraft« (»magic power«), als die Taubes ihre ganz eigene Kunst der Verwandlung in den Aufzeichnungen vom Frühling 1969 auch bezeichnete, ist »beautiful«, solange sie funktioniert, so die Autorin weiter, allerdings nutzt sie sich mit der Zeit ab, »threatened by children, complexities, incapacities [...]«[130]. Zwanzig Jahre zuvor, in den 1940er und 50er Jahren, auf ihren Wegen zur jungen Frau, Schriftstellerin, Schauspielerin und Philosophin, konnten keine noch so großen Verstrickungen und Unzulänglichkeiten die Entfaltung dieser Magie aufhalten.

Ein Dokument für die überzeugende Verkörperung einer Rolle im Leben der Heranwachsenden stellen die Zeilen eines Artikels in einem Lokalblatt von Rochester vom Februar 1943 dar. Anlass war eine Soiree des ungarischen, mittlerweile in den USA lebenden Schauspielers Paul Lukas, zu der auch Sandor S. Feldman – als ein alter Jugendfreund aus Budapest – mit seiner Tochter eingeladen war. In Rochester verkehrten Taubes und ihr Vater schnell in den intellektuellen und künstlerischen Zirkeln der Stadt. Diese war bereits vor 1939 ein Fluchtpunkt für Emigranten aus Europa gewesen. So zählten zu ihren Bekannten unter anderen der aus Österreich emigrierte Erich Leinsdorf, Chefdirigent des Rochester Philharmonic Orchestra, oder der Fotograf und Violinist Alexander Leventon aus Russland. Lukas war in jenem Februar 1943 nach Rochester gereist, um dort vor einem Auditorium über seinen gerade herausgekommenen Film *Watch on the Rhine* zu sprechen, anschließend wurde zur Soiree geladen. Die Anwesenheit der Fünfzehnjährigen muss Eindruck gemacht haben. Der Zeitungsbericht über die Veranstaltung, geschrieben von dem Theaterkritiker George L. David, geht über eine Seite und widmet einen ganzen Abschnitt mit Zwischenüberschrift der »attraktiven jungen Schriftstellerin«:

> Star Has as Guest Young Rochester Girl Novelist
>
> Mr. Lukas had introduced the writer to guests in his room, among whom was an attractive young girl of poise and quiet but piquant charm. She was Susan Feldman, daughter of Dr. S. S. Feldman of 292 Oxford St., this city.
>
> »She is the daughter of a dear old friend of mine,« said Mr. Lukas, looking at her admiringly. »He and I were boys together in Hungary.« He had her stand for a moment; she was unexpectedly tall, but just as attractive on her feet. »She is only 15,« he informed, »and she is writing a novel.« Miss Feldman, who is in Monroe High School, acknowledged that this was a fact. She was well along with it, but wasn't prepared to discuss it much, for there would be rewriting. Yes, it had some romance and a psychological angle. (Her father is a prominent psychiatrist.) Too, it was quite cosmopolitan in its characters and scenes. She spoke quietly, and briefly, of her undertaking as a novelist, as if it were no cause for surprise that a girl of 15 should become an author.
>
> Mr. Lukas obviously was very much pleased by the highly favorable impression she made on the department's agent, who was preparing to leave. »Remember, she is Hungarian,« he said. »That accounts for it.«[131]

Was das für eine »novel« im Entstehen war – schon in den Briefen von 1940/41 wurde ein Roman bzw. ein Buch erwähnt –, lässt sich anhand von Taubes' nachgelassenen Fragmenten nicht zuverlässig rekonstruieren. Eine Spur legt der Zeitungsartikel: Sie verweist auf eine frühe Erfahrung, die möglicherweise in das spätere autobiographische Konzept der Schriftstellerin einging, wie sie es in ihren »Prolegomena« darlegte. Zur Erinnerung: Dort wäre der Preis für einen Roman aus der Ich-Perspektive die Aufgabe des Schreibens zugunsten der öffentlichen Inszenierung einer attraktiven, unterhaltsamen Schriftstellerin vor dem ihr unvertrauten Publikum gewesen. Das Leben, von dem dann nichts erzählt würde, ist eines, von dem der Leser nichts weiß; radikaler noch erschien diese Verbindung zwischen Öffentlichem und Verborgenem in *Divorcing.* Die tote Sophie vor dem Altherren-Tribunal verweist angesichts ihrer vor aller Augen ausgebreiteten Röntgenbilder und Aufenthaltserlaubnisse auf versteckte Papiere. Für diese Wechselbeziehung zwischen dem Wissen der anderen über die Autorin und dem Schweigen der Autorin selbst liest sich der Bericht über die Abendgesellschaft wie eine Urszene: Der Schauspieler und der Journalist schienen alles über die Fünfzehnjährige zu wissen – von der äußerlichen Erscheinung über ihre Herkunft bis hin zu ihren Schreibmotiven –, während sie selbst nur allerkürzeste Auskünfte gab, ja sogar »unvorbereitet« wirkte. Was ihre Person in dieser Situation bedeutsam machte, ihr »pikanten Charme« verlieh, war die vom Gastgeber preisgegebene Tatsache, dass sie aus demselben Land kam wie er selbst, der berühmte Filmstar. Was sie selbst zu erzählen hatte, an jenem Abend aber verschwieg, so stellt es sich rückblickend im Lichte der »Prolegomena« dar, war abseits vom Wissen um ihre Körpergröße, Schulbildung, Nationalität und Abstammung von einem »berühmten Psychiater« zu suchen.

Fündig wird man dafür in Taubes' Nachlass. In ihm finden sich Äußerungen der jungen Taubes über die Literatur und das Schreiben, entstanden nur wenig später; weder die Gäste eines Abendempfangs noch das Publikum einer Tageszeitung sollten davon etwas zu hören bzw. zu lesen bekommen. Eine Sammlung von Essays für den Englischunterricht der 12. Klasse enthält ein »SUMMARY OF ENGLISH XII« mit der sorgfältigen Auflistung von literarischen Gattungsmerkmalen; dieser stellt Taubes einige Sätze über die Frage voran, was ihr die Literatur persönlich bedeutet:

> Literature is the attempt of one human being to communicate his individual perceptions – feelings, thoughts – to another human being, through words.
> The greatness of any piece of literature is relative to its meaningfulness to the individual who is reading it. There are absolutely no absolute values in literature.
> To me a literary work is great [if] it reveals and inspires; if it conveys a sensitive view of this universe as man gropes to understand its nature and meaning in relation with his own puzzling existence; if it can help me know myself, conquer myself, arrive at my raison d'être; if it can communicate to me on my personal plane of reality the inner lives of my fellow-men; and if it will accept me as a companion in the exploration of the unknown by two different perceiving instruments.[132]

Diese emphatischen Zuschreibungen zeugen von einem zutiefst existenziellen Verhältnis zur Literatur. Für die angehende Schriftstellerin zeigt sich die Größe eines literarischen Werks in keinem monolithischen Glanz, sondern in seiner Eigenschaft, mit dem Leben in Beziehung zu treten. Literatur ist groß, wenn sie den Leser in seiner Einsamkeit in einem für ihn unverständlichen Universum erreicht, ihn in Dialog zu anderen Welten und Wirklichkeiten treten lässt und ihm auf seiner Erkundung von Unbekanntem ein inspirierender Begleiter ist.

Etwa zur selben Zeit wie diese Überlegungen schrieb Taubes zwei kurze Erzählungen, abgedruckt 1944 und 1945 im *Harlequin*, einem Literaturjournal der Harley School. Beide erzählen vom schwierigen Versuch des Aufbruchs aus einer Situation des Alleinseins.

The Imperfect Crime mutet auf dem ersten Blick an wie eine Internatsgeschichte mit kriminalistischem Touch. Die faszinierende, schöne und begabte Judy Hayes und die farblose, durchschnittliche, schüchterne Ellen Manning gehen auf dasselbe Internat und nähern sich einander an. Es ist eine ungleiche Freundschaft. Judy lebt ihren Hang, strahlend ihre Umgebung zu dominieren, aus, wann immer sie kann, während Ellen sie dafür rückhaltlos bewundert. Der Wunsch, ihr nahe zu sein, schlägt um in Obsession und mündet schließlich im akribisch geplanten Mord an Judy. Eine Vergiftung arrangiert Ellen so, dass Judys Tod am Ende wie die Folge eines Badeunfalls aussieht. Die eigentliche Tragik besteht jedoch nicht im Gelingen des Plans, sondern darin, dass Judy Ellens Vorhaben durchschaute, aber nichts dagegen unternahm, und in der Erkenntnis, dass Judy über ihren Tod hinaus weiterlebt, in den schwärmenden Erinnerungen der anderen Mädchen; Ellen aber erhoffte sich vergeblich Erlösung von ihrer Besessenheit:

> […] Ellen suddenly realized that it was JUDY HAYES she killed not the graven image of Judy in her mind that acted like a drug upon her tearing her identity to pieces until that stimulation was life itself and without it seemed unbearable. She had destroyed not the greedy parasite of her own creation, not the imaginary Judy she suffered against with love, jealously and hatred. She killed Judy Hayes, but inside of her mind still lived the monster ready to flame up and play on her thwarted emotions.[133]

In Erinnerung an Taubes' spätere Äußerungen zur fragilen Kunst zu leben, erscheint die Geschichte nicht mehr wie ein Schulkrimi, sondern wie eine Erzählung davon, wie der verzweifelte Wunsch, jemand anderes zu sein, zum einzigen Motor für das eigene Leben und dessen Zerstörung wird.

Mit der zweiten Erzählung, *Resolutions and a Pink Hat*, gewann Taubes 1945 einen Prosawettbewerb. Zunächst wirkt diese Geschichte wie eine moderne Cinderella-Story. Die junge Bess muss sich gegen die Feindseligkeiten in ihrer Familie behaupten: Der Vater ist gerade verstorben – zu Lebzeiten hatte er sie als Einziger beschützt –, die Mutter scheucht sie herum und bestraft sie drakonisch bei jeder Gelegenheit für angebliches

Fehlverhalten, ein weinerlicher kleiner Bruder dagegen ist ihr Liebling, der ältere Bruder ignoriert das Geschehen vollkommen und geht eigene Wege. Über die Jahre entwickelt Bess eine Methode, um in dieser Situation zu überleben. Nach jedem Vorkommnis entwirft sie einen Verhaltensvorsatz, den sie auf einen Zettel notiert und unter der Matratze versteckt:

> »Resolution No. 18. Because everybody is laughing at me I won't show my feelings to anybody, except Father, from now on. (This includes getting angry at the boys and Mother and showing any emotion on my face and laughing.) If I don't keep this promise, I will lose respect for myself for three weeks …«[134]

Sowohl die Vorsätze selbst als auch die an sie geknüpften Sanktionen sind unmöglich einzuhalten; die Zettel stellen das Dokument einer langen Verkettung von Versagen und Vergeblichkeit dar. Nur die Einlösung des zuletzt niedergeschriebenen Beschlusses scheint unabwendbar, dem eigenen Leben ein Ende zu setzen, sobald es unerträglich wird:

> I can't stand this any longer. Everything is hateful and meaningless. Life has no other purpose than suffering and everything is petty and disgusting. As soon as I shall have no more obligations, that is as soon as Father shall die, I shall kill myself by jumping off the old bridge. I have to keep this promise; there is no way out of it …[135]

Eines Tages ist es so weit: Der kleine Bruder ist wieder einmal erkrankt, die Mutter umhätschelt ihn Tag und Nacht, während Bess den Haushalt besorgt. Als ihr bei einem plötzlichen Lachanfall ein Stapel frisch gebügelter Wäsche aus den Händen fällt, erhält sie dafür von der Mutter eine Ohrfeige, gefolgt von Drohungen, sie schwarz und blau und schließlich totzuschlagen. Außer sich vor Angst und Wut rast Bess ins Schlafzimmer, zerfetzt den geliebten rosafarbenen Federhut der Mutter in tausend Stücke und stürmt aus dem Haus; der Zeitpunkt für die Erfüllung des letzten Vorsatzes scheint gekommen: »[…] go Bess, and do it; nobody cares. One day they will find all your bitterness under the mattress«[136]. Die Gedanken gelten in diesem Moment nur noch ihren versteckten Zetteln mit den Resolutions, künftig die einzigen Zeugnisses ihres Lebens. Einsam auf der Brücke stehend, kommen die Erinnerungen an weit zurückliegende glückliche Tage und mit ihnen der Gedanke daran, dass es freudige Erwartungen an die Zukunft in ihrem Leben schon gegeben hat. Stand es für Bess bis jetzt fest, dass allein die Verantwortung für den Vater, als der noch lebte, sie davon abgehalten hatte, zu sterben, stellen sich ihrem Vorhaben im Moment der Realisierung Hoffnungen entgegen: Eines Tages würde sie aus eigener Kraft jemand anderes sein, schön, unabhängig und voller Vergebung. Allmählich überlagert Hoffnung die Verzweiflung, schließlich entspringt daraus ein neuer Vorsatz: So lange lebend im Tod auszuharren (»live in a living death«[137]), bis die Zukunftsträume wahr werden. So geht sie zurück zum Haus; die Erzählung endet mit dem Aufflackern des Lichts im Flur, der Leser wird mit seinen Phantasien darüber, was sich nach dem Öffnen der Tür abspielt, alleingelassen.

In diesen frühen Erzählungen klingen Motive an, die auch in Taubes' späteren Schriften abgewandelt auftauchen: Die schwierige Identitätsfrage, der Wille und das Vermögen zur Verwandlung als Verbindung zum Leben sowie der gefährliche Grat zwischen Hoffnung und Selbstzerstörung, der damit beschritten wird. Dieser zeigt sich auch im Motiv der Ununterscheidbarkeit zwischen der Suche nach einem Grund, sich das Leben zu nehmen, und der Hoffnung auf einen Impuls zum Weiterleben.

Gut zwanzig Jahre nach *Resolutions and a Pink Hat* verfasste Taubes die Kurzgeschichte *Eine tödliche Krankheit* (orig. *A Fatal Disease*). Protagonist ist Derby, ein Universitätsprofessor, der bei jeder medizinischen Routineuntersuchung hofft, der Arzt würde bei ihm eine tödliche Krankheit feststellen, sodass er höchstens noch ein Jahr zu leben hätte. Die Hoffnung und die Angst, gleichermaßen ausgelöst durch diese Vorstellung, fesseln ihn an ein Leben, das in ihm den Wunsch nach einem selbst kalkulierten Ende erst auslöst. Am Ende ist er in eine makabre Dialektik verstrickt: Nur die Phantasie vom nahen Tod vermag in ihm die Hoffnung auf eine neue Lebendigkeit zu beschwören. Lange überdenkt er jeden Aspekt, der dem freiwilligen Tod anhaftet: von Feigheit über Notwendigkeit bis hin zur Negation der Negation durch die Beliebigkeit einer solchen Tat. Als er sich entschließt, in seine Alltagsroutine von Universität und Familie zurückzukehren, fühlt er sich »gerettet«: »Er hatte eineinhalb Stunden mit morbidem Brüten vertan. Es war ein grässlicher Gedanke, und der Professor in ihm lächelte über sich. Doch Derby lächelte kalt zurück.«[138]

Das Mädchen Bess und Derby, der Professor: Für beide gilt, je intensiver sie über einen selbst gewählten Tod als Option nachdenken, desto mehr spüren sie das Leben in sich. Die künftige Person aus Bess' Träumen lässt die unerträgliche Gegenwart als etwas Vorübergehendes erscheinen. Auch Derby lebt eine zweigeteilte Existenz. Der Professor in ihm bindet ihn an ein Leben, in dem er den Tod so lange vor sich herschieben wird, bis dessen Zeitpunkt nicht mehr frei bestimmbar ist. Bess hingegen, von der wir nicht wissen, ob sie bei ihrer Heimkehr totgeprügelt wurde, wählt den Tod als eine Durchgangsstation in das aufgeschobene erträumte Leben.

*

Das *Harley School Diploma*, ausgestellt in Rochester am 15. Juni 1945 auf den Namen Susan Judith Feldman, unterschrieben von Lawrence W. Utter, *Director*, und dem *President of the Board of Trustees* (Unterschrift unleserlich), ist eingefasst in einen grünen Kunstlederdeckel mit Goldprägung und Satinfutter.[139]

Vom 10. Juli datiert ein Brief von Utter an Sandor S. Feldman, offenbar die Replik auf ein Schreiben, mit dem dieser seinen Dank und seine Verbundenheit gegenüber der Schule zum Ausdruck brachte. Utter betont, was für eine große Freude die Schule an Susan gehabt hatte sowie ihre wertvollen Beiträge zum Unterrichtsgeschehen. Es folgt ein Dank an Dr. Feldman dafür, dass er seine Tochter der Harley School anvertraut hatte.[140]

Auf der Rückseite eines »Report on Academic Subjects« der Harley School vom Mai 1945 findet sich die Notiz eines Lehrers:

> Susan is in such a state of eternal rebellion and ›phases‹ that it is hard to give an accurate report. Intellectually she has all the trumps in her hand; however, it is about time she does realize that it is not enough to find happiness, or what is more important, to create happiness around her. Perhaps her experience in college will prove to her that we cannot ›walk alone.‹ However, fundamentally, Suz is sound and reasonable and I am not in the least disturbed about her ›future.‹ The number of lessons she will receive from life will depend on her willingness to be more realistic toward it. [141]

Susan Taubes (Feldman), ca. 1945

6. Bryn Mawr

Sollten die Lehrer Recht behalten? Würden weitere Stationen auf ihrem Bildungsweg, insbesondere das College, Taubes die notwendige »Anzahl an Lektionen« für einen »realistischeren« Blick auf das Leben erteilen? Die Spannungen in ihrem Wesen ausgleichen und sie lehren, sich anzupassen, weil es nicht ausreicht, sich ganz einer individuellen Suche nach Glück zu verschreiben?

In einer unveröffentlichten autobiographischen Aufzeichnung für *Divorcing* verlagert Taubes ihre persönlichen College-Erinnerungen in das Erleben der Protagonistin Sophie. Dabei entspringt deren Widerwille gegen eine »abermals neue Welt« der eigenen Zerrissenheit zwischen ihrer Leidenschaft für die Kunst und den Verlockungen der Philosophie:

> Then Bryn Mawr College, another world again. She didn't want to go to college. She had decided to work in the theatre; perhaps not a serious decision; playing other [/] fictitious people on a stage was how she could avoid, elude urged not by ambition, bright lights, the vulgarity of the theatrical milieu had to be accepted to be transmuted into fiction which was where she felt her truth, her ease; all of her transmuted into that phantom thing voice, limbs. the pursuit of ideas left out her body, a ridiculous, embarrassing baffling incongruity of sensation of pressure of behind on chair, feet in shoes, while the spirit pursues antinomies of pure reason, the hand turning the page, a scandal, animal higher ape, she studied them intrigued with horror awe, like some creatures as curious, puzzling as some strange insect and yet absurdly connected to her.
> […]
> Passion yearned for total transmutation, mind was intrigued outraged by ridiculousness atrocity of spirit joined to creature, grotesque – the temptation seduction of philosophy lay here: not in the solemn self indulgence of the mind its vices and frivolities in the obsessive chase of

> this and that idea, but in the gruesome, [x], the gruesome joke a state of frivolity which the earnestness and ecstatic of the mind's flights [x] seriousness made all the more so. This the mystery of metaphysics. Troubling, distasteful.
>
> To do both was to live a double life[142]

Kafkas *Bericht für eine Akademie* klingt hier an. Der Schimpanse Rotpeter erlernt Sprache und Gesten der Menschen, um wie diese »unbehelligt«[143] zu sein. Immer wieder betont er, dass sein manisches Lernen ihm einen »Ausweg« aus einer aussichtslosen Situation der Gefangenschaft eröffnen soll; dies sei jedoch nicht an eine Hoffnung auf Freiheit geknüpft; zu den »erhabensten Gefühlen«[144] nämlich zähle neben der Freiheit auch die damit notwendig einhergehende Enttäuschung. So sieht Rotpeter die Arbeit im Varieté als rettende Lösung. Am Ort, wo traditionell das Spiel mit der Täuschung und Ent-Täuschung anzutreffen ist, erzielt er mit seiner Menschen-Nachahmung »kaum noch zu steigernde Erfolge«[145] . Voraussetzung dafür ist die vollständige Unterdrückung früherer Bedürfnisse und das Vergessen seiner Jugend als freies Wesen. *Dass* er aber ein »gewesener Affe«[146] ist, bleibt Rotpeter bewusst, bei allem, was er tut.

Was Sophie und Rotpeter miteinander verbindet, ist die übersteigerte Inszenierung einer Anpassung als Ausweg – dort aus dem Käfig der Großwildjäger von Hagenbeck, hier aus den Zwängen der Bildungsanstalt. Für beide sind die Bühnen des Theaters Ausgangsort für ein Leben in der Fiktion. Weil Sophie sich in der Kulissenwelt der Phantome und erfundenen Kreaturen von Anfang an zu Hause fühlte, ist für sie ein solches Leben nicht mit dem gänzlichen Ausschalten einstiger Bedürfnisse verknüpft. Allerdings: Während die »Leidenschaft« sich nach elementarer Veränderung, nach »Transmutation«, sehnt, verbleibt im realen Übergang von der Theaterschauspielerin zur angehenden Philosophin ein Rest, der im Umwandlungsakt nicht aufgeht, ihn damit als Travestie erkennbar macht; noch in der erfolgreichen promovierten Philosophin wird künftig die Mimin fortleben. Ähnlich wie Rotpeter erfährt Sophie Befriedigung in der intellektuellen Tätigkeit. Den Schimpansen in Kafkas Erzählung »beglückt« das »Eindringen der Wissensstrahlen von allen Seiten ins erwachende Hirn«, wenn er dies auch nicht »überschätzt«. Sophies Glück als Intellektuelle wird ebenfalls nicht durch eine feierliche, ernste Versenkung in die Methoden zur Erschließung von Sein und Wirklichkeit vollkommen. Vielmehr ist sie entzückt über die perfekte Täuschung in Gestalt der selbst verkörperten Kreatur, virtuos zusammengestückelt aus gedanklicher Ekstase und dem davon abgetrennten Leib mit Affenhand, welche die Seiten von Kants *Kritik der reinen Vernunft* umblättert.

Ein Echo dieser Beschreibung eines solchen Ichs, gebildet aus Versatzstücken, ist im »Budapest Journal« vernehmbar. Wir erinnern uns: Im Herbst 1969, unmittelbar nach der Wiederbegegnung mit dem Haus ihrer Kindheit, dachte Taubes daran, wie sie schon einmal als Fremde vor dem Gartentor stand, als junge Frau im Jahr 1947, unterwegs zum Philosophiestudium in Genf. Damals konnte kein noch so starkes Gefühl von Verlust die Betäubung lösen, aus Angst, ihr künstliches, zerbrechliches Philosophinnen-Ich – »that very delicate, artificial, invented self«[147] – könne der Wucht eines solchen Gefühls nicht standhalten.

Was die von ihr erschaffene Romanfigur Sophie auszeichnet, trifft auch für die Autorin Taubes selbst zu: Lange schon vor dem Eintritt ins Collegeleben hatte sie die ausgeprägte Vorstellung entwickelt, ihr Leben würde sich auf unterschiedliche Personen an immer anderen Orten verteilen. Ob es sich dabei um die frühen Traumwelten handelte, ersonnen im Garten der Pasaréti út, um die vielgesichtigen Personae, mit denen sich der Übergang in die neue, fremde Welt ertragen ließ, oder um die Figuren aus Film und Literatur, die aus durchlebten Tragödien Kraft und Würde schöpften: Immer gab es den Teil in ihr, der permanent den Wunsch nach Veränderung in sich spürte, und denjenigen, der immer schon dabei war, die ersehnte Rolle mit ›kaum noch zu steigernden Erfolgen‹ auszufüllen. Dabei blieb sie sich jenes Rests bewusst, der signalisierte, dass Verkörperung und Verkörpertes niemals vollständig zur Deckung kamen. Am Beginn ihrer intellektuellen Laufbahn richteten sich Sehnsucht und Erfüllung gleichermaßen auf die sinnliche Gestalt der Physis – dieses »fremde, sonderbare Insekt« – und die »Rätsel der Metaphysik«. Beides zu erkunden und zu gestalten aber hieß, sowohl für Sophie als auch für Taubes, ein Doppelleben zu führen.

Ab Herbst 1945 besuchte Taubes für zwei Jahre das Bryn Mawr College; ihr Vater hatte sie von der Notwendigkeit einer soliden Ausbildung überzeugen müssen, bevor sie sich dem unsicheren Geschäft der Schauspielerei widmete. Aus jenen Jahren sind mehrere biographische Zeugnisse überliefert: Korrespondenzen mit Sandor S. Feldman, Freunden und Lehrern. Dazu Unterlagen, an denen sich die Genese ihrer frühen intellektuellen und künstlerischen Interessen ablesen lässt. Liest man diese Dokumente zusammen mit den später entstandenen literarischen Reflexionen über Sophies monströs anmutendes Philosophinnen-Selbst, so wird deutlich, dass die Extreme in Taubes' Wesen, von denen ihre High-School-Lehrer hofften, sie mögen im College durch die entsprechenden Lektionen gemäßigt werden, sich zunächst eher verstärkten.

Gleich nach ein paar Wochen in Bryn Mawr schreibt die Siebzehnjährige an den Vater, dass ihre Kreativität in schmerzhaftem Konflikt mit den Anforderungen im College-Lehrplan stehe:

> Don't like too much intellectual work; unhealthy and unnatural. Well, about five more months and then I'm through with it. I am working very hard on my long English paper and find great pleasure in writing it. My play died; conditions here antipathetic rather than sympathetic to creativity. I refuse to force myself, so – I'll do my best in critical work and forget about the creative.
> I am learning a lot etc. etc. but nevertheless I loathe this place. I have a very acute drive for self-preservation and I feel that this place is hurting me. I stand it only because I know that it is temporary.[148]

Einziger Ausweg für Taubes war, ihren kreativen Drang beiseitezuschieben und sich von nun an, so gut es ging, dem zu widmen, was von ihr verlangt wurde – das hieß in ihren Augen, ein Mischwesen zu werden, ein »intellectual beast«[149], wie sie an anderer Stelle schreibt. Die Form, die sie dafür wählte, war die Kritik. Diese äußerte sie gleich zu Beginn mit einem Unabhängigkeitsbegehren, das ihr schon auf der High School den Ruf eingebracht hatte, rebellisch und nicht anpassungsfähig zu sein.

Am Übergang von der Schule zum College hatte für diese widerständige Haltung eine Paraphrase aus Dostojewskis *Brüder Karamasow* gestanden, ausgewählt als persönliches Motto unter dem Eintrag »Susan Feldman« im Jahrbuch der Harley-School-Absolventen vom Juni 1945; das Datum markiert zugleich, mit wenigen Wochen Differenz, das Ende des Weltkriegs. Iwan Karamasow – wir erinnern uns, diese Figur faszinierte Taubes schon in ihren ersten Schuljahren – kann eine Welt, beherrscht von sinnlosem Leiden, nicht akzeptieren. Kein Versprechen einer künftigen Erlösung rechtfertigt oder lindert von Menschen zugefügtes und erlittenes Unglück. Was den Atheisten Karamasow dennoch zum Gläubigen macht, ist der tiefe Wunsch, die Erlösung von solchem Leid möge jeder Einzelne zu seinen Lebzeiten am eigenem Leib erfahren: »Ich will mit meinen Augen sehen, wie das Reh arglos neben dem Löwen ruht, und wie der Ermordete aufsteht und seinen Mörder umarmt.«[150]

Mit Taubes' später entstandenen Überlegungen zu »The Nature of Tragedy« (1953) betrachtet, ist Iwan Karamasow eine moderne tragische Gestalt, die sich mit der Sehnsucht nach Erlösung außerhalb von göttlicher Ordnung auf den Grat zwischen Nihilismus und Hoffnung begibt. In ihrem unbedingten Willen, der Aussichtslosigkeit ihrer Lage nicht zu unterliegen, bargen die tragischen Helden der Gegenwart für Taubes Momente der Identifikation. Zu den Charakteren Dostojewskis kamen später andere Figuren aus Literatur und Philosophie hinzu, darunter die Protagonisten aus Kafkas Erzählungen und die Philosophin Simone Weil. Deren Versuch, angesichts der Erfahrungen von Krieg und Holocaust am Erlösungsgedanken festzuhalten, sprach Taubes in ihrer Dissertationsschrift *The Absent God. A Study of Simone Weil* (1956) die Dignität einer tragischen Handlung zu – und das, obwohl sie in Weils Leidensreligion die Züge einer »negativen Theodizee« mit problematischer politischer Wirkung erkannte.

In Taubes' frühem vehementem Bedürfnis, jenen Bereich der eigenen Lebenswirklichkeit zu erkunden, den sie ein paar Jahre später in ihren theoretischen Ausführungen zum Tragischen als »gefährliche Balance« bezeichnen sollte, drückte sich keine Realitätsferne aus, wie es die abschließende Notiz im »Report on Academic Subjects« der Harley School nahelegt. Im Gegenteil: Ihr Hunger nach Lektüre, die leidenschaftlich geführten Diskussionen, ihre Entschlossenheit, sich nicht von fremden Positionen vereinnahmen zu lassen, und die Lust, neue, eigene Welten zu erschaffen, sei es mit der Literatur, sei es im Theater, zeugen von einer überaus sensitiven Wahrnehmung von Wirklichkeit. Einer Wirklichkeit allerdings, geprägt von Erlebnissen, die sich von denen der meisten Mitschüler und Lehrer radikal unterschieden. Ihr ganz persönlicher Weg »to find happiness«, wie es ihr Lehrer formulierte, entsprang nicht einfach einem adoleszenten Egozentrismus, sondern der Erkundung von Denk- und Gestaltungsräumen darauf hin, inwieweit die frühen Erfahrungen von Fremdheit und Verlust in diese integrierbar seien.

Waren in den Jahren seit dem amerikanischen Kriegseintritt alle Verbindungen nach Europa gekappt, so erreichten jetzt, ab Frühjahr 1945, Schritt für Schritt die Nachrichten über das Ausmaß der Vernichtung die andere Seite des Atlantiks. Allmählich stellte sich Gewissheit über die Ermordung der ungarischen Verwandten und die Unmöglichkeit einer Rückkehr an den Ort der einstigen Heimat ein. Gewissheit auch darüber, dass die Mutter auf unerklärliche Weise überlebt hatte, aber nicht aus Ungarn herauskonnte. Sosehr ihr Iwan Karamasows Satz »I cannot accept this world« aus dem Herzen sprach, so wenig konnte sich Taubes mit den Glücksvorstellungen identifizieren, mit denen sie sich am College im nordamerikanischen Bundesstaat Pennsylvania im Sommer 1945 konfrontiert sah.

Bryn Mawr liegt inmitten der sogenannten Main Line, einer Ansammlung von malerischen und wohlhabenden Philadelphia-Vororten. Ein Großteil der Bewohner setzt sich aus Angehörigen des gleichnamigen, 1885 gegründeten Colleges zusammen. Die altehrwürdige Privathochschule, erbaut im Stil des an Oxford und Cambridge erinnernden Collegiate Gothic, gehört zu den Seven Sisters, einer Gruppe von historischen Frauencolleges in den USA, die ab der Mitte des 19. Jahrhunderts gegründet worden waren, um Frauen eine höhere Bildung zu ermöglichen. Die Lehr- und Lernmethoden in Bryn Mawr galten in den 1940er Jahren durchaus als fortschrittlich. Dennoch: Didaktische und curriculare Anforderungen der traditionsorientierten Elite-Anstalt prallten bald auf Taubes' eigene Vorstellungen vom Recht auf individuelle Entfaltung. Noch bevor sie ihr Zimmer im Westflügel der Pembroke Hall bezog, gab es einen Briefwechsel, initiiert von »Toby«, einer alteingesessenen Studentin in der Funktion einer Patenschwester für die neuankommenden freshmen. Taubes' Replik ist ein lebendiges Zeugnis ihrer intellektuellen Haltung und Interessen in jener Zeit sowie von einem bemerkenswerten Selbstbewusstsein, mit dem sie beides vertrat. Nachdem alltagspraktische Fragen wie die nach der richtigen Kleidung, Freizeitaktivitäten und den organisatorischen Dingen direkt nach der Ankunft angesprochen worden waren, hielt die Siebzehnjährige es für wichtig, sich den »more spiritual problems« zuzuwenden:

> Now a few words about me. I am not a vague person. Everything I do, good or bad, I try to do consciously, knowing what I am doing through every moment of the doing. In this life I have chosen to take the way of highest endeavour, whenever possible, and not the way of least resistance. I have my religion, my raison d'être my inner peace; I was not born with it, I did not suddenly find it one day and am now holding on to it, I must create it, expand it day to day and that is part of my self-education. I find my fun, amusement, happiness and relaxation in my work and not in escapist activities. My work is to express. Of course before I can express I must discover; I have turned to an educational institution in order to be guided to discoveries.
>
> I am not a »social« creature. I value comradeship greatly, but to me comradeship expresses a relation between or among people who are in themselves comparatively self-sufficient – not people who are together because they dare not to be alone. Therefore I prefer my own company; therefore I do not wish to attend parties, picnics, teas and the like until I know myself and the people involved very well. The argument that we learn to know people through parties, picnics, etc. does not convince me. At such gatherings I may discover how my contemporaries have succeeded »to prepare a face to meet the faces that you meet«, their financial standing as manifested in their attire, but little more.

I do not know what attitude my fellow students at Bryn Mawr have toward education. I am coming to Bryn Mawr, partly, to find out. It would cover too much space to discuss the things in which I am interested. Therefore I shall mention only those things which do not interest me – competition, honors, praise or punishment, knowledge in itself for itself, ambition (as differentiated from aspiration), compulsion, escape, vanity (in the biblical sense) – anything that shall make me less and not more than I was.

I do not know yet what courses I shall take this fall. I do not particularly care. I would rather study prehistoric pottery making from a real educator than philosophy from someone whose spirit has been dead or never born even though his body can suggest a good imitation of life. I love all form of human expression: religion, art, science, philosophy. I have no desire to become a specialist. Socrates may be right in stating that, »all things are produced more plentifully and of a better quality when one does one thing which is natural to him and does it at the right time and leaves other things.« But I believe that a whole and integrated human being comes before the things he may produce; that the means comes before the end. Well, I could write pages and pages but I feel that I should stop here and wait until I hear from you. Now it is your turn to open yourself to me, which you may or not do as you wish. Please do not be polite if you think I am a screw ball. I leave it up to you. Anyway, I would be very grateful if you would answer my questions.

Hoping to hear from you soon

Susan Feldman[151]

Der erste Teil des Antwortschreibens von Toby ist verloren gegangen, so wissen wir nicht, ob diese höflich genug war, die ihr anvertraute Erstsemesterstudentin nicht als »screw ball« (»Spinnerin«) zu bezeichnen. Aber sie versieht sie mit allen notwendigen Informationen, überlässt es der Jüngeren, sich ein Bild vom Collegeleben zu machen, und freut sich darauf, sie bald von Angesicht zu Angesicht kennenzulernen.[152]

Von Beginn an setzte Taubes alle Ankündigungen im Brief an ihre Patenschwester in die Tat um. Die Unbeirrtheit, mit der sie ihre ganz persönlichen Ansprüche an die Bildungseinrichtung formulierte, auch gegenüber den Professoren, und die bewusste Abgrenzung von den Kommilitoninnen machten ihr die Anfangszeit nicht leicht. In Briefen an den Vater erwähnt Taubes, wie sie in Diskussionen mit den Lehrkräften versuchte, die an sie herangetragenen Leistungsstandards an ihre eigenen Bedürfnisse anzupassen:

> I talked to Dean of Freshman about the fact that the amount of work assigned is too long to really do it thoroughly and understand it. She said that at my level the college expects superficial work since I am not ready to do my own thinking. I didn't say anything but I am determined to get a real education regardless of what college thinks of my intelligence.[153]

Einmal bemühte sie sich um eine Sondererlaubnis, um früher in die Ferien fahren zu dürfen, weil sie zu Hause besser arbeiten könne – auch um den Preis, dafür bei der Schulpsychologin vorstellig werden und sich dabei möglichst »nuts« geben zu müssen. Sie klagte über Bevormundung und äußerte immer wieder Unbehagen, sowohl angesichts »positivistischer« Unterrichtsmethoden als auch der Forderung, sich in eine Gemeinschaft zu integrieren, mit der sie offenbar wenig verband:

> The outlook is rather black; but on the other hand I love working and really understanding the nature of things even though Bryn Mawr does not approve. The main fault of the college is that it tries to deal with four types of people in one program:
>
> 1. to whom college is a continuation of kindergarten, a place they can stay at for four years before they get married and keep out of trouble and pick up an intellectual vocabulary.
> 2. to whom college must be a vocational school preparing them for the job in the economic and social set-up
> 3. »scholars« or people who intent to spend their lives dissecting and compartmentalizing other people's thoughts
> 4. people who want to understand the nature of man and the Universe; who want to reinforce their own thoughts with those of great men.
>
> It cannot be done: in the end everybody is dissatisfied; except those whose personalities are a projection of this four-way split and who want college for all of these reasons.
>
> But the saddest thing around here is the attitude of young people. They believe that the world is pretty bad but that nothing can be done about it because it just has to be that way. Then there are the optimistic people who agree with Pres. Truman that we shouldn't send food to Europe until their credit is good but who ease their conscience by sending cocoa to the red cross.[154]

Taubes selbst rechnete sich dem Typus von Collegestudentinnen zu, der sein Glück weder in Wettbewerb noch materieller Absicherung suchte, sondern in der Erforschung des Menschen und der Welt, in der er lebt; dies mit dem Risiko, dass sich die dafür notwendige »attitude« mit derjenigen der anderen Typen nicht verträgt. In einem weiteren Brief bezeichnet sie sich als »highly incompatible« und befürchtet, sollte sie dem Anpassungsdruck nachgeben – »violet my integrity« – , würden zwar alle biochemischen Prozesse in ihrem Körper weiterhin funktionieren, aber von ihr selbst würde nicht viel übrig bleiben[155]. Es war nicht so, dass sie den Grund für die »düsteren Aussichten« hinsichtlich der Ausbildung am College allein in äußeren Umständen suchte. Gegenüber ihrem Vater führte sie eigenes Unvermögen an: »I think the trouble is not repression but that I cannot repress anything and everything is in my mind all the time confusing me.«[156] Ihr anfängliches Vorhaben, aus Gründen des Selbstschutzes den expressiven Anteil in sich zu unterdrücken, um von nun an unbehelligt den vorgegebenen intellektuellen Bahnen zu folgen, war gescheitert. Taubes fühlte sich zerrissen von der Contradictio, die dem »intellectual beast« innewohnte.

Sandor S. Feldman machte sich Sorgen um seine Tochter und die Auswirkungen ihrer hemmungslosen Urteile. In Telefonaten und Briefen scheute er die Auseinandersetzung nicht. Diese gestalteten sich oft erschöpfend, denn in Taubes' Argumenten überlagerten einander permanent das persönlich empfundene Unbehagen und eine weitumspannende Kritik. So ging es wiederholt um die Verteidigung des Individuums inmitten einer als universal erfahrenen Gleichgültigkeit, gegen die es nichts ausrichten kann:

> [...] the pain is greater than just the subjective pain of imprisonment – it is that men with all their potentialities for good should want to enslave. I want to love + not to hate humanity. If somebody should hit me for no reason, what hurts is not so much the physical region that was struck – but that I was deprived of loving. What hurts is to be betrayed – + what is betrayed is not only some personal trust, but humanity itself.
> The individual is helpless today, you know it from your own experience.[157]

In dieser Passage bildet die eigene Privatgeschichte – und dabei schloss sie die Geschichte ihres Vaters mit ein – den Anlass für erste Ansätze einer Zivilisationskritik. Es klingt ein Motiv an, das die späteren Aufsätze der Religionsphilosophin Taubes, entstanden in den 1950er Jahren, verbindet: nämlich der Versuch, die Erfahrungen von Krieg und Holocaust in eine Beschreibung von Heimatlosigkeit und Gefangenschaft im Zeitalter fortschreitender Technisierung und damit einhergehender Entmenschlichung zu integrieren. Liest man diese Abhandlungen wiederum im Lichte der früheren Briefäußerungen, so wird deutlich, dass deren theoretischen Voraussetzungen im Horizont individueller Erlebnisse wurzeln.

In die Debatten aus der Collegezeit spielten außerdem ganz offenkundig Abnabelungskonflikte hinein. Sandor S. Feldman legte der Tochter wiederholt eine pragmatische Sicht auf die Dinge nahe und forderte sie auf, sich zu mäßigen. Offenbar hatte es Gespräche zwischen ihm und den Lehrkräften über die Kämpfe, die seine Tochter austrug, gegeben. Diese versucht ihrerseits den Vater zu beruhigen und gleichzeitig seine Einmischungen abzuwehren, indem sie betont nüchtern die Probleme auf eine unvermeidliche Kollision mit Strukturen schob, in denen die miteinander konkurrierenden Facetten ihres Wesens eben nicht ausreichend Platz fänden:

> I wish you wouldn't worry about me. Keep in mind this: only administrators have ever looked on me as a »problem child[«] – friends + teachers who know me, not. Administrators are stiff-minded dullards any individual strikes them as eccentric + any person who does not slip into the abstract, classified norm as a freak.
> Forget about the whole thing don't write me to be »average« that's a non-existent abstraction. I am what I am, live, full of interest + spontaneity – I am one thing today + another tomorrow, + so are you. I dislike some things, try to remove disturbances when there is a possibility of removing them. I get annoyed at groups of people who lower the level of our existence physically or spiritually. I have many moods both joyous + gloomy. What do you want. Don't analyze me.[158]

Dass Freunde sie im Gegensatz zu den unpersönlichen »administrators« wertschätzten, erfuhr Taubes am College allerdings erst, nachdem einige Monate ins Land gegangen waren. Aus Briefen der Anfangszeit geht hervor, dass die Mitstudentinnen mitunter angestrengt auf ihr forderndes Engagement reagierten und das selbst gewählte Einzelgängertum als Arroganz und Strebertum auslegten. Ihre sozialen Aktivitäten beschränkte Taubes in den ersten Wochen auf das Nötigste. So berichtet sie ihrem Vater von einem Bridge-Club auf dem Campus, dem sie sich manchmal zugesellte, weil es die Kommilitoninnen scheinbar glücklich machte, wenn sie, anstatt sich ihren Studien zu widmen, Zeit mit ihnen totschlug (»kill time with them«). Dann bittet sie ihren Vater, ihr die Triebfunktion dieses deprimierenden Karten-Kults zu erklären.[159] Die überschaubare Welt des Privat-Campus empfand sie als bedrückend und ›bourgeois‹; so artikulierte sie Beklommenheit darüber, dass im Speisesaal Dienstmädchen die Mahlzeiten servierten und dass dies von den anderen als selbstverständlich hingenommen würde. (Jüngste Studien über *The Hidden World of Work at Bryn Mawr College*[160] tragen dem Umstand Rechnung, dass zu jener Zeit fast ausschließlich schwarze Bedienstete für das Wohlergehen der überwiegend weißen Collegestudentinnen zuständig waren.)

Wenn das Campus-Leben sein »wahres Gesicht« (»true face«[161]) zeigte, das heißt, wenn ihre Mitstudentinnen die Mußestunden mit geselligen Zerstreuungen verbrachten, vertiefte Taubes sich enthusiastisch in jedes der unterrichteten Fächer und baute neu gefundene Interessen aus. So nahm sie die Mathematik als eine faszinierende Disziplin wahr, wie sie an Sandor S. Feldman schreibt:

> Have finally ›discovered‹ Mathematics + have now full faith in it. It is a miraculous thing – a system of symbols created by the human mind, whose self-consistency, precision, range + grasp of quantitative complexities, transcends those of the human mind itself. So far I have distrusted all the mathematical formulas + have tried to figure out everything »in my head«. Now that I realize that from these formulas I can deduct unanticipated implications of complex phenomenon I marvel at it + thank God.[162]

Dass sie in Differenzialrechnung und Geometrie nicht mehr, wie noch zu Schulzeiten, ein nur selbstreferenzielles Spiel mit abstrakten Symbolen sah, sondern im Umgang mit Formeln, Zahlen und Raumelementen neue Möglichkeiten entdeckte, Unvorhersehbares zu denken, lag auch an ihrer Lehrerin Marguerite Lehr, die später, ab Mitte der 1950er Jahre, als Professorin in Bryn Mawr unterrichten sollte. Taubes fand, dass Lehr ein warmherziger Mensch mit philosophischer Ader war; diese war umgekehrt angezogen von der lebhaften Studentin mit ungewöhnlichen Interessen. Als Taubes 1947 das Collegestudium unterbrach, um nach Europa zu reisen, hielten beide einen vertraulichen Briefkontakt.

Motor für die Intensität, mit der Taubes ihr Raison d'Être Tag für Tag neu erschuf und erweiterte – von diesem Vorhaben hatte sie damals der älteren Studienkollegin Toby geschrieben –, war eine tiefe Verunsicherung angesichts der Aufgabe, sich in einer Welt, die in Trümmern lag und weiterhin von roher Gewalt regiert wurde, als Individuum behaupten zu müssen. Dies bezog sie auf eine Gesellschaft, die sich aus ihrer Sicht nur auf Kosten der Schwächsten zu stabilisieren vermochte, genauso wie auf aktuelle politische Entscheidungen. Immer wieder finden sich beispielsweise in Briefen und Aufzeichnungen Anspielungen auf den Schock, ausgelöst durch die US-amerikanischen Atombombenabwürfe auf Hiroshima und Nagasaki im August 1945. Genau ein Jahr darauf, im August

1946, erhielt sie einen Brief ihrer Mutter aus Budapest, in dem diese sich verzweifelt über die Situation einer allgemeinen Demoralisierung in Ungarn äußert. Die Tochter reagierte empathisch, indem sie im Antwortschreiben ihr eigenes Gefühl von Entfremdet-Sein in den amerikanischen Verhältnissen schildert:

> You write about the chaos of greed and stupidity in which you are caught and I feel very much with you and would actually like to be with you there, thinking that perhaps, two wretched people together will make two more happy ones. It is bad here too even though we have ample food and shelter; the difference is only in degree and not in kind. Cheating and deception are sanctioned here too, under the guise of »realism« or business ethics. [...] The horrors in the newspapers, the slaughter, bickering and the »peace« conferences all suggest that humanity still operates according to jungle laws. It seems that even with the threat of complete destruction over them people cannot come to their senses. Sometimes I almost pray that the world of man should be blown up; either that or that a miracle should happen and man grow up to his humanness. It is the waiting that is so terrible. It is as if it would be very probable that I should die in a week, and with my whole future suddenly cut off all my will to do the things that are worthy and important shrivels up, all my responsibilities melt away and there is nothing for me to do except wait.[163]

In der Briefpassage beschreibt Taubes im Ansatz eine dialektische Verflechtung als Triebfeder für ihre intellektuellen und künstlerischen Aktivitäten: Das Grundgefühl, in einer Welt aus »Chaos« zu leben, in der Mangel und Leid keine Ausnahmeerfahrungen sind und die jeden Augenblick einer völligen Vernichtung anheimfallen kann, dazu der Wunsch, sowohl von dieser Bedrohung als auch vom quälenden Warten erlöst zu werden, zu dem die einstige Hoffnung mutiert ist. Gleichzeitig ist es die Zerstörung selbst, die überhaupt erst Erlösung zu bringen vermag. Ein paar Sätze weiter macht sie klar, dass ihr Wille, sich einer solchen apokalyptischen Haltung nicht auszuliefern, die persönliche Verpflichtung zum Schreiben begründet:

> What still compels me to write is my love of and wonder at humanity at its best, the dignity that man can achieve and that some have; even if it will come to be that man is only a very transient phenomenon in the cosmos. Furthermore whenever I am discouraged I am reminded of the few good men that still exist, and whom I have been fortunate enough to know, and who despite still everything still carry on and thus gives

> me strength. And I hope that by my own carry on I will give strength to others. Forgive the gloomy thoughts, but even though I am determine to fight to the end and struggle with my work even as the atomic bombs are falling, the devil of despair and resignation nevertheless hammers at my ears and I wanted you to listen to him for a while.[164]

Die Äußerungen zeigen, dass Taubes' Einzelgängertum keinem Solipsismus entsprang. Im Gegenteil: Sie suchte Gemeinschaft zu Menschen, mit denen sich Verzweiflung und Entmutigung, aber auch der Widerstand dagegen teilen ließen. Ein Mittel dafür war die Literatur: Mit ihr konnte sie sich anderen mitteilen und umgekehrt neue Perspektiven aufnehmen. Das galt sowohl für die Lektüre als auch für das Schreiben. Um der Mutter die eigenen inneren Konflikte nahezubringen, schickte sie ihr den Abschnitt aus einem allegorisch anmutenden Romanversuch – einer »Cosmophantasmogoria«; darin geht es um das Aufeinandertreffen zweier antagonistischer Kräfte in einer Welt, in der Spiritualität mehr und mehr abhandenkommt: steriler Intellektualismus und reine Empfindsamkeit. Der Mutter rät sie, sich bei der Entzifferung von ihrem Englischlehrer helfen zu lassen und anschließend vorsichtshalber die ungarische Übersetzung zu schicken, um sicherzugehen, dass diese dem Original entspricht.

Der Bedrohung einer grundlegenden Welt-Erschütterung, die jederzeit in völliger Zerstörung münden kann, begegnete Taubes am Anfang ihres Studiums vor allem mit Kunst und Literatur. Dostojewski, Kafka und Joyce gehörten zu den Lieblingsautoren, darüber hinaus las sie nahezu alles, was ihr in die Hände fiel: von Shelley, Flaubert, Rimbaud und Goethe über Homer, Aristoteles und die Bibel mitsamt Apokryphen, bis hin zu Enzyklopädien und Wörterbüchern jeder Art. Bald kamen philosophische Lektüren wie Schopenhauer, Nietzsche und Kierkegaard hinzu. Dabei war für sie die Beschäftigung mit Fragen der Erkenntnis, der Metaphysik oder der Ethik ein ureigenes Anliegen. Der Eindruck, die obligatorischen Kurse zur »History of Philosophy« könnten dem nicht entsprechen, weil es in ihnen ausschließlich um die bloße Wiederholung von einst Gedachtem ging, führte bei ihr schnell zu einer vorübergehenden Abkehr von der Philosophie. An den Vater schreibt sie: »Am disappointed in Philosophy; I want to know not only what people think but why they think that way; Philosophy teacher doesn't care. Every time he says something I feel like replying ›so what?‹ (Philistine?)«[165] Aus dieser Enttäuschung heraus wandte sich Taubes der Religion und der Psychoanalyse zu, spielte sogar mit dem Gedanken, Analytikerin zu werden, und ließ sich vom Vater mit entsprechender Literatur versorgen, insbesondere mit den Schriften Freuds.

Auch hier wird deutlich, wie stark sich ihre theoretischen Interessen mit dem verbanden, was sie privat bewegte. So las sie mit großer Begeisterung *Der Mann Moses und die monotheistische Religion* und stellte die Frage, wie weitreichend Freuds These vom allmächtigen Gott als Sublimierung des Vaters sei, da ihr im Rückblick auf die eigene Kindheit viel eher das Pantheon der griechischen Götter als Projektion für die vielgestaltigen Fantasien erschien.[166] Bei der Lektüre von *Totem und Tabu* entdeckte Taubes in Freuds Analogie von Neurose und Kulturschöpfung eine Thematik, die sie persönlich beschäftigte, nämlich wie man mit den Mitteln der Kunst zu einem Ausweg gelangen kann: »My emotions are ambivalent. Freud says (T & T 846) neuroses seek to accomplish by private means what arose in society through collective labors. Isn't this true of the artist – only he succeeds?«[167] Während der Zwangsneurotiker sich in Fantasiewelten flüchtet und damit ins soziale Abseits gerät, setzt sich der Künstler aus einer selbstgewählten Außenseiterposition heraus über seine Schöpfungen mit den Zwängen der Realität auseinander und vermag diese damit zu überwinden.

Der Wunsch nach einer neuen Sprache der Poesie – auch des Kultes und der Magie – in einer entzauberten Welt, das Oszillieren zwischen Erlösungshoffnung und Enttäuschung, das Bedürfnis nach einer Gemeinschaft, verbunden durch ein Denken und Handeln, das einer aussichtslosen Lage standzuhalten vermag und dabei nie die größtmöglichen Abgründe im Zusammenleben von Menschen aus dem Blick verliert: Diese frühen Orientierungen gehörten später zu den Dreh- und Angelpunkten für die Überlegungen der Religionsphilosophin Taubes, sei es in den persönlichen Auseinandersetzungen um die Aktualität der jüdischen Tradition mit philosophischen Zeitgenossen wie Lévinas und Camus im Paris der frühen 1950er, sei es in ihren theoretischen Schriften über die religiösen Implikationen eines Lebens in einer Welt ohne Gott.

So beschreibt Taubes im Aufsatz »The Absent God« (1955), einem Substrat ihrer Dissertation, die Situation ihrer Zeit als gekennzeichnet von unauflöslichen Paradoxen: Der allgemeine Hunger nach Religion sei gerade in einer Krise der Religion begründet, angestoßen durch etliche vorangegangene Bewusstseinsumwälzungen: die wissenschaftliche Revolution und die dadurch hervorgebrachten Phänomene blinder, mechanischer Prozesse, die Relativierung von Glaubenssätzen im Zuge der empirischen Überprüfung von Überlieferungen sowie eine fortschreitende Unterminierung des Glaubens durch die Theorien des Marxismus und der Psychoanalyse, welche die religiösen Symbole in den Status von Fiktionen erhoben. Der daraus im Umkehrschluss entstandene Religionshunger trifft auf das Pathos eines abwesenden Gottes im Kontext historischer Gewalterfahrungen im 20. Jahrhundert. Für Taubes war damit an die Stelle der entschwundenen göttlichen Ordnung ein religiöser Nihilismus oder Atheismus getreten; diesen beschreibt sie als negative Theologie. Auf diese Weise begegnet uns hier die Figur der gefährlichen Balance zwischen Nihilismus und Hoffnung, wie wir sie aus der früher entstandenen Theorie des Tragischen kennen, erneut, und zwar als Umschlagplatz für eine Dialektik der Säkularisierung.

Taubes entwickelte diese Reflexionen, als sie am Radcliffe College in Cambridge an ihrer Dissertation schrieb. Zehn Jahre zuvor, in Bryn Mawr, arbeitete sie sich zunächst weniger dialektisch an den Problematiken von Autorität und Machterhalt im Zusammenhang mit kirchlichen Institutionen ab. An Sonntagen besuchte sie mit Vergnügen die protestantischen Gottesdienste in der College-Kapelle und fand sehr schnell eine weltliche Erklärung dafür, warum aus Sicht des Pastors eine Anerkennung von Christus als Gottes Sohn der wichtigste Bestandteil der christlichen Lehre sei:

> Last Sun. a protestant minister expressed the view that the most important thing for Christians is to accept the divinity of Christ. The church is getting more and more desperate; it realizes that with the advance of technology there are only two ways open for salvation: acceptance of the absolute power and rule of God or Christ, or acceptance of the responsibility that every man must master himself. Obviously the ministers do not want to lose their jobs so they are afraid of the latter.[168]

Die sonntägliche Beschäftigung gab Taubes bald auf, auch weil sie fand, dass die zwar gut gemeinten Predigten absolut entkoppelt waren vom Alltagsgeschehen auf dem Bryn-Mawr-Campus. Jüdische Gottesdienste gab es dort zu ihrem Bedauern nicht. Dafür wandte sie sich nun religionswissenschaftlichen Studien zu, darunter die Werke von Rudolf Otto über das Heilige und zur indischen Mystik oder *The Golden Bough*, eine Untersuchung zu Religion und Mythologie des Anthropologen James George Frazer. Ihrem Vater berichtet sie vom Fortgang einer Hausarbeit über die psychologische Begründung von Gesetzen, Ritualen und Gottesvorstellungen:

> I'm exposing all law all authority as illusions. I hate all law and authority and the institutions that have fooled mankind in believing that they are absolute and »natural«. I have no illusions. I don't accept anything. In order to speculate I accept that I am me and that I'm a freeborn soul. (You, honey, must accept that too because if the universe is absolutely determined – if every current that dances along your smart brains is

determined than your whole talk about psychoanalysis does not mean any more than a tree swaying in the wind according to Newtons Mechanics. See what I mean?)[169]

Die Arbeit ist nicht überliefert; es liegt jedoch auf der Hand, dass die entschiedene Absage an verordnete Vorschriften in erster Linie an die Adresse ihrer Lehrer und die des Vaters gerichtet war. Rebellion, Widerstand, Anpassungsschwierigkeiten: Taubes selbst, aber auch die sie umgebenden »Autoritäten« spürten, so konnte es nicht weitergehen. Unterstützt vom College-Kollegium dachte die Studienanfängerin über einen Wechsel nach, informierte sich über die University of Chicago und bewarb sich für das Harvard assoziierte Radcliffe College (wo sie zu diesem Zeitpunkt abgelehnt wurde, aber zehn Jahre später ihre Dissertation schreiben sollte). Auch schrieb sie an die Direktion des Swarthmore College, des einzigen koedukativen Colleges in der näheren Umgebung, formulierte ihre Erwartungen an die Ausbildung dort und gab damit zu erkennen, woran es aus ihrer Sicht in Bryn Mawr mangelte:

> 1. Equal emphasis on the thorough mastering of already established knowledge, specific facts and other men's ideas, and on original thinking on the part of the student. Also, equal emphasis upon critical and creative speculation and activities.
> […]
> 3. A respect for the student as a mature and responsible person who needs to be guided and corrected but not forced and policed in his intellectual and ethical life.[170]

Zum geplanten Wechsel kam es vorerst nicht, dafür entspannte sich die Situation in Taubes' zweitem Studienjahr.

Verantwortlich dafür waren ein paar Initialerlebnisse, die sie teilweise mit den kritisierten Umständen versöhnten. Dazu gehörte die Aussicht, ihr Interesse an Religion ausbauen zu können. So engagierte sie sich in einem Kurs über das Verhältnis von frühem Christentum und antikem Judentum, ein Verhältnis, das sie ein paar Jahre später in ihren religionsphilosophischen Schriften als historischen Bezugspunkt für die Aktualität gnostischen Denkens beleuchten sollte. In Euphorie versetzte Taubes die Tatsache, dass sie, trotz ihres Status als undergraduate student, an einem advanced course teilnehmen konnte, den der Philosoph Paul Weiss unter dem Titel »Man and Society« abhielt. So heißt es in einem Brief an den Vater:

> I am in absolute bliss; intellectual gluttony. Ha! Guess what – I crashed a seminar. (Slang – not literally.) The professor of Philosophy I was so excited about […] came back for second semester and is giving an advanced course in Philosophy – held in seminar – smoking – very intellectual discussions (only six people in class) writing of treatises and discussions – pardon broken style – and anyway, I just went in to listen – and it was so stimulating and alive that I had to enroll in it as a course. The dean approved because my philosophy mark was so high (92%) and because my other philosophy teacher was impressed by my paper. So I'm taking it. It's called MAN AND SOCIETY and the problem is to find out what is man – what is the particular, unique and precious INDIVIDUAL. You may believe that you are but a passing instance of a bleak phylogenetic current but I believe that that is only one aspect of man – you must admit individuality as achieved in genius. Even if its only ions recirculating, still what makes them whirl in this particular way?[171]

Als Taubes und Weiss 1946 in jenem denkwürdigen Seminar aufeinandertrafen, hatte der Schüler Alfred North Whiteheads und Sohn eines aus Ungarn stammenden jüdischen Einwanderers schon 15 Jahre in Bryn Mawr unterrichtet; jetzt stand er kurz davor, das Angebot für eine Professur am Department of Philosophy der Yale University anzunehmen. In Weiss fand Taubes einen Lehrer, der ihr spezielles Interesse am Besonderen eines jeden Einzelnen ernst nahm und mit dem sie schließlich eine mehrere Jahre andauernde freundschaftliche Beziehung verband. Nach Weiss' Tod im Jahr 2002 schrieb einer seiner ehemaligen Schüler aus Yale einen Nachruf; die Einschätzung seines Lehrers hätte Taubes wohl geteilt: »In order to study philosophy with Paul, one had to philosophize. And Paul's dialectical powers gave credence to Plato's account of those powers exercised by Socrates himself. Paul could be fierce in argument but was gentleness itself in his personal regard and concern for his students.«[172] Zu Beginn der 1950er Jahre betätigte sich Weiss als akademischer Fürsprecher sowohl für Taubes als auch für ihren Ehemann; kurz nach der Heirat 1949 gestaltete sich die Suche nach Orten, an denen sie sich als Wissenschaftler etablieren konnten, schwierig. In einer Empfehlungsnotiz von 1951 beschreibt der Philosoph seine frühere Studentin als außerordentlich begabte und intelligente Person mit bemerkenswerter Tiefe und ungewöhnlichem Wissen. Dies war nicht bloße Rhetorik: 1953 war er es, der erwirkte, dass ihr Artikel »The Nature of Tragedy« in der *Review of Metaphysics*, einem 1947 von ihm selbst gegründeten, bis heute renommierten Philosophie-Journal, publiziert wurde.

Weiss hatte Bryn Mawr gerade verlassen, als Taubes im August 1946 mit ihm über sein erstes Buch, *Reality* (1938), korrespondierte. Darin skizziert er die Grundlagen für ein dialektisches Verhältnis von natürlichen Objekten und den Möglichkeiten des Menschen, auf diese, vermittelt durch Wissen und Erfahrung, Bezug zu nehmen; fast sechzig Jahre später baute er die Überlegungen in seinem Werk *Being and Other Realities* (1995) zu einem erweiterten metaphysischen Konzept aus. Sowohl dort als auch im früher entstandenen Text stand als philosophisches Subjekt die Vielheit des Individuums im Mittelpunkt, und zwar als Konstituens des Seins; ein fortdauernder Zusammenhalt der Individuen wird, so Weiss, durch vier universelle Strukturebenen gewährleistet, die jeweils unteilbar sind: die Person, die menschliche Welt, die Natur und der Kosmos. Am Zusammenspiel dieser verschiedenen Domänen entzündeten sich Taubes' Interesse und Widerspruch:

> [...] I have been wondering what meaning the term »continuous« has in a universe of separate individuals insisting upon themselves by discontinuous pulsations. And furthermore in what manner are the qualitative natures if related individuals continuous with one another in a supervenient individual. If my total being is the result of one metaphysical individual who has absorbed others expressing itself through them, in what way do I have an indivisible internality – in what way is all that I manifest continuous with all the metaphysical individuals whom I have dominated?

Die Antwort des Lehrers zeigt, wie sich sein systematisches Denken von dem unterschied, was für seine Schülerin in existenzieller Hinsicht auf dem Spiel stand: der Verteidigung des Individuums in seiner räumlichen und temporalen Vielgestalt:

> I am not sure just what your difficulty is about the continuity of individuals, for the questions you raise about the way in which I am one and yet possess subordinate individuals is explicitly discussed in Reality. The border separating me from the multiplicity I own enables me to be continuous with it.[173]

Weiss ging von einer relativen Unversehrtheit des Menschen in seinem Verhältnis zur Welt aus. Das war es vermutlich, was die angehende Philosophin reizte; später sollte sie Kontinuität vor allem mit Bezug auf eine fortdauernde Zerstörung des Menschen denken. Für sie war die von Weiss erwähnte »Grenze« zwischen einem einheitlichen, kontinuierlichen Sein und den »diskontinuierlichen Pulsschlägen« der in Raum und Zeit aufgefächerten Individuen nur theoretisch denkbar. Da war keine Kontinuität, weder von Person(en) noch von Natur und Universum, die für sie einen Rückzugsort vor der Anforderung darstellte, sich in einer stetig verändernden Welt permanent neu zu erfinden.

Mit den intellektuellen Anregungen ging eine allmähliche Eingliederung in das College-Leben insgesamt einher. Professoren und Dozenten waren hingerissen von Taubes' Esprit und schätzten ihre Unabhängigkeit im Denken. Neben den freundschaftlichen Beziehungen zu Marguerite Lehr und Paul Weiss entwickelte sich eine besondere Nähe zu der Philosophin Isabel Stearns. Stearns – genau wie Weiss Schülerin von Whitehead und von diesem als »most talented female philosopher in America« betitelt – hatte knapp zehn Jahre zuvor, ebenfalls in Bryn Mawr, ihre Dissertation über *The Nature of the Individual* geschrieben. Nachdem sie dann einige Jahre am Smith College gelehrt hatte, war sie als Professorin an ihre Alma Mater zurückgekehrt. Als Taubes 1950, nach den zwischenzeitlichen Studienaufenthalten in Europa und Israel, sich in Bryn Mawr auf ihren B. A. in Philosophie vorbereitete, betreute Stearns ihre honors thesis, eine Studie zum Verhältnis von Mythos und Logos in der Philosophie Heideggers. Jetzt, vier Jahre zuvor, in ihrem zweiten Studienjahr, bekam Taubes die Erlaubnis, anstatt des ermüdenden Logik-Unterrichts Privatstunden bei Stearns zu nehmen, was sie mit Begeisterung erfüllte.

Was Briefe und Aufzeichnungen an Eindrücken über Taubes' Stand im College vermitteln, bekräftigen Beurteilungen aus dieser Zeit. So heißt es aus der Feder von Dorothy N. Marshall, Dean in Bryn Mawr: »She is a dedicated intellectual – and as such not interested in the usual activities of her age group. She has a few carefully selected friends. She is reliable and trustworthy. She is an individualist.«[174]

Tatsächlich schloss Taubes schließlich doch noch Freundschaften. Vielleicht trugen die verschiedenen Ermutigungen durch ihre Lehrer dazu bei, dass sie ihre Voreingenommenheit gegenüber den Kommilitoninnen aufgab. Umgekehrt verwandelte sich die Haltung der anderen gegenüber Taubes von angestrengter Akzeptanz zu echter Zuneigung. Hinzu kam, dass Sandor S. Feldman eines Tages auf Einladung von Paul Weiss in dessen Seminar über das Verhältnis von Kunst und Psychoanalyse sprach. Offenbar gerieten Professoren und Studentinnen vollständig in den Bann des Analytikers, den Zeitgenossen immer wieder als eine Person mit durchdringender Ausstrahlung und intensivem Interesse an seinen Mitmenschen beschrieben. Weiss wäre es am liebsten gewesen, Feldman hätte einen ganzen Kurs übernommen, und Taubes' Mitstudentinnen ließen ihn in Briefen immer wieder grüßen oder schrieben selbst persönliche Mitteilungen.

Viele Briefe, die Taubes in jener Zeit schrieb, legen nahe, dass das Collegeleben im zweiten Jahr unbeschwerter verlief als in den ersten Monaten. So schildert sie ausgelassene nächtliche Zusammenkünfte mit den neu gefundenen Freundinnen in abgelegenen Räumen der Bryn-Mawr-Gebäude zu Schallplattenklängen von Bach und Mozart, lange Spaziergänge in der ländlichen Umgebung, Rendezvous mit Jungen, Besuche von alten Schulkameraden. An den Wochenenden wurde sie von Kommilitoninnen zu sich nach Hause eingeladen, umgekehrt kamen ausgewählte Freundinnen nach Rochester. Einmal berichtet Taubes von einem Abend im sozialistischen Jugendklub. Der Eifer der Mitglieder, ihr bedingungsloser Einsatz für politische Aufklärung mit dem Ziel sozialer Gerechtigkeit hatten ihre Sympathie, doch gegenüber dem Vater äußerte sie sich verhalten über diese Art des Engagements: »[...] I myself am utterly helpless in politics. For in political action all ethics and philosophy is thrown out of the window and one is left with craft and violence both of which I dislike.«[175] In diesem dahingeworfenen Satz scheint ein Unbehagen auf, das Taubes Anfang der 1950er Jahre, als sie sich mit ihrem Ehemann über ein mögliches gemeinsames Leben im gerade gegründeten Staat Israel auseinandersetzte, zu einer komplexen Kritik der Gewalt ausbaute. Diese richtete sich auf jegliches institutionalisierte Denken, sei es politisch oder religiös, sei es die Synthese von beidem. Schon früh begann sie in Ideologemen und Topoi ein Gewaltpotenzial zu erkennen, das der spekulativen Vernunft von Individuen entspringt, die für alle anderen Individuen willkürlich festlegen wollen, worin der Sinn ihres Daseins bestehen soll.

Der Besuch im Jugendklub im Mai 1946 blieb eine einmalige Sache, dafür widmete sie sich, wann immer es ihr Stundenplan zuließ, dem Theater. Im Dezember 1946 hatte sie ihren erfolgreichen Auftritt als Stieftochter in der Pirandello-Aufführung mit Studenten des Haverford College und Studentinnen aus Bryn Mawr. An den Abenden und Wochenenden besuchte sie, oft in Begleitung von Studienkolleginnen, Theateraufführungen, vor allem des Hedgerow Theatre, und spielte selbst weiterhin unter der Regie von Jasper Deeter. Eine Freundin, die Taubes in Bryn Mawr kannte, Judith Brodsky (später Franks), erinnerte sich nach Jahrzehnten daran, dass solcherlei Aktivitäten außerhalb des Colleges nicht gestattet waren. Als herauskam, dass Taubes weiterhin im Hedgerow Theatre spielte, sollte sie kurzerhand aus dem College geworfen werden. Die Entscheidung wurde allerdings zurückgenommen, als sie einen brillanten Aufsatz über James

Joyce vorlegte.[176] Ob sich all dies genauso zugetragen hat, ist ungewiss. In jedem Fall ist die Anekdote ein weiterer Verweis darauf, dass Taubes ihr anfangs angekündigtes Vorhaben, von nun an ihre kreative Seite zu unterdrücken, aufgegeben hatte. Dazu deutet sie hin auf eine emphatische Verbindung von Theater und Literatur in ihren jungen Jahren.

Neben dem Theater nahm sie in ihrer freien Zeit und im Rahmen eines Kurses für »Experimental Writing« auch ihre Schreibtätigkeit wieder auf. Bald konnte man einige ihrer Texte in *The Title* lesen, einer Literaturanthologie-Reihe des Bryn Mawr College. Im Frühling 1946 erschien darin ein knapp zweieinhalbseitiger Text mit dem Titel *The Phoenix*. In ihm geht es darum, wie vormals Undenkbares einen Menschen verändern kann, wenn es unvermittelt in sein Leben tritt. Entfaltet wird in der Perspektive der dritten Person die Introspektion einer namenlosen Studentin. Sie sitzt eines Nachts rauchend am Schreibtisch und lässt den Blick über die stummen Gegenstände im Zimmer gleiten. Dabei schiebt sich über den Anblick eines Aschenbechers voll alter und frischer Zigarettenstummel das Bild von aufeinandergetürmten, kugeldurchbohrten Leibern. Für einen Augenblick wird die Stimme des Propheten Jesaja vernehmbar: »Comfort ye, comfort ye my people«; die Trostverse sind ihr wohlbekannt als ein durch viele Generationen hindurch überliefertes Zeugnis von lebendigem Vertrauen in Gott. Das Bild der Leichenberge dagegen kennt sie nur aus Zeitungen:

> She remembered reading it in the paper: her limp-squeezed heart. She stared into the tray: deadstumps writhing in ashes. *All deadstumps: the deadmurdered and deadroboting murderers and I deadindifferent, blankstaring, graveward yearning lifepumping wearily presspumping weariway wearyward. All deadweight drifting undestined in whirlcurrent. Godless: not responsible. No care; nothing.*
> *Once there was a joy to grasp and fashion lovingly each passing instant. But I am no longer god-possessed or spirit-compelled; who shall raise this hand to turn page?*[177]

Mit der Erinnerung an eine ferne Begebenheit in der Kindheit versucht sie das einst selbst empfundene Vertrauen zu beschwören, doch das Gefühl von Rettung lässt sich nicht in die Gegenwart holen. Im jähen Gewahrwerden dieser Gottverlassenheit scheint nun alles radikal an Bedeutung zu verlieren, selbst die wie Leichen aussehenden aufgerauchten Zigaretten: »*Nothing holds me up nothing urges me on, nothing, nothing. I'm allabandoned falling like a deadshot gull into the bottomless deep.*«[178] Im nächsten Moment jedoch erfahren ihre Sinnes- und Selbstwahrnehmung eine Schärfung. Durch die Kälte des dämmernden Morgens beginnt sie die Umrisse ihres Körpers mit einer neuen Klarheit zu spüren und kann sich gleich darauf dabei beobachten, wie sie aufbricht in eine Welt ohne Gott, aber mit einem neuen Vertrauen, nämlich in diesem Universum, dessen Schönheit aus seiner vollkommenen Gleichgültigkeit rührt, mit eigener Kraft bestehen zu können.

Dieser Text, den Taubes als Achtzehnjährige schrieb, ist eines der wenigen frühen Zeugnisse, in denen konkrete Bilder die Ereignisse des Holocaust aufrufen, und zwar als Zäsur für das eigene Verhältnis zur Welt. Der Mord an den Juden blieb ein bestimmender Horizont für ihre intellektuelle Arbeit. Im Unterschied zu dieser frühen Phase der kreativen Erprobung sowie auch zu den späten Jahren als Schriftstellerin und Tagebuchautorin spielte Taubes in der dazwischenliegenden Zeit der systematischen philosophischen Auseinandersetzung jedes neu gewonnene Wissen um das Geschehene sogleich in einen Prozess abstrakter Ideen- und Theoriebildung ein. So bezeichnet sie in einem ihrer Briefe aus Paris, gerichtet im März 1952 an Jacob Taubes in Jerusalem, die Welt als ein mehr oder weniger gut organisiertes Konzentrationslager, in dem sich niemand sicher sein kann, wem die Souveränität obliegt[179] – dies sechs Jahrzehnte vor Giorgio Agambens *Die souveräne Macht und das nackte Leben.* In einem anderen Schreiben bezieht sie sich auf den Bericht von Miklós Nyiszli über seine Zeit als Pathologe unter Mengele in Auschwitz-Birkenau, abgedruckt in der Zeitschrift *Les Temps Modernes*: »I read a long article on the KZ camps in Temps. Mod. the testimony of a Jewish doctor Nyiszli. It made me quite ill. But rather than being ›shocked‹ one should realize that in our present society there is no reason why such things shouldn't happen.«[180] Die Erschütterung wird augenblicklich in den Ansatz einer Kulturkritik überführt; zugleich ist die Rationalisierung Teil des Schutzes für die eigene Seele, der »feuerfesten Stahltür«, die Taubes im Laufe der Jahre errichtete und die sie am Ende »too extravagantly«[181] demolierte, wie sie 1969 aus Budapest an eine Freundin schrieb.

Als Taubes die Philosophie gerade erst für sich entdeckte, war es die Sprache der Poesie, mit der sie ihren persönlichen Ausweg aus der Fremdheit beschrieb. Im Herbst 1946 erschien im *Title* die kurze Betrachtung *Fragment.* Es ist die Schilderung eines Daseins, gefangen in unbeschreiblicher Einsamkeit; Geborgenheit wird abermals nur als schwacher Abglanz in Erinnerung und Traum erfahren. Einzige Möglichkeit, der dadurch beschworenen illusionären Sehnsucht nach längst Vorausgegangenem (»previousness«) zu entkommen, ist, die von der Welt zugewiesenen Rollen bestmöglich zu verkörpern,

> for we are soon told, to follow; and shown, to imitate [...] assume the given[/] roles as our own, accept the rules of the play,[/] and yield up the chance of our lives to be cast in the customed[/] faces that have served the generations. Forgetting each his[/] strange past and even stranger destiny.[182]

Die Stimme in *Fragment* trifft sich mit den zwanzig Jahre später entstandenen Erinnerungen der Romanfigur Sophie an ihren Eintritt ins akademische Leben, der damit verbundenen Philosophen-Travestie und folglich mit den Nöten des Schimpansen Rotpeter in Kafkas *Bericht für eine Akademie*. Alle drei eint: Um als Fremde in der Welt leben zu können, müssen sie eine neuerliche Entfremdung in Kauf nehmen, und zwar von allem Künftigen, worauf sich die einstige Sehnsucht richtete.

Anderthalb Jahre nach *Fragment* war in der College-Anthologie eine weitere lyrische Betrachtung von Taubes zu lesen, mit dem Titel *Time of Midnight Snow*. Zu diesem Zeitpunkt, im Winter 1947, befand sich die Autorin schon weit weg zum Studium in Genf. Ein paar Monate zuvor hatte sie mit dem Text den ersten Preis in einem Prosawettbewerb in Bryn Mawr gewonnen. Entstanden war er im Kurs für experimentelles Schreiben; die Dozentin hatte ihr vorgeschlagen, das Stück in einer Lesung vor dem Kollegium und den Kommilitoninnen vorzutragen. Taubes erfüllte die Aussicht, das Selbstgeschriebene vor Publikum zu lesen, mit Freude und Unruhe: »I am aware that in many parts my work doesn't measure up to what it might; however there are other parts where I feel that it is necessary to say what I have said and that I have said it the way I wanted to. [...] I hope that the people will enjoy it, rather than appreciate that I am ›talented‹ [...].«[183] Die Zuhörinnen bestätigten ihr beides: Vergnügen am Gehörten und dass sie zum Schreiben geboren sei. Erleichtert berichtete sie ihren Vater am Tag darauf: »Reading last night went fine. Had a wonderful audience – people of all sorts, faculty, students, serious and giddy. What made me happiest was that the giddy people enjoyed it.«[184]

Time of Midnight Snow entwirft, diesmal in der Ich-Perspektive, die nächtliche Wanderung durch ein eisiges, funkelndes Universum, in dem die verschiedenen Elemente ihr je eigenes Leben unbeeindruckt voneinander führen. Der Stein fühlt die Berührung der Wanderin nicht, längst erloschene Sterne blicken wie gemalte Augen von einer Leinwand zu ihr hinunter, zu Tausenden zerschmelzen die Schneekristalle, von denen keiner einem anderen gleicht, unbeteiligt in ihrer Hand. Sie muss daran denken, wie begrenzt die Welt der Menschen ist im Verhältnis zu den vielen Welten der ihn umgebenden Dinge; die Begrenzung aber schafft er sich selber durch seine Sprache:

> We shall never speak to one another, rock, tree, moonlight, snow, and we; though we may have our philosophies. […] But we shall never know how the world is with them, how we are felt in them. And as we age, the haunted waste, the blind, winding maze of this world is tidied up for us; and the world comes to us surely, in words.[185]

Einziger Zugang zu diesen anderen Welten wäre, sie in ihrer Selbstvergessenheit und Vereinzelung anzuerkennen: »Look, how oblivious are the evening spaces, obliviously displaying the pattern of the scattered flakes, displaying the lonely twists of this and that midnight descender, gathered within its deep sheet into a single image.«[186] Taubes' kurzer Text kann als poetische Antwort auf die Diskussion mit ihrem Philosophielehrer Paul Weiss gelesen werden. Dieser ging von einer möglichen Beziehung zwischen den natürlichen Objekten und dem Menschen, vermittelt durch Wissen und Erfahrung, aus. Für die junge Studentin aber waren es gerade die Artikulationen seines Wissens, die dem Menschen einen Kontakt zur Natur verstellten.

Ihr ganzes Leben hegte Taubes eine Vorliebe für alles Lebendige, was nicht menschlich war. Insbesondere ihre persönlichen Aufzeichnungen und literarischen Texte sind voll mit Erwähnungen von Wetterphänomenen, Naturelementen, Pflanzen; mal erscheinen sie anmutig und zerbrechlich, mal monströs und zerstörerisch. Vor allem aber schrieb sie von Tieren. Als Schriftstellerstipendiatin am Radcliffe Institute for Independent Study in den 1960ern bat sie dort um den Kontakt zu einer Biologin, die ihr beim Studium von Meeressäugern und Wasservögeln behilflich sein könnte; um 1965 herum entstand die Skizze für eine kafkaesk anmutende Erzählung »The Lady and the Seal«, in der eine Frau ihren Geliebten in einen Seehund verwandelt und mit ihm, zur Empörung aller, in ihrem Stadtpalais zusammenlebt. Im April 1969 schrieb sie zwecks einer geplanten Reportage an den berühmten Tiertrainer Gunther Gebel-Williams, und noch im Brief an die Freundin von ihrer letzten Reise im Herbst 1969 berichtet sie von einem Zwischenstopp in einem Vergnügungspark, wo sie sich als Assistentin für eine Delphin-Show zur Verfügung stellte und, wie schon etliche Male zuvor, bedauerte, ihren Beruf verfehlt zu haben. Zu alledem kam eine Vorliebe für Mischwesen aus der antiken Mythologie wie dem Minotaurus, der aus einer Verbindung von Mensch und Stier hervorging. Sie selbst schrieb wiederholt vom ›beast‹ in ihrem Inneren und imaginierte sich als Tier mit Klauen und Fell oder als Vogel. Im Tagebuch aus dem letzten Lebensjahr schreibt sie wie zur Erklärung: »the thing about animals is that they don't take you in; not entirely; they exclude the human part.«[187]

Von dieser späten Äußerung her gesehen, wirken Taubes' frühe winterlich-nächtliche Szenarien wie eine sublimierte Darstellung des Bestiariums, das ihre späteren Texte durchzieht. Wie einst die toten Sterne und die zergehenden Schneeflocken erscheinen die Tiere darin als Repräsentanten einer Welt, in der die Gesten von Vereinnahmung und Täuschung, »the human part«, keinen Platz haben.

Sandor S. Feldman war glücklich darüber, dass seine Tochter sich mit den Gegebenheiten im College arrangierte, dort Anschluss und Anerkennung fand. Allerdings äußerte er auch die Besorgnis, sie könne durch die zahlreich erlebten Trennungen in Kindheit und Jugend Schaden genommen haben. Die ernsten, traurigen Texte, die sie schrieb, schienen ihm Beleg dafür zu sein. Offenbar vertraute er seine Befürchtung der Mutter von Susans College-Freundin Judith Brodsky an, der Philosophin Ruth Nanda Anshen; über die Freundschaft der Töchter standen auch die Eltern in engerem Kontakt. Die Philosophin sah in Taubes' Texten weniger einen Ausdruck persönlichen Schmerzes als vielmehr eine Reflexion über die Entfremdung von Mensch und Natur, das schrieb sie an Feldman und bezog sich dabei auf *Time of Midnight Snow*:

> She has written a splendid, superior paper with most penetrating insights into man's nature, the problem of truth and reason. No, Sandor, Susan suffered no wounds – Reason has been wounded by natural science, man separated from nature – and it was these wounds that Susan attempted to arrange.[188]

Taubes selbst hatte in Anshen und ihrer Tochter zwei Vertraute gefunden, zu denen sie eine intensive menschliche und intellektuelle Nähe entwickelte. Mit Letzterer sollte sie eine lebenslange Freundschaft verbinden; jetzt, während der gemeinsamen College-Zeit, teilte sie mit ihr den Widerstand gegen die Institution und die Liebe zum Theater. Als Taubes nach Bryn Mawr kam, stand die drei Jahre ältere Brodsky bereits kurz vor dem Abschluss in Philosophie, gleichzeitig arbeitete sie an ihrer Laufbahn als Schauspielerin und Dokumentarfilmerin. Mit dem Studium entsprach sie vor allem dem Wunsch ihrer Mutter. Diese war eine schillernde Persönlichkeit in der New Yorker Intellektuellen-Szene und hatte es sich zur Aufgabe gemacht, zeitgenössische Denker miteinander zu vernetzen, darunter Albert Einstein, Paul Tillich und Erich Fromm. Da deren Fragestellungen, seien sie naturwissenschaftlicher, theologischer oder psychoanalytischer Natur, aus Anshens Sicht immer auch die Blickwinkel der anderen Disziplinen erforderten, versammelte sie führende Köpfe aus Kunst, Natur-, Geistes- und Sozialwissenschaften, brachte sie miteinander ins Gespräch. Foren dafür waren Symposien, Publikationsreihen wie die bei Harper and Brothers erschienene *The Science of Culture Series* und ein Salon im Townhouse in der Upper East Side, das Anshen mit ihrem Ehemann Ralph Brodsky und ihrer Tochter Judith bewohnte; 1948 begegnete Taubes dort zum ersten Mal ihrem künftigen Ehemann Jacob. Anshen selbst akzentuierte ihr Programm so: »It is the ideas I generate which captivate and hold the imagination of the scholars who write for me. I do not simply edit their work. I create ideas.«[189]

Anshens Umtriebigkeit ging mit einer Exzentrik einher, die den Umgang mit ihr gleichermaßen anziehend und kompliziert gestaltete. Die Beziehung zwischen den Familien Anshen/Brodsky und Feldman ließ die Grenzen zwischen College-Freundschaft und familienähnlichem Verhältnis verschwimmen. So gab Anshen gegenüber der Freundin ihrer Tochter offen mütterliche Gefühle zu erkennen, Taubes wiederum verbrachte viel Zeit im »Brodsky mansion«. Unter allen vieren, Sandor S. Feldman, seiner Tochter Susan, Ruth Nanda Anshen und ihrer Tochter Judith, entspann sich eine lebhafte Korrespondenz zwischen Rochester, New York, Bryn Mawr; später kamen London, Paris und Genf hinzu.

Während der gemeinsamen Zeit auf dem College befeuerten sich die beiden Freundinnen gegenseitig mit ihrer Kritik an Amerika. Jeder Lebensbereich – von der Politik über das Bildungssystem bis zum Kulturbetrieb – schien ihnen von oberflächlichem Materialismus durchdrungen. Eine Veränderung stand an. Schließlich schmiedeten sie Pläne für eine kreative und intellektuelle Weiterentwicklung in Europa. Taubes ließ sich von ihrer Tante Barbara Lantos, der Schwester ihrer Mutter, die als Psychoanalytikerin in London lebte, Kontakte zur Universität in Oxford vermitteln, außerdem sammelte sie Informationen über Studienmöglichkeiten in Edinburgh und Dublin. Der dringende Wunsch nach einem Ortswechsel entsprang nur vordergründig dem antiamerikanischen Ressentiment. In einem Brief an den Vater, der sich skeptisch gegenüber ihren Reiseplänen verhielt, erläutert sie die persönlichen Gründe für ihr Vorhaben:

> Concerning non-American colleges. Britain is the only chance for a mature education today. I feel that there I would find an institution that wouldn't press me when I need more time and that will not block me when I want to move ahead. Also I want to live there for a while. Perhaps I will want to stay there instead of the U.S. I want to explore things so that I won't be stuck at a place which is alien to me for the rest of my life. From conservations with girls who went to English colleges I feel that I would be satisfied there; that is more satisfied than at any college in the U.S. I would try to get a scholarship. I would miss you and you

> would miss me but such is life. I am afraid not to go far away; I want to be away from you for such a long time just because I love you so much and because you are the only person who really loves me and because I want to be able to feel secure without you. You should think the same.[190]

Es war das Gefühl einer Abhängigkeit entstanden, und zwar von dem einzigen Menschen, der für Taubes in all den Jahren des Fremdseins in Amerika ein konstanter Bezugspunkt für Vertrautheit und Geborgenheit geblieben war. Im nächsten Brief äußert sie, auch mit Blick auf die eigenen, mitunter überkritischen Positionen, den Wunsch nach einem Neubeginn; den aber könne sie nur allein und auf sich gestellt realisieren, frei von allem, was sie bindet. Folgerichtig wäre demnach ein Aufenthalt in einer möglichst fremden Umgebung, wie etwa dem Himalaya. Abgesehen davon, dass eine Reise nach Tibet aus allerlei pragmatischen Gründen nicht in Frage gekommen wäre – die Freundinnen hatten so ein Unternehmen zwischenzeitlich ernsthaft erwogen –, zog Taubes die Nähe zum Ort ihrer Kindheit und zur Mutter in Europa vor. Diese bemühte sich zum selben Zeitpunkt um die Ausreise aus Ungarn und beabsichtigte, vor einer möglichen Übersiedelung in die USA eine Weile bei ihrer Schwester in London zu leben. Zwischen Mutter und Tochter lagen zum Zeitpunkt der beginnenden Reiseplanungen sieben Jahre Trennung. Wenig wussten die beiden vom Überleben der jeweils anderen. Die Briefe konnten eine persönliche Begegnung nicht ersetzen; sie zeugen von einem ansteigenden emotionalen Druck auf beiden Seiten: Wünsche nach Mitteilung und Verständnis wechselten sich mit der Angst vor falschen Erwartungen ab, Angst auch, die Sprache der anderen nicht zu verstehen. Als es bei der Visabeantragung wiederholt Rückschläge gab, nahm Taubes sich fest vor, in Verbindung mit dem geplanten Europaaufenthalt die Mutter in Budapest zu besuchen. Die Reisevorbereitungen gestalteten sich turbulent, Ziele und Pläne wurden binnen kurzer Zeit mehrmals auf den Kopf gestellt. So fanden die Freundinnen inzwischen das frankophone Festland besonders vielversprechend für ihre Theaterambitionen, die sie neben dem Studium vorantreiben wollten. Nach einigem Zögern gaben Sandor S. Feldman und Ruth Nanda Anshen schließlich die Einwilligung zu einer ›Bildungsreise‹ ihrer Töchter nach Europa. Vorgesehen waren zunächst ein Studienaufenthalt in Genf mit Abstechern nach England, Frankreich und Italien. Als der Abreisetermin für September 1947 feststand, erreichte Sandor S. Feldman und seine Tochter die Nachricht, dass Batory mit Hilfe eines russischen Visums nun doch nach London ausreisen könne. Man kam überein, dass Taubes, anstatt im Herbst gemeinsam mit der Freundin zu reisen, schon im Sommer nach London vorfahren sollte, um dort ihre Mutter zu treffen.

Sechs Tage hatte im April 1939 die Transatlantikpassage der R. M. S. Aquitania von Southampton nach New York gedauert. Damals hatte die Elfjährige an der Hand ihres Vaters erstmals den Boden der Vereinigten Staaten betreten. Acht Jahre später machte sie sich nun allein, in umgekehrter Richtung auf die Reise. Auf einer überlieferten Liste mit »Names and Description of Alien Passengers« der United States Lines Company kann man lesen, dass die neunzehnjährige Studentin »Susan Feldman« am 19. Juli 1947 im Hafen von Southampton von Bord des ehemaligen Truppentransporters S. S. Marine Flasher ging, »in transit to Switzerland«.

*

Als die Schriftstellerin Susan Taubes Mitte der 1960er begann, für den Roman *Divorcing* ihre Erinnerungen an die frühen amerikanischen Jahre aufzuschreiben, setzte sie mehrmals zur College-Episode an. Keines der Fragmente fand Eingang in den schließlich publizierten Text. Sophies Versuch einer Verwandlung, um im akademischen Leben zu reüssieren, sind wir bereits begegnet. Auch ihrer gemischten Reaktion aus Erschrecken und Entzücken, als sie feststellen muss, dass ihre Intellektuellen-Nachahmung zwar ein Paradestück der Täuschungskunst ist, aber auf keine elementare Umwandlung hinausläuft, sondern auf eine phantomähnliche Kreatur (»that phantom thing«). Damit war der Grundstein für ein Doppelleben – als Schauspielerin und Philosophin – gelegt.

In einer anderen Skizze erscheint Amerika selbst als gewaltiger Transformator. Für ein Doppelleben, ein Leben also, das zur selben Zeit in unterschiedlichen Bahnen verläuft, gibt es darin weder Ort noch Ausweg:

> It was of secondary importance whether your train went to Auschwitz or to Cherbourg; this you could not escape, in this you were implicated with this you were polluted,
> Pressentiments which America confirmed. Even in moments of quietness and lucidity with a genuine liking for the American president his aloofness and a pride in the allied forces and especially the English the deep, conviction remained: it didn't matter
> Hitler came to destroy in the name of the twentieth century; whatever the outcome of military battles, he had you or he would get you because this destruction was going on nothing was stopping it behind other faces other facades in less bloody, less dramatic ways, but just as lethal just as destructive to one's humanity.
> […]

Impossible not to be on the side of the destroyer. A part of one. The pictures of soldiers marching through enormous squares, grim monumental architecture draped buildings, funereal, the swastika – wheel moving grinding – stark, red white and black colors of death. When you see that machine that wheel turning when you feel the vibration of the death drill in your bone, you have to jump on top of it, and turn the crank you can't stop it so grab it; if you haven't been greased from your natties to the lining of your guts with sanctity you jump out of your mind to grab the lever of that wheel and turn it, give it the turn that will slice off your own [x] slice you in two. And making the boat doesn't help the fine Cunard craft bound to New York doesn't help; Pittsburgh confirms; ... theatre and ... theatres confirm, chain stores, confirm; the smog sky confirms; back alleys confirm; the stench confirms, the circus barker's voice 24 hours on x stations confirms; [...][191]

Im Land der einstigen Zuflucht spielen Unterscheidungen keine Rolle, jeder Winkel des menschlichen Lebens ist ein Aspekt derselben zerstörerischen Dynamik; diese ist lediglich unterschieden durch ihr mal mehr, mal weniger blutiges Gesicht. Amerika erscheint bloß als eine grell maskierte Variante der Vernichtungsgewalt auf dem europäischen Kontinent; jeder, der sich an diesen Ort begibt, wird automatisch Teil davon. Aus einer solchen Perspektive macht es auch keinen wesentlichen Unterschied, ob der Zug nach Auschwitz oder an einen Fluchtort führt. Denn auch den Geflüchteten, der von Cherbourg die rettende Transatlantikpassage nimmt, erwartet ein Leben, in dem die Biographie des Einzelnen keine Bedeutung hat, das folglich dem Tod gleichkommt. So heißt es in der Skizze weiter:

The paoli local: Bryn Mawr station where a college girl threw herself in front of the ... express. Mashed;
Who? Name undisclosed. Not identified? How? Found ring. Unstable personality. Examination fears. Family tension.
The sky over Moylan Swarthmore, Bryn Mawr, neutral; the headlines confirm; the grass neutral, the snow neutral – in this neutral things love reflected; a mystery; nothing human attests. [...][192]

Im Abstand der Zeit erscheint die Bildungsstätte nicht als ein Ort des Aufbruchs aus der Fremdheit hinein in die Erkundung der Welt mit Literatur und Philosophie. Stattdessen stellt das College eine von vielen Stationen einer fortschreitenden Entfremdung dar. Was davon bleibt, ist die Erinnerung an eine unbekannte Studentin, die sich auf den Gleisen der Bahnstation von Bryn Mawr das Leben nahm. Dazu ein melancholisches Echo der winternächtlichen Szenarien der jungen Autorin über die rätselhaften Natur-Objekte, die ohne jeden menschlichen Anteil und vollkommen interesselos Liebe und Geborgenheit ausstrahlen.

Etwa in derselben Zeit, in der diese Skizzen entstanden, im Jahr 1965, schrieb der russische Schriftsteller Warlam Schalamow, Überlebender mehrerer Zwangsarbeiterlager des Gulag, seinen Essay »Über Prosa«. Was er darin über die Bedeutung der ersten Variante eines Gedichts oder eines Textes der »neuen Prosa« – eines Schreibens, das im Angesicht extremster existenzieller Erfahrung herkömmliche Gattungsmerkmale verwirft – äußert, trifft sicher auch für Taubes' Skizzen und Entwürfe zu: »Jeder, der Gedichte schreibt, weiß, dass die erste Variante die aufrichtigste, die unmittelbarste ist, der Eile verdankt, das Wichtigste auszusprechen. Die folgende Bearbeitung [...] bedeutet Kontrolle, Gewalt des Gedankens über das Gefühl, Einmischung des Gedankens.«[193] In der Fassung von *Divorcing*, die das Lesepublikum zu Gesicht bekam, tilgte die Gewalt des Gedankens die Rohheit des Gefühls; dieses artikulierte sich in der unveröffentlicht gebliebenen Skizze über das Fremdsein in Amerika als atemlos formulierter Zynismus, dem weder eine sublime Sprache der Kunst noch der Philosophie standhält. Im publizierten Manuskript indes ist allein die Erwähnung von »Bryn Mawr« Hinweis auf eine Einmischung des Gedankens in den eiligen Entwurf:

> [...] Bryn Mawr College; in dieser unheimlichen, seichten Gegenwart, ohne persönliche Vergangenheit, begann sie ihre Reise in vergangene, imaginäre Welten. Während sie vor Amerika zu fliehen suchte, in Büchern, Bühne, Träumen oder schierer Leere Zuflucht suchte, nicht wirklich in Garfield lebte noch in den vielen neuenglischen Städtchen, durch die sie mit dem Sommertheater zog und deren Namen sie vergaß oder nie gekannt hatte; während sie Amerika floh oder einfach ignorierte, veränderte Amerika sie.[194]

Anstelle der brutalen Einebnung von Individualität im Bilde des grotesken, rotierenden Hakenkreuzes erfolgt im Roman ein Hinweis auf Auslöschung durch Auslassung, und zwar der Erzählung eines ganzen lebensgeschichtlichen Kapitels. Liest man Skizze und publizierte Passage nebeneinander, so wird deutlich: Wo der Gedanke nachträglich das Gefühl bearbeitet, wird die zur Unkenntlichkeit entstellte tote Studentin zur Phantomgestalt, die ihren Tod über Jahre im Verlust von persönlicher Geschichte durchlebt – und zwar so lange, wie sie in Amerika Zuflucht vor Amerika sucht.

Aufführung von Luigi Pirandellos *Six Characters in Search of an Author* mit Studenten des Haverford College und Studentinnen aus dem Bryn Mawr College, Dezember 1946, Susan Taubes (Feldman) in der Mitte

7. London – Budapest – Genf – Paris

Im März 1946 nahm der ehemalige Truppentransporter S. S. Marine Flasher die Route zwischen New York, Southampton, Le Havre und Bremerhaven auf. Von Europa in die Vereinigten Staaten reisten im Zuge einer Direktive des Präsidenten Truman mehrheitlich Displaced Persons, Überlebende von Krieg und Holocaust, die nicht in ihre zerstörte Heimat zurückkehren konnten. In umgekehrter Richtung befanden sich vor allem US-amerikanische Staatsbürger an Bord, auf der Durchreise in die verschiedensten westeuropäischen Länder. Als Taubes im Juli 1947 ihre Fahrt auf dem Dampfer antrat, war dieser noch nicht zum ordentlichen Passagierschiff umgerüstet worden. In einem Schreiben an Marguerite Lehr, ihre Mathematikdozentin in Bryn Mawr, berichtet sie von Begegnungen mit enttäuschten Kriegsbräuten, einer Gruppe von Studenten auf dem Weg zum Weltjugendfestival in Prag und einem früheren Löwenbändiger aus Irland. Während der neuntägigen Transatlantikpassage schlief man ohne Tageslicht im Schiffsbauch, dicht an dicht in schmalen Kojen, in denen kürzlich noch Marinesoldaten genächtigt hatten. Auch auf den Oberdecks herrschte eine unbeschreibliche Enge; die Aufnahmefähigkeit von knapp 3500 Passagieren war ausgeschöpft.

Weder gab es auf der Marine Flasher einen Salon – wie damals auf der Aquitania – noch sonst einen Ort, an dem Taubes hätte schreiben oder lesen können. So verfasste sie den langen Brief an Lehr gleich nach der Ankunft bei ihrer Tante in London, zuerst eine handschriftliche Version, dann die maschinenschriftliche Überarbeitung, von dieser fertigte sie vor dem Versenden einen Durchschlag an. Die zurückliegende Überfahrt schildert Taubes allein im nicht abgeschickten Entwurf. Verurteilt zu Nichtstun beim ewig gleichen Anblick der Elemente, sei sie in einen Dämmerzustand geraten, gelegentlich aufgeschreckt von gleißenden Sonnenstrahlen, einer Gischt auf den Deckplanken oder dem Blick eines Mitreisenden, der die Monotonie scheinbar stoisch ertrug. Als Gegensatz zu einer solchen Haltung beschreibt sie die selbst erlebten, momenthaften Sinneswahrnehmungen als kleine Schocks wie beim

Erwachen aus einem Traum und knüpft daran eine erkenntniskritische Reflexion:

> Who shall judge which one of us lives in a dream? – still, to me the accepted routines of life though they suit and serve my needs, are no ultimate security, and time measured by external processes only a useful abstraction. And in whatever circumstances I am – however artificial and temporary – I must ask myself: if this were my whole world, what kind of life could I squeeze out of this, what kind of creatures does this limited kind of a world permit, what manifestations of spirit – what routes and destinies; for this condition is no less Reality, no less not to be overlooked in its potentialities and rootedness in universal principles than whatever other conditions to which we may be accustomed or which we may wish.[195]

Wir erinnern uns: Im späteren Rückblick auf die erste Transatlantikreise im Frühjahr 1939, verlagert in die Perspektive der zehnjährigen Romanfigur Sophie, hätte das Kind »gern den Rest seines Lebens auf dem Schiff verbracht«, wo nur die Erregung des Augenblicks zählte. Im Sommer 1947, für die Dauer der Fahrt von Amerika nach Europa, war auch in Taubes' Vorstellung die ganze Welt in der Gegenwart dieses passageren Ortes enthalten. Jedoch: Während für das Kind aus Budapest der Aufenthalt zwischen Abschied und Ankunft eine Befreiung von Trennungsschmerz und Angst vor dem Kommenden bedeutete, stellte sich bei der amerikanischen Studentin auf der Überfahrt kein Gefühl von Freiheit ein, wie sie selber im Briefentwurf schreibt: »And one is ineluctably driven back into oneself but without freedom«. Auf hoher See, allein mit sich und ihren Gedanken, begegnete sie ungeschützt der eigenen, immer gegenwärtigen Fremdheit. Mit Bezug auf ihren Text *Time of Midnight Snow*, den sie damals in Bryn Mawr geschrieben hatte, heißt es: »And as I tried to say in my ›opus‹ – though I feel very strange and forever strange in this world, yet I'm not mad, for I know – no less than I know this strangeness – that in this strangeness I am in communion with all men – if not with all creatures in the universe who ever were or will be.«[196]

Dieses briefliche Bekenntnis zum Fremdsein bekam die Lehrerin nicht zu Gesicht. Dafür eine Erinnerung der ehemaligen Schülerin an die Lesung ihres selbst geschriebenen Textes vor dem College-Publikum als eine dialektische Erfahrung. Ohne den Austausch mit ihren Kommilitoninnen und Lehrern wäre sie mit dem Schreiben nicht so weit gekommen. Alles Tun, so folgert Taubes im überarbeiteten Brief, ist auf die Resonanz und Inspiration durch andere angewiesen; gleichzeitig begrenzt jedes Bedürfnis nach gemeinschaftlicher Zustimmung das Denken des Einzelnen und erfordert somit dessen Rückzug und Distanz. Im Weiteren bezieht sie sich ex negativo auf Kants These vom guten Willen als höchstes Gut. Für die angehende Philosophin gilt jenseits einer etwaigen objektiven Vernunft: Wer immer das Risiko eines einsamen Außenseiterdaseins nicht einzugehen vermag, verweigert sich auch einer notwendigen Teilhabe an der Welt; dies aber sei ein Scheitern an der Herausforderung des Lebens überhaupt. Sie schließt die Passage mit den Worten: »Perhaps the relevance of all these ideas to my writing this letter to you is not very clear; but this is the record of my journey. The past months deprived me of the freedom of doing anything creative except, wonder and think.«[197]

Der geographische Abstand ließ die Neunzehnjährige auf die gerade zurückliegende Station ihrer Lebensreise blicken. Zurückgeworfen auf sich selbst, abgeschnitten von ihrer Kreativität, so formuliert sie es im Brief an die ehemalige Lehrerin, war ihr in Amerika nichts weiter übrig geblieben, als zu staunen und zu denken.

Die Briefäußerungen der jungen Studentin auf ihrer Transatlantikreise überblenden sich mit Taubes' literarisch verarbeiteten Erinnerungen an den ersten Aufbruch nach Europa seit der Emigration, niedergeschrieben für *Divorcing* in einem zeitlichen Abstand von fast zwanzig Jahren:

> After x years in sophomore year at college. America was the world to come – the end of all dreams
>
> ~~confronted at every point, sitting in a room or crossing a street her inability to experience it as a moment in her life, whether she looked at the sky, the lawn or at the people around her, it was the same sensation of unreality, the grass was no grass, the sky was not sky the apple didn't taste like an apple. Sophie Landsman was not Sophie Landsman. But America was America. Coloring or draining the color of everything; and insidious all pervasive poison, producing numbness with a faint edge of repulsion against which poetry was the only refuge. And through poetry moments of reality were regained: rain and bare branches; falling snow and the night.~~[198]

Kein Satz dieser in den 1960ern entstandenen Skizze, ob gestrichen oder nicht, fand Eingang in den Roman. Die Schilderung, wie das amerikanische College Sophie verändert hat, beginnt mit der Entstellung einer eschatologischen Formel über die kommende Welt. Das verheißene ewige Leben war schon da, und zwar in Gestalt einer unwirklichen Gegenwart, in der Sophie sich selbst so unsagbar fremd wurde, dass sie aufhörte, Sophie zu sein. Die Faszination für die Gnosis der Religionsphilosophin Taubes in den 1950ern klingt hier an, allerdings ohne die Erwähnung von Gott als Gegenpol zur Welt, auf den sich die gnostische Sehnsucht richtet: Amerika war das Ende aller Träume. Einziger Zugang zum wirklichen Leben war die Literatur, nur mit ihr konnten die »Nacht« und der »fallende Schnee« wiedererlangt werden wie in *Time of Midnight Snow*. Jetzt aber, auf Reisen, sucht umgekehrt die Wirklichkeit den Weg zu Sophie:

> ~~Arriving in England, the sudden assault of reality found her unprepared. Struck by the intensity of the sky, the fields seen from the train from Liverpool to London — the freshness of the colors, ring of sounds, pungency of odors roused tears; brought intolerable anguish, as if the years in America had without diminishing losing her hunger for feeling being touched …~~
>
> The years in America has accustomed her to solitude and sadness; the infrequency rarity of moments of joy, as well as their muted and solitary nature; America allowed her / in America she found a retreat, a cloistered mode of living within herself; a diminished mode of existence, austere, absurd but tolerated.[199]

Über die Jahre hatte Sophie sich in ihrer Einsamkeit eingerichtet, abgeschieden auch von dem Verlangen, berührt zu werden. Nun stimulieren die Farben, Klänge und Gerüche der vorüberziehenden Landschaft ihre Sinne mit einer plötzlichen Heftigkeit. Im Zug nach London trifft sie die Begegnung mit dem, was in all den Jahren »unreal« geworden war, ohne Vorbereitung.

*

Als Taubes im Juli 1947 in England ankam, erfuhr sie als Erstes von ihrer Tante Barbara Lantos, dass die Mutter keine Erlaubnis zur Ausreise aus Ungarn erhalten hatte. Vergeblich unternahm Batory in den folgenden Wochen, dabei fortwährend auf gepackten Koffern sitzend, Anstrengungen, um doch noch das Land verlassen zu können. Mitte September machte sich stattdessen abermals ihre Tochter auf den Weg, diesmal von London aus mit dem Flugzeug nach Budapest, im Pass jenen Stempel, der sie als Besucherin einer Industriemesse auswies. Knappe zwei Wochen verbrachte sie mit der Mutter am Ort ihrer Kindheit.

In *Divorcing* ist ein vollständiges Kapitel der Reise von Sophie gewidmet, die zwei Jahre nach Kriegsende mit einem Businessvisum nach Budapest fliegt. Andere Hinweise finden sich im »Budapest Journal«; 1969, während der zweiten Ungarn-Reise, notierte Taubes darin die kurzen Rückblicke auf ihre damalige Wiederbegegnung mit dem Haus in der Pasaréti út. Briefe und Aufzeichnungen von Taubes' Hand, die aus jenen beiden Septemberwochen im Jahr 1947 selbst datieren, sind indes nicht überliefert. Allein Repliken von Briefpartnern und späteren Anspielungen lässt sich entnehmen, was die Neunzehnjährige in diesen Tagen erlebte. So zeugen Briefe von Sandor S. Feldman von einer Auseinandersetzung mit den ambivalenten Gefühlen seiner Tochter. Diese schwankten zwischen überwältigendem Glück und großer Unsicherheit etwa im Umgang mit den Familienmitgliedern, die den Holocaust überlebt hatten. Dazu gehörte die siebenundachtzigjährige Großmutter Josephin, die einst mit ihrem Mann, dem Rabbiner Moses Feldmann, und den Kindern, unter ihnen Taubes' Vater, aus Galanta in das aufgeklärte Budapest gekommen war, um dort ein neues Leben zu beginnen. Jetzt war die ehemals zutiefst fromme Frau, die den Krieg in einem Versteck bei ungarischen Bauern verlebt hatte, zur Atheistin geworden. Eindrücklich war auch die Begegnung mit einem Freund aus Kindertagen. Peter Zsasckó hatte damals mit seinen Eltern in der Nachbarschaft gewohnt, ihn wollte Taubes als Kind überreden, mit einem aufgespannten Regenschirm vom Dach der Villa zu springen. Nun plante er, für ein Studium zum Schiffbauingenieur nach England zu gehen. Tatsächlich gelang ihm einige Monate später die Ausreise. Taubes sollte ihn im Frühling 1948, nach ihrer Rückkehr aus Genf, während eines zweiten London-Aufenthalts wiedersehen. Briefe, die sie einander auf Englisch und Ungarisch schrieben, zeugen von einer zarten wie intensiven Verbundenheit. In der Korrespondenz zwischen Taubes und ihrem Vater ist sogar von Heirat die Rede, das war vermutlich spielerisch gemeint.

Anfang Oktober reiste Taubes von Budapest aus direkt in die Schweiz. Laut Eintrag in ihrem »Ausländerausweis« erfolgte die Anmeldung im Kanton Genf am 4. Oktober 1947, als Wohnadresse ist die Pension Sergy, Chemin Krieg, angegeben. In Genf traf sie auf ihre Freundin Judith Brodsky, die nach einem Zwischenstopp in Paris nun ebenfalls aus den USA angereist war.

Noch Ende 1946, bei der Planung ihres Studienjahrs auf dem europäischen Festland, hatten die Freundinnen befürchtet, inmitten von Trümmern und Not das Klischee der wohlhabenden, ahnungslosen Amerikanerin zu verkörpern. Einen halb launigen, halb zynischen Bericht über die politische und ökonomische Lage in Ungarn, den Batorys Englischlehrer schickte, hielten sie für wenig aufschlussreich. Ihre Idee, in Europa einer karitativen Arbeit nachzugehen, mussten sie allerdings verwerfen, die Eltern ließen keinen Zweifel daran, dass sie die Reise nur unter der Voraussetzung eines Studiums antreten würden. Einmal in Europa angekommen, wurden die Skrupel jedoch überlagert von den vielfältigen neuen Eindrücken und Erlebnissen.

Aus der Zeit des Schweiz-Aufenthaltes liegen zahlreiche Briefe vor, hauptsächlich von Sandor S. Feldman und Ruth Nanda Anshen an ihre Töchter, aber auch von Freunden, Lehrern und Verwandten; von Taubes selbst sind dagegen nur wenige Schreiben erhalten. Zusammen mit den Repliken ihrer Korrespondenzpartner vermitteln diese das Bild einer turbulenten Zeit, geprägt von rasch wechselnden Stimmungen und Orientierungen. Der Abstand von Amerika wirkte auf Taubes wie ein geöffnetes Ventil. Frei von jenem lähmenden Wartezustand, den sie einst im Brief an die Mutter beschrieben hatte, ging sie ihren Interessen nach und erkundete diese in Hinsicht auf Zukunftsperspektiven. Dabei rückten ihre wissenschaftlichen Ambitionen aufgrund einer stetig wachsenden Faszination für das Theater in den Hintergrund. Nichtsdestotrotz belegte sie an der Universität Kurse zu Religion, Recht und Existenzialismus. Dazu beschäftigte sie sich, wie schon in Bryn Mawr, mit der Psychoanalyse, schrieb an einer Arbeit über Totenrituale[200] und korrespondierte darüber mit dem Vater; der empfahl ihr die Lektüre von Freuds *Zeitgemäßes über Tod und Krieg*, außerdem vermittelte er den Kontakt zu seinem Kollegen Géza Róheim, der sich mit anthropologischen Fragestellungen im Blickwinkel der Psychoanalyse beschäftigte. Gleichzeitig vertiefte Taubes sich in das Studium der französischen Sprache, die sie in kurzer Zeit fließend beherrschte. Feldman bezieht sich auf Briefe seiner Tochter, in denen diese angeblich nach anfänglichen »Dithyramben« schreibt, dass die Universität, bedeckt von Spinnweben, »veteran spiders« beherberge und sie unter keinen Umständen weiterhin »academic abtractions«[201] in sich hineinschaufeln könne. Am Ende der fünf Monate, die sie an der Université de Genève verbrachte, hatte sie gerade so viel in ihre Kurse investiert, dass es zu bestandenen Prüfungen und damit zu einem erfolgreich abgeschlossenen Auslandssemester reichte.

Außerhalb des Stundenplans erkundete sie das kulturelle Leben in Genf und Umgebung gemeinsam mit Judith Brodsky und neuen Bekanntschaften, unter ihnen der Schauspieler Max Fischer. Dieser war mit dem Regisseur Hans Sanden – beide waren aus Deutschland vertrieben worden – und ihrer 1943 gemeinsam in der Schweiz gegründeten Theatergruppe von Geflüchteten für Geflüchtete, gefördert von der »Eidgenössischen Zentralleitung der Arbeitslager«, durch Heime und Arbeitslager getourt (in der Schweiz wurden Menschen auf der Flucht vor den Nationalsozialisten ab 1940 in Lagern und anderen Massenunterkünften interniert). Gespielt wurden Klassiker wie Lessings *Nathan*, aber auch zeitgenössische politische Stücke, darunter Friedrich Wolfs *Professor Mamlock* (1933). Anfang 1947 hatte die

»Zentralleitung« den Auftrag der Truppe als erfüllt angesehen und ihr die Unterstützung entzogen. Seither waren die Mitglieder auf der Suche nach neuen Projekten und Engagements. Zum Freundeskreis gehörte außerdem die Dolmetscherin Andrée Klotz. Sie hatte die deutsche Besatzung in Paris als junges Mädchen allein – die Eltern waren deportiert worden – überlebt und der Résistance zugearbeitet; mit ihr blieb Taubes über Jahre in engem Kontakt.

In den vorlesungsfreien Wochen unternahmen Taubes und Brodsky Exkursionen in die Nachbarländer. Noch im Oktober verbrachten die Freundinnen einige Tage in Rom; beeindruckt schreibt Taubes ihrem Vater von unterirdischen Besichtigungstouren durch die Katakomben und labyrinthischen Kerker des Kolosseum – die Kirchen empfand sie dagegen auf eine bedrückende Weise als überladen. Den Jahreswechsel verlebten die beiden in Paris, ein Weihnachtsgeschenk Sandor S. Feldmans. Begeistert von der kultivierten, weltoffenen Atmosphäre der französischen Hauptstadt ließen sie sich durch die vom Krieg weitgehend unversehrt gebliebenen Avenues und Boulevards treiben, besuchten Theater und Museen, flirteten in Cafés und machten Erfahrungen der ersten Liebe. Schließlich überlegten sie, ihre Studien an der Sorbonne fortzusetzen. Als Taubes' Vater wiederholt Vorbehalte gegenüber den ständig neuen Plänen seiner Tochter äußerte, beruhigte ihn Judith Brodsky in einem ihrer Briefe, indem sie schrieb, Susan sei unternehmungslustig, entdecke andere Dinge als Bücher. Sie hätten Freunde, würden reden, lachen – manchmal weinen – und hofften, in Zukunft die Welt ein bisschen besser machen zu können.

Feldman zeigte sich einstweilen beschwichtigt, indem er an Susan schrieb, dass es ihn glücklich mache, sie so unbeschwert zu wissen, statt dass sie sich wie noch zu Bryn-Mawr-Zeiten in ätzender Kritik verliere, und äußerte die Hoffnung, sie möge diese Haltung nach ihrer Rückkehr in die USA beibehalten. Zu ihrem 20. Geburtstag am 12. Januar 1948 versicherte er ihr, wie stolz er auf ihre neu gewonnene Reife und Ausstrahlung sei.

In *Divorcing* bleiben Sophies frühe Erlebnisse in der Schweiz und in Paris unerzählt, so wie überhaupt nirgendwo im Roman näher auf ihre Studienjahre an den verschiedensten Orten in Amerika, Europa und später auch Israel eingegangen wird. Dass es aber diese Stationen in ihrem Leben gegeben hat, erfährt die Leserschaft durchaus. Dazu finden sich im Konvolut der unveröffentlichten Erinnerungsmaterialien aus den 1960er Jahren einige Ausführungen, überschrieben mit »Geneva, Rome, Paris«. Die Stimme, die darin über Sophies Reiseerfahrungen spricht, unterscheidet sich von derjenigen aus Taubes' Zeugnissen von 1947, und zwar in ihrem Grad an Introspektion und Melancholie:

> Neither an American tourist or expatriate, nor a returning European, Sophie spent wandering through the year spent in Geneva, Paris, London at J's side – […] with a two week trip to Rome. Jasmin's enthusiasm for everything European denied to her even if the old streets, strawberries touched her, she could not allow herself Jasmin's open infatuation. Europe was true, in what was good and bad, in its sky and buildings. This sense of truth Sophie kept as her secret. Awe, grief, bitterness, love and rage gripped her at the sight of [x] stunned her into silence.[202]

Weder eine amerikanische Touristin oder Eingewanderte noch eine Rückkehrerin: In Amerika war Sophie den Mangel an Zugehörigkeit gewohnt, sie hatte sich ihm durch ein Leben in Büchern entzogen. Jetzt, angesichts der alten Straßen, die sie zwar zum ersten Mal beschreitet, die jedoch die Spuren der vertrauten Landschaft ihrer Herkunft tragen, tritt dieser Mangel als neuartige Spannung in ihr Bewusstsein. Die widerstreitenden Gefühle von Trauer und Bitterkeit, Abwehr und Begehren bleiben ihr Geheimnis, während sie mit der unbefangen und begeistert auf sie einredenden Freundin durch Paris, Genf und Rom zieht:

> Walking in the shadow of Jasmin self-consciously and self depreciatingly the American tourist who had brought too much clothes, had to have eggs for breakfast. Sophie puzzling Europeans in being so unrepresentative of America and yet ill at ease with them, finally making Jasmin uneasy. Jasmin pleaded with her … all her friends were saying, Sophie Landsman was impossible – a dark black thing. It was true. Europe intensified her misery. In Europe she couldn't be gray as she had managed in America; ~~she turned into a black thing~~. In America she had grown used to living in books, thoughts, art, amidst surroundings to which she accorded no reality or relevance; streets, buildings, towns, indifferent, they had no claim on her. ~~This was wrong; she knew that this was wrong the years she lived in America and tried in vain to express or grasp the sense of meaninglessness~~ […].[203]

Im literarischen Rückblick wird Sophie den persönlichen Verlust jeglichen Anspruchs einer Heimgekehrten gewahr. Straßen, Gebäude und Namen sind durchdrungen von der jüngsten Gewaltgeschichte. Vermischt mit den wilden Kastanien aus der Topographie der Kindheit liefern sie die Reisende ungeschützt einer mächtigen, ambivalenten Wirkung (»claim«) aus:

> […] Europe made a claim on you; the beautiful historic places, she […] shunned them when possible, or stared sullenly, refusing to respond to

> monuments Jasmin Ohed and Ahed. But she was not immune of course to the power of the place. Paris tormented her. The Bois, the quai, the avenues the street names and wild chestnut trees. She loved and hated it but she could not enjoy it; Where were the German occupation[x] – she walked about endlessly, often through the night Envious of young french students living in free love – jazz from the boîte. »What's wrong with you,« Jasmin complained. »Why are you such a black thing? What will become of you?«[204]

»Was soll aus dir werden?« Diese Frage stellte auch Taubes, und zwar sich selbst, auf ihrer Reise durch Nachkriegseuropa. Von anderen musste sie sich das ebenfalls fragen lassen, insbesondere vom Vater. Dieser hörte im Dezember 1947 zum ersten Mal davon, dass seine Tochter sich nun voll und ganz der Bühne zuwenden wolle; dies nicht in den USA, wo, so Taubes, die Schauspielkunst völlig kommerzialisiert sei, sondern in Europa, ganz gleich ob in der Schweiz, in Paris, in England oder gar in Ungarn. Bestärkt wurde sie darin ausgerechnet von ihrer Philosophieprofessorin aus Bryn Mawr. Isabel Stearns weilte zur selben Zeit in Zürich und korrespondierte mit Taubes. In einem Brief bezeichnet Stearns das experimentelle Theater und den Film als die wichtigsten, lebendigsten Medien ihrer Zeit, rühmt die Bereicherung der Zürcher Bühnenlandschaft durch deutsche Exilkünstler und beglückwünscht ihre ehemalige Studentin zur Abkehr von der Universität und Hinwendung zum Theater.[205] Zu diesem Umschwung ermutigt hatte Taubes vor allem der Umgang mit den jungen Schauspielern in Genf. So nahm sie Unterricht bei Max Fischer, probierte mit ihm verschiedene Rollen und Spielweisen. Was er und seine Kollegen mit ihrer »Schauspieltruppe der Zentralleitung der Heime und Lager« in den Jahren von Krieg und Nachkrieg geleistet hatten, bestärkte sowohl Taubes als auch Brodsky darin, dass man mit dem Theater soziale und politische Ziele verfolgen konnte und musste. Schon schmiedeten alle gemeinsam – Taubes, Brodsky, Fischer und ein paar andere – Pläne für eine engagierte Avantgarde-Bühne, mit der sie auch in Amerika reüssieren könnten.

In etlichen Briefen versuchte Sandor S. Feldman seine Tochter davon zu überzeugen, erst einen Abschluss am College zu machen, bevor sie der Schauspielerei nachginge und sich dann womöglich herausstelle, dass sie doch nicht genügend Talent besitze, um von diesem Beruf leben zu können. Als sie auf ihrem Vorhaben bestand, begründete er seine Zweifel mit ihren unsteten Neigungen. Wer könne garantieren, dass sie morgen nicht die Lust an der Bühne verliere, sich übermorgen der Anthropologie zuwende und eine Woche später der Mathematik? Aufgrund ihrer neurotischen Sprunghaftigkeit würde sie in keiner Tätigkeit je Befriedigung finden. Dass sie mit zwanzig immer noch herumexperimentiere, sei schlimm genug. Schließlich entwarf er die Schreckensvision (»nightmarish thought«[206]) einer alten Jungfer ohne Kinder und ohne eigenes Einkommen, die es mit Anfang dreißig bitter bereut, damals nicht auf ihn gehört zu haben; ihr bleibe nicht ewig Zeit, zumal als Frau. Was Taubes solchen Szenarien entgegnete, ist nicht überliefert. Anderen Ängsten des Vaters, die er neben den teils humoristischen, teils ernst gemeinten Befürchtungen über ihre berufliche Zukunft formulierte, begegnete sie einlenkend. Sandor S. Feldman hatte Angst, auf dem fernen Kontinent könne erneut ein Krieg ausbrechen, sodass er seine Tochter nie wiedersehen würde. Als diese auf sein Drängen, doch bald in die USA zurückzukehren, vorschlug, er solle nach London oder Budapest kommen, um sie und seine Familie zu besuchen, gab er für sein Zögern zunächst gesundheitliche Gründe an. In weiteren Briefen wurde er jedoch deutlich: Mit Europa und seinen abscheulichen Facetten habe er abgeschlossen, keinen Fuß mehr werde er dorthin setzen. Außerdem habe es in seinem Leben mehr als genug Reisen gegeben, sodass er sich gut vorstellen könne, sein Wohnzimmer in Rochester nie wieder zu verlassen. Einmal zitiert er eine Briefäußerung von ihr: »I will see you and be with you. It is after all not impossible that I should find sympathetic sorrounding in America«, und verwies dann in seiner Replik auf ihren Lapsus, »sorrounding« anstelle von »surrounding«[207]. Es waren herzzerreißende Debatten, oft begleitet von Witz und gegenseitigem Wohlwollen, die Vater und Tochter über den Atlantik hinweg führten. Ihrem Enthusiasmus für Europa hielt Feldman Auschwitz als europäische Erfindung entgegen[208] und bat sie zudem inständig, sich in der Öffentlichkeit mit ihren kultur- und kapitalismuskritischen Äußerungen über Amerika zurückzuhalten, da er sich in der Schuld des Landes sehe, das sie beide als Flüchtlinge aufgenommen habe, und außerdem befürchte, ihre Einbürgerung könne rückgängig gemacht werden. Taubes fand die Bedenken und Einwände ihres Vaters überzogen und wirklichkeitsfremd – so ging es in ihrer Korrespondenz der ersten Wochen des Jahres 1948 hin und her. Schließlich mischte sich Ruth Nanda Anshen in die Auseinandersetzungen ein. Unter Berufung auf Nietzsches Wort vom Glauben als Voraussetzung für des Menschen Fähigkeit, etwas zu versprechen, appellierte sie an die Verantwortung ihrer beiden »Töchter« (Susochka und Judochka, wie sie die zwei zärtlich nannte) den Eltern gegenüber, forderte sie dazu auf, wie verabredet das Semester in Genf zu beenden und dann in die USA zurückzukehren, wo man dann in Ruhe alles Weitere planen könne.[209] Taubes indes verbrachte einen Teil des März begleitet von Bekannten in den französischen Alpen und im Anschluss gemeinsam mit Judith Brodsky einige Wochen in Paris; dort verliebte sie sich in einen Chemiestudenten, den Bruder einer Freundin von Brodsky und Spross einer schwerreichen Familie von belgischen Diamantenhändlern.

Eine überraschende Wende veranlasste die Neuordnung von Taubes' Plänen. Anfang April 1948 erreichte sie in Paris ein Brief ihrer Mutter aus Budapest. Darin schrieb diese überglücklich von der endgültigen Bewilligung ihres Visums für die Ausreise nach London zur Schwester.

Es wurde vereinbart, dass Taubes von Paris aus direkt in die britische Hauptstadt reisen, ebenfalls bei der Tante wohnen und die Gelegenheit erhalten sollte, ein paar Monate ihre Möglichkeiten als künftige Schauspielerin zu erkunden (»last experimenting«, schrieb Feldman[210]). Vor allem aber sollte sie Zeit mit ihrer Mutter verbringen. Im Sommer würde sie dann allein per Schiff in die USA zurückreisen. Mittlerweile war auch Ruth Nanda Anshen in Paris angekommen, um ihre Tochter Judith abzuholen; ähnlich wie Feldman in Bezug auf Susan betrachtete sie die Schauspielpläne ihrer eigenen Tochter skeptisch. So trennten sich die Wege der beiden Freundinnen im April, nicht ohne sich das Versprechen abgenommen zu haben, bei ihrem Wiedersehen in den USA die amerikanische Theaterszene umzukrempeln.

Als Datum von Taubes' Einreise in das Vereinigte Königreich ist im »Certificate of Registration«[211] der 1. Mai 1948 eingetragen. Die Ankunft Batorys war für den 13. Mai angekündigt. So konnte sich die Tochter während der ersten Wochen, frei von familiären Belangen, in das Londoner Theaterleben stürzen.

Ihre erste Anlaufstelle war das Old Vic. Trotz der Zerstörung des altehrwürdigen Gebäudes im Krieg hatten Direktion und Ensemble den Betrieb in London bereits 1944 wieder aufgenommen. Zu den Mitgliedern zählte neben Stars wie John Gielgud, Laurence Olivier und Michael Redgrave auch Alec Guinness. Dieser traf sich mit Taubes persönlich und setzte sich in der Folge für ein Vorsprechen bei John Burrell ein, der zusammen mit Olivier das Theater leitete. Tatsächlich lud Burrell die Zwanzigjährige noch in der ersten Maiwoche zum Probespiel ein. Mit dem, was sie an Jasper Deeters School of Expression als Methode des »easy self-control« gelernt hatte, stieß sie jedoch bei dem Erben des großen, alten englischen Theaters nicht auf Begeisterung. Ihrem Vater schrieb sie hinterher:

> Had an audition at Old Vic and Mr. Burrell who listened to me positively disliked me. From his criticism I see that it is mainly a matter of schools of acting. The English conceive human nature as English nature, and as the englishman is very inexpressive and conveys his feelings by hiding

> them a way of behavior which is the simple + direct outflowing of strong feelings is alien to the English taste in life and art.[212]

Die Herleitung der unterschiedlichen Schauspielschulen aus den jeweiligen nationalen Mentalitäten war nicht ironisch abwertend gemeint, im Gegenteil. Taubes fühlte sich herausgefordert und nahm sich vor, die traditionellen Techniken des presentational acting zur speziellen Beherrschung von Stimme und körperlichem Ausdruck zu erlernen: »I have learned something I did not realize before, that the theatre is first a profession + secondly an art. So apply myself to these techniques, probably at the Old Vic Theatre School. Meanwhile I will seek auditions at other London Theatres.«[213]

So knüpfte sie Kontakte zum »Theatre 48«, einer Gruppe junger Schauspieler, die allerdings nicht unbedingt der Schule des Old Vic folgten, sondern in England etwas Ähnliches vorhatten wie Taubes mit Brodsky in Amerika: ein nichtkommerzielles Experimentaltheater aufzubauen, das mit herkömmlichen Darstellungsformen brechen und neue wie alte Stücke von aktueller Bedeutung vor einem egalitären Publikum zur Aufführung bringen sollte. Bald verbrachte sie viel Zeit mit den Gleichgesinnten, entwickelte kleinere Stücke mit ihnen und erlernte von den erfahreneren Schauspielern die Grundlagen der Pantomime (Sandor S. Feldmans Reaktion darauf: »What does it mean that you learn ›pantomimes‹? How do you do it? Couldn't I teach you?«[214]) Fast jeden Abend ging sie ins Theater und rezensierte das Gesehene für Lokalblätter, im Gegenzug erhielt sie Freikarten für diverse Londoner Spielorte. Schließlich vertiefte sie sich in die Lektüre von Schriften zur Schauspielkunst und Theatergeschichte, aber auch zur Theorie und Praxis des Films, denn parallel zu ihren Bühnenambitionen erprobte Taubes sich im Drehbuchschreiben. Gleich zwei Manuskripte waren in Arbeit: eine Adaption von Dostojewskis *Brüder Karamasow* und ein Skript über zwei Shakespeare-Gestalten, »Juliet and Ophelia«. Einen persönlichen Kontakt zum berühmten Produzenten und Regisseur David Lean verdankte sie der Freundschaft ihrer Tante mit dessen damaliger Ehefrau, der Tänzerin und Schauspielerin Kay Walsh. Taubes schildert ihrem Vater die Zusammentreffen mit dem zwanzig Jahre älteren Lean als fruchtbar, auch wenn dieser ihr zu verstehen gegeben hatte, dass er ihr Exposé für eine Verfilmung von Dostojewskis Roman zu jugendlich pathetisch fand:

> […] He thinks the script itself is »too much« – to much a youthful outburst – too much idealization in it. He gave some very constructive criticism – also said that he admired my writing that I had a very fine mind + imagination and he hoped not to discourage me by his criticism.

He told me what I should do in way of script writing , and I spoke to him about how much I needed to work actually on a film to »get my feet on the ground« – he listened to me, I felt approvingly, but just then we were interrupted [...][215]

Zumindest ermunterte Lean sie, regelmäßig zu den Pinewood Studios vor den Toren Londons hinauszufahren, dort könne sie sich nach weiteren Kontakten und eventuell einem Job umsehen. Zudem lud er sie dazu ein, ihm bei seiner Arbeit am Filmset über die Schulter zu schauen – gerade lag man in den letzten Zügen der Produktion von *Oliver Twist*, mit Guinness in der Rolle des jüdischen Hehlers Fagin. (Weil die Darstellung Fagins in den Augen vieler Zuschauer von antisemitischen Stereotypen geprägt war – begründet wurde dies, neben Mimik und Sprechweise, mit einer stark überzeichneten Nase –, geriet der Film anfänglich in heftige Kritik. In Deutschland wurde er nach Protesten vor den Kinos innerhalb weniger Tagen wieder abgesetzt, in Amerika hatte er erst drei Jahre nach der britischen Uraufführung Premiere, nachdem einige Szenen mit Guinness herausgeschnitten worden waren.)

Der Name David Lean taucht in den Aufzeichnungen von Susan Taubes noch ein einziges Mal auf, und zwar in einer Mitte der 1960er entstandenen Skizze für eine der grotesken Gerichtsszenen im autobiographisch inspirierten *Divorcing*. Sophie, bereits tot, kommt darin als Akteurin nicht vor. Stattdessen schaltet ihr früherer Ehemann, Ezra, der Reihe nach die »spiritual and intellectual leaders of our century« per Video-Übertragung in den Gerichtssaal zu; sie sollen gegenüber einer Jury anhand ihrer persönlichen Begegnungen das Leben von Sophie Blind bezeugen. Nachdem erst die Nobelpreisträger Samuel Joseph Agnon und Albert Camus, dann die Religionsphilosophen Gershom Scholem und Martin Buber mit Ehefrau »Mrs. Martin Buber« ihre teils vagen, teils unkontrollierten, teils nichtssagenden Aussagen gemacht haben, erscheint der Filmregisseur im Bild, im Hintergrund Darsteller in historischen Kostümen:

Ezra: David Lean

(Video shows David Lean [x] set at Pinewood studios. Actors in period costume pass in the background)

David Lean: Yes, I knew Sophie. She was in London the winter of 1947/48 working with an experimental theatre group. She came to Pinewood studios quite regularly to watch me work; she was working on a scenario for the Brother's Karamazov and I remember we had many interesting discussions at lunch. She wanted to act in movies; I am sorry I couldn't help her [/] give her a job; but as I explained to her at the time, her face and whole personality were simply too exotic for the English public. She was too much for the usual roles. I'd have to launch her as a star

TV out[216]

Wenig erfährt der Leser von diesen Aussagen über Sophie, dafür umso mehr über Unverständnis, Kränkungen und Eitelkeiten ihrer Weggefährten. Damit spielt die Romanskizze auf die problematische Rolle von Augenzeugenberichten bei der Rekonstruktion biographischer ›Wahrheiten‹ an. Denn im Unterschied zu Texten von der Hand der Autorin, deren Leben beglaubigt werden soll, geben die Berichterstatter nur Auskunft über ihre eigene Persönlichkeit, über Habitus und Meinung. Die Autorin Taubes verarbeitete diese Erkenntnis in ihrer Zeugenparade, indem sie die Erinnerungen eines der »führenden Intellektuellen im 20. Jahrhundert« in ein verzerrtes Spiegelverhältnis zur einstigen Erfahrung der Zwanzigjährigen setzt: Damals lautete das Urteil von Lean über ihren Text, dieser enthielte »ein Zuviel an Idealisierung«. Jetzt, selbst zur Figur in einem Skript geworden, ist es seine Erinnerung, die insofern auf berechnende Weise die »exotische« Erscheinung seiner damaligen Gesprächspartnerin idealisiert, als ihn dies ermöglicht, ihr intellektuelles Vermögen von vornherein unerwähnt zu lassen.

Die angehende Schauspielerin Taubes ließ sich von der Kritik, die sie erfuhr, nicht entmutigen. Laut den Briefen an Sandor S. Feldman hoffte sie zwar auf ein weniger zähes Vorankommen, tröstenden Worten ihres Vaters begegnete sie jedoch mit ungebremster Energie. (Einmal schrieb er ihr, auf einer Fotografie sehe sie aus wie die Schauspielerin »Lilian Weigh or what is her name?«[217]. Tatsächlich überrascht bei der Betrachtung von Filmfotos die äußere Ähnlichkeit zwischen Vivian Leigh und Taubes in jener Zeit.)

Mit Brodsky, die in Amerika gegen alle Widerstände seitens der Eltern entschlossen ihre Film- und Theaterlaufbahn vorantrieb, führte sie eine rege Korrespondenz über die gemeinsamen Pläne. Zum Beispiel erörterten sie die Frage, wie man Max Fischer und einen französischen Schauspielerkollegen bei der Ausreise in die USA unterstützen könne. So suchte Taubes den vermögenden Botaniker Sir Frederick Keeble und seine Frau, die Schauspielerin Lillah McCarthy, in deren Wohnung im Londoner Royal Borough auf, um mit ihnen über Möglichkeiten einer finanziellen Förderung zu sprechen. Briefe und sogar Besuch erhielt Taubes auch von alten Freunden aus der Harley School und aus Bryn Mawr, die beim

Bühnen-Projekt mitmachen wollten oder seit Neuestem eine Schauspielschule besuchten. Im Freundeskreis diesseits und jenseits des Atlantiks war ein wahres Theater-Fieber ausgebrochen.

Im Laufe des Londoner Sommers 1948 ballten sich zwischenmenschliche Konflikte, die es Taubes bald unmöglich machten, ihrem Tatendrang weiterhin ungebrochen nachzugehen. Als Marion Batory am 13. Mai in London ankam, war die Wiedersehensfreude auf allen Seiten zunächst groß. Die ungewohnte Nähe führte jedoch bald zu anstrengenden Auseinandersetzungen. Nach der überstürzten Übersiedelung musste Batory, die jahrelang nicht aus Ungarn herausgekommen war, keine reguläre Berufsausbildung hatte und kaum ein Wort Englisch sprach, einen Kulturschock verarbeiten. Dazu hatte sie schon beim ersten Zusammentreffen in Budapest den Wunsch einer Wiedervereinigung der Familie geäußert, und es war ihre Tochter, die ihr nun die Aussichtslosigkeit dieser Hoffnung vermitteln musste. Zwischenzeitlich hatte Sandor S. Feldman aufgrund der veränderten Lage doch noch, wenn auch unter Zögern, eine Europareise in Erwägung gezogen, zumal seine Mutter Josephin in Budapest im Sterben lag. Taubes jedoch glaubte zu beobachten, die Aussicht auf eine erneute Heirat entwickle sich bei der Mutter zur fixen Idee; so riet sie ihrem Vater fernzubleiben, um die Erwartungen nicht weiter zu schüren. Als Batory davon erfuhr, eskalierte die Situation. Verzweifelt berichtete Taubes ihrem Vater von einer Gemengelage aus Enttäuschung und gegenseitiger Schuldzuweisung, für die sie sich verantwortlich fühlte. Feldman versuchte mit Briefen und Telegrammen die Situation zu beruhigen, sicherte seiner früheren Frau jede freundschaftliche und materielle Hilfe zu. Seine Tochter indes blieb, sooft es ging, dem Haus der Tante, in dem sich alles abspielte, fern und verbrachte viel Zeit mit Peter Zsasckó, der mittlerweile ebenfalls in London lebte (die Beziehung zu dem Chemiestudenten war bereits in Paris zu Ende gegangen, die beiden schrieben sich aber weiterhin Briefe).

Sandor S. Feldman, der mit seiner Tochter litt und berührt war von ihrer Loyalität, blieb dabei – auch als seine Mutter im Juni verstarb –, er wollte sich eine Reise nicht zumuten, die ihn mit Umständen konfrontieren würde, die er ein für alle Mal hinter sich gelassen hatte. Auch ohne seine persönliche Intervention entspannten sich die Verhältnisse in London dann doch leidlich. Allerdings erzeugte vermutlich eine Mischung aus zwei Gegebenheiten in Taubes allmählich Heimweh: Erschöpfung durch die familiäre Situation und die schleppenden Fortschritte ihrer Film- und Theaterprojekte. So schrieb sie am 4. Juli, drei Wochen vor ihrer Rückreise auf der S. S. America (diesmal mit Einzelkabine in der Ersten Klasse):

> There are so many good things about London, just the atmosphere, the solidity of the houses, the oldness of things the great beautiful parks – but now I shall be happy in America; I acknowledge that it lacks the deep historical roots that one finds everywhere in the cities of europe; that much of it is ugly, and in general the atmosphere is a little like in a circus, but now after having seen Europe and having gotten my bearing I can live in America see the good potentialities in its way of life and help it to develop.[218]

Ein Jahr zuvor, im Juli 1947, hatte Taubes nach der Ankunft in London ihr amerikanisches Leben Revue passieren lassen. Der kreative Rückzug aus einer als fremd und unwirklich erfahrenen Umgebung war für sie die notwendige Voraussetzung für eine Teilhabe am Leben gewesen; diese Erkenntnis war die Quintessenz ihrer bisherigen Reise, wie sie im Brief an Marguerite Lehr schrieb. Jetzt, nachdem sie ein ganzes Jahr lang andernorts auf der Suche nach einer Zuflucht vor Amerika gewesen war, hatte der zeitliche und räumliche Abstand ihren kritischen Blick relativiert. Amerika erschien ihr nun als ein Ort, den sie nicht länger fliehen musste, sondern den sie mit ihrem schöpferischen Intellekt gestalten konnte. Im Unterschied zu Sophie, für die in der Erinnerung das Land der Emigration auf ewig das Ende aller Träume bedeutet, stellte sich die zwanzigjährige Taubes ihre Rückkehr dorthin nicht länger wie das schockartige Erwachen aus einem Traum vor. In Amerika, so dachte sie, könnte sie von nun an lange schon Erträumtes in Wirklichkeit verwandeln.

Collegezeit

8. New York

Im ersten der drei großen Kapitel von *Divorcing* wird die Begegnung auf einem Literaturkongress geschildert: Sophie Blind, die gerade ihren nächsten Roman plant, trifft auf den Schriftsteller Johann Tobler. Während die beiden miteinander reden, rauchen sie Haschisch und bewegen sich langsam auf Toblers Hotelzimmer zu. Dieser versucht Sophie ihr vermeintliches Dilemma zu erörtern, nämlich die Unfähigkeit, sich »zwischen Spinoza und einer Existenz als Playgirl in Acapulco zu entscheiden«[219]. Sophie befürchtet, er werde sich im nächsten Atemzug für sie an die Lösung dieses Konflikts machen, und entgegnet ihm vorbeugend:

> »Es gibt kein Problem. Ich hab' dir doch erzählt, ich schreibe an einem Roman. Um die Wahrheit zu sagen, ich habe Spinoza nie gelesen.«
>
> »Baby, ich hab' doch deine Veröffentlichungen unten im Foyer ausliegen sehen, aber ich kann schon verstehen, daß du sie nicht anerkennen willst; der Konflikt zwischen deiner intellektuellen Leidenschaft und deiner Weiblichkeit, wie ich dir gerade erklärt habe. Es ist doch klar, du hast Angst, daß ich dich weniger attraktiv finden könnte, weil du Spinoza gelesen hast.«
>
> »Mein heiliges Ehrenwort, ich habe Spinoza nie gelesen. Meine akademischen Titel und Publikationen – längst vergessene Vorvergangenheit. Wenn du es unbedingt wissen willst, mein Mann hat mich dazu veranlaßt.«[220]

Sie erklärt, wie es einst durch Missverständnisse in ihrer Ehe zu den philosophischen Publikationen gekommen sei. Eigentlich habe sie ihr Leben auf der Orangenplantage eines Kibbuz verbringen wollen. Durch ihren Ehemann Ezra sei sie daraufhin mit den Schriften von Marx versorgt worden; als diese sie nicht überzeugt hätten, habe er mit Kierkegaard und den deutschen Romantikern nachgesetzt, so sei sie schließlich zur Philosophie gekommen.

Der Dialog verläuft im Ton eines Geplänkels, im Verlauf dessen ihre Erklärungen und seine Absichten einander permanent überlagern. Dann vergisst Tobler unter dem Einfluss der Droge vorübergehend den Namen seiner Gesprächspartnerin:

> »[...] Nicht sagen, ich weiß ihn. Er wird mir gleich wieder einfallen. Sarah!«
> »Sehr interessant, ein paar Tage vor meinem Tod sagte mir jemand, daß ich so heißen müßte.«
> »Ich hab' dir doch gesagt, dieses Hasch ist fantastisch. Laß mich noch mal raten. Ist doch lachhaft. Dein Mann heißt Blind – und den Namen willst du behalten?«
> »Als Souvenir«, sagt sie achselzuckend und lächelt. »So wie Kriegsandenken. Ein Mißgeschick, aber immerhin fünfzehn Jahre meines Lebens.«
> »Blind, Blind. Miriam. Ich hab's! Miriam, das ist es, stimmt's?«
> »Nein, so hieß die Hauptfigur in meinem ersten Roman.«
> »Einmal darf ich noch. Ja, natürlich: Sophie. Sophie Blind.«
> »Das ist aber komisch.«
> »Stimmt's?«
> »Nein, aber haargenau der richtige Name für die Figur in meinem nächsten Roman.«[221]

Das Ratespiel um die Autorin im Roman spinnt ein Netz an Verweisen auf persönliche Begegnungen und Ereignisse im Leben der Autorin Susan Taubes außerhalb des Romans. »Sarah« erinnert mit der Anspielung auf die deutsche »Namensänderungsverordnung« von 1938 an ein potenzielles Schicksal als Ermordete und daran, dass Taubes – genau wie die Romanfigur Sophie – ihr Judentum beim Grenzübertritt auf der Flucht vor den Nationalsozialisten in Begriffen gewaltsamer Zuschreibungen zu verstehen begann. Der Nachname »Blind« ist nicht allein das Pendant einer semantischen Neubildung zu »Taubes«, sondern auch eine Erinnerung an den Geburtsnamen der Mutter von Jacob Taubes, Fanny Blind. Diese wiederum hatte ihre Tochter, die drei Jahre jüngere Schwester ihres Sohnes Jacob, Mirjam genannt. Schließlich gibt Sophie – als Antwort auf die Frage nach ihrem vermeintlichen Konflikt als »Playgirl« mit »intellektueller Leidenschaft« –, ähnlich wie in der Szene auf dem Seziertisch, einen Hinweis nicht nur auf die öffentlichen Zeugnisse einer lange schon abgeschlossenen »Vorvergangenheit«, sondern auf die verborgene Hinterlassenschaft einer Vergangenheit, die immer noch lebendig ist: ihren ersten Roman. Folgt man diesem Wink, so gelangt man zum unveröffentlicht gebliebenen ersten Roman von Susan Taubes, *Downgoing.* Dessen Protagonistin trägt, genau wie in Sophies Buch, den Namen Miriam, der nach gängigen hebräischen Etymologien »die Widerspenstige« oder »die Ungehorsame« bedeutet.

Downgoing war der eigentliche Beginn von Taubes' literarischem Autobiographie-Projekt. 1956 begann sie mit der Realisierung. Da lag der Abschluss ihrer religionsphilosophischen Dissertation am Radcliffe College gerade hinter ihr, und einer von vielen Umzügen stand bevor: von Princeton, wo ihr Ehemann seit einem knappen Jahr als Visiting Assistant Professor Philosophie unterrichtete, nach New York, wo er jetzt eine Stelle als Assistant Professor of Religion an der Columbia University antrat. Acht Jahre später, im Herbst 1964 – das Paar lebte bereits getrennt –, schrieb Taubes im Bewerbungsschreiben für ein Literaturstipendium, dass Widerstände seitens der Familie sie lange zu einem Schriftstellerinnendasein im Verborgenen gezwungen hätten; so etwa die ablehnende Haltung ihres Mannes gegenüber der Literatur aus religiösen Gründen (»on religious grounds«). Auf einer beigelegten »List of completed works« beschreibt sie ihren Roman *Downgoing*: »A novel about a strange courtship. Beginning with the family saga of the hero and heroine, carrying them through Nazi persecution to the New World, the focus narrows to the two characters each caught in his own way in the fatal momentum of Jewish destiny.«[222]

Erzählt wird in *Downgoing* die Geschichte von Miriam Meyer und Joseph Vilna. Beide verschlägt die Flucht vor der Verfolgung aus Europa in die Vereinigten Staaten von Amerika. Joseph, verheißungsvoller Spross einer frommen Rabbinerfamilie, macht sich auf, um an einem theologischen Seminar in der Neuen Welt seine Gelehrtenkarriere voranzutreiben. Miriam stammt ebenfalls aus einer Familie von Rabbinern; ihr Großvater Moses Meyer war das sagenumwobene Oberhaupt einer konservativen Gemeinde, doch seine zahlreichen Kinder hatten sich vom Judentum abgewandt, mit Ausnahme der Tochter Sarah, die einen Rabbiner heiratete und mit ihm eine Tochter, Eve, zeugte. Im Zuge eines verwickelten Abkommens zwischen den Familien Vilna und Meyer wurden Eve und Joseph einander versprochen, lange bevor sie selbst davon wussten. Als Joseph von dem Arrangement erfuhr, war er bereits ein junger Mann und Eve mit ihrer Familie von den Nazis ermordet worden.

Eves Cousine Miriam dagegen hatte überlebt, da sie bereits als Mädchen nach Amerika gelangt war. Bald führte sie ein von jeder familiären Bindung und Tradition losgelöstes Leben als Schauspielerin eines drittklassigen Off-Off-Broadway-Theaters. Als Joseph sie dort eines Tages in der Rolle einer Prostituierten sieht, erkennt er in ihr die zweite Enkeltochter des Moses Meyer. Fortan betrachtet er es als vom Schicksal verfügt, sie nach der »Katastrophe« mit aller Macht zu einem Teil der jüdischen Gemeinschaft zu machen. Dieses Unternehmen erweist sich jedoch als vergeblich, denn für Miriam bleibt der erinnernde Zugang zur eigenen Herkunft verschüttet und überlagert von den Geschichten über die ermordeten Familienmitglieder; so begegnet ihr im Traum Cousine Eve, die sie mit Gewalt in die dunkle, verlassene Wohnung der gemeinsamen Großeltern hineinziehen will. Trotz aller inneren Widerstände kommt es am Ende zur Hochzeit. Konfrontiert mit Josephs Werben, wird Miriam sich der eigenen Verlorenheit in vollem Umfang bewusst. Erstmals erscheint die Möglichkeit eines neuen Lebens am Horizont, etwa als Bäuerin auf einer Plantage, wo einen die Gespenster aus den Verbrennungsöfen nicht einholen können. Doch Joseph arbeitet hartnäckig daran, Miriam ihrer Bestimmung zuzuführen. Eine Schlüsselszene spielt in ihrer Untermietkammer. Während sie auf einer Liege kauert, deklamiert ihr Angetrauter laut aus der Liebesgeschichte zwischen dem Propheten Hosea und der Prostituierten Gomer, die traditionell als Allegorie auf die Beziehung zwischen Gott und dem abtrünnigen Volk Israel gelesen wird. Dieses »Sakrament« wiederholt Joseph Nacht für Nacht, bis für Miriam die Grenze zwischen biblischer Wirklichkeit und der Szene in ihrem Kabuff verschwimmt:

> Night after night he invited her in that strange sacrament till she was gathered up in his words, became the exiled presence, assumed all the incarnations of the people of God in its wanderings and estrangements, was the Bride, was the Virgin in the Dust, was Gomer the whore, sold to the prophet for a lesson, ransomed of a token of redemption. And while he spoke she began to discern the shape of the fate she had dimly sought and evaded like one tossing and turning in sleep in the man standing before her.[223]

In den vier Kapiteln des Romans dominiert eine legendenhaft anmutende Erzählweise, die unversehens ins Parodistische kippt. Etwa, wenn Josephs Zimmer im Seminar-Wohnheim als eine Art Müllhalde beschrieben wird, vor der die Putzfrauen Reißaus nehmen, oder wenn von der geschäftigen Arbeit an einem geheimnisvollen Manuskript die Rede ist, das nie jemand zu Gesicht bekommt. Tragisch-komisch wirken die Szenen, in denen Josephs feierliche Miene in Miriams Abwesenheit plötzlich »busy« wird und er hektisch von einem Geschäftstermin zur nächsten Affäre eilt, oder er sowohl Miriams Schweigen als auch ihre häretischen Gedanken mit dramatischen Gesten als ein Mysterium tremendum zu ergründen sucht. Miriam hingegen scheint den Bühnenhabitus nie ablegen zu können und liefert sich mit somnambulem Blick dem Redestrom Josephs eher aus, als sich auf einen echten Dialog einzulassen. Bevor sie heiraten, ringt er ihr das Versprechen ab, ihn nach Jerusalem zu begleiten, wohin das Seminar ihn »entsendet«, und sich überdies nie wieder von einem Theaterpublikum angaffen zu lassen. Unter den Traubaldachin tritt sie dann allerdings in einem Kleid aus dem Kostümfundus, am Arm der um einen Kopf kleineren, dafür doppelt so breiten Schwägerin, deren Geschenk sie vorher noch schnell begutachten musste: ein praktisches Glasgeschirr, auf dem man laut den jüdischen Speisevorschriften sowohl milchige als auch fleischige oder neutrale Speisen anrichten darf.

In der Geschichte von Miriam und Joseph erinnern viele Schauplätze und Personenkonstellationen an die erste Begegnung zwischen Susan und Jacob Taubes in New York, Ende der 1940er Jahre. Als Susan 1956 mit der Niederschrift von *Downgoing* begann, hatten sich bereits diverse Differenzen in ihrer eigenen, zu diesem Zeitpunkt siebenjährigen Ehe als unüberbrückbar erwiesen. Immer wieder ging es dabei um ihre gegensätzlichen Haltungen zu religiösen Fragen, insbesondere zum Judentum. Die Uneinigkeiten berührten nicht allein die theoretischen Auseinandersetzungen des Paars, sondern nahmen auch persönliche Ausmaße an. Auf die Trennung 1961 folgte sechs Jahre später die Scheidung. Im Moment des erstmaligen Zusammentreffens von Susan und Jacob Taubes im Jahr 1948, war es jedoch gerade ihr jeweils ganz anderer Blick auf die Welt, der sie füreinander einnahm.

Ab Herbst 1948 besuchte Susan Taubes die School of Dramatic Arts der Columbia University in New York. Im Sommer desselben Jahres war sie im Anschluss an ihre Rückkehr aus England allerdings erst einmal nach Cambridge in Massachusetts weitergereist. Dort nämlich hatte Judith Brodsky eine Chance für die Realisierung ihres Theater-Projekts aufgetan: Am Brattle Theatre war der Harvard Dramatic Club dabei, sich mit ungewöhnlichen Inszenierungen als Antworten auf gesellschaftliche Missstände einen Namen zu machen. So hatte 1942 eine Aufführung von Othello mit dem schwarzen Schauspieler Paul Robeson in der Titelrolle für Aufsehen gesorgt, denn üblicherweise wurde die Partie von geschminkten weißen Darstellern verkörpert. 1948 formierte sich dann die Brattle Theatre Company, mehrheitlich aus Künstlern, die auf der antikommunistischen schwarzen Liste standen. Brodsky war nun genau zu diesen Umbruchzeiten in Cambridge vorstellig geworden, zunächst als Mädchen für alles. Obwohl sie für wenig Geld viele Arbeiten leistete, die mit der Schauspielerei nur indirekt zu tun hatten, sah sie hier ein Sprungbrett für die Verwirklichung einer bahnbrechenden Interpretation des aristotelischen Katharsis-Konzepts, wie sie begeistert an Taubes schrieb, mit der Aufforderung, schnell nach Cambridge nachzukommen. Unterdessen hatte an der Columbia die School of Dramatic Arts eröffnet, mit der Absicht, dem US-amerikanischen Theater aus akademischer Perspektive Legitimation zu verleihen. Nachdem für die Freundinnen das Intermezzo am Brattle Theatre nicht so erfolgreich verlaufen war wie erhofft, plante Brodsky den Fortgang ihrer Laufbahn als Schauspielerin in Europa, eventuell mit den dortgebliebenen Freunden. Taubes aber ging nach New York und widmete sich dort ein Jahr lang nichts anderem als der Theorie und Praxis des Theaters. Rückblickend schrieb sie über sich selbst in dieser Zeit: »a certain kind of happiness of which she had a taste with X and wasn't having with P; but perhaps she was happy only playing Salome on the stage.«[224] Auf der Bühne zu stehen war ihr ganzes Glück. Nie fühlte sie sich begehrenswerter als mit einem Tablett in der Hand, auf dem der Kopf des Propheten lag.

Während Susan also Theater spielte, ging Jacob, ebenfalls gerade aus Europa nach New York angereist, philosophischen und theologischen Fragestellungen nach, die er mit seiner 1947 in Zürich abgeschlossenen Dissertation *Abendländische Eschatologie* aufgeworfen hatte – eine Studie zur neuzeitlichen Geschichtsphilosophie als Fortsetzung der jüdischen Prophetie.

Die erste Begegnung mit seiner zukünftigen Frau fand im Salon von Ruth Nanda Anshen statt. Der Vierundzwanzigjährige war im Herbst 1947 aus Zürich an das New Yorker Jewish Theological Seminary (JTS) gekommen, um dort seine akademische Laufbahn als Research Student vorwärtszubringen. Bevor er an der Universität Zürich promoviert hatte, war er bereits 1943 zum Rabbiner ordiniert worden. Es war Leo Baeck, namhafter Repräsentant des liberalen Judentums in Vorkriegsdeutschland und ausgebildet am Jüdisch-Theologischen Seminar in Breslau, der sich mit einem Empfehlungsschreiben an den damaligen Präsidenten des JTS Louis Finkelstein für den frisch Promovierten eingesetzt hatte. Baeck war auf einer Reise nach Zürich mit der Rabbinerfamilie Taubes bekannt geworden. Finkelstein wiederum, der als konservativer Rabbiner mit seiner Bereitschaft zum interreligiösen und -disziplinären Gespräch von sich reden machte, war regelmäßiger Besucher der Zusammenkünfte in Anshens Townhouse. Vermutlich hatte er den jungen Studenten schon bald nach dessen Ankunft in New York dort eingeführt. Anshen war augenblicklich begeistert von Taubes' intellektueller Begabung und versuchte ihn zur Mitarbeit an ihren Projekten zu gewinnen. Ursprünglich sollte es sogar ein ›Arrangement‹ zwischen ihm und ihrer Tochter Judith geben, diese allerdings wehrte sowohl die Bemühungen ihrer Mutter als auch Jacobs Avancen ab. Judith Brodsky lebte schon als Schauspielerin in Europa, als Susan und Jacob Ende 1948 auf einer Soirée im Hause Anshen-Brodsky einander vorgestellt wurden. Zu diesem Zeitpunkt bewegten sich beide in gänzlich unterschiedlichen Welten; gemeinsam war ihnen die Suche nach einer neuen Sprache, die einer in Trümmern liegenden Welt standhalten könnte. Jacob in der Philosophie und Religion, Susan in der Imagination und Poesie.

Für die Zwanzigjährige stellte, nach ihren Erfahrungen in Europa, die professionelle Ausbildung im künstlerisch kreativen Bereich eine klare Zukunftsperspektive dar. Sie zweifelte nicht an ihrer Entscheidung, das Bryn-Mawr-Studium mit Schwerpunkt Philosophie ausgesetzt zu haben und stattdessen in New York Theater- und Literaturgeschichte zu studieren. Allem voran aber nahm sie praktischen Unterricht in Dramaturgie, Pantomime, Stimm- und Körpertraining sowie in Playwriting.

Den fünf Jahre älteren Jacob beschäftigten zur selben Zeit vor allem theoretische Fragen, und zwar mit einer Umtriebigkeit, die für Turbulenzen am JTS sorgte. So schrieb bereits Baeck in seinem Empfehlungsschreiben an Finkelstein:

> About a year ago when staying in Zurich for a fortnight I became acquainted with his family and remaining connected with him too I got to know him to be gifted and to have learned many a thing, sometimes maybe too many a thing, in the old and new fields of learning. Indeed his mind is yet fermenting somewhat, but I think he is most promising. Furthermore he is a fine character and a truly religious one. I feel sure you will enjoy having him your pupil.[225]

Tatsächlich war es eine »gärende« Verbindung aus säkularisierter westlicher Wissenskultur und Treue zur jüdischen Tradition, durch welche an einem der führenden intellektuellen Zentren des konservativen Judentums in Amerika Probleme bereits vorprogrammiert waren. Die Überschneidung so heterogener Denkansätze wie Nihilismus und Messianismus, Mystik und Atheismus passte ebenso wenig in das Curriculum wie Lektüren von Nietzsche, Marx oder Heidegger. Die Erwartungen des JTS an den Research Student erwiesen sich als schwer vereinbar mit der Aufmerksamkeit, die dieser in Hinsicht auf die Förderung seiner eigenen Interessen beanspruchte. Und so dauerte es nicht lange, bis die Spannungen sich ins Persönliche verlagerten. Zur selben Zeit, 1948, hatte der Philosoph und Pädagoge Ernst Simon seine Lehrtätigkeit an der Jerusalemer Hebrew University für eine Gastprofessur am JTS unterbrochen. Bald suchte Jacob Taubes in dem vierundzwanzig Jahre Älteren einen Vertrauten. So berichtet er in einem Brief an Simon von einer Art Tribunal, bestehend aus Louis Finkelstein, Saul Lieberman – Professor an der Rabbinical School des JTS und Dekan – sowie Leo Strauss, zu dieser Zeit tätig an der New School of Social Research. Im Verlauf dieser »Besprechung« formulierten die drei gegenüber Taubes den »Vorwurf«, »dass die Sorge um Carriere, um Wirkung all zu deutlich sei«[226]. Zudem legten sie ihm nahe, er möge seine Lehrbefähigung erproben, und zwar im Teachers Institute, wo interessierte Frauen und Männer unabhängig von der Rabbinical School eine akademische Ausbildung in Jewish Studies absolvieren konnten, ein Vorschlag ganz und gar gegen Taubes' Interesse. Dafür kam ihm eine zweite Verpflichtung entgegen, nämlich das Verfassen eines Entwurfs zur Mischneh Thora, einer Kodifizierung des jüdischen Religionsgesetzes aus der Feder des Philosophen Maimonides, entstanden um 1180. Taubes interessierte daran die Synthese aus der unveränderlichen göttlichen Offenbarung und dem rationalen (aristotelischen) Verständnis des Gesetzes als Voraussetzung für die Erkenntnis Gottes. Im Spannungsfeld von religiöser und säkularer Gesetzesordnung sah er den Ausgangspunkt für eine Kritik der modernen, dem aufgeklärten Liberalismus entsprungenen politischen Theologie; ein Thema, das ihn mit Strauss verband und ihn zeit seines Lebens beschäftigen sollte – auch in Auseinandersetzung mit Susan, etwa als es 1952 um die Frage eines gemeinsamen Lebens im gerade gegründeten Staat Israel ging.

Als Reaktion auf die Reibungen am JTS hatte Jacob Taubes seinen Diskussionsradius auf angrenzende akademische und konfessionelle Zirkel ausgeweitet. So stand er nicht nur im Austausch mit Strauss, sondern mit einer Vielzahl ganz unterschiedlicher Akteure der New Yorker intellektuellen Szene, wie Reinhold Niebuhr und Paul Tillich vom Union Theological Seminary (UTS), Horace L. Friess und Herbert W. Schneider vom Religious Department der Columbia University sowie mit Herausgebern und Autoren des damals noch linksliberalen *Commentary Magazine*, darunter Irving Kristol und Nathan Glazer.

Das jeweilige Umfeld von Susan und Jacob Taubes unterschied sich nicht nur in Hinsicht auf ihr intellektuelles bzw. künstlerisches Wirken. Auch ihre Sozialisationen im Judentum konnten verschiedenartiger kaum sein, obgleich beide aus Rabbinerfamilien kamen. Väterlicherseits reicht in der Familie Taubes die Genealogie von Rabbinern und Gelehrten bis ins frühe 19. Jahrhundert zurück. Jacobs Vater, Zwi Taubes, war ein promovierter Religionsgelehrter und seit 1936 Oberrabbiner der Israelitischen Cultusgemeinde Zürich; die Mutter, Fanny Taubes, geborene Blind, stammte aus einer chassidischen Familie, hatte das Wiener Hebräische Pädagogium absolviert und war engagierte Zionistin. Anlässlich ihres Todes im Jahr 1957 erschien ein Gedenkband mit dem Titel *Die Sprache des Herzens* (1959), darin schrieb Jacob Taubes im Vorwort: »Der Sohn kann nur bezeugen, daß alles, was sich auf Religion bezieht, für ihn mütterlichen Ursprungs ist.«[227] Kontinuierlich wurden in der Familie sowohl das Andenken an die mystische Bewegung des Chassidismus als auch die säkular ausgerichtete

Gedankenwelt der Haskala an Kinder und Enkel weitergegeben; die Zugehörigkeit zur jüdischen Gemeinschaft war fest im Bewusstsein eines jeden verankert. Auch Susan war mit den Erinnerungen an ihre frommen Vorfahren aus Galanta aufgewachsen. Doch mit den zahlreichen Brüchen und Distanzierungen in der Generation ihres Vaters waren diese Erinnerungen zu Geschichten von fernen Sitten und Gebräuchen geworden, mit denen sie selbst, auch wenn sie es sich manchmal anders gewünscht haben mochte, nichts zu tun hatte. Erst die nationalsozialistische Verfolgungspolitik hatte die Tatsache, dass sie Jüdin war, bedeutsam gemacht.

So begegneten sich Susan und Jacob Taubes auf dem spannungsreichen Feld zwischen Treue zur Tradition und Grenzen des Judentums. 1952, da waren sie schon im dritten Jahr verheiratet, schrieb Jacob Taubes an den Freund und Philosophen Hugo Bergman vom Zusammentreffen seiner schwierigen Erfahrungen am JTS und der ersten Begegnung mit seiner jetzigen Frau: »In all den Wirrnissen traf ich Susan und viel in ihr verwirklicht, woran es mir lag – ausser der jüd. Existenz […].«[228]

Das Rätsel der jeweils anderen »Existenz« begründete die besondere gegenseitige Faszination; das bezeugt insbesondere die Korrespondenz ihrer ersten drei Ehejahre, 1950 bis 1952. Diese Zeit nämlich verlebte das Paar räumlich weitgehend voneinander getrennt, Entscheidungen über Studienorte bzw. ihre jeweiligen akademischen Laufbahnen hatten dazu geführt. Susan hatte im Anschluss an die Hochzeit ihr Philosophiestudium wieder aufgenommen. Es folgte ein gemeinsamer Aufenthalt in Jerusalem; nach einigen Monaten setzte Susan jedoch ihre Studien in den USA und in Paris fort, während Jacob zunächst an der Hebrew University blieb. In den Briefen kamen beide immer wieder auf den initialen Augenblick ihrer Beziehung zu sprechen. Im März 1952 beschreibt Jacob anlässlich des dritten Verlobungstags das Offenbarwerden ihrer Liebe wie einen magischen Moment: »jenes Ereignis am Ostersonntag 1949 in N.Y. wo plötzlich alles so ›klar‹ war und wie ein Blitz die Nacht und alles Suchen erhellt wurde«.[229] Susan wiederum erinnerte sich im Oktober 1950 an ihr erstes Beisammensein und das Gefühl eines unermesslichen, schreckenerregenden Vertrauens (»boundless, terrifying trust«), das damit einherging. Weiter schreibt sie: »I pray, neither the ›wisdoms‹ of logos nor of eros should ever confound this trust.«[230]

Dort, wo die religiösen und intellektuellen Übereinstimmungen endeten, setzte das Ideal einer vorbehaltlosen Überantwortung an den Partner ein, das zumindest belegen die überlieferten Zeugnisse für Susan. Schriftstücke, die das Paar 1948, im Jahr ihres ersten Zusammentreffens, an einander richtete, sind kaum überliefert. Eine Ausnahme stellt Susans Gedicht *Gomer and Hosea* dar, eine Umschrift des Prophetenbuches Hosea in die Perspektive Gomers, der Prostituierten, adressiert an ihren künftigen Ehemann. Dieser war offenbar beeindruckt, denn in einem Schreiben an seinen damaligen Freund Ernst Simon vergleicht er ihren Text mit den Werken des angesehenen hebräischen Dichters Saul Tschernichowski, die thematisch vom Wechsel zwischen Idylle und Entfremdung geprägt sind: »Suzanne (die unbekannte Schöne) hat ein Epos Hosea und Gomer geschrieben, von Seiten Gomers, ganz eines Tschernikowskis würdig, es ist bestimmt von dem Aufbruch der Paganität.«[231] Genau wie in der Überlieferung unternimmt der Prophet Hosea in Taubes' Gedicht alles, um die ruhelose Gomer uneingeschränkt für sich zu gewinnen und sie auf diese Weise von ihrer Promiskuität zu erlösen. Gomer aber entzieht sich seinem Willen, indem sie ihre verzauberten Wege – zur Sonne, zu den Sternen, in die verbotenen Wohnungen des Heiligtums – als endlose Vielzahl beschreibt, die ihren Leib durchdringt: »There has blown through me the thousand exiled winds [...].« Sie spricht von einer unstillbaren Sehnsucht nach dem Chaos und vom eigenen Unvermögen, sich lediglich einer einzigen Wahrheit anzuverleiben. Schließlich fragt sie, ob sich nicht gerade in dieser veränderlichen Vielgestalt, die nichts und niemanden ausschließt, die Liebe des Schöpfers zu seinen Geschöpfen zeigt, und vertraut darauf, der Geliebte werde die Gemeinschaft mit ihr auf allen ihren Wegen, den hellen und den finsteren, suchen.

Ein knappes halbes Jahr nach der Entstehung dieses Gedichts, im April 1949, verlobten sich Susan und Jacob Taubes. Die Hochzeit wurde dann am 5. Juni 1949 nach religiösem Ritus mit einer aufwändigen Feier im JTS vollzogen. Louis Finkelstein leitete die Zeremonie, Unterlagen im Archiv des JTS geben Auskunft über Ausgaben für Blumenbouquets und das Buffet für den Empfang im Konferenzraum, in einen Brief beruhigt Susan ihren Vater wegen der vielen ihm unbekannten Gäste – alles wichtige Kontakte für die Zukunft –, und in einer der vielen Anzeigen, die anlässlich der Trauung in den Lokalblättern von Rochester erschienen, wird das Kleid der Braut im griechischen Stil gelobt. Am 10. Oktober folgte schließlich mit der standesamtlichen Eheschließung in New York die säkulare Besiegelung.

In Taubes' hinterlassenen Aufzeichnungen der späten 1960er Jahre findet man etliche Ansätze eines Versuchs, die Entscheidung der jungen Studentin von damals zu verstehen. So resümiert sie in einer Erinnerungsnotiz ihr amerikanisches Leben bis zum Zeitpunkt der Heirat im Zeitraffer:

I was fifteen when people were carbonated by American bomb. And I waited for you to come home till I was twenty. I went to soldier benefit dances I looked around everywhere I went ~~Swartmore campus,~~ on blind double dates in Boston, college classrooms [x] theatres parties in Moylan and Plymouth – I was studying to be an actress and majoring in philosophy ~~at the same time~~ because they said I had a metaphysical mind, I really didn't know what to do with my life. I took the first boat that left for Europe after the war a transport troop ship with ~~one huge~~ [x] dormitories in the hold – *it has sunk since* for a week I slept on a canvas in a safety boat waking up, dewsoaked, sky calamitous […]; in London I looked for you: I always rode on top of doubledecker bus. I travelled all over by train + bus All over Europe, looked for you in Paris, Geneva, Rome as far as Budapest. At twenty I married someone else.[232]

Auf dem College-Campus und in Amateur-Theatern, im obersten Stockwerk eines fahrenden Doppeldeckers und beim Erwachen in einem festgemachten Rettungsboot bei der Überquerung des Atlantiks: Die vielen passageren Orte ihrer bisherigen Lebensreise erscheinen als Stationen auf der vergeblichen Suche nach einem verschollenen Unbekannten; an ihn richten sich die melancholischen Zeilen, und nicht an jenen »anderen«, den sie im Alter von zwanzig stattdessen heiratete.

Im Tagebuch, das Taubes im Herbst 1969 auf ihrer Reise durch Rumänien, Bulgarien und Griechenland von Ungarn aus führte, beschreibt sie abermals einen Moment des Erwachens, diesmal im Sessel in der Lobby eines Hotels am bulgarischen Goldstrand. Im Traum war sie ihrem früheren Ehemann begegnet und hatte dabei ein längst schon vergessenes Gefühl erlebt, das jedoch einer anderen Person in einer anderen Zeit angehörte: »The woman, or perhaps girl, stubbornly loyal and trusting making her destiny in this marriage, who in memory, like a ghost moved her both with grief and shame.« Im Laufe der Jahre lastete mit jeder Rekapitulation von Vergangenem immer mehr Gewicht auf der Einfachheit (»simplicity«) ihrer einstigen Liebe – dies erkannte Taubes durch den Kontakt mit der jungen Frau im Traum: »As if there had been a dialogue.«[233]

Die frühen Zeugnisse lassen die ersten Monate und Jahre der Ehe von Susan und Jacob Taubes vornehmlich als eine Zeit gegenseitiger Leidenschaft und Zärtlichkeit erscheinen, in der sich allerdings schon Spannungen abzeichneten. In Briefen an Sandor S. Feldman, verfasst kurz nach der Hochzeit – der Vater war offenbar in Sorge wegen der unsicheren Verhältnisse, in denen Tochter und Schwiegersohn zunächst leben würden –, schreibt Susan glücklich über ihren neuen Status als »Madame Taubes« und interpretierte etwaige Komplikationen als Teil dieses Glücks: Jacob und sie seien »good to each other and hard to each other« und die Heirat »altogether blessed«[234].

Bereits die Phase des Kennenlernens in Herbst und Winter 1948 hatte sich kompliziert gestaltet. Die zwanzigjährige Literatur- und Schauspielstudentin musste sich in einem ganz neuen Umfeld zurechtfinden. Dort begegnete man ihr zwar größtenteils sehr zugewandt, manchmal aber auch mit Zurückhaltung und sogar spürbarer Skepsis. So machte sie Bekanntschaft mit zahlreichen Personen aus den konservativen Kreisen des JTS, darunter die Rabbinerfamilien von Louis Finkelstein und Saul Lieberman; dazu kamen die Angehörigen jener anderen New Yorker Institutionen, mit denen Jacob in Verbindung stand. Eine wichtige Rolle spielte Gerda Seligson. 1939 hatte sie zusammen mit ihrem Ehemann, den Rabbiner und Altphilologen Rudolf Seligson, einen Kindertransport aus Deutschland nach England begleitet. Nach dem frühen Tod ihres Mannes war sie den Eltern in die USA gefolgt, diese lebten dort bereits seit 1940. Im selben Jahr wie Jacob Taubes in New York angekommen, versuchte sie als Lateinlehrerin für sich und ihre kleine Tochter Elizabeth eine Existenz aufzubauen. Jacob hatte die vierzehn Jahre ältere Gerda allerdings noch in Europa kennengelernt, vermutlich über Rudolf und ihren Vater, den Philosophen Richard Kroner, der jetzt am New Yorker Union Theological Seminary lehrte.

Ein Briefwechsel zwischen Gerda Seligson und Jacob Taubes belegt, dass sich beim Wiedersehen in New York aus der bloßen Bekanntschaft eine intime Freundschaft entwickelt hatte. Diese mündete sogar in einem urkundlichen Versprechen lebenslanger gegenseitiger Treue, dem Jacob auch dann noch nachzukommen versuchte, als der Hochzeitstermin mit Susan bereits feststand. Während diese zu jenem Zeitpunkt allenfalls ahnte, dass sie Teil einer ménage à trois war, und offenbar freundschaftliche Gefühle gegenüber Gerda hegte, empfand diese umgekehrt Susans Auftauchen zunächst als Störung; das legt eine Briefäußerung Jacobs an Simon nahe: »Die Freundschaft mit Suzanne flaut ab, Gerda sorgt dafür, so ist Papa und Mama glücklich.«[235]

Und wirklich, man war in der Zürcher Rabbinerfamilie zuerst nicht besonders glücklich über die Verbindung mit der Tochter eines geschiedenen Psychoanalytikers, die zudem ihr distanziertes Verhältnis zum Judentum nicht verbarg. Jacob war ebenfalls nicht frei von solcherlei Ressentiments. Als bei den Hochzeitvorbereitungen die Idee entstand, Susans Mutter aus London einzuladen, plädierte er dafür, sie nicht auf die Gästeliste zu setzen, um Gerede wegen der voneinander abweichenden Nachnamen der Brauteltern zu vermeiden. Auch über seine künftige Frau selbst äußerte er Vorbehalte, und zwar ausgerechnet gegenüber Gerda Seligson:

Susan ist als Arbeitspeitsche gut – und ich verdiene und brauche ja manchmal diese Peitsche. Freilich ist ihr die Gnade versagt sich zu freuen mit den jüdischen Weisen der Existenz und sie ist gezwungen sich in Abstracta zu flüchten. Ihre Ansichten sind haarsträubend, aber – ich lernte von Rudolf sich um die metaphysischen Ansichten der Menschen gar wenig zu kümmern, sonst könnte ich ins Wasser springen.«[236]

Damit war ein Konflikt angesprochen, der die Ehe von Anfang an begleitete, denn Jacob war es unmöglich, die »metaphysischen Ansichten« seiner Angetrauten zu ignorieren. Und so versuchte er kontinuierlich und ihrem Widerstand zum Trotz, sie mit den »jüdischen Weisen der Existenz« für ein Leben zu gewinnen, das sie mit den eigenen spirituellen Bedürfnissen nicht in Einklang bringen konnte. Die Auseinandersetzungen provozierten bei Susan ihre schon im College geäußerte Kritik gegenüber den illusionären und reglementierenden Aspekten religiöser Institutionen, geschult durch die Schriften von Nietzsche, Schopenhauer, Freud und anderen. Fundamental aber blieb, dass Susan Taubes ihr Judentum niemals als »Gnade« erfahren hatte, sondern als Quell einer fortwährenden Entfremdung.

Für Jacob Taubes' eigenes Denken war die Integration von persönlicher Verbundenheit mit der Tradition und deren Überschreitung programmatisch. Aus diesem Grund erschien ihm die bewusste Verweigerung eines Lebens in concreto entlang der traditionellen Riten und Symbole als tremendum und fascinosum zugleich. Intellektuell zueinander fanden Susan und Jacob Taubes dann auch weniger durch die Texte der jüdischen Überlieferung als in der gemeinsamen Lektüre der Vorsokratiker. Im Staunen und Befragen des Kosmos durch die antiken Philosophen suchten sie nach dem Beginn des »Sterbens der Götter«. Davon zeugen einige Zeilen, die Jacob kurz nach der standesamtlichen Trauung an einen Korrespondenzpartner, den Schweizer Schriftsteller Armin Mohler – seinerzeit Sekretär von Ernst Jünger – richtete:

> Ich glaube du würdest dich freuen meine Frau zu kennen, sie erfüllt das Beste in mir und schneidet unerbärmlich die Wurzeln zu weniger klaren und fast schlammigen Sumpfgebieten der Seele ab, sie ist schön wie eine Prinzessin aus dem Märchenbuche und hat nichts von all jenen »jüdischen« Eigenschaften, die dir wider die Nüstern gehen. Wir treiben zusammen – Vorsokratik und Heraklit und Empedocles sind unsere besten Freunde.[237]

Die Ambivalenz von Klage und Lobpreisung der mangelnden »jüdischen Eigenschaften« – Jacob äußerte sich darüber gern gegenüber Dritten – wurde zum Motor für eine immerwährende Auseinandersetzung zwischen dem Paar. Für Susan erwies sich dies in den kommenden Jahren nicht ausschließlich als erschöpfend, sondern durchaus auch als fruchtbar. Das zeigt sich in ihren Schriften zur Gnosis, zu Heidegger und Simone Weil, mit denen sie Mitte der 1950er an zeitgenössischen Debatten teilnahm, etwa über die Frage nach einem Fortbestehen jüdischer Tradition angesichts des ›abwesenden Gottes‹ als eine Art neuer Religion der Moderne. Dazu kam, dass sie auf die Herausforderungen ihres Ehemanns keineswegs mit Flucht und Verweigerung reagierte; vielmehr begegnete sie ihnen mit der Erkundung und Artikulation eigener Wege zur Religion, abseits von konfessionell definierten Grenzen und Bestimmungen. Nichtsdestotrotz verursachten die Spannungen Erschütterungen in der intimen Sphäre ihrer Beziehung.

Susan wusste von Beginn an um die Unüberbrückbarkeit ihrer Differenzen. Davon zeugt ein Brief an Jacob, den sie vermutlich in Rochester kurz nach der Hochzeit aufsetzte, aber nie abschickte. Darin bezieht sie sich auf den Besuch zweier Synagogengottesdienste und beschreibt die dort erlebte Praxis als sinnentleertes Ritual, das sich in erster Linie durch Heuchelei auszeichnete. Im Anschluss daran benennt sie das Zentrum des Konflikts, nämlich »the nightmare of what men call religion«. Es folgt die präzise Darstellung ihrer Position:

> It is clear to me that I must follow the voice that speaks in my soul and not to deceive myself by any talmudic or jesuitical rationalization that I can attach and commit myself to any mass belief and tradition. It simply is not true – what I believe and what the laws and scriptures and traditions uphold are two different things they are of different dimension and I am not at the moment concerned with how to discipline the masses or how to keep priests and rabbis employed and although there is nothing I desire more than to worship in community and not in loneliness I will suffer my loneliness rather than to give myself to hypocrisy and falsehood. I don't think you have a right to force me to repeat and repeat the same process of decision. I am tired of being deceived in the same thing again and again. Because I love you and because we must build our lives together I want to see truth where you see truth and I strain many times in myself to open myself to it and every time I find that it is deception. I cannot go on in this endless repetition I want to build my own altar. It is awful, it is perhaps the most frightening thing not to be able to worship and live in the tradition of any people – it is truly death – but we must live this awfulness and not make sentiment or political compromises.[238]

In der persönlichen Erregung klingen bereits Überlegungen zur »doppelten Entfremdung« (»double estrangement«) an, die Taubes in ihrem Aufsatz »The Riddle of Simone Weil« (1959) zum theoretischen Konzept ausbauen sollte, das sie neben Weil auch auf Kafka bezog. Es benennt eine Position abseits von den Zuschreibungspraktiken einer Mehrheitskultur und zugleich außerhalb der fremd gewordenen eigenen Tradition, eine Position, die sie im Brief als »truly death« bezeichnet. Antwort auf die Frage, wie man angesichts eines solchen Todes dennoch leben könne, war für sie gerade nicht eine von ihrem Ehemann im Brief an Mohler unterstellte Flucht in »Abstracta«. Stattdessen äußerte sie ihre Sehnsucht nach einem spirituellen Ort frei von rituellen Zwängen und willkürlichen Vorschriften: »I want to build my own altar.« Mit der blinden Treue zum Gesetz stand für Susan Taubes nichts Geringeres als die Ebenbildlichkeit Gottes auf dem Spiel:

> There is only one sin and that is to destroy the image of God. [...] The law of the Torah may make life more simple, it saves us from searching all the time to distinguish between the holy and the unholy by an arbitrary rule; and it is easier to fast one day a year than to abstain from swinishness every day of the year and to judge our actions every moment of our lives; and it is more simply to dedicate one day of the week to rest quietude than strive for quietude and dignity every day of the week; but I cannot live by this kind of logic and I cannot participate in the traditions of a people who live by it. And this is the last time I want to dwell on this thing.[239]

Ihrem Ehemann wirft sie vor, Unrecht an ihr begangen zu haben, da er die Unbedingtheit seines Willens, sie möge seine Vorstellungen eines religiösen Lebens teilen, nicht vor der Hochzeit offengelegt habe. Sie endet mit den Worten »I am simply terrified«. Die Angst rührt aus der zuvor geäußerten Erkenntnis, dass weder das Ergehen in Gefühlen (»make sentiment«) noch taktische Kompromisse (»political compromises«) Ausweg für ein Leben außerhalb der Tradition und damit Voraussetzung für ein gemeinsames Leben sein können.

Schon früher hatten sich in Susan Taubes' kritischer Beschäftigung mit Religion Faszination und Sehnsucht gemischt. So klingt zum Beispiel bereits in ihren ersten literarischen Texten wie *Time of Midnight Snow* und *The Phoenix* über die Schönheit und Fremdheit der Welt ein religiöses Begehren an. Die fortwährende Konfrontation mit Jacob setzte bei ihr nun eine Auseinandersetzung mit der Religion in Gang, die viel stärker noch als in den Collegejahren existenzielle Züge annahm. Denn es standen nicht mehr allein die Institutionen auf dem Spiel, denen sie mit den autoritätskritischen Argumenten entgegentrat, jetzt war sie herausgefordert, ihren ganz persönlichen Zugang zur Spiritualität zu behaupten.

Tatsächlich wich die einstige, in rationalisierende Kritik gekleidete Abwehrhaltung gegenüber dem Religiösen einem zunehmenden existenziellen Interesse. In ihrer Korrespondenz der Jahre 1945 bis 1948 hatten sich Susan und ihr Vater Sandor S. Feldman darauf verständigt, anstelle des Wortes »God« ausschließlich Umschreibungen von ästhetischen oder psychoanalytischen Konzepten des Göttlichen zu verwenden. So liest man in ihren Briefen, die sie zwischen Rochester, Bryn Mawr und den verschiedenen Orten in Europa wechselten, an entsprechenden Stellen den Ausdruck »The Sublime«. In den Schreiben, die Susan während der ersten Ehemonate an Jacob richtete, trat nun an die Seite solcher objektivierender Bezeichnungen eine intime Rede und Anrede, die sich beispielsweise auf das göttliche Rätsel (»the divine mystery«), die Götter im Plural (»the gods«) oder auf das Heilige (»the Holy«) beziehen. Der Gebrauch dieser Bezeichnungen verdichtete sich schließlich zu einer Privatsprache des frisch verheirateten Paars, in der sich gnostische Symbole wie die Schlange der Erkenntnis, Symbole des Judentums, etwa die Heiligung des Schabbats, und die Form des Rituals miteinander verbanden. Und als Jacob seiner Frau in einem Brief die Bedeutung der heiligen Hochzeit (»Hieros gamos«) im Sohar, dem Hauptwerk der Kabbala, erklärte, wonach der sexuelle Akt des Priesters auf die himmlische Vereinigung der weiblichen und männlichen Anteile Gottes vorausweist, sprach er gleichzeitig auch über ihre eigene Ehe:

> The mystery of the Sohar is wonderful: the priest »must« be married, otherwise he is not allowed to »preform« the sacrament between the »King« and the »Heavenly Queen« in the ἱερός γάμος question: I think that a »fette yiddene at home« is of no relevance to the priestly duties. Is it not more probable than to preform the ἱερός γάμος of the King and Heavenly Queen the priest must »unite« with priestess. The relation seems to me more of cor-relation than a private marriage certificate of the priest (and in this sense the catholic priest has more of priesthood than the protestant clergyman with his »yiddene«).
> […] My most beloved Susan who is my mysterious Lady I pray you should find in me anew your ways of union.[240]

Sollte Jacobs Gebet erhört werden und Susan in ihm ihren Weg zur Gemeinschaft finden?

In Susan Taubes' späteren Rückblicken erscheint die Hochzeit als ein Durchgangsort, eine biographische Station, die wie ein Transformator wirkte. Mit der Verwandlung der Schauspielstudentin zur Ehefrau lenkte sie ihre kreativen und intellektuellen Energien in neue Bahnen, so stellt es sich im Lichte von Tagebucheinträgen, Traumnotizen und anderen Aufzeichnungen dar. Von Cathy aus *Wuthering Heights* bis Ikarus' Schwester, von Ophelia zu Salome – in der Erinnerung war das jahrelange Spiel mit den verschiedenen Charakteren der neuen Rolle gewichen; alle Aufmerksamkeit galt nun, genau wie die der jungen Frau, der Taubes am Ende ihres Lebens im Traum begegnete, dem »making destiny in this marriage«.

Für die Schriftstellerin Taubes war das Überschreiten der Schwelle, hinüber in dieses besondere Schicksal als verheiratete Frau, wiederholt ein Quell literarischer Verarbeitungen.

In *Klage um Julia* ist der in »Ich« und »Julia« aufgespaltene Erzähler obsessiv darum bemüht, Julias Leben zu gestalten, »das Beste« aus ihr zu machen. Er kultiviert Julia und macht unter großen Mühen und Rückschlägen eine ansprechende junge Dame aus ihr. Diverse Pläne für Berufslaufbahnen – als Schriftstellerin, Schauspielerin oder Gründerin einer neuen Sekte – können allerdings lediglich der Fantasie standhalten. Der Grund dafür liest sich wie eine weitere Antwort auf den Moment in *Divorcing*, in dem der Schriftsteller Johann Tobler seiner Kollegin Sophie unterstellt, sie befürchte, an Weiblichkeit einzubüßen, wenn sie sich zur Philosophie bekenne; das Ich in *Julia* hingegen fürchtet um seine Möglichkeit, jemals Weiblichkeit zu erleben, wenn es die kühnen Vorhaben realisierte: »Nichts war unmöglich, wenn ich hinter ihr stand. Doch dann wäre es nicht sie. Es wäre Betrug – an der Welt und, was mir wichtiger war, ich selbst würde mich um Julia betrügen. Denn soweit ich wusste, war dies meine einzige Chance, in einer Frau zu sein.«[241] Für das Ich war die einzige Möglichkeit, ein Leben als Frau zu realisieren, Julia in das Eheleben zu überführen. Eine langwierige Bräutigamschau scheitert zunächst an Julias Capricen; der Erzähler überlegt schließlich, sie in einem Kloster zu deponieren, verheiratet sie jedoch im letzten Moment mit der guten Partie Peter Brody, einem Schiffbauingenieur. Aber: Anstatt endlich in größtmöglicher Übereinstimmung mit Julia zu leben, löst der Übergang in die Ehe zwischen ihr und dem Erzähl-Ich eine größtmögliche Dissoziation aus:

> Was ich von den Wochen vor Julias Verlobung noch in Erinnerung habe, ist wie ein nach dem Erwachen stückweise zusammengesetzter Traum. Julia schien wie in Trance durch die Stadt zu wirbeln; immer

> wieder tauchten Männer in Theaterkostümen aus Türöffnungen und hinter Straßenlaternen auf, einer nach dem anderen fassten sie Julia um die Taille und drehten sie im Kreis herum. Sie machte zwei oder drei Drehungen mit, dann riss sie sich los und tanzte sich aus der Stadt auf die Wiesen hinaus. Irgendwann muss ich dazugekommen sein. Während Julia auf ihren verzauberten Umlaufbahnen kreiste, befand ich mich auf einer Suche. Mein körperlicher Eindruck von mir selbst: ein sehr dünner Herr in Schwarz mit Gehstock; ein Geistlicher, oder ein Bestatter. Gleichzeitig wirkte ich hart, glänzend und segmentiert – möglicherweise ein Käfer. [...] Julia schien riesig, allumfassend. Ich hatte Schwierigkeiten, sie von der Landschaft zu unterscheiden. Ich stellte ihr ständig neue Fragen, ohne zu merken, wie es sie verärgerte, bis mir plötzlich auffiel, dass sie vor mir weglief. [...] Doch ich hatte keine Wahl. Eine großartige Feier stand bevor, und ich war für die Vorbereitungen zuständig. Mir war heiß in dem schwarzen Anzug, ich musste Anweisungen und Erklärungen geben, aber in Festlaune. Wir waren fast da! Es würde ein Dorffest werden, eine Hochzeit. Aber was sollte der Leichenwagen dort? Meine Rolle vereinte mehrere Ämter: als Pfarrer, Leichenbestatter, Onkel, zuweilen Theaterproduzent, oder auch Industrieller, und Julia war die Ware, die ich feilbot, oder Julia war selbst die Veranstaltung, die Festspiele, die ich organisierte.[242]

Die »Festspiele« sind in der Vorstellung des erzählenden Ichs – dessen Gestalt das genaue Gegenteil von Julias weiblicher Physiognomie ist – Sakrament, Begräbnis, Geschäft und Theaterinszenierung in einem. Auch wenn der Erzähler immer wieder das Gegenteil beschwört, so bleibt er in diesen fantastischen Rites de Passage nicht gänzlich hinter Julia zurück. Allerdings bekommen die Maskeraden, einst Zeitvertreib und Mittel zum Träumen, eine neue Bedeutung. Auf dem Weg in die Ehe verteilen sich einzelne Versatzstücke des Ichs und der jungen Frau, von der es erzählt, in diffuser Weise auf Trugbilder und Wirklichkeit:

> Die ersten Jahre von Julias Ehe entsprechen dem, was ich im Nachhinein unsere Zeit des Glaubens genannt habe. Ich war nicht mit im Bild. Von dem Moment an, da Julia zur Herrin des Hauses Brody wurde, glaubte ich fest daran, dass ich zu existieren aufgehört hatte. Wen versuchte ich zu täuschen? Mich selbst? Gott? Aber ich glaubte an Magie und Wunder. Ich spielte Julia, klar. Doch mit welcher Hingabe! Meine früheren Verstellungen wurden zu frommen Handlungen. Ich konnte nur diese symbolischen Gaben darbringen. Was ich im Spiel darstellte, nahm Gott im Ernst von mir entgegen, denn mein Glaube war die flammende Be-

jahung einer realen Welt, in der eine reale Julia ein reales Leben lebte, eine Welt, zu der ich selbstverständlich keinen Zutritt hatte.[243]

Kalkül und Kontrolle weichen einem Glauben, zu dem das Ich sich nunmehr vage verhält. Seine Inszenierungen mit Julia finden nicht mehr an profanen Orten statt – auf dem Dachboden mit Kisten voller Kostümen oder während der dramatischen Verwandlung vom Mädchen zur Frau –, sondern im Rahmen einer liturgischen Aufführung. Immer dann, wenn das Schauspiel seine Funktion erfüllt und die Spieler in Kontakt mit der Domäne des Göttlichen bringt, hört es auf, Spiel zu sein. Täuschung und Glaube befördern einander derart, dass der Erzähler schließlich vor Gott kapituliert, denn ab jetzt ist er es, der Julias Geschicke lenkt:

> Wie ein Schauspieler, den seine Rolle mitreißt, lebte ich in manchen Momenten wirklich Julia; dies war mein eheliches Bett, dies meine elfenbeinernen Kämme und Flakons mit Duftwässerchen – die weiße Stirn, die Brüste zu einer Liebkosung dargeboten, die sich öffnenden Lippen waren mein. Nur Ausrutscher. Tatsächlich erreichte unsere Beziehung zu jener Zeit ihre maximale Distanz. Nie war Julia so undurchsichtig für mich gewesen. Ich machte den entscheidenden Schritt. In gewissem Sinne trat ich ehrenvoll ab. Ich beschränkte mein Reich auf das Imaginäre; der Rest war Gottes gute Welt. In jenen Gärten spazierte Julia. Oder vielleicht war es eine Wildnis. Es lag nicht bei mir, das zu beurteilen. Das war zwischen Julia und Gott.[244]

Die »Gärten« in »Gottes gute[r] Welt« spielen auf eine von Susan Taubes' Lieblingsstellen aus der Bibel an, einen Vers aus der Sündenfall-Erzählung im ersten Buch Mose. Nachdem Adam und Eva im Paradies die Früchte der Erkenntnis gegessen haben, entdecken sie ihre Nacktheit. Im nächsten Augenblick begegnen sie Gott, so heißt es im achten Vers des dritten Kapitels in den Worten der *King James Bible*, aus der auch Taubes zitiert: »And they heard the voice of the LORD God walking in the garden in the cool of the day: and Adam and his wife hid themselves from the presence of the LORD God amongst the trees of the garden.« Das Bild vom Schöpfergott, der auf Erden wandelt und in der Abendkühle seine Geschöpfe anruft, taucht bis zuletzt in Taubes' Schriften auf. So übt sie in einem Brief an Jacob, kurz nach der Rückkehr von ihrem gemeinsamen Israel-Aufenthalt im Oktober 1950, im Zuge einer Beschäftigung mit Kants Erkenntnistheorie Kritik am Begriff der »Erscheinungswelt«, da sich mit ihm das untrennbare Zusammenspiel der komplexen Daseinsformen – vom Menschen über Engel und Dämonen – und der erhabenen Schlichtheit

(»sublime simplicity«[245]), wie sie sich im Bilde von Gott im Paradiesgarten zeigt, nicht denken ließe.

Im Reisetagebuch vom Sommer 1956 taucht eine weitere Anspielung auf. Taubes hatte gerade ihre Dissertation über die Erfahrung eines abwesenden Gottes in der Philosophie Simone Weils abgeschlossen. Bevor sie nun mit Jacob nach New York ziehen und sich ihrem Plan, von nun an literarisch zu schreiben, widmen sollte, unternahm sie eine Reise durch Europa, unter anderem zu den Schwiegereltern in Zürich – ohne ihren Mann, dafür mit dem gemeinsamen, jetzt schon dreijährigen Sohn Ethan. Inmitten von Überlegungen zur Konversion und Bedeutung eines Gottes, der zwar in der Vergangenheit mächtige Taten für sein Volk vollbrachte, aber zu ihr, die sich nirgendwo zugehörig fühlte, niemals sprach, findet sich im Tagebuch die notierte Beobachtung eines alten Mannes, der auf einem Grünstreifen an der geschäftigsten Zürcher Einkaufsstraße Tauben füttert:

> God in the Garden
>
> A green square on Bahnhofstrasse
> a provident hand from a shabby sleeve
> dispenses a shower of corn on the
> pigeons; gnarled hand reaching into paper bag[246]

Die Philosophin auf ihrem Weg zur Schriftstellerin sollte in den kommenden Jahren in keiner der ›vielen Wohnungen Gottes‹ ein Zuhause finden. Was für sie dennoch zutrifft, gilt auch für die junge Studentin, die beim Aufbruch in ein neues Leben leidenschaftlich gegen alle Einwände ihren eigenen intellektuellen und spirituellen Weg erkundete: Für einen Gott, der weder unermesslich fern ist noch sein Antlitz verbirgt, sondern umgekehrt auf Erden nach seinen Geschöpfen sucht, konnte sich Susan Taubes vorstellen, ihren Altar zu bauen.

Verlobung mit Jacob Taubes, New York 1943

9. Jerusalem

Welches Land könnte für den Bau dieses Altars geeigneter sein als dasjenige, in dessen Steine die »keduscha« – »die Heiligung« – »eingegraben ist«? Unter dessen Sonne das »Eis des a-theos« zu schmelzen vermag?[247] So schrieb es Jacob Taubes in einem Brief an Ernst Simon, als ihm das JTS im April 1949 die Möglichkeit eröffnete, mit einem Fellowship seine Studien an der Jerusalemer Hebrew University fortzusetzen, am Lehrstuhl von Gershom Scholem für jüdische Mystik und Kabbala. Allerdings wäre Taubes auch kaum etwas anderes übrig geblieben, als diese Möglichkeit für einen Neuanfang zu ergreifen. Denn in einem Schreiben zur Bestätigung des Stipendiums von Simon Greenberg, seinerzeit Acting President am JTS, heißt es ein paar Wochen später wie zur Erklärung:

> We want thereby to enable you to continue your fruitful studies because we believe that the Jewish people will have in you a representative in the realms of Theology and Philosophy who will be a blessing to it.
> For reasons that must be obvious to you, no educational institution can commit itself for action in the future. Moreover, from your own point of view, I think you should know that the Seminary never appoints to its Faculty young men. In addition, as I told you during our conversation, the field in which you have so brilliantly distinguished yourself thus far is one, which up to the present time, has not been part of the Seminary curriculum. I feel that I owe it not only to the Seminary, but to you as a friend, to tell you these things so that you may guide yourself accordingly. [/] May I take this opportunity to extend my best wishes to you and your forthcoming marriage.[248]

Jacob ahnte schon länger, dass es für ihn an der konservativ ausgerichteten Rabbinerlehranstalt keine Zukunft geben würde und die Gründe für das Angebot, nach Israel zu gehen, in den Differenzen, ausgelöst durch seine intellektuelle Orientierung, zu suchen waren. Dies jedenfalls deutete er gegenüber Simon an, der nach seinem Gastaufenthalt am JTS mittlerweile selbst wieder an die Hebrew University zurückgekehrt war:

> F. hat mir ein Zweijahresstipendium nach ארץ ישראל [Eretz Israel] angeboten (da ich so für Scholem und Simon schwärme so geh' hin wir haben dir nichts zu bieten … das ist wohl ein adieu für's Seminar, wo es für Philosophie keinen Platz gibt (oder für mich nicht). Ich habe sofort prinzipiell Ja gesagt[,] denn was kann ich mir besseres wünschen?![249]

Ob Susan zu dem Plan, nach Israel zu gehen, sofort »Ja« gesagt hat, ist nicht überliefert. Verbürgt dagegen ist Jacobs Versuch, sie für seine Hoffnung zu gewinnen, ein gemeinsames Wohnen im »Angesicht Gottes«[250] könne den »Religionskrieg im Hause Taubes«[251] – wie er die Situation noch sieben Jahre später im Brief an Hugo Bergman bezeichnen sollte – beilegen; sicher ist auch, dass Susan schließlich einwilligte, ihn zu begleiten. An Mohler schrieb Jacob von »Jerusalem, wohin uns meine Sehnsucht … und ein fellowship des Seminars führt«[252]. Was aber war mit Susans Sehnsüchten und Plänen? Aus der Zeit dieser Entscheidungsphase sind kaum Zeugnisse erhalten, denen sich entnehmen ließe, was sie über den bevorstehenden Ortswechsel, der ihr Leben maßgeblich verändern würde, dachte.

In ihren späteren unveröffentlichten Aufzeichnungen findet sich eine Passage, überschrieben mit »Jerusalem, the land of the book«. Geschildert wird das Zusammentreffen von Sophies verborgenen Träumen eines ländlichen Lebens im Kibbuz und den konkreten Plänen ihres künftigen Mannes Ezra für den Aufbau einer internationalen Gelehrten-Einrichtung in Jerusalem (»a new kind of institution of learning«):

> In New York just before she met Ezra someone gave Sophie an address to go to a kibbutz. No more interested in Zionism than any other political ideology. Someone at a party she didn't know; who asked why she looked so sad; to whom she explained: it was living in the city, city life and being a city person. Everything she did studying, reading, libraries theatre etc; being a city person, and not having been born a peasant; you should go to Israel [/] you have to be born a peasant – the fact and knowledge could make one quite melancholy and because she felt other wasn't taking her seriously – and rightly (being a city person meant being unserious – playing around with ideas etc and being very romantic about the soil, nostalgic etc)

> […] he talked at length about orange picking procedures in Israel and gave her the address which was still in coat of her pocket when she met Ezra. The temptation present; sense it would be an inauthentic decision on her part.[253]

Ihre nostalgische Vision von der Orangenplantage verortet Sophie im »Land des Buches«. Wir erinnern uns: In *Divorcing* stellt sie fest, dass Bücher besser seien als Träume oder das Leben, da man in ihnen von vornherein den Ausgang einer Handlung im Blick habe. In der unveröffentlichten Passage überführt Sophie die romantische Vorstellung von einem anderen Leben in ihr eigenes Narrativ. Mit diesem souveränen Akt verleiht sie ihrem Traum einen Anfang und ein Ende, als Schutz vor dem Gefühl von Betrogensein beim unvermittelten Erwachen. Beleg für die Unabhängigkeit ihrer Entscheidung, an der Seite ihres Mannes nach Israel zu gehen, um dort einen lange verschwiegenen Wunsch zu realisieren, ist das Stück Papier mit der Kibbuz-Adresse. Sie kann es in der Manteltasche fühlen, während Ezra seine großen Pläne vor ihr entfaltet.

Als die gemeinsame Übersiedelung von Susan und Jacob Taubes nach Jerusalem um die Zeit ihrer Verlobung herum feststand, musste alles sehr schnell gehen, denn ursprünglich war die Abreise für Anfang September 1949 geplant. Neben den Hochzeitsvorbereitungen kümmerte sich Susan um die notwendige Neuorganisation ihrer eigenen beruflichen Zukunft. So fasste sie den Entschluss, ihr Philosophiestudium wieder aufzunehmen, und zwar zunächst an der Jerusalemer Hebrew University, am selben Ort also, an dem Jacob als Research Student sein Fellowship antreten sollte. Wie es zu diesem neuerlichen Umschwung gekommen war, lässt sich anhand der überlieferten Zeugnisse nicht rekonstruieren. Möglicherweise spielten pragmatische Gründe eine Rolle – Sandor S. Feldman hatte immer auf einen soliden College-Abschluss bestanden –, ein anderer Grund war vermutlich, dass die Philosophie ein größtmöglicher gemeinsamer Nenner für die ansonsten unterschiedlichen Interessen des Paares war. Mit den Professoren in Bryn Mawr wurde vereinbart, dass Susan jeder Zeit für ihren B. A. dorthin zurückkehren und obendrein die dafür ausstehenden Leistungen auch an anderen Universitäten, außerhalb der USA, erbringen könne. Die Schauspielerei musste sie damit vorerst aufgeben. Für den Sommer plante sie jedoch noch drei Theater-Kurse an der Columbia, spielte dort im Drama Workshop und wirkte in einer Inszenierung des Drama Lab am New Yorker George Bruce Library Theatre mit, einer kleinen Experimentierbühne. Nebenbei lernte sie Hebräisch und pendelte zwischen dem Haus des Vaters in Rochester und dem JTS-Wohnheim in der Upper West Side von Manhattan, wo Jacob auch zu Beginn ihrer Ehe noch sein Zimmer bewohnte.

Bereits kurz nach der Hochzeit musste das Paar mit einer schwierigen Situation fertigwerden: Susan erlitt eine Fehlgeburt und musste ins Krankenhaus. Ihr Ehemann suchte Rat bei Gerda Seligson, mit der er noch immer sehr vertraut war; von Susan dagegen gibt es nur wenige überlieferte Äußerungen, in Traumnotizen oder flüchtigen Skizzen. Einige Jahre später, 1953 und 1957, sollten die beiden Kinder Ethan und Tanaquil zur Welt kommen. In Susan Taubes' literarischen Texten der 1960er wie *Divorcing* oder *Klage um Julia* bilden oft drei Kinder die familiäre Konstellation. *Medea*, eine Kurzgeschichte, erzählt vom Schicksal einer Frau, die ihrem Mann auf seinen Geschäftsreisen um die halbe Welt gefolgt ist und trotzdem immer allein war. Aus Verzweiflung darüber tötet sie die gemeinsamen zwei Kinder. Als sie, nachdem ihr der Prozess gemacht wurde, in der dunklen Gefängniszelle eine verborgene, lichtdurchflutete Welt entstehen lässt, in der die beiden Jungen lebendig sind, hört sie in ihrem Innern den Atem eines dritten Kindes.

Im Frühherbst 1949 schien Susan sich zumindest physisch von dem Ereignis erholt zu haben. Eine weniger tiefgreifende Komplikation, nämlich Jacobs ungeklärter Aufenthaltsstatus, führte dennoch dazu, dass die Abreise nach Israel um etwa zwei Monate verschoben wurde. Aus einer galizischen Familie stammend, aber kurz nach dem Zerfall der Doppelmonarchie in Wien geboren, war er zu diesem Zeitpunkt noch polnischer Staatsbürger; das US-amerikanische Naturalisierungsverfahren sollte Jacob Taubes erst 1956 durchlaufen. 1947 war er mit einem Studentenvisum in die USA gekommen. Um jetzt ein Non-Quota-Visum zu erhalten, das ihm im Herbst 1949 die Israel-Reise mit Option auf Rückkehr in die USA ermöglichen sollte, fand sich folgende Konstruktion: In seiner Funktion als Rabbiner, mit Unterstützung von Finkelstein und der Hebrew Sheltering Immigrant Society, beantragte er ein solches Visum auf Basis des US-Einwanderungsgesetzes von 1924; dieses ermöglichte es religiösen Körperschaften, entsprechende Amts- und Würdenträger wie Pastoren oder Rabbiner aus dem Ausland in die USA zu holen. So suchte Jacob Ende September 1949 das US-Konsulat in Toronto auf und ›wanderte‹ dann am 29. desselben Monats erneut in die USA ›ein‹.

Nach dieser Verzögerung ging das Paar Anfang November in New York an Bord der R.M.S. Queen Elizabeth mit Kurs auf Southampton. Nach einem Zwischenstopp bei Jacobs Eltern in Zürich und einer anschließenden Hochzeitsreise durch Italien ging es weiter über das Mittelmeer Richtung Haifa und schließlich nach Jerusalem.

Über die ersten gemeinsamen Monate in Israel ist wenig überliefert, allein vereinzelte Dokumente, Erinnerungen von Zeitzeugen sowie Äußerungen in späteren Aufzeichnungen enthalten Hinweise auf Susan und Jacob Taubes' Studien an der Hebrew University oder vermitteln Eindrücke von der Atmosphäre, auf die sie bei ihrer Ankunft trafen. So finden sich in Susans Hinterlassenschaften einige literarische Fragmente für ihren Roman, in denen die Erinnerungen an Jerusalem mitschwingen. In einer der Skizzen stehen Ezra und Ester – »Ester« oder »Hester« heißt die Protagonistin in manchen frühen Entwürfen – beim Anlegemanöver in der Bucht von Haifa auf dem Fährendeck und beobachten, wie drei ältere Juden als Erstes die Erde, die sie betreten, küssen. Esters Miene ist undurchdringlich, Ezra aber bricht das Schweigen zwischen ihnen mit seinen Kommentaren:

> It touched him of course. But he didn't entirely approve. – The promised land is not a piece of earth he said to his wife.
> – What then? She laughed. A piece of sky? An idea?
> – It's the community of the just, the saints.
> – But you kissed the Thora in the synagogue.
> – Yes. To please my family. And because that's not a relic but the law.
> – But you don't believe in the law – you don't observe it.
> – You're as bad as my family, Ezra laughed. You would like me to have a clear cut position. Fit into some category, orthodox, conservative, reform, zionist, assimilated, or convert to the ruling religion. It's not so simple.
>
> They were silent in the bus to Jerusalem.[254]

Im Fortgang der Szene mischt sich in Esters Verzauberung durch die galiläische Hügellandschaft – mit der gleißenden, einem Krieger in voller Rüstung ähnelnden Sonne, dem Sternenhimmel wie aus einem Gemälde von van Gogh und den eigenwilligen Silhouetten der knorrigen Olivenbäume – ohne Unterlass die Verständigung des Paares über ihr jeweiliges Verhältnis zur Religion.

Die Frage, ob Israel ein Stück Erde oder Himmel, eine Idee oder die Versammlung von Gerechten war, bestimmte zu jener Zeit die Debatten in allen Teilen der jüdischen Bevölkerung; auch zwischen Susan und Jacob wurde diese Frage stetig neu verhandelt. Liest man die zu Literatur verarbeiteten kurzen Rückblicke zusammen mit den anderen erhaltenen Dokumenten, entsteht insgesamt der Eindruck einer Mischung aus Faszination für das Land, in dem die Gründungsmythen für das kollektive religiöse Gedächtnis stets gegenwärtig schienen, und einem schwierigen Alltag in

Unsicherheit und Abhängigkeit. Die politische und ökonomische Lage im gerade gegründeten Staat war konfliktgeladen; der erste arabisch-israelische Krieg, der zur Unabhängigkeit Israels führte, bedeutete für die einen die Verwirklichung ihres Traums, für die anderen Destabilisierung, Flucht und Vertreibung. Zudem war 1948, noch vor der Verabschiedung des Rückkehrgesetzes von 1950, die Zahl jüdischer Einwanderer aus den verschiedensten Ländern massiv angestiegen. Gleichzeitig gab es für eine Weiterentwicklung der Infrastruktur wie dem Straßen- und Wohnungsbau im Staatshaushalt kaum Mittel, die Arbeitslosigkeit war groß.

Wie prekär die Situation erst recht im hart umkämpften Jerusalem war – Ben-Gurion hatte es gerade zur »ewigen Hauptstadt« erklärt –, erfuhren auch Susan und Jacob Taubes, zunächst in praktischen Dingen, etwa bei der Suche nach einer bezahlbaren Bleibe. Schließlich lebten sie zur Untermiete in Talpiot, einem südöstlich gelegenen Jerusalemer Stadtteil, inmitten von Niemandslandflächen und eine Stunde Fußmarsch vom Zentrum entfernt. In einem Brief an Mohler beschreibt Jacob die Umgebung ihrer Wohnung: »Einige Schritte von unserem Haus und du siehst die Wüste Judäas, das tote Meer und die Gebirge Moabs steil ins tote Meer fallend. Jerusalem liegt auf einer Gebirgskette mehr einer Festung denn einer Stadt gleichend.«[255]

Auch das akademische Leben, insbesondere der Lehr- und Forschungsbetrieb der Hebrew University, war von der angespannten Situation betroffen. So wurde während des Unabhängigkeitskrieges der Skopusberg, auf dem sich der ursprüngliche Campus befand, vom Rest Jerusalems abgeschnitten und damit zur Exklave Israels auf jordanischem Gebiet, das Unterrichtsgeschehen musste ausgelagert werden. Seminare und Vorlesungen fanden an provisorischen Orten wie dem Terra-Sancta-Gebäude des Jerusalemer Franziskanerordens statt. Von den Beständen der zurückgelassenen Bibliotheken und Sammlungen war nur ein geringer Teil zugänglich, und lediglich alle zwei Wochen konnten ausgewählte Angehörige der Universität mit einem Militärkonvoi für ein paar Stunden das verwaiste Gelände des Campus besuchen, »to enjoy ›the excellence of Scopus‹«,[256] wie Norman Bentwich, zu jener Zeit Professor of International Relations, sich erinnert.

Den äußeren Widrigkeiten zum Trotz bewegten sich Susan und Jacob Taubes bald in einem Zirkel von Universitätsangehörigen, und zwar größtenteils um die Lehrstühle von Martin Buber, Hugo Bergman und Gershom Scholem herum.

Persönliche und berufliche Beziehungen waren im Umfeld der Hebrew University aufs Engste miteinander verwoben. In den 1930er und 40er Jahren lebte ein großer Teil der Universitätsangehörigen – viele von ihnen waren aus Deutschland emigriert – im Jerusalemer »Jeckenland« Rechavia, einer in den 1920ern im Internationalen Stil errichteten Gartenstadt nahe dem Zentrum. Insbesondere während der Mandatszeit war das Leben in Jerusalem von geschlossenen Zirkeln geprägt gewesen. In Rechavia hatte es regelmäßig Zusammenkünfte von Künstlern und Intellektuellen gegeben, darunter der männerbündisch anmutende Gelehrten-Kreis Pilegesh, dem auch Scholem und der Gnosis-Forscher Hans Jonas angehörten – mit Letzterem sollte Susan Taubes 1952 über ihre eigene Arbeit zu gnostischen Elementen in Heideggers Denken korrespondieren –, oder die Organisation Brit Schalom (hebr. »Friedensbund«), später Ichud (»Einigung«), die sich für das gerechte Zusammenleben von Arabern und Juden sowie einen binationalen jüdisch-palästinensischen Staat einsetzte; Bergman – ein Schulfreund Kafkas in Prag und Akteur der Bar-Kochba-Bewegung –, Simon, Buber und wiederum Scholem zählten zu den Gründungsmitgliedern.

Als Susan und Jacob Taubes in Jerusalem ankamen, existierten diese Gruppen in ihren ursprünglichen Zusammensetzungen zum Teil nicht mehr, dennoch blieben viele ihrer Vertreter, unter ihnen zahlreiche Philosophen, Philologen und Schriftsteller, einander verbunden. In Kontakt standen die Neuankömmlinge in erster Linie mit den Ehepaaren Fania und Gershom Scholem, Escha und Hugo Bergman, Paula und Martin Buber, Toni und Ernst Simon, Margarete und Julius Guttmann (der Religionsphilosoph verstarb im Mai 1950), Miriam und Joseph Weiss sowie Esther und Samuel Joseph Agnon, dem späteren Literaturnobelpreisträger, die beiden lebten ebenfalls in Talpiot. Sie alle einte die Übersiedelung nach Palästina aus einem mittel- oder westeuropäischen Land noch vor dem Zweiten Weltkrieg.

Bestimmendes Thema bei den Treffen war die aktuelle politische Lage, verknüpft mit der Frage, wie national definierte Grenzen eine Zuflucht vor der Bedrohung von Leib und Leben darstellen können, ohne neue Gewalt zu erzeugen. Das Ereignis der Judenvernichtung und die Gründung des jüdischen Staates hatten insbesondere in einer Gruppe von aus Deutschland Eingewanderten eine Debatte um das Verhältnis von Religion bzw. Theologie und Politik in Gang gesetzt, teilweise unter Bezugnahme auf Carl Schmitt, den »Kronjuristen des Dritten Reiches«, und dessen Theoreme am Schnittpunkt von staatlichem Recht und Religion. Schauplatz für diese Debatte war die »theopolitische Stunde« (Buber); gemeint war der Moment einer existenziellen Krise, aus der heraus das Begehren nach Gemeinschaft zur Stiftung einer neuen Beziehung zur Zeit entstanden war – dies gleichermaßen im Zeichen des Gesetzes und des Bundes mit

Gott. Zu den Hauptakteuren des spannungsreichen Austauschs um eine solche Gemeinschaft gehörten Bergman, Buber, Simon und bald auch Jacob Taubes. Gemeinsam war ihnen eine politisch linke Einstellung, die Kritik an einer aus ihrer Sicht repressiven israelischen Politik und die theoretische Arbeit an einem Zukunftsmodell, gespeist aus konkreten politischen und theologischen Hoffnungen, das nicht auf Ausschluss zielte, sondern auf die Vision eines friedlichen Zusammenlebens.

Von der Lebhaftigkeit dieser Auseinandersetzungen zeugen überlieferte Aufzeichnungen der Beteiligten. So berichtet Bergman in seinen Tagebüchern von einer Zusammenkunft am 5. Mai 1951 im Haus von Ernst Simon, bei der neben anderen auch Jacob Taubes anwesend war:

> Ernst schlug als Gegenstand der Diskussion vor, darüber zu sprechen, daß Ben Gurion in einer Versammlung der Mapai gesagt hatte, »zwischen dieser Welt und der messianischen Zeit gebe es keinen Unterschied als Knechtschaft der Diaspora« und dadurch ein pseudo-messianisches Gefühl mit Bewußtsein erzeugte. Nachdem […] Ernst mich aufrief, sagte ich, ich wüßte nicht, ob das das richtige Thema zu dem Gespräch eines solchen Abends sei. Wir schieben immer alle Schuld auf andere, statt uns zu fragen, wie es denn bei uns selbst ausschaue und ob wir das Rechte tun und sagen und ob die Schuld an der Lage nicht auch bei uns sei. Die Diskussion ging einige Zeit auf andere Dinge über, insbesondere als Buber sagte, wir dürfen nicht so viel von *unserem* Standpunkt aus die Dinge sehen, die Not sei eine Not der Welt und zwar eine ontische Not, eine richtige »Abwendung seines Antlitzes«. Taubes, dem natürlich diese Formulierung zusagte, griff sie auf und da von einer psychologischen Predigt […] über die Haggadot der Kibbuzim die Rede gewesen war, verteidigte Taubes die Kibbuzim, unsere Stellung der Haggada gegenüber sei genau so fraglich, auch wenn wir nicht die Konsequenzen ziehen. Er sei bei dem Seder von Agnon gewesen, wo »Ergieße deinen Zorn [über die Völker]« sieben Mal gesagt wurde. Wir stehen eben im Leeren, der historische Zusammenhang vom Gott Abrahams, Isaaks und Jakobs sei verloren gegangen; in früheren Generationen konnte Luria seine gnostischen Ansichten in die Bibel hineintragen, wir haben gelernt, den Text historisch zu betrachten und damit sei alles für uns anders geworden. […] Ernst hielt mir vor, daß ich die Politik nicht mehr als Mizwa ansehe und ein Pietist geworden sei, der an seiner Vervollkommnung arbeite. Das sei eine vornehme Flucht vor der Verantwortung. […]
> Ich glaube zum Schluß eines, daß alle unsere Übel zusammenhängen und daß ich nur von einer Reform von Grund aus etwas erhoffen kann und deswegen nur von einer religiösen Bewegung und von einer Aus-

einandersetzung mit der jüdischen Religion und mit der christlichen Religion eine richtige Umkehr erwarten kann.[257]

Ob die Kritik an einer Vermengung weltlicher Ideologie und transzendenter Heilsvorstellungen, die Frage nach einer Aktualität von mythischen Ereignissen wie dem Auszug aus der Knechtschaft in die Freiheit, tradiert in den Textvorlagen für den Abend vor Pessach (»Haggadot«), oder die Forderung, politisches Handeln als ein religiöses Gebot (»Mizwa«) zu verstehen: Der Tagebucheintrag skizziert ein Spektrum an Aspekten und Kontroversen, in das Jacob sich hineinbegeben hatte, sobald er in Jerusalem Fuß gefasst hatte. Hier entstanden Ideen, die später im Vortragsband *Die politische Theologie des Paulus* (1993) in ausformulierter Form publiziert wurden.

Inwieweit war Susan in diese Erörterungen involviert? In den entsprechenden Zeugnissen ist ihre Stimme kaum vernehmbar. Dafür suchte sie nachweislich das intime Gespräch abseits der lauten Zirkel, zum Beispiel mit Hugo Bergman, bekannt für sein Interesse und eine große Offenheit gegenüber jeglichen weltanschaulichen Positionen. Am 8. März 1951, da war Susan nach den B.A.-Prüfungen in den USA schon wieder nach Jerusalem zurückgekehrt, brachte sie Bergman auf dessen Wunsch hin ein Buch mit: *Doors into Life* von dem Quäker Douglas Steere. (»It looks like christlicher Dreck«, schrieb sie an Jacob.) Bergman erinnert sich im Tagebuch: »Frau Taubes war bei mir und brachte mir das Buch, das ich so sehr haben wollte, Douglas Steere ›Doors of Life‹. Sie sagte mir allerdings: ›Kann man denn durch Bücher einen Weg zu Gott finden?‹ Ich dachte: Ist vielleicht diese Not, die über uns gekommen ist, der Weg zu ihm?«[258]

Die »Not« war ein wesentlicher Ausgangspunkt auch für viele von Susan Taubes' Denkbewegungen. Ihre eigene Not und die der Welt sah sie nur bedingt in den Jerusalemer Streitgesprächen um nationale und religiöse Belange thematisiert. Später, in der Korrespondenz mit Jacob, die sie 1952 von Paris aus führte, entfaltete sie dezidierte Haltungen zur Frage von Gerechtigkeit im Recht. Mit den Gesetzestopoi zu operieren wäre überhaupt nur dann sinnvoll, wenn man das Ideal einer universalen, gemeinschaftsstiftenden Liebe als deren Voraussetzung anerkenne, und gerade nicht Unterscheidungen von ›Freund‹ und ›Feind‹: So schreibt sie im Zusammenhang mit Albert Camus' Kritik am Gott des Alten Testaments in dessen zu diesem Zeitpunkt gerade erschienener Essaysammlung *L'homme révolté*: »The moral law, which is also the criminal law, is the negative expression of a positive aspiration toward a human community based on trust and friendship and the affirmation of reason as a more fitting judge between man and man than superiority of power. Otherwise there is no reason why one should not disobey the law.«[259]

In den Jahren vor Paris hatten die theoretischen Auseinandersetzungen noch nicht die künftige, dem Horizont konfliktgeladener Jerusalem-Erfahrungen erwachsene Schärfe. Auch stand der Dialog mit mehreren für Susan Taubes sehr anregenden französischen Denkern erst noch an, sei es mit ihnen persönlich (Albert Camus) oder mit deren Schriften (Simone Weil).

Zweifellos gaben aber auch die frühen Jerusalemer Debatten wichtige Impulse für eine Herausbildung theoretischer Interessen, und zwar sowohl von Jacob als auch von Susan.

Diese war offenbar noch kurz vor der Abreise auf der Suche nach einer Fragestellung gewesen, der sie sich während der kommenden Monate in Hinsicht auf ihren B. A. widmen wollte. Jacob hatte versucht, auf sie einzuwirken, das legt ein Brief an Simon von September 1949 nahe: »Ich möchte Susan interessieren über Whitehead's process and reality zu arbeiten […].«[260] Die Beschäftigung mit Alfred Whiteheads Kosmologie als Untersuchung von Realität bzw. Relationen zwischen den verschiedenartigen Aspekten des Seienden einschließlich Gott wäre eine Fortführung ihrer Bryn-Mawr-Studien bei den Whitehead-Schülern Paul Weiss und Isabel Stearns gewesen. Es kam jedoch nicht dazu, denn am Ort, wo existenzielle Fragen tagtäglich unmittelbar Antworten forderten, hatte Susan, genauso wie ihr Ehemann, die Schriften Martin Heideggers für sich entdeckt. Jacob hatte zwar schon in seiner *Abendländischen Eschatologie* auf Heidegger Bezug genommen, intensiv wurde die Beschäftigung aber erst in Jerusalem. Das Interesse der beiden an dem deutschen Philosophen war allerdings je unterschiedlich motiviert.

Jacob hatte noch in den USA gegenüber Scholem, neben der weiteren Arbeit an Maimonides, ein Vorhaben über »das Nichts als philosophische und mystische Kategorie«[261] angekündigt; damit sprach er von einer Kategorie, welche die Philosophie mit ihrer Geburt verworfen habe, genau dort aber setze die mystische Spekulation ein. In der Philosophie Heideggers indes stellt das Nichts einen Grundmodus der menschlichen Erfahrung dar. Davon abgesehen, kam Anfang der 1950er niemand, der sich mit zeitgenössischer Ontologie beschäftigte, an den Schriften des Seinsdenkers vorbei.

Judith Buber Agassi, Enkelin von Martin Buber, und ihr Mann Joseph Agassi kannten das Ehepaar Taubes in Jerusalem persönlich und waren später in der Greek Colony zeitweilig dessen Nachbarn; sie erinnerten sich daran, dass Jacobs starkes Interesse für Heidegger in ihrer Umgebung weitgehend auf Befremden stieß.[262] Sowohl die *Holzwege* als auch die 6. Auflage von *Sein und Zeit* waren gerade erschienen (Letztere enthielt die Widmung an Husserl; sie war in der 5. Auflage von 1941 getilgt worden). In jenen Jahren erschien nicht nur in Jerusalem den meisten Intellektuellen ein Interesse an dem Philosophen unmöglich, zumal wenn dabei dessen unwiderlegbar problematische Rolle im Nationalsozialismus entweder relativiert oder sogar ganz davon abgesehen wurde. Dass der »Konsensus gegen Heidegger« (Roubach) an der Hebrew University trotzdem nicht ungebrochen war, zeigen entsprechende Publikationen beispielsweise von Julius Guttmann und Hugo Bergman aus den 1930er und 40er Jahren; ab Mitte der 1950er sollten sich dann insbesondere an den neu gegründeten israelischen Universitäten immer mehr Forschende mit der Heidegger'schen Philosophie beschäftigen. Darauf, dass es bereits um 1950 eine interessierte Öffentlichkeit gab, verweist ein Vortrag über Heidegger, den Jacob Taubes auf Hebräisch hielt, gesendet über die israelische Hörfunkanstalt Kol Israel.[263]

Für Jacob hielt der Denker der Seinsvergessenheit Ansätze einer Sprache bereit, in der sich die – auch individuellen – Erfahrungen von Verlust als Beschreibung eines Unbehaustseins im Zeitalter des technischen Fortschritts artikulieren ließen; so schreibt er wiederum an Mohler:

> Dem Abendland kann man nicht entrinnen – die Reise von New York nach Jerusalem bezeugt es deutlich. Die Technik der abendländischen Völker umspannt das Leben in allen Erdteilen und hält das Leben des Einzelnen und der Gemeinschaft in ihrem Griff. Freilich, wie kann man die Geister beschwören, die man losgelassen? Das ist das Thema Heideggers. Keiner unter den besonnenen Menschen ist so verzweifelt wie er, keiner aber auch so unmächtig (trotz der Macht der Sprache und der Einsicht).[264]

Von Susan sind aus der Jerusalemer Zeit direkt weder Briefe noch andere Aufzeichnungen überliefert. Der Korrespondenz mit Jacob ab der zweiten Hälfte des Jahres 1950 – als sie für ein paar Monate in die USA zurückgekehrt war, um dort ihre B.A.-Prüfungen abzulegen – lässt sich jedoch entnehmen, dass der Wunsch, gerade in der Heimatlosigkeit Heimat zu finden und einer Verzweiflung niemals zu unterliegen, ihre zunehmende Faszination für Heidegger begründete. Auf der Suche nach einer Sprache außerhalb institutionalisierter Rede, die es ihr ermöglichten könnte, einen »eigenen Altar zu bauen«, war sie etwa von den besonderen etymologischen Sprachspielen in dessen Schriften eingenommen. Und so verbrachte sie schon die erste Jahreshälfte von 1950 in Jerusalem mit der Vorbereitung ihrer honors thesis für den College-Abschluss – nicht über Whitehead, sondern zum Verhältnis von Mythos und Logos in Heideggers Philosophie. Die Möglichkeiten zum Austausch über ihre Arbeit waren allerdings begrenzt, dies nicht allein wegen der erwähnten Vorbehalte. Es ist anzunehmen, dass Susan Taubes an der Universität kaum je Kurse belegt hat, da diese ausschließlich auf Hebräisch angeboten wurden, mit dem sie als gesprochener Alltagssprache nicht genügend vertraut war. Gespräche fanden wahrscheinlich in erster Linie mit ihrem Ehemann und mit Bergman statt. Letzterer bescheinigte ihr die Abnahme einer Prüfung als Leistungsnachweis für das Bryn Mawr College, wie aus den Unterlagen von Jacob Taubes' Personalakte der Hebrew University hervorgeht.[265] Neben der Mitarbeit am Register zur hebräischen Übersetzung von Julius Guttmanns *Die Philosophie des Judentums* ist dies eine der wenigen aktenkundigen Spuren von Susan Taubes' Jerusalemer Studienjahr.

Auch jenseits ihrer philosophischen Studien blieb sie fremd in Jerusalem. Die meisten Bekannten waren innerhalb der letzten Jahrzehnte unter komplizierten, oftmals traumatisierenden Umständen aus Europa eingewandert und noch damit beschäftigt, sich unter den eingeschränkten materiellen Verhältnissen, in der instabilen politischen Lage und dem ungewohnten Klima einzurichten. Für sie war die junge Studentin eine Personifizierung der amerikanischen Wohlstandverhältnisse mitsamt allem als dazugehörig phantasierten Glamour. Ihr Auftreten, elegant gekleidet und mitunter geschminkt, traf insbesondere unter den Jeckes auf spürbare Vorbehalte und wurde teils als Provokation empfunden. Joseph Agassi erinnert sich an ihre starke Anziehungskraft, die dem Reiz einer scheinbaren Gegensätzlichkeit von auffälliger, aber unnahbarer Schönheit und extremer Zurückhaltenheit entsprang. In geselligen Runden schwieg sie zumeist, andererseits ließ in Rechavia das Gerede um ihre angeblich wirklichkeitsfernen Ansprüche an ein Leben im gewohnten Komfort und über ihr Äußeres, das so sehr von den Erscheinungen ihrer Umgebung abstach, nicht nach.

In Susan Taubes' hinterlassenem Konvolut mit der Aufschrift »Old Unfinished Stories« findet sich ein in den 1960ern entstandenes knappes Fragment, überschrieben mit »Echoes«. Geschildert wird ein abendliches Beisammensein mit Freunden; in den Gesprächen geht es um die Frage, ob der jüdische Staat das Ende des Judentums bedeute. Im Raum stehen einige Widersprüchlichkeiten des nationalen Projektes, etwa orthodoxe Gruppen, die sich weigerten, staatliche Hilfe in Anspruch zu nehmen und deren Kinder darum hungerten, oder überfüllte Flüchtlingslager am Straßenrand neben den immer größer werdenden Regierungsgebäuden. Unvermittelt gleitet die Szene in eine andere Zeit, an einem anderen Ort: »At another party, years ago in Jerusalem, not in their own home. Ezra speaks for her. Grandparents very orthodox. Father assimilated. Ester silent, she is elsewhere. Jewish taint, first sense of oppressive mystery. ›Different‹.«[266]

Der kurze Absatz kann als Echo von Susan Taubes' Jerusalem-Erfahrungen der frühen 1950er gelesen werden. Am Ort, an dem die jüdische Existenz verhandelt wurde, fühlte sich die Enkelin strenggläubiger Großeltern und Tochter eines Psychoanalytikers, der sich selbst als Atheist bezeichnete, dem Judentum gegenüber entfremdeter als je zuvor. Mit der Rede vom »jüdischen Makel« korrespondiert die Bemerkung in einem Brief, den sie 1952 aus Paris an Jacob in Jerusalem schrieb: »I was in fact, after a long period of peace, again haunted by the ghosts of Judaism. [...] It remains an unintegrable fact in my existence which I must carry with me like a sealed box containing I don't know what, maybe dynamite, maybe just stones.«[267]

Für Susan bedeutete Jüdischsein in erster Linie Anderssein – »different«. Im Unterschied zu Jacob war es ihr unmöglich, die Tradition als Garant für eine materielle und spirituelle Kontinuität in einer zerstörten Welt zu sehen, genauso wenig, wie ihr die religiöse Gemeinschaft Zufluchtsort für Authentizität und Geborgenheit sein konnte. Im Gegenteil: Die nicht selbst gewählte Zugehörigkeit zu beidem – Tradition und Gemeinschaft – empfand sie als Desintegration, erfahren entweder als unkalkulierbare Sprengkraft oder als paralysierender Ballast, dessen wurde sich Susan Taubes im Laufe ihres Israel-Aufenthalts mehr und mehr bewusst, je öfter sie sich vor anderen zur eigenen Herkunft positionieren musste.

Zum persönlichen Gefühl von Fremdheit kam die politische Situation. Sie war ausschlaggebend dafür, dass schon 1950, während der ersten gemeinsamen Monate in Israel, Jacobs Hoffnung – der Susan sich schließlich angeschlossen hatte – enttäuscht wurde. Die Hoffnung nämlich, ein jüdisches Lebens in concreto an dem Ort, der zugleich historischer und mythischer Ursprung eines solchen Lebens war, würde die Spannungen zwischen ihnen lösen.

In der *Abendländischen Eschatologie* hatte Jacob für eine »Theokratie« plädiert, errichtet »auf dem anarchischen Seelengrund Israels«, als »Utopie der Gemeinschaft«[268]. Diese Utopie, ersonnen während des Studiums in der Schweiz, beinhaltete die Vision einer auf Freiheit von jeder irdischen Herrschaft gegründeten Gesellschaftlichkeit. Der Alltag in Israel ließ dagegen klar erkennen: Die Politik schlug in einen als religiöse Notwendigkeit getarnten Machtanspruch um – in dieser Einschätzung waren Susan und Jacob sich einig. In einem Brief an Bergman erwähnt Jacob sogar ein von ihm und Susan verfasstes (nicht erhaltenes) »Memorandum«, in dem es um die Bedingungen eines »sacramental way of life« in Israel ging. Allerdings hätten sie es in einer nationalistisch aufgeheizten Stimmung ihrer Umgebung niemandem zu zeigen gewagt.[269]

Was Jacob 1952 in einem brieflichen Resümee, wiederum adressiert an Bergman, mit Blick auf die zurückliegenden beiden Jahre äußerte – da waren die angedeuteten persönlichen Konflikte bereits eskaliert –, gilt auch für die ersten gemeinsamen Monate in Jerusalem:

> Nun, wir kamen in Zeiten, wo alles drunter u. drüber ging u. waren den materiellen Fragen nicht gewachsen, kamen in Umbrüche, die auch uns brachen und dies brachte Konflikt über Konflikt, die sich immer wieder um die eine Achse drehten: um die jüdische Existenz als religiös-spirituelle u. immer wieder musste ich auf das unsichtbare Israel »im« fleischlichen Israel hinweisen, bis ich selbst nichts mehr »sah«. Anstatt im Lande im Element zu »schwimmen«, wurden wir religiös »trocken« gelegt. Das Gesetz anstatt »Lebensform« wirkte als von aussen aufgesetzt, überförmlich u. darum schlug das Pendel dagegen aus ins Unförmliche, wir bezahlen einen furchtbaren Preis: weil das Gesetz anstatt heiligend rituell wurde, mussten wir (– mussten wir wirklich??) auch seine heiligende Art verstossen.[270]

Von den »materiellen Fragen« über die »jüdische Existenz« bis hin zu »Gesetz« und ›Verstoß‹: alles Begriffe, welche die Erfahrungen von Susan und Jacob Taubes im Land Israel und in der Folge ihren Gedankenaustausch prägten. Das dokumentiert ein ausführlicher Briefwechsel der beiden. Er hebt an mit der erstmaligen Trennung ihrer Wege im Herbst 1950. Während Jacob in Jerusalem blieb, reiste Susan zurück in die USA, einmal mit dem Ziel, in den kommenden fünf Monaten ihren B. A. in Philosophie zu absolvieren, aber auch, um die Möglichkeiten eines gemeinsamen Lebens dort ausfindig zu machen.

Susan Taubes, Jerusalem ca. 1950

10. New York – Jerusalem

Der Weg von Israel in die Staaten hatte das Paar zunächst gemeinsam nach Europa geführt, mit Station in der Schweiz bei Jacobs Familie. Danach kehrte dieser zurück an die Hebrew University in Jerusalem, Susan aber reiste über Paris nach Le Havre und nahm von dort aus die Transatlantikroute der S. S. America Richtung New York. In einem Brief an Jacob, geschrieben bald nach der Ankunft, wird offenkundig, wie stark sich ihr philosophisches Interesse mit dem, was sie persönlich bewegte, verband. So schreibt sie vom Dilemma, weiterhin in der Sprache ihrer beider Eltern zu denken, da deren alte Welt nicht mehr existiere, und von einer Notwendigkeit, neue begriffliche Unterscheidungen zu finden, die dem gegenwärtigen »Chaos« angemessen seien:

> We must yet think Jacob how we shall manage our lives, and think boldly my dear, no longer in the old language of our parents either yours or mine, for their world has crumbled – but find a language adequate to the chaos in which we live where the distinction of »dignity« between a »professor« and a bus driver has become sheerly romantic; and look with clear eyes into the job itself, what is more dignified to make a kindergarten affair of the Logos or simply to go and wipe little children's noses.[271]

Die humoristische Wendung vom Logos als Kindergarten-Angelegenheit verbirgt nicht, worum es der Zweiundzwanzigjährigen mit großer Ernsthaftigkeit ging: um eine Entdeckung von Ausdrucksformen, die jener in Einzelteile zerfallenen Welt standhalten konnten; genau dies wurde zum bestimmenden Thema ihrer Korrespondenz in den kommenden fünf Monaten. Eng damit verbunden war die fortwährende Reflexion eines entfremdeten Lebens im Exil. Susan drei Tage später: »[…] I am walking ›the ways of the world‹ walking through the connecting paths of nomads, wanderers, exiles.«[272]

Über hundert Briefe schrieb sie zwischen dem 15. September 1950 und dem 22. Februar 1951 an Jacob, vom Datum ihrer vorübergehenden Trennung bis kurz vor dem Wiedersehen in Jerusalem. Sie zeugen von bewegten, auch glücklichen Monaten, in denen die Entwicklung zur Religionsphilosophin deutliche Konturen annehmen sollte – als hätte der Austausch über die Kontinente hinweg ihre intellektuelle Energie noch einmal potenziert. In den späteren Erinnerungssaufzeichnungen blickt Susan Taubes auf die leidenschaftlich ambitionierte Studentin wie auf eine andere Person; diese erscheint mal als fragiles Konstrukt, mal als tatkräftige junge Frau voller Vertrauen, mit einem unbändigen Willen, sich mitzuteilen. Folgt man dagegen der frühen Korrespondenz, ergibt sich ein weniger ambivalentes Bild; es entsteht der Eindruck, als hätte die angehende Philosophin im Dialog – mit ihrem persönlichen Gegenüber, mit unzähligen theoretischen und literarischen Texten – in jenen Jahren einen Ort für ihr Fremdsein gefunden.

Im September 1950 betrat Susan Taubes zum wiederholten Mal nach einer Atlantiküberquerung den Boden des Landes, dessen Staatsbürgerin sie seit einigen Jahren war, in dem sie sich jedoch weiterhin nicht zu Hause fühlte. Immer wieder ist in den Briefen an Jacob von ihrem Gefühl einer Nicht-Zugehörigkeit die Rede, als das einzig Beständige in einer lebensgeschichtlichen Verkettung von Diskontinuitäten. So schreibt sie von den täglichen Mühen in einem Leben ohne festen Aufenthaltsort, aber auch, dass sich langsam Vertrautheit mit dem Exil einstellte, geknüpft an eine Erlösung von Mühen und Leid: »One grows into a familiarity with all the strange faces of Fate – slowly a pattern lights through the daily toil and redeems the sweat, backache and anxiety. The moment comes when the exile also celebrates his fate.«[273]

Im Herbst 1950 bestanden die täglichen Mühen zunächst in unzähligen alltagspraktischen und sozialen Anforderungen, dies schon während der Überfahrt von Le Havre aus. Auf einem Zwischenstopp der S. S. America in Southampton stieg nämlich ihre Mutter zu. Marion Batory hatte den Entschluss gefasst, Großbritannien zu verlassen, um in die USA überzusiedeln. Materielle Unterstützung bekam sie dafür von Sandor S. Feldman, außerdem gab es den Plan, sich als Goldschmiedin selbstständig zu machen. Angekommen in New York, bezogen Mutter und Tochter bald ein kleines Apartment am Central Park. Doch wie schon zwei Jahre zuvor in London führte das ungewohnte Zusammenleben rasch zu erschöpfenden Auseinandersetzungen. So hoffte Batory noch immer auf eine Versöhnung mit dem Ex-Mann und wieder musste Susan ihr die Vergeblichkeit dieses Wunsches klarmachen. Die wenigen Treffen in New York zu dritt bestätigten dies nur. Und so verdichteten sich abermals enttäuschte Erwartungen und gegenseitige Vorwürfe zu einer unerträglichen Situation, die Susan beendete, indem sie von einem Tag auf den anderen ihre Sachen packte und aus der gemeinsamen Wohnung auszog. Bis zur erneuten Abreise nach Israel im Februar 1951 wohnte sie dann abwechselnd bei verschiedenen Freunden in New York – etwa bei Ruth Nanda Anshen –, im Haus ihres Vaters in Rochester oder auf dem Campus des Bryn Mawr College, wo sie sich auf ihre Abschlussprüfungen für den B. A. vorbereitete. Zur bevorzugten Zufluchtsstätte wurde die New Yorker Wohnung von Gerda Seligson. Susan hatte gegenüber der neunzehn Jahre Älteren großes Vertrauen gefasst. Diese beriet die Jüngere in allen möglichen Zukunftsbelangen privater und beruflicher Natur, besonders Jacob betreffend. In einem Brief nennt Susan sie »our Diotima«[274], wie die antike Vermittlerin der platonischen Liebe.

Die Wiederbelebung alter Freundschaften und das Knüpfen von Netzwerken füllten neben der Organisation lebenspraktischer Dinge die Wochen in New York aus. Zugleich agierte Susan als Fürsprecherin (»Ambassador«[275]) des in Jerusalem weilenden Ehemanns, um für ihn Perspektiven einer akademischen Laufbahn in den USA zu erkunden. So sammelte sie Einschätzungen über die Aussichten auf eine Anstellung, suchte dafür nicht nur die alten Bekannten des Jewish Theological Seminary auf, sondern pendelte zwischen der Columbia, der New School und anderen Institutionen hin und her. Dabei traf sie eine große Anzahl an möglichen Unterstützern; um nur wenige zu nennen: Karl Löwith – ein ehemaliger Schüler Heideggers –, der umtriebige Historiker Salo Baron und Paul Tillich, zu der Zeit noch Professor am Union Theological Seminary, später an der Harvard Divinity School, wo er Susans Dissertation betreuen sollte. Sie sprach bei Nahum Glatzer von der gerade gegründeten Brandeis University vor und bei Professoren in Bryn Mawr, darunter der Philosoph Paul Schrecker, gerade dabei, an die University of Pennsylvania zu wechseln. Viele von ihnen verband die Flucht aus Nazi-Deutschland. Die allermeisten begegneten der jungen Studentin mit Sympathie, luden sie zu Dinners und Partys in ihren Zirkeln ein und sprachen bewundernd von ihrem Ehemann. Was aber seine Chancen in Amerika betraf, so blieben sie, trotz versprochener Bemühungen, oft vage. Die Situation der Religious Departments sei prekär, die theologischen Seminare hätten etwas von Sonntagsschule und überhaupt würde Jacob angesichts der überall geforderten Lehrverpflichtungen sein »Genie« kaum entfalten können, an die Hebrew University würde er letzten Endes besser passen. Der Spinoza-Forscher Simon L. Millner sprach hinter vorgehaltener Hand von beantragten Fördergeldern für eine »École des hautes études philosophique theologique« mit Sitz in den Staaten, Jacob sei als Geschäftsführer (»secretary«[276]) eingeplant. Aus der Sache sollte nicht einmal im Ansatz etwas werden.

Gelegentlich gab es Einspruch gegen diese »Botschafterpraxis« von Seiten Gerda Seligsons und Ruth Nanda Anshens; es sei nicht die Aufgabe einer Ehefrau, ihrem Mann den beruflichen Weg zu ebnen, es wirke unprofessionell, wenn Jacob sich nicht selbst mit entsprechenden Referenzen seiner akademischen Lehrer an die Institutionen wandte. Susan stimmte dem im Grunde zu und ließ dies Jacob wissen. Von ihm sind aus dieser Zeit wesentlich weniger Briefe erhalten. Doch aus seinen vereinzelt überlieferten Schreiben und den Repliken seiner Frau spricht eine Verzagtheit aufgrund von undurchsichtigen Schwierigkeiten in Jerusalem. Susan reagierte darauf unermüdlich mit Ermutigung und Hilfestellungen. So brachte sie sein Curriculum Vitae in Form, trieb ihn an, die Einladung zu Beiträgen im *Commentary* nicht verstreichen zu lassen, sammelte seine philosophischen Briefe, um daraus einen Essay zusammenzusetzen. Sie ermahnte ihn, sich weder durch Streitigkeiten in seinem Umfeld ablenken noch von Zukunftsängsten lähmen zu lassen. Immer wieder erörterte sie in sachlichem Ton das Für und Wider einer akademischen Laufbahn in den USA oder in Jerusalem und ließ ihn wissen, im Notfall auch allein für den gemeinsamen Lebensunterhalt sorgen zu können, zum Beispiel als Lehrerin, egal wo. Schließlich entwarf sie – mit Hilfe von Gerda – Musterbriefe für Jacob, die dieser zwecks Vorstellung seiner Person an die diversen potenziellen Förderer schreiben sollte. Neben alledem versicherte sie ihm unaufhörlich ihre tiefe Liebe und wie sehr sie unter dem Alleinsein leide.

In späteren, unveröffentlicht gebliebenen Aufzeichnungen blickt Susan Taubes auf die Anfangsjahre ihrer Ehe zurück:

> They had fun on an eighteen month's honeymoon with lovers' fights, fits and tears and making love, and staying in bed for 3 days. He never expected anything like this nor did she. But it was not what he married for. Not that she was all silly and sloppy. She cooked, and cleaned, typed his letters, translated into English, prepared for her examinations, discussed his problems. She did a hundred things but it was not enough. What she wasn't doing wasn't something you could itemize; she didn't understand that what he demanded and needed and really wanted was a total way of being with him, for him, in him; making him do this, preventing him from that … All her life the cook and the maid, her aunts, her father had told her that a man is a baby, wants to be babied, that what a man needs is a mother. She refused to understand. She would do this or that, she could scold, tell him and even [x] hurt, but the real way he needed her she couldn't accept.[277]

Nachträglich erscheinen die Bemühungen der jungen Frau, ihren Angetrauten vor den Widrigkeiten des alltäglichen Lebens zu bewahren, als widersprüchlicher Versuch, sich einer schicksalhaften Rolle zu entziehen, die sie bereits vor ihrer Hochzeit nicht hatte akzeptieren wollen: der Rolle der Mutter für ihren Partner. »Ein Mann will wie ein Säugling behandelt werden«, dies hatten ihr von Kindheit an sämtliche Wegbegleiter eingeschärft.

Die in den 1960er Jahren niedergeschriebene Passage liest sich wie eine nachträgliche Erklärung für das Verhältnis der zweiundzwanzigjährigen Susan zu ihrem Ehemann. In den Briefen der frühen 1950er überlagert eine Rhetorik der Liebe und humorvollen Zärtlichkeit etwaige unterschwellige Zweifel an ihrem Tun. So lauten ihre Anreden »good child«, »beloved child« oder »rascal-child«, aber auch »lion«, »priest« und »Bodhisattva« (Sanskrit für »Erleuchtungswesen«). Jacob nennt Susan mitunter ebenfalls »Kind«, aber es ist offensichtlich, dass sie den sorgenden Part bei der Organisation des gemeinsamen Lebens einnahm. Am 8. Dezember 1950 äußert Susan die Hoffnung, er arbeite mittlerweile diszipliniert, damit sie endlich seine »lady« sein könne und nicht länger die »policewoman« und »Hexe« spielen müsse.[278]

In den kommenden Monaten fühlte sie sich allerdings weiterhin angehalten, die Initiative zu übernehmen. Geplant war eigentlich, dass Jacob nach Ablauf seines Stipendiums im Frühjahr 1951 seiner Frau in die USA nachfolgen sollte; dies war schon aus formalen Gründen nötig, weil es erneut Visaangelegenheiten zu regeln gab. Als er das Datum seiner Ankunft in den Juli verschob, beschloss Susan kurzerhand, die Zeit ihrer Trennung zu verkürzen. Sie buchte eine Schiffspassage für Februar, gleich nach den B.A.-Examina, im Sommer würde das Paar dann gemeinsam in die Staaten zurückkehren. So wurde der »social whirl«, wie Susan ihre zahlreichen Missionen bezeichnete, zusätzlich von den Vorbereitungen einer erneuten Transatlantik-Tour begleitet; Sandor S. Feldman erklärte sich bereit, die Reise zu finanzieren, als vorgezogenes Examensgeschenk.

Die erfolgreiche Beendigung ihres Undergraduate-Studiums am Bryn Mawr College war der eigentliche Zweck von Susan Taubes' USA-Aufenthalt. Es erwarteten sie zwei Prüfungen in den Bereichen »German Idealism« mit Schwerpunkt auf Kants *Kritik der reinen Vernunft* sowie »Logic«, dazu jeweils eine Sprachprüfung in Französisch und Deutsch. Den Kern aber sollte die honors thesis im Fach Philosophie über das Verhältnis von Mythos und Logos bei Heidegger bilden. Schon in Jerusalem war Susan auf die Idee gekommen, die Abschlussarbeit als Pilotstudie für eine darauf folgende

Dissertation anzulegen. Etwas verspätet stellte sich zudem heraus, dass die im Genfer Studienjahr erbrachten Leistungen nicht den vom College geforderten credit points entsprachen. Zum Ausgleich musste sie daher noch eine weitere schriftliche Arbeit anfertigen, und zwar zum Thema Existenzialismus. »What to do ?!«, schrieb sie an Jacob. »Perhaps a ›pseudo‹-paper: ›Existentialism and its relation to older trends of thought: Heidegger and the gnostic myth.‹«[279] Am Ende nutzte sie die zusätzliche Verpflichtung als Vorbereitung für ihre Heidegger-Studie. So erarbeitete Susan einen (nicht überlieferten, aber in ihrem Studienbuch erwähnten) fünfzigseitigen Parforceritt durch die verschiedenen Strömungen der Existenzphilosophie und interpretierte diese im Anschluss als Antworten auf die delphische Orakel-Inschrift »Erkenne dich selbst«. So fasste sie für Jacob zusammen:

> a general presentation of the existential revolt as such and Kierkegaard; a detailed presentation of Sartre and Heidegger (quotations in the original) a discussion of the atheistic ground of ontology and thus the pseudo-humanistic traditional metaphysics of the judeochristian source of existential thinking, the possible contradictio in adjectivo in »existential ontology« where Heidegger in Sein und Zeit seems to be living in Kierkegaards coincidentia oppositorum of a religious drive with an intensity unequalled in the Idealist trad. and a resolution with a firmness unequalled in the naturalistic trad. to refuse the religious surrender, – that finally ends in gnosis. Lastly a discussion of the Γνῶθι σαυτόν as stating man's openness and the possible interpretations, nihilistic, »religious«; as raising the problem of the »philosopher« – the way of the 7th epistle or the way of the Academy; Kant's fatal blow on the Academy and the question as it stands today, whether in the »death rattle[«] we hear also sounds of »birth-pangs« where »philosophy« shall find its way back to the »oracle« whether the living word shall find its place in life, questions not to be answered on »paper«.[280]

Indem sie Heideggers Ontologie in der Gnosis münden ließ, schlug Susan Taubes den Bogen zu ihrem eigentlichen Interesse, das sich in der Beschäftigung mit dem Verhältnis von Mythos und Logos herausgeschält hatte: der Betrachtung von Heideggers Sprache und Denken in Hinblick auf Spuren dieser religionshistorischen Bewegung – ausgehend von Erfahrungen der Fremdheit in Antike und Gegenwart. Und so verschob sie den Schwerpunkt ihrer Arbeit vom Mythos zu den gnostischen Motiven in Heideggers Philosophie (das entband sie auch davon, sämtliche »pseudo-mytho-cosmo-biologies« durchzuarbeiten, Mythentheorien, die zur NS-Zeit Konjunktur hatten). Vier Jahre später sollte sie mit ihrem Essay »The

Gnostic Foundations of Heidegger's Nihilism« (1954) im Anschluss an die zeitgenössische Gnosisforschung diesseits und jenseits des Atlantiks (Hans Jonas, Simone Pétrement, Henri-Charles Puech) auf luzide Weise die Korrespondenzen zwischen nihilistischem und gnostischem Denken entfalten.

Aus den Briefen an Jacob spricht: Susans philosophische Studien waren begleitet von einer Fülle literarischer und theoretischer Lektüren in Englisch, Deutsch und Französisch. Neben den Vertretern des deutschen Idealismus, der Existenzphilosophie und den antiken griechischen Philosophen waren das oft zeitgenössische europäische Denker, darunter die Russen Nicolas Berdiaeff und Léon Chestov, der Spanier Miguel de Unamuno, der Franzose Gabriel Marcel oder der deutsche Philosoph Ernst Hoffmann sowie dessen Freund Ernst Cassirer (dieser war 1933 aus Deutschland emigriert und hatte zuletzt an der Columbia gelehrt). Sie arbeitete sich durch religionswissenschaftliche und klassisch philologische Abhandlungen – von Otto Kern, Ulrich von Wilamowitz und Walter F. Otto (»books on my gods«) über die deutschen Religionswissenschaftler Heinrich R. Zimmer und Leopold Ziegler bis hin zum britischen Altphilologen Francis Cornford und dem amerikanischen Mythologen John Campbell. Sie tauchte ein in die Philosophie des Zen-Buddhismus (Nishida Kitarō, Teitaro Suzuki), ebenso in die Schriften von mittelalterlichen Scholastikern und Mystikern (Bovillus, Duns Scotus). Auch neuere, christliche Erbauungsliteratur erweckte ihre Neugier; teils war sie fasziniert (Ludwig Derleth, *Der Fränkische Koran*, »a strange book«[281]), teils abgestoßen (Romano Guardini, *Theologische Gebete*, »was sind das für Gebete! They are sermons (as boring as Jewish sermons) loaded with bloodless divine appellations, Lord, Allmighty, Creator of All, Merciful etc. etc. words that have become meaningless to me […]«[282]).

Gleichermaßen enthusiastisch wie kritisch widmete sie sich der Literatur. Zu ihren Lieblingsautoren zählten weiterhin Kafka und Joyce, dazu Pound und Rilke. Darüber hinaus las sie insbesondere, aber nicht ausschließlich, Gegenwartsautoren der englischsprachigen Welt wie W. H. Auden, Dunstan Thompson, Dylan Thomas, Eugene O'Neill. Von der rauen Sprache Walt Whitmans, gemeinhin als Begründer der modernen amerikanischen Literatur bezeichnet, war sie zwar angezogen, fand aber dessen Visionen vom amerikanischen Traum hoffnungslos überholt. Stattdessen verehrte sie den seinerzeit stark polarisierenden Robinson Jeffers. Dessen radikale Poetik der Verwandlung und eines »Inhumanismus«, wonach der Mensch lediglich ein kleiner Teil des Universums war, ständig unterwegs zu neuen Bewusstseinsformen, kam ihren eigenen Vorstellungen von der Rolle des Individuums in seinem Verhältnis zur Welt entgegen. Sie schrieb sogar einen Brief an Jeffers und legte einige selbstverfasste Texte bei; eine Antwort des Schriftstellers ist nicht überliefert.

Im Zuge der Vorbereitungen für die Logik-Prüfung provozierten Denkansätze ihren Widerspruch, welche das Literarische zum bloßen Nebenprodukt des Positivismus erklärten, zur Halde für alles, was durch etwaige Interpretationen positivistischer Befunde nicht abgedeckt und damit als phantastisch und irrational zu verwerfen war. Für Susan Taubes stand seit Langem fest: Mit den Mitteln der Literatur ließen sich, im Unterschied zu den Metasprachen von Philosophie und Wissenschaft, entlegene Wirklichkeiten entdecken. Denn die Poesie in ihrer vollendeten Ausformung, so Taubes, vermochte auf das Schweigen zwischen den Wörtern zu zielen.[283] Durch die herkömmlichen allegorischen Bezeichnungen werde Nichtgesagtes zum Verschwinden gebracht. Eine Sprache jedoch, die sich so weit wie möglich von jeglichen metaphorischen Konventionen entfernt, könne das Nebeneinander verschiedener Welten – verborgener wie unverborgener – sichtbar machen: entweder ex negativo in Form der Parabel wie bei Kafka, oder im dichterischen Akt des bloßen Benennens. Damit spielte sie auf das Verhältnis von Denken und Dichten an, wie Heidegger es im Nachwort zu *Was ist Metaphysik?* (1943) formuliert: »Der Denker sagt das Sein. Der Dichter nennt das Heilige.«[284] Das Heilige aber ist nach Heidegger »das, worin selbst Gottheit noch west«[285], und zugleich »das, was den Gott verhüllt«[286]. Das Ideal eines solchen Benennens von verborgen Unverborgenem sah Susan zum Beispiel in den gewaltigen lyrischen Aufzählungen des französischen Dichters Saint-John Perse verwirklicht; in der Korrespondenz mit Jacob zitiert sie öfter aus dessen Versen.

Überhaupt kommt im Briefwechsel ein unerschöpfliches Bedürfnis nach Lektüre und Gespräch zum Ausdruck. In Verbindung mit einem emphatischen Plädoyer für die moderne Literatur als Erkenntnismedium ihrer Zeit schreibt sie: »I am no longer oppressed by the fullness – the tumultuous worldmarket of symbols, new mercs, pouring in from all sides – I drink it up like a sponge: all the petrified forms must thaw, dissolve and transmute into matter to make ready for new formations.«[287]

Die versteinerten Formen zum Schmelzen bringen und aus dem so gewonnenen Material etwas Neues schaffen – dazu sah sie sich herausgefordert. Als Studienanfängerin hatte Taubes darunter gelitten, dass aus ihrer Sicht immer nur die Wiederholung dessen, was andere gesagt, gedacht und geschrieben haben, als Geleistetes Anerkennung fand. Dem setzte sie jetzt eigene Ideen und Begriffe entgegen, das dokumentieren ihre Briefe. Sie interpretierte Hegel existenzialistisch, dachte im selben Zug die Hegel'schen Figuren im Modus von *Sein und Zeit* und gewann daraus wiederum eine gnostische Re-Formulierung des Heidegger'schen Denkens.[288] An anderer Stelle tauschte sie in Überlegungen zur Rolle der (christlichen) Überlieferung bei Kierkegaard und Heidegger deren spezifische Termini gegen solche ein, mit denen sie nunmehr ihr eigenes Verhältnis zur Tradition reflektierte. An den Argumenten beider Denker kritisierte sie deren mangelnde existenzielle Reichweite hinsichtlich einer Zerrissenheit in der Welt; der Riss gehe nicht allein durch die Tradition und die sie stiftende Gemeinschaft, sondern hinterlasse auch Verwundungen in der Seele eines jeden Einzelnen. So Taubes:

> We know well enough the vulnerability of the body but are we willing to face that there is no point of invulnerability anywhere in our existence, least of all in the soul, that we are totally exposed. And that means that the soul has its own need for bread, shelter and clothing, of which it can be deprived all too easily.[289]

Für sie gab es im Menschen keinen Ort, der von den Folgen einer überall herrschenden Gewalt unberührt bleiben konnte. In ihren Augen war die Seele des Menschen ebenso zerstörbar wie sein Leib; dies könne durch einen Verlust des Zuhauses oder die Trennung von der Familie geschehen. So gesehen sei die Frage nach dem Grad der Zerstörung naheliegender als die absolute Unterscheidung von ›tot‹ oder ›lebendig‹. Ein paar Zeilen weiter berichtet sie von ihrer Lektüre eines Verses im 3. Buch Mose, darin heißt es: »Und wer etwas Unreines berührt, dessen Seele soll aus seinen Volksgenossen ausgerottet werden.«[290] Susan Taubes dazu:

> […] as I read, the soul that shall touch any unclean thing … that soul shall be cut off from his people … I am in terror for a moment, but only for a moment, because for one who is already cut off from his people this can be no threat, the dead cannot be threatened or terrified by anything. Only the living are at stake, and the question is how much life we have yet in us, what have we yet to lose …[291]

Inwieweit sind die Überlebenden am Leben? Wie kann man weiterleben und sich gleichzeitig einer Tradition verbunden wissen, die den Bedrohungen der Gegenwart nicht standhält? Im Horizont ihrer ganz persönlichen Verlusterfahrungen wurde die Überlieferung genau dann brüchig, wenn die Lebenden sich fragen mussten, ob sie tot sind, die Toten aber lebendig blieben.

Susans Taubes' Briefe aus den frühen 1950er Jahren zeigen, dass die kritische Beschäftigung mit überlieferten und zeitgenössischen Denksystemen in einer immer umfassenderen Skepsis mündete; diese richtete sich nicht allein auf einzelne Sprach- und Denkfiguren, sondern vielmehr auf die Traditionen, welche diese hervorgebracht und geprägt hatten. Auch wenn von Jacob nur wenige Repliken überliefert sind, die Korrespondenz des Paares zeugt von einer großen Intensität ihres Austauschs; besonders klar treten die eindrucksvolle Stärke und Dichte von Susans Argumentationen hervor, geprägt vom unbedingten Willen, sich weder von dominierenden intellektuellen Positionen noch von einem bestimmten akademischen Habitus vereinnahmen zu lassen. Getrieben von einer persönlichen existenziellen Not als Suchender ging es immer wieder um die Aktualität theologischer Topoi und absoluter philosophischer Begriffe. Dreh- und Angelpunkt war die Frage nach einem Leben in einer Welt ohne Gott. Auf der Suche nach Zugehörigkeit außerhalb einer bestimmten Herkunft oder Tradition wurde die Verknüpfung von Exil und Erlösung zu einem Leitmotiv für ihren Lebensweg, die Erwartung einer Vertrautheit mit dem Exil und einer damit einhergehenden Erlösung von »Schmerz und Angst«.

Zu diesem Zeitpunkt erschien ihr Israel, trotz aller ambivalenten Erfahrungen und im Unterschied zu einer späteren deutlichen Distanz, noch immer als möglicher Ort für eine solche Erlösung. Im Brief an Jacob vom 24. November 1950 erinnert sie sich an ihr gemeinsames Leben in dem Land, verbunden mit der Erfahrung einer zwar stetig aufs Neue enttäuschten, dennoch stets lebendigen Hoffnung. Als Gegensatz dazu konstatiert sie eine totale Hoffnungslosigkeit in Amerika. Der Aufenthalt dort käme einem Dasein im Angesicht des Todes gleich. In einem solchem »Exil«, so Susan, werde jede philosophische und religiöse Praxis sinnlos: »And the house of knowledge when it is the House of Hades what good is it – for god is the god of the living.«[292] Die Formel vom Gott der Lebenden, mit der Jesus laut christlicher Überlieferung die gesetzestreuen Juden zum Schweigen brachte, schließt diejenigen aus, die ein Leben im Tode führen. Ihr Wissen kann nichts Lebendiges hervorbringen, solange Gott nicht auch ein Gott der Toten ist.

In Susan und Jacob Taubes' Diskussion um den richtigen Ort zum Leben mischte sich zudem grundsätzliche Kritik an der akademischen Welt. Susan vermutete, die von Jacob immer wieder angedeutete Mutlosigkeit könne mit der Verstrickung in ein gefährliches, da vollkommen selbstbezügliches Spiel zusammenhängen, das für diese Welt bezeichnend sei. In ihren Augen hatte die fortgesetzte Produktion von Vorträgen und Publikationen etwas »Geisterhaftes« (»ghostly«), weil daraus das echte Leben entweiche; sie erklärt: »there hovers around it a generality which is yet not the authentic generality of science; […] and yet one does not know ›by whom‹ or ›to whom‹ the words are spoken.«[293] Ihren Mann fordert sie im selben Brief zu einer Positionierung in dieser Frage auf. Was für eine Haltung sollten sie als Intellektuelle einnehmen? Welchen Beitrag für die Welt vermochten sie zu leisten? Wessen Erwartungen wollten sie entsprechen? Sie selbst machte keinen Hehl aus ihrem Wunsch nach einem intellektuellen Dasein außerhalb der Akademie; das Anfertigen von wissenschaftlichen Abhandlungen sei für sie reine Prostitution. Einziger Ausweg aus einer solchen Selbsterniedrigung sei es zu schweigen, so Susan: »[…] I would like at the same time the luxury of silence, of speaking only what must be spoken, and write only letters and sometimes a poem or a prayer […].«[294] Das »Land«, so schreibt sie weiter, halte vielleicht eine Antwort auf diesen Wunsch bereit. Jacob in seiner Replik: »All books are ›ghostly‹ it is true, but that is a danger only of a ›spirit‹ to turn into a ›ghost‹.«[295] Zum Teil konnte er sich in Susans Kritik wiederfinden – »Even I am yet a ›little‹ conscious (sometimes)«[296] –, auch ihn koste es Überwindung, für wissenschaftliche Publikationen zu schreiben (tatsächlich sollte er zu Lebzeiten, auch als Professor, nur wenig veröffentlichen). Dennoch beunruhigte ihn das Geisterhafte seiner Profession keineswegs, sondern stellte lediglich einen Aspekt des »Geistes« dar; der Attraktion einer festen Position im Wissenschaftsbetrieb konnte und wollte Jacob sich nicht entziehen. Susan aber wünschte er, ihre Sehnsucht nach Schweigen, Poesie und Kult möge sich erfüllen: »For you I pray that you shall be granted the privilege of deep silence that should purify and enrich your utterance.«[297]

Der »Luxus« eines solchen Schweigens blieb Susan Taubes' Wunschtraum. Tatsächlich trieb sie die begonnene Kritik der gegenwärtigen begrifflichen Verhältnisse voran. Inwieweit waren diese dazu geeignet, sich der Gegenwart im Angesicht des Geschehenen zu nähern? Diese Frage bestimmte neben einer historischen und politischen Aufarbeitung des Holocaust die intellektuellen Debatten der Nachkriegskultur in den Vereinigten Staaten und Europa. Sie drängte sich vor allem jüdischen Intellektuellen auf, welche die nationalsozialistische Vernichtung überlebt hatten, wie etwa Hannah Arendt, Herbert Marcuse oder Emmanuel Lévinas, allen dreien sollte Susan Taubes in den frühen 1950er Jahren persönlich begegnen.

Die Gleichsetzung des »house of knowledge« mit dem Reich der Toten (»House of Hades«) im Brief an ihren Ehemann berührte nicht nur ihre persönliche Geschichte, sondern auch die öffentlichen Diskurse; beides war gekennzeichnet von Fragen nach der Gültigkeit etablierter Philosophien und religiöser Sinnsicherheiten genauso wie die nach Entfremdung und Zugehörigkeit. Auf der Suche nach einem Aufenthaltsort kam das »Haus des Wissens« nicht in Frage, weil es allein den Toten zugeeignet war, »Gott« dagegen konnte als Bezugspunkt ausschließlich den »Lebenden« vorbehalten sein. Diese im privaten Brief geäußerte Unterscheidung weist voraus auf die wenig später entstandenen Veröffentlichungen der Religionsphilosophin Susan Taubes. Sowohl ihre Theorie der Tragödie auf der Schwelle zwischen Nihilismus und Hoffnung als auch die Arbeiten zu einer neuen Religion der Moderne können als Versuch gelesen werden, die persönlich durchlebte Gewalt in eine dialektische Bewegung zu integrieren: den Umschlag nihilistischen Denkens in eine negative Theologie. Die Überlagerung historischer Gewalterfahrung mit Nietzsches Diktum »Gott ist tot« wird zur religiösen Erfahrung. Unter den Bedingungen eines abwesenden Gottes ging Susan Taubes einem Denken nach, in dem sich Fremdheitserfahrungen und Erlösungshoffnungen miteinander verknüpfen.

Ihrem Debüt als Philosophin ging die frühe Korrespondenz mit Jacob Taubes voraus. Politische und alltägliche, intime und philosophische Erörterungen überblenden darin einander permanent. Neben den eigenen sehr unabhängigen Reflexionen enthalten die Briefe Berichte über philosophische und literarische Lektüren, die Vorbereitungen für B. A. und Dissertation; dazu erzählen sie vom »Wirbel« in einem komplizierten Geflecht sozialer Beziehungen zwischen Freunden, Familie und intellektueller Szene. Inmitten dieser sprudelnden, lebendigen Schilderungen bekundete Susan Taubes immer wieder ein Gefühl von Verlorenheit. Genau dieses Gefühl wird im Vollzug eines esoterischen Privatkults zwischen den Eheleuten, mit Symbolen für eine tiefe Synthese von Wissen und Eros, zum vertrauten Aufenthalt. Ein Brief an Jacob vom 17. November 1950 gibt Zeugnis davon. Die nächtliche Kontemplation im Schein einer Kerze – sie stand für die Schlange, deren mythische Bedeutung zwischen Weisheit und Verführung rangiert – erkor Susan zum Ort für die Begegnung von Exilierten: »It is 1:30 and I shall light the serpent. I could not do it earlier – I am such a ›homeless‹ one my ›home‹ begins after midnight when the day of business comes to end […]«.[298]

*

Zum Jahreswechsel begegneten Susan und Jacob einander in apokalyptisch anmutenden Szenarien. Jacob schreibt am Abend des 31. Dezembers 1950 von einer Verzweiflung angesichts der gerade zuschlagenden »Tore« eines »fürchterliche[n] halbe[n] Jahrhundert[s]«:

> Und wir? Ich weiss nicht, all deine Briefe (und auch die meinen) atmen Verzweiflung und Zweifel, zerrissen im Hin und Her ganz und gar nicht gesichert … aber das liegt an uns. Weil wir in keinem der noch bestehenden Clans uns finden, weil wir unsere Hütte von den Fundamenten ganz neu aufbauen müssen, deshalb geht's so langsam – weil wir auf gar nichts bauen können – es sei denn das Nichts.[299]

In derselben Nacht »protestiert« Susan gegen den Beginn eines neuen Jahres nach christlicher Zeitrechnung. »Trunken« durch die Lektüre einiger Gedichte von Nietzsche und Perse, äußert sie die Hoffnung, aus dem Nichts der Zerstörung könne vielleicht schon eine neue Gemeinschaft hervorgegangen sein, welche die Ängste ihrer Vorfahren nicht mehr durchleiden müsse:

> Perhaps we are already another people who are looking into a future where whatever stood firm shall be shaken, and the weights that steadied the earth fly up and whom the violent face of the future may have purified; because we know we shall be put to test. What the mid-nineteenth century had to fear[,] the putrescence, the dying of the soul in the comfort of an overstuffed armchair, we need not fear; the kind god sends his avenging angel and sends us fire to wash ourselves in fire.[300]

*

Ende Januar 1951, das Jahr war erst wenige Wochen alt und Susans dreiundzwanzigster Geburtstag lag gerade hinter ihr, hatte sie die Kant- und Logik-Prüfungen in Bryn Mawr mit Bravour bestanden. Auch die Arbeiten für ihre honors thesis über Heidegger waren vorangeschritten. Damit wollte sie nicht nur den Abschluss komplett machen, sondern auch ihre Betreuerin Isabel Stearns von der Dissertationstauglichkeit der Studie überzeugen; zugleich hoffte sie auf ein Stipendium für die Realisierung nach dem B. A.

Am 16. Februar brach sie, diesmal an Bord der R. M. S. Queen Elizabeth, erneut nach Israel auf – mit Zwischenstopp in Paris –, um dort endlich wieder ein gemeinsames Leben mit Jacob zu führen. Einen Großteil der Zeit in Jerusalem verbrachte sie mit der Fertigstellung ihrer thesis. Im Sommer 1951 vermeldete die jüngste Ausgabe des *Bryn Mawr Alumnae Bulletin*:

> The Bryn Mawr European Fellowship, the highest award the College has to make to an undergraduate, goes to a student who has from the

first seemed to be outside the range of her group. She was at Bryn Mawr for her first two years and then worked in Europe under the supervision of members of the Philosophy Department. Her work is brilliant; it is mature and professional. The honors thesis which she has written under the direction of Professor Stearns is like the thesis of an excellent Ph.D. candidate. The student received her degree in absentia, Susan Feldman Taubes.[301]

Das European Fellowship sollte Susan in der ersten Hälfte des Jahres 1952 die Fortsetzung ihrer Studien an der Pariser Sorbonne ermöglichen. Zuvor kam es noch zu unvorhergesehenen Turbulenzen bei den weiteren Planungen.

Ende Juli 1951 kehrte das Paar wie beabsichtigt noch einmal zurück in die USA – diesmal per Flugzeug –, um die Sommerferien in New York und Rochester zu verbringen. Die Rückkehr nach Jerusalem im Herbst stand da schon fest, denn inzwischen hatte sich dort für Jacob eine hoffnungsvolle Perspektive aufgetan. Das Moritz and Charlotte Warburg Fellowship in Jewish Studies sollte ihm einen Aufenthalt an der Hebrew University bis einschließlich 1952 ermöglichen und versprach zudem einen Aufstieg vom Research Student zum Research Fellow. Die Wochen in den USA verbrachte das Paar also damit, die verschiedenen Pläne – Susans Studium in Paris und eine eventuelle gemeinsame Zukunft in Israel – in Einklang zu bringen. Letzteres war zu diesem Zeitpunkt offenbar eine echte Option, denn sie begannen, lebensnotwendige Dinge zur Gründung eines Hausstands nach Jerusalem zu verschiffen; Ende Oktober wollten die beiden hinterherreisen, Susan würde dann im Dezember für ein Semester direkt nach Paris weiterfliegen. Die Vorbereitungen wurden allerdings jäh ausgebremst. Mitte Oktober, wenige Wochen vor dem geplanten Aufbruch, erreichte Jacob in Rochester ein Einschreiben von Gershom Scholem, in dem dieser ihm nahelegte, nicht nach Israel zurückzukommen, und überdies ihre Lehrer-Schüler-Beziehung aufkündigte. Als Beweggrund nannte Scholem einen »Vertrauensbruch der schwersten Art«[302] im Zusammenhang mit Ereignissen seinen Schüler Joseph Weiss betreffend. Letzterer hatte Jerusalem schon Ende 1950 relativ plötzlich Richtung England verlassen; kurz vorher hatte er seine Doktorarbeit unvollendet bei Scholem eingereicht. Dieser war offenbar mit Taubes über die Vorgänge im Gespräch gewesen. Der damalige Austausch von Vertraulichkeiten wendete sich jetzt zu einem Zerwürfnis zwischen Jacob Taubes und Gershom Scholem, das niemals mehr bereinigt werden sollte; überliefert sind nur Andeutungen. So viel scheint klar: Offenbar hatte Jacob seinem Freund Joseph Weiss auf brieflichem

Wege weitererzählt, dass Scholem in dessen Dissertation Hinweise auf eine psychische Erkrankung gefunden hätte, und ihm zudem den Rat erteilt, jeden Kontakt zu Scholem einstweilen zu vermeiden. Weiss hatte unterdessen in England die Briefe von Taubes dem Alttestamentler Schmarjahu Talmon gezeigt, der wiederum informierte daraufhin Scholem.

Was Jacob angesichts der heftigen Zurückweisung dazu bewog, dennoch, und zunächst gemeinsam mit Susan, Ende Oktober für weitere Monate nach Jerusalem zurückzukehren, ist nicht bekannt. Die Entscheidung führte jedenfalls nicht zu einer Entspannung seines Verhältnisses zu Scholem, wie verschiedene Briefdokumente zeigen. Zum Beispiel ist in einem späteren an Leo Strauss adressierten Bericht über Taubes' Laufbahn an der Hebrew University zu lesen, dass das Warburg Fellowship im Sommer 1952 auch deshalb nicht verlängert wurde, weil »Professor Scholem who was responsible for his work was sorely disappointed by him«.[303]

Susan blieb von den Ereignissen ebenfalls nicht unberührt. In einem Brief, den Jacob acht Jahre nach ihrem Tod an Scholem richtet, schreibt er, dass dieser für seine damalige Frau »ein Trauma« geblieben sei.[304] Umgekehrt verhielt es sich womöglich ebenso, denn nach einer mündlichen Kolportage von Jacob Taubes ereignete sich folgende Szene in Jerusalem, vermutlich Ende 1951: Susan traf auf der Straße zufällig Scholem. Der versuchte aus ihr herauszukriegen, warum Jacob sich ihm gegenüber so feindlich distanziert verhalten und alle seine Versuche einer versöhnlichen Begegnung ignorieren würde, woraufhin sie ihm antwortete: »Jacob might've been willing to make up if you hadn't behaved like such an SS man.«[305]

Unter den verstreuten Jerusalem-Aufzeichnungen für Susan Taubes' Roman, finden sich einige dahingeworfene Erinnerungen von Sophie; sie beschreiben die Zeit mit Ezra in Israel als einen Schwebezustand, durchzogen von Unsicherheit und Beklommenheit:

> In Jerusalem there was faction.
> Solitary walks at daybreak;
> Conversations. Scholem Buber; mad Weisses, Canaanites, ex-terrorists at the university. Scopus.
> Settle in Jerusalem? … if it wasn't for the jews. Jerusalem was not the land; it was faction, en enclave. Ezra kept asking her. […]
> But Ezra was worried about her life in Jerusalem. She had nothing to do in Jerusalem, but then she had nothing to do anywhere else. If it was his place, his destiny … she would be content. Labor and solitude. She could write here as well as anywhere else.

> Ezra concerned with a context for his wife. The sect of neo-pagans that appealed to Sophie were unfortunately so blut and boden soil bound membership out of the question unless you were born in I.
> Ezra didn't know his destiny. (If Belzebub his protector would commit himself to something tangible as regards his future (appointment, salary, an apartment etc)... Sophie's visit to Belzebub with sinister results) So how could Ezra know his destiny.
> But if he should decide to settle, Ezra said solemnly he would not object to her converting (in secret) arrange contact with convent in J – tertiary order etc.[306]

In den Schilderungen dessen, was sich außerhalb von Sophies einsamen Wanderungen bei Tagesanbruch abspielte, klingen die Erfahrungen von Susan Taubes' letztem Jerusalem-Aufenthalt Ende 1951 an: Orientierungslosigkeit, Streitigkeiten und verweigerte Unterstützung des einstigen Förderers (»Belzebub« ist als Chiffre für Scholem zu lesen, der sich selbst gern als »dämonisch« bezeichnete), Jacobs Freundschaft mit Geula Cohen – ehemals Mitglied der rechten Terrorgruppe *Lechi*, jetzt Studentin von Bergman –, die zeitweilige Faszination für die Kanaaniten-Bewegung mit ihrem Aufruf zum friedlichen Zusammenleben von Juden und Arabern auf der Basis einer Rückkehr zu den gemeinsamen vorbiblischen Wurzeln; schließlich die zunehmende Attraktion einer möglichen Konversion als letzter Ausweg vor dem drohenden Rückfall in ein Judentum, verstanden als nationales Projekt.

Über alledem stand die ungelöste Frage nach einer gemeinsamen Zukunft in Israel.

Jacob war das Land zu diesem Zeitpunkt, allen Widrigkeiten zum Trotz, zur »Heimat«[307] geworden; beharrlich versuchte er Susan für seine Hoffnung auf ein erfülltes Leben dort zu gewinnen. Diese vermutete darin eher eine Strategie, um Schwierigkeiten beim Aufbau einer Karriere als Wissenschaftler andernorts, vor allem in den USA, aus dem Weg zu gehen. Für sie stand nunmehr fest, insbesondere seit ihrem Aufbruch aus den Jerusalemer »Neurose-Zirkeln« (»neurotic circle«)[308] in Richtung Paris, Ende 1951: Ein Leben in Israel käme dem »Sprung in einen Vulkan« (»jump in a volcano«)[309] gleich.

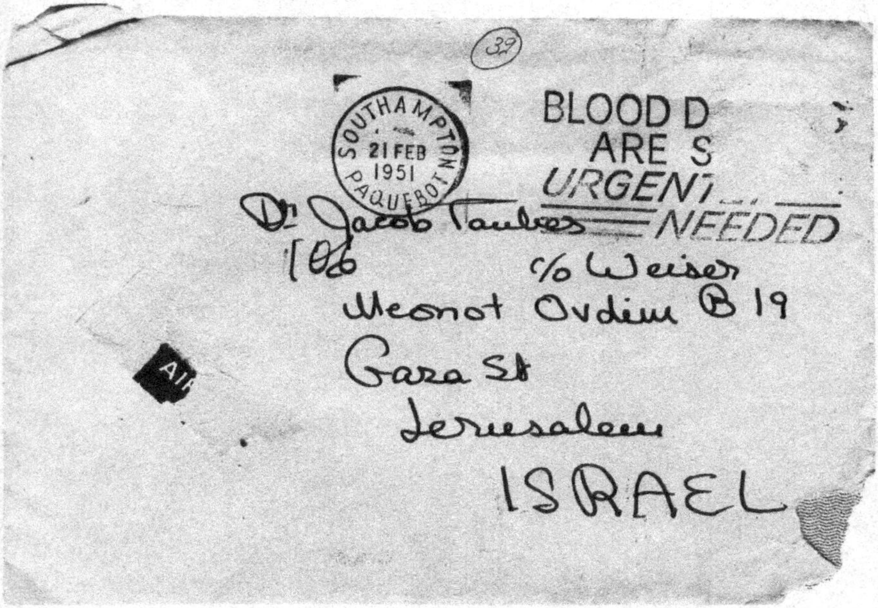

Brief an Jacob Taubes, geschrieben auf der Überfahrt von New York nach Jerusalem

11. Paris

Am 28. Dezember war Susan Taubes an Bord einer Maschine der israelischen Fluggesellschaft El Al von Lod bei Tel Aviv gestartet und wenige Stunden darauf am Pariser Flughafen Orly gelandet.

In den späteren Erinnerungen der Schriftstellerin erscheint Paris wiederholt als Chiffre für eine verlorene Topographie der Kindheit. Das gilt für die junge Studentin beim Europabesuch im zweiten Nachkriegsjahr ebenso wie für die erwachsene Frau und Mutter zweier Kinder; diese hatte 1961 nach der Trennung von ihrem Ehemann beschlossen, in der französischen Hauptstadt ein neues Leben zu beginnen. Beide Male hatte die Begegnung mit den Spuren vertrauter landschaftlicher und architektonischer Harmonie in ihr eine starke Spannung erzeugt: zwischen Trauer über den Verlust jeglichen Anspruchs auf eine Heimat und dem Wunsch nach Zugehörigkeit zu diesem Ort, an dem Gärten und Brücken, Sprache und Rituale sowie das Leben selbst auf beschützende Art miteinander verbunden waren – ein genaues Gegenteil zu Amerika als Ort einer immerwährenden Entfremdung, auch zum israelischen »Vulkan«.

So überwog dann bei der Paris-Ankunft im Winter 1951/52 – anders als bei jenem inneren Widerstreit während der Aufenthalte in den 1940ern und 60ern – das Gefühl, endlich sicheres Terrain zu bewohnen. Einer kurzen Nachricht an Jacob ist Susans Erleichterung über den Ortswechsel anzumerken; sie schreibt: »It's good to be back in ›civilization‹. Paris is cold but clear and the life in the streets flows with a reassuring normalcy.«[310] In die beruhigende Normalität mischte sich ihrer Wahrnehmung nach allerdings ein unverhohlener Wahnsinn (»madness«); das machte die Stadt, in der sie die kommenden sechs Monate verbringen sollte, zu etwas Besonderem. Ein paar Tage später beschreibt sie Architektur und Grundrisse als dermaßen bezaubernd und verschwenderisch zugleich gestaltet, dass diese unmöglich einem Traum oder dem Wagemut eines Stadtplaners entsprungen sein könnten:

> When I behold the layout of the city especially going over the bridge, through the palais royal then across the gardens, it is sheer madness – it has a quality of sheer extravagance that is lacking even in our Rockefeller Centers and Riverside drives. I mean, no »city planner« would dare or dream to build like that. But perhaps our ways of daring are quite different – like N. Y.-Lydda flights and A-bombs.[311]

Wir erinnern uns: Eine solche Gegensätzlichkeit – von der verrückten Schönheit dieser Baukunst und den auf Nützlichkeit ausgerichteten, brutalen Seiten des technischen Fortschritts – nahm Susan Taubes in ihren späteren Aufzeichnungen wieder auf, etwa wenn sie Sophie nach Antworten auf die Frage suchen ließ, warum ausgerechnet Paris das Ziel ihrer Träume war – »Why settle in Paris«. Der Zauber dieser Stadt lag in einer Lebendigkeit, die Krieg und Zerstörung überdauert hatte. Paris im Jahr 1952 war nicht das Budapest der Vorkriegszeit. Aber im quirligen Durcheinander auf Quais und Boulevards, rund um die beeindruckenden Palais und kleinen Bistros der weniger eleganten Quartiers, in Museen, Theatern und Grünanlagen schwang die Erinnerung an ein Leben mit, das in einer weit weggerückten Zeit und an einem fernen Ort immer noch intakt war.

Per Brief nimmt sie Jacob mit auf ihre Streifzüge durch die Pariser Straßen. In den überquellenden Auslagen der Marktstände lag die gesamte Schöpfung ausgebreitet – Meereskreaturen, Käse und Früchte –, nur um von den Menschen verspeist zu werden; auf Spaziergängen durch das traditionelle Studentenviertel Quartier Latin und die verspielten Anlagen des Parc Monceau kam Susan sich vor wie in ein anderes Jahrhundert versetzt; gleichzeitig erlebte sie ein Gefühl intensivster Gegenwärtigkeit. So drückt sie es mit einigen Zeilen aus:

> Paris has a charm + a grace which is of the present. The city which despite of its many oasis is nevertheless a modern »megapolis« has not succeeded to oppress the people or render them anonymous. The eyes are dreaming + now + then a street full of children, of young couples, quarrelling taxi drivers could be fairy-land. There is a sense of leisure despite the rush + bedlam of tooting cars. Perhaps it is the oasis, the gardens, the quais, Montmartre + the old streets in the quartier latin which have offered more protection to the soul than all the churches.[312]

Durch die Korrespondenz ziehen sich Berichte ihrer zahlreichen Umzüge, mitunter im Ton witziger Verzweiflung: Vom Hotel zu Freunden, aus der weiter draußen gelegenen Studentenkolonie Cité Internationale ins

Künstler- und Literatenviertel Saint-Germain – dort wohnte sie bei dem Philosophen Lucien Goldmann, einem gemeinsamen Bekannten von Susan und Jacob, zur Untermiete – bis zum Zimmer in der extrem bourgeoisen Avenue de Villiers, wo sie mit der Vermieterin nur über das Dienstmädchen verkehren durfte.

(Wenige Erinnerungen an Paris im Jahr 1952 finden sich in Taubes' späten biographischen Aufzeichnungen. Sie drehen sich in humoristischem Ton um die wechselnden Quartiere: Ein Studentenwohnheim am Ende der Welt – schlimmer als ein amerikanischer Campus –, eine schäbige Mansarde, in die sich der Vermieter jederzeit Zutritt verschaffen konnte, das türkische Klosett am Ende des Flurs und schließlich eine Madame, zu vornehm, um sich mit armen Studentinnen abzugeben.)

Beinahe täglich schrieb Susan Taubes während der knappen sechs Monate ihres Aufenthalts an ihren Ehemann in Jerusalem. Rund 140 Briefe sind aus der ursprünglich noch reichhaltigeren Korrespondenz – viele Repliken von Jacob wurden nicht überliefert – erhalten. Sie datieren vom 28. Dezember 1951, dem Zeitpunkt von Susans Ankunft in Paris, bis zum 13. Juni 1952, da verbrachte sie ihre Sommerferien auf Korsika, das Wiedersehen mit Jacob bei seinen Eltern in Zürich stand kurz bevor. Vergleicht man diese Fülle an Schreiben mit den Zeugnissen über die gerade erst zurückliegende gemeinsame Zeit in Jerusalem, so entsteht der Eindruck, als hätte nach den schwierigen Monaten in der Heiligen Stadt die eindringliche Gegenwart einer der prominentesten Geburtsstätten der säkularen Moderne wie ein Lebenselixier auf die angehende Philosophin gewirkt.

Die Korrespondenz ist das Dokument einer ungeheuer produktiven Zeit. Eindrücklich zeugen die Briefe vom lebendigen Alltag der Studentin in Paris, vor allem aber stehen sie im Lichte der Jerusalemer Erfahrungen und des Wechsels in ein neues intellektuelles Umfeld. Sie erzählen von zahlreichen persönlichen Begegnungen mit Angehörigen der Intellektuellenszene, darunter Emmanuel Lévinas, Hannah Arendt, Albert Camus; dazu enthalten sie ausführliche Berichte von zahllosen Lektüren, Konferenzen sowie Theater-, Konzert- und Kinobesuchen. Schließlich dokumentieren sie die Anfänge mehrerer theoretischer Arbeiten von Susan Taubes, nämlich diejenigen über Heidegger und Gnosis, eine negative Theologie bei Simone Weil und Camus' »Mensch in der Revolte«. Den größten Raum nehmen die fortgesetzten Auseinandersetzungen mit ihrem Ehemann ein; die neuen Impulse hatten zu einer Ausweitung der alten Differenzen über philosophische, religiöse und theologische Fragen geführt. Stärker noch als bisher wurde das Verhältnis von Religion und Politik zum wichtigen

Dreh- und Angelpunkt ihrer Kontroversen; Schauplatz war der jüdische Staat, als nationales Projekt und möglicher Ort für eine gemeinsame Zukunft. So unterschiedlich ihre Positionen auch waren: Der briefliche Austausch darüber verstärkte die Nähe zwischen den beiden eher, als dass er sie voneinander entfernte; ihre Diskussionen waren von solcher Intensität und Lebhaftigkeit, dass man von einer »Arbeitsgemeinschaft Taubes – Taubes«[313] sprechen kann, die von der Lebensgemeinschaft nicht zu trennen war.

Fast jeder Brief von Susan Taubes ist Liebes- und Philosophenbrief in einem. So beginnt sie einmal mit einer Vermischung von Sehnsuchtsbekundung und ironischer Anspielung auf die Sprache der deutschen Philosophie: »I love you dear child and it is very hard to be reduced to a reines Bewusstsein.«[314] Obwohl sie in Paris schnell Anschluss zu neuen und alten Bekannten aus akademischen wie nichtakademischen Zirkeln fand – so traf sie auf Freunde aus ihrer Genfer Studienzeit –, litt sie heftig unter der räumlichen Trennung, zumal in einer Stadt, in der, so Susan, Philosophie und Eros einander zutiefst bedingten[315]. Dennoch bezeichnete sie die selbst auferlegte Situation als notwendig. Im Anschluss an die humorvolle Versicherung ihrer Zuneigung heißt es: »I know I chose it, for objective reasons – perhaps a little bit out of wrath also, because I resented and revolted against the Israeli-decision.«[316] Die Rede ist von Jacobs Entschluss, seinen Jerusalem-Aufenthalt wenigstens bis zum Sommer auszudehnen, im Hinterkopf die vage Hoffnung auf eine längerfristige Anstellung dort. Susan selbst hatte sich definitiv gegen ein unsicheres Leben zu zweit im extrem spannungsgeladenen Umfeld ausgesprochen und für den Versuch, nach Ablauf der Jerusalemer bzw. Pariser Zeit eine Zukunft in den USA aufzubauen; diesem Plan sollten noch bis zur Umsetzung im Sommer 1952 quälende Auseinandersetzungen folgen.

Susans Entschlossenheit wurde durch Berichte von Jacob über die politische Atmosphäre in Israel bestärkt. Diese war nicht allein durch die Konflikte zwischen Juden und Arabern geprägt. Mehr und mehr fanden Zeugnisse von Überlebenden der Vernichtungslager den Weg in die Öffentlichkeit; die damit einhergehende aufgewühlte Stimmung spielte in die Debatten um einen zukünftigen Kurs gegenüber der Bundesrepublik Deutschland hinein. Im Brief vom 7. Januar 1952 berichtet Jacob vom »Aufstand« in Jerusalem[317]: Gemeint waren tumultartige Szenen vor der Knesset, als Menachem Begin, Vorsitzender der nationalkonservativen Cherut-Partei, mit einem Bürgerkrieg drohte, um Restitutionszahlungen aus Deutschland zu verhindern; die gewalttätigen Auseinandersetzungen wurden erst durch den Einsatz der Armee beendet.

Obwohl Jacob das Unbehagen seiner Frau hinsichtlich der prekären Verhältnisse in Israel weitgehend teilte, hatte er in dem Land »Heimat«[318] gefunden; als »geistiges Zentrum« (Achad Ha'am) barg es für ihn nach wie vor die Möglichkeit einer Erneuerung jüdischen Lebens nach der Vernichtung. Susan aber war in Israel nicht heimisch geworden. Darüber hinaus stellte aus ihrer Perspektive eine Legitimierung des Staates unter Berufung auf das geistige Erbe des Judentums ein gefährliches Paradox dar. So schreibt sie am 19. Januar 1952 an Jacob: »The existence of the Jewish state may improve the status of jews all over the world, personally it makes me feel ill at ease. Unless, the state means the renunciation of the jew's religious pretensions <u>as a group</u>. But it doesn't mean that. The devil is a master at ›syntheses‹.«[319]

Im Wechselspiel zwischen einem religiösen Bedürfnis, das sich als politischer Machtanspruch artikuliert, und politischer Machtausübung, begründet durch ein religiöses Versprechen, sah sie die ›teuflische‹ Synthese von Politik und Religion am Werk. Ein Spiel des Teufels, weil darin die altbekannten Gewaltstrukturen in neuer Gestalt fortexistierten. Susan war sich sicher: Diese Dynamik konnte nur durch die radikale Kritik einer jeden bislang gültigen Denktradition aufgehalten werden. Alle überlieferten Vorstellungen vom Menschen in seinem Verhältnis zur Welt, von Zeitlichkeit und Erlösung mussten stets vom Neuen der aktuellen Situation angetragen werden; Theologie und Philosophie waren nie neutral, sie implizierten immer auch ein spezielles Verständnis von Geschichte – eine solche Erkenntnis bestimmte die Debatten des intellektuellen Aufbruchs der Nachkriegskultur in den USA und in Europa genauso wie den privaten Austausch zwischen dem Ehepaar Taubes. In den Briefen artikulieren beide ihre je eigenen philosophischen Anliegen im Horizont einer geschichtlich wie subjektiv erfahrenen Gewalt. So schreibt Jacob anlässlich von Vorbereitungen für ein Hegelseminar an Susan: »Ich will zeigen, dass zwischen Hegel und uns die Sintflut geherrscht d. h. die christlichen Voraussetzungen der Begriffe: Wahrheit, Wissenschaft etc. … sind weggezogen worden.«[320] Für Susan hingegen lautete die entscheidende Frage, inwieweit ein Denkgebäude – egal ob christlich oder jüdisch – als Fundament für die Überbietung all dessen dienen könne, was Menschen bis hierhin einander angetan haben; dies formuliert sie im Anschluss an eine Kritik der Marx-Lektüre von Georg Lukács in seiner zu der Zeit viel diskutierten Schrift *Existentialisme ou marxisme?* (1948):

> The Marxist logic is very simple: There can be no »third way« beyond Idealism and Materialism; Idealism failed, it is false; any point of view in which the ideality of the external world can be admitted is false and

dangerous. My logic is even cruder; my criterion of judgement for any theory or point of view is whether the new kind of terrorism can or cannot be admitted on the ground of its presuppositions. Perhaps we are not yet able fully to comprehend the nature of this new terror; but so much I know: it is not just »another Jewish persecution« (the Jewish reaction to the KZ experience is understandable but false); one of its main characteristics is to surpass the callous brutality of »brute nature« not out of »brutishness« but for sublime ends. The end may justify the means for god – and then god and Moloch are one – but not for man ... And on the very concrete point of what men living in the same community may or may not do against one another – in the name of any »collective body« – prof. Lukacs is as evasive as prof. Heidegger. Heid. must endorse anything if the »holy openness of the Open, opens itself to it«.[321]

Ihr Hinweis auf das Ausweichmanöver im Denken von Lukács mit vergleichendem Bezug zu Heidegger macht deutlich, dass sie nicht allein tradierten Begriffen und Denkbewegungen fragend begegnete, sondern auch den gegenwärtigen Versuchen kritischer Re-Lektüren einer westlichen Religions- und Philosophiegeschichte. Susan Taubes' Aufmerksamkeit galt all jenen Ansätzen mit einem Anspruch, sowohl den jüngsten Gewalterfahrungen Rechnung zu tragen als auch der Errichtung von neuen Voraussetzungen für eine in Freiheit gründende Gesellschaftlichkeit post Sintflut. Dazu gehörten nach wie vor die Schriften Heideggers; stärker noch als im Briefwechsel der vergangenen beiden Jahre waren sie jetzt Gegenstand der zwischen Paris und Jerusalem geführten Korrespondenz. Dass dies nicht einfach einem gegenwärtigen Trend zur Heidegger-Philologie entsprang, sondern persönlichen existenziellen Fragen, brachte Jacob in einem seiner Briefe zum Ausdruck: »Dass wir über H. von NY-Jerusalem u. Paris-Jerusalem korrespondieren kommt daher, weil uns gewisse Problemstellungen interessieren [...].«[322] Zu diesen »Problemstellungen« gehörte neben der Geschichte das Heidegger'sche Konzept einer abgründigen Freiheit. Den Versuch, die Grenzen eines Denkens von Freiheit unter Rückgriff auf Heidegger auszuloten, hatte Jacob bereits 1947 in seiner *Abendländischen Eschatologie* unternommen; darin hatte er mit Bezug auf die Schrift *Vom Wesen der Wahrheit* (1943) die Freiheit zum Nein als Grund der Geschichte ausgestellt. Jetzt, 1952 in Jerusalem, nahm er das Thema wieder auf, und zwar mit der Arbeit an einem Aufsatz zur ontologischen Frage in der deutschen Philosophie; der philosophiegeschichtliche Bogen von Aristoteles über Kant bis Heidegger sollte ein Jahr später unter dem Titel »The Development of the Ontological Question in Recent German Philosophy« in der von Paul Weiss – Susans ehemaliger Philosophieprofessor in Bryn

Mawr – herausgegebenen *Review of Metaphysics* erscheinen. Susan hatte beträchtlichen Anteil an Entstehung und Publikation, nicht nur, weil sie den Kontakt zu Weiss herstellte. Jacob schrieb den Text zunächst auf Deutsch und schickte ihn in mehreren Lieferungen an seine Frau nach Paris; diese fertigte dort eigenhändig eine englische Übersetzung an und ließ Kopien davon in ihrem Umfeld zirkulieren. Dazu kam ihre offene und insistierende Kritik; diese betraf nicht allein die Sprache des Beitrags, sondern zielte auf dessen gesamte Anlage und das ideengeschichtliche Narrativ, etwa wenn sie von einer »merkwürdig sklavischen Haltung« (»curious slavishness«) gegenüber der »historischen Entwicklung der Idee« (»historical evolution of the idea«) spricht, die Jacob an den Tag lege. Dabei verwies sie auf die Schwierigkeit, sich den überlieferten Begrifflichkeiten andienen und diese im selben Zug überwinden zu wollen; so heißt es weiter:

> Often you make it more difficult for yourself by playing with the old terminology. What does »the« ontological reflexion mean? What does Husserl mean what do you mean? Say what you mean and then refer to what is called x or y by another school. You have a tendency to develop your thought by playing around with titles. Take the harder way of articulating your own thought; these algebraic shortcuts are very questionable.[323]

Hier klingt die schon früher geäußerte Kritik an einer unhinterfragten Übernahme der tradierten Formeln an. Susan verstand philosophische Lektüre in erster Linie als einen Dialog mit Ideen und Denkfiguren. Die daraus hervorgehenden neuen Gedanken führten sie selbst oft weg von abstrakten Überlegungen, etwa über die ›Bedingungen der Möglichkeit für Weltentwürfe‹, hin zur konkret erfahrenen Lebenswelt – dorthin, wo die Frage, was mit dem Anderen ist, im Vordergrund stand. Auch Jacob ging es in seiner Kritik um den ganzen Menschen als abhängiges Wesen; über diesen sei mit dem Begriff des Daseins, wie Heidegger ihn in *Sein und Zeit* einführt, keine philosophische Aussage zu machen. Er plädierte darum für eine Rückgewinnung des von Heidegger nicht spezifisch gebrauchten Begriffs des »Selbst«. Susan ging weiter. Im Anschluss an eine Überlegung, wonach Logos und Eros überhaupt nur durch den Mangel an Einheit, und das heißt zugleich im unlösbaren Rätsel des Anderen (»mystery of the other«) existieren, verortet sie Heideggers Gebrauch von Begriffen, wie die der Freiheit und des Seins, in einer Welt von ausschließlich abstrakten (mitunter sentimentalen) Objekten; somit seien diese Begriffe willkürlich und ohne Effekt auf das menschliche Zusammenleben, daran ändere auch ihre Umbesetzung nichts: »In the end Heidegger is wrong. The self in its self-isolation is a sheer formal act of self-reflexion[,] all the other categories, language, freedom, guilt, dread are introduced arbitrarily. Because all these are categories of community and describe relations. [...]. It is not man who is free, but the relation between men can be free.«[324]

Die monatelange intensive Beschäftigung mit Jacobs Aufsatz bildete einen Nebenschauplatz zu Susans eigenen Arbeiten über Heidegger. Ein Motor dafür war die persönliche Gratwanderung zwischen der erklärten Hoffnung auf eine in Freiheit gründende, innerweltliche Beziehung zwischen den Menschen und dem niemals schwindenden Gefühl, selbst fremd in dieser Welt zu sein. Für Susan Taubes stand außer Frage: Eine Erlösung von Leid und Unglück könne nur durch ein entsprechendes Handeln im Hier und Jetzt des begrenzten Lebens eines jeden Einzelnen bewirkt werden. Dies sei jedoch nicht möglich ohne ein stetiges Eingedenken der historischen Zäsuren, welche das Verhältnis des Menschen zur Welt in seiner je eigenen Zeit bestimmten; so lautet ihre Reaktion auf Jacobs Sintflut-Bemerkung:

> We may be »post-christian« – but that we are and we mustn't forget the difference between »post« + »pre«. We must bear the burden of this consciousness. The »logic of the absurd« was written and could only be written in 1950 A. D. and not in the Greek sunshine of B. C. It's a terrible story. The worst of it is that after 2 centuries of revolt, French + Russian revolution, Hitler, Stalin the church is still around.[325]

Die Bedingungen für ein besseres Leben im Zeichen des Unterschieds zwischen »post« und »pre« verortete Susan ausschließlich im Diesseits; zugleich war sie erfüllt von der Sehnsucht nach einer gänzlich anderen Welt, deren Zauber sich allem menschlichen Kalkül entzog; so setzt sie fort:

> But I don't know »what I am for« either ... One part of me is inspired by the »Enlightenment« and wants »Fraternité« »Egalité« the dignity of man and down with all authority, all hocus-pocus + mystifications. But there is a hunger for magic + for mystery. Nevertheless our services must be without a priest and in the spirit of »Fraternité« if at all.[326]

Das Hin- und Hergerissensein zwischen »Aufklärung« und »Magie«, dem Wunsch nach Gemeinschaft und dem Wissen um eine unauslöschliche Fremdheit brachte Susan Taubes der Beschäftigung mit dem Denker der »Seinsverlassenheit« näher. Neben gnostischen Motiven erkannte sie in dessen Schriften eine starke Spannung zwischen Philosophie und Poesie. Im

Vergleich zur streng durchkonzipierten Ontologie in *Sein und Zeit* (1927) würden sich die später entstandenen *Erläuterungen zu Hölderlins Dichtung* (1944) in der Begegnung mit den fundamentalen Fragen der Existenz dermaßen in rätselhaften Andeutungen verlieren, wie es sonst nur der Dichtung selbst zustünde.[327] Das Erstaunen darüber mündete im Plan, während ihres Paris-Semesters über das Verhältnis von Poesie und Philosophie bei Heidegger zu arbeiten, als Seitenstück zu den Gnosis-Studien.

Schon bald nach der Ankunft hatte sie sich auf die Suche nach Gesprächspartnern für ihre Vorhaben gemacht. Eingeschrieben war Susan Taubes an der Sorbonne, darüber hinaus besuchte sie Lehrveranstaltungen am College de France, an der École pratique des hautes études (EPHE) und am Collège philosophique. Letzteres ging auf eine Initiative des Philosophen Jean Wahl zurück, der damit einen Raum für außerakademische Diskurse schaffen wollte, tatsächlich aber zum Ort für nonkonformistische Akademiker (und für »das, was sich dafür hielt«, geworden war, wie Emmanuel Lévinas es formulierte[328]). Wahl lehrte zu diesem Zeitpunkt als Philosophieprofessor an der Sorbonne, Susan besuchte bei ihm einen Kurs über Heideggers Hölderlin-Interpretationen (»I was embarrassed, if I wouldn't have known that it was a lecture on Heid. I would have thought he is discussing Zulu mythology or lunatic imagination«[329], beschreibt sie ihre Eindrücke im Brief an Jacob). Persönlich begegnete sie dem Philosophen zum ersten Mal im Anschluss an eine Veranstaltung über »Metaphysische Fragen« am Collège philosophique und verwickelte ihn in ein Gespräch über Heidegger. Sie fragte ihn, wie es sein könne, dass der Denker von *Sein und Zeit* jetzt plötzlich eine Art Heiligenverehrung gegenüber der Dichtung betreibe, das zumindest legten seine Hölderlin-Interpretationen nahe; Wahls Antwort blieb vage. Ihrer Annahme, die Heidegger'schen Motive seien gnostisch, stimmte er zu. Am Ende war der Professor fasziniert von Selbstbewusstsein und Aufgewecktheit der jungen Studentin aus Amerika (er selbst hatte, nachdem er während des Krieges aus dem Internierungslager Drancy flüchten konnte, 1946 in New York eine Exiluniversität gegründet). Zwischen den beiden entwickelte sich ein freundschaftliches Verhältnis. Wahl nahm mit Interesse Anteil an Susans Arbeit, sagte ihr allerdings, eine langfristige Beschäftigung mit Heidegger wäre Zeitverschwendung, lieber solle sie sich auf einer allgemeineren Ebene mit dem Verhältnis von Poesie und Philosophie auseinandersetzen, oder am besten gleich nur mit Simone Weil. Susan Taubes hatte die französische Philosophin und Mystikerin bereits im Sommer 1951 für sich entdeckt. Jetzt in Paris, wo gerade mehrere von Weils religionsphilosophischen Schriften erschienen, hatte sich ihr Interesse verstärkt; Wahls Vorschlag sollte sie allerdings erst 1954 am Radcliffe

College mit Entschiedenheit folgen, als sie das PhD-Vorhaben einer Studie über Heidegger und Gnosis aufgab und dafür ihre Dissertation über Simone Weils negative Theologie schrieb.

Für das Paris-Semester 1952 plante Susan Taubes indes eine Reihe kürzerer Abhandlungen zu verschiedenen Themen: zum Problem poetischer Wahrheit, zu Simone Weils religiösem Atheismus im Verhältnis zum »reinen« (»genuine«) Atheismus, für den ›Gott‹ absolut keinen, auch nicht negativen Bezugspunkt für die Welt darstelle. Wahl unterstützte seine Studentin in allen ihren Vorhaben. Er versorgte sie mit Literatur, stellte Kontakte mit der Weil-Biographin Simone Pétrement oder auch mit dem Heidegger-Schüler Max Müller her und lud sie zu privaten Diskussionsrunden ein, zum Beispiel in das Haus des Philosophen Gabriel Marcel. Schließlich riet er ihr, die Heidegger-Arbeit für ein »Doktorat d'Université« einzureichen, und versprach, sich für die Veröffentlichung von Jacobs Aufsatz einzusetzen. (Aus beidem wurde nichts.) In einer Empfehlung vom Januar 1953, anlässlich von Susans Bewerbung am Radcliffe College, schreibt Wahl, der selbst zeit seines Lebens an der Kontinuität zwischen Kunst und Philosophie interessiert war, von ihrem durchdringenden wie klaren philosophischen und künstlerischen Verstand, zudem hebt er die Brillanz und Unabhängigkeit ihrer damaligen Heidegger-Arbeiten hervor. Dennoch lernte Susan von Wahl nicht viel, einfach weil beide in ihren Positionen zu sehr übereinstimmten, das schrieb sie am 12. Mai 1952 an Jacob: »[...] we agree too heartily. He thinks ›Being‹ is a flatus voci + prefers Poetry to Philosophy. He liked your paper because it approached philosophy from the point of the Question rather than of ›Being‹. He is disenchanted with Heidegger.«[330]

Auch Susan Taubes stand Heidegger zunehmend skeptisch gegenüber, dies bezog sich keineswegs in erster Linie auf sein ihrer Meinung nach faszinierendes, aber zuweilen unverständliches Wortgeklüngel. Von *Was ist Metaphysik?* (1929/43) über die *Holzwege* (1929) bis zur philosophischen Erzählung *Der Feldweg* (1949) las sie alles, was bis zu diesem Zeitpunkt von ihm publiziert worden war. Was sie an den Schriften am meisten anzog und zugleich irritierte, war, dass sie sich vollständig und sogar notwendigerweise einer theologischen Lesart unterziehen ließen, die damit verbundene Dialektik aber nicht offenlegten. So argumentiert sie in einem Brief, Heidegger habe mit dem Ausschluss des Göttlichen das Dasein in die Domäne des Profanen verwiesen, in Gestalt des Nichts und einer sinnlosen, verlorenen Existenz: »At least an authentic damnation.« Eine solche »Verdammnis« aber sei ohne die Voraussetzung einer absoluten Wahrheit nicht zu denken: »If the absolute would ›exist‹ nothing else could exist«[331]. Kurz, ihr Mangel stelle zugleich das Wertvollste einer jeden Existenz dar; das Potenzial dieser Erkenntnis würde Heideggers »Seinsdenken« jedoch unterschlagen: Es könne nicht darum gehen, eine etwaige Unvollkommenheit auf kontemplativem Wege zu überwinden, sondern darum, ihre Grenzen in der konkreten Erfahrung zu leben.

Diese und andere Überlegungen diskutierte sie auch im weiteren Umkreis der Universität, unter anderen mit Henri-Charles Puech, Gnosis-Forscher an der Sorbonne, dem Dominikanerpater André-Jean Festugière – gleichzeitig Religionswissenschaftler an der EPHE – und mit dem Heidegger-Experten Henri B. Birault; sie begegneten der Philosophiestudentin mitunter offensiver als Wahl. Besonders intensiv war der Austausch mit Eric Weil. Der Cassirer-Schüler lehrte an der EPHE, Susan besuchte bei ihm ein Seminar über Hegels Rechtsphilosophie. Der Philosoph ließ sich weit auf die Argumentationen seiner Gesprächspartnerin ein, begegnete ihr aber auch brüsk und betont rational. Einig waren sie sich darüber, dass Heideggers Erkenntnisideal nirgendwo anders wurzelte als in der religiösen Offenbarung. Weil bezeichnete Heideggers Philosophie als »ranzige Theologie« (»rancid theology«[332]). Bei Susan indes nährten diese Diskussionen eher Zweifel an der eigenen Rolle als Philosophin, wie sie Jacob anvertraute, da sie der Vernunft weder Glauben noch keinen Glauben schenken könne, und eine etwaige Wahrheit (»truth«), insoweit sie überhaupt auf dem Spiel stand, nicht von dieser Welt sein könne[333].

Ein anderer Punkt in ihren Gesprächen beförderte zusätzlich ihre letztliche Distanz zu Heidegger, nämlich dessen Rolle im Nationalsozialismus. Eric Weil beteiligte sich in jener Zeit an einer der ersten philosophischen Kontroversen zum Verhältnis von Heideggers Philosophie zu seinem NS-Engagement, angestoßen von einem Beitrag des Heidegger-Schülers Karl Löwith über die politischen Implikationen im Denken seines Lehrers, veröffentlicht in Sartres Zeitschrift *Les Temps Modernes*. Nach Weil ließ sich Heideggers politische Haltung nicht aus dessen Philosophie ableiten (»he added not <u>even</u> that follows«[334], berichtet Susan ihrem Mann vom Gespräch darüber). Sie selbst stimmte mit Weil überein, das Thema blieb ein wunder Punkt. Verächtlich schreibt sie vom sterilen Pathos der »Rektoratsrede« aus dem Jahr 1933[335], und im Zusammenhang mit der aktuellen Kollektivschuld-Debatte erwähnt sie, dass die Nazis bereits wieder auf sämtlichen verantwortlichen Posten säßen, ein gutes Beispiel dafür sei der Professor in Freiburg.[336]

Wie reagierte Jacob auf diese Einschätzungen? Abgesehen vom intensiven Austausch über die »ontologische Frage« sind nur wenige detaillierte Repliken auf Susans lange Briefe erhalten. Als sie im Nachdenken über das Konzept von Geschichte die Frage nach einer Verbindungslinie zwischen dem optimistischen Geschichtsverständnis im frühen Judentum und der »entstellten« (»tortured«) Geschichtsmystik von Heidegger direkt an ihn richtete, paarte sie dies mit einer Kritik am jetzigen jüdischen Selbstverständnis: »The history of the Jew in the Occident may be one of torture but the history of the Occident itself is self-torture; the jew has a problem only within the Occident, once ›at home‹ he is content with himself [...].«[337] Insbesondere auf den zweiten Teil der Frage antwortete Jacob ausweichend, indem er im eng gesteckten theoretischen Bezugsrahmen verblieb:

> The historical mysticism of Heidegger is really »tortured« but, you are right in the torture of the Occident. History I would think is the realm of the finite spirit: »nature« (if such an abstraction is at all possible) has no history and the absolute spirit neither: therefore it is »absolut«. But the concrete spirit is »historical« in the paradoxal sense history is meant since the revelation of the God of History. [338]

Vermutlich sind es ausgerechnet seine einlässlicheren Schreiben, die verloren gegangen sind. So kann man den erhaltenen Briefen nicht entnehmen, ob er Susans These, Heideggers Philosophie korrespondiere mit der historischen Gnosis, zustimmte. Dafür zeigen sie, dass er ihre ausführlichen Berichte über Lektüren und Diskussionen, mit denen Susan ihn am Pariser intellektuellen Leben teilhaben ließ, förmlich aufsog, indem er die Schreiben kommentierte, mit eigenen Lektüren ergänzte und sogar im Jerusalemer Zirkel weiterreichte. Dass seine Reaktionen auf Susans Heidegger-Lektüren verhalten ausfielen, könnte auch damit zusammenhängen, dass der Philosoph ihm letztlich weniger Fragen aufgab als seiner Ehefrau.

Für die Frühjahrsferien plante Susan eine Reise nach Zürich zu den Schwiegereltern; dort wollte sie sich vom Großstadttrubel erholen und Vorbereitungen für ihr größeres Gnosis-Projekt treffen. Auf dem Hinweg beabsichtigte sie, Station in Freiburg zu machen, um dort Martin Heidegger persönlich zu treffen. Auf ihre Bitte an Jacob, zu schreiben, was sie mit dem »bastard« bereden solle[339], erhielt sie keine Antwort. Aus ihr selbst sprudelten die Fragen dagegen nur so heraus, und zwar auf Deutsch. Sie betrafen neben anderem die Bedeutung von Fremdheit für eine konkrete Welt aus Sternen, Tieren, Pflanzen und Menschen, eine mögliche Degradierung des Seienden durch die postulierte Unterschiedenheit vom Sein und schließlich die Infragestellung von »Seinsgeschichte« als eine ausschließliche Geschichte der abendländischen Metaphysik: »[...] und die Inder, Chineser, und all Völker die ausserhalb <u>dieser</u> Geschichte leben + denken, haben sie denn keine ›Welt‹ – in welchem ›Horizont‹ denken sie – gibt es andere Horizonte als ›das Sein.‹ Ist die ›Lichtung‹ etwas regionales?«[340]

Antworten sollte sie auch vom »Seinsdenker« selbst nicht erhalten, denn als Susan am 31. März den Freiburger Rötebuckweg zu dessen Haus hinaufstieg, war dieser gerade auf einer Italienreise, wie sie von Sohn Hermann erfuhr; so reiste sie unverrichteter Dinge weiter in die Schweiz.

Zürich war eine andere Welt. Umsorgt von Jacobs Familie, die sie mittlerweile ins Herz geschlossen hatte, und inmitten einer idyllischen Berg- und Seenlandschaft konnte Susan weitgehend in Ruhe arbeiten. Während der drei April-Wochen ihres Aufenthalts führte das Ehepaar Taubes in mehrfacher Hinsicht eine Korrespondenz mit doppeltem Boden. Während Susan für das bevorstehende Pessachfest mit der Herstellung von Torten beschäftigt war, sich liebevoll über den Haushaltswirbel mokierte und gleichzeitig Erleichterung darüber bekundete, dass ihre Schwiegermutter die Festtage »in a pleasantly pagan way«[341] vorbereite, formulierte sie lange religionsphilosophische Briefe. Es ging dabei um so unterschiedliche Themen wie Gnosis und das Neue Testament – gerade vertiefte sie sich in manichäische Texte sowie in theologische und religionswissenschaftliche Kommentare etwa von Bultmann und Puech –, Atheismus und die gegenwärtige Wiederkehr der Religionen, aber auch um Sartres Existenzphilosophie und die Beziehungen zwischen moderner und archaischer Kunst, angeregt durch André Malraux' *Psychologie de l'Art. Le Musée imaginaire* (1947). Parallel dazu ging es immer wieder um Israel. Längst war beschlossen, dass Jacob im Sommer seine Zelte dort abbrechen würde. Susan warf ihm vor, die entscheidenden praktischen Schritte dafür trotzdem nicht einzuleiten. Sein Zögern sei nur Beleg für die lähmende, anstatt belebende Atmosphäre dort. Außerdem ließ Jacob offenbar in Jerusalem verlauten, seine Entscheidung, in die USA zurückzukehren, entspräche in erster Linie dem Wunsch seiner Frau. Diese äußerte daraufhin in ihren Briefen großen Unmut über die zugewiesene Rolle als Sündenbock, abgeschwächt durch Beteuerungen, wie sehr sie ihn liebe und sich nach einem gemeinsamen Leben sehne.

Jacob hingegen schrieb zweisprachige Briefe nach Zürich: Die hebräischen Teile, von denen er wusste, dass Susan sie nicht entziffern konnte, richtete er an seine Eltern, und die auf Deutsch geschriebenen, somit für seine Eltern ebenfalls lesbaren Passagen, waren an Susan adressiert. Auf ihre Vorwürfe reagierte er teils einlenkend, teils verteidigend: Auch er habe in Israel mit allem abgeschlossen; damit meinte er die nicht endenden Spannungen in den Kreisen um Gershom Scholem und seine Hoffnung auf eine persönliche Teilhabe an der jüdischen Erneuerung im Land; den »Mythos vom Ursprung als letzter Bindung« habe allerdings nicht nur die zionistische Bewegung, sondern auch ihr – Susans – »Lehrer« Heidegger »aufgetischt«[342]. Obwohl Jacob sich merklich um eine zuversichtliche Schilderung seiner Tätigkeiten in Jerusalem – Seminare, Arbeiten an Texten, Lektüren – bemühte, lag seinen Briefen oft ein verzagter, mitunter depressiver Ton zugrunde, der seine Frau beunruhigte.

In den Schreiben an seine Eltern äußerte er sich wesentlich freimütiger über die persönlichen »Lebensängste«; diese sah er auch in der Heirat mit Susan begründet: Er stellte sein Recht auf ein Leben mit »einer Frau wie diese[r]« in Frage, sah darin eine besondere Verpflichtung. Im nächsten Satz aber heißt es: »Und in einer Stunde der Zuversicht weiß ich, dass sie die junge Frau ist, von der und über die ich träumte, und dass der Traum in Erfüllung gegangen ist.«[343]

Ahnte Susan, dass die »Stunden des Kleinmuts« nicht allein mit den vielfältigen Schwierigkeiten in Jerusalem und einer unwägbaren Zukunft zusammenhingen, sondern auch mit ihr selbst? Zwischen ihnen stand das noch zu klärende »Kapitel« ihres »paganischen Antisemitismus«[344]; das hatte Jacob seiner Frau, wenn auch in zärtlichem Ton, zu verstehen gegeben. Er übersah, dass Susans Kritik am Judentum von einer starken Ambivalenz zwischen Ablehnung eines aus ihrer Sicht problematischen Umgangs mit der Tradition und einer unaufkündbaren Nähe qua Geburt und Erfahrung geprägt war. Besonders deutlich wurde dies in ihrer kritischen Haltung zu den für sie in Teilen antijüdisch anmutenden Schriften von Simone Weil und Albert Camus; beide wurden im Paris der frühen 1950er Jahre außerordentlich kontrovers diskutiert.

So tobte zur Zeit von Susans Paris-Aufenthalt eine heftige Auseinandersetzung um Camus' jüngst erschienene Essaysammlung *L'homme révolté* (1951). Ein wiederkehrender Vorwurf richtete sich gegen seinen abstrakten, politisch unwirksamen Humanismus, den er darin formulierte; Sartres Unterstellung eines Verrats linker Ideale führte zum Bruch der Freundschaft zwischen den beiden Philosophen. Camus' neun Jahre früher erschienener Essay über das Absurde *Le mythe de Sisyphe* war Susan Taubes bereits bekannt, als sie sich, gleich nachdem sie in Paris angekommen war, der Lektüre von *L'homme révolté* widmete. An Jacob schrieb sie über das Protokoll einer Entwicklung des Nihilismus in Philosophie, Politik und politischer Theorie zur »kollektiven Pest«: »it has made a revolution in my soul«[345]. Bald schon machte sie sich an die Arbeit einer Rezension. Ende Februar schickte sie den auf Englisch geschriebenen fertigen Text an Jacob nach Jerusalem. Dort erschien er im Juli, gekürzt und in hebräischer Übersetzung, in der philosophischen Vierteljahrsschrift *Iyyun*, herausgegeben unter anderen von Hugo Bergman. Camus' Abriss einer Geschichte der Auflehnung des Menschen von der metaphysischen Revolte – dem Tod Gottes – bis zur politischen Revolte, wie sie sich zuletzt im Stalinregime zeigte, stellt Susan Taubes als eine wegweisende Antwort auf das gegenwärtige Problem der Gewalt aus. Nach Camus hätte ohne die Voraussetzung einer naturgemäßen Gewalttätigkeit des Menschen das göttliche Gesetz niemals Gültigkeit beanspruchen können; andernfalls wäre es überflüssig gewesen. Heute jedoch, außerhalb jeglichen Rahmens einer göttlichen Autorität, sei alles erlaubt – es sei denn, der Mensch entdecke in sich selbst den Grund für eine neue Ethik. Die selbstgestellte Aufgabe hieße darum nicht, die Grundlage für ein moralisches Gesetz zurückzugewinnen, sondern zu erkunden, wie der Mensch bar jeder absoluten Basis und transzendenten Sanktion mit seinesgleichen zusammenleben könne, ohne auf Gerechtigkeit zu verzichten oder Gewalt hinzunehmen. Dass der Mensch revoltiert, sei, laut Camus, der einzige Beweis für die Realität von Werten wie Güte und Gerechtigkeit, gerade weil er eine Welt antizipieren könne, die weniger schlecht und ungerecht ist als die gegenwärtige.[346]

Bis hierhin korrespondierte Camus' Antwort auf Schock und Ratlosigkeit angesichts des Geschehenen vollständig mit Susan Taubes' eigenen Überlegungen zum Gebot eines ausschließlich auf diese Welt gerichteten Denkens und Handelns in einer Zeit »systematisierter Gewalt« und des »philosophischen Verbrechens«[347]. Camus' Argumentationswege zog sie allerdings in Zweifel; diese führen nämlich über eine Kritik am »Alten Testament«, das er in einem argumentativen Kurzschluss mit dem Judentum zu identifizieren scheine. So leite er die »reaktionären« Elemente in Marx' Revolte von angeblichen jüdischen Einflüssen her und spiele im Anschluss daran die griechischen und jüdischen Elemente im Christentum auf problematische Weise gegeneinander aus; Letztere, so schreibt Taubes, zeigten sich nach Camus sowohl im Christentum als auch im Marxismus durch den Willen, die Natur zu beherrschen; im Anschluss zitiert sie Camus: »Nur die Vorstellung einer Inkarnation Gottes im Menschen garantiere ansatzweise die Vermittlung zwischen Geist und Natur in der christlichen Welt. Doch sobald die Göttlichkeit Christi geleugnet werde, stehe die jüdische Welt wieder auf: ›Der unerbittliche Gott der Heerscharen herrscht von neuem, jede Schönheit wird als Quelle müßiger Genüsse beschimpft und die Natur selbst geknechtet.‹«[348]

In der unveröffentlichten, längeren Orginalfassung kritisiert sie Camus' Argumentation sehr viel detaillierter und schärfer als antijüdisch. Gleich nachdem Susan Taubes das Manuskript fertiggestellt und nach Jerusalem geschickt hatte, richtete sie ihre Einwände in einem sechsseitigen Schreiben direkt an den Autor von *L'homme révolté*.[349] Sie beginnt mit einer grundsätzlichen Bekundung von Bewunderung für den Versuch, in einer radikal entheiligten Welt, konfrontiert mit einer säkularen Geschichte, die Revolte als eine wesentliche Dimension des Menschen aus ihren eigenen Voraussetzungen heraus zu verstehen, anstatt einfach theologisch als eine »satanische«, zwangsläufig zur absoluten Verneinung führende Disposition. Damit seien Probleme angesprochen, die ihre Generation, vor allem auch sie selbst, Susan Taubes, bewegten. Dann aber kommt sie schnell auf Camus' gefährliche Identifikation von Ideen mit den real lebenden Angehörigen eines bestimmten Volkes oder einer Kultur zu sprechen, darin folge er einer fragwürdigen Argumentationsweise, die auch im Denken Simone Weils zu finden sei (Camus bezieht sich in seinem Buch an anderer Stelle explizit auf Weil). So würde ein – hypothetisches – Verständnis der griechischen Philosophie als Wurzel allen Übels auf der Welt kaum ernsthafte Konsequenzen mit sich bringen; dieselbe Anschuldigung gegenüber dem »Alten Testament« hätte jedoch grausame Folgen, die wohl auch Camus nicht in Kauf nehmen wollte. Das »Alte Testament« mit den darin enthaltenen Vorstellungen eines herrsch- und rachsüchtigen Kriegsgottes sei ohnehin nicht von den Juden erfunden worden, sondern von Paulus und entspringe somit der Abspaltung des frühen Christentums vom Judentum. Zudem sei es absurd, die Texte der jüdischen Überlieferung heute noch buchstabengetreu zu lesen, da deren Dynamik ja gerade durch eine stetige Aktualisierung durch die Jahrhunderte hindurch gekennzeichnet sei. Camus mache sich daher schuldig, wenn er eine direkte Linie ziehe vom biblischen Moloch über die »jüdische Welt« (»un monde judaïque«[350]) bis zum unbegrenzt waltenden Tyrannen, der wiederum einen grenzenlosen, im Nihilismus mündenden Hass gegen sich evoziere. Genau dieses zweifelhafte Verfahren habe er mit Simone Weil gemein; sie beide würden sich damit zu Komplizen etwa jener zionistischen Terroristen machen, welche jetzt die biblische Kriegsrhetorik für ihre eigenen politischen Zwecke missbrauchten.

Taubes betont, ihr gehe es weder um eine Verteidigung des Judentums noch um dessen innere Konflikte, verstärkt durch das Projekt der Staatsgründung. Nicht hinnehmen könne sie jedoch die bittere Ironie, dass Camus im selben Kapitel, in dem er das Hitler-Regime mit dem biblischen Gott und der Gesetzgebung am Sinai vergleiche, seine Empörung über die entsetzlichen Gewalttaten gegen die Juden im 20. Jahrhundert äußere.

Jede Kritik am »Alten Testament«, gab sie ihm weiter zu verstehen, müsse zuerst eine Kritik an der paulinischen Theologie sein. Denn der Gott des Schreckens sei eine Vorstellung von denen, die (mitunter ohne ihr eigenes Zutun) außerhalb des Judentums stünden und die Bedeutung vom ewigen Bund einer Freundschaft mit Gott nie erfahren hätten: »The ›Jehova‹ whom the stranger or the estranged Jew sees as a harsh god whose law is oppression, is the same god who pleads with his people to live according to justice and not to submit themselves to the oppression of monarchy. (I Samuel 8.5).«[351] Die eigentliche Wurzel des Übels sei, so Taubes an Camus, das Projekt, eine Vorstellung vom persönlichen Gott in den Rang des Universalen zu heben und auf diese Weise abstrakt und unzugänglich werden zu lassen. Anstatt an einer vermittelnden Instanz wie Christus festzuhalten, sei es sinnvoller, den tragischen Zerfall der Welt des Glaubens (»the tragedy of the destruction of one's world of faith«) zu akzeptieren und sich im Sinne eines »reinen Atheismus«, das heißt ohne jedwede theologische Motivation, auf das irdische Leben mit all seinen dazugehörigen Erfahrungen von Liebe, Verlust und Tod zu konzentrieren. Zum Schluss zitiert sie Camus: »il ne s'agit pas de rien mépriser, ni d'exalter une civilisation contre une autre« – und äußert die Hoffnung, er möge den Satz ernst meinen und nicht diejenigen ausschließen, auf welche die Sonne an den glückseligen Ufern des Mittelmeers (»on the blessed shores of the mediterranean«) niemals scheinen werde, diejenigen, die ohne eigenes Verschulden in Gegenden geboren wurden, wo die Nacht regiere.[352] Zu denen zählte sie ohne Zweifel sich selbst.

Einige Wochen später, im März, erhielt sie von Camus eine Antwort. Die Lakonie seines Schreibens ist möglicherweise einer Ermüdung, hervorgerufen durch die zahlreichen Angriffe »from right + left«[353] in jener Zeit, geschuldet. Der Originalbrief ist nicht überliefert, dafür eine Abschrift Susans in einem Brief an Jacob. Danach verwahrte Camus sich gegen die Behauptung, er setze das Judentum mit dem Nationalsozialismus gleich, die »Metapher von Hitler als Gott der Heerscharen« (»metaphore représentant Hitler en dieu des armees«) dürfe nicht wörtlich genommen werden. Zudem könne man über eine Kritik des Judentums nicht urteilen, indem man sie mit den Theorien der Verfolgung gleichsetze, »für die das jüdische Volk so schrecklich hat zahlen müssen« (»dont le peuple juif a faitles terribles frais«). Andernfalls müsse man auch Simone Weil beschuldigen, die Italiener ausrotten zu wollen, nur weil sie zu Recht Rom kritisiere. Ansonsten sei es ihm eben unmöglich gewesen, in seiner Arbeit alle Entwicklungen mit gleicher Sorgfalt zu skizzieren; er habe lediglich zeigen wollen, dass mit einer Beibehaltung des jüdisch-christlichen Geschichtskonzeptes unter gleichzeitiger Zurückweisung einer jeglichen Gottesvorstellung die Weichen für den Nihilismus gestellt würden.[354]

Camus versuchte nun also die Kritik seiner Leserin mit gleicher Münze zurückzuzahlen, indem er ihr seinerseits eine schräge Analogie vorführte und die wortwörtliche Lesart seiner Metapher zurückwies. In ihren Briefen an Jacob kommentierte Susan diese Antwort nicht. Ein persönliches

Treffen zwei Monate später löste jedoch die Reserviertheit zwischen Albert Camus und Susan Taubes vollständig, und zwar bei einem Abendessen im Haus der gemeinsamen Bekannten und späteren Camus-Editorin Marguerite Dobrenn. Da sei sie hingerissen gewesen von dem »simple + rugged kind of man«[355] und berichtet ihrem Ehemann von lebhaften Gesprächen. Die Sympathie beruhte offenbar auf Gegenseitigkeit. So trafen sie sich ein paar Wochen später noch einmal für ein Vieraugengespräch; ein paar Jahre darauf schickte Camus ihr eines seiner Bücher mit persönlicher Widmung. Den Plan, sich im Sommer 1956 wiederzusehen, als Susan Taubes nach der Beendigung ihrer Dissertation ohne Jacob auf Europareise ging, konnten sie zu ihrer beider Bedauern nicht realisieren. Im Brief an den Schriftsteller und Philosophen vom 16. August 1956 beschwört Susan voller Wärme ihre vier Jahre zurückliegende Begegnung in Paris: »you spoke to me in a way that made [me] feel that I had a home in Europe«[356].

Europa, insbesondere Paris, stellt sich im Rückblick wie keine andere Station in Susan Taubes' Biographie als ein Ort des intellektuellen und kreativen Aufbruchs dar. Als sie 1961 nach der Trennung von Jacob vor der Herausforderung stand, ein neues Leben zu beginnen, vollzog sie dort endgültig den Umschwung von der Philosophie zur Literatur. Knapp zehn Jahre früher, 1952, war die Vierundzwanzigjährige außerordentlich empfänglich für die gerade geführten Debatten in den (religions)philosophischen Zirkeln. Die Grenzen von Freiheit und Nihilismus, der Sinn von Geschichte und Eschatologie: In alledem waren Fragen enthalten, die ihr selbst auf der Seele brannten und für deren Beantwortung sie eine eigene philosophische Sprache suchte. Entscheidende Impulse erhielt sie dabei von den soeben in Paris erschienenen Schriften der französischen Philosophin und Mystikerin Simone Weil (1909–1943). Auch diese hatten gleichermaßen in der intellektuellen Öffentlichkeit und in Susan Taubes persönlich widerstreitende Reaktionen ausgelöst. So mischte sich ihr kritisches theoretisches Interesse mit Momenten der Identifikation. Ähnlich wie für sie selbst war die Tatsache, aus einer jüdischen Familie zu stammen, auch für Weil niemals identitätsstiftend gewesen. Dies hatte sie nicht davor bewahrt, in Frankreich als Jüdin verfolgt zu werden. 1942 in die Vereinigten Staaten geflüchtet, war sie nach ein paar Monaten in Richtung London weitergereist, um dort die Exil-Regierung der France libre unter de Gaulle zu unterstützen. Wenig später starb Weil im Alter von vierunddreißig Jahren an den Folgen von Lungentuberkulose und Unterernährung. Die kurze Londoner Zeit indes war die produktivste ihres Lebens. Neben gesellschaftstheoretischen Schriften wie dem unvollendeten Buchmanuskript *L'enracinement* (1949) schrieb sie religionsphilosophische Essays, die im Wesentlichen um die

Frage einer universalen Religionsauffassung kreisten; diese finden sich zum Teil in der ebenfalls postum erschienenen Textsammlung *La connaissance surnaturelle* (1950). Beide Bände waren bei Gallimard in der von Camus herausgegebenen *Collection Espoir* publiziert worden, dazu lagen 1952 ein Teil der *Cahiers* und Weils Korrespondenz mit dem Dominikanerpater Jean-Marie Perrin vor, erschienen 1950 unter dem Titel *Attente de Dieu*. Es waren diese Schriften, die nach ihrem Tod das Bild von Simone Weil prägten. Das eindringliche Nachdenken über Gott, die Orientierung am Paradigma des Gekreuzigten und die Aktualisierung christlich-gnostischer Ideen ließen sie vor allem in den Augen engagierter Christen und Theologen als katholische Mystikerin und Märtyrerin erscheinen.

Susan Taubes sah in Weil vor allem eine religiöse Denkerin, die es angesichts der Vernichtungslager auf sich genommen hatte, einer grundsätzlichen Infragestellung von Religion konsequent nachzugehen. Schon früher hatte sie in ihren Briefen an Jacob geäußert, dass man, anstatt im Schock zu verharren, sich hinsichtlich der gegenwärtigen Verfasstheit des menschlichen Glaubens und Denkens fortwährend eine mögliche Wiederholung solcher Geschehnisse bewusstmachen müsse. Diese Möglichkeit erfordere ein radikales Neudenken aller menschlichen Belange. Fasziniert war sie darum von Weils unbedingtem Willen, den großen universellen Herausforderungen zu begegnen und sich dabei weder auf ideologische noch religiöse Prinzipien verpflichten zu lassen. Zu den Herausforderungen gehörte beispielsweise die Notwendigkeit, den Anderen zu respektieren und damit das Heilige in jedem Menschen zu achten – dies formuliert Weil in ihrem Essay »La personne et le sacre«, der 1951 in englischer Übersetzung erschien und wahrscheinlich zu Susan Taubes' ersten Weil-Lektüren zählte. Ebenso zählte dazu das Paradoxon, die Welt durch revolutionäres Handeln zum Besseren ändern zu wollen und dabei durch die notwendig ausgeübte Gewalt selbst schuldig zu werden; ein Echo zu diesem von Weil bereits 1933 ausgesprochenen Gedanken findet sich in Camus' *L'homme révolté*. In den vielen Briefäußerungen von Susan Taubes über die Philosophin klingen Aspekte an, die sie vier Jahre später in ihrer Dissertation systematisch analysieren sollte, und zwar in der Zusammenschau von Weils politischen und religiösen Arbeiten. Im Gegensatz zum Gros der zeitgenössischen Weil-Rezeption beharrte Taubes mit ihren früheren persönlichen Einschätzungen genauso wie in ihrer 1956 fertiggestellten Dissertationsschrift *The Absent God* (mit dem gestrichenen Untertitel *On the Religious Use of Tyranny*) auf dem häretischen Moment bei Weil; dieses beinhalte eine grundsätzliche Kritik an Religion, vor allem an deren Potenzial des politischen Missbrauchs. Ziel ihrer eigenen Studie sei es, so Taubes in der Einleitung, »to relate Simone Weil's mysticism to her diagnosis of contemporary social situation and to evaluate her theology on the basis of her own statement of man's experience of the absence of God in the modern world«[357].

Bereits in ihren Paris-Briefen spricht Taubes von einer zugleich produktiven wie fatalen Logik des ungelösten Widerspruchs als wesentlich für Weils Denken. Dass der Mensch Gott am nächsten sei, sich sein christliches Antlitz genau dann zeige, wenn er dessen Abwesenheit am schmerzlichsten erfahre, gehöre zu den Widersprüchen, die das Prinzip der Erkenntnis – »Gnosis« – in Weils Theologie ausmache.[358] Obgleich sie Simone Weil in Vielem folgen konnte, in der schmerzlichen Erfahrung von Leere, insbesondere auch in ihrer absoluten Weigerung, sich von anderen eine religiöse Identität zuschreiben zu lassen, kritisierte Taubes schon früh eine Nobilitierung des Leids, wenn sie fragt: »Is it permissible then to cause suffering? God forbid; we are asked to de-create to destroy only what belongs to us. Now, nothing belongs to us, not even our body, except our will, our individual ego.«[359] In der Dissertation formuliert sie die politischen und ethischen Folgen einer solchen Leidensreligion, die sie dann als »negative Theodizee« bezeichnen sollte: »But by seeking for a <u>supernatural use</u> of human suffering, for a religion for the afflicted, she has, in spite of herself become a weapon in the hands of those who profit from human affliction.«[360]

Susan Taubes' prinzipielle Einlässlichkeit gründete vermutlich in einer empathischen Verbundenheit mit Weils Außenseiterposition, bestimmt durch die Erfahrung einer »doppelten Entfremdung«. Für eine solche Erfahrung seien mit Taubes' Aufsatz »The Riddle of Simone Weil« (1959) insbesondere jüdische Intellektuelle empfänglich, die sich jenseits konfessioneller Zugehörigkeit verorten:

> In Simone Weil, as in Kafka, we see the configuration of a double estrangement to which the Jews may be predisposed in contemporary civilization. For she was born outside of the Church as a Jew, and at the same time stood outside of Judaism and this not by an act of revolt, but simply by circumstance.[361]

Taubes' theoretische Ausführungen von 1959 korrespondieren mit der eigenen Position einer radikalen Nicht-Zugehörigkeit, beschrieben in einem Brief an Jacob vom Mai 1952. Darin erklärt sie in wenigen Sätzen die grundsätzliche Unterschiedenheit ihrer Haltungen zu Religion und Philosophie biographisch:

> You were nurtured on the law. I was born outside of the law; I grew up in opposition to the law, with no roots in family, a people or a state, standing

> outside of my fate as a Hungarian jewish immigrant etc. And out of my anarchic situation I see the necessity of the law, and know that the »free« life is limbo. But a pragmatic acceptance of law is only a subterfuge within the limbo; it shall not save us. And thus we are condemned to live the contradiction between our being + our convictions.[362]

Abgekoppelt von jedweder nationalen, religiösen wie familiären Bindung und zugleich außerhalb des eigenen Schicksals als ungarische jüdische Immigrantin: Was Susan Taubes für sich selbst als »anarchische Situation« bezeichnet, mündet in einer pragmatischen Anerkennung von Notwendigkeiten, im Wissen, dass die völlige Abwesenheit von Zugehörigkeit einer absoluten Freiheit nicht gleichkommen kann. Später, bezogen auf Simone Weil, wird die Außenseiterposition zur »vocation for the universal«[363]. Am Ende von »The Riddle of Simone Weil« betrachtet Taubes Weils antijüdisches Denken – jenes eindimensionale, zugleich willkürliche Verständnis der Bibel, das sie auch Camus angekreidet hatte – im Horizont ihrer historischen wie persönlichen lebensgeschichtlichen Erfahrungen. Weils Urteil über die jüdische Tradition als Grund für ein bis heute fortdauerndes nationalchauvinistisches Denken sei im Zusammenhang ihrer Selbstverteidigung gegen faschistische Zuschreibungsstrategien zu sehen; weder habe sie sich durch die Macht der Überlieferung noch von Hitler zur Jüdin machen lassen wollen. Ihre Position sei eine Gegenkraft zu jener, die in Hitler ein Instrument Gottes gesehen hätte, das sein Volk an dessen Andersartigkeit erinnern sollte. Damit seien ihre intellektuell durchdrungenen, dann wieder krude und sogar naiv anmutenden Argumente als Zeugnisse einer ungelösten Spannung zu sehen, die paradigmatisch für eine jüdische Existenz in der Moderne stehe.

Es war Weils Antihaltung gegenüber dem Judentum, an der sich parallel zur postumen Verklärung innerhalb der Pariser intellektuellen Öffentlichkeit eine heftige Ablehnung entzündete, insbesondere aus der Perspektive jüdischer Denker. Dies erfuhr Susan Taubes gleich während ihrer ersten Paris-Wochen. Im Januar schilderte sie ihrem Ehemann ein Zusammentreffen mit Emmanuel Lévinas, zu jener Zeit Direktor der École Normale Israélite Orientale. Der Philosoph arbeitete gerade an einem Aufsatz mit dem Titel »Simone Weil contre la Bible«; der Beitrag erschien wenig später in dem vom American Jewish Committee unterstützten Journal *Evidences*. Als Lévinas im Verlauf der Begegnung das Interesse der jungen, gerade aus Israel angekommenen Studentin an Simone Weil vernahm, war der inspiriert begonnene Austausch sehr schnell wieder beendet, so schildert sie es im Brief an Jacob:

> Had a very intense talk with Levinas; he mentioned to me that he is writing an article against S. Weil and a »battle« was inevitable. He was so shocked at my sympathising with a »traitor« that in the end he preferred not to take me seriously and to describe our conversation as a »plaisanterie«. It is sad, because, in the end loyalty is the virtue by which the soul lives, betrayal is its own death; in this torn world loyalty is hardly possible except at the expense of an equal betrayal. The past is swept away in a chaos, in the present everything is futuric, everything is only temptation.[364]

Aus Susan Taubes' Sicht spielte Lévinas mit seinem Vorwurf des Verrats am Judentum letztlich ein Gefangensein in der Erinnerung gegen die Ausrichtung auf eine unkalkulierbare Zukunft aus; dies aber käme aus ihrer Sicht einer Auslöschung der Gegenwart gleich. Ihre Haltung wurde nicht nur von Lévinas als Verrätertum oder sogar Ahnungslosigkeit verurteilt, davon erzählt derselbe Brief:

> I have been told by Bergman, Levinas and others of my perfect ignorance of what Judaism is. Nevertheless I would hazard to say the following. The positive and imperishable element in Judaism is a sense of fidelity which pierces through the very center of man, sanctifies his earthly bonds and establishes a bond between heaven and himself. You have told me and it is true that by disloyalty to the past we jeopardise our own self-identity. The world of faithfulness becomes tragic when a man loses irrevocably his mate, his friend, his family, his people, his country. How can one remain faithful and continue to live? Not only death and destruction, but birth also, the entrance of a new reality, a new possibility into the old frame, a new discovery which is in itself legitimate and irrefutable, can shatter the world of loyalties. At this moment fidelity to the past and fidelity to the future cease to be identical, and one must choose between loyalty to the dead and loyalty to the living.[365]

Wie kann man weiter glauben und gleichzeitig weiterleben? Dass die skizzierte Ambivalenz zwischen Verbundenheit mit den Toten und Hinwendung zum Leben für Susan Taubes in dieser Frage mündete, verwies keinesfalls auf eine Ignoranz gegenüber dem, »was das Judentum ausmacht«. Im Gegenteil: Die Frage zeugt vom luziden Verständnis einer Tradition, deren stetige Erneuerung von einer lebendigen Gegenwart derer abhängig ist, die diese Tradition fortwährend erinnernd aktualisieren. Unter welchen Voraussetzungen aber können das jüdische Kollektiv und der Einzelne als Jude im Angesicht der Toten fortbestehen, wenn diese Gegenwart selbst in Trümmern liegt? Eine »tragische« Problemstellung, die konstitutiv war für die Situation überlebender jüdischer Intellektueller in der Nachkriegszeit im Allgemeinen und für die private wie intellektuelle Verständigung zwischen dem Ehepaar Taubes im Besonderen.

Die Korrespondenz mit Jacob aus dem Jahr 1952 zeigt: Während ihrer Pariser Studienzeit gewannen Susan Taubes' Argumente in rasender Geschwindigkeit an Komplexität und Schärfe. Dazu trugen nicht allein ihre unzähligen Lektüren zeitgenössischer Schriftsteller und Philosophen bei – Eliade, Alain, Huizinga, um nur einige zu nennen –, sondern auch das vibrierende kulturelle und intellektuelle Leben der Stadt. Vermutlich verbrachte Susan Taubes den geringsten Teil ihrer Zeit in Vorlesungen und Seminaren. Lieber besuchte sie Ausstellungen, Museen und außeruniversitäre Veranstaltungen. Enttäuscht war sie vom Van-Gogh- und Picasso-Abklatsch in einer Ausstellung des Salon des Indépendants; kritisch und detailliert schilderte sie ihre Eindrücke vom gleichermaßen gigantisch aufgezogenen wie umstrittenen Kulturfestival L'Œuvre du Vingtième Siècle, initiiert vom Congress for Cultural Freedom (CCF), um die Überlegenheit der Künste in der ›freien‹, das heißt westeuropäischen und US-amerikanischen Welt zu demonstrieren

An den Abenden ging Susan Taubes ihren alten Leidenschaften für die Theaterbühne und das Kino nach. Mit Vorliebe sah sie zeitgenössische Avantgarde-Filme zu gesellschaftskritischen Themen wie Luis Buñuels *Los Olvidados* oder Claudio Goras *Il cielo e rosso*. Was das Theater betraf, so gab es von der altehrwürdigen Comédie-Française bis zum Theatre Antoine, wo Sartres Stücke uraufgeführt wurden, kaum eine Spielstätte (und auch kaum einen Konzertsaal), die Susan Taubes während der Monate in Paris nicht betreten hatte. Angetan war sie von den modernen Inszenierungen der Compagnie Renaud-Barrault am Theatre Marigny; Molières *L'Avare* unter der Regie von Jean Vilar im Theatre du Palais de Chaillot weckte in ihr die Frage, warum in der Komödie immer die schlechtesten menschlichen Eigenschaften Gelächter hervorriefen, in der Tragödie aber der Untergang des Helden zum Quell eines ästhetischen Vergnügens werde. 1953, kurz nach der Rückkehr in die USA, beantwortete sie diese Frage mit ihrer eigenen Theorie des Tragischen, dargelegt im Aufsatz »The Nature of Tragedy«: Der tragische Held sei ein Grenzgänger zwischen menschlicher und göttlicher Ordnung, dabei Träger eines Wissens, das nur um den Preis von Tod und Leid gewonnen werden könne – eine Erfahrung, die er mit dem Menschen in der Moderne teile.

Das Grenzgängertum bestimmte Susan Taubes' theoretisches Schreiben ebenso wie ihr Leben, ob nun die vielen Ortswechsel oder ihr stetes Oszillieren zwischen Kunst und Philosophie. Die daraus resultierende ganz persönliche Tragik traf sie in vollem Umfang mit dem Beginn ihres literarischen Erinnerungsprojekts zum Zeitpunkt, als sie ihre große wissenschaftliche Arbeit abgeschlossen hatte und sich die Krise in der Ehe mit Jacob Taubes bereits anbahnte. Im Wissen um die Unmöglichkeit von Zugehörigkeit, auch nicht in der intimsten Gemeinschaft mit einem anderen Menschen, lebte sie ab da zunehmend im Gefühl großer Einsamkeit. Auch als gerade verheiratete Studentin waren ihr Verlust und Alleinsein als prägende biographische Momente in Kindheit und Jugend stets gegenwärtig. Der Schmerz darüber aber wurde abgefedert, teils vom starken Willen, das persönlich Erfahrene in ein theoretisches Denken zu integrieren, teils durch die vielstimmige Resonanz im dichten Netz zwischenmenschlicher Beziehungen, in dem sie Anfang der 1950er Jahre ihr Verlangen nach Dialog und Inspiration intensiv lebte.

Orte dafür waren neben der Korrespondenz mit Jacob der Kontakt zu Denkern, von denen sie sich Anregungen für ihre philosophischen Studien versprach, zu Künstlern, aber auch zu Menschen, die sich praktisch für Frieden und Gerechtigkeit einsetzten. So schloss sie Freundschaft mit einem Menschenrechtsbeauftragten der UNESCO aus Indien und lernte den britischen Dichter Christopher Logue kennen, der sich sorgfältig Taubes' literarischen Schreibexperimenten widmete, die sie nebenher betrieb; dies dokumentiert beispielsweise das überlieferte Manuskript einer abstrakten Erzählung, »Child of Xenos«, mit Anmerkungen in der Handschrift von Logue. Taubes bewegte sich unter alten Freunden aus Genf und Amerika, die ebenfalls in Paris gelandet waren, genauso wie unter neuen Kommilitoninnen aus Deutschland, den Niederlanden, England und den USA. Sie traf sich mit Brice Parain, Philosoph und enger Freund von Camus, um mit ihm über Heidegger zu sprechen, suchte die Simone-Weil-Biographin Simone Pétrement an ihrem Arbeitsplatz in der Bibliothèque nationale auf, um mit ihr über Weils Gnosis-Verständnis zu diskutieren. Im Mai, kurz nach der Rückkehr aus Zürich, gelang es Susan Taubes Hannah Arendt zu treffen, die zur Vorbereitung für ihre (unvollendet gebliebene) Studie *Totalitarian Elements in Marxism* gerade Europa bereiste. Jacob berichtete sie von gleich zwei aufschlussreichen Unterredungen. So habe Arendt ihr geraten, Hans Jonas in New York zu kontaktieren, der sprach dort nämlich just zu diesem Zeitpunkt über gnostische Elemente bei Heidegger. Tatsächlich ist in Jonas' Nachlass ein Brief von Susan Taubes überliefert, datiert auf den 5. Mai 1952; darin bittet sie ihn um eine Abschrift der Vorlesung und bezieht sich dabei auf Arendt. Im zweiten Gespräch ging es um Persönliches. Arendt bezeichnete Jacobs Hoffnung, es könne sich doch noch eine Perspektive in Israel auftun, angesichts der brodelnden politischen Lage als reinen Wahnsinn (»sheer madness«). Susan im Anschluss an die Wiedergabe von Arendts Worten an Jacob: »I hope you will consider whether you are really inwardly decided to be shut in within a crazy frontier in a totally unpredictable + uncontrollable situation. I am exasperated with paradoxes. I appreciate the security implied in a job at the H. U. but in the context of the general situation this security is a joke.«[366]

Tagsüber wirbelte Susan Taubes durch das künstlerische und intellektuelle Leben in Paris, nachts verarbeitete sie alle neugewonnenen Eindrücke und Ideen in langen Briefen an Jacob in Jerusalem. Tatsächlich wünschte dieser sich offenbar weiterhin, entgegen den eigenen Beteuerungen, seine Frau möge ihre entschlossen ablehnende Haltung gegenüber einer Zukunft dort doch noch aufgeben. Für Susan war Jacobs schwankende Haltung lediglich Ausdruck einer generellen Zukunftsangst – »cold feet«[367] –, wie sie einmal schreibt. Bis Mitte Juni, dem Zeitpunkt von Jacobs tatsächlichem Aufbruch aus Israel, zog sich die Auseinandersetzung hin, wie sie sich auch im Brief mit der Erwähnung von Arendt als Susans Fürsprecherin zeigt. Immer war dabei das Lebenspraktische mit philosophischen und theologischen Fragen verschränkt. Vehement forderte Susan Taubes ihren Ehemann heraus, seine religiösen und theoretischen Standpunkte in Hinsicht auf die eigenen konkreten Lebensziele zu überdenken und ihre Ehe dabei nicht aus den Augen zu verlieren. In der Verständigung des Paars über Themen wie Gesetz und Gerechtigkeit, Geschichte und ›letzte Dinge‹ stand die Frage nach ihrem gemeinsamen Leben auf dem Spiel.

Sowohl für Susan Taubes' theoretische Schriften als auch für ihre private Korrespondenz gilt: Jene doppelte Entfremdung, die sie ein paar Jahre später auf Weil und Kafka bezog, begründete auch ihr eigenes, mehrfach gebrochenes Verhältnis zur jüdischen Herkunft als Horizont ihres Schreibens.

So wurde sie nicht müde, Jacob zu erklären, warum sie sich ein Leben als israelische Staatsbürgerin nicht vorstellen könne. Die neue Hinwendung im Judentum zu nationalen Interessen sei eine Entwicklung vom Unterlegenen zum Komplizen jener geschichtlichen Dynamik, die in Europa zur Katastrophe geführt habe.[368] Ihre unbefangene Kritik, frei von konfessionellen oder ideologischen Belangen, war grundsätzlich und ging weit über das Thema der Staatsgründung hinaus. Sie war gerichtet gegen jedwede spekulative Vernunft von Individuen, die sich anmaßten, für ihre Mitmenschen willkürlich festzulegen, worin der Sinn ihres Daseins bestehe; dazu zählte Susan Taubes neben christlichen eben auch wesentliche Elemente des jüdischen Denkens.

Das religiöse Dilemma ihrer Zeit, darin stimmte sie mit einer Bemerkung von Jacob überein, bestehe darin, dass sich das Heilige in der gegenwärtigen

Situation äußerster Entfremdung nur in seiner Abwesenheit zeige. So folgerichtig ihr negative Theologie und gnostische Ansätze erschienen, so wenig konnte sie eine darin implizierte innerweltliche Ausweglosigkeit aus dem realen Leid akzeptieren. Die Erfahrung von Leere in der Welt befördere bei demjenigen, der auf der Suche nach Erlösung sei, eine größtmögliche Distanz zum weltlichen Geschehen – allerdings bloß in seinem Innern, äußerlich verzichte er keineswegs auf das Notwendigste, um in genau dieser Welt weiterexistieren zu können. Damit beschrieb sie eine Spannung, die Peter Sloterdijk Jahrzehnte später als »gnostische Differenz« bezeichnen sollte.[369] Diese Gleichzeitigkeit von innerem Rückzug und dem Bedürfnis nach Einrichtung in der Welt machten sich, so Susan Taubes an ihren Ehemann, die großen Religionen wie Judentum und Christentum für politische Zwecke zunutze: »My complaint against Judaism + Catholicism is that they are political religions; this means the exploitation of the cult for ulterior motives.«[370]

Unter »Kult« verstand sie kein von menschlichen Belangen abgekoppeltes Ritual, sondern die Wiederherstellung der zerrissenen Beziehungen unter den Menschen, in dieser und keiner anderen Welt. Dort, wo für sie eine solche Praxis, frei vom zügellosen Willen zu Macht und Unterwerfung, einzusetzen hatte, kreiste Jacobs Denken um eine apokalyptische Eschatologie. Susan hielt ihm entgegen, dass einer nahen Apokalypse zwar zwangsläufig alle Hoffnung gelte, wenn man mit der Welt ein für alle Mal abgeschlossen habe, allerdings gäbe es dann rein gar nichts, was man über ein solches Ende der Geschichte hinaus noch erhoffen könne. Solange aber noch ein Funken Hoffnung auf eine friedvolle und gerechte Gemeinschaft bestehe, müsse alles Bestreben dem menschlichen Zusammenleben auf Erden gewidmet sein.

Endzeit, innerer Rückzug, negative Theologie: All diese Phänomene waren in den Augen der Vierundzwanzigjährigen notwendige Konsequenzen der gegenwärtigen Lage, die so sehr von Verlassenheit und Entfremdung gekennzeichnet war. Und gerade deshalb erschien ihr nichts davon als Option für ein Weiterleben. Als Alternative nannte sie im Brief an Jacob: »an attempt at pure cult.«[371]

Ein Großteil der Antworten von Jacob Taubes auf die philosophischen Überlegungen seiner Frau ist verloren gegangen. Ein Blick auf seine später entstandenen religionsphilosophischen Arbeiten macht jedoch deutlich, wie stark diese vom frühen Austausch mit Susan inspiriert waren. Auch am theologischen Begriff der Innerlichkeit hatte sich wiederholt die Auseinandersetzung zwischen beiden entzündet. Einig waren sie sich über Innerlichkeit als Symptom einer Welt, die »aus den Fugen geraten« sei

(»out-of-jointness«). In einem Brief, geschrieben Anfang April in Zürich, nimmt Susan Bezug auf ein (nicht überliefertes) Schreiben von Jacob, in dem dieser offenbar behauptet hatte, »›inwardness‹ needs no philosophy«[372] – und folglich auch keine Religion, wie seine Frau anfügte. Wenn dies aber so sei, so müssten »all genuine ›spiritual‹ problems« in der Sphäre des menschlichen Zusammenlebens verhandelt werden, dort also, wo sie, Susan Taubes, ihre eigene Vorstellung von Religion ansiedelte: »Religion insofar as it is a living force (+ not the transcendental temperature of a philosophy professor's soul) must concentrate the forces that link humanity to the sources of creation [...].«[373] In ihren späteren Schriften über Simone Weil konstatiert sie für die Philosophin und Mystikerin eine davon abweichende, alternativlose Haltung zur Innerlichkeit, und zwar im Zusammenhang mit dem Thema der Erlösung. In Weils Vorstellung von Innerlichkeit, so heißt es in Taubes' Dissertation über Äußerungen von Weil in Briefen an den Dominikanerpater Jean-Marie Perrin, könne es kaum einen Raum für Beziehungen zwischen Menschen geben. Angesichts einer realhistorischen Enttäuschung habe sich jede Erlösungshoffnung, die messianische Erwartung eingeschlossen, ganz in den Bereich der Innerlichkeit verschoben; der erlösende Augenblick beträfe nunmehr einzig die individuelle Seele. Da diese Enttäuschung sich auf die jetzige Situation einer durch und durch atomisierten Massengesellschaft beziehe, müsse der Einzelne sich aus allem zurückziehen, was ihn zur gesellschaftlichen Person mache: »For the individual has in fact become an atom whose social relations are extrinsic, manipulated, ungenuine. The true dimension of the individual must thus be sought in his sheer atomicity, in that point of impersonal selfhood that remains after the fabricated social person is stripped off.«[374]

Susan Taubes' Überlegungen zu Weils komplexer wie radikaler Ausdifferenzierung zwischen historischer Enttäuschung und individueller Erlösung, negativer Beziehung und äußerstem Rückzug finden ihr Echo in einer viel später entbrannten Polemik zwischen Jacob Taubes und Gershom Scholem, ausgetragen auf der intellektuellen Bühne. Scholem behauptete, etwa in seinem Eranos-Vortrag »Zum Verständnis der messianischen Idee im Judentum« (1959), die von Simone Weil ausgestellte Verinnerlichung sei genuin christlich und markiere somit eine prinzipiell unüberschreitbare Trennlinie zum Judentum. 1979 kritisierte Jacob Taubes seinerseits mit einem Vortrag, und zwar auf dem jüdischen Weltkongress in Jerusalem zum Thema »Der Messianismus und sein Preis«, grundsätzlich »Scholems Methode, den messianischen Kuchen« zwischen Judentum und Christentum »aufzuteilen«[375]. Die Verinnerlichung sei eine »Krise innerhalb der jüdischen Eschatologie selbst«; damit verwies Jacob Taubes gerade auf die

Durchlässigkeit jener Trennlinie zwischen jüdischem und christlichem Messianismus. Zwanzig Jahre zuvor war es allerdings seine Frau Susan gewesen, die Simone Weils mystischen Atheismus ausdrücklich jenseits des überlieferten Streits um die messianische Erwartung im Judentum und einen Glauben an den christlichen Messias situiert hatte, und zwar als Antwort auf die Geschehnisse ihrer Zeit. So konstatiert sie in ihrem Aufsatz »The Riddle of Simone Weil« für die Philosophin und Mystikerin eine Haltung, die in Bezug auf den Erlösungsgedanken weder die Konzeption einer christlichen Heilsgeschichte noch die Idee eines heiligen Volkes im Judentum akzeptieren kann, sondern ausschließlich das Individuum in den Mittelpunkt eines zeitlich nicht festzulegenden Erlösungsprozesses stellt:

> Clearly Simone Weil's critique cuts through the point of dispute between late Judaic belief and Christian faith: between belief in a Messiah who is expected to come and establish the kingdom of God at the end of time, and faith in the messiah who has already redeemed the world and who will return to rule the world at the end of time. The differences between Jewish and Christian messianism becomes insignificant since Simone Weil rejects the belief in redemption as a temporal event, as a fact accomplished or to be accomplished at a specific historical moment once and for all.[376]

Im Lichte der Weil-Lektüre von Susan Taubes erscheint nun Jacob Taubes' zehn Jahre nach ihrem Tod formulierte Reaktion auf Scholems strikte Entgegensetzung von jüdischem und christlichem Messianismus nicht allein als methodische Kritik. Sie impliziert auch den spezifischen Vorwurf einer mangelnden Berücksichtigung der jüngsten, konkret erfahrenen Gewalt, wenn es darum ging, religionsgeschichtliche Gewissheiten zu befragen.[377]

Für Susan Taubes' religionsphilosophische Überlegungen hatten solcherlei Gewissheiten, definiert durch verfestigte Trennlinien, niemals eine Barriere dargestellt. Im Jahr 1952 korrespondierte sie mit Jacob zwischen Paris und Jerusalem über die Frage, ob und inwieweit »the brokenness« »within the world«[378] geheilt werden könne, ohne die ganze Welt auslöschen zu müssen. Wie schmerzhaft eine solche Zerrissenheit von ihnen beiden, wenn auch auf je unterschiedliche Weise, als gewaltsam zugefügt wahrgenommen wurde, bezeugen die Briefe. Jacob, als in Israel anlässlich von Reparationsverhandlungen mit Deutschland öffentlich Bilder von nationalsozialistischen Vernichtungslagern gezeigt wurden:

> Ich glaube wir müssen all das bedenken, wenn wir uns auf den »Höhen« deutscher Philosophie bewegen. Das Geschehen des Nationalsozialismus

> gehört mit zum Kreuz unserer Zeit und es spricht auch an uns. Ich stehe noch ohne einen Schatten von Antwort – all mein Kompass ist zerstört, denn der Riss zwischen »Europa« und meinem Volke ist ein Riss durch mich hindurch. Die in der Kirche haben es leicht![379]

Für Susan hingegen verlief der Riss nicht in erster Linie zwischen Europa und »meinem Volke«, auch nicht zwischen Judentum und Christentum. Er verlief mitten durch die Welt, ohne Rücksicht auf Zugehörigkeiten, und zersprengte die Koordinaten des Kompasses, die Jacob trotz der Gewärtigung ihrer irreversiblen Zerstörung zu retten versuchte. Die »Sintflut« hatte die christlichen Voraussetzungen der alten theologischen Topoi wie Gesetz, Gerechtigkeit und Erlösung weggespült. Im Versuch einer Rehabilitierung aus jüdischer Perspektive in einer Welt ohne Gott sah Susan allerdings lediglich die Projektion menschlicher Wunschvorstellungen in ein überkommenes religiöses Koordinatensystem. Das führt sie im Bilde einer grotesken Konstellation vor:

> I don't know if there is »judgement«. And if there were what would it mean? That all nazis (or why just the nazis why not all the white people who have enslaved, exploited and uprooted primitive peoples and prospered and are not submitted to a Nuernberg trial) will burn in hell and that Jacob Taubes will be forgiven his lesser sins? No, it doesn't look as if there were judgement; and perhaps what we really crave is not so much that a bolt of lightning should slay the unjust man (i. e. since sometimes or mostly it is not within our power to electrocute the criminal, we ask god to do it) as that a light of realization should fill the darkness between man and man, a light of recognition which makes them ashamed for their dishonesty and brings remorse to their hearts for the harm they have done to others.[380]

Drei völlig unterschiedliche Verhandlungsorte von Gerechtigkeit prallen hier aufeinander: das Höllengericht, die Nürnberger Kriegsverbrecherprozesse und das Einzelschicksal von Jacob Taubes am Ende seiner Tage. Das bitter-komische Ungleichgewicht ist Mittel der Erkenntnis, nämlich, dass auf der ganzen Welt kein Sanktionenkatalog jemals Gerechtigkeit zu bewirken vermag. Dem setzt Susan Taubes ihre eigene Vorstellung einer messianischen Zeit entgegen, die sich weder auf dem Schauplatz einer Gerichtsbarkeit noch im abgeschotteten Innern eines Einzelnen entfalten könne, sondern allein mit einer Praxis des »reinen Kults«. Der Augenblick dafür sei immer dann gekommen, wenn mindestens zwei Menschen einander in Liebe und Achtsamkeit begegneten. Die radikale Umdeutung eines wesentlichen Grundes für Leid und Unglück, der Mangel an Zugehörigkeit, stelle sich damit ganz von alleine ein. Ein solcher Mangel sei dann nämlich nicht mehr Folge einer gewaltsamen Enteignung, sondern der Erlösung von allen nationalen, religiösen, ›rassischen‹ etc. Zuschreibungen, welche die Sicht auf den Anderen immer nur verstellten. So schreibt Susan an Jacob:

> If there is a supreme judge he is waiting for us to enter into judgement freely. And this for me is the meaning of the day of the Messiah, when we shall all sit around a table, and all will be told and each man shall understand in his way. But this day is everyday, wherever two men understand their relation in judgement which does not mean »an eye for an eye«, but wisdom and love.[381]

Zwei Wochen später, am Abend des 16. März, schrieb Jacob Taubes seiner Frau Susan, er sei gerade noch einmal ihre Korrespondenz durchgegangen, und resümierte:

> Wohl am deutlichsten meldet sich die Sehnsucht nach Freundschaft, nach einer Gemeinschaft der ganz Wenigen in Treue, mit denen man im symbolischen Akt verbunden ist, es spricht eine Angst vor dem Publikum, das alle Wahrheit und Treue (und damit allen symbol. Akt) entwertet und inflationiert, vielleicht auch eine Angst vor dem, was durch die Geschichte, in der wir teilnehmen, nolens volens, gegen uns anrollt.[382]

Vermutlich kam er im intimen Augenblick dieser Niederschrift Susans Wunschvorstellung einer gerechten Beziehung unter den Menschen, getragen von Zuneigung und Verständnis, sehr nahe.

Ihren Briefen der letzten Paris-Wochen im Mai und Anfang Juni ist eine Erschöpfung anzumerken. Fortwährend bewegte Susan sich zwischen den eigenen Studien, praktischen Hilfestellungen für Jacob, der sich mit dem Aufbruch aus Israel schwertat, und dem Alltag in Paris. So musste sie wiederholt beim Ministerium für auswärtige Angelegenheiten wegen eines verschleppten Einreisevisums für Jacob vorsprechen und zeitgleich zum vierten Mal während ihres Aufenthalts die Bleibe wechseln. Im Januar war sie zur Untermiete bei dem Philosophen Lucien Goldmann untergekommen. Hatte sich in den ersten Wochen das Zusammenleben mit ihm – nur manchmal war seine Frau anwesend – bei gemeinsamen Abendessen und Diskussionen über Marx noch als angenehm und hilfreich erwiesen, vermisste sie nun zunehmend Privatsphäre. Hinzu kam, dass sie, so kann man es mehreren Briefen an Jacob entnehmen, als Frau allein in Paris ständig

Avancen ihrer männlichen Umgebung abwehren musste. Zu Beginn des Studiensemesters hatte sich Susan, auch aus Erleichterung darüber, dem »israelischen Vulkan« entkommen zu sein, mit Energie in das soziale und intellektuelle Leben von Paris gestürzt; jetzt fühlte sie sich mehr und mehr dem Wirbel und Lärm ungeschützt ausgesetzt.

Im Juni begannen in Paris die großen Sommerferien. Susan begleitete einen Kommilitonen, den Wahl-Studenten und späteren Philosophen Alfred Duhrssen, mit dessen Familie nach Korsika und wohnte mit ihnen in einem verträumten Fischerdorf am Cap Corse. Dort verbrachte sie die Tage mit Schwimmen und Wanderungen auf den Felsen; bis in die Morgenstunden schrieb sie Gedichte und sehnte sich nach Zweisamkeit mit Jacob. Es war endlich ausgemacht, dass dieser um den 20. Juni herum von Israel zunächst in die Schweiz zu seinen Eltern fliegen würde. Dann sollte es nach Paris weitergehen, um dort seine Frau nach ihrer Rückkehr aus Korsika anzutreffen. Die aber hielt das Warten nicht länger aus und reiste kurzerhand von der Mittelmeerinsel über Italien zu ihrem Mann nach Zürich. Etwas später schrieb Jacob an Hugo Bergman: »Susan kam unerwartet von Korsika nach Zürich (über Pisa Florenz Mailand) u. erfreute die Stadt (oder nicht?), weil sie so dem mauschelnden Gerücht von unserer Scheidung, die die Leute sich aus der sechsmonatlichen Trennung zurecht gelegt hatten, ein Ende setzte.«[383] Der Zürcher Gerüchteküche kehrte das Ehepaar dann bald den Rücken und fuhr nach Paris. Dort verbrachte es drei trubelige Abschiedswochen. Ein Brief von Jacob an Esther und Samuel Joseph Agnon in Jerusalem erzählt von der Einladung zur dritten Hochzeit des Malers Marc Chagall, vom Empfang bei Baron Rothschild im Stadtpalais Avenue Foch und einem unterhaltsamen Abend im Verlagshaus Gallimard, an dem es noch einmal zu einer Begegnung mit Camus kam.[384] Am 4. August 1952 schließlich, so lässt es sich der Passagierliste für den Flug »LY 201/03« der Linie EL AL entnehmen[385], brachen Susan und Jacob Taubes von London aus auf in ein gemeinsames Leben in den Vereinigten Staaten.

*

In Susan Taubes' Aufzeichnungen der 1960er, in Tagebuchnotizen, Skizzen oder im publizierten Roman erscheint die junge Philosophin von einst nur als Schatten. Zwar werden Studienjahre in Jerusalem und Paris erwähnt und – bei der Begegnung mit Johann Tobler auf einem Literaturkongress – akademische Publikationen einer »vergessenen Vorvergangenheit«. Was aber in diesen Schriften stand, was für ein Leben Sophie als Philosophin führte und aus welchen Gründen sie es vergaß, davon erfährt man nichts.

Versteckte Fährten zu diesem vergessenen Leben finden sich dennoch, in unveröffentlichten wie auch in veröffentlichten literarischen Szenen.

Im ersten Großkapitel von *Divorcing* macht sich Ezra Blind auf den Weg ins Leichenschauhaus, um seine Frau Sophie nach ihrem Unfalltod zu identifizieren. Die Verstorbene kann seine überquellende Aktentasche erkennen: »Ich sehe die Titel von alten Zeitschriften: *Acéphale, Empedokles, Chimera, Exodus, Second Coming.* Er hat das Quellenmaterial mitgebracht, das er für seinen Aufsatz über den weiblichen Messias bei Auguste Comte benötigt.«[386] Alle fünf Titel gab es wirklich; es waren allerdings keine religionsphilosophischen Journale, sondern solche für Kunst und Literatur. Die Erwähnung der Zeitschrift *Exodus* als Quelle für künftige wissenschaftliche Erfolge von Ezra Blind, Sophies hinterbliebenen Ehemann, legt die Spur einer Verbindung zwischen dem erzählten Leben in der Literatur und der für den Leser verborgenen philosophischen Autorschaft außerhalb des Romans.

In *Exodus* publizierte die Religionsphilosophin Susan Taubes 1959 ihren Aufsatz »The Riddle of Simone Weil«; es handelte sich um ein kleines, im Umfeld der Beatnik-Bewegung entstandenes Magazin, getragen von der Judson Memorial Church in New Yorks Greenwich Village, die Ende der 1950er zum Mittelpunkt sozialer und künstlerischer Bewegungen wurde. Im Magazin sollten religiöse wie künstlerische Antworten auf die Frage nach einem Ausweg – Exodus – aus der Gefangenschaft in einer fremdbestimmten Gesellschaft gegeben werden. Im Statement des Herausgebers Bernard Scott, Pastor der Judson Church und Village-Bohemien, heißt es, nicht die Kirche stehe heute im Zentrum der Spiritualität, sondern die Kunst, Beat sei Mystik, sei Gnosis.[387] Scott hatte Jacob Taubes 1959 – er und Susan lebten da schon seit zwei Jahren in New York und unterrichteten an der Columbia – um die Ausarbeitung eines Vortrags zum Thema »The Sacred and the Profane«[388] gebeten. Dies geschah offenbar nicht. Anstelle dessen erschien jener Beitrag von Susan, von dem Jacob sich zehn Jahre nach ihrem Tod in seiner Polemik gegen Scholem inspirieren ließ, indem er sich auf das darin ausgestellte Messianismuskonzept einer weiblichen Denkerin, Simone Weil, bezog.

Ein anderes Licht auf die vergessene Philosophin wirft jene unveröffentlichte Szene einer Video-Übertragung in den Saal, in dem eine Jury über das Leben von Sophie Blind richtet. Ezra Blind schaltet der Reihe nach die führenden intellektuellen Köpfe des 20. Jahrhunderts als Zeugen zu. Wir erinnern uns: Auch der Regisseur David Lean sagt dort über die angehende Schauspielerin aus. Als Erstes aber erscheint auf dem Bildschirm Joseph Agnon, im Hintergrund die Steine Jerusalems, und erinnert sich in einem melodischen Hebräisch:

> I remember my first meeting with Sophie Blind, here in Talpioth, it must be fifteen or more years ago. I had just learned that her husband of whom I heard had come to live in Jerusalem and was my neighbor. I went to pay him a visit. A young woman in black opened the door.
> »Agnon,« I presented myself and asked if I could see Ezra Blind
> »I am sorry but I can't ask you in,« she said. »My husband is working. He cannot be disturbed till he has done his work for the day« and she closed the door in my face. An admirable woman. ~~She put her husband's work first, even if her husband did not~~. ~~She disapproved of me because I took her husband on long walks. I always had great admiration for her.~~[389]

Dem Loblied auf die bewundernswert loyale Ehefrau folgen Martin Buber und seine Frau. Letztere, beladen mit einem Wäschekorb, beteuert, dass sie Sophie mochte. Ihr Mann kleidet hingegen sein Urteil wortreich in eine Rede über das Verhältnis von Christentum und Judentum:

> »… that Christianity is simply a form of Jewish heresy has always been my view and a view shared by my colleague Dr. Blind. Now, as to the question of Sophie Blind – you have posed to me the question: was Sophie Blind inclined to heretical views? Yes, I would say so. A serious and intelligent woman; but she was a mystic. A gnostic. A Manichee. She rejected the God of the Old T, (his voice rises) She had no understanding of the I and thou relation. I call that heresy. As for her personal qualities – well, she fell asleep during the conversation the first time she and her husband came to my house. She liked my wife.[«])[390]

Als Nächstes kündigt Ezra Gershom Scholem an, »world authority on Jewish Mysticism«. Scholem sitzt im Armee-Hemd am Schreibtisch und knallt zwei Buchdeckel zusammen, bevor er seine Verwünschungen in Richtung Kamera schleudert:

> So, you come to ask me about that woman Sophie Blind? You can have her with my compliments. ~~We don't need people like that here.~~ She had no Zionist loyalties. But to answer your question: she did not impress me as an authentic witch. She was too alienated from her Jewish sources to be truly demonic. A product of American girl's college: in my opinion completely undeserving of the title of a heretic.
> I recommend she [x] shut up in a cloister.
> She belongs in a cloister.[391]

Als Letztes wird Albert Camus auf einer Bank in der Avenue Victor Hugo sitzend zugeschaltet. In seiner Anmoderation preist Ezra ihn als Nobelpreisträger, Dramatiker, Romanautor, Philosoph und Homme de Lettres.

> Camus: Yes I remember Sophie Blind …. I remember her very well.
> I met her in 1951 in the house of old Algerian friends, after an exchange of letters on the topic of Nihilism, Atheism, Suicide.
> She was wearing a white blouse paysanne. After dinner we walked around the bois de Boulogne. I remember I asked her what is a young woman like you in a white blouse and long hair etc doing alone in Paris. She said, without looking at me, [x] quite »My husband is in Jerusalem« and she was as untouchable as veiled as the Arab women in.Oran. We discussed St. Augustine. (He lapses in thoughtful silence)[392]

Noch bevor Camus ihre vielen Gemeinsamkeiten aufzählen und bedauern kann, dass es für ein Wiedersehen zu spät sei, vernimmt man Ezras Seufzen: »Ezra sighs shaking his head in despair and incomprehension at her lost opportunities. Na ja.«[393]

Der Gegensatz zwischen den Briefzeugnissen von 1952 und dem literarischen Zeugnis der späteren 1960er Jahre könnte größer nicht sein. Dort die unbeirrt vorwärtsstrebende vierundzwanzigjährige Susan Taubes, die in jener Zeit, trotz aller Konflikte, eine Übereinstimmung von Intellekt, Liebe und Expressivität lebte, nach der sie jahrelang gesucht hatte und die ihr später abhandenkommen sollte. Hier die in Pixel aufgelöste Sophie Blind, im Prisma der Fremdzuschreibungen: Der Zerberus vor der Schreibstube des arbeitenden Genies, die Mystikerin, die Gnostikerin, die Häretikerin, die Anti-Zionistin, das College-Girl – ohne das geringste Zeug zur Hexe oder gar zum Dämonischen –, schließlich die verschleierte Unschuld, ihrem Ehemann treu über alle Entfernung hinweg.

Was hatte sich zwischen dem Leben als Philosophin und dem Tod der Romanautorin ereignet? Gewiss nicht die von Ezra beklagten verpatzten Chancen in der Begegnung mit den strahlenden Größen ihrer Zeit. Vielmehr waren es nicht bezeugte Augenblicke im Verborgenen. Augenblicke, wie es in den »Prolegomena« für eine Autobiographie aus der zwischen Literatur und Leben gleitenden Perspektive der Autorin heißt, in denen sie von Neuem ansetzte zu schreiben: »she started writing and married and had children and went on writing and is still writing«.

Reisedokumente und Briefe an Jacob Taubes

12. Cambridge

In Susan Taubes' privaten Aufzeichnungen aus dem Jahr 1955 finden sich erste Ansätze für ein autobiographisches Erinnerungskonzept, wie sie es später dezidiert in ihren Romanen und Erzählungen realisieren sollte. Zunächst entwirft sie das Bild einer Festung mit Türmen und Korridoren, ausgekleidet mit Gipsmasken, ein »Castle of Memory«[394]. Um in den Schlossgarten sehen zu können, wo man selbst nie aufgehört hat zu spielen, muss man die Stufen erklimmen, vorbei an verschlossenen Türen und den toten Gesichtern. Erschöpft vom Aufstieg bleibt man auf dem Absatz stehen und erblickt durch die Stäbe des gewundenen Treppengeländers das Kind im Garten.

Im Anschluss an die traumartige Szenerie notiert Taubes einige Gedanken über das »Verhängnis des aufgeklärten Menschen«, nämlich seine ihm anhängende Vorstellung, von der Geburt bis zum Tod dieselbe Seele zu behausen:

> a la recherche …
> anguish over lost lives more acute since we envisage man as having one soul and the same soul continues from birth through childhood, adolescence, youth, maturity, age – to death. The man haunted by the moment in the garden of his child self – part of himself, lost and yet present like a ghost. The primitive leaves behind the child he was in the rite of passage; a kind of death severs him from his former self. The child dies that the man may be born. The virgin dies that the woman may be born. What throes for the soul doomed to grope through the tunnel in an ~~eternal~~ endless transition an unending rite of passage. For this is the doom of the enlightened man the man who remains the same soul from birth to death; memory is an unending + unconsummated rite of passage.[395]

In manchen Kulturen wird der Wechsel in ein neues Leben rituell begangen, das alte wird dabei begraben. Ein solches in der Regel gemeinschaftliches Ritual schützt vor den Gefahren eines Zwischenreichs, in dem man sich verlieren kann, weil dort Tote und Lebende ununterschieden nebeneinanderher leben. Daher ist derjenige, dessen Seele dazu verurteilt ist, für die Länge eines Lebens ein und dieselbe zu bleiben, den eigenen Gespenstern zu jeder Zeit ungeschützt ausgeliefert. Sein Leben verläuft als niemals vollzogene Rites de Passage. Jedes Voranschreiten in die Zukunft gerät beim Anblick des Verlorenen ins Stocken und wird zugleich angetrieben durch eine unstillbare Sehnsucht nach den nicht gelebten Leben.

Als Susan Taubes im Januar 1955 ihr Tagebuch begann, befand sie sich inmitten von Vorbereitungen für den Abschluss ihres PhD-Studiums am Harvard assoziierten Radcliffe College und stand damit kurz vor einem neuen Lebensabschnitt. Hinter ihr lagen abermals bewegte Jahre. Nach der Rückkehr aus Paris wohnten Susan und Jacob Taubes vorübergehend bei Sandor S. Feldman in Rochester. Im Mai 1953 kam ihr gemeinsamer Sohn Ethan zur Welt. Als Jacob die Zusage für ein Rockefeller Fellowship an der Harvard University bekam, stand im Herbst desselben Jahres die Übersiedelung der jungen Familie nach Cambridge an; nach ein paar Monaten bezog sie dort noch einmal ein neues Quartier. Die Organisation ihres Studiums musste Susan an diese großen Veränderungen in ihrem Leben anpassen. Nach einem Semester an der University of Rochester, bereits schwanger, schrieb sie sich für September 1953 am Department of Philosophy des Radcliffe College ein, wechselte dann 1954 an das Department of History and Philosophy of Religion und besuchte dafür Kurse an der Harvard Divinity School – als erste Radcliffe-Studentin dieser bis in die späten 1960er nahezu ausschließlich Männern vorbehaltenen Fakultät.

Die Jahre 1953 und 1954 sind durch persönliche Hinterlassenschaften von Susan Taubes in Gestalt von Briefen oder Aufzeichnungen kaum bezeugt. Möglicherweise sind Dokumente verloren gegangen. Wahrscheinlicher ist, dass die junge Doktorandin, Ehefrau und Mutter keine Zeit für ein Tagebuch oder ausführliche Korrespondenzen fand. Seit seiner Heirat 1949 bestritt das Ehepaar, von den Monaten in Jerusalem einmal abgesehen, jetzt zum ersten Mal einen gemeinsamen Alltag.

Die Bedeutung der Jahre in Cambridge für Susan Taubes' intellektuelle Biographie lässt sich in erster Linie anhand von Studienakten, schriftlichen Lebensläufen, Korrespondenzen anderer und schließlich den wenigen persönlichen, viel später niedergeschriebenen Erinnerungen rekonstruieren. Dazu kommen jene philosophischen Texte, die Taubes ab 1953 in kurzen Abständen publizierte; im intensiven Pariser Studienjahr hatte sie den Grundstein dafür gelegt. Liest man die Aufsätze zu einer Theorie des Tragischen, über gnostische Elemente im Denken Heideggers und Simone Weils negative Theologie im Lichte von Universitätskorrespondenzen, Briefen von Jacob Taubes an Dritte und ihren eigenen Rückblicken, entsteht der Eindruck einer überaus produktiven wie kräftezehrenden Lebensphase. Zwischen Umzügen, häuslichen Pflichten und Sorge um ihrer beider berufliche Zukunft nahm Susan Taubes' philosophische Autorschaft deutliche Konturen an.

Ab Herbst 1952, die quirligen Abschiedswochen in Paris lagen gerade erst hinter ihr, setzte sie ihr Graduiertenstudium vorerst an der University of Rochester fort. Jacob indes hing in der Luft. Briefe von ihm an Hugo Bergman lassen durchblicken, dass er, trotz der Ablehnung, die er dort erfahren hatte, noch immer mit einer Rückkehr an die Jerusalemer Hebrew University rechnete. Bemühungen um eine Anstellung an der Columbia waren erfolglos geblieben, die Entscheidung über sein Fellowship in Harvard stand zu diesem Zeitpunkt noch aus. So plante seine Frau, in Rochester die erforderlichen Leistungen für ein Doktorat an ihrem Heimat-College Bryn Mawr zu erbringen, denn die Universität von Rochester vergab keine PhD-Abschlüsse in Philosophie. Dafür vertiefte sie sich in Geschichtsphilosophie, belegte einen Kurs in Ästhetik bei dem nur drei Jahre älteren Jerome Stolnitz und ein Seminar zum Thema Zeit und Erinnerung (»Time and Memory«), abgehalten von Lewis W. Beck. Der Kant-Übersetzer und Spezialist für deutsche Philosophie begegnete der Fünfundzwanzigjährigen, die, angefüllt mit Gedanken zu Nihilismus und Entfremdung sowie zur gegenwärtigen Kunst und Theologie, an die amerikanische Universität zurückgekehrt war, verhalten. In einem Empfehlungsschreiben, anlässlich von Susan Taubes' späterer Bewerbung für das Radcliffe College[396], zählt er zunächst ihre Vorzüge auf: Sie sei die Tochter eines renommierten Professors für Psychiatrie und Ehefrau eines vielversprechenden Philosophen (leider noch ohne feste Position in den Vereinigten Staaten). Zudem seien ihre Begabungen auf intellektuellem Gebiet unübersehbar, ebenso ihr persönlicher Charme. Dennoch habe sie seine Erwartungen leicht enttäuscht, dies begründete er gleich dreifach. Erstens: Taubes' Gesundheitszustand – gemeint war die Schwangerschaft – habe offenbar ihren Arbeitseifer gedämpft. Zweitens: Die intensive Beschäftigung mit aktuellen philosophischen Strömungen wie dem Existenzialismus sowie ihre Tendenz, philosophische Probleme aus der Perspektive von Kunst, Literatur und Religion zu betrachten, seien weit entfernt von den klassischen Themen und Verfahren der Philosophie. Dies führte Beck auch schon zum dritten Punkt: Ihr alles andere als gradlinig verlaufenes Studium habe zwar einerseits zu einer deutlichen Überlegenheit gegenüber den Kommilitonen geführt, andererseits mangele es seiner Studentin an grundlegendem Wissen. Dennoch sei er sich sicher, sie werde aufgrund ihrer trotz allem exzellenten Arbeit und eines hohen Bewusstseins um die eigenen Schwächen diese Lücken mühelos ausgleichen, und empfahl sie wärmstens für einen PhD-Studiengang am Radcliffe College.

Die Begegnung mit dem jungen, aus New York stammenden Philosophen Jerome Stolnitz verlief indes weniger ressentimentgeladen. Im Winter 1953 erschien Susan Taubes' Aufsatz »The Nature of Tragedy« in der von Paul Weiss herausgegebenen *Review of Metaphysics*, demselben Philosophie-Journal, in dem ein halbes Jahr vorher Jacobs Text über die ontologische Frage durch die Vermittlung seiner Frau erschienen war. Diese schreibt in einem später entstandenen Curriculum Vitae, ihre Abhandlung über die Tragödie sei im Zusammenhang mit einem Ästhetik-Seminar bei Stolnitz entstanden, es handele sich um »a historical and systematic inquiry into the premises of the tragic drama in relation to ritual, religion and rationalism«[397].

Die Arbeit an diesem Aufsatz eröffnete ihr die Möglichkeit, allen Fragen nachzugehen, die ihr das Tragische im Laufe der Jahre als Leserin, Theatergängerin und angehende Schauspielerin aufgegeben hatte. Schon früh hatte Susan Taubes die Tragödie anderen dramatischen Gattungen wie die der Komödie vorgezogen. Weniger als gattungsgeschichtliches Phänomen interessierte sie die Tragödie allerdings als Antwort auf existenzielle Fragen. In »The Nature of Tragedy« interpretiert Taubes die Tragödie als eine Auseinandersetzung mit dem Leben, die sich sowohl von Ritual und Religion als auch von der Philosophie absetze und somit in keinen mythischen, religiösen oder rationalistischen Rahmen gepresst werden könne.[398] Ihr Ort sei vielmehr der Zwischenbereich von göttlicher Ordnung und Philosophie, dort, wo sich zum ersten Mal ein Moment des reflexiven Innehaltens zwischen göttlichen Ratschluss und menschliche Tat schiebe.[399] Die hoffnungsvolle Botschaft der Tragödie laute, so resümiert Taubes am Ende, dass das Leid zwar nicht zu unterdrücken, aber auch nicht endlos sei. Die Chancen für den Menschen ständen schlecht, im tragischen Geschehen aber habe sein Leben dennoch Sinn und Würde.[400]

Zu dieser Einschätzung gelangt Taubes, indem sie auf die Ursprünge des Tragischen zurückgeht und dabei eine Gegenstellung von Religion bzw. Philosophie und Tragödie herausarbeitet. Die Tragödie beerbe Ritual und Mythos, Momente einer göttlichen Ordnung wirkten in ihr fort, daher könne sie auch nicht mit Kategorien der menschlichen Psyche beschrieben werden, denn sie entspringe der konfliktreichen Beziehung zweier vollkommen unterschiedlicher Ordnungen: In der einen walte der menschliche Wille, in der anderen herrschen die göttlichen Gesetze. Im Verlauf ihrer Untersuchung diskutiert Taubes diese Konstellation als dialektische, und zwar im Wechsel von »a rational point of view«[401] und »a religious perspective«[402]. Dabei beschreibt sie die Tragödie als Drama, das sich als Reaktion auf eine Krise zwischen unterschiedlichen Zeichensystemen abspiele. Dem Druck der widerstrebenden Kräfte könne nunmehr kein traditioneller Bezugsrahmen für das menschliche Denken und Handeln standhalten. Sobald der Mensch den Göttern herausfordernd entgegentrete, handele er tragisch; er verstehe die Zeichen des Himmels falsch und werde in der Folge zum Agenten seiner eigenen Zerstörung. So heißt es: »Human action tends to become tragic whenever the ›time is out of joint,‹ the oracles grow obscure and even treacherous; human action becomes tragic whenever the divine order loses coherence so that man, misreading the signs of heaven, becomes the instrument of his own destruction.«[403] Vor allem das antike griechische und das elisabethanische Theater entsprächen diesem Modell. Am Übergang vom archaischen Bewusstsein zu einer spekulativen Geisteslage bzw. von der Auflösung des mittelalterlichen Kosmos zur Herausbildung eines puritanischen Geistes in Miltons *Paradise Lost* würden Schauplätze eröffnet, an denen die Grenzen zwischen der göttlichen/dämonischen und der menschlichen Sphäre durchlässig würden. Ödipus sei im Versuch, das Orakel zu überlisten, dessen Ungeheuerlichkeit zum Opfer gefallen; Macbeth, getrieben von Ehrgeiz, habe die Prophezeiung der Hexen missverstanden; Ajax' Vorhaben, seine verletzte Ehre zu rächen, sei durch die List der Götter in eine Entehrung umgekehrt worden.

Das Konzept des tragischen Helden und das Problem der Überschreitung in ihrem Verhältnis zu Ritual, Religion und Philosophie untersucht Taubes im Anschluss an Nietzsches *Geburt der Tragödie*, aber auch an jüngere amerikanische Forschungen aus der klassischen Philologie, Anthropologie und Literaturwissenschaft wie die von Gilbert Murray oder Jane Harrison. Ritual und Tragödie seien durch die Erfahrung des Dämonischen, des destruktiven Aspekts der Götter, miteinander verbunden und befänden sich in gemeinsamer Gegenstellung zur Religion; diese wiederum unterscheide sich insofern vom archaischen Ritual, als sie für die Sphäre des Numinosen die Vorstellung vom persönlichen Gott ausgebildet habe. Die prä-religiöse Form des Ritus sei durchaus schon mehrfach analysiert worden, insbesondere von Kenneth Burke oder Francis Fergusson, dies allerdings nicht in Hinsicht auf die entscheidende Frage, »what it is that converts the *agon*, *anagnorisis*, *threnos* and *peripeteia* into specifically *tragic* categories«[404]. Taubes' Antwort setzt mit dem Bruch des rituellen Banns ein. Mit seinem Austritt aus dem magischen Kreis beginne das Schauspiel des Menschen, der erwägt, plant, nachforscht und sich gegen die Götter behauptet.

Insofern aber der tragische agon an den Auftritt des Menschen als verantwortlich handelndes Wesen auf dem göttlichen Plan gebunden sei, eigne ihm von Anbeginn ein Status des Tragischen, denn dem damit ausgelösten

Zusammenprall von unterschiedlichen Kräften folge weder eine Lösung noch eine Versöhnung. In der idealen Tragödie gewinne der Held seine Einsicht gerade aus jenem Leid, das sein eigenes Handeln notwendig herbeiführe. Diese Position am Übergang zwischen Mythos und Vernunft mache die Tragödie zwangsläufig für die Philosophie suspekt. Zwar stelle sie, so Taubes, den Einbruch eines reflexiven Bewusstseins in die archaische Welt, eine Reflexion von deren Krise dar, zugleich aber stehe sie immer noch mit einem Bein in der alten Ordnung.

Das Verhältnis zur Religion dagegen wird von ihr anhand der Gegenüberstellung zweier bekannter Versionen vom Motiv des menschlichen Aufbegehrens gegen die göttliche Ungerechtigkeit dargestellt: Aischylos' *Prometheus* und das biblische Buch *Hiob*. Während Hiob, der »Gerechte«, für ein passives Leiden durch eine ihm auferlegte Prüfung stehe, begegne Prometheus den Göttern in einer neutralen Arena, »there is no ultimate court of appeal, the combatants face each other in an open arena bounded only by an impersonal power of fatality«[405]. Sowohl in der Tragödie als auch in der Religion finde sich die Vorstellung vom Menschen als Agenten des Bösen, begründet durch dessen Fähigkeit und Willen zur Überschreitung der alten Ordnung in Gestalt einer unpersönlichen Schicksalsmacht bzw. des persönlichen Gottes. Im Rahmen der Religion werde eine solche Überschreitung allerdings als Sünde interpretiert, während sie in der Tragödie als heroische Handlung erscheine. Dabei stelle sich der tragische Held nicht allein gegen die vorgefundene Ordnung, sondern reflektiere oft auch einen Widerspruch in der kosmischen Ordnung selbst. »The hero may be driven to break the law in one sphere in order to fullfil it in another.«[406] Taubes erinnert an Antigone, die sich im Bruch mit den Gesetzen der Polis auf ein höheres göttliches Gesetz beruft.

Während ihrer Pariser Theaterbesuche war Susan Taubes jene Frage in den Sinn gekommen, die bereits etliche Denker seit Platon beschäftigt hatte: Wie nämlich kann der Untergang des tragischen Helden für den Zuschauer zur Quelle einer ästhetischen und ethischen Befriedigung werden? Ihre Antwort in »The Nature of Tragedy«: Indem das Böse in der Tragödie eine »trans-ethische« (»trans-ethical«[407]) Bedeutung erhalte. Religion und Philosophie ständen jeweils für die universelle Geltung eines Prinzips – hier die göttliche Offenbarung, dort die Wahrheit –, der Tragödie aber eigne aufgrund ihrer Überschreitung der Grenze zwischen Gott und Mensch die Möglichkeit einer weiter reichenden Erkenntnis: »Tragedy shows that he who transgresses the line that separates man from the gods gains a profounder insight into their relation.«[408] Um was für eine Einsicht handelt es sich? Taubes betont, der Zuschauer vergnüge sich keineswegs am Leiden eines Menschen, sondern an der Verkettung von Ereignissen, die, in Gang gesetzt durch die Überschreitung des Helden, schließlich in dessen Untergang gipfele – ein Vorgang, der trotz allem versichere, dass es eine letzte Grenze der Zerstörung gebe.

Am Ende gehöre der Sieg sowohl dem Helden als auch den Mächten in ihrer je eigenen Sphäre – und zugleich keinem von beiden. Aus dieser paradoxal anmutenden Zwischenstellung resultiere ein »gefährlicher Balanceakt zwischen Hoffnung und Nihilismus«[409]; er mache die starke Faszination des Tragischen aus. Indem Taubes für ihre Formulierung Kategorien wählt, die nicht der antiken Tragödie selbst entstammen, sondern einem gegenwärtigen geschichtsphilosophischen Kontext, macht sie deutlich, dass genau dieser Balanceakt die Tragödie offenhalte für Perspektiven aktueller Konflikte.

Was stand in der Gegenwart des Jahres 1953 auf dem Spiel?

Gegen Anfang ihres Aufsatzes bezeichnet Taubes die tragische Bühne als Waage (»balance«), auf der die menschliche Handlung abgewogen wird: der Wille des Menschen gegen das Walten der Götter, Sinn gegen Sinnlosigkeit, Ordnung gegen Chaos. Sobald die Waagschalen aus dem Gleichgewicht gerieten, hätten wir es entweder mit einer Welt zu tun, deren Ordnung und Sinn für alle Ewigkeit feststünden, oder mit der völligen Abwesenheit von Stabilität und Sinn. Im Aufsatz heißt es dazu: »Should the entire weight of the issue fall on either side, we should be left with a world where man is either utterly enmeshed in a web of divine-demonic causation, or where man stands alone as the ultimate source of his actions.«[410] Ob nun eine Welt, in der Leiden und Tod nach strenger Gerechtigkeit gemessen werden, oder eine Welt von mutwilliger Gefährdung und des Zufalls, in der sich jede menschliche Vernunft vor der Absurdität beugt: Weder hier noch dort würde der Mensch seine Situation als wesenhaft tragisch erfahren. Denn Tragödie bedeute, dass die Beziehungen zwischen Mensch und jener noumenalen Sphäre, von der sein Überleben und Glück abhingen, nicht abhandengekommen, sondern ungewiss geworden seien; zwar sei er auf die Götter angewiesen, Verlass sei auf diese jedoch nicht mehr.[411]

Susan Taubes' Briefe und Aufzeichnungen aus den frühen 1950er Jahren zeugen wiederholt von der ganz persönlichen Sehnsucht nach einer lebendig erfahrbaren ›noumenalen Sphäre‹. Zugleich geben sie ein klares Bewusstsein darüber zu erkennen, dass mit dem Tod Gottes diese Sehnsucht keinen Bezugspunkt hat, auch nicht in Gestalt einer Hoffnung, die, so Taubes, im Falle der Tragödie aus der Negativität entsteht. Genau diese Gegenstrebigkeit von Wunsch und Hoffnungslosigkeit überführte sie in ihre Theorie vom Wesen des Tragischen. Gegen Ende heißt es: »The hero is dead and the land ravaged by the outburst of lawlessness, but society remains, and order and justice are not destroyed.«[412] Wo aber die Menschen den Glauben an jegliche Gesellschaftsordnung verloren hätten, löse sich die Tragödie in Nihilismus auf; Handeln und Leiden des Helden würden sinnlos. Wenn Taubes die hoffnungsvolle Botschaft der Tragödie und die prinzipiell aussichtslose Lage des Menschen im selben Atemzug konstatiert, ist dies ein Hinweis darauf, dass aus ihrer Sicht die Waage aus dem Gleichgewicht gekommen war.

Susan Taubes' Ausblick von »The Nature of Tragedy« präsentiert sich selbst als tragisch, indem er zwischen dem melancholischen Rückblick auf eine Welt, in der das menschliche Leid trotz allem einen Ort hat, und einer Konfrontation mit der Entwurzelung des modernen Menschen oszilliert. Für dessen haltlose Skepsis bieten die tragischen Kategorien keine Orientierung, stattdessen artikuliert sie sich in der Sprache der Gnosis.

Gnostische Denkfiguren als Bezugspunkte für die Tragödie bringt Susan Taubes mit einer noch in Rochester entstandenen, aber erst 1954 im Philosophie-Journal *Ethics* publizierten Rezension zu Herbert Weisingers Buch *Tragedy and the Paradox of the Fortunate Fall* (1953) ins Spiel. Der Komparatist untersucht darin ebenfalls die Frage nach dem ästhetischen Vergnügen, und zwar anhand einer angenommenen Beziehung zwischen der Tragödie und dem paradoxen Konzept der felix culpa, des »glücklichen (Sünden)-Falls«, das seinen bekanntesten Ausdruck in der katholischen Oster-Liturgie fand, im darin geäußerten Gedanken, dass ohne Adams Versündigung Christus nicht gekommen wäre, uns zu erlösen. Taubes entwickelt ihre detaillierte Kritik entlang ausgewählter Punkte; sie betreffen sowohl Weisingers Verfahren als auch seine Auswahl des Materials. So würde er von den psychologischen Reaktionen des Publikums auf das Wesen der Tragödie schließen, ohne jedoch zwischen subjektiven und objektiven Faktoren, wie die individuelle Disposition oder tradierte Deutungsschemata, voneinander zu unterscheiden – mit dem Ergebnis, »that we lose all criteria by which to clarify and judge our response«[413]. Die Zuschauerreaktionen erklärten erst einmal gar nichts, sondern bedürften umgekehrt einer Erklärung durch die Untersuchung von Struktur und Voraussetzungen jenes Objekts, welches genau diese Reaktion hervorrufe.

Weisingers assoziativ anmutendes Verfahren gehe auf Kosten einer genauen Klärung der Beziehung des Tragischen zum Ritual und zur jüdischen bzw. christlichen Religion. Daneben kritisiert Taubes eine Tendenz zur Vereinheitlichung von prinzipiell Unvereinbarem, etwa wenn Weisinger heidnische und christliche/jüdische Glaubenswelten unter der Annahme eines »grundlegenden Glaubens« (»basic faith«[414]) zusammenbringen wolle.

Sein größtes Versäumnis aber sei, dass er auf der Suche nach Analogien zum tragischen Prinzip der Verschränkung von Überschreitung und Erkenntnis durch Leid die gnostische Lehre von der Erlösung durch Sünde unterschlage, sich stattdessen auf mesopotamische Vegetationsmythen konzentriere. Im Verlauf einer solchen Suche müsse einem aber, so Taubes, als Allererstes die gnostisch häretische Lehre von der Sünde als einer notwendigen Phase in der Erlösung einfallen. Das Paradox des glücklichen Falls sei davon nur die orthodoxe, obgleich etwas abgeschwächte (»somewhat compromised«[415]) Variante. Seine radikalen Konsequenzen entfalte das Konzept erst jenseits der Orthodoxie. So seien in einigen gnostischen Lehrmeinungen Heilige und Sünder identisch, beinhalte das Drama der Erlösung Übertretungen der natürlichen Ordnung. Schließlich bezieht Taubes sich auf Gershom Scholems *Major Trends in Jewish Mysticism* (1941), wenn sie auf die vielfach hervorgehobenen antinomistischen Aspekte der Lehre Christi verweist, die Weisinger an keiner Stelle erwähne. Es fänden sich lediglich einige oberflächliche Bezugnahmen auf einen gnostischen Dualismus – aus Taubes' Sicht unverzeihlich, »since the concept of *felix culpa* is of gnostic origin, and was, moreover, the central doctrine of gnosticism and received its most elaborate and intense expression in the gnostic myth of redemption«[416]. Im gnostischen Mythos sei es das göttliche Element selbst, der Erlöser persönlich, der durch Sünde falle, sein Exil in der Welt erleide, schließlich aber die wahre, rettende Erkenntnis (*gnosis*) über seinen Ursprung, Zustand und sein Schicksal erlange. Gerade in diesem Mythos komme die Vorstellung von der Notwendigkeit des Bösen für das Gute sehr deutlich heraus. Im Drama der Erlösung trieben die kosmischen Mächte der Finsternis den Menschen an den äußersten Rand der Gewalt, wo ihn der »Lärm der Welt« (»noise of the world«[417]) – das gnostische Bild für den aktiven Aspekt des Bösen – aufrüttele und zur Erlösung führe. Taubes: »Once the cup of sin is drained to the dregs, evil works dialectically to its own exposure and destruction.«[418]

Es war diese dialektische Bewegung, die sie an der Gnosis interessierte, und weniger die Vision einer endgültigen Errettung aus der Welt. Schon im April 1952, als Susan in Zürich an ihrer Heidegger-Arbeit saß, hatte sie an Jacob geschrieben: »I am through with ›gnosis‹ + all otherworldliness.«[419] Genau genommen impliziere die Verneinung der Welt eine strikte Bejahung weltlicher Werte, im Christentum zum Beispiel sei dies in der Vision einer Welt ohne Mühsal, Kummer und Krankheit verkörpert. So schreibt sie nur ein paar Tage später: »The otherworldliness of the gnosis is false only insofar it is a cry against the harshness of the world + thus a secret yearning for a less harsh world – even an infantile yearning for a paradisic world.«[420]

Die gnostische Weltflucht setzte Susan Taubes mit einem kindlichen Verlangen nach paradiesischen Zuständen gleich. Insofern galt ihre Aufmerksamkeit weniger den eschatologischen Aspekten im gnostischen Denken, eher dessen radikaler Fortführung innerhalb der Welt und den Artikulationsweisen jenes Aufbegehrens gegen die dort erfahrene Brutalität. Schon in den ersten Begegnungen mit Heideggers Philosophie waren ihr darin gnostisch aufgeladene Formulierungen aufgefallen; unter dem Eindruck vertiefter Lektüren und Diskussionen hatte sie dann im Verlauf des Paris-Semester insbesondere gegenüber den späteren Schriften zunehmend eine skeptische Haltung eingenommen. In ihrer Bewerbung für das PhD-Studium am Radcliffe College vom Februar 1953 kündigt sie schließlich ihr Dissertationsvorhaben nicht als eine Untersuchung speziell über Heidegger an, sondern als Studie

> on the structure, origins and development of modern nihilism, a historical and systematic inquiry into the concept of world, dealing with the loss of a coherent metaphysical world picture and man's growing sense of alienation and homelessness in the universe, as it expresses itself in several related intellectual movements of the nineteenth and twentieths centuries.[421]

In ihre Erkundung des Nihilismus als Artikulation von Weltverlust und Entfremdung wolle sie Denkbewegungen von der Nachromantik über Surrealismus und deutschen Expressionismus bis hin zum zeitgenössischen Existenzialismus einbeziehen. Als Arbeitsprobe legte sie neben einer Existenzialismus-Abhandlung – vermutlich jene, die sie 1950 in Bryn Mawr angefertigt hatte – ein fertiges Kapitel über »The Gnostic Foundations of Heidegger's Nihilism« bei. Die Anlage ist nicht überliefert, allerdings erschien mit identischem Titel und unter dem Namen »Susan Anima Taubes« – so nannte sie sich in der Cambridger Studienzeit, ob inspiriert vom Jung'schen Gegenbegriff zur ›Persona‹ ist nicht überliefert – im Juli 1954 ein Aufsatz im *Journal of Religion*.

Mitherausgeber der renommierten Vierteljahrschrift war zu diesem Zeitpunkt James Luther Adams. Der Theologe sollte erst 1956 als Professor für christliche Ethik an die Harvard Divinity School kommen, das Ehepaar Taubes lernte er jedoch bereits 1953 im Rahmen einer Gastprofessur in Cambridge kennen. In einem Empfehlungsschreiben, das er im Februar 1954 anlässlich von Susans Plan, künftig Kurse an der Divinity School zu belegen, an das Radcliffe College richtete, schrieb Adams mit großer Sympathie und Wertschätzung über ihre intellektuellen Fähigkeiten. Als Beleg führte er ihren Heidegger-Aufsatz an, den er für den besten hielt, den er jemals über den Philosophen gelesen habe, die Herausgeberkollegen seien ähnlicher Meinung gewesen.[422]

Damals in Zürich hatte Susan Taubes sich intensiv mit der Heidegger-Kontroverse beschäftigt, die Karl Löwith nach Kriegsende mit Beiträgen in *Les Temps Modernes* angestoßen hatte; darin leuchtet dieser seinen Lehrer als Philosophen aus, der seine eigenen Ansprüche philosophisch nicht eingelöst hatte und stattdessen dem eigenen Dogmatismus in die Falle gegangen war. 1951 und 1952 hatte Löwith in *Die Neue Rundschau* mit zwei Artikeln nachgelegt (sie erschienen dann 1953 in seinem Band *Heidegger – Denker in dürftiger Zeit*). Susan im Anschluss an die Lektüre:

> As for my ›thesis‹ it breaks down insofar as I am not competent to show the ›gnostic‹ elements in Heidegger in their total historical setting. H. writing in the 20th C. <u>after</u> the history of the gnostic-self* [*as it passes through Mysticism, Idealism Descartes, Hegel.] and the secularization of the gnostic [apocalyptic?, JT] eschatology in Marxism (partly already in Protestantism) and having to come to terms with historicism, [(]psychologism, biologism) lives in a different horizon than the early gnostics who actually experienced the ›newness‹ of a revelation, who stood at the beginning of a new era. H's, is an end-vision – a catastrophic vision. In the later works a variety of ›gnostic‹ motifs are tangled up without coherence. φύσις becomes identical with the eschatological Sein = world history = history of Occidental metaphysics. The history of metaphysics is the history of nihilism. ›Das Sein beirrt das Seiende‹ and at the same time it is the light of truth. Man is the ›Hirt des Seins‹ but this Sein is a monster in the image of Prof. H. going forever astray on in Holzwege.[423]

Der zwei Jahre später im *Journal of Religion* erschienene Aufsatz zeigt, dass Taubes' Befürchtung, das Verhältnis zwischen der frühen Gnosis, deren Anhänger am Anfang einer neuen Ära standen, und Heideggers Endzeit-Katastrophen-Visionen in seiner Historizität kaum angemessen darstellen zu können, unbegründet gewesen war. Als Einstieg dient ihr Nietzsches Wort von der deutschen Philosophie als »hinterlistige Theologie« (»smuggled theology«). Ziel der Abhandlung sei es, so Taubes weiter, Heideggers Philosophie im Bezugsrahmen der Gnosis als ihrer verborgenen Theologie (»covert theology«) zu interpretieren.[424] Dabei erwähnt sie mit Verweis auf jüngere Untersuchungen etwa zu André Breton oder Simone Weil, dass die Wiederkehr gnostischer Tendenzen in literarischen Bewegungen und Teilen der modernen (Religions-)Philosophie durchaus schon aufgezeigt wurde. Ihre eigene Darlegung der gnostischen Grundlagen von Heideggers Nihilismus stehe in einer erweiterten Auseinandersetzung mit dem Wiederaufleben gnostischer Haltungen in einer geistigen Krise der Gegenwart. Damit ist die Situation benannt, die Taubes im Verlauf ihrer Argumentation ins Verhältnis zu einer Übergangssituation in antikem Judentum und Frühchristentum setzt. Ihre Überlegungen schließen an Gnosis-Deutungen von Rudolf Bultmann und Mark Lidzbarski an sowie an zeitgenössische französische Forschungen, wie die von Simone Pétrement und Henri-Charles Puech (beiden war sie in Paris persönlich begegnet). Eine besondere Rolle kommt Hans Jonas zu, den Taubes damals auf Vermittlung von Hannah Arendt kontaktiert hatte. In seiner Schrift *Gnosis und spätantiker Geist* (1934) reformuliert er die Gnosis in Begriffen der Heidegger'schen Existenzphilosophie. Taubes dazu in ihrem Aufsatz:

> It is one of Jonas' major contributions toward the understanding of negative theology that he traces the origin of the progressive tendency toward conceiving god through negative attributes, to the negativism of the gnosis. The negativity of the gnostic god serves to undermine totally the positive empirical reality of the world and its claim to any value or validity.[425]

Jonas gelinge der bedeutsame Brückenschlag zwischen einer zunehmend negativ attribuierten Gottesauffassung und dem gnostischen Negativismus, indem er Gnosis als das Wissen vom nichtweltlichen Gott in seiner absoluten Andersheit ausstelle. Dieses sei dem Wissen von der Welt mit seiner Wissenschaft und Kosmologie radikal entgegengesetzt. In der gnostischen Spekulation ziehe sich alles Interesse in die Kontemplation des negativen akosmischen Selbst zusammen. Die Fülle Gottes sei letztlich Leere und die Betonung liege auf einer emotionalen Beziehung zu genau dieser Leere.[426]

Mit der eigenen Herausarbeitung von Reformulierungen gnostischer Motive in Heideggers Fundamentalontologie macht Taubes schrittweise eine Verbindung zwischen Heideggers Denken und dem »Drama des gnostischen Selbst« (»drama of the gnostic self«) sichtbar. Gemeinsamer Bezugspunkt ist wieder und wieder die Erfahrung von Fremdheit: »The first great symbol of the gnosis is ›Strangeness‹.«[427] Der »fremde Gott« Marcions entspreche dem »fremden Leben«, dem Exil in den Schriften der Mandäer, einer gnostischen Bewegung mit Wurzeln am Jordan. Dabei sei Fremdheit ein komplexes dialektisches Konzept. Der Mensch sei in der Welt ein Fremder und daher seiner Heimat entfremdet. Mehr noch, Fremdheit werde als Eigenschaft der Welt betrachtet, die Welt wiederum als ein fremder Ort, unter dessen Fremdheit der Mensch leide. Es könne jedoch auch passieren, dass der Fremde in der Welt nur allzu gut zurecht käme, sich an sie verliere und schließlich ganz von seinem Ursprung entfremde. Schließlich verweist Taubes noch auf den fremden Gott, die fremde Welt im Jenseits, von der das Selbst in der Welt entfremdet sei. Bei Heidegger indes stehe die Fremdheit für das Verhältnis von Welt zu Nicht-Welt (»not-world«). Ausgangspunkt des Denkens sei nicht die Gegenwärtigkeit der uns in der Welt umgebenden Objekte, sondern die Fremdheit der Welt als solcher. Die Entfaltung der verschiedenen Bedeutungen von »fremd« enthalte die komplette dialektische Struktur des Dramas des Selbst.[428]

Susan Taubes verortet Heideggers Denken, indem sie den gnostischen Mythos vom Weg des Selbst – von der Geworfenheit oder dem Fall über die Heimatlosigkeit bis hin zu Heimweh und Erlösung – als dessen verborgenen Antrieb liest. Akzentuierter als Jonas konzentriert sie sich dabei auf die Korrespondenzen zwischen dem historischen Kontext von Heideggers Philosophie und den historischen Bewegungen der Gnosis. (Im Nachlass von Jonas findet sich der vermutlich niemals abgeschickte Entwurf für ein Gutachten zu Taubes' Aufsatz, adressiert an »Professor Schneider«. Vermutlich war damit Herbert W. Schneider gemeint, seinerzeit Professor an der Columbia sowie Herausgeber des *Journal of Philosophy*; Susan kannte ihn aus ihrer Zeit als »ambassador« für Jacob in New York. Trotz der vielen unvollständigen Sätze und Streichungen kann man lesen, dass Jonas ihre Ausarbeitung sowohl der Differenzen als auch der Analogien zwischen Heideggers Philosophie und der historischen Gnosis ausgezeichnet fand. Taubes' Kenntnis von Letzterer, dies sei sein einziger Einwand, stütze sich allerdings in erster Linie auf seine eigene Publikation; er wolle das aber nicht als Eigenlob missverstanden wissen.[429])

In der Zürcher Briefäußerung vom April 1952 über den Fortgang ihrer Arbeit an Heidegger hatte Susan Taubes noch eine andere Schwierigkeit erwähnt, und zwar mit der Lektüre seiner Schriften nach *Sein und Zeit*, gemeint waren die *Holzwege* (1950) und *Was ist Metaphysik* (1929/1943). In ihnen würden sich gnostische Motive geradezu ineinander verheddern, am Ende erscheine das Sein als »Monster«, verurteilt für alle Ewigkeit auf den Holzwegen herumzuirren. Die Argumentation in Taubes' später veröffentlichtem Aufsatz mündet indes in einer klaren Antwort auf die Frage, welche Rolle die Heidegger'sche Irre im Drama der Selbstentfremdung spielt. In Heideggers Schriften, so lautet ein Zwischenresümee, könne man von diesem Drama zwei Versionen beobachten, die sich aus einer gnostischen Perspektive gegenseitig ergänzten. Die eine führe das Selbst zur Anerkennung seiner Fremdheit und damit zu seiner Eigentlichkeit, dies durch die Erfahrung von Angst. In der zweiten Version, die sich vor allem in den späteren Schriften zeige, finde das Selbst seinen Weg zu sich selbst, indem es seinen »Irrtum« realisiere.[430] Daran anschließend wirft Taubes die entscheidende Frage auf: »Why is the world as such (Seiendes) conceived as being in error? How can Heidegger ground the existence of the world as a mode of error?«[431] Die Antwort führt durch eine Reflexion der Dialektik des Verbergens und Entbergens: von Sein und Seiendem, von Nichts und Welt. Heideggers Vorstellungen der Welt als Irre und von Geschichte als Modus des Irrens folgten aus einer gnostisch nihilistischen Erfahrung der absoluten Fremdheit. Der daraus resultierenden Angst entspringe ein Wunsch, sich in der Welt, im »Königreich des Irrtums«, einzurichten – die Entdeckung von Irre als Irre eröffne aber wiederum die Möglichkeit von Wahrheit.

Diesem Befund geht in Taubes' Darlegung eine stringente Darlegung von Heideggers Fundamentalontologie in *Sein und Zeit* voraus. Schritt für Schritt erläutert sie in Abgrenzung zum Kosmos als festem Bezugsrahmen in der griechischen Philosophie das Verhältnis von Zeit und Negativität. Dies bezogen auf Existenzialien wie In-der-Welt-sein, Wahrheit, Selbst, Schuld, Angst, Sorge, Geworfenheit, Ruf – immer in genealogischer Engführung zur historischen Gnosis, zugleich aber in deutlicher Differenz. So fragt sie: »Can the chasm between the extravagant pathos, the unrestrained fabulations and fevered otherwordly visions of the gnosis, and the cold and absolutely locked and selfcontained immanentism of Heidegger's philosophy be overlooked?«[432] Im Gegensatz zur Externalisierung im Mythos als direktestem Ausdruck gnostischer Erfahrung sei das Drama des Selbst in Heideggers System rein immanent: »The drama within *Dasein*, between the self and the ›public,‹ establishes the fundamental movement in the exposition of Heidegger's philosophy.«[433] Für die Gnosis wie auch für Heidegger bedeute Geworfenheit die wesenhafte Gewalt des In-der-Welt-seins. Anders jedoch als im Mythos spiele sich bei diesem das Drama innerhalb des Selbst ab; das Selbst geht irre und verstrickt sich im Seinsmodus seiner eigenen Uneigentlichkeit.

Was aber macht die »Kälte« der selbstgenügsamen Immanenz von Heideggers Philosophie aus? Laut Taubes erwachse sie einer konsequent gedachten Erfahrung von Angst – vor der totalen Vereinzelung und dem Alleinsein. Blieben im Mythos die vollen Implikationen dieser Erfahrung verdeckt, führe Heidegger den gnostischen Gedanken ohne jedes Zugeständnis an tröstliche Erwartungen radikal zu Ende.[434]

Mit der ausführlichen Diskussion einer gnostischen Verwendung der Begriffe Heideggers zeichnet Taubes für dessen Denken eine komplexe Dialektik mit »trans-ethischer« Bedeutung[435] nach. Die Kategorie des Transethischen hatte Taubes bereits in »The Nature of Tragedy« eingeführt, zur Beschreibung eines Erkenntnisgewinns durch Überschreitung. Hier beschreibt sie damit die Überführung jeglicher Ent- und Unterscheidungen aus dem Bereich der Ethik in einen der Erkenntnis, denn: »if man is ›thrown‹ into existence as a mortal and guilty being, if this is his *essence*, his individual decisions are secondary in face of his ›ontological fate,‹ and his actions are meaningful only within the horizon of his unabsolvable guilt and ultimate mortality«[436]. Angesichts einer solchen Situation könnten religiöse Bestrebungen oder ethische Normen lediglich eine Flucht des Selbst vor seiner Sterblichkeit darstellen; jede Unterscheidung von richtig und falsch, Recht und Unrecht gehörten in den Dunstkreis des Irrtums. Insofern sei Heideggers Nihilismus in seinen gnostischen Voraussetzungen konsistenter als jeder frühgnostische Antinomismus; so erklärt Taubes: »The ethical nihilism of early gnosticism was tempered by an eschatological hope and a positive, if mythical, faith in a ›beyond‹ which promised a perfect community of spirits. Heidegger presents nihilism naked and unadorned.«[437]

Taubes merkt an, dieser »ungeschminkte Nihilismus« in *Was ist Metaphysik?* sei freilich schon häufiger als bloße Destruktion aller Werte, Bedeutungen etc. kritisiert worden – allerdings weil übersehen wurde, dass er in einer ganz ähnlichen Erfahrung wurzele wie der kosmische Nihilismus der Gnostiker. So habe Heidegger dem Nichts eine schöpferische Dimension hinzugefügt, als er aus dessen dialektischem Verhältnis zur Welt seine Interpretation der Geschichte entwickelte. Indem er Husserls methodologisches Prinzip der *epoché* in eine historisch-eschatologische Kategorie transponiere, werde es zum Akt eines buchstäblichen Ansichhaltens, als mythisches Ereignis inmitten des Seins. Daraus folge eine Interpretation von Geschichte nach dem Schema von Rückschritt und Verfall, als progressive »Verbergung« der Wahrheit des Seins in der Geschichte. Indem es an sich halte, erzeuge das Sein die Perioden der Weltgeschichte, während dessen Wahrheit – genauso wie der absolute Geist der Gnosis – absolut transzendent bleibe.

Heideggers Konzept des sich selbst entziehenden Seins erinnere deutlich, so Taubes am Schluss, an die Vorstellung vom Rückzug Gottes sowie an diejenige des Selbst als einer weltschöpfenden Macht in der gnostischen Mystik; auf diese Weise offenbare sich in ihm unmissverständlich die verschwiegene Verbindung zur frühen Gnosis. So hält sie fest: »Mythological cosmic speculations accompany the major theme of cosmic nihilism in Heidegger's later writings as well as in the systems of the early gnosis.«[438] (In ihrem Resümee bezieht sich Susan Taubes zudem auf Schellings Freiheitsphilosophie, welche die Vorstellung eines eschatologischen Dramas, in dem der Mensch noch vor der Natur seinen Ort hat, in den deutschen Idealismus eingebracht habe. Ein ganz ähnlicher Hinweis findet sich mehr als zwanzig Jahre später in Jacob Taubes' »Überlegungen zu Heideggers Frage nach dem Nichts«.[439])

In beiden Aufsätzen, »The Gnostic Foundations of Heidegger's Nihilism« und »The Nature of Tragedy«, benennt Taubes eine Welt aus den Fugen (»out of joint«), die Krise als Ausgangssituation für ihre Erkundungen von Denkweisen, in denen sich Fremdheitserfahrungen und Erlösungshoffnungen verknüpfen. Fluchtpunkt ist jedes Mal die Erfahrung eines abwesenden Gottes. Schon in Paris hatte Taubes den Umschlag eines »reinen« Atheismus in einen »religiösen« als bezeichnende Erfahrung ihrer Zeit wahrgenommen. Als entschiedene Denkerin einer solchen Bewegung im Angesicht der konkreten, jüngst erfahrenen Gewalt war ihr damals Simone Weil erschienen. In der 1956 fertiggestellten Dissertation mit dem Titel *The Absent God* bezeichnet Taubes die postum erschienenen religiösen Schriften Weils als »most uncompromising formulation«[440] eines solchen neuen Atheismus. Und an anderer Stelle heißt es: »Simone Weil is perhaps the only religious thinker of our time who recognized in the fact of the concentration camps a serious challenge to religion.«[441] Es könne Weil nicht hoch genug angerechnet werden, dass sie die Herausforderungen des äußersten Verbrechens, das dem Menschen angetan werden könne, nämlich die Zerstörung seiner Fähigkeit, zu fühlen und menschlich zu antworten, als das vordringlichste Problem ihrer Zeit angenommen habe, noch vor allen dogmatischen und konfessionellen Fragen. Das Problem der Zerstörbarkeit des Menschen hatte Susan Taubes lange schon, noch bevor sie mit Simone Weil in Berührung gekommen war, beschäftigt. Wir erinnern uns: Im Dezember 1950 hatte sie im Brief an Jacob mit Rückgriff auf Heidegger und Kierkegaard darauf selbst eine Antwort gegeben, als sie fragte, ob der Mensch überhaupt dazu bereit sei, dem Umstand zu begegnen, dass seine Seele ebenso wie sein Körper unendlich zerstörbar sei.[442] In ihrer sechs Jahre später ausgearbeiteten Studie erscheint Weil als Denkerin, die dieser Frage nicht ausweicht. Getrieben von der Idee einer »göttlichen Gnade«[443], die dem Schlimmsten, was einem Menschen zustoßen kann, standzuhalten vermag, sei es ihr darum gegangen, so Taubes, einen letzten Funken des Selbst im Menschen zu bewahren, auch wenn er sämtlicher Spuren einer persönlichen Existenz beraubt und auf ausbeutbares Material reduziert werde.[444] Nach Weil müsse ein Mensch, der die Folterungen des Konzentrationslagers erlitten und die Auslöschung seiner Familie mit angesehen hat, entweder aufhören, an das göttliche Erbarmen zu glauben, oder eine ganz andere Idee davon gewinnen.[445] Taubes konnte Weils Suche nach einem »übernatürlichem Nutzen«

des menschlichen Leidens (»supernatural use«[446]) nicht folgen. Aber mit der tiefen Erkenntnis, die aus ihrer Analyse der Erschöpfung, der Demütigung und Angst folgte, stimmte sie sicher überein. Der Erkenntnis, dass »in unserer Zeit« (»our time«) die Angst nicht wie in der Philosophie der Existenzialisten aus einer namenlosen Fremdheit der unendlichen Räume rührt, sondern aus den blinden Mechanismen im menschlichen Zusammenleben, die aus einer Person ein lebendes Ding machen.[447]

Für den Themenwechsel ihres Dissertationsvorhabens – von Heideggers Nihilismus zu Simone Weils Theologie eines abwesenden Gottes – entschied sich Susan Taubes bereits nach wenigen Monaten am Radcliffe College. Dafür beantragte sie zum Spring Term 1953/54 einen Wechsel vom Department of Philosophy zum Department of Philosophy and History of Religion. In ihrem alten Department hatte sie sich hauptsächlich mit klassischer Philosophie beschäftigt, u.a. bei dem Altphilologen Eric A. Havelock. Nun wollte sie ihr Wissen in den Bereichen Religionsphilosophie und Theologie ausbauen, dafür war es notwendig, auch Kurse an der Harvard Divinity School zu belegen. Der Wechsel wurde ihr nicht allzu leicht gemacht. Maßgeblich darüber zu entscheiden hatte der Theologe und Altphilologe Arthur D. Nock. Aus einer Notiz in Taubes' Studienakte geht hervor, dass er alles andere als begeistert über die Pläne der Studentin gewesen war, seiner Meinung nach unterschätzte sie den Umfang an Arbeit, die auf sie zukommen würde. Auch als ihrem Antrag schließlich auf Drängen der Dekanin von Radcliffe stattgegeben wurde – »on trial« –, versuchte er ihr Steine in den Weg zu legen. Mal wollte er zusätzliche Belege ihrer Sprachkenntnisse, mal weigerte er sich, die Studienleistungen aus Genf, Paris und Rochester anzurechnen, und das, obwohl sie überall herausragende Leistungen vorweisen konnte, in den ehemaligen Professoren größtenteils enthusiastische Fürsprecher hatte und ihr für das erste Studienjahr ein Josiah Royce Fellowship verliehen worden war, eine begehrte Auszeichnung des Radcliffe College. Der Vorgang zeigt vermutlich, wie schwer sich die Fakultät mit der Öffnung für weibliche Studierende tat. An der Harvard Divinity School wurden Frauen erst ab 1955 für Abschlüsse zugelassen; Susan Taubes' PhD-Urkunde wurde vom Radcliffe College ausgestellt, die meisten Studienleistungen hatte sie zuvor jedoch an der Divinity School von Harvard erbracht, und der Theologe Paul Tillich, dort seit 1955 Professor, hatte ihre Promotionsarbeit betreut.[448]

Trotz dieser Schwierigkeiten blieb Taubes' Arbeitsenergie ungebremst, das zumindest legen ihre Studienakte, ein ausführliches Curriculum Vitae für diese Zeit und ein paar hinterlassene Hausarbeiten nahe. Ab 1954 ging es zunächst um Vorbereitungen für die allgemeinen Prüfungen (»general examination«) im Frühjahr 1955 und um ihre große Simone-Weil-Arbeit. Dafür nutzte sie intensiv das neue akademische Umfeld. So studierte Taubes bei dem Orientalisten Robert H. Pfeiffer, dem Theologiehistoriker John Dillenberger und auch bei Nock. Als Isaiah Berlin, Philosophieprofessor in Oxford, für ein Semester nach Cambridge kam, fertigte sie im Rahmen seines Seminars »Concepts and Categories of the Humane Sciences« gleich zwei schriftliche Arbeiten an: eine Studie über Nietzsches Geschichtsverständnis[449] und einen Vergleich der geschichtswissenschaftlichen Methoden des Aufklärers Edward Gibbon und derjenigen von Nock in seinem Werk *Conversion. The Old and the New in Religion from Alexander the Great to Augustine of Hippo*, erschienen 1933[450]. Darüber hinaus gelangte sie dadurch, dass Jacob zur selben Zeit in Harvard lehrte, in einen weiten Zirkel von Universitätsangehörigen, die zum Teil im Hause Taubes ein und aus gingen. In freundschaftlichem Kontakt stand das Ehepaar mit dem Soziologen Herbert Marcuse und mit Krister Stendahl. Der in Stockholm geborene evangelische Theologe lehrte als Neutestamentler an der Divinity School; in den USA und in Europa hatte ihn seine engagierte Arbeit an einer Neuorientierung des Verhältnisses zwischen Christentum und Judentum bekannt gemacht, auch setzte er sich für die Gleichberechtigung von Frauen in Kirche und Universität ein. Susan belegte bei ihm Kurse zur Bibel-Exegese und zur Gnosis. In einem Empfehlungsschreiben vom Oktober 1956 hob Stendahl ihre außergewöhnliche Kreativität hervor sowie die Fähigkeit, auf den ersten Blick voneinander Getrenntes zusammenzudenken.

Als Jacob im Frühjahr 1954, abermals nach monatelangem Bangen um seine berufliche Zukunft, in Harvard zum Assistant Professor für »Social Philosophy« ernannt wurde, bezogen er und Susan mit Sohn Ethan ein größeres Haus in direkter Nachbarschaft zu Marcuse, der zeitweise neben seiner Professur an der Brandeis University ebenfalls in Harvard unterrichtete. Für Jacob war er ein Kollege, die beiden sollten noch bis weit in die 1970er Jahre eine rege und freundschaftliche Arbeitsbeziehung pflegen. Susan hatte in Marcuse ebenfalls einen Freund und obendrein zugewandten Lehrer gefunden. Für eines seiner Marxismus-Seminare (in Harvard trug Marcuse den Beinamen »Marxist-in-residence«) verfasste sie eine »Critique of Marx's Theory of Alienated Labor«, eine Lektüre der Marx'schen Theorie der entfremdeten Arbeit mit Heideggers Technikkritik. Angeregt von ihren »analytical powers«[451], wie er in einer Empfehlung schrieb, und der Fähigkeit, ungewöhnliche Denkwege zu beschreiten, diskutierte Marcuse regelmäßig mit Susan den Fortgang ihrer Arbeiten zu Weil. Ein weiterer Gesprächspartner war Paul Tillich. Susan Taubes kannte den Theologen noch aus ihrer New Yorker Zeit, von Zusammentreffen an seinem damaligen Wirkungsort, dem Union Theological Seminary, und in Ruth Nanda Anshens Salon. Mittlerweile galt der 1933 aus Deutschland emigrierte Tillich in den USA als intellektueller Superstar; 1955 war er als Professor nach Harvard gegangen und konnte somit im »doctoral committee« mitwirken, das Susan Taubes im Frühjahr 1956 den PhD-Grad verleihen sollte. Schließlich begleitete auch James Luther Adams, obgleich da noch in Chicago tätig, die Entstehung der Weil-Studien, das belegt eine Korrespondenz zwischen ihm und Taubes über ihren Aufsatz »The Absent God«, erschienen 1955, ein Jahr nach dem Heidegger-Artikel, im *Journal of Religion* (1967 hat der Religionswissenschaftler Thomas J. J. Altizer diesen Text in seinem Band *Toward a new Christianity. Readings in the Death of God Theology* aufgenommen).

In dem Aufsatz benennt Taubes eine Vielzahl an Motiven, die sie in ihrer Dissertationsschrift mit demselben Titel detailliert entwickeln sollte. Wiederum mit einem Nietzschewort als Einstieg – »Gott ist tot« – analysiert sie am Beispiel von Simone Weil den Atheismus als »*religious* experience of the death of God«[452]. Die Gottlosigkeit der Welt werde zur Signatur Gottes und bringe eine neue Theologie hervor: die der Abwesenheit Gottes, seines Unvermögens, seiner Untätigkeit und Gleichgültigkeit. Diese Dialektik bezieht Taubes zuerst auf die zentrale Vorstellung in Weils religiösen Schriften wie *La Pesanteur et la Grâce* (1948), nämlich die Spannung von Schwerkraft – der Gefangenschaft des Menschen in den weltlichen Mechanismen – und Gnade – die dem Menschen zuteilwerdende Möglichkeit, Gott ausschließlich durch seine Abwesenheit liebend zu erfahren –, und dann auf die Gnosis. Dabei attestiert sie Weil, ebenso wie im vorangegangenen Aufsatz Heidegger, eine radikalere Fortführung des gnostischen Gedankens gegenüber der frühen Gnosis. Wo diese die Negativität mit einem erwarteten Triumph des Guten verbinde, da argumentiere Simone Weil »logical to the bitter end«. ›Übernatürliche Liebe‹ sei bei ihr keine Erquickung der Seele, sondern eine Art von Tod.[453] Diese »negative Theodizee«, so Taubes, müsse scheitern, da sie angesichts der Konzentrationslager eine historisch bedingte Ohnmacht als Merkmal der Geschöpfe Gottes erscheinen ließe. Und so formuliert sie ihr anschließendes Resümee als persönliche Positionierung zur Frage: »but is not Simone Weil in her way also guilty of projecting the impotence and the hopelessness of a particular human society into the divine being?«[454] Für sie, Susan Taubes, könne eine solche Rechtfertigung Gottes nur einen Angriff auf die menschliche Gerechtigkeit darstellen.

Zum damaligen Zirkel um Marcuse und Tillich gehörte auch eine Denkerin, die sich knappe zehn Jahre später ebenfalls mit Simone Weil auseinandersetzen sollte: Susan Sontag. 1953 als Neunzehnjährige mit dem Soziologen Philip Rieff verheiratet, studierte sie in Harvard Philosophie, unter anderem bei Jacob Taubes, und lernte bald auch seine Frau kennen. Auf die erste Begegnung der beiden Namensschwestern Mitte der 1950er in Cambridge folgte eine lang währende, von Ambivalenzen geprägte Freundschaft. Als Susan Taubes sich in den 1960er Jahren von ihrem Ehemann trennte und dabei war, den Umschwung von der Philosophie zur Literatur nach Kräften zu vollziehen, gehörte sie zum New Yorker Schriftstellerinnenkreis um Sontag und wohnte auch zwischenzeitlich bei der Freundin. Im November 1969 war es Sontag, die Taubes identifizierte, nachdem diese sich an der Küste von Long Island das Leben genommen hatte, für Sontag ein traumatisches Erlebnis, das sie literarisch und filmisch verarbeitete.

In einem Interview von 2004, dem Jahr ihres eigenen Todes, äußerte Sontag auf die Frage, ob die beiden sich damals in Cambridge über ihre philosophischen Projekte ausgetauscht hätten: »it was a friendship first of all and not an intellectual relationship.«[455] Im Widerspruch dazu finden sich in Sontags Veröffentlichungen zahlreiche Reminiszenzen nicht nur an die Person, sondern auch an die Schriftstellerin und Philosophin Susan Taubes, wie an anderer Stelle noch ausführlich gezeigt wird. Hier sei vorerst angemerkt, dass Sontags 1963 in *The New York Review of Books* veröffentlichte Rezension über eine englische Ausgabe mit Weil-Essays von einer Kenntnis der Arbeiten ihrer Freundin zeugt, obwohl sie diese nirgendwo erwähnt. Das zeigt etwa eine Einschätzung am Schluss des Textes, deren Wortwahl stark an den ersten Satz von Taubes' Promotionsschrift erinnert: Simone Weil sei »one of the most uncompromising and troubling witnesses to the modern travail of the spirit«[456].

Susan Taubes hatte ihre Dissertation über Weil Ende Januar 1956 fertiggeschrieben, im April war diese vom doctoral committee angenommen worden, am 13. Juni erfolgte die Verleihung des PhD-Grades an »Susanna Juditha Taubes«, so heißt es auf der Radcliffe-Urkunde[457]. Das Ehepaar Taubes mit Sohn Ethan lebte da schon seit einem halben Jahr in Princeton. Im Frühling 1955, nach dem erfolgreich bestandenen general examination, hatte Susan sich eigentlich voll und ganz der endgültigen Niederschrift ihrer Arbeit widmen wollen. Zum Herbst desselben Jahres allerdings bekam Jacob die Zusage für einen Posten als Visiting Assistant Professor an der Princeton University, sodass die dreiköpfige Familie aufs Neue mit Sack und Pack übersiedelte, diesmal von der ruhigen Walker Street im Herzen von Cambridge in die nicht weniger beschauliche Nassau Street, nahe dem Princetoner Universitätscampus.

Jacob an seine damalige Korrespondenzpartnerin Tamara Fuchs (die beiden verband eine Bekanntschaft mit dem Religionsphilosophen Oskar

Goldberg): »Unser Problem: Wie bleibt man an einem Ort.« Und zitiert dann Susan: »das einzig Vernünftige« wäre doch, »seine tagtägliche Arbeit ungestört [zu] versehen«[458]. Sie waren gerade erst dabei, sich im neuen Heim einzurichten, als Jacob am 22. September 1955 an Fuchs schrieb: »Susan Anima works frantically on her PhD-thesis I. a. on Simone Weil, all exams behind her. I marvel the discipline of the ›weaker‹ sex. Taking care of Ethan Josiah would wear me out. But Susan Anima is able to concentrate the minute Ethan Josiah goes out of the house. He stays for three hours in a nursery school.«[459]

Jacob selbst gab sich seit der Anstellung in Harvard extrem umtriebig, weitete seine universitären Netzwerke aus, plante Projekte und war viel unterwegs. Susans Dissertation entstand somit während der täglichen drei Stunden, die ihr kleiner Sohn im Kindergarten verbrachte, wenn nicht gerade Umzugskisten gepackt werden mussten, und außerdem in den Sommerferien 1954 auf der Insel North Haven in Maine. In der Nachschrift zu einem Brief, den Jacob von der Atlantikküste an Hugo Bergman schickte, vermittelt Susan, zumindest für den Augenblick ganz im Einklang mit den gleichzeitigen Anforderungen zu leben – ein Kind großzuziehen, dabei die Welt mit seinen Augen neu zu entdecken und ihre philosophische Arbeit zu Ende zu bringen, dies ausdrücklich im Horizont der persönlichen Erfahrungen:

> Before us the sea strewn with rocky islands, and I am deeply content to be in what seems to me a more ›human‹ environment than the seething ant hill of the city. Ethan also relishes sun, grass, sea + the shore full of sea shells + pebbles. I am finishing off a little book on Simone Weil – a critique of ›mystical atheism‹. And also trying to weave together some threads of Blake and Nietzsche, – and my own experience. I watch my child take his first steps + make love to the world in his own strange language and is this not also poetry, philosophy if only one could bring it to words.[460]

Aus dem angekündigten »kleinen Buch« wurde eine Arbeit von über 400 Seiten. Ihr Titel: »The Absent God. A Study of Simone Weil«. Auf den Deckblättern zweier überlieferter Manuskripte kann man zudem entziffern: »On the Religious Use of Tyranny«, einmal durchgestrichen, einmal überpinselt. Offiziell taucht dieser Untertitel nirgendwo auf; er verweist jedoch auf ein wesentliches Merkmal, das Taubes' Arbeit im Unterschied zum Gros der theologisch motivierten Weil-Forschung auszeichnete, nämlich die Betonung einer Kritik am Religiösen, bezogen auf die Möglichkeit eines politischen Missbrauchs.

Ziel ihrer Studie sei es, so Taubes, »to relate Simone Weil's mysticism to her diagnosis of the contemporary social situation and to evaluate her theology on the basis of her own statement of man's experience of the absence of God in the modern world«[461]. Herausgekommen ist eine integrierte Rekonstruktion von Weils politischen und religiösen Denkansätzen sowie von deren ideen- und zeitgeschichtlichen Kontexten. Einbezogen werden sämtliche zu Lebzeiten und postum erschienene Schriften. Den Dreh- und Angelpunkt bildet die Weil'sche Mystik mit ihren paradoxen Denkfiguren, wie sie beispielsweise in *La Connaissance Surnaturelle* (1950) und *L'Enracinement* (1949) entfaltet werden: die Vorstellung von einem Gott, dessen Anwesenheit durch seine Abwesenheit konstituiert wird, der gleichzeitig als Geopferter und Allmächtiger, Ursache des Bösen und Definition des Guten erscheint, der als Gekreuzigter die totale Gottverlassenheit am eigenen Leib erfährt und zugleich allem menschlichen Leiden unendlich fern ist. Taubes fragt nach dem Verhältnis dieser Widersprüchlichkeiten zu jenen der sozialen menschlichen Existenz, das heißt Unterdrückung, Terror und Ohnmacht. Im Unterschied zu Weils früheren Analysen solcher Faktoren menschlicher Entfremdung – dazu gehören ihre Beiträge in *Oppression et Liberté* (1953) und das berühmte Fabriktagebuch *La Condition ouvrière* (1951) – versuchten ihre mystischen Schriften die Situation des Menschen in eine Sprache zu übersetzen, die jene Widersprüche aufrechterhalte. Deren gewalttätige wie entmenschlichende Züge würden dabei in theologische Kategorien überführt.[462] Dieser These geht Taubes in zwei großen Teilen ihrer Studie nach. Der erste ist Weils philosophischem Hintergrund sowie ihren gesellschaftstheoretischen Schriften gewidmet, der zweite den theologisch mystischen Spekulationen.

Letzterer stellt mit einer deutlichen Akzentuierung der antinomischen und antirömischen Intentionen Simone Weils eine Erweiterung der früheren Darstellung im Aufsatz »The Absent God« dar. Dazu untersucht Taubes in diesem Teil die politischen, historischen und theologischen Verflechtungen der Weil'schen Argumentationen, indem sie diese zu avancierten Denkmodellen wie denen von Nietzsche, Marx und Benjamin vergleichend in Beziehung setzt.

Das Scharnier zwischen den beiden Großkapiteln bildet eine ausführliche Lektüre von Weils *Ilias*-Studie (*L'Iliade ou le poème de la force*, 1940). Mit ihr vollzieht Taubes die Entwicklung Weils von einer sozialistischen zur religiösen Autorin nach, indem sie deren Analysen von Entfremdung, Ohnmacht und Sklaverei zum späteren Entwurf einer negativen Theologie ins Verhältnis setzt. Mit bewundernswerter Genauigkeit (»beautiful precision«) beschreibe Weil die Verwandlung eines Menschen zum lebenden Ding unter Einwirkung von Gewalt: »We cannot reproduce her analysis of the poem in its entirety, but we may single out her account of that force which turns man into a corpse while he is still alive, and concentrate on the image of the slave that connects her reflections on war with her reflections on work.«[463] In ihrer Durchdringung des tödlichen Verhängnisses der Macht (»fatality of power«) werde Weils Hinwendung zu einer »übernatürlichen Lösung« (»supernatural solution«) lesbar, das konstatiert Taubes und sieht dabei strukturelle Ähnlichkeiten zu den früher entstandenen Aufsätzen über die entmenschlichenden Faktoren der Industriegesellschaft.[464]

Auf Weils Denkweise in gnostischen Begriffen kommt Taubes ausführlich im Verlauf des zweiten Großkapitels zu sprechen. So verweist sie auf ein Zusammenspiel von Bezügen zu unterschiedlichen Traditionen, etwa des stoischen »amor fati« und der christlich häretischen Lehre Marcions (und auch der Mystik des Rabbi Yitzhak Luria aus dem 16. Jahrhundert[465]). Dies allerdings gehe mit Verkürzungen einher. Zwar sei Weils Ausgangspunkt marcionitisch und übernehme sie das kosmologische Denken der Stoa. Unter kosmischer Notwendigkeit verstehe sie allerdings ausschließlich »the massacre of the innocents and the hopeless agonies of social and psychological mechanics«[466]. Sicher, die Stoiker seien mit ihrer Vergöttlichung der kosmischen Harmonie mitunter blind für die negativen Aspekte des menschlichen Daseins gewesen, in Perversität hätten sie dann aber doch nicht geschwelgt. Auch fehle bei Weil die lebendige Freude des marcionitischen Evangeliums: »When she reads the most marvelous testimony of divine love in cosmic necessity that is manifestly other than the good, she verges on the grotesque. The stoic amor fati seems morbidly out of place in a religious view that regards natural necessity as a predatory power mechanism.«[467] Am Ende bezeichnet Susan Taubes diese »grotesken« wie »makabren« Folgen als notwendig einhergehend mit einer negativen Theologie, die dem politischen Missbrauch von Religion begegnen will – ein Vorhaben, dies konstatiert sie schon im Aufsatz »The Absent God«, das fehlgehen müsse, da der ohnmächtige Gott Folterqualen weder verhindern noch sanktionieren könne und jede theologische Interpretation davon einem Verrat der Opfer gleichkomme.

Trotzdem eröffne Simone Weil klare Einsichten, etwa in die schreckliche Komplizenschaft von Opfer und Täter, hervorgerufen durch den sinnlosen Terror. Oder wenn sie festhalte, dass es nicht die Sünde sei, sondern einzig das Leiden, welches die Seele ohne jede Aussicht auf Trost und Erlösung abstürzen lasse. Was sie aber vermeide zu sagen: Die Menschen dürfen sich selbst nicht als Opfer hergeben. Weil aber verleihe dem Opferstatus sogar noch theologische Bedeutsamkeit.[468] In ihrem Einspruch dagegen wird

Taubes' eigene Stimme nachdrücklich vernehmbar: »There is no answer to the suffering of the helpless, in the tortures of the concentration camps, in the slow death of manual labor.«[469] Keine theologische Kategorie könne einem Leiden, wie es in den nationalsozialistischen Konzentrationslagern durchlebt wurde, standhalten. Simone Weils Behauptung, das erlittene Unglück sei ein Preisen Gottes und erfülle die innere Leere mit übernatürlicher Gnade, sei eine schwerwiegende Beleidigung der Unglücklichen, ebenso wie die Vorstellung, das Leiden sei Teil eines göttlichen Plans. Menschliches Leid sei nicht verhandelbar: »There is no meddling with human suffering«[470], und Simone Weil habe dies gewusst:

> The suffering she had in mind was the ultimate hell that reduces men to a mass of shrieking flesh and then to inert matter, that robs them of their capacity to feel and to act as men. [...] But even while she realized that the soul dies in the hideous pits of affliction, she refused to accept it [...] and thus she tried through a series of spiritual experiments to find a way to strengthen, train, and prepare a part of the soul for the worst affliction.[471]

Auf der Suche nach einer anderen Vorstellung von Gott, einer, die der Realitätsprüfung standhält, verwerfe Weil jede positive Interpretation göttlicher Vorsehung, da diese nur in Monstrosität und Absurdität münden könne. Dies führt Taubes allerdings sogleich zur Frage, warum die Rechtfertigung Gottes dann überhaupt noch eine Rolle spiele: »Why search for a conception of divine mercy and justice which conforms to her experience of sovereign necessity and the absence of God? Why not simply profess atheism or naturalism?«[472] Weil halte darauf durchaus eine Antwort bereit, nämlich ihr Postulat einer »Reinigung« der menschlichen Seele von jeglicher Sicherheit im Glauben. Taubes weist dies jedoch als nicht radikal genug zurück; zum Vergleich zieht sie Nietzsches Atheismus heran. Der Satz »Gott ist tot« deklariere die Abwesenheit Gottes als Möglichkeitsbedingung für das menschliche Leben. Weil dagegen versuche in ihrer Mystik, diese Abwesenheit und die Forderung, dass Gott gerade deshalb bedingungslos zu lieben sei, in eins zu denken. Dort aber, wo sich nach Nietzsche ein Raum für eine fortwährende Bewusstseinsentfaltung eröffne und damit für die Möglichkeit zur Überwindung des Nihilismus als Folge des verschwindenden christlichen Theismus, entstehe bei Weil eine neue Glaubenssicherheit – nämlich die des abwesenden Gottes. Die Konsequenz daraus sei, so Taubes, die Opferung des Menschen in seiner Fähigkeit zur Selbsttranszendenz. Mit ihrer negativen Rechtfertigung Gottes habe sich Weil am Ende doch wieder einer theistischen Weltsicht zugewandt, allerdings »this time almost indistinguishable from its shadow: nihilism«[473].

Die Dissertation über Simone Weils Theologie eines abwesenden Gottes stellt den Höhepunkt in Susan Taubes' Laufbahn als Philosophin dar. Auffällig ist die eindringliche, energische Schreibweise. In der komplexen Diskussion von Weils Denkfiguren folgen starke Thesen und scharfe Einwände rasch aufeinander. Die gleichermaßen leidenschaftlich wie entschieden formulierten Sätze legen eine Dringlichkeit dieser Diskussion nahe. Zugleich wird Taubes' klare Absicht lesbar, Weils Ansatz, trotz der aufrichtigen Kompromisslosigkeit, die darin lag, auf keinen Fall als Ausweg aus der Situation einer größtmöglichen Krise gelten zu lassen.

Seit der frühen Hinwendung zur Philosophie hatte Susan Taubes ihre Anliegen immer wieder im Horizont der eigenen Erfahrungen artikuliert: die Suche nach einer neuen Sprache, nach Haltepunkten für ein Leben, das jeder denkbaren Gewalt standzuhalten vermag. Auch ihre Dissertationsschrift kann nicht allein als ein Beitrag für die zeitgenössische Forschung gelesen werden. Die Arbeit mutet zugleich wie der Versuch zur Klärung einer persönlich empfundenen Spannung an. Der Spannung zwischen einem Wissen, dass jeder Glaube nur ein Schutz ist, der das Leben aushaltbar macht, es somit jene Haltepunkte nirgendwo geben kann, und dem Wunsch, genau diese Gewissheit möge sich umgekehrt als Illusion erweisen, etwa, wenn eines Tages ein ganz bestimmter Impuls, eine unerwartete Einsicht den Blick auf eine niemals für möglich gehaltene Zuflucht freigibt. Simone Weils Schriften konnten einen solchen Anstoß nicht geben. Insofern aber war die Philosophin und Mystikerin für Taubes mehr als eine faszinierende Denkerin, sie war ein Prüfstein für das eigene Denken und Hoffen.

In der Forschung wurde Taubes' Arbeit kaum wahrgenommen, denn sie blieb unpubliziert. Wie in den USA üblich, plante sie nach dem PhD-Verfahren eine Überarbeitung und einen Ausbau der Promotionsschrift, und zwar zu einer Studie über Entfremdung und mystischen Atheismus bei Kafka, Heidegger und Weil. Dafür gelang es ihr, bei der American Association of University Women (AAUW) zum akademischen Jahr 1956/57 ein Marion Talbot Fellowship einzuwerben. Die Ausarbeitung blieb jedoch auf halber Strecke liegen. Zu den wenigen Spuren davon gehören ein etwa 70-seitiges Fragment aus Taubes' Hinterlassenschaften, über die Figur des Fremden und des Außenseiters bei Kafka, sowie jener 1959 in der Zeitschrift *Exodus* publizierte Aufsatz »The Riddle of Simone Weil«. Wir erinnern uns: Die darin ausgeführten Überlegungen zu einer Überwindung der Trennlinie zwischen jüdischem und christlichem Messianismus bei Weil fanden ihr spätes Echo in Jacob Taubes' Polemik gegen Gershom Scholem.

Zunächst fragt auch dieser Beitrag nach der Wiederbelebung gnostischer Denkweisen in der Gegenwart. Simone Weil erscheint dafür als ein

Fallbeispiel neben anderen (tatsächlich trägt eine frühere Version des Textes den Titel »The Case of Simone Weil«). Taubes stellt sie in eine Reihe mit Kafka und Heidegger sowie zwei Vertretern der dialektischen Theologie: Karl Barth und Emil Brunner. Gemeinsam sei diesen Autoren eine gnostische Sprache, da diese sich besonders für die Beschreibung der Erfahrung ihrer Zeit eigne. Sie antworte auf Probleme, vor denen sich auch die Anhänger der frühen Gnosis sahen: Die Gefangenschaft von Körper und Seele in den unpersönlichen Zwängen willkürlicher Gewalt. Diese Beobachtung ist Ausgangspunkt für eine Erklärung von Weils ablehnender Haltung gegen die jüdische Überlieferung. Taubes liest diese Haltung nicht per se als antijüdisch, sondern als Folge einer Polemik gegen einen Gott, der mit Macht und Missbrauch kalkuliert, freilich nicht ohne bei Weil ein mangelndes Gespür für die Widersprüche der jüdischen Existenz und eindimensionale Sichtweisen auf die Überlieferung zu kritisieren. Wir wissen bereits, dass Taubes im Aufsatz Weils Distanz zum Judentum zudem mit der Verteidigung ihrer Position einer »doppelten Entfremdung« zu begründen versuchte, eine Position, die sie zur besonders scharfen Beobachtung einer Außenseiterin befähigte und die für Taubes selbst Momente der Identifikation enthielt. So liest sich folgende Annahme über Simone Weil wie eine nachträgliche Entgegnung von Susan Taubes auf die Ignoranz-Vorwürfe durch Lévinas, Bergman und andere: »greater familiarity with Jewish practices could only have proven to her further the thoroughly historical and national character of Jewish cult«[474].

Diese Annäherung an Weil hallte ebenfalls in einer Debatte nach, die Jacob Taubes nach Susans Tod über Simone Weil führte, diesmal mit Arthur A. Cohen, Autor von *The Natural and the Supernatural Jew* (1962); die beiden hatten sich 1948 am JTS in New York kennengelernt. Cohen konnte Weils Haltung zum Judentum, die seiner Meinung nach in Unwissenheit gründete, nicht akzeptieren. In einem Briefwechsel von 1977 begegnete der fünf Jahre ältere Jacob Taubes dieser Einschätzung mit einer weitausholenden Kritik des rabbinischen Monopols auf das, was als jüdisches Wissen gilt, und verwies dabei auf Ignoranz und Hybris der darüber waltenden Institutionen – ein Seitenhieb auf das JTS. Den Bogen zu Weil schlägt er mit einem halbfantastischen Szenario: Cohen solle sich einmal vorstellen, Simone Weil hätte in New York am zum JTS gehörenden Hebrew Teachers College studiert. Begabt, wie sie nun einmal war, hätte Louis Finkelstein sie zu einem lauwarmen Schabbat-Mahl eingeladen. Dort wäre sie namhaften Lehrer des JTS begegnet und mit den neuesten Publikationen zur Theologie und Geschichte des Judentums eingedeckt worden: »[…] do you seriously think she would have had reason to change one iota of her notes?«[475] Es musste aber nicht beim Gedankenspiel mit offenem Ausgang bleiben, denn Jacob

Taubes konnte auf ein ihm und seinem Korrespondenzpartner bekanntes »experimentum crucis« verweisen:

> Susan Taubes who had the »benefits« of a marriage in the chapel of the Seminary officiated by Louis, Saul Lieberman and my father who never forgave *me* the asinine English speech of Simon Greenberg [...] which she considered disgracing the old ritual [of breaking the glass], who was at seders at Lieberman, who experienced Scholem rather closely; do you think it changed her sentiments on key issues?[476]

Laut Jacobs Kolportage konnte Susan, damals 1949 unter dem Traubaldachin im Konferenzraum des JTS, *ihm* die misslungene Ansprache des Rabbiners nicht verzeihen. Die Aufzählung von Begegnungen zwischen den Autoritäten des jüdischen Wissens und Jacobs früherer Ehefrau – zum Zeitpunkt des Briefes war Susan seit acht Jahren nicht mehr am Leben, zuvor hatten sie ebenso viele Jahre voneinander getrennt gelebt – galt als Beleg für das erfolgreich gescheiterte Experiment. Das Experiment, eine aufgrund ihrer jüdischen Herkunft von jeder religiösen Tradition entfremdete Jüdin per Aufklärung zum Judentum bekehren zu wollen.

Zu Beginn ihrer Ehe hatten ihre unterschiedlichen Haltungen zu den »jüdischen Weisen der Existenz« die gegenseitige Anziehung von Susan und Jacob Taubes im Spannungsfeld von tremendum und fascinosum gerade befördert. Sieben Jahre später schien vom Faszinosum kaum noch etwas übrig geblieben zu sein. Es war zugleich der Zeitpunkt, zu dem Susan im Verborgenen ihren ersten Roman, *Downgoing*, schrieb, die Geschichte von Miriam Meyer, die sich auf eigentümlich wortlose Weise den Bekehrungsversuchen ihres Bräutigams zu entziehen versucht. (1964 bot der New Yorker Literaturagent George Borchardt *Downgoing* u.a. dem Verlag Holt, Rinehart and Winston an. Cohen war dort zu jener Zeit Lektor und lehnte das Manuskript mit auffällig harschem Ton, der Voreingenommenheit vermuten lässt, ab; u.a. verwies er auf seine Bekanntschaft mit Taubes' Ehemann.) Am 1. Januar 1956 erwähnte Jacob in einem Schreiben aus Princeton an Hugo Bergman in Jerusalem einen »›Religionskrieg‹ im Hause Taubes«[477]. Susan selbst ließ keinen Zweifel daran, dass es sich aus ihrer Sicht nicht um einen Feldzug im Namen einer bestimmten Religion gegen eine andere handelte, sondern gegen Religion überhaupt. So schrieb sie am 11. Mai 1957 in eines ihrer Tagebücher: »A holy war against religion«[478].

Mit den persönlichen Notizen hatte Susan Taubes im Januar 1955 begonnen. Überliefert sind zwei zusammengehörende College-Kladden, insgesamt etwa 140 Seiten, mit Aufzeichnungen bis Anfang 1958. Manches ist datiert, mitunter überlappen die Datierungen einander und folgen die Einträge keiner exakt rekonstruierbaren Chronologie.

Fest steht: Die Niederschriften begleiteten drei Jahres von Taubes' Leben, die keinesfalls in ruhigeren Bahnen verliefen als die Zeit davor. In Princeton unterstützte sie parallel zu den finalen Arbeiten an ihrer Dissertation den Philosophen Paul Oppenheim als Research Assistant; Oppenheim war 1939 aus Deutschland in die USA emigriert und forschte nun als Privatgelehrter an der Universität. Mit Susan und Jacob Taubes war er gleich nach deren Eintreffen am Department of Philosophy aus Cambridge im Herbst 1955 bekannt geworden. Einer Empfehlungsnotiz vom Herbst 1956 lässt sich entnehmen, dass er Susan als Gesprächspartnerin mit umfangreichem Wissen und analytischem Verstand sehr schätzte; in Susans Aufzeichnungen wiederum finden sich Notizen zu Diskussionen mit Oppenheim, etwa über das Tragische oder die Nähe zwischen Philosophie und Komik.

Im Sommer 1956 stand dann bereits der nächste Ortswechsel an, nach New York, wo Jacob eine Stelle als Assistant Professor of Religion an der Columbia University antrat. Diesmal entzog Susan sich dem Umzugswirbel. Direkt nach Abschluss ihres PhDs brach sie im Frühsommer mit dem dreijährigen Ethan zu einer mehrmonatigen Europareise auf. Die Route führte in die Schweiz zu den Schwiegereltern, von dort über Frankreich nach Italien. Auch unterwegs schrieb sie Tagebuch.

Die Einträge verraten nichts vom amerikanischen Alltag zwischen Universität und familiären Verpflichtungen, auch kaum etwas über ihre Ehe. Dafür reihen sich dahingeworfene Gedanken, Gesprächsnotizen und Stichworte in großer Dichte, bisweilen ohne sofort erkennbare Übergänge aneinander. Es geht um Kunst und Philosophie, Landschaft und Architektur, Lektüren und Erinnerung. Den größten Teil bilden Überlegungen zu Religion: zum Leben mit der Vergangenheit im Judentum, zur Bedeutung des Leids im Christentum, zur Konversion und zu einer von Gott verlassenen Welt. Die Gedankengänge gehen oft unversehens über in Beschreibungen innerer Vorgänge – Kindheitserinnerungen, die sie immer öfter blitzartig überfallen, Träume von Albträumen, aus denen sie nicht erwachen kann. Schließlich kommt sie wiederholt auf den Sog von Bildern aus den Vernichtungslagern zu sprechen; diese stellten sich jetzt in jeder erdenklichen Situation ein: vor dem Schaufenster einer Schlachterei, beim Gang in einen Keller, inmitten der Betrachtung eines Basreliefs mit den biblischen drei Männern im Feuerofen am Portal des Mailänder Doms. Bilder, die sie fragen ließen, »whether the present horrors are not beyond the pale of representation whether they can be at all grasped and assimilated in a spiritual meaning«[479]. Mit dem Problem einer möglichen Darstellung, eines Begreifens und Bedeutens des Geschehenen benennt Susan Taubes die Perspektive ihres Schreibens.

Stellt man die offiziellen Zeugnisse ihrer intellektuellen Laufbahn – die Aufsätze, die Universitätsakten – neben Taubes' zeitgleich entstandene private Notizen, erscheinen diese wie eine Karte jener umgestülpten Seelenlandschaft – »topography of the soul« –, von der in denselben Tagebüchern (und in der Einleitung dieser Biographie) die Rede ist. Die unberührt voneinander existierenden Höhen, Tiefen und Weiten sind eng verbunden mit der Vorstellung vom eigenen Ich, das über dieses unwegsame Gelände versprengt ist. In den Aufzeichnungen der Siebenundzwanzigjährigen ist erstmals vom Ringen darum zu lesen, im wachsenden Gefühl eines Verlusts von innerem Zusammenhalt die Bestandteile einer Lebensgeschichte mit einem Anfang und einem Ende festzuhalten.

Auftakt für die Notizen bildete im Januar 1955 das »Castle of Memory«. Wir erinnern uns: Beim Turmaufstieg hält das Ich zum Atemholen inne und blickt in den Garten. Das Kind, das darin spielt, gerät jedoch aus dem Blickfeld, wenn die Rast auf dem Treppenabsatz zu lang andauert. Im Anschluss an das Turmbild setzen Äußerungen über Religion und Identität ein; sie lassen tiefe existenzielle Verstrickungen erkennen. Als hätten die jahrelangen Auseinandersetzungen mit ihrem Ehemann und anderen sich zu einem fortwährenden Dialog im Innern verselbstständigt und dort eine allmähliche Auflösung jener Übereinstimmung von Liebe, Intellekt und Kreativität in Gang gesetzt, von der die Briefe aus Paris so eindrucksvoll zeugen.

Im Mai 1956 schreibt sie, kurz nach der Ankunft in Zürich bei Jacobs Eltern, vom Impuls, angesichts der Nazi-Gräueltaten ihr Kind taufen zu lassen, so wie man es gegen die Windpocken impft. Im Absatz darunter heißt es: »»80% of my strength is taken by the effort to forget – forget the many things I was, the person I used to be and all the possibilities I had.« Weiter geht es in der dritten Person: »If she had married another man she would have constructed another past pictured her childhood differently and drawn an altogether other fate-line.«[480]

Hätte sie einen anderen Mann geheiratet, stünde die Geschichte ihres Lebens in einem anderen Licht. Jetzt, als junge Mutter, Ehefrau und frisch promovierte Philosophin, war der Fortgang dieser Geschichte vom Versuch bestimmt, alles zu vergessen, was sie jemals gewesen war und hätte sein können. An die Stelle der vergangenen Möglichkeiten war ein stets gegenwärtiges Gefangensein zwischen zwei Unmöglichkeiten getreten: derjenigen, sich der Last einer für immer zugeschriebenen Zugehörigkeit zu entledigen, und derjenigen, einen Zugang zu einer anderen Geschichte mit einer anderen Tradition zu erlangen. Die Spannung eines intensiv empfundenen Unvermögens, ein Leben als diejenige zu führen, zu der sie im Augenblick ihrer Geburt gemacht wurde, wird in einer drastischen Gegenüberstellung zweier Aussagen über die Juden lesbar: Eine stammt aus Hitlers *Mein Kampf* (1925/26), wonach »der Jude« »das Geschöpf eines anderen Gottes« ist, die andere aus der Rede eines Rabbiners, zitiert nach Hans-Joachim Schoeps' *Jüdische Geisteswelt* (1953), der in Hitler den bittersten Feind sah und zugleich jemanden, der die Juden buchstäblich todernster genommen hatte (»dead serious«) als sie sich selbst.[481]

Direkt im Anschluss verlagert sich diese Verquickung von gewalttätiger Fremdzuschreibung und unentrinnbarem Selbstverständnis in auseinandergleitende Perspektiven. So schreibt Susan Taubes vom »Rest Israels« in der ersten Person Plural und spricht somit auch von sich selbst: »As the remnant of Israel we carry in us centuries of experience of God, it cannot die, we cannot unburden ourselves of it.«[482] Anschließend ist in der dritten Person die Rede von »M.« – vermutlich ein Kürzel für »Melissa Moore«, Taubes' Bühnenpseudonym. M. steht vor dem schmiedeeisernen Tor einer Kathedrale und fühlt sich machtlos angesichts einer wundersamen Geburt, die derart lange vor ihrem eigenen Leben stattgefunden hat, dass sie keine Verbindung dazu verspüren kann: »Why did it already happen so long ago, the unrepeatable and shortlived miracle of a God's sojourn on earth. Sense of exclusion from the past.«[483]

Die Schwelle zur Kirche wurde zum Motiv in Susan Taubes' literarischen Arbeiten, die parallel zu diesen Aufzeichnungen ihren Anfang nahmen. So beobachtet Joseph Vilna in *Downgoing* einmal, wie seine Schicksalsbraut Miriam Meyer hinter den Pforten einer Kapelle verschwindet. Auf seine Frage hinterher, was sie, die Enkelin und Urenkelin berühmter Rabbiner, dort wollte, erhält er keine Antwort. Wir kennen den Ausgang der Geschichte: Gemeinsam empfangen sie den Segen eines Rabbiners, unter dem leicht verschlissenen Traubaldachin im angemieteten Hochzeitszimmer eines Hotels.

In der etwa fünf Jahre später entstandenen Novelle *Klage um Julia* ist der in »Ich« und »Julia« aufgespaltene Erzähler leidenschaftlich damit beschäftigt, jede infrage kommende Möglichkeit zur Gestaltung von Julias Leben sorgfältig nach rationalen Gesichtspunkten zu erwägen und zu verwerfen. Schließlich, nach langem Zögern, ermutigt es Julia, der schon oft ausgesprochenen Einladung in ein Kloster zu folgen, fest entschlossen, sich dann den Nonnen zu »offenbaren«. Doch einmal dort angekommen, setzt jede Fähigkeit zur Erwägung und Entscheidung aus:

> Kaum waren wir eingetreten, war ich anscheinend betäubt von der puren physischen Wirkung dieser Umgebung. Ein Gemälde an der Wand, das Muster im Teppich, die Farben und Formen, der Tonfall der Stimmen, alles wirkte in seiner beeindruckenden Präsenz wie Äther auf mich. Blicke, die an mir vorbeigingen und auf Julia ruhten; gütig auf ihrem Gesicht verweilten. Eine Stimme, die zu Julia sprach. Ich verging vor Scham. Aber nein, es war schmerzlos. Tatsächlich verspürte ich jähe Erleichterung. Während die Nonnen Julia durch das Kloster führten, tanzte ich auf einmal leicht und taumelig mit den Staubkörnern im Sonnenlicht und war glücklich, so wenig Gewicht zu haben, nahezu keines.[484]

Sobald sie wieder auf die Straße treten, rächt sich das Ich für seine Suspendierung im religiösen Äther:

> So erwartete ich sie vor dem Klostertor, bereit, ihr in den Nacken zu springen. Das arme Mädchen wusste nicht, wie ihr geschah. Was war das für ein Ding, das da in ihr kämpfte? Ich bin sicher, sie spürte, wie ich mich drehte und wand, mal in ihrem Bauch, mal beim Atemholen, in ihrer Kehle, zwischen ihren Augen. Sie versuchte mir zu entkommen. Sie rannte, bis die Äste verschwammen und der Mond schwankte wie eine Laterne an einem Draht, bis sie nichts als den Wind im Kopf hatte. [...] Ihre Besuche im Kloster wurden häufiger.[485]

Die Kloster-Szenen in *Klage um Julia* muten an wie eine Abstraktion des inneren Widerstreits, beschrieben ab 1955 in den private Aufzeichnungen von Susan Taubes. Und in Gestalt der Reflexionen, Gedankensplitter und Bilder erhalten wiederum die vielen Fragen, denen sie in ihren zwischen 1953 und 1955 entstandenen theoretischen Abhandlungen nachging, unmissverständlich Bedeutungen für das eigene Leben. Was ist die Angst vor dem Zorn eines Gottvaters im Vergleich zur Angst im Zustand totaler Verlassenheit? Wie kann ein Gott der Liebe die Menschen ihrem Unglück und Elend überlassen und der Kreuzigung seines eigenen Sohnes zusehen? Welches Gebet könnte ein Atheist sprechen? Und: Gibt es eine Hoffnung auf Erlösung im Zusammenleben der Menschen, jenseits der Idee einer christlichen Heilsgeschichte und derjenigen eines heiligen Volkes im Judentum? Denn in beiden Fällen sei die Hoffnung an einen vergeblichen Blick zurück geknüpft. Hier wie dort werde ein zeitlich nicht festzulegendes Ereignis zum ein für alle Mal Geschehenen herabgestuft: am Sinai die Offenbarung Gottes, in Golgatha die Kreuzigung seines Sohnes: »fait accompli«[486].

Es ist nicht zu übersehen: Durch die komplexen wie sprunghaften Ausführungen der Jahre 1955 bis 1957 schimmert eine negative Faszination für das Christentum. Sie enthält nichts von der taumelnden Leichtigkeit, mit der sich Julia und das Ich in seltener Übereinstimmung hinter den Klostermauern bewegen. Viel eher erinnert sie an den wilden Kampf in Julias Bauch, an Miriams undurchsichtige Sehnsucht und M.s schmerzliches Gewahrwerden, von einer Geschichte, in der Gott auf Erden weilte (»God's sojourn on earth«), ausgeschlossen zu sein.

Für Taubes bestand das Faszinosum weder im Osterereignis der Auferstehung Christi noch in seiner erwarteten Wiederkunft. Das Mysterium Jesus Christus war aus ihrer Sicht in dessen Menschsein begründet. Die überlieferten Ereignisse von Empfängnis und Geburt spielten dabei keine wesentliche Rolle. Zum Leben kamen die menschlichen Züge Jesu vielmehr im Augenblick seines Sterbens und beim Abstieg in das Reich des Todes; damit spielt Taubes auf eine gnostische Interpretation der Menschwerdung Christi an. Zwischen Kreuzigung und Abstieg dehnt sich bis zum heutigen Tag die Geschichte der Menschheit aus; die dritte Stunde ist nie angebrochen: »we today live more truly in the II. hour«[487]. Es ist die zweite Stunde, die fortdauert; in ihr geht Christus seinen Weg in der Gestalt des Geringsten unter den Menschen: »and he still struggles in the bowels of hell, not until he shall have raised the lowliest, not until he shall have been resurrected in every soul can there be Judgment – and judgment is simply the kingdom: that day there will be understanding between man + man.«[488] Diese Vision einer Rechtsprechung ist identisch mit der Vorstellung vom Kult ohne Glauben (»pure cult«), wie sie Taubes schon in ihren Paris-Briefen skizziert hatte. Das Königreich ist weder Strafe noch Belohnung; es wird nicht am Ende aller Tage errichtet, sondern entsteht immer dann im Herzen der Hölle, wenn Menschen einander in gegenseitiger Achtsamkeit begegnen. Susan Taubes' »Heiliger Krieg« richtete sich gegen jede Religion, die etwas anderes versprach.

Somit war ihr, gerade weil die allmächtige Gegenwart der monotheistischen Religionen von Judentum und Christentum eine existenzielle Herausforderung darstellte, die Konversion immer nur Gedankenspiel und niemals eine Option. (In der Erinnerung ihres Sohnes Ethan hatte sie auf einer Reise nach Assisi, wahrscheinlich 1958, einem spontanen Impuls, sich taufen zu lassen, in letzter Minute doch nicht nachgegeben.) Der Übertritt sei nur in seiner Eigenschaft als Tabu-Bruch eine Versuchung, schrieb Taubes während ihrer Europareise 1956.[489] Die konfessionellen Zäune, welche die Religionen um sich errichteten, würden zur Überschreitung geradezu einladen. Insofern eigne der Konversion hinüber in neue Sinnsicherheiten höchstens eine Symbolik mit der Funktion eines Druckausgleichs (»safety valve«) für das alte, korrumpierte Bewusstsein (»old corrupt, conscience«)[490].

Am Ende würden in den großen Glaubensinstitutionen noch so unkorrumpierte Absichten ins Gegenteil verkehrt; mit der bloßen Teilhabe an deren Herrschaftsformen verwandelten sich Unterdrückte in Komplizen ihrer Unterdrücker. Eine Dynamik, die sie schon früher an die Mitglieder des ›Sonderkommandos‹ von Auschwitz denken ließ, die dazu gezwungen wurden, ihre ermordeten Mithäftlinge in den Krematorien zu verbrennen.[491]

Das Nachdenken über eine religiöse Bedeutung von Unglück und Leid wird in den Aufzeichnungen jener Jahre immer wieder überblendet von Bildern der Opfer in den Todeslagern. »My mind is drawn in spite of myself to these horrors«[492], notiert Susan Taubes auf ihrer Italien-Durchreise im Sommer 1955. Einige Seiten weiter datieren die Einträge vom Frühling 1957, da lebte sie schon mit ihrer kleinen Familie in New York. Inmitten von Überlegungen über den Sinn von Heiligtümern, sowohl in Gestalt von Bauwerken als auch im Innern eines Menschen, und in direktem Anschluss an die Feststellung, Religion sei »not a solution« (jeder Ersatz aber noch schlimmer)[493], findet man diese Passage:

> The anguish of those immobilized tableaus of victims in the instant of horror that haunt sleepless nights – rendered less in the greater anguish of the Crucified? In the anguish, no longer ghost, but immobilized in still wood? Or as if anguish were [x]? found its adequation? or its appropriate mask which like the casket housing the emperor's mummy was carved to fit [x]. Or a focus – a magnet to which around which our erratic pangs abrupt schocks can be grouped?[494]

Die Momentaufnahme des Grauens erhält ihre Statik durch eine konkrete, in Holz geschnitzte Materialität. Im Unterschied zu dem des Gekreuzigten lässt sich dieses Bild nicht sublimieren. Bei der Kontemplation ändert es bloß seine Form, in der es den Tod beherbergt: Es wird zur Maske, zum Sarg und schließlich zum Magneten, der die durch ihn selbst ausgelösten, unregelmäßigen Momente des Schreckens auf seiner Oberfläche organisiert. Damit entwickeln die unbeweglichen Tableaus der Opfer eine größere Macht, als es die durch Generationen tradierten Bilder der Religionen je könnten. Denn ihr Anblick setzt einen Austausch zeitlicher Dynamiken in Gang: Die vertraute Abfolge von Vergangenheit, Gegenwart und Zukunft gegen eine unberechenbare Aneinanderreihung von

Schocks – eine Bewegung wie beim Gang über ein Minenfeld; sie setzt sich von den schlaflosen Nächten bis in den tiefsten Winkel im Alltag der Autorin fort:

> It is by sheer accident that I wake up in a comfortable apartment instead of a concentration camp; that I enter [x] basement, instead of a gas chamber. I would not be surprised –
> Crossing a mined field.[495]

In New York im Frühling des Jahres 1957 sind das Lager und die Gaskammer ganz nahe. Man muss nur eines Morgens die Augen aufschlagen oder eine Kellertreppe hinuntergehen und man ist dort.

In ihren Aufzeichnungen, die sich über die Jahre 1955 bis 1957 erstrecken, erörtert Taubes vor allem zwei Auswege aus einer nicht endenden Gegenwart des Schreckens: die Literatur und den Freitod.

Der Option, dem eigenen Leben ein Ende zu setzen, geht Taubes in mehreren verstreuten Formulierungen nach. Im November 1955 erwähnt sie die Existenz von Situationen, in denen Selbstmord zur Pflicht wird, andere, in denen die Verbundenheit mit dem Peiniger einen von diesem Schritt abhält. In der Hölle wäre der selbst gewählte Tod – neben dem Wahnsinn – ein Zeugnis von Wahrheit, ganz einfach, weil es in der Hölle nichts Wahrhaftiges gibt; der Selbstmörder wäre dann allerdings die Karikatur eines Märtyrers.[496]

Ein paar Blätter weiter sucht sie eine Antwort auf dem Weg, den Camus im *Mythos des Sisyphos* beschritten hat. Für ihn verdoppelte der Selbstmord nur die Absurdität der eigenen Existenz; er plädierte dafür, sich im vollen Bewusstsein dessen gerade dem Leben zuzuwenden. Taubes indes ersetzt die Kategorie des Absurden durch die des »Sterilen«; anders als bei Camus kann die Verstärkung durch den Tod nicht mit dem Leben überschritten werden, denn in der Sterilität ist immer schon Leblosigkeit enthalten: »Suicide: one flees from sterility of life to sterility of death – one cannot escape.«[497] Schließlich spielt sie das Problem nach der Logik der Pascal'schen Glaubenswette durch:

> In the way of Pascal's wager: I stake a hope that by not making myself master of my death I might regain in death an innocence I did not possess in life.
> Legitimacy of suicide (non-metaphysical) – after moral suicide. We may have been mistaken but the risk is as great if we choose to live as to die[498]

Anders als bei Pascal gibt es in dieser Frage keine bessere Wette: Die Entscheidung weiterzuleben, erhöht den Erwartungswert eines Gewinns an Leben nicht – genauso wenig allerdings wie ein selbst herbeigeführter Tod.

*

Am 12. Oktober 1969 notierte Susan Taubes im »Budapest Journal«: »In about two weeks I will drown myself.«[199] Einen Absatz davor schreibt sie von einem unbeschreiblichen Kummer, von dem sie nicht mehr weiß, woher er rührt. Zum Kummer gesellt sich ein Erschrecken darüber, dass da niemand ist, der ihr Trost geben könnte, und auch niemand, den sie zu trösten vermochte. Das Wiedersehen mit dem Haus in der Pasaréti út und auch eine Balkanrundreise lagen hinter ihr, in zwei Wochen würde sie nach New York zurückfliegen. Vor drei Wochen war dort ihr Roman *Divorcing* erschienen. Sie schreibt weiter, dass sie sich seit nunmehr zwei Jahren jeden Morgen fragt: Warum nicht jetzt? War es nicht absurd, auf dem »Weg in die Nicht-Existenz« (»on the way to nonexistence«) nach Zeit und Ort zu fragen? Die guten Gründe, Verantwortlichkeiten, Verpflichtungen, die sie jedes Mal nach reiflicher Überlegung dazu gebracht hatten, ihr Vorhaben aufzuschieben, wurden irgendwann zu Bestandteilen einer blinden Mechanik, die allein dafür sorgte, dass sie weiter ihr Leben lebte. Das führte sie an jenem Herbsttag in ihrem Budapester Hotelzimmer aus, bevor sie sich zu einem ihrer letzten Streifzüge durch die Stadt ihrer Kindheit aufmachte:

> Having delayed having stifled the natural scream, my death cannot avoid being willed, artificial; but that is just as well, no more willed and artificial, a mechanical gesture than my actions have been these past years. And somewhere that stifled scream, resonated and will sound when I die; because that stifled scream is all that is alive of me now, curled up in a ball. The delay is agonizing, a mockery, my last act turned into something frivolous – a statement, it cannot avoid sounding like a statement, having decapitated the scream I am reduced to talk or silence. The silence is not true silence, it's sodden rumbling with weak lightnings that haven't unleashed rain that would clear. No silence only the static of confusion a stifled scream still alive at its center. Static and mechanical talk as a way out or just to fill time.
>
> A statement of some sort, yes. As for the need to understand myself or make myself understood to others, isn't it the same thing? And what of the need? Having to give answers to others which they rejected,

appropriated or refashioned like in certain encounter games, that's how it all started the habit of explaining one's self, with rehearsing answers which the others would have to accept, making up dialogues. But now I've been inside too long. I will go out. Out into Budapest.[500]

In den letzten beiden Lebensjahren konnte Susan Taubes nicht verhindern, ihren Tod herbeiführen zu wollen. Der Akt erschien ihr leichtfertig, künstlich, aber nicht künstlicher als ihr mechanisches Leben, das sie seit einiger Zeit führte. Ihr Roman war geschrieben. Alles, was sie jetzt noch artikulieren konnte, nachdem sie immer aufs Neue den »natürlichen Schrei« in sich unterdrückt hatte, waren auswendig gelernte Formeln für die Frage-und-Antwort-Spiele ihrer Mitmenschen.

Etwa fünfzehn Jahre zuvor beantwortete Susan Taubes die Frage nach dem freiwilligen Tod mit dem Beginn ihrer Laufbahn als Schriftstellerin. Unter die Tagebucheinträge von Herbst/Winter 1955 fällt, inmitten von Notizen zu Lektüren »christlicher Romantiker« wie Georges Bernanos oder Dostojewski und der Überlegungen, welche Bedeutung ein Freitod in der Hölle haben könnte, dieser Satz: »To write a novel of those who go on living, who waste away in ambiguity in an endless prostitution without total sacrifice; life without an absolute.«[501]

Wenige Seiten später schreibt sie vom Bruch mit dem herkömmlichen Roman, seinen großen Fragen und Entdeckungen. Der »new style« würde von Autoren wie Joyce verkörpert:

> They do not search: the writer [x] of naked existence reveals the pity + the horror. To make all things transparent to see the ridiculous in the heroic + the spiritual, to see through man's humanity is not to explain away, dissolve (except the ideals + values) but to reveal a »greatness« both small + great, a comedy + tragedy, without »issue« eternally repeating itself. What remains: The pity, the horror and – the tender force.[502]

Die Suche nach Antworten auf immer dieselben großen Fragen wird ersetzt durch Schlaglichter auf das Lächerliche im Heroischen, das Kleine im Großen, das Komische im Tragischen und umgekehrt. All dies erklärt nichts und bietet keine Lösungen an; es macht lediglich sichtbar, und zwar nichts anderes als das Zusammenspiel von gegenstrebigen Kräften im Leben der Menschen: den schrecklichen genauso wie den mitfühlenden.

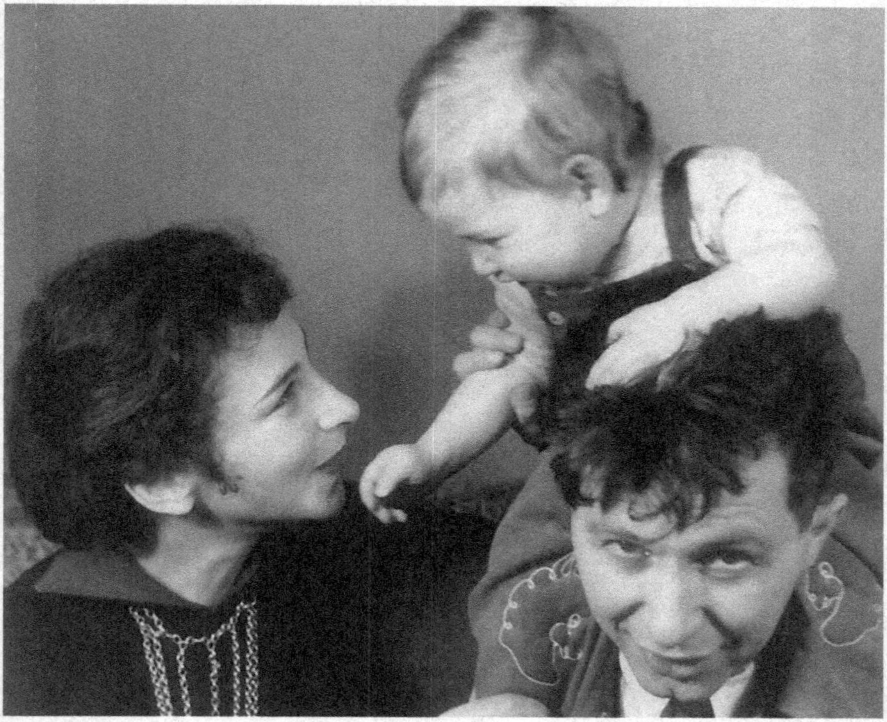

Mit Jacob Taubes und Sohn Ethan, ca. 1954

13. New York – Paris

»Now when life was becoming easy, it was insane to leave
(Insane but logical; homelessness, insecurity and fear are the strongest bonds between some people)«[503]

Es mutet verrückt an, gerade dann, wenn das Leben leicht wird, dieses Leben zu verlassen. Eine solche Entscheidung ist jedoch auch konsequent, denn es gibt Menschen, die am allerstärksten durch Heimatlosigkeit, Unsicherheit und Angst miteinander verbunden sind.

Diesen Gedanken notierte Susan Taubes Mitte der 1960er Jahre, als sie für ihren Roman *Divorcing* eine Fülle an biographischen Erinnerungen niederschrieb und dabei auf die Entscheidung zurückblickte, nach fünf gemeinsamen New Yorker Jahren getrennt vom Ehemann ein neues Leben in Paris zu beginnen.

Was war es für ein Leben, das sie gegen jenes vertraute Gefühl, nirgendwo zu Hause zu sein, eintauschte?

1956 bezogen Susan und Jacob Taubes mit Sohn Ethan in der Upper West Side von Manhattan ein Apartment im berühmten, 1922 erbauten sechzehnstöckigen Gebäude am 370 Riverside Drive (viele Intellektuelle und Künstler haben dort residiert, ab 1959 auch Hannah Arendt, da lebten die Taubes bereits seit einem Jahr in der um die Ecke gelegenen Claremont Avenue). Die achtundzwanzigjährige Susan hatte zu diesem Zeitpunkt vielfältige Pläne: den Roman *Downgoing* zu Ende schreiben, ihre Dissertation ausarbeiten, neue Schreibprojekte und Forschungsfelder erkunden, dabei an der Columbia University Fuß fassen.

Den Universitätsakten lässt sich entnehmen, dass sie von 1957 bis 1964 – mit Ausnahme vom akademischen Jahr 1962/63, das ganz der Fertigstellung ihres zweiten Romans, *Klage um Julia*, gewidmet war – als Associate in Religion an der Columbia und am kooperierenden Barnard College unterrichtete; zum Schluss pendelte sie dafür zwischen Paris und New York. Neben Einführungsseminaren gab Susan Taubes im Graduiertenprogramm

Kurse zur Vergleichenden Mythologie sowie zu Kunst und Religion, am selben Department, an dem ihr Ehemann zunächst im Rang eines Assistant Professor lehrte.

Die Universitätsöffentlichkeit nahm das Paar als faszinierende Verbindung von Intellekt und Eros wahr. So schreibt der Autor Phillip Lopate in seinen Erinnerungen an Susan Sontag, die 1960 auf Betreiben von Jacob Taubes ebenfalls eine Position am Department of Religion erhielt: »The Religion Department at Columbia back then was dominated by Jacob and Susan Taubes, a spookily thin, intense, attractive and super-smart couple. Jacob was supposed to be something of a holy man, a *zaddick*.«[504]

Aus der Sicht des damaligen Studenten gaben Susan und Jacob Taubes ein charismatisches Paar ab. Im persönlichen Rückblick von Susan, notiert kurz nach der Trennung 1961, waren es die Opfer der ersten Ehejahre, die Auseinandersetzungen, die Beschwernisse auf dem Weg zu einer gesicherten beruflichen und familiären Existenz, die sie enger aneinanderschmiedeten als irgendwelche Hoffnungen für eine gemeinsame Zukunft oder gar gegenseitiges Verstehen:

> The daily struggle of life forced them to walk together like a team of horses, without really understanding their differences and trying to adjust to them; so that while for years they seemed to walk shoulder to shoulder arm in arm united, and [in] the eyes of the world the perfect couple, they were actually drifting apart.[505]

Als das perfekte Gespann auseinanderstrebte, geschah dies zunächst unbemerkt von den »Augen der Welt«. Im Unterschied zu Jacob, dessen Karriere an der Universität jetzt stetig voranschritt, blieben Susans Bemühungen um eine feste Anstellung vergeblich. Dies war weniger der Existenz im Schatten eines Mannes zu verdanken, der dabei war, sich einen Namen als schillernde Figur zwischen ›Gerechtem‹ (»zaddik«) mit der Aura eines Heiligen und genialem Scharlatan zu machen. In jener Zeit sollten einem ungeschriebenen Gesetz zufolge verheiratete Paare an derselben Fakultät keine gleichberechtigten Positionen innehaben. Solange also Jacob Professor am Department of Religion war, hatte Susan dort keinerlei Chance auf einen beruflichen Aufstieg. Die Universitätsakten dokumentieren, dass sie sich zwar Jahr für Jahr aufs Neue erfolgreich für Lehraufträge bewarb, ihrem Wunsch nach einem höheren Rang mit mehr Verdienst und einer Vollzeitbeschäftigung wurde jedoch nicht entsprochen. Dabei eilte ihr durchaus der Ruf einer exzellenten Wissenschaftlerin und vielversprechenden Dozentin voraus. So wollte der Religionssoziologe Arthur L. Swift von der

New School of Social Research sie auf ausdrücklichen Wunsch eines kurzfristig ausgefallenen Mitglieds des dortigen Lehrkörpers im September 1957 als Instructor einstellen. Obgleich überzeugt von ihren Fähigkeiten, holte er zusätzlich Erkundigungen über sie bei James Luther Adams ein, der selbstverständlich nur Gutes zu berichten wusste.[506] Dass es zu dem Arrangement nicht kam, hatte sicher mehrere Gründe. Im August war Susan und Jacob Taubes' Tochter Tanaquil zur Welt gekommen. Zwar fühlte Susan sich schon bald nach der Geburt in der Lage, eine Arbeit aufzunehmen, das wenigstens legt die Tatsache nahe, dass sie noch im Herbst 1957 an der Columbia wegen eines Lehrauftrags vorsprach. An der New School allerdings hätte sie Neues Testament unterrichten sollen, einen Bereich, der nicht gerade im Mittelpunkt ihrer Interessen stand. Zudem verspürte sie, was ihre akademische Perspektive betraf, eher Neigungen zum Schreiben als zur Lehre; an der Columbia hoffte sie, beides miteinander verbinden zu können.

Die Bemühungen darum gingen mit einer Schwerpunktverschiebung ihrer wissenschaftlichen Interessen einher: von der Philosophie zur Anthropologie bzw. Ethnologie. Schon früher hatte Susan Taubes sich für Ritual und Magie, archaische Kunst und Narrative interessiert – als Mittler einer Welt, von der sie wusste, dass sie für immer entzaubert war, und nach der sie sich mitunter sehnte. Später in Paris und dann im Anschluss an ihre abermalige Rückkehr nach New York gab sie zwei Anthologien mit afrikanischen bzw. nordamerikanischen Mythen und Legenden heraus: *African Myths and Tales* (1963) und *The Story Telling Stone. Myths and Tales of the American Indians* (1965). Die Bände erschienen unter ihrem Geburtsnamen ›Feldmann‹ bei Dell Publishing, wurden zum Teil bis in die 1990er Jahre neu aufgelegt und gehören in den Vereinigten Staaten auch noch im Jahr 2020 zum Curriculum ethnologischer Studiengänge. Taubes hatte nicht nur aus unzähligen Quellen die Texte zusammengestellt, sondern auch ausführliche Einführungen zu Kontext und Systematik von Motiven und Traditionen sowie zum zeitgenössischen methodologischen Umgang damit vorangestellt. Eine Skizze aus ihrem Nachlass verrät, dass die Edition ursprünglich weitaus umfangreicher angelegt war, unter anderem mit Sammlungen japanischer und nordischer Mythen.

Die Beschäftigung mit mythischen Überlieferungen knüpfte an eine Tätigkeit an, die es ihr noch in New York ermöglicht hatte, die private Faszination mit Forschungsperspektiven zu verknüpfen. 1958 wurde sie für vier Jahre Kuratorin der Bush Collection of Religion and Culture, einer universitätseigenen Sammlung von Kultobjekten u. a. aus Afrika, Ozeanien und Nordamerika, gegründet Mitte der 1930er von dem Religionssoziologen Wendell Ter Bush (1867–1941). Taubes hatte hauptsächlich mit der Pflege und Ergänzung eines umfangreichen Dia-Bestands zu tun sowie dem Aufbau einer Forschungsbibliothek. Ethan Taubes erinnert sich an den Arbeitsplatz seiner Mutter in einem trübe beleuchteten Raum der Universitätsbibliothek, wo die Objekte untergebracht waren. Als kleiner Junge hatte er sich vorgestellt, wie die in den Masken gefangenen Geister zum Leben erweckt und durch die gläsernen Ausstellungskästen brechen würden.[507]

Masken übten auf Susan Taubes eine besondere Anziehung aus. Viele der im Nachlass überlieferten College-Unterlagen sind mit Zeichnungen von Gesichtslarven versehen, in der New Yorker Wohnung hingen Masken an der Wand, daran erinnerte sich Susan Sontag im Interview. 1961 verfasste Taubes anlässlich des außerordentlichen Bühnenerfolges von Jean Genets Masken-Verwirrspiel *Les Nègres. Clownerie* (1958) in Paris und New York eine Besprechung des Stücks für den *Columbia Daily Spectator,* überschrieben mit »On Going to One's Own Funeral«. Zwei Jahre später erschien eine erweiterte Version unter dem Titel »The White Mask Falls« in der vom New Yorker Theaterwissenschaftler Richard Schechner herausgegebenen *Tulane Drama Review,* die Ausgabe war speziell dem Dramatiker Genet gewidmet. Eine Korrespondenz zwischen Taubes und Schechner verrät, dass dieser von dem Genet-Übersetzer Bernard Frechtman auf den Artikel in der Universitätszeitung aufmerksam gemacht geworden war und ihn daraufhin unbedingt für seine eigene Zeitschrift haben wollte.[508]

Frechtman wiederum hatte *Les Nègres* 1960 ins Englische übersetzt (*The Blacks. A Clown Show*). 1961 folgte auf dieser Textgrundlage unter der Regie von Gene Frankel eine Off-Broadway-Produktion, die Taubes mit großer Wahrscheinlichkeit kannte. Die stark mit Elementen des Grotesken und der Desorientierung arbeitende Inszenierung einer Konfrontation zwischen Schwarzen und Weißen traf den Nerv des New Yorker Publikums, zumal in Zeiten der Civil Rights Movements. So wurde der enorme Zulauf an Theaterbesuchern begleitet von Protesten auf beiden Seiten: Gegnern und Befürwortern der herrschenden rassistischen Ideologie und Gesetzgebung gegen Afroamerikaner.

In Taubes' Briefen und Tagebüchern finden sich verstreut Reflexionen zur Problematik einer Welt, in der wie selbstverständlich ›weiße‹ Sichtweisen und Maßstäbe galten. 1952, als Studentin in Paris, schrieb sie an Jacob: »The dehumanization of the American Negroe is visible daily in Paris when one sees natives from the French colonies who are beautiful and noble in their race.«[509] Und drei Jahre später, im Herbst 1955, notierte sie im Tagebuch:

> Question does not pose itself to negro to respect white man qua man. To white man question is not to recognize individual negro but to include

negro in his social universe: i.e. a social image in which all men are members of same society. Recognition of individual thus presupposes a universal social frame.[510]

›Weiß‹ als dominierende Farbe eines sozialen Universums zieht sich nahezu durch Taubes' sämtliche Schriften. Von weißen Brautkleidern, Blumen, Düften und Seelen ist die Rede und von glänzend versiegelten Oberflächen, die einst ihre Fantasien über Amerika prägten. In den Rückblicken träumt das Kind von Cremes, die, erst einmal auf der anderen Seite des Atlantiks angekommen, seine Sommersprossen zum Verschwinden brächten (und es nebenbei dünn werden ließen).[511]

Für Susan Taubes war die Diskriminierung von Schwarzen in den Vereinigten Staaten und in Europa mächtiger Bestandteil einer unausweichlichen Verflechtung von Unterdrückung und Fremdzuschreibung, die im Lebensbereich eines jeden wirksam war. Die Gewalt einer solchen Realität hatte Taubes selbst in ähnlicher Form erfahren, ihre Kritik daran schloss sie fortwährend in persönliche und theoretische Überlegungen mit ein.

Taubes' Besprechung von *Les Nègres* folgt denn auch keiner politischen Agenda. Vielmehr bindet sie ihre Analyse von Genets raffiniertem Spiel mit Täuschungen an die Infragestellung einer naturalistischen Darstellungskonvention, des gewohnten Verhältnisses von Realität außerhalb des Theaters und den Erwartungen an ein ästhetisches Vergnügen im Theater. Aus ihrer Sicht gründeten sowohl der Zauber als auch das Verstörende des Stücks im Umstand, dass der Boden theatralischer Erfahrung – die Verständigung und Sympathie zwischen Publikum und Bühne – »wie unter unseren Füßen weggezogen zu sein scheint« (»pulled out from under our feet«[512]). Der (weiße) Zuschauer werde dergestalt zum Teil des ausschließlich von Schwarzen auf die Bühne gebrachten Geschehens, dass er seine Souveränität über die eigenen Ressentiments und Werte verliere. Er erlebe die Unmöglichkeit eines Dialogs oder gar einer Versöhnung am eigenen Leib und damit als höchst real:

> […] we become parts, both as objects and participants, of a »black« rite of murder and exorcism. The actors inform us at the opening of the play that there can be no relation between us and them other than hostility and contempt. They assure us, moreover, that they shall have the decency to make *real communication* between us and them impossible.[513]

Im Verlauf ihres Textes zitiert Taubes aus Genets Vorbemerkung zur englischen Druckfassung über die Entstehung und Anlage von *Les Nègres*. Danach war sein erster Gedanke, als ihn der Regisseur Raymond Rouleau bat, ein Stück für eine ausschließlich schwarze Besetzung zu schreiben: »But what exactly is a black? First of all, what's his color?«[514] »Schwarz«, sei die unweigerliche Antwort, fügt Taubes an. Allerdings: Die Weißen seien auch nicht wirklich weiß, wie einer der Schwarzen im Stück bemerke, sondern rosa oder gelblich. Taubes dazu: »If Genet's play is primarily about ›blacks‹ and only secondary about Negroes, all our ideas are about the ›blacks.‹«[515] Mehr als eine soziale oder ethnische Zugehörigkeit stehe die Farbe auf dem Spiel, die mit ihr verbundenen Vorstellungen und Werte.

Les Nègres, so erklärt wiederum der Autor in seiner Vorrede, sei von einem Weißen für ein weißes Publikum geschrieben. Für den unwahrscheinlichen Fall einer Aufführung nur vor Schwarzen solle als exponierter Ehrengast eine weiße Person eingeladen werden. Wenn sich dazu kein Weißer bereit erkläre, würden an die schwarzen Zuschauer weiße Masken ausgeteilt. Und sollten die Schwarzen diese Maskerade verweigern, müsse eine Attrappe als symbolischer Weißer herhalten.

Genet konzipierte *Les Nègres* als Einakter und Stück innerhalb eines Stücks. Im Mittelpunkt steht der fiktive Sexualmord eines Schwarzen an einer weißen Frau. Die Tat soll von einer Gruppe Schwarzer in Form des Rituals nachgespielt werden, vor einem weißen Gerichtshof, bestehend aus Königin, Gouverneur, Richter, Missionar und Diener. Die Repräsentanten dieser Symbole der Macht – Thron, Altar, Militär – tragen allesamt weiße Masken, sind darunter aber erkennbar schwarz. Im Verlauf des Prozesses entstehen Zweifel an der Tat. Dennoch brechen die ›Weißen‹ zu einer Strafexpedition in den afrikanischen Dschungel auf. Dort schließt das Stück mit einem Rede-Wettkampf zwischen der weißen Königin und der schwarzen Stammesmutter Félicité; der Sieg der Schwarzen läuft schließlich auf eine, nach dem Nietzsche-Wort, »totale Umwertung der Werte« (»total reversal of values«[516]) hinaus. Bis jetzt war Schwarz die Farbe der Totengräber und der Waisenkinder. Künftig aber, so Félicité in ihrer Vision, werde schwarz alles sein, was sanft und gut ist, die Milch ebenso wie die Hoffnung und »die Oper, die wir besuchen werden«[517]. Die Mitglieder des Tribunals lassen sich hinrichten; die Schwarzen feiern.

Minutiös führt Taubes aus, wie bei Genet, anders als in einer üblichen ›Stück im Stück‹-Komposition, der Antagonismus zwischen Schwarzen und Weißen nicht einfach Thema der Dramatisierung ist, sondern in der Beziehung zwischen Darstellern und Publikum offenbar wird. Die Mechanismen der Projektion und Ersatzbefriedigung, welche dem theatralischen Schein des naturalistischen Theaters zugrunde liegen, werden durch eine Reihe von Spiegeleffekten sichtbar. Diese bewirken eine Übersetzung der subjektiv erfahrenen Katharsis in eine exorzistische Operation mit dem weißen Zerrbild der Schwarzen als Gegenstand. Das Theater aber werde damit einmal mehr zu einem Schauplatz für Magie.

Kritiker verurteilten das Stück als sinn- und strukturlos, so Taubes, aufgrund seiner Komplikationen. Diese rührten jedoch aus einem wohlkalkulierten Umstand, nämlich dass hier, anstatt glaubwürdige Charaktere vorzuführen, die Schauspieler das Publikum in eine ursprüngliche Situation hineinziehen, die das Schauspielen zuallererst erzeuge; es werde gezeigt »what makes the actor become a *dramatis persona* for the spectator«[518]. So entwickle sich die nachgestellte Vergewaltigung für die schwarzen Schauspieler zur schmerzhaften Zeremonie, da diese sich selbst so spielen müssen, wie die Weißen sie buchstäblich sehen.

Auf die Spitze getrieben werde diese Ausbeutung des Prinzips der theatralischen Zerstreuung[519] mit einer dramatischen Zäsur. Gemäß Genets Text wird zum Ende hin die »Clownerie« von einem Schwarzen unterbrochen, der über den Fortgang eines Geheimprozesses hinter der Bühne berichtet. Für einen Moment treten alle Akteure aus ihren Rollen heraus – auch aus der Rolle des Schauspielers –, die Darsteller des Gerichtshofs nehmen ihre weißen Masken ab. Den Zuschauern wird mitgeteilt, das Drama auf der Bühne sei nur aufgeführt worden, um das reale Drama zu verdecken, das sie nichts angehe. Gemeint ist eine Gerichtsverhandlung über die Hinrichtung eines schwarzen Verräters, ein Vorgang, der vermutlich auf das historische Ereignis einer Revolte gegen weiße Kolonialherrscher anspielt. Taubes sieht hier eine Umkehrung am Werk: Keineswegs interpretiere die »Clownerie« das reale Drama. Stattdessen seien es die Ereignisse hinter den Kulissen, die dem Bühnengeschehen Bedeutung verleihen und es somit in seiner Vorspiegelung und Anstößigkeit bloßstellen.[520] Diese Verschachtelung verschiedener Wirklichkeitsbezüge und ihre gegenseitige Erschütterung bezeichnet Taubes als »disconcerting super-plot«[521] und zitiert dann den Theaterkritiker Alfred Simon: »In a paradoxical way the introduction of a ›true‹ and a ›real‹ world plunges the work into artifice … You can't play both themes, the truth of theatre and the truth of man.«[522]

Im Falle von Genets Stück, so heißt es im Anschluss an Simons Äußerung, schließe dieses Paradox jedoch die Darstellung weder der einen noch der anderen Wahrheit aus. Im Bewusstsein, dass außerhalb des Theaters ein wirklicher Aufstand stattfindet, werde das »lyrische Massaker« (»lyrical massacre«[523]) als Ablenkung demaskiert – gerade damit aber bliebe die ›Wahrheit des Theaters‹ bewahrt: Die reale Bedrohung halte das Publikum am Ende der Vorstellung nicht davon ab zu klatschen, denn es wisse sich nach wie vor im Theater. Darüber hinaus frage das Drama aber auch nach der ›Wahrheit des Menschen‹, denn es gehe um die Werte, mit denen Farbe besetzt sei: »For the ›truth of man‹ lies hopelessly hidden under the vast super-structure of roles and investitures which in everyday discourse make black and white antipodes of the sacred.«[524] Das Problem um Hautfarben erscheine folglich als nur eines aus einem ganzen Komplex von dialektischen Paarungen, in denen Schwarz für die »Heiligkeit des Negativen« (»sacrality of the Negative«[525]) stehe:

> The drama of *The Blacks* is thus the drama of the »rejected zone,« whether of the psyche, or of society, or of the dominant civilization; it is the zone of the »totally other,« of the repressed; it is the domain of outcasts, criminals, children and prisoners as well as Negroes, with which Genet identifies himself.[526]

Die ambivalenten Reaktionen auf das Stück, resümiert Taubes, seien absolut konsequent, denn: Einerseits werde dem Publikum seine eigene Verstrickung in Schuld, Scham und Angst »vor der Rache der Unterdrückten« (»vengeance of the oppressed«[527]), also der Angehörigen der »verworfenen Zone«, vor Augen gehalten. Anderseits aber mache das Bühnengeschehen genau diese Angst zu einem gewissen Grad erträglich, denn im Theater falle nur die weiße *Maske*.

Die Argumentation in »The White Mask Falls« ist von einer glasklaren Stringenz; niemals gerät die Aktualität des Stückes aus dem Blickfeld. Dabei treffen auf den knappen acht Seiten mehrere Erfahrungskomplexe aufeinander, in deren Horizont Susan Taubes selbst zur Schriftstellerin und Philosophin wurde: Die ambivalenten Verwicklungen in Gewaltverhältnisse, die Kunst als Mittlerin von Erkenntnis und Wissen, die Maske als Medium für eine Dialektik von Sichtbarmachen und Verbergen, auf der Bühne wie im Leben.

Was sie an Genets Stück faszinierte, war die – aus ihrer Sicht einzig mögliche – Weise, den Konflikt zwischen Beherrschten und Herrschenden zu artikulieren: »ceremoniously, with playful disdain, with the maximum distance, as buffoonery«[528]. Liest man mit dieser Äußerung im Hinterkopf ihre späteren literarischen Texte, erschließen sich einem viel eher die auf Anhieb manchmal befremdlich wirkenden Verquickungen von Gewalt und groteskem Humor, Abstraktion und Theatralität, wie zum Beispiel in der Erzählung *Die goldene Kette* (orig. *The Gold Chain*), entstanden um 1964. Wenn die Protagonistin Rosalie aus einem verzweifelten Gefühl ehelicher Vernachlässigung die Vergewaltigung durch einen Fremden provoziert, sie später ihrem Ehemann Sylvanus Thrush (›thrush‹ ist die englische Bezeichnung für ›Drossel‹, ›Sylvanus‹ der Name des römischen Hirtengottes, aber auch eine Variante von ›Silas‹, einem Mitarbeiter des Apostels Paulus) ungerührt bei seinem jämmerlichen Todeskampf zusieht, nicht ohne vorher eine bizarr anmutende Verkleidungszeremonie an ihm vorgenommen zu haben, so lässt all dies den Leser in einer ähnlichen Mischung aus Verstörung und Erleichterung zurück wie *Les Nègres* den weißen Zuschauer. Denn die Demütigungen und Zerstörungen in *Die goldene Kette* spielen sich innerhalb einer unheimlichen Märchenwelt ab; deren Gefahren aber weiß der Leser letztlich in eine Zone zu verbannen, die mit seinem eigenen Leben scheinbar nichts zu tun hat.

Ähnliches gilt für die durchweg im Ton eines Märchens geschriebene Erzählung *Der letzte Tanz* (orig. *The Last Dance*). Darin sehnt sich die junge Mary Ann nach einer romantischen Vermählung mit dem Tod. Tatsächlich hat sie mehrmals ein Rendezvous mit dem ›scheuen und sanftmütigen Liebhaber‹.[529] Aber jedes Mal wenn er Ernst machen will, vertröstet sie ihn, weil eine Erfahrung in ihr Leben getreten ist, die sie bis zum Schluss auskosten will: die Heirat mit einem Theologiestudenten, das Pflanzen eines Birnbaums, die Bestellung ihres Hauses. Doch die Ehe verläuft unglücklich, die Birnen sind grießig, das Haus kann sie nur unter Mühen in Ordnung halten, so schwer wiegt mittlerweile ihr Kummer. Als sie in dieser Situation nun endgültig bereit ist, mit dem Tod zu gehen, schlägt dieser ihren Wunsch aus. Ihre Tränen machten Mary Ann so schwer, dass er sie unmöglich tragen könne. Allein durch einen Moment des Glücks könne sie ihre Leichtigkeit wiedererlangen. Und so gibt der Tod ihr noch eine Chance. Ihre Aufgabe sei es, ihn auf einem Maskenball unter allen Verkleideten ausfindig zu machen und zum Tanzen aufzufordern. Sollte sie sich allerdings irren, so würde sein Bruder, der »Henkersknecht«, kurzen Prozess mit ihr machen.

Auf dem Ball meint Mary Ann, in der Maske eines Henkers – eine blutbefleckte Kapuze – den Tod zu erkennen, und bittet ihn zum Tanz. Er sträubt sich, dann aber beginnt ein Danse macabre:

> [...] er begann sie herumzuschwenken, erst langsam, dann immer schneller. Die Lichter der Kristalllüster wurden dunkler, dann leuchteten sie rot auf. Er warf sie nach links und nach rechts und wirbelte sie mit wachsendem Ungestüm herum. Die Geigen spielten denselben Ton schneller und schneller. Seine Klaue riss ihre Seite auf, und er schüttelte sie hin und her, bis all ihre Erinnerungen herausfielen.[530]

Noch während ihr Tanzpartner Mary Ann vollends in Stücke reißt und schließlich die Überreste mit seiner Stiefelspitze in der Erde verscharrt, hofft sie auf einen ersten echten Glücksmoment.

Der Leser wird Zeuge, wie die Erwartung wahren Glücks buchstäblich zum Zerreißen gespannt wird. Schauplatz ist der Kostümball, ein Ort, an dem die Maske zur Wahrheit und das Gesicht zur Maske werden. Der Einbruch stumpfer Gewalt in den Wunsch nach sanfter Vereinigung ließ sich für die Schriftstellerin Susan Taubes nur in dieser einen möglichen Weise darstellen: Zeremoniell, mit spielerischer Verachtung und einem Maximum an Distanz.

Die Zeremonie und ihre Objekte hatten für Taubes nicht allein im Raum der literarischen Erzählung Bedeutung. Vielmehr sah sie in den archaischen Formen eine innerhalb wie außerhalb der Literatur wirksame Auseinandersetzung mit dem Leben von höchster Aktualität, eine Beobachtung, der sie auch als Wissenschaftlerin auf den Grund gehen wollte.

Von 1961, dem Jahr der Rezension von Genets Maskenspiel, datiert auch die im Nachlass überlieferte mehrseitige Skizze für ein Forschungsvorhaben, das in Verbindung mit ihrer konkreten Arbeit an kultischen Gegenständen der Bush Collection stehen sollte, und zwar zum Thema: »The Mask: A Study in the Psychology of Investiture and Disguise«[531].

In der rituellen Maske sah Taubes einen Schlüssel zum Verständnis symbolischer Handlungen. Dabei ging es ihr gleichermaßen um die Maske als Objekt und um den Akt des Maskierens im komplexen Ritual-Zusammenhang. Die Maskierten würden nicht einfach als verkleidete Menschen angesehen; für die Dauer des Rituals verkörperten sie die angerufenen Geister oder Ahnen selbst. Das Zusammenspiel von Symbolisierungen – Verbergen, Enthüllen, das Erzeugen von Schein – bringe eine ganz konkrete dramatische Form hervor, eine »symbolische Wirklichkeit« (»symbolic reality«), die es in ihren vielfältigen Bedeutungen und Bezügen zu analysieren gelte. Das Faszinosum lag für sie im Moment der Transformation; in ihm erblickte Taubes den Ausgangspunkt für eine Untersuchung von Symbolisierungsformen überhaupt.

Die europäischen und amerikanischen Forschungen zu diesem Thema waren ihr vertraut, das wird aus der Skizze des Vorhabens ersichtlich. Dazu benennt sie mit den Seminaren, der Tätigkeit als Kuratorin und den Arbeiten zum Theater ihre eigenen Voraussetzungen für die Durchführung; schließlich sah ein Arbeitsplan Recherchen in diversen Museen sowie die Teilnahme an einer Expedition vor. Als Ansprechpartner dafür führt Taubes gleich zwei Vertreter der modernen kritischen Ethnologie in Frankreich an: Michel Leiris und Claude Lévi-Strauss.

Es ist nicht sicher, ob jemals eine akademische Entscheidungsinstanz diesen Projektvorschlag zu Gesicht bekam. Bezogen auf ein drei Jahre früher entstandenes Exposé zur Entwicklung einer Symboltheorie auf Basis von

Re-Lektüren der Ansätze von Ernst Cassirer, Sigmund Freud, C. G. Jung, Susanne K. Langer[532] und anderen ist dagegen eine Notiz überliefert, die eine ausdrückliche Befürwortung des Soziologen Siegfried Kracauer nahelegt. Erwähnt werden zudem Empfehlungen von Paul Tillich, dem Religionswissenschaftler Mircea Eliade und Meyer Schapiro, Kunsthistoriker an der Columbia. [533] Dennoch wurde auch dieses Projekt niemals realisiert.

Taubes dachte dabei an eine auf allgemeinere Anwendbarkeit zielende Theorie. Mit ihr sollten sich, im Anschluss an die avancierten, bislang jedoch kaum vereinbar scheinenden Annäherungen so unterschiedlicher Philosophen und Ethnologen wie Lévi-Strauss, Eliade und Arnold Gehlen, symbolische Ausdrucksformen früher Kulturen (»archaic cultures«) darstellen lassen. Die Skizze endet mit einem persönlichen Statement von Taubes. Danach waren aus ihrer Sicht Kunst und Literatur ebenso wichtig für das Verständnis von Welt wie die Forschung:

> My ultimate purpose as a scholar is to contribute to man's understanding of his nature and culture. I will admit to another powerful urge as an artist and it is my hope to be able to complete at least one major work of fiction which has absorbed me at intervals since my undergraduate days.[534]

Ende der 1950er in New York, die Cambridger und Princetoner Jahre lagen gerade hinter ihr, war Susan Taubes entschlossen, einen Weg für beides zu finden, ihre Bestimmung als Wissenschaftlerin und den starken Drang als Künstlerin, ohne das eine oder das andere aufgeben zu müssen. Die äußeren Lebensumstände schienen dafür geschaffen. Jacob hatte ein festes Einkommen, die Kinder gingen zur Schule bzw. in den Kindergarten, zur Unterstützung gab es eine Haushaltshilfe. Mit der Aussicht, sich dort auf längere Sicht häuslich einzurichten, zog 1958 die jetzt vierköpfige Familie in die 35 Claremont Avenue, nicht weit entfernt von Barnard College und Morningside Campus. Das Columbia Housing Department vermietete die Wohnungen des elfstöckigen Hauses mit wunderschöner Jugendstilfassade an Universitätsangehörige. Die Adresse wurde zum geselligen Treffpunkt für Kollegen, Studenten und Freunde des Ehepaars.

Drei Jahre nach dem Einzug trennten sich Susan und Jacob Taubes. Da Jacob eine Scheidung zunächst verweigerte, erfolgte dieser juristische Schritt erst im Frühjahr 1967, und zwar im mexikanischen Bundesstaat Chihuahua. Was im US-Bundesstaat New York noch bis 2010 eine rechtliche Hürde darstellen sollte, war dort bereits in den 1960ern kein Hindernis mehr: Paare konnten sich ohne das Schuldprinzip scheiden lassen und somit einem aufwändigen Rechtsstreit entgehen. Unabhängig davon zogen sich die Auseinandersetzungen um die endgültige Auflösung der Ehe sechs Jahre hin; eine räumliche Trennung war jedoch schon 1961 beschlossene Sache. Jacob erhielt einen Ruf an die Freie Universität Berlin (pendelte aber noch bis 1966 nach New York), Susan war auf dem Sprung nach Paris, in ein Leben als Schriftstellerin. Was war geschehen?

Unter den frühen Skizzen für *Divorcing* finden sich Passagen, in denen Sophie Blind nach der Ankunft in New York im Gespräch mit einem »shrink«, einem Psychotherapeuten, die zurückliegenden zehn Jahre ihrer Ehe aufarbeitet. Sie rekapituliert: »There was the Jerusalem marriage the Cambridge marriage etc. and now the N.Y. marriage.«[535] Im lockeren Redestrom, der suggeriert, sie würde auf einer Couch liegend frei assoziieren, lässt Sophie Revue passieren, was die Beziehung zwischen ihr und Ezra ausmachte. Ihre Verbundenheit habe sich am deutlichsten in den leidenschaftlichen Auseinandersetzungen gezeigt; je heftiger der Streit, je stärker der Impuls, wegzulaufen, desto überwältigender das Gefühl, von Ezra aufgehalten, zurückgeholt zu werden. Als Auslöser für die Konflikte nennt Sophie unterschiedliche intellektuelle Vorlieben. Sie selbst las am liebsten Romane, Dramen und Gedichte. Obgleich selbst nicht grundlegend abgeneigt, überließ Ezra das Feld der schönen Literatur seiner Frau. Das meiste davon seien seiner Ansicht nach allerdings eitle Bemühungen angesichts der apokalyptischen Situation, in der sich der Mensch jetzt befinde. Schriftsteller hätten überhaupt kein Geschichtsverständnis. Sicher, es gebe Ausnahmen wie Joyce, die mit ihrem Genius den Hegel'schen Weltgeist realisierten, doch ansonsten seien gerade die englischen Klassiker wie Shakespeare voller Kitsch und halbgarer Ideen (»full of kitsch, half baked ideas«[536]).

In Sophies und Ezras Debatten um den Sinn und Nutzen von Literatur klingt der »Religionskrieg im Hause Taubes« an – wir erinnern uns: Die Formulierung benutzte Jacob 1956 im Brief an Hugo Bergman –, beispielsweise im Streit um die Frage, welche Bücher außer der Bibel mit ins eheliche Bett durften. Keinesfalls Sophies Dramenbände. Die Heilige Schrift hingegen war auch für sie selbstverständlich physisch und geistig mit ihrem Ehemann verschmolzen. Was aber war mit dem Babylonischen Talmud? War er Schrift oder nur Kommentar? Am Ende war Sophie in diesen Fragen die Unterlegene. Es fehlten ihr die Argumente, auch wenn Ezra sie beim Spülen, Aufräumen und Kochen in Gespräche über Hegel verstrickte, denn eigentlich war sie »through with philosophy before she met him«[537]. Vorwürfen, sie würde aus ihrer besonderen Begabung nichts machen und sich überdies als völlig unpraktisch in alltäglichen Dingen erweisen – so könne sie nicht richtig putzen, würde aber wie im Mittelalter Aschenbecher aus

Ton herstellen, obwohl man so etwas auch kaufen könne –, begegnete sie mit dem Hinweis, sie habe aus Zeitgründen versäumt, die Tugenden einer Hausfrau zu erlernen, sie sei ja mit ihrer eigenen intellektuellen Laufbahn beschäftigt gewesen: »She never claimed she was a great housekeeper never had time to learn and this had to be done in a hurry since in fact she was writing her dissertation[.]«[538]

Eine Verbindung zwischen den Erinnerungen der Romanfigur Sophie Blind und den biographischen Stationen von Susan Taubes, dokumentiert in Akten und Korrespondenzen, liegt in der Hinwendung zu Kunst und Literatur im Verborgenen. Im Herbst 1964, da lebte Taubes bereits getrennt, schrieb sie im Bewerbungsschreiben für ihr Literaturstipendium am Radcliffe Institute for Independent Study, dass familiäre Umstände – Verpflichtungen wie Widerstände – dazu geführt hätten, dass sie lange Zeit nur heimlich (»clandestinely«) schreiben konnte. Während der Psychoanalytiker-Vater im kreativen Drang seiner Tochter immer etwas Krankhaftes (»sickness«) gesehen habe, sei ihr Ehemann aus religiösen Gründen gegen das literarische Schreiben gewesen. Trotz alledem habe sie nach der Dissertation, wenn auch unter ständigen Unterbrechungen und schlechtem Gewissen, mit ihrem Roman *Downgoing* begonnen.

Ein Blick auf die New Yorker Jahre unmittelbar vor der Trennung macht deutlich, dass Susan und Jacob Taubes, obwohl sie am selben Department unterrichteten, bald kaum noch ein gemeinsames intellektuelles Interesse verband. Während dieser sich an der Universität mit Elan als charismatischer Außenseiter etablierte – er scharte eine Anzahl an studentischen Jüngerinnen und Jüngern um sich, 1959 erfolgte der Aufstieg vom Assistance zum Associate Professor – und überdies sehr viel unterwegs war, ging Susan, obgleich sie weiterhin Lehrveranstaltungen gab und Pläne für Forschungsvorhaben schmiedete, mehr und mehr auf Distanz zum akademischen Betrieb. Auch sie war wieder vermehrt auf Reisen, oft ohne Jacob: Von Juni bis Juli 1958 fuhr sie mehrere Wochen durch Europa mit Stationen in der Schweiz, Italien und Frankreich; begleitet wurde sie dabei zeitweise von Frederic Rzewski, einem Komponisten und Pianisten, der in Harvard bei Jacob studiert hatte und dem Susan sehr nahestand. (Vermutlich war dies die Reise, auf der laut Ethan Taubes seine Mutter ernsthaft mit dem Gedanken gespielt hatte, zum Katholizismus zu konvertieren.[539]) In den darauffolgenden beiden Jahren verbrachte vermutlich die ganze Familie ihre Sommerferien an den nahe bei New York gelegenen Badeorten Montauk und Provincetown. Doch bereits im Winter 1961 zog es Susan erneut weiter weg: Sie machte einen Abstecher nach Mexiko, die Sommermonate verbrachte sie unter anderem in Rom und auf der griechischen Insel Hydra. Offenbar standen die Reisen in Verbindung mit ihren ethnologischen Studien, das geht aus einem Schreiben des damaligen Vizepräsidenten der Columbia, John A. Krout, an die Universitätsverwaltung hervor. Darin versichert er, dass »Susan Taubes, Ph. D., Associate in Religion in Columbia University«, ihre Aufenthalte am Mittelmeer für Recherchen in Museen, Bibliotheken und Ausgrabungsstätten nutzte.[540]

Ob nun aber unterwegs oder zu Hause in New York: Kunst und Literatur nahmen noch vor der Wissenschaft jetzt wieder den größeren Raum in ihrem Leben ein. Anders als in den gesetzten, homogenen Städten der Ostküste prägten die intellektuellen und kreativen Aufbruchsbewegungen der 1950er und 60er Jahre in New York sämtliche Lebensbereiche, vom Politischen über das Soziale bis hinein in die Universitäten. Aus den Kunst-, Literatur- und Theaterszenen heraus entstanden in demonstrativer Abgrenzung zur europäischen Avantgarde unzählige Initiativen, die mit neuen kreativen Formen den Mainstream kritisierten und dabei politische wie intellektuelle Anliegen formulierten. Ein Beispiel hierfür waren die spektakulären Happenings in der Judson Gallery, 1958 gegründet von Bernard Scott, der im selben Jahr das Beatnik-Magazin *Exodus* initiierte, in dem Susan Taubes 1959 ihren Essay »The Riddle of Simone Weil« publizierte.

Vermutlich beflügelte die vibrierende Atmosphäre dieser Counterculture Movements in New York ihre literarischen Ambitionen und ließ die alte Leidenschaft für das Theater aufs Neue erwachen. 1948 hatte sie nach der Begegnung mit Jacob ihr Schauspielstudium an der Columbia an den Nagel gehängt. Jetzt, zehn Jahre später, knüpfte sie dort wieder an.

Von 1959 bis 1961 bot sich ihr die Gelegenheit, am Religious Arts Festival der Columbia University mitzuwirken. 1960 ging die von da an jährlich stattfindende Veranstaltung erstmalig über die Bühne. Mehrere Tage lang wurde mit Vorträgen und Performances in Kirchen, Universitätsräumen und Theatern die Bedeutung von Religion für das Gegenwartstheater und die Musik erörtert. Susan Taubes war, nach eigener Auskunft einer Ehemaligen-Befragung des Bryn Mawr College[541], für die Auswahl der Beiträge aus Film und Theater mit zuständig. Einer Bekanntgabe im *Columbia Daily Spectator*[542] von 1960 lässt sich entnehmen, dass einige Stücke mit religiösen Motiven von R. H. Ward aufgeführt wurden; der Bühnenautor und Schauspieler war in den 1950ern mit einem literarischen Protokoll seiner Bewusstseinsexperimente unter LSD-Einfluss bekannt geworden (*A Drug-Taker's Notes*, 1957).

Ungefähr zur selben Zeit, im Winter 1959, nahm Susan Taubes am Schauspieltraining der American Shakespeare Academy teil. Die Bühne wurde Anfang der 1950er in Stratford, Connectitut, im Zuge eines Shakespeare-

Booms in den USA u. a von John Burrell gegründet (bei ihm hatte Taubes 1948 in London im Old Vic vorgesprochen), als Pendant zum traditionellen Shakespeare Theatre im britischen Stratford, strebte aber modernere, ›amerikanische‹ Inszenierungen an. Künstlerischer Leiter war zu dieser Zeit der legendäre Schauspieler und Produzent John Houseman. Viele US-amerikanische Film- und Theatergrößen waren im Laufe ihrer Karrieren irgendwann einmal an Aufführungen des American Shakespeare Theatre beteiligt, z.B. Katharine Hepburn. Seit Taubes' ersten Schritten auf der Theaterbühne hatten sich die Ansprüche in der Schauspielkunst deutlich verändert. Stärker noch als in den ausgehenden 1940ern zielten die Techniken auf Reduktion und Abstraktion. Eine besondere Bedeutung kam den Darstellungsformen zu, wie sie Étienne Decroux entwickelt hatte. Bei ihm nahm Taubes im Sommer 1960 Unterricht. Der französische Schauspieler und Pantomime war vor kurzem nach New York gekommen und lehrte in einem Studio in Midtown Manhattan seine wegweisende »Mime corporel dramatique«. Diese »Grammatik des Körpers« zielte darauf, menschlichen Gefühlen und Gedanken wortwörtlich Gewicht zu verleihen. Dabei wurde der Körper wie eine bewegliche Skulptur eingesetzt, mit isoliert voneinander agierenden Gliedmaßen; Rollenpsychologie und Erzähldramaturgie rückten in den Hintergrund. Mitte der 1960er kam Taubes dann in Kontakt mit Joseph Chaikin und dessen 1963 gegründetem Open Theater; die experimentelle Schauspielgruppe probte in einem Lagerhaus in der New Yorker Spring Street. Obwohl sie mit Improvisationsstücken wie *Viet Rock* (1966) und *The Serpent* (1969) in den USA und in Europa reüssierten, ging es den Schauspielern weniger um Publikumserfolge, sondern viel mehr um den gemeinsamen Arbeitsprozess beim Training und während der Proben. Inspiriert von Nola Chiltons »post method« entwickelte Chaikin Improvisationstechniken, die auf eine gemeinschaftliche Erkundung künstlerischer, politischer und sozialer Fragen angelegt waren. Die Übungen mit Bezeichnungen wie »sound and movement« oder »transformation« zielten auf eine radikal minimalistische Ästhetik und arbeiteten sowohl mit der persönlichen Erfahrung des Schauspielers als auch mit dessen Beziehungen zu seiner Umgebung.

Ein Blick auf ihre Texte aus jener Zeit legt nahe, dass Taubes in Chaikins wie auch in Decroux' Ansätzen nicht allein Ausdrucksmöglichkeiten für die Bühne entdeckte. Auch ihr Schreiben war zunehmend von einer solchen leiblichen Darstellungskunst inspiriert. So brachte sie um 1960 ein komisches, zugleich morbid anmutendes Theaterstück zu Papier: *The Family*. Sie selbst bezeichnete es als »play in which three characters The Clown, Queen, and Orphan act out a comically hopeless family drama«[543]. Die Hoffnungslosigkeit dieser unmöglichen Familienkonstellation – »Clown« und die bereits verstorbene »Queen« haben vor langer Zeit geheiratet – gründet darin, dass die drei Charaktere zwar in einem jeweils starken Begehren aufeinander bezogen sind, jedoch in keinen echten Kontakt zueinander treten können. Die Queen ist dabei, den Clown entgegen dessen Bitten zu verlassen. Als Abschiedsgeschenk und Reminiszenz an ihre einstige Liebe flickt sie, eingehüllt in ein antikes Leichentuch, mit grotesken pantomimischen Bewegungen ein letztes Mal die Hosen ihres Mannes; dieser ist in all den Jahren zum larmoyanten alten Kind, zum Clown, geworden, er kann seine geliebte Frau nicht ins Leben zurückholen. Die Waise wiederum versucht vergeblich, einmal mit kindlicher Naivität, einmal mit übertriebenen Verführungsgesten, die Aufmerksamkeit des Clowns zu erregen.

Im Nachlass von Susan Taubes finden sich mehrere dramatische Entwürfe: Adaptionen klassischer Überlieferungen wie die Mythen von Elektra und Ariadnes Heirat mit Dionysos, der Fauststoff oder die biblische Geschichte von Jephtas Tochter, dazu einige abstrakt anmutende Skizzen ohne erkennbare intertextuelle Bezüge (in einer Skizze für *Divorcing* erzählt Sophie einem männlichen Gegenüber von ihrer Beschäftigung mit Ariadne auf Naxos. Antwort: »Ha ha ha I thought I heard you said Knackwurst«[544]). Taubes' bevorzugte Gattungen waren jedoch der Roman und die Erzählung. Viele ihrer in den 1960ern entstandenen Texte handeln vom Aufbruch aus geschlossenen Orten, an denen Gewalt regiert: die psychiatrische Anstalt (*Der Patient*, *Schwan*) oder die Ehe (*Medea*, *Die goldene Kette*). Was diese Erzählungen mit dem Stück *The Family* eint: Die nackten Dialoge, die Räume ohne jede Referenz auf einen historischen Ort oder eine bestimmte Zeit sowie die stilisierten Figuren mit ihren oftmals versehrten oder verfremdeten Körpern – der »Patient« sieht sich als eine zerlegte Gliederpuppe, Rosalie in *Die goldene Kette* wird vergewaltigt und verletzt sich selbst, das Gesicht der »Queen« ist nur aufgemalt – wirken wie eine Überführung der zumeist wortlosen Kunst der Mime corporel in die Literatur. Und umgekehrt entfalten viele von Taubes' Prosatexten ihre Stimmenvielfalt erst im lauten Lesen wie *Klage um Julia*: Das Erzähl-Ich verstrickt sich darin in endlose Selbstgespräche, in denen wiederum die entweder erinnerten oder antizipierten Äußerungen anderer Personen vernehmbar werden.

Für ihr Schreiben fand Susan Taubes in der neu propagierten Freiheit außerhalb stringenter Erzählweisen oder psychologisch kohärenter Darstellungen in Literatur und Theater vielfältige Anregungen. Im Rausch der New Yorker Bohème, die gleichermaßen von Kreativität und Widersprüchlichkeiten gekennzeichnet war, ging sie indes nicht auf. Wie im akademischen Betrieb positionierte sie sich auch hier eher am Rande, obgleich sie in ihrem

Leben und Schreiben in vielerlei Hinsicht den Weg der Avantgarden ging. Dennoch: Weder verschrieb sie sich explizit der bestimmten Programmatik einer künstlerischen Berufung und bedingungslosen Ausrichtung auf die Zukunft, wie sie z.B. der Literaturkritiker Renato Poggioli in seiner von den New Yorkern stark rezipierten *Theory of Avant-Garde* (1962) dargelegt hatte, noch wollte sie schlicht einem Trend folgend dazugehören. Im Gegenteil: Zum einen sah sie in spontanen kollektiven Initiativen immer die Gefahr eines Umschlags in Blindwütigkeit und Ideologie, zum anderen war und blieb ihr die amerikanische Lebensweise fremd. Diese wurde zwar von den jungen Subkulturen in Frage gestellt, mitunter aber erhielten dabei grenzenloser Konsum und Fanatismus lediglich eine andere Form, in Gestalt von Exzessen, bisweilen mit esoterischen Einschlägen und korrumpiert von den neuen Medien; das Fernsehen erlebte in jenen Jahren einen entscheidenden Aufschwung. Taubes hatte die Entwicklung solcher Technologien schon früh kommentiert, bisweilen seismographisch. So hatte die Zweiundzwanzigjährige am 24. Oktober 1950 im Anschluss an Überlegungen zur Beschleunigung des »end of ›universalism‹« durch Television, Rundfunk und Fotodruck in einem Brief an Jacob geschrieben: »(the newest, maybe in 10 years every man will be able to carry the Harvard library in his pocket)«[545].

In *Divorcing* finden sich schließlich parodistische Verschränkungen von Hightech und Irrationalem. Man denke an die unveröffentlichte Gerichtsszene, in der aus allen Winkeln der Erde die intellektuellen Köpfe des 20. Jahrhunderts per Videoschalte das Leben von Sophie Blind bezeugen. Sophie erscheint darin als eine in ungleiche Charaktere auseinanderfallende Figur, zusammengesetzt aus den Erinnerungspixeln der ausschließlich männlichen Zeugen. Im veröffentlichten Roman wird Sophie selbst bzw. ihr Leib aufgefordert, Auskunft zu geben: »Sie wollen, daß ich Zeugnis ablege.«[546] Für diesen Zweck sind die zerlegten Körperteile der Verstorbenen – ihr Kopf liegt auf dem »Tisch des Präsidenten« und liest Zeitung –, mit Versatzstücken der Computer- und Fernmeldetechnik verbunden:

> Aus meinem Mund kräuseln sich kilometerlange Lochstreifen. Der ganze Boden ist davon bedeckt. Ein Nachrichtenbüro? Oh, man hat meine Nervenenden an eine Interkontinentale angeschlossen, kann das Markenzeichen nicht lesen, aber sie … es ist schön, so schön. Meldungen von überall, von über und unter der ganzen Welt gehen ein – Larven am Meeresboden, Maden in der Tiefe der Erde, ein verwehtes Samenkorn. Gott.[547]

Der Kopf ein Rechner, das Lebenszeugnis ein beliebig zusammengesetzter Informationsstrom auf einem Datenträger; die Gestalt der Lochstreifen ist allerdings von den Maden im Erdreich, einem zeitlosen Signum der Verwesung, nicht zu unterscheiden.

Das surreal anmutende Aggregatgefüge steht in Verbindung zu Passagen im Roman, die auf Experimente mit bewusstseinsverändernden Substanzen anspielen; gerade in den Künstlerkreisen jener Zeit waren solche Versuche en vogue. Von einem außer Kontrolle geratenen »LSD-Kult« in den Vereinigten Staaten schrieb der Erfinder der Droge Albert Hofmann im Jahr 1966 im Brief an Ernst Jünger.[548] In *Divorcing* besucht Sophie Blind zur Vorbereitung ihrer Gerichtsverhandlung eine Bekannte namens Kate Dallas. Die Figur trägt Züge der Autorin Jean Houston, selbsternannte Mystikerin und Vertreterin der sogenannten »Human Potential Movement«, eine in den 1960ern entstandene Bewegung, bei der die Entfaltung des persönlichen Potenzials mit Blick auf das Hier und Jetzt anstatt auf Vergangenes im Mittelpunkt stand; Houston war auch an Untersuchungen zur Wirkung von Halluzinogenen beteiligt.

Im Roman berichtet Sophie ihrer Freundin Kate, dass sie nach dem Unfalltod zunächst in einen fantastischen Zustand geraten sei, sich dann aber plötzlich in der »alten Tretmühle«[549] wiedergefunden habe, umgeben von Ezra und ihren ermordeten ungarischen Verwandten. Daraufhin empfiehlt Kate ihr eine noch in Entwicklung befindliche »Vergessensdroge«, nach deren Einnahme sei man ein »unbeschriebenes Blatt«. Als Sophie abwinkt, unterstellt Kate der Freundin, sie könne eben doch nicht ohne den »Flüsterchor« der »alten Israeliten« in ihren Zellen leben. Da entgegnet diese:

> »Natürlich, Trennungen schmerzen immer, ob von einem alten Fetzen oder von einem Tumor. Es gehört zur menschlichen Natur, seinen Tumor zu lieben. Aber im Ernst, Kate, ich halte gar nicht fest an der alten Psychologie, das ganze Ego-Problem, die Geschichte mit der Kontinuität, überhaupt, daß man unbedingt eine Person sein will – völlig absurd. Klar glaube ich an die Wissenschaft. Klebstoff um die Neuronen, sicher. Aber trotzdem, eine chemische All-Lösung ist einfach uninteressant. Man kann so etwas nicht ernstlich berücksichtigen. Oder bin ich vielleicht nur heillos sentimental?«[550]

Trennungen und die Verbundenheit mit dem, was einem am meisten schadet, die Unmöglichkeit, eine Person zu sein, und die Hoffnung auf eine Erlösung vom Schmerz der Erinnerungen, ohne jedoch vergessen zu müssen. In Sophies Abwehr der Vorstellung, mit einem Schlag von der eigenen Lebensgeschichte befreit zu werden, klingen wesentliche Themen und Motive an, die Susan Taubes über Jahre in Erzählungen, Dramen, Gedichten und Romanen erkundete. Die Verweigerung einer chemischen »All-Lösung«

impliziert die Frage nach einem alternativen Umgang mit der Erinnerung. Antwort gibt die Autorin Susan Taubes: auf dem Weg der Literatur.

Lange hatte sie im Verborgenen geschrieben. Jetzt, zu Beginn der 1960er Jahre, kam sie in Kontakt mit anderen New Yorker Schriftstellerinnen, und zwar zunächst über Susan Sontag. Diese war 1959 nach New York gekommen, frisch getrennt von ihrem Ehemann, mit dem kleinen Sohn an der Hand und ohne Job. Ihr erster Weg führte sie, so erinnert sich Sontag im Interview[551], zu den Taubes, mit denen sie schon in Cambridge befreundet war. Dies ist umso bemerkenswerter, weil sie an anderer Stelle äußert, sie habe damals, nach der Trennung von Philip Rieff, alle Beziehungen zu gemeinsamen Freunden und Bekannten abgebrochen[552]. Sontag verband mit Susan und Jacob Taubes je Unterschiedliches. Jacob stellte für sie eine Art Mentor dar, bei ihm hatte sie in Cambridge studiert, ihre Stelle am Department of Religion an der Columbia erhielt sie 1960 durch seine Vermittlung, einmal gaben sie sogar zusammen ein Seminar zur Religionssoziologie.[553] In dessen Frau Susan hingegen sah Sontag eine Zwillingsschwester, eine Doppelgängerin – »sosie«[554], heißt es im Tagebucheintrag von 1972. Susan Taubes beunruhigte die in dieser Bezeichnung mitschwingende Vereinnahmung eher, wie noch gezeigt wird. Dennoch standen sich die Namensschwestern sehr nahe. Verbindendes Element ihrer Freundschaft war das Schreiben.

Bald nach der Ankunft in New York fasste Sontag den Entschluss, sich neben der Universität im literarischen Schreiben zu erproben. Sie gründete einen Schriftstellerinnenkreis, der ungefähr ein Jahr existierte. Zu den fünf bis sechs Frauen gehörten die kubanisch-amerikanische Dramatikerin María Irene Fornés, die US-amerikanische Literaturwissenschaftlerin Eva Kollisch – beide waren enge Freundinnen von Sontag, beide machten sich später einen Namen als Feministinnen – und Susan Taubes.

Bis weit in die 1960er Jahre war in den USA die Literatur eine größtenteils männliche Angelegenheit. Zwar profilierten sich zunehmend weibliche Intellektuelle und Künstlerinnen in der Öffentlichkeit und damit außerhalb der ihnen zugewiesenen Tätigkeitsfelder des Haushalts und der Familie. Allerdings setzte gerade nach 1945 eine massive »masculinization of American writing«[555] ein. À la Hemingway ersannen männliche Autoren männliche Protagonisten als Verkörperungen klischierter männlicher Werte wie ›Mut‹ und ›Risiko‹ in Krisensituationen.

Verhältnisse, die durch die zeitgenössische Literaturkritik verfestigt wurden. Ein beredtes Zeugnis davon ist eine Besprechung von *Divorcing* aus der Feder des seinerzeit bekannten Kritikers Hugh Kenner (1923–2003), erschienen am 2. November 1969 in der *New York Times Book Review*, kurz nach Erscheinen des Romans und vier Tage vor Taubes' Tod.[556] Der Verriss beginnt ausgerechnet mit einer Unterstellung, das Buch würde sich stilistisch zu sehr an Sontag orientieren (die etwa zur selben Zeit erstmals erfolgreich als Schriftstellerin hervortrat). Dann wendet Kenner in unerträglich misogyner Weise das Geschlecht der Autorin gegen sie selbst und ihren Roman einer gescheiterten Ehe mit einem »Superprof«. Die Leserschaft lässt er wissen: »Lady novelists have always claimed the privilege of transcending mere plausibilities. It's up to men to arrange such things. [...] Your bag is sensitivity, which means, knowing what to put into this year's novels.« Zum Schluss diffamiert Kenner den Roman als »with-it cat's cradling of lady's novelists« und lässt damit keinen Zweifel an einem ursächlichen Zusammenhang zwischen Taubes' Weiblichkeit und den angeblichen Mängeln ihres Schreibens. (Es erschienen auch andere, positive Kritiken, etwa am 16. November in der *Chicago Tribune* und, ebenfalls am 2. November, von dem Autor Murrah Gattis eine geradezu hymnische in der *Los Angeles Times*. Ob Susan Taubes sie gelesen hat, ist ungewiss.)

Angesichts einer solchen Atmosphäre müssen die Schriftstellerinnen den Zirkel als geschützten Raum empfunden haben. Knapp vierzig Jahre später erinnerte Sontag sich im Interview an die regelmäßigen Treffen als »fantastic experience«[557]. Alle zwei Wochen kamen die Autorinnen in ihrem Apartment zusammen und tauschten sich über Geschriebenes aus.

Woran arbeitete Taubes?

Die meisten ihrer unveröffentlichten Manuskripte sind nicht datiert. Mitunter aber lassen Hinweise wie eine versteckte Jahreszahl, ein charakteristisches Motiv oder die Querverbindung zu einem bestimmten Ereignis eine vorsichtige zeitliche Einordnung zu. So auch in den ca. 90 Blättern eines Konvoluts mit dem Titel »Paul Lazarus«[558]. Die darin enthaltenen Skizzen sind vermutlich zwischen 1960 und 1962 entstanden. Es sind die Jahre der Trennung und des Wechsels nach Paris, von ausgedehnten Reisen und einer Wiederentdeckung der Theaterbühne, schließlich einer neuen Erfahrung des intensiven Austauschs mit Gleichgesinnten.

Das Konvolut birgt eine Fülle an fragmentarischen Beziehungsszenarien, in denen Liebe und Tod aufeinandertreffen, geschrieben im Ton größter Nüchternheit oder Traurigkeit: Eine schwangere Frau stürzt sich über eine Klippe. Sie will einem Traum entfliehen, den jedoch ihr Mann träumt; vielleicht ist sie aber auch nur Teil eines verrückten Szenarios, das er nur für sie erschaffen hat. Ein Mann überwältigt seine Frau abwechselnd mit besitzergreifender Leidenschaft und physischen wie psychischen Demütigungen, um sie wie ein Kind oder ein Tier zu erziehen. Endlos kreisende Dialoge zwischen Liebenden – Geliebten und Eheleuten –, die nicht verstehen, warum sie nicht zueinanderfinden bzw. sich endlich trennen können.

Auch finden sich mehrere Ansätze für eine Pygmalion-Variation. Der Bildhauer Paul arbeitet an einer Marmorskulptur; sein Modell ist eine ihm fremde Frau, die nicht anwesend ist, sich aber auch an keinem anderen Ort aufhält. Ihre Abwesenheit liegt somit in schutzlosester Nacktheit ausgebreitet vor den Augen des Künstlers. Nach einem vergeblichen Versuch, ihre Identität festzustellen, fragt er sich, ob sie vielleicht tot sei und er dazu bestimmt, ihr Grab zu sein.

Oft verläuft die unbestimmte Grenze zwischen Leben und Tod am Strand oder im Meer, inmitten von Wellen wie im Erzählfragment »Inside the Wave«, in dem der Prozess des Ertrinkens als augenblickliches Vergessen und Verwandlung in reine Bewegung beschrieben wird. Fast immer sind es Orte des Transits: Ein brennendes Schiff, eine serpentinenförmige Küstenstraße, Hotelzimmer, ein Businesstrip mit dem Ehemann, eine Reise mit dem Geliebten nach Carrara in der Toskana, wo es den schönsten weißen Marmor gibt.

Historische Bezüge sind in den meisten Texten nicht erkennbar. Mitunter aber springen Reden und Denken darin unvermittelt in Thematisierungen des Zweiten Weltkriegs und der Judenvernichtung. So erscheint in einer der Szenen der Bildhauer Paul als jüdischer Überlebender eines Konzentrationslagers. Er freundet sich mit einem Fotojournalisten namens Hans Ernst an, dessen Charakteristika wiederum stark an den Magnum-Fotografen Ernst Haas (1921–1986) erinnern, einen langjährigen Bekannten von Susan und Jacob Taubes; Susan begegnete ihm vermutlich wieder Anfang der 1960er in Paris. Was die Figur Hans Ernst mit dem Fotografen Ernst Haas verbindet, sind Bildstrecken aus dem zerstörten Nachkriegseuropa, insbesondere Porträts von Kriegsheimkehrern und Überlebenden der Vernichtung in den DP-Lagern. An einen Dialog zwischen dem Künstler und dem Fotografen über Scham und Mitgefühl beim Ablichten von Menschen, deren Gesichtszüge vor Trauer oder auch vor Leidenschaft entstellt sind, schließen Reflexionen über das kalte Auge der Kamera an:

> The camera […] crosses threshold of sacred, to plunder its surface, without awe, without inner preparation. It does not, cannot enter through the gate of renunciation, go way of descent: it remains external: cold objective eye of spectator. It is a thief. The eye looking through viewer (the camera) has been dissociated from soul. The finger snaps a button, it clicks, lights up with glee, ha, I caught it. Photographer might be a

> man of great compassion: but he cannot by no effort of feeling transform his operations into acts of piety – if his prey is the secret moments of the soul […].[559]

Der Blick auch des mitfühlendsten Fotografen ist vollkommen abgetrennt von dessen eigener Seele. Und umgekehrt macht er die verborgenen Augenblicke in den Seelen der anderen zu seiner Beute. Augenblicke, in denen derjenige, der sie durchlebt, in Kontakt mit dem Heiligen tritt, Augenblicke, die kein Urteil von außen zulassen. Der Fotograf aber bleibt vor der Schwelle zum Heiligtum stehen; sobald er auf den Auslöser drückt, plündert er nur dessen Oberfläche. Damit aber werde der Akt der Belichtung zu einem Sakrileg; dies unterscheide die Fotografie wesentlich von der Malerei oder Bildhauerei.

Was aber, wenn die Öffentlichkeit das Dokument eines solchen Tempelraubs zu Gesicht bekommt? Im *Life*-Magazin, platziert neben einer Coca-Cola-Werbung, oder in einer Wochenschau im Kino? Diese Frage erörtern Paul und Ernst angesichts einer Serie von Bildern, welche Berge von Leichen und abgeschorenen Haaren zeigen: »They discussed whether it was desirable for atrocity pictures to be shown, published in books, shown in movie houses. The world still does not believe it E said. They will never believe it, those who experienced it cannot believe it.«[560] Trotz oder gerade wegen der Bilder: Die Welt wird die Geschehnisse niemals für wahr halten, und diejenigen, die diese selbst durchlitten haben, können sie nicht für wahr halten.

Ob Susan Taubes diese vielen Skizzen mit Kollisch, Fornés und Sontag teilte – die beiden zuletzt Genannten listet sie im Tagebuch aus den späteren 1960ern unter »Friends«[561] auf –, ist fraglich. Wahrscheinlich gehörten die Texte, wie viele andere Hinterlassenschaften auch, zu ihrem Innersten, ihrem Heiligtum, das nicht beurteilt und kommentiert, nicht auf Wahrhaftigkeit hin befragt werden wollte.

Einen anderen Text, zumindest die ersten Entwürfe davon, besprach sie dagegen ganz bestimmt mit ihren Schriftstellerkolleginnen: *Klage um Julia*. Sontag meinte sich im Interview von 2004[562] daran zu erinnern, Taubes selbst erwähnt in der späteren Paris-Korrespondenz mit Jacob – da existierte der New Yorker Schreibzirkel allerdings schon nicht mehr –, dass sie den fast fertigen Text mit der Freundin diskutiert habe[563]. *Klage um Julia* stellt in Vielem das Gegenteil zu den nicht für die Veröffentlichung bestimmten, intim wirkenden Fragmenten aus »Paul Lazarus« dar: Mit der Lektüre setzt ein Wirbel an sprachlichen Registern und Erzählperspektiven ein, man gelangt von der Groteske in den Traum, vom schwarzen Humor hinüber in melancholische Nachdenklichkeit, dies vor allem immer dann, wenn Julia dem Erzähl-Ich entgleitet. Bis dahin aber sitzt es wie eine Kamera zwischen Julias Augen und versucht von dort aus die Wege ihres Lebens aufzuzeichnen und zu lenken.

Zu den Anfängen von *Julia* sind kaum begleitende Korrespondenzen oder Tagebucheinträge aus Taubes' Hand überliefert. Umso mehr springt eine persönliche Notiz zwischen den Blättern von »Paul Lazarus« ins Auge, datiert vom 22. September 1960:

> Suddenly everything is different. As if something has been removed, a color filter, leaving the picture purer, more intense. As if I have been removed – or displaced. Perhaps this is what is meant by rebirth; it feels rather like death, not like the previous deaths, which were in reality only longing, anguished thirst for death, but the true death. Is it life? How to ascertain? Lost the old longing for [nonbeing] life, the sense of being exiled from life, the old terror of not living the true life the brooding on whether it exists; freed from the ancient nostalgia for home; the shades of paradise no longer haunt. Nothing has changed, no revelation has been given; that this is home; this the true life.[564]

Die Zeilen geben eine mögliche Antwort auf das Rätsel, warum man ein Leben ausgerechnet dann verlässt, wenn es sich endlich nicht mehr so schwer anfühlt. Das Leben selbst hat sich gar nicht verändert, sondern lediglich die Sicht darauf. Der Blick zurück nach Hause, zu den ungelebten Leben, die allein in der Sehnsucht Gestalt annahmen, weicht dem Blick durch ein Objektiv. Je nach Brennweite, Winkel und Filter erscheint das Bild klarer, werden seine Objekte – die Verfasserin dieser Zeilen selbst und die Schatten des Paradieses, die sie verfolgten – an den Rand geschoben oder ganz zum Verschwinden gebracht. Alle früheren Todeserfahrungen waren in Wirklichkeit nur ein schmerzhaftes Gefühl, vom Leben abgeschnitten zu sein. Der jetzige Tod aber fühlt sich an wie das wahre Leben.

Mit Jacob Taubes, Tochter Tanaquil (r.) und Sohn Ethan (l.), ca. 1958

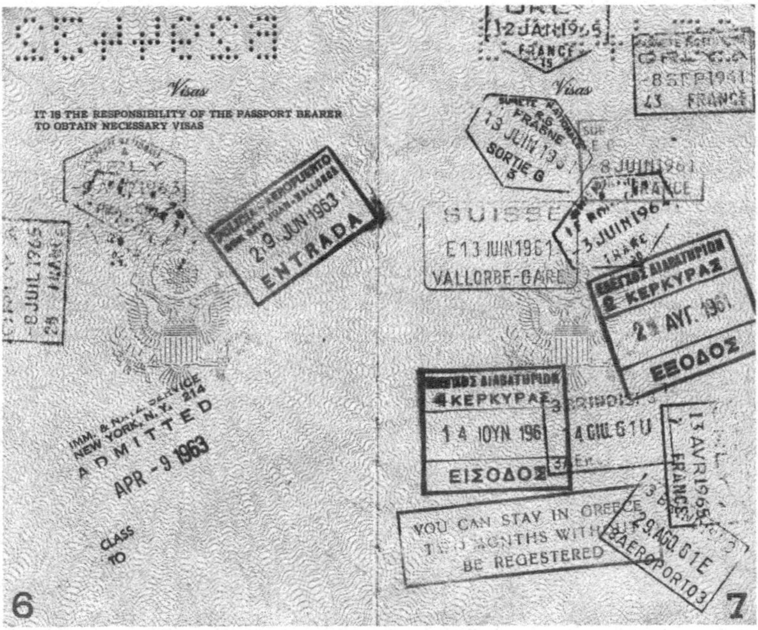

US-amerikanischer Reisepass

14. Paris – New York

> For a month, ever since leaving Claremont Ave. I've been on the go, always on a trip. I don't mean simply cruising [/] on a pleasant cruise, but making travel agreements, standing before travel bureau counters, *complicated decisions* studying timetables, trying to make the boat, repacking in haste, hunting for lodgings.[565]

Fahrpläne studieren, Koffer packen und wieder umpacken, das Schiff nicht verpassen: Seit dem Verlassen der gemeinsamen Wohnung in New York ist die Verfasserin dieser Zeilen dabei, ihre eigene Rastlosigkeit zu organisieren.

Die Notiz darüber findet sich inmitten von Traumaufzeichnungen, »Rêves«, die Susan Taubes im Sommer 1961 auf der griechischen Insel Hydra niederschrieb; es war das Jahr der Trennung. Während Jacob sich Ende Mai auf den Weg nach Berlin machte, um dort an der Freien Universität seine Professur anzutreten, reiste Susan, zu Jahresanfang war sie schon in Mexiko gewesen, in den Sommermonaten durch Europa: von Frankreich aus in die Schweiz, weiter Richtung Italien und schließlich nach Griechenland, wo sie laut Visastempel im Reisepass zwei volle Monate verbrachte.

Die ersten Einträge in Taubes' Traumtagebuch stammen aus dem Jahr 1961, die letzten datieren von 1969. Auf den ca. 120 Blättern wird nicht allein Geträumtes wiedergegeben, sondern auch über die Schwierigkeit nachgedacht, aus einem Traum willentlich zu erwachen, im Wachzustand nicht ins Träumen zu verfallen oder in einen Traum zurückzukehren, ihn, nachdem man schon das Tageslicht erblickt hat, hinter den erneut geschlossenen Lidern lebendig zu halten. Taubes fragt, wozu es Träume überhaupt gibt und weshalb auch in Zeiten, in denen das Träumen auf sanfte Art von »the man behind the dream machine«[566] gelenkt werde – von den Zeiten, in denen jene »Traum-Maschine« führerlos außer Kontrolle gerate, wolle sie gar nicht erst anfangen –, die Reisen darin trotzdem immer so verstörend (»disagreeable«) verliefen.

Meistens spielt sich das Traumgeschehen an passageren Orten ab. Wiederholt wird eine Szenerie auf den Straßen von Kairo geschildert. Die Träumerin begehrt verschiedene Auslagen in einer Boutique und beobachtet nebenbei eine Leichenprozession, die in ihrer beschriebenen Ausgelassenheit und Farbigkeit an mexikanische Totenrituale denken lässt. Als jemand sie mit aller Macht wecken will, stellt sich noch im Schlaf die Trauer darüber ein, die Traum-Stadt (»dreamy Cairo«[567]) verlassen zu müssen.

Einmal führt das Geschehen in eine bedrohliche Lage auf dem Weg von Tel Aviv nach Jerusalem, zuerst mit dem Fahrrad, dann im Zug, schließlich auf einer Fähre. Soldaten schießen, die Träumende rennt los und entsinnt sich schließlich, dass sie ja nur die wichtige Position ihres Ehemanns an der Universität erwähnen müsse, um der Situation zu entkommen; dann aber ist plötzlich nicht mehr klar, ob sich die Ereignisse in Israel oder Deutschland abspielen.

Ein anderer geträumter Ort ist offenkundig Berlin. Im Traum erscheint die Stadt schöner und anmutiger als Paris oder sogar Budapest (Susan Taubes war vermutlich bis auf gelegentliche Zwischenstopps am Flughafen Berlin-Tempelhof und den Versuch, 1952 Heidegger in Freiburg zu treffen, niemals in Deutschland). Zu den weiteren Schauplätzen gehören eine Pariser Straße in New York, endlose Treppen in Rom und höhlenartige Kathedralen in Vatikanstadt, ein unheimliches Ferienlager in den Tropen und eine namenlose Insel, von der die Träumerin abwechselnd aufbricht und zurückkehrt, als wolle sie mit der fortwährenden Bewegung ihr Erwachen hinauszögern. Und immer wieder kommt es zu beunruhigenden Begegnungen in der Claremont Avenue: Freunde von früher, die aussehen, als seien sie in all den Jahren nicht gealtert, eine Hand ohne Körper schiebt einen Brief durch den Türspalt, ihr drittes, nie geborenes Kind kommt von der Schule nach Hause.

Doch das Geschehen im Schlaf birgt nicht allein Rätsel und Schrecken.

Im Traum fand Taubes Begründungen für Entscheidungen, die sich ihr im Wachen nicht erschließen wollten. So lenkt einmal eine Unterwasserkamera ihren Blick hinab zu einem versunkenen Schiffswrack vor der Küste von Acapulco. Schließlich findet sie sich selbst im Innern des Schiffs wieder, zwischen Menschen in einem Speisesaal oder im Pool schwimmend; niemand vermutet in ihr eine blinde Passagierin. Das Bewusstsein, diesen Untergang zu träumen, verleiht der Schlafenden ein Gefühl von Frieden und Glück: »Knowing it's a dream-doom situation, calm and happy, have my blue notebook. Now spending a month in Puerto-Vallarta makes sense: that's where I'll really do the work, writing book from this extraordinary, fantastic experience.«[568] Als sie erwacht und ihre Erinnerungen an das soeben Geträumte niederschreibt, ist klar: Die Reise an die mexikanische

Pazifikküste zu Beginn des Jahres 1961 diente einzig und allein ihrer eigentlichen Aufgabe, nämlich diese außergewöhnliche Traumerfahrung in Literatur zu verwandeln.

Am Ende desselben Jahres, im Winter 1961, nahm ihre Beschäftigung mit *Klage um Julia* an Fahrt auf, unterbrochen wurde sie während der nächsten zwei Jahre wiederholt durch Ortswechsel. Rekonstruiert man Taubes' Aufenthalte seit dieser Zeit, so wird deutlich, dass für ihr Leben im Wachen dasselbe galt wie für das Geträumte: Mit dem Aufbruch aus der Claremont Avenue wurden die Intervalle zwischen Umzügen und Reisen noch kürzer als in den vorausgegangenen Jahren. Bis zu ihrem Tod im November 1969 sollte Susan Taubes sich von nun an kaum länger als drei aufeinanderfolgende Monate am selben Ort aufhalten. Begleitet waren diese Bewegungen zwischen Städten und Kontinenten, auch zwischen einer Vielzahl an persönlichen Begegnungen und wachsender innerer Einsamkeit, vom Prozess des literarischen Schreibens, intensiver als je zuvor.

»Coming to Paris to Write« – so lautet die Überschrift zu einer der Skizzen für *Divorcing*; in ihr lässt Taubes die Protagonistin Sophie Blind darüber nachdenken, warum es sie nach der Trennung von Ehemann Ezra in die französische Hauptstadt zog. Das Fragment findet sich im selben umfangreichen Konvolut, in dem an anderer Stelle auch Sophies Reflexionen über Paris als Abglanz einer verlorenen Topographie der Kindheit überliefert sind. Einen Absatz weiter heißt es »To write in Paris. What region of the soul? Jolted out of that grayness.«[569] Im Rückblick und verlagert in die Perspektive der Romanfigur war der Entschluss, nach Paris zu gehen, mehr als der ersehnte Neubeginn nach einer Trennung. Ab jetzt würde die Autorin ihr Leben im Schreiben Wirklichkeit werden lassen. Für Sophie Blind galt dasselbe wie für Susan Taubes: Um Licht auf die im Dunkeln liegenden Bezirke ihrer Seele zu werfen, brauchte sie einen geschützten Raum für sich, das hieß zu Winterbeginn des Jahres 1961 eine Wohnung in Paris. Davon hing alles ab. Denn wenn sie nicht arbeiten konnte, blieb ihr auch jeglicher Kontakt mit anderen verwehrt. Ohne Arbeit fühlte Taubes sich wie ein Niemand oder bestenfalls wie eine »jolie femme«[570], das schrieb sie am 1. Dezember 1961 an Jacob aus Paris.

Zu diesem Zeitpunkt stand der Haushalt in der 35 Claremont Avenue schon seit Monaten auf dem Kopf. Jacob pendelte als Professor zwischen Berlin und New York, war über weite Strecken abwesend. (Dieses Doppelarrangement sollte er 1966 zugunsten einer dauerhaften Professur an der Berliner Freien Universität aufgeben.) Susan war nach Frankreich aufgebrochen, um für sich und die beiden Kinder nach einer Unterkunft Ausschau zu halten. Für die Geschwister hatte damit ebenfalls eine unruhige Lebensphase begonnen. Die nächsten Jahre sollten sie abwechselnd und oftmals getrennt voneinander entweder mit dem Vater oder der Mutter verbringen, je nachdem, wo diese gerade ihre Zelte aufgeschlagen hatten. Dazu kamen Aufenthalte bei den Großeltern in Zürich und auf verschiedenen Internaten in den USA, in der Schweiz und in Frankreich, u. a. in La Coûme, einem hoch in den Pyrenäen gelegenen Landschulheim, geleitet nach strikten reformpädagogischen Überlebensprinzipen, so gab es dort keine Telefonverbindung nach außen. Die Empfehlung kam von dem Literaturkritiker François Bondy, mit dem Susan Taubes in Paris Kontakt hatte. Er hatte seinen Sohn Luc, den späteren Film- und Theaterregisseur, ebenfalls nach La Coûme geschickt. Als Jacob alternativ die später berühmt-berüchtigte hessische Odenwaldschule ins Spiel brachte, ließ Susan ihn per Brief wissen, Tanaquil und Ethan würden nur über ihre Leiche – »over my dead body« – in Deutschland aufgezogen werden.[571] Nichtsdestotrotz wollte auch sie ihren Kindern die vielen Ortswechsel ersparen. An Jacob schrieb sie am 15. November 1962 aus Paris:

> Dragging the children back and forth alternate years is clearly impossible. I wouldn't want to raise the children in Berlin. Given that life is difficult everywhere I feel more confident about raising the children here than in the states; and incomparable more at home humanly; it is more possible and surely less of a sacrifice or compromise to adopt a new language than to change one's basic attitudes and character.[572]

Susan Taubes argumentierte im Horizont der eigenen Biographie: Schwierig war das Leben überall, es gab Schlimmeres, als dann und wann eine neue Sprache zu erlernen. Viel eher kam es darauf an, das eigene Wesen ungestört entfalten zu können, und dafür war aus ihrer Sicht Frankreich ein entschieden geeigneterer Ort als Amerika. (Ein paar Jahre später ließ sie Sophie Blind über Paris als Mitgift für ihre Kinder räsonieren, als Ort, an dem die Erinnerung an eine lang zurückliegende Erfahrung von Zugehörigkeit und Geborgenheit beschworen wurde.)

Für den Übergang 1961/62 allerdings, als Taubes damit beschäftigt war, ihre Angelegenheiten in Paris und New York zu regeln – so nahm sie ein Freisemester an der Columbia, wollte dort aber weiterhin einen Fuß in der Tür behalten –, lebten der jetzt achtjährige Ethan und die vierjährige Tanaquil zunächst bei ihrem Kindermädchen in einer kleinen Wohnung in Harlem.[573] In ihr altes Zuhause in der Claremont Avenue konnten sie vorerst nicht zurück, auch wenn sie im Laufe der folgenden Jahre immer wieder Wochen in New York verbrachten; der Universitätspräsident bestand darauf, dass die unbenutzten Räume während Jacobs Abwesenheiten an Gastwissenschaftler untervermietet wurden.[574] 1966, da hatte Susan Taubes längst schon entschieden, wieder in New York zu leben, gelang es ihr, das Apartment zurückzubekommen.

1961/62 in Paris gestaltete sich die Wohnungssuche mühsam. Alles, was von Lage und Größe her – zwei Zimmer sollten es sein – in Frage kam, war entweder unbezahlbar oder bedurfte einer Vollsanierung. Bis Taubes eine (vorläufige) Bleibe gefunden hatte, verging ein knappes Jahr. Anfang Dezember 1962 schrieb sie voll Erleichterung an Jacob, sie habe durch die Vermittlung des Centre International de Professeurs endlich ein perfektes Domizil zur Miete gefunden: »not expensive, cozy, bohemian and I still can't believe just around the corner where rue Soufflot joins Place du Pantheon«[575]. Das siebenstöckige, im klassizistischen Stil errichtete Haus Nummer 3 in der Rue Soufflot lag im Universitätsviertel zwischen Pantheon und Jardin du Luxembourg; Taubes konnte sofort einziehen. Bis dahin war sie in Paris im Hotel untergekommen. Zwischenzeitlich, im Sommer 1962, hatte sie kurzerhand die Stadt verlassen und war zusammen mit ihrer kleinen Tochter nach Ibiza übergesiedelt – Ethan befand sich in der Schweiz – und blieb dort bis Anfang November. Das zu diesem Zeitpunkt noch unlösbar scheinende Wohnungsproblem und die eigene ungewisse berufliche Zukunft hatten sie erschöpft und hinsichtlich ihrer Paris-Pläne verunsichert.

Den Balearen stand der Touristenansturm ab den 1970er Jahren erst noch bevor; insbesondere Ibiza war jedoch bereits in den 1960ern ein beliebter Anlaufpunkt für Aussteiger und Hippies, überhaupt für all jene, die auf kreativem Weg nach alternativen Lebensformen suchten. Schilderungen in Briefen an Jacob zeugen davon, dass Susan bald in Berührung mit Künstlern und Intellektuellen kam, die dort entweder ihre Sommerferien verbrachten oder das ganze Jahr auf der Insel lebten – darunter das britische Schriftstellerpaar Amy und Jack Beeching und der 1933 aus Deutschland emigrierte Architekt Erwin Broner, ein Mitglied der Künstlervereinigung Grupo Ibiza 59. Sie selbst lebte relativ zurückgezogen in einem kleinen angemieteten Haus in der verwunschenen Calle de La Soledat. Während Tanaquil dort eine spanische Schule besuchte, nahm sie liegengebliebene Schreibarbeiten wieder auf, das waren die Ausarbeitung ihres Textes über Genets *Les Nègres* für Richard Schechners *Tulane Drama Review*, die Anthologie afrikanischer Mythen und Legenden, mit der sie bei Dell unter Vertrag stand, und ihr Herzensprojekt *Klage um Julia*. Vor allem aber musste Taubes sich darüber klar werden, wie und wo sie auf lange Sicht ein Leben als Schriftstellerin gestalten konnte, auch welche Möglichkeiten sie hatte, aus der ökonomischen Abhängigkeit von Jacob herauszukommen; er zahlte für sie und die Kinder Unterhalt, ihre eigenen Einkünfte reichten nicht aus, um über die Runden zu kommen. Auf Ibiza fand sie Zeit und Raum zum Nachdenken. Obgleich Susan Taubes mit den Leuten der Künstlerenklaven in Kontakt stand, suchte sie nicht unbedingt die Geselligkeit. Einmal reiste Jacob auf die Insel, das belegt eine Postkarte an seinen Freund Armin Mohler, datiert auf den 29. August 1962. Allen Differenzen zum Trotz: Anders als schon ein Jahr später pflegten beide zu dieser Zeit ein halbwegs freundschaftliches Verhältnis, das legt der mitunter sogar zärtliche Ton in Susans Briefen nahe. Oftmals ging es um Alltagspraktisches, um die Belange ihrer Kinder und Finanzielles. Doch Susan ließ Jacob auch mit großer Offenheit an ihren Befindlichkeiten wie Ängsten und Gefühlen des Alleinseins teilhaben. »I am, as you predicted, somewhat ›verödet‹; but underneath the layer of dead leaves I feel more alive than before + ready to enter the struggle«, schrieb sie in einem am 29. September gestempelten Brief an Jacob in Berlin (da lebte dieser bei der Philosophin Margherita von Brentano, die er 1967, kurz nach der Scheidung von Susan, heiraten sollte)[576]. In der Tat hatte die Abgeschiedenheit auf der Insel bald ihren Zweck erfüllt und sie für den »Kampf« bereit gemacht. Ibiza im Herbst erschien ihr jetzt als »ghost town«[577] und »intellectual vacuum«[578]. Ursprünglich waren sechs Monate in Spanien geplant. Jetzt hatte sie Sehnsucht nach der Großstadt, nach Anschluss und Inspiration, wollte in Museen und Bibliotheken am Mythen-Band arbeiten, mit frischer Energie die leidige Suche nach einer Unterkunft wiederaufnehmen. Anfang November vermietete sie das Häuschen, setzte ihre fünfjährige Tochter in ein Flugzeug nach Zürich und reiste selbst über Valencia und Barcelona nach Paris.

Bis Mitte 1964 lebte Taubes in der französischen Hauptstadt, unterbrochen von Reisen auf die Balearen und nach New York, danach verlegte sie ihren Wohnsitz wieder in die Vereinigten Staaten. Die Pariser Jahre sind durch Tagebucheinträge kaum bezeugt. Ein versteckter Hinweis auf die etwaige Existenz solcher Aufzeichnungen und ihren Verbleib findet sich in *Divorcing*. Sophie sitzt im Flieger von Paris nach New York, wo ihr Geliebter auf sie wartet. Als die Maschine sich den Wolken nähert und die Motoren plötzlich stillzustehen scheinen, verfällt sie in jenen Schwebezustand einer Durchreisenden, den sie 1939 als Kind auf der Transatlantikpassage nach Amerika als Glück empfunden hatte, da in ihm das Gewesene an Bedeutung verliert: »Habe alles zurückgelassen. Sogar meine Erinnerungen sind nicht mehr in mir, in Kisten verpackt, in den Verbrennungsanlagen von Paris.«[579]

Wir wissen nicht, ob Susan Taubes jemals ihre Erlebnisse der Jahre 1962 bis 1964, von vereinzelten (Traum-)Notizen einmal abgesehen, im Tagebuch festgehalten hat. Überliefert sind einige Rückblicke, oftmals verlagert in die Erinnerungen von Sophie Blind, dazu eine Serie von über 100 Briefen an Jacob, verschickt zwischen 1961 und 1965 aus Frankreich, Spanien und den USA. In ihnen ist von Alltäglichem die Rede, von Begegnungen und Schreibprojekten, auch von Zweifeln und Einsamkeit. Im Laufe der Zeit wandelte sich der vertrauliche Ton zu Kälte und Bitterkeit. Von Jacobs Antwortschreiben ist kein einziges erhalten geblieben. Ob sie wie Sophies Erinnerungen den Weg in die Müllverbrennung fanden, ist ungewiss.

Im Schreiben vom 15. November 1962, kurz nach ihrer Ankunft in der Seine-Stadt, äußert Susan, Paris sei eine Überraschung gewesen. Nach der Ibiza-Erfahrung innerlich vorbereitet auf weitere einsame Wochen, habe sie sich vom ersten Tag an in einem Wirbel aus Einladungen und Treffen mit alten und neuen Bekannten wiedergefunden. Unter ihnen Alfred Duhrssen und seine Frau Elizabeth Buntt, genannt »Bunty« – mit dem Paar war Taubes 1952 auf Korsika gewesen –, die Altphilologen Jean und Mayotte Bollack, Lucien Goldmann und natürlich Jean Wahl, ihr alter Philosophieprofessor an der Sorbonne.

Mit dem Einzug in die Rue Soufflot im Dezember wurde die Verzagtheit der letzten Monate zunächst abgelöst vom Glück darüber, einen vorläufigen Ort zum Bleiben gefunden zu haben. An Jacob schrieb sie: »[...] it's been desperate and now I'm very happy and can start living.«[580]

Zügig beendete sie die Arbeiten am Genet-Artikel und an den *African Myths and Tales*, für die sie Hunderte von Texten aus verschiedenen Quellen sondierte und kommentierte; gleich im Anschluss machte sie sich an den Folgeband mit *Myths and Tales of the American Indians*, der 1965 ebenfalls bei Dell erschien. Für ihre Recherchen besuchte sie das Musée de l'Homme, das eine der bedeutendsten europäischen Bibliotheken für Anthropologie beherbergte. Um sich fachlichen Rat zu holen, traf Taubes mehrmals Claude Lévi-Strauss und dessen Schüler Claude Tardits, einen Experten für Afrikanistik; dieser las mit Interesse ihre Einleitung für den Band und ließ sie an seinem Spezialwissen teilhaben. Durch eine Begegnung mit dem Regisseur Jean Rouch entdeckte sie die Möglichkeiten von Ton- und Kameraaufzeichnungen für die ethnologische Forschung. Rouch filmte vorwiegend in Afrika und galt als Pionier des in den 1960ern bekannt gewordenen Cinéma vérité, ein Dokumentarfilmgenre, bei dem eine maximale Nähe zwischen Gefilmtem und dem Blick des Filmemachers hergestellt wird (Kritiker warfen Rouch einen ›weißen‹, kolonialistischen Voyeurismus vor). Taubes hätte gern selbst den Umgang mit solchen Medien erlernt. Dazu kam es nicht; allerdings begleitete sie 1966, bereits wieder in den USA, im Rahmen eines befristeten Jobs drei Monate lang eine Fernsehdokumentation über die indigene Bevölkerung Amerikas.

Ihre Faszination für den Film bekam Anfang der 1960er in Paris einen neuen Auftrieb. Das Kino hatte in Frankreichs Intellektuellenszene, anders als in den USA, einen bedeutenden Stellenwert, insbesondere der Avantgarde- und Experimentalfilm. Zur selben Zeit wie Taubes hielt sich eine Freundin aus New York in Paris auf, die spätere Professorin für Filmwissenschaft an der New York University Annette Michelson (diese war wiederum befreundet mit dem Genet-Übersetzer Bernard Frechtman, auch ihn traf Taubes in Paris). Vermutlich wurde Taubes durch den Austausch mit ihr auf die allerneuesten Filmtrends der Nouvelle Vague aufmerksam; privaten Kontakt hatte sie auch mit dem US-amerikanischen, mittlerweile in Frankreich lebenden Filmtheoretiker Noël Burch. Wie schon als Studentin Anfang der 1950er besuchte sie auch jetzt, sooft es ging, die Pariser Lichtspielhäuser; die legendäre Cinémathèque lag nur fünf Minuten zu Fuß von der Rue Soufflot entfernt. Ihre »Film-Orgien« (»movie debauchery«[581]) umfassten jedoch nicht allein den zeitgenössischen Kunstfilm mit Produktionen von Regisseuren wie Jean-Luc Godard, Michelangelo Antonioni oder Luis Buñuel. Vielmehr reichte das Repertoire an Filmen, die sie besonders in den Bann zogen, vom frühen japanischen Filmtheater über die deutschen Stummfilmklassiker von Fritz Lang (*M*, 1931) oder Georg Wilhelm Papst (*Die freudlose Gasse*, 1925 mit Greta Garbo) bis hin zu den minimalistischen Werken von Robert Bresson (*Les Dames du Bois de Boulogne*, 1945) und den Animationsfilmen des tschechischen Regisseurs Eduard Hofman (*La Création du monde*, 1958).

Auch andere Avantgardekünste begeisterten Taubes, zum Beispiel die elektronische Musik. Paris war damals voll von Amerikanern auf der Suche nach einer unabhängigen Lebensart und Debattenkultur, die sie in den Vereinigten Staaten nicht fanden. Viele von Taubes' US-amerikanischen Freunden hatten Verbindungen in die französische Hauptstadt, neben Annette Michelson waren das die Psychotherapeutin Vera Brenson, die sich für das Verhältnis von Kunst und Psychologie interessierte, der Theaterschriftsteller Bernard Pomerance, der Komponist Frederic Rzewski und auch Susan Sontag, die 1958/59 für einige Monate ins Pariser Bohème-Leben eingetaucht war. Über Freunde und Freunde von Freunden kam Taubes in Kontakt mit Zirkeln, die bestens in den Kunst- und Kulturszenen vernetzt waren (darunter eine Gruppe ungarischer Mathematiker). Auf diese Weise verbrachte sie Abende in Klubs, in denen anstatt der üblichen Chansons und Kitsch-Balladen synthetisch erzeugte Musik vom Band gespielt wurde. Paris war die Geburtsstätte für eine bestimmte Richtung dieser modernen Form von Klangerzeugung, Ende der 1950er hervorgegangen aus der sogenannten »Musique concrète«, ins Leben gerufen von dem Ingenieur Pierre Schaeffer. ›Konkret‹ meinte die Verwendung vorgefundener Alltagsgeräusche, sogenannter »Klangobjekte«; zugleich markierte der Ausdruck eine Abgrenzung gegenüber der komponierten, also ›abstrakten‹ Musik. Es ist nicht überliefert, in den Genuss welcher Tonkünstler Susan Taubes an diesen Abenden gekommen war. Einem Brief an Jacob lässt sich entnehmen, dass sie diese Hörerfahrung »very exciting« fand.[582]

Wenn sie sich also nicht um den Haushalt und die Kinder kümmerte (Tanaquil lebte nach dem Einzug in die Rue Soufflot bei ihrer Mutter und wurde in Paris eingeschult, während Ethan vom Internat aus zu Besuch kam) oder mit dem Schreiben und eigenen Zukunftsplanungen beschäftigt war, ging Taubes ins Kino und Theater, besuchte sie Museen und Konzerte. Dazu blieb sie weiterhin eine enthusiastische Leserin. Ihre philosophischen und belletristischen Lektüren reichten von Denkern und Schriftstellern der klassischen Moderne wie Wittgenstein bzw. Kafka und Joyce bis hin zu den amerikanischen und europäischen (Nachkriegs-)Avantgarden wie Vladimir Nabokov, I.B. Singer und Norman Mailer. Auch mit dem Nouveau Roman setzte sie sich auseinander; zu den Vertretern gehörten u.a. Marguerite Duras und Michel Butor, aber auch Theoretiker wie Maurice Blanchot (dessen Gedanken zum Rätsel und zur Frage hatten bereits Taubes' Überlegungen zur Religion in den 1950ern inspiriert). Doch obgleich deren Programmatik – die Abkehr vom traditionellen Roman, das Verschwinden des literarischen Subjekts, die Emphase der écriture – ihren eigenen Vorstellungen literarischen Schreibens durchaus nahekam, fand Taubes die ›neuen Romane‹ mit ihren gelegentlich sterilen Formalismen »langweilig« (»dreary«). Dem Vergleich mit Autoren wie Beckett, Joyce oder auch Genet, als deren Nachfolger sich die »new novelists« sahen, hielten sie aus ihrer Sicht nicht stand. Über Alain Robbe-Grillets *Dans le labyrinthe* (1959) heißt es allerdings in der Korrespondenz mit Jacob, sie sei fasziniert von »the use of cinematic techniques for the novel«[583]. Susan Taubes' Mitte der 1960er Jahre entstandene Romane und Erzählungen haben wenig gemeinsam mit Robbe-Grillets Geschichte vom umherirrenden Soldaten in einer verschneiten Winternacht, deren Konzentration auf die »bloße Oberfläche« einem beim Lesen wie eine Aneinanderreihung von Comicstrip-Bildern vorkommt. Insbesondere aber in *Klage um Julia* und *Divorcing* könnten die abrupten Wechsel zwischen Perspektiven und Szenerien, Unschärfe und überdeutlicher Klarheit einer Kameraästhetik der Nouvelle Vague abgelernt sein.

Für ein paar Monate schien es so, als hätte Susan Taubes in Paris Heimat gefunden. Aus der ersten Hälfte des Jahres 1963 ist kaum ein Schreiben an Jacob überliefert, in dem sie nicht äußert, wie verzaubert die Stadt auf sie wirke: frühmorgens, bei Regen, im Dunkeln, wenn auf dem Nachhauseweg vom Kino der Schnee fällt und die Kuppel des Pantheons sich vor dem Nachthimmel abzeichnet. Außerdem ließ sie ihn wissen: »In N. Y. I am a mess, a misfit; here one can cultivate one's eccentricity creatively.«[584] Im Kreise von Künstlern und Intellektuellen, die ihre Ideen im Kaffeehaus austauschten – dieser Ort stand für jeglichen Raum außerhalb der Akademie –, fühlte sie sich erstmals seit langem nicht wie eine Außenseiterin. Im Gegenteil: Hier konnte sie Kunst und Intellekt leben, ohne sich für das eine oder andere als Methode, Lebensstil oder Profession entscheiden zu müssen. Das Freiheitsbestreben der Pariser Avantgarden, das in jenen Jahren nicht allein US-Amerikaner anzog, drückte sich auch in einer Unabhängigkeit von der Universität aus, einer Welt der Forschungsexposés, kleinlicher Positionsbestimmungen, hierarchischer Personalpolitik – alles Bedingungen, die in den Vereinigten Staaten Taubes' kreativen Impuls gehemmt hatten. Hinzu kam, dass die Frage nach nationaler Identität unter den Kulturschaffenden der Szene, ganz gleich, ob es sich um ›expatriates‹ aus Europa, den USA – unter ihnen viele Afroamerikaner –, Südamerika oder anderen Nationen handelte, wenn überhaupt, eine Nebenrolle spielte.

In einer Hinsicht ging es Taubes mit ihrer Teilhabe am Pariser Künstler- und Intellektuellenleben ähnlich wie mit den New Yorker Counterculture Movements: Sosehr sie die Erkundung neuer Denk- und Ausdrucksformen inspirierte, so wenig ließ sie sich durch die diversen Nouvelle-Bewegungen vereinnahmen. Neben ihrer grundsätzlichen Skepsis gegenüber Programmatiken und Manifesten, seien sie künstlerischer oder theoretischer Natur, ließen ihre existenziellen Sorgen es nicht zu, voll und ganz im Szene-Leben aufzugehen. Ihr Alltag verlief anders als derjenige, wie ihn Susan Sontag im rückblickenden Interview für ihren eigenen Paris-Aufenthalt Ende der 1950er beschrieb: Danach spielte sich Sontags Leben zwischen elf Uhr vormittags und drei Uhr morgens ausschließlich in Cafés, Bistros, Cinémathèque, Jazz-Klubs und Bars ab.[585]

Taubes dagegen musste um halb sieben in der Frühe ihre Tochter wecken und zur Schule schicken. Der Tag war bestimmt von alltäglichen Erledigungen und Schreiben. Zu alledem gesellte sich erneut ein Wohnungsproblem. Abgesehen davon, dass die zwar hübschen Räume in der Rue Soufflot eigentlich halbe Baustellen waren, wollte die Vermieterin das Domizil nun plötzlich für sich nutzen. Bekannte rieten Taubes, eine Wohnung zu kaufen, dies würde sich langfristig mehr auszahlen als ein Mietverhältnis. Also beauftragte sie einen Immobilienmakler, der ihr eine »Ruine« nach der anderen anbot; sowohl Taubes' Vater als auch ihr Noch-Ehemann unterstützten das Vorhaben finanziell. Jacob fand die Vorstellung, auf diese Weise einen ständigen Zweitwohnsitz in Paris zu haben, verlockend. Auch jetzt schon quartierte er sich in unregelmäßigen Abständen bei Susan ein.

Aus der Korrespondenz mit ihm geht auch hervor, dass dieser wiederholt anmahnte, sie solle endlich konkrete Pläne für ihre berufliche Zukunft nicht nur entwickeln, sondern auch in die Tat umsetzen. Anscheinend versuchte er ungefragt, seine Beziehungen für Susan spielen zu lassen, denn in ihren Briefen ist öfter von bevormundenden Einmischungen die Rede. Im selben Atemzug klagte Jacob wohl über eigene ungelöste Angelegenheiten: Sollte er sich langfristig für eine Professur in New York oder in Berlin entscheiden? Würden im Falle einer rechtsgültigen Scheidung seine Altersbezüge gekürzt werden? Außerdem schien er auf eine irgendwie geartete Versöhnung zu hoffen, wollte Susan als Gefährtin nicht verlieren. Diese fühlte sich einerseits unter Druck gesetzt, andererseits provoziert. Angesichts ihrer prekären Lage empfand sie seine Sorgen um die eigene Pension als Ausdruck von Ignoranz.[586] Jacobs letztendlichen Entschluss, vorerst beide Jobs zu behalten, bezeichnet Susan im Brief an ihn als »wise«, bemerkt jedoch anschließend, sie wünschte, auch sie könnte wichtige Entscheidungen ganz in Ruhe aufschieben: »If my decision would simply be a question of where I prefer to be, raise my children, die; it's simple: Paris. But I stand before reorganizing my life (or perish) and weather this is more feasible here or there is by no means easy to assess.«[587] In einem anderen Schreiben begründete Susan ihren Unmut mit der unsicheren Situation, in die sie sich durch ihn hineinmanövriert fühlte, und zwar, so ist es direkt an Jacob formuliert, »by the fact of you're being as you are«[588].

Die Äußerungen zeigen, dass der Schock über ihre gescheiterte Ehe das Glück, möglicherweise in Paris einen Ort zum Leben (und zum Sterben) für sich und die Kinder gefunden zu haben, allmählich überlagerte. Mehrmals klingt an, wie traurig, einsam und zugleich abhängig sie sich mitunter fühlte, ohne richtigen Job, als Mutter zweier Kinder allein in der großen Stadt. An Gelegenheiten für Beziehungen mit interessanten Menschen fehlte es ihr nicht. Aber sie fürchtete mögliche Verwicklungen von vorübergehender Anziehung und etwaigen, daraus erwachsenden unerfüllbaren Erwartungen. Sie sehnte sich nach der bedingungslosen Geborgenheit eines Vertrauens, das man weder emotional erkaufen noch einander vorspielen konnte. Jacob wiederum muss vermehrt seine Unzufriedenheit mit der eigenen privaten und beruflichen Situation in Berlin kundgetan haben. Susan warf ihm daraufhin Selbstmitleid vor und schrieb: »Thank God you're not a woman.«[589] Der Ton wurde gereizter; alte Konflikte brachen auf. Als

Jacob offenbar auf den inzwischen zur Obsession gewordenen, allerdings von ihm höchst einseitig geführten und ausschließlich in theologische Fragen verlagerten Streit mit Gershom Scholem zu sprechen kam, reagierte sie ungehalten: »I'm as hopeless as you, to think you can get that Jewish shit out of your system.« Er schmore im eigenen Saft (»Man, you're stewing«) und habe, wenn es darauf ankam, in seinem ganzen Leben nicht einer einzigen Tatsache ins Auge geblickt.[590]

Die Differenzen um ihr je unterschiedliches Verhältnis zum Judentum hatten in den Jahren der Ehe von Susan und Jacob Taubes an Gewicht nie verloren. Im Gegenteil: Je mehr sich die Diskussionen um das richtige Aufwachsen der gemeinsamen Kinder drehte, desto akuter wurde auch dieses Thema wieder. 1953, kurz nach Ethans Geburt, hatte Jacob im Brief an Hugo Bergman verkündet: »Das Kind hat ›Wunder‹ gewirkt auf Susans ›Jüdischkeit‹; nicht dass sie, Gott behüte, orthodox wurde, aber wir verstehen besser was es heisst, von ›Geschlecht zu Geschlecht‹, was es heisst ›anleiten‹ und eine ›continuity‹ nicht nur ›biologisch‹ zu stellen, sond. geistig-menschlich zu schaffen.«[591]

Im Herbst 1962, aus Ibiza – Tanaquil saß im Flieger nach Zürich zu den frommen Großeltern –, hatte Susan diesbezüglich deutliche Worte an Jacob gerichtet: Sie könne es akzeptieren, wenn er sein jüdisches »Erbe« (»heritage«) an ihre Kinder weiterreichen wolle. Aber: »Don't try to convert me. The Holydays may be nice but when it comes down to realities Jewish identity for a girl means knowing her place – in the male clan. My daughter is not going to be a chicken.«[592] Aus ihrer Sicht blieb es dabei: Für Mädchen und Frauen bedeutete ein Leben mit der Tradition ausschließlich Unterordnung; ein Schicksal, das sie ihrer Tochter um jeden Preis ersparen wollte.

Parallel zu den brieflichen Auseinandersetzungen mit Jacob kümmerte sich Susan um Möglichkeiten einer ökonomischen Unabhängigkeit in Verbindung mit ihrer eigentlichen Berufung, dem Schreiben. Doch auch wenn sie in jeder freien Minute an *Klage um Julia* arbeitete – im Februar 1963 hatte sie eine erste Fassung fertig und bekam viel Ermutigung von Freunden und Bekannten –: Sie wusste, ein Leben als Schriftstellerin würde ihr vorerst kein Einkommen sichern. So plante sie zunächst, sich weiterhin mit Auftragsarbeiten und Lehrtätigkeiten über Wasser zu halten. An der Columbia hatte sie für das akademische Jahr 1962/63 ein Sabbatical genommen. 1963/64 sollte sie wieder zwei Kurse am Barnard College zu »Comparative Mythology« und »Religion and the Arts« übernehmen; dafür reiste Taubes im Frühjahr 1963 für drei Monate nach New York und wohnte dort bei Susan Sontag. Über diese erreichte sie auch ein auf den Fluren des Religious Department kolportiertes Gerücht, man habe ihr das Kuratorium für die Bush Collection entzogen. Aus der Universitätsakte geht hervor, dass Taubes dies schon früher von sich aus angesprochen hatte; der dann offiziell ausgesprochene Entscheid war aber wohl an eine falsche Adresse in Paris gegangen und hatte sie deshalb verspätet erreicht. Man zweifelte daran, dass sie ihrer Arbeit als Kuratorin während der sporadischen New-York-Aufenthalte ausreichend nachgehen könne; Mitglied des »Department's Committee on the Bush Collection« solle sie aber gern bleiben.[593] Neben der Kränkung, die mit diesem Vorgehen einherging, bedeutete es auch eine erhebliche finanzielle Einbuße. Aus diesem Grund übernahm Taubes im selben Jahr einen Literatur-Lehrauftrag am gerade gegründeten American College in Paris. Während der kommenden Jahrzehnte sollte sich die Institution zu einer renommierten internationalen Universität entwickeln, mit bekannten Lehrenden aus Kunst, Wissenschaft und Politik, unter ihnen der Literatur-Nobelpreisträger John Maxwell Coetzee, die Verhaltensforscherin Jane Goodall und Valéry Giscard d'Estaing, von 1974 bis 1981 französischer Präsident. Als Taubes dort 1963 eine Literaturklasse übernahm, handelte es sich noch um ein zweijähriges College mit insgesamt etwa 100 Studierenden; man tagte in den Gemeinderäumen der American Church im 7. Arrondissement, nahe dem Eiffelturm.

Wir erinnern uns: Ein paar Jahre später entstand eine unveröffentlicht gebliebene Skizze für *Divorcing*, in der Sophie Blind ihre Entscheidung, nach Paris zu ziehen, damit begründet, sie wolle den im dunklen Verborgenen (»grayness«) liegenden Regionen ihrer Seele im Schreiben begegnen. Ein paar Blätter weiter, im selben Konvolut, ließ Taubes die Romanfigur auf dem Weg von der Bushaltestelle zur Kirche darüber nachdenken, wie sie ihren Studenten um acht Uhr morgens am besten erklären könne, was den Gegenwartsroman ausmache:

> Teaching. What made teaching modern literature simple. What you are told is very little even if it fills many pages; and what you are not told is what makes it modern, and it is not told or specified, because it doesn't help, doesn't say anything anymore, perhaps it used to, but it just doesn't help us find our bearings or know where we are or what we are doing or who we are; to say at eight o'clock in Paris a certain person of a certain class – because we had no world, what idea we have of the world we have mostly from nineteenth century novels; and that world was deteriorating, not gone but going, and what it was like to be part of a world and its decline, both had been described; therefore what was called by every other name, called antirealism or antinovel, or surrealism or subrealism of phantasy was the true realistic novel of this generation.

> And perhaps it wasn't great literature some of it was exaggerated etc. but it was the ways books are written when there is no world to write about, or destinies, when there is anarchy inside and outside, and still people need books, some people; world too new to grasp, too changing and more than ever under weight of past.[594]

Die Charakteristika dieser Literatur können nicht ausgesprochen werden, weil jedes noch so innovative poetische Mittel die Erinnerung an eine Welt in sich trägt, deren fortdauernder Zerfall sich als rasender Wechsel vollzieht. Auf eine solche sich stets entziehende Wirklichkeit trifft der Realismus ihrer Generation. Da ist keine Welt mehr, über die man wie im 19. Jahrhundert schreiben könnte; nirgendwo herrschen noch Regeln und Gesetze. Was dabei herauskommt, mag mitunter überspannt wirken, ist oft keine große Erzählung. Aber ganz gleich, wie unbegreiflich sich diese Gegenwart präsentiert und wie schwer das Vergangene auf ihr lastet, ein Bedürfnis nach Poesie wird es immer geben.

Als Susan Taubes 1963/64 abwechselnd in New York und Paris lehrte und lebte, schien auch ihre persönliche Welt mehr und mehr auseinanderzufallen. Alle Versuche, sich auf die Arbeit und die Organisation ihres Lebens zu konzentrieren, waren begleitet von nicht endenden Diskussionen um Versorgung und Aufenthalte der Kinder, auch vom dringenden Wunsch nach einem klaren Schnitt, denn Jacob wollte nicht in eine Scheidung einwilligen.

Zu Beginn des Jahres 1963 berichtete sie von der Schwierigkeit, sich auf ihren derzeitigen Broterwerb, den nächsten Mythenband, zu konzentrieren: »But my mind isn't on anthropology these days. On what? Writing. My friends in N.Y. who don't write me. The problems of our family which I can barely face let alone resolve.«[595]

»Writing«. Verlassen von Freunden, vom Vater ihrer Kinder, schien sie bei der Lösung von Alltagsproblemen auf der Stelle zu treten. Im Schreiben indes wurden ihr Leben und ihre Träume Wirklichkeit.

Am 20. Februar 1963 schrieb Susan an Jacob: »I'm finishing off the Ghost«[596]. »Ghost« lautete zu dieser Zeit der Arbeitstitel für *Klage um Julia*, jene »abstract comedy«, in der die Erzählperspektive in ein unbestimmtes Ich und Julia zerfällt.

Zu den Vertrauten, unter denen sie das Manuskript zirkulieren ließ, gehörten Susan Sontag und Bernard Pomerance. Dessen Debüt als Bühnenautor sollte Taubes nicht mehr erleben: Mit engagierten, teilweise amerikakritischen Stücken wie *High in Vietnam, Hot Damn* (1972) reüssierte er in den 1970ern. Als er seinen größten Erfolg mit *The Elephant Man* feierte, einem Drama über einen wegen seines deformierten Gesichts misshandelten Menschen (1977), lebte Pomerance seit neun Jahren in London. Taubes lernte den zwölf Jahre Jüngeren Anfang der 1960er in New York kennen, es war der Auftakt für eine intensive, leidenschaftliche Beziehung. Beide waren entschlossen, ihren Weg als Schriftsteller zu gehen, beide waren fasziniert von der Dramatisierung gebrochener, in Gewalt und Abhängigkeiten verstrickter Schicksale. Die wenigen überlieferten Briefe von Pomerance an Taubes belegen ein warmes und ernsthaftes Interesse an ihren Schreibprojekten. Zum 1964 entstandenen Text *Osterbesuch* (orig. *Easter Visit*) – eine kurze erotische Szene, die im Vergleich zu Taubes' übrigen Prosatexten von einer ungewohnt verspielten, wenn auch melancholischen Leichtigkeit ist – merkt er an, sie stehe dem surrealistischen Geist eines Dylan Thomas in nichts nach, nur sei der männlichen Figur die Gestaltung durch eine weibliche Autorin zu sehr anzumerken.[597] Im Mittelpunkt des geschilderten Liebesspiels steht allerdings neben der Protagonistin Hester ein Erzähl-Ich, dessen Geschlecht an keiner Stelle preisgegeben wird. Mit seiner selbstverständlichen Annahme, es handele sich bei der Erzählperspektive um eine männliche, bestätigte Pomerance das Virulentsein eines Problems, das Taubes selbst schon seit Längerem beschäftigte, in Romanen und Erzählungen genauso wie in persönlichen Aufzeichnungen. Acht Jahre zuvor, im Februar 1956 in Princeton, und damit etwa zwanzig Jahre bevor sich der Gender-Begriff in den geisteswissenschaftlich-philosophischen Debatten zu etablieren begann, hatte Taubes Überlegungen zum sozialen Geschlecht notiert:

> In common usage »masculine« + »feminine« do not express an genuine sexual distinction but a complex of traits which go with dominant social position of man + subordinate social position of woman. Thus feminine = what is socially <u>seemly</u> for woman: submissiveness, self-effacement coquetry (which is analogous to formalities of bowing, scraping, fawning whereby lackey may express his familiarity to master), passiveness.
>
> A woman who assumes postures which conduce to success in male world (woman executive) is thus branded mannish or unfeminine. Whereas in fact, the tweed suit and executive stance are in no way emblematic of manhood but embodies a social character which tends to suppress sexhood of man + woman equally.[598]

Eine Frau, die den Komplex der ihr zugewiesenen Eigenschaften des Passiven und der Unterwürfigkeit verlässt, um in eine als männlich angesehene

Domäne vorzudringen, wird unweigerlich als unweiblich abgestempelt. Doch in Wirklichkeit erzeugen ein Tweed-Anzug oder eine Führungsposition weder Männer noch männliche Frauen, denn es sind Insignien der Macht schlechthin. Im Lichte dieser Bemerkung können auch die vielen mit Scham und Demütigung verbundenen Schicksale von weiblichen Figuren in Taubes' Erzählungen und Romanen gelesen werden. Da ist die Wut des erzählenden Ichs in *Klage um Julia*, als die kleine Julia Klopps dazu gebracht wird ein Kleidungsstück zu tragen, durch das man in ihr ab jetzt nichts anderes sehen wird als das Mädchen und die künftige Frau:

> Ich stand hilflos daneben, als das Dienstmädchen sie auf Geheiß ihrer Eltern in einen gestärkten Petticoat zwängte und ihr das rosa Taftkleid über den Kopf zog. Die Köchin stand auch dabei, die beiden Frauen nestelten an den winzigen Bändchen in den Puffärmeln und befahlen ihr stillzuhalten. Vielleicht sah Julia mein Stirnrunzeln, als sie ihr die große rosa Schleife im Rücken banden. Sie griff nach hinten, um die Schleife zu berühren. Das Mädchen schlug ihr auf die Finger.
> Ich glaube, damals bekam ich meinen ersten Wutanfall. Mehrere Fensterscheiben gingen zu Bruch, ein Blumentopf zerschellte, ein Fass Tinte ergoss sich über Julias neues Kleid. Sie dachten, sie hätte einen Teufel in sich. Worüber ich so empört war? Für mich sollte der Moment, da sie meinen Schützling mit den Emblemen ihres Geschlechts behängten, von Zeremonien begleitet sein, die ebenso gewalttätig und willkürlich waren wie dieser Akt der Einkleidung selbst. Oder vielleicht war es einfach nur meine naturgegebene Abscheu vor der Farbe Rosa?[599]

Der Ausbruch gründet in der Erkenntnis des Ichs, nur eine einzige Wahl zu haben: der gewalttätigen Festlegung einer Identität mit Gegengewalt begegnen. Das rosa Kleid, der gestärkte Petticoat, sie dienen als Grenzmarkierungen für die Integrität einer weiblichen Person, ihres Leibes und ihrer Gedanken. Was folgt aus der unmöglichen Verweigerung solcher »Embleme« für das literarische Erzählen? Das fragte sich die Schriftstellerin Susan Taubes in einem Tagebucheintrag vom Mai 1965 – da hatte sie bereits mit ersten Entwürfen zu *Divorcing* begonnen – anhand eines Nachdenkens über die Notwendigkeit, die Erzählperspektive anhand von Geschlecht, Hautfarbe und körperlichen Merkmalen zu bestimmen:

> Problem of 1st person narrative by <u>woman</u>: narrative in which »I« pretends to be male, toward end confesses I am a woman – discussing problem of female narrator.

Rephrase Wordsworth's like:
the child (or perhaps we should specify girl) is mother of the man.
Or. I had dinner with a man
no need too specify a white man
but urge " " a negro
a hunchback
even Jew

Because not to specify – could be interpreted as desire to conceal.
A man has no reason to conceal that he is a man.[600]

Es gibt keinen Ausweg: Jedes Erzähl-Ich muss nach diesen Kriterien identifiziert werden, es sei denn, es ist weiß und männlich. Für alle anderen gilt: Bleibt ihre Identität im Dunkeln, geraten sie in den Verdacht, verschleiern zu wollen, was sie eigentlich nur sein können: eine Frau oder ein Krüppel, schwarz oder gar jüdisch.

Mit den Erwartungen an eine durch Fremdzuschreibungen definierte Ästhetik spielt Taubes in ihren literarischen Texten. Um 1964 entstand die Erzählung *Ein Patient* (orig. *The Patient*. 1966/67 erschienen in der *Transatlantic Review*). Hier bleiben für das Text-Ich, das aus der Perspektive eines Psychiatriepatienten spricht, das ganze Geschehen hindurch alle Hinweise auf eine persönliche Vergangenheit, Namen, Alter und sexuelle Identität nur Vermutungen; bekräftigt oder erschüttert werden diese ausschließlich durch Vermerke in den Krankenakten und durch Äußerungen der behandelnden Psychiater.

Auch in *Klage um Julia* befinden sich sowohl die Leserschaft als auch das erzählende Ich selbst bis zuletzt im Unklaren über dessen Geschlecht, ja darüber, ob es überhaupt einem Geschlecht angehört – im Gegensatz zur eindeutig als Frau definierten Julia. Mal sieht es sich als »sehr dünner Herr« oder Käfer[601], mal als Julias Gewissen oder als Geist, »kalt und nüchtern bis auf die Knochen«[602].

Das Rätsel um die Geschlechtszugehörigkeit von Julias Ich hatte Pomerance offensichtlich weniger irritiert als die Frage, ob Hesters Pendant in *Osterbesuch* nun männlich oder weiblich war. Er fand das gut 180 Seiten starke Manuskript absolut überzeugend und schickte es im Sommer 1963 an die Londoner Literaturagentin Rosica Colin.[603] Deren Spezialität lag in der Vermittlung von Übersetzungen, etwa der Werke von Camus, Genet und de Beauvoir, aber auch englischsprachiger Autoren aus Taubes' Generation wie Alan Sillitoe und Howard Sackler. Colin versuchte über viele Monate vergeblich, *Julia* (neben Taubes' Stück *The Family*) an britische Verlage zu vermitteln, bis es im Frühjahr 1964 zu einer vertraglichen Kollision mit Taubes' späterem US-amerikanischen Agenten Georges Borchardt kam und sie daraufhin ihre Vereinbarung mit Taubes aufkündigte[604].

Auch mit Sontag sprach Taubes über *Julia*, zuerst im New Yorker Literaturzirkel, gemeinsam mit Irene Fornés und Eva Kollisch, später dann in einer Korrespondenz zwischen Paris und New York, das geht wiederum aus Briefen von Susan an Jacob hervor.[605]

Betrachtet man die überlieferten Zeugnisse der Freundschaft zwischen Sontag und Taubes, wird deutlich, dass dieser Text mehr war als ein Gegenstand des Austauschs unter Schriftstellerinnen. Die Geschichte von Julia und ihrem vagabundierenden Ich wurde, ähnlich wie die Beschäftigung mit Simone Weil, zum Schauplatz einer intensiven Begegnung, in der persönliche Verbundenheit und intellektuelle Beziehung voneinander nicht zu trennen waren – auch wenn Sontag später etwas anderes behauptete.

23. Dezember 1973. Susan Sontag machte in einem ihrer vierzig Jahre später veröffentlichten und ins Deutsche übersetzten Tagebücher eine Notiz über Simone Weil. Die französische Philosophin hatte auch sie, ähnlich wie Susan Taubes, schon länger fasziniert. Zur Erinnerung: In Sontags 1963 veröffentlichtem Weil-Essay schimmert eine Kenntnis der Arbeiten ihrer fünf Jahre älteren Freundin durch, obgleich sie diese nirgendwo explizit erwähnt.

Die zehn Jahre danach entstandene private Reflexion wird von einem Vergleich mit der Person Taubes überlagert:

> S. W. erinnert mich natürlich an Susan [Taubes]. Der gleiche Hunger nach Reinheit, die gleiche Ablehnung des Körpers, die gleiche Untauglichkeit fürs Leben. Wodurch unterschieden sie sich? S. W. war genial und Susan nicht. S. W. betrieb ihre Entsexualisierung, bekräftigte sie, bezog Kraft daraus – während Susan »schwach« war: sie konnte die Liebe von Frauen nicht annehmen, sie wollte von Männern verletzt und dominiert werden, sie wollte schön, glamourös, geheimnisvoll sein. Susans Verweigerung schwächte sie bloß, gab ihr keine Kraft. Ihr Selbstmord war zweitklassig. S. W.s Selbstmord war eine Erhöhung – so gelang es ihr schließlich, sich der Welt aufzudrängen, ihre Legende zu sichern, ihre Zeitgenossen und die Nachwelt zu erpressen.
>
> Was ist von Susan geblieben? Ein Roman, den niemand gelesen hat, und ein Manuskript über S. W., das ich in NY in einem Schrank aufbewahre (ungelesen) und von dessen Existenz niemand weiß.[606]

Sontag überlebte die Freundin um 35 Jahre. Nach deren Tod scheint Sontag alles über sie zu wissen: über ihre Tauglichkeit für das Leben, über ihre Art zu lieben und sogar über ihre Art zu sterben; allein Taubes' philosophische und literarische Schriften werden aus diesem Wissen ausgeschlossen. Sontag erwähnt zwar die Existenz solcher Texte, betont aber, sie nicht gelesen zu haben. Taubes, der es im Gegensatz zu Weil nicht gelungen sei, »sich der Welt aufzudrängen, ihre Legende zu sichern«, konnte der Legendenbildung in Sontags postum veröffentlichten Äußerungen nichts entgegensetzen; im Dezember 1973 war sie seit vier Jahren nicht mehr am Leben.

Wir wissen, dass Sontag in East Hampton an der Küste Long Islands den toten Körper der Freundin identifizierte und dass dies ein einschneidendes Erlebnis blieb, das sie künstlerisch verarbeitete. In Sontags zweitem Kino-Spielfilm, *Brother Carl* (1971; das publizierte Skript ihres Debüts *Duet for Cannibals*, 1969, hatte sie Susan Taubes gewidmet), klingt das Ereignis im Schicksal einer der Hauptfiguren, Lena, an: Im Versuch, die Beziehung zu ihrem geschiedenen Mann wiederzubeleben, begibt diese sich in eine Spirale der Selbstzerstörung und wird schließlich im Wasser treibend tot aufgefunden.

1973 entstand die im Band *Ich, etc.* (orig. *I, etcetera*, 1978) veröffentlichte Erzählung *Debriefing*. Nach Sontags eigenen Aussagen gehört sie zu den wenigen ihrer literarischen Texte mit ausdrücklichem biographischen Bezug. Die Protagonistin trägt den Namen Julia; es ist eine absichtliche Reminiszenz an *Klage um Julia*. Doch anders als Taubes' Julia, von der man nicht erfährt, wohin sie entschwindet, als sie das unaufhörlich in Selbstgespräche verstrickte Ich am Ende verlässt, nimmt sich die Julia in Sontags Erzählung das Leben.

In Sontags privaten Aufzeichnungen bleibt die Erinnerung an ihre Freundin gleichfalls präsent. Die verstreuten Bemerkungen drehen sich, wie der Vergleich mit Weil, in erster Linie um Hunger und Nahrungsverweigerung, Begehren und Zurückweisung, immer wieder auch um den Tod, der mit Taubes' Entscheidung, sich selbst zu töten, »zu etwas Realem« geworden sei.[607]

In einer Passage von *Debriefing* wird ebenfalls eine Verbindung zwischen Simone Weil und der verstorbenen Freundin lesbar, und zwar im imaginierten Dialog mit New Yorker Graffiti-Sprayern über die Endlosigkeit des Leidens. Aufmerksame Leser sahen darin immer schon eine Anspielung auf Susan Taubes.[608] Wie zur Bestätigung heißt es in Sontags postum veröffentlichtem Tagebuch im Anschluss an die Reflexionen über Weil vom Dezember 1973: »Gestern Abend ist mir eingefallen, dass ich in ›Debriefing‹, der Erzählung über Susan, an einer Stelle die Stimme von S. W. habe sprechen lassen. Ganz unbewusst – als ich die Geschichte letzten März geschrieben habe. Jetzt verstehe ich das.«[609]

Die Stimme der toten Freundin indes schweigt in Sontags Texten. Vernehmbar werden dafür nur jene versteckte und vorgeblich unwillkürliche Erinnerung an die Intellektuelle Susan Taubes sowie jener negative Vergleich mit der verehrten Philosophin Simone Weil. Beides zusammen mutet an wie eine Beglaubigung jenes Wechselspiels zwischen zwei Arten von Wissen, wie es in Taubes' *Divorcing* mit Sophie Blinds Unfalltod als Ausgangspunkt für deren Autobiographie sichtbar wird: einem öffentlich gemachten Wissen über die Autorin und einem verschwiegenen Wissen der Autorin selbst. Sophie, die ihrer eigenen Leichenschau beiwohnt – im Zustand der Zersetzung verweist sie auf verborgene schriftliche Hinterlassenschaften als Zeugnisse einer abhandengekommenen Souveränität über das eigene Leben. Allerdings: Im Unterschied zu Sophies Romanschicksal ist in den Schriften der öffentlichen Intellektuellen Susan Sontag die Autorin Susan Taubes nicht dem Zugriff eines Altherren-Tribunals aus Pathologen und Richtern überlassen, sondern dem Urteil der sie überlebenden Freundin.

Was aber verraten die Hinterlassenschaften von Susan Taubes, in Gestalt von biographischen und intellektuellen Zeugnissen, über ihr Verhältnis zu Susan Sontag?

In der Paris-Korrespondenz mit Jacob finden sich die Hinweise auf einen Austausch über *Klage um Julia* und auch darauf, dass Taubes während ihrer New-York-Besuche 1963 und 1964 bei Sontag am Washington Place im Herzen von Greenwich Village gewohnt hat. Konturen nimmt die Person Sontag in Taubes' privaten Aufzeichnungen an. Ein halbes Jahr vor ihrem Tod notierte sie, dass ihr die Freundin seit einiger Zeit vermehrt im Traum erschien:

> Sunday, May 25, '69 [...] For past weeks Susan S in many dreams. ... hurrying along on our way to some cultural event; dare I tell her how I feel; then as terror mounts, catching up, passing her (just to get her side at communicating distance so difficult) I say in just the right tone [/] what I believe to (suggestive, mysterious, ironic) »Do you realize that this is a dream?« and she with a condescending smile and continuing on her way, »Of course!« her looks always saying »you know ... don't pretend you don't know«. And since I really don't know feel specially hopeless, terrified and alone. What is it that I should know and they won't tell me.[610]

Die Traumbegegnung erzählt ebenso wie Sontags Tagebucheinträge von einem Wissen. Einem Wissen allerdings, das unbestimmt und unartikuliert bleibt, von dem allein dessen Präsenz spürbar ist. Die kleine List, mit verschwörerisch ironischer Miene den Erwartungen der Überlegenen entgegenzukommen, ihr damit das Nichtgesagte zu entlocken, perlt am herablassenden Lächeln der Freundin ab. Die Träumende aber bleibt in Angst und Einsamkeit zurück, in der Annahme, es umgäbe sie ein Wissen, über das sie keinerlei Macht habe.

New York, im Frühling 2004, wenige Monate vor Susan Sontags Tod: Ein Interview über Susan Taubes, Treffpunkt ist Sontags Penthouse in Chelsea.[611]

Die Äußerungen der 71-jährigen Sontag gaben bei weitem mehr Auskunft über die rückblickende Perspektive der Interviewten selbst als über die Verstorbene, um die es gehen sollte – ein Phänomen, mit dem ein Interviewer bei der Befragung von Zeitzeugen unweigerlich konfrontiert wird. Im Gespräch mit Sontag bestätigten sich viele schon bekannte biographische Details, manches stellte sich in Nuancen anders dar.

Ja, die beiden seien in den 1960ern Kolleginnen am Religious Department der New Yorker Columbia University gewesen, allerdings habe Sontag dort zuerst gelehrt, wie sie betonte, gefördert von Jacob Taubes, und zwar gleich in einer gesicherten Position. Susan Taubes hingegen, obwohl sie die Ältere und im Gegensatz zu Sontag promoviert gewesen sei, habe sich dort mit prekären Anstellungen durchschlagen müssen und sei als Ehefrau eines Professors am selben Department eher schlecht behandelt worden. Andererseits, es habe niemanden gegeben, der nicht überwältigt gewesen sei von ihrer eindrucksvollen Erscheinung, »glamorous« und »beautiful« zugleich, eine seltene Kombination, die sie wie geschaffen machte für die Schauspielerei oder eine andere darstellende Kunst. Und in der Tat: Kunst und Wissenschaft hätten in ihrem Leben stets im Widerstreit zueinander gestanden.

Taubes' Stärke sei zugleich eine Schwäche gewesen: Ihr Verstand von einer unglaublich geradlinigen Klarheit habe es ihr unmöglich gemacht, am eigenen Mythos zu basteln – im Gegensatz zu Jacob, dessen großes Talent darin bestanden habe, sich und anderen etwas vorzumachen.

Es stimme, sie seien damals, Anfang der 1950er in Harvard auf Anhieb voneinander fasziniert gewesen. Die Häuser der Ehepaare Rieff und Taubes hätten in Cambridge Rücken an Rücken gestanden, zum ersten Mal seien sie einander auf einer dieser Akademikerpartys begegnet. Alle vier hätten dann eine exklusive Freundschaft gepflegt, man habe sich sogar gegenseitig als »twin couple« betrachtet. Und ja, viel später, als Susan schon getrennt von Jacob lebte und begonnen hatte, sich vorrangig dem literarischen Schreiben zu widmen, sei sie Teil des New Yorker Literatinnenzirkels gewesen. Taubes habe dort mehrere ihrer Arbeiten vorgestellt, insbesondere diesen einen Text, *Lament for Julia*. An den Titel konnte sich Sontag genau wiedererinnern, um was es darin ging, das kam nicht zur Sprache. Auch kaum etwas zu Taubes' philosophischen Essays über Simone Weil, Heidegger und das Wesen der Tragödie oder zu ihrem Maskenprojekt.

Sie hätten wirklich über sehr vieles geredet, aber eben als Freundinnen und nicht als Intellektuelle. Sontag formulierte es ganz deutlich: »My first sense of her is as a friend.«

Zum Abschied übergab Sontag ihrer Interviewpartnerin ein maschinenschriftliches Exemplar von Taubes' Dissertation. Jenes Manuskript über Simone Weil, das Sontag laut ihren eigenen, postum veröffentlichten Aufzeichnungen angeblich ungelesen in einem Schrank aufbewahrt hatte und von dem niemand wusste; jetzt bezeichnete sie es als »marvelous thesis«.

Gesprächsäußerungen sowie Tagebuch- und Traumnotizen zeugen von einer ambivalenten Freundschaft zwischen Intimität und Distanz, Artikuliertem und Verschwiegenem, persönlicher Nähe und intellektueller Beziehung. Noch mehr: Im Interview sprach Sontag davon, dass Taubes ihr bei der ersten frühen Begegnung erschienen sei wie ein Zwilling. Schon am 21. Dezember 1972 hatte sie im Tagebuch über die »beiden Tode« in ihrem Leben notiert: »1938: Daddy: weit weg, nicht anpassungsfähig. [/] 1969: Susan [Taubes]: meine Namensvetterin, ma sosie [*meine Doppelgängerin*], auch sie nicht anpassungsfähig.«[612]

Das französische Wort ›sosie‹ für ›der Doppelgänger‹ oder ›die Doppelgängerin‹ ist heute eher ungebräuchlich. Bis in die 1950er Jahre hinein war der Ausdruck jedoch geläufig, insbesondere wenn es um gezielt eingesetzte Doppelgänger von Diktatoren ging (im Deutschen gemeinhin als ›Double‹ bezeichnet), um Leute also, die in die Öffentlichkeit geschickt wurden, um dann gegebenenfalls von Attentätern umgebracht zu werden.

Das Doppelgängertum kann aber auch eine einzigartige Vertrautheit bedeuten. Doppelgänger haben mit Zwillingen gemeinsam, dass sich ihre Beziehung zueinander in einem besonderen Spannungsfeld bewegt: Gefahr der Verwechslung und Verwischen von Identität, Wille zur Dominanz und Furcht vor Einverleibung, Verdoppelung von Stärke und Schattenexistenz. Es war Sontag, die Taubes die Rolle der sosie zuwies. Wo aber befand Taubes sich im Bannkreis der Zwillingsmetapher?

Mit wenigen Sätzen klingt auch in ihren Aufzeichnungen das Doppelgängerinnenmotiv an, etwa in den festgehaltenen Träumen: Einmal will Sontag ihr darin einige wertvolle Kleider, die an Kostüme aus vergangenen

Jahrhunderten erinnern, aufdrängen[613], ein anderes Mal trägt Sontag plötzlich dieselbe Haarfarbe wie sie[614]. Von April 1964 datiert die schlichte Notiz: »Susan Sontag in duplicate«[615]. Ein Duplikat ist jedoch etwas ganz anderes als eine Doppelgängerin: Es ist schlicht eine Kopie, eine Zweitausfertigung mit Bezug auf ein immer schon vorgängiges Original. Nichts aber deutet in der Notiz darauf hin, in welcher Beziehung die Träumende zu diesem Duplikat steht.

In einem Tagebucheintrag vom Mai 1965 stellt Taubes Überlegungen zur Bedeutung von Doppelgängern und Maskierungen für das Schreiben an. Sie erwähnt Dostojewski und Nabokov, beides Autoren einer Erzählung bzw. eines Romans, in denen ein Doppelgänger das Geschehen auf der Schwelle von real Anmutenden und Imaginären situiert. Vor allem aber ist die Rede von ihrem eigenen Roman *Klage um Julia*. Die Arbeiten daran waren zu diesem Zeitpunkt abgeschlossen, jetzt spielte sie mit dem Gedanken an eine Fortsetzung:

> Sequel to Julia
> It's a fact – she is gone. Left me with 3 little girls – Emily, Laura, Jenny, names I gave them. Actually they're I, me + myself. I lied about myself though. Actually I wasn't sure. A weakness, a defect is best concealed as long as possible. But now since Julia left + it's been decades – there's no doubt anymore. I've aged not into a nice respectable scholar bachelor, but an old girl. A hag. The hag may be a mask but let me try it out.
> Hag's monologue.
> I am not Julia. She is herself, Julia. I have given up trying to understand our relation.
> –
> ENOUGH OF THIS NONSENSE
>
> Preoccupation with the DOUBLE[616]

Im Roman lässt Julia, als sie verschwindet, ihre drei Töchter zurück. Im Tagebuch von Susan Taubes entpuppen sich diese als drei verschiedene Aspekte des verlassenen Erzähl-Ichs. Der Versuch, dessen sexuelle Identität über das Romanende hinaus zu maskieren, ist gescheitert. Egal, was das Ich jetzt noch unternimmt: Außerhalb der Literatur kann es jede Gestalt annehmen – als altes Mädchen, als Hexe, als die Autorin selbst –, niemals aber wird es ein authentisches Dasein als anerkannter, unabhängiger männlicher Denker führen. Bis zur Unkenntlichkeit gleiten die Stimmen von Ich und Autorin ineinander; aussichtslos alles Bemühen, ihr Verhältnis zu bestimmen. Sicher scheint für die Länge der Tagebuch-Passage lediglich: Mit Julia hatte Taubes für diesen unentwirrbaren Komplex an Perspektiven eine Doppelgängerin geschaffen. Damit wäre nach Julias Verschwinden jede erzählte Geschichte auch die Geschichte der Autorin Susan Taubes.

Klage um Julia. Die Gattung dieses Textes ist nicht eindeutig zu bestimmen. Vielmehr changiert er zwischen langer Erzählung, Novelle und Roman – Taubes selbst bezeichnete ihn 1964 in ihrer Bewerbung für das Fellowship Program des Radcliffe Institute for Independent Study als »novel about the bafflement of an angel or merely an exalted consciousness, incarnated in a woman«[617].

Mit der Erzählung über ein irrlichterndes Bewusstsein variierte Taubes ein Thema, das sich durch ihr gesamtes Schreiben zieht: Entwürfe von Lebensgeschichte und Identität, die nicht in Eindeutigkeit und Kontinuität gründen, sondern im Ungewissen und Gebrochenen. Der 1966 aufgesetzten Bewerbung für eine Verlängerung des Literaturstipendiums fügte sie eine Beschreibung ihrer bisherigen literarischen Arbeiten bei; darin heißt es: »Thematically, the preoccupation with identity and self definition impells the work. In Lament for Julia this problem is worked out in an abstract comedy and dramatized through the narrator's self-division into ›I‹ and ›Julia‹.«[618]

Wie ist es möglich, vom eigenen Leben zu erzählen, wenn doch jede Facette des Gelebten sich von einem selbst entfernt hat? Dieser Frage wird aus einer geteilten Perspektive nachgegangen. Durch sechs große Kapitel und insgesamt 37 Unterkapitel hindurch versucht das Schizo-Ich ein weibliches Leben zu erinnern, das von Julia Brody, geborene Klopps: von der Geburt über ihre Kindheit hin zu den ersten sexuellen Begegnungen und religiösen Irrungen. Weiter geht es mit Hochzeit und Kindern, schließlich zum Moment, an dem Julia sich in der Liebe zu einem fremden Mann verliert. Die erzählten Lebensstationen muten an wie Kristallpartikel in einem Kaleidoskop, das sich mit rascher Geschwindigkeit dreht; bei der kleinsten Unsicherheit des Erzählers gruppieren sich vor den Augen des Lesers die Einzelteile von Ereignissen und Geschehnissen neu, mitunter erscheinen sie als bloß gedachte Möglichkeiten. Bis zum Schluss bleibt unklar, was diesen seltsamen Erzähler mit der jungen Frau namens Julia verbindet: Ist er Julias Gewissen? Ihr Alter Ego? Ihr Bewusstsein? Er selbst imaginiert sich abwechselnd nicht nur als Mensch, Tier oder Gespenst, sondern auch als leblose Materie oder gefallener Engel, der auf Julias Stirn sitzt und von dort aus ihre Lebenswege zu lenken versucht. Und er thematisiert fortwährend sowohl die eigene Unfähigkeit, Erinnerung zusammenhängend zu rekonstruieren, als auch die Unzuverlässigkeit der chronologischen Zeit als Bezugspunkt für jeden Versuch, dies dennoch zu tun. Neben »Ghost« lautete ein anderer Arbeitstitel dieses Textes »Remembering Wrong«.

Regelmäßig gerät das Ich bei seinen Anstrengungen, das Leben von Julia zu erzählen, ins Schleudern, denn jede von ihm gewählte Perspektive erweist sich als unzulänglich; der Text führt dies auf humoristische und zugleich melancholische Weise vor. Tragisch ist die Angst und komisch die Wut, die jedes Mal bei der Entdeckung ausgelöst werden, dass keine der zweifelhaften Existenzen des Erzähl-Ichs eine Koinzidenz mit Julias Geschichte eingehen kann. Verhängnisvoller noch, es kann ihr Verschwinden nicht verhindern:

> Plötzlich ist es vorbei, bevor es zu Ende ist, wie ein Traum, der vom Weckerklingeln unterbrochen wird.
> Sie steht auf und tastet sich an der Wand entlang. Sie bewegt sich mit so wenig Gefühl für die Bewegung wie ein Götze auf einem Karren, an dem die Sträucher in dichter Prozession vorbeistreichen. Ihre Vergangenheit ist in eine andere Zeit versetzt worden, deren Episoden sind verteilt wie Steinfiguren in einem italienischen Garten, die ungerührt aneinander vorbei starren.
> Nein, es ist nicht Julia.
> [...]
> Sie lockte mich weiter, mit ihrer Freude an einer Beere, ihrem unsteten Blick, einem Lächeln. Ist es nicht alles nur ein Trugbild gewesen, das Kind, das durch die Wälder streift, das Mädchen in den Seidenstrümpfen, die Braut? Ich folge ihr durch den überfüllten Ballsaal, zwischen den Tänzern hindurch, auf ein Zimmer in einem Gasthaus und wieder hinaus in die Nacht; ich folge ihr in andere Zimmer, andere Betten, zu anderen Männern, die ihr im Dunkeln ihren Namen ins Ohr raunen. Ich suche Julia bei Tage. Irgendwo im hohen, summenden Gras kauert ein Kind und achtet nicht auf die Stimmen, die rufen: Julia! Ich wandere durch das alte Klopps-Haus, die Wendeltreppe zum Dachboden hinauf, zurück zu meinen ersten Träumen von Julia.
> Ich suche nach ihr an einem Sommertag, auf einer Bank in den Grünanlagen. Ich weiß aber nicht, in welchem Sommer.
> Ich weiß nicht, wo Julia aufhört oder anfängt. Ich weiß nicht, wo sie ist. Verloren. Aus der Zeit gefallen. Nicht in die Zeitlosigkeit Gottes, sondern abgesunken in die Tiefen der Zeit. Der Schutt ihrer Tage sickert noch immer nach unten.

> Oder ist Julia im Haus, kämmt Jenny die Haare in dem von Sonne durchfluteten Zimmer, aber ich darf nicht eintreten? Das ist Julias Rache an mir, mich lebendig in ihrer Vergangenheit zu begraben. Ich habe versucht, eine Hecke um sie herum anzulegen, und mich dabei selbst eingezäunt. Sie ist mir entkommen.[619]

Als im Februar 1963 die erste Fassung des Romans stand, unternahm Susan Taubes Anstrengungen für eine Veröffentlichung. An Jacob schrieb sie, der in New York ansässige Verleger George Braziller würde das Manuskript lesen, ein Lektor aus Paris habe es ihm wärmstens empfohlen.[620] Als Taubes im Dezember 1963 mit dem New Yorker Literaturagenten Georges Borchardt – er war dabei, mit seiner Frau Anne eine überaus erfolgreiche Agentur aufzubauen, 1967 gründeten sie die Georges Borchardt, Inc. – in Kontakt trat, listete sie in einem Brief diejenigen US-amerikanischen Verlage auf, die sie von Paris aus eigenständig angesprochen hatte: Harper & Row, E. P. Dutton, Houghton Mifflin und Atheneum. Auch in Paris selbst wurde Taubes vorstellig, in den Verlagshäusern Éditions du Seuil und Éditions de Minuit, Heimat des Nouveau Roman. Zwar sprach sich Samuel Beckett, dessen Werke dort seit den 1940ern publiziert wurden, in einem Empfehlungsschreiben an den damaligen Verlagschef Jérôme Lindon für die Veröffentlichung der Arbeit dieses »zweifellos echten Talentes« (»un authentique talent certainement«[621]) aus, doch Voraussetzung dafür wäre die Übersetzung ins Französische gewesen. Taubes aber wollte ihre »novel« lieber zunächst im Original gedruckt sehen.

Vermittelt über Sontags Verleger Roger W. Straus von Farrar, Straus & Giroux, kam es im Januar 1964 dann zu einer Vereinbarung mit Borchardt. Straus hätte angeblich das Buch am liebsten selbst gedruckt, wenn er nicht zu diesem Zeitpunkt gerade Sontags Buch *The Benefactor* (1963, dt. *Der Wohltäter*) herausgebracht hätte. Zwei solcher stilistisch zwar überaus faszinierenden, aber nicht eben leicht zugänglichen Bücher wären für den Verlag ein zu großes Wagnis gewesen.[622]

Immerhin stellte Straus für Taubes den Kontakt zu Borchardt her, der die Werke von Autoren wie Elie Wiesel, Robbe-Grillet und Beckett, aber auch theoretische Schriften von Denkern wie Roland Barthes und Pierre Bourdieu dem US-amerikanischen Publikum bekannt gemacht hatte. Von nun an sollte er sich in den USA um die Vermittlung von *Klage um Julia* kümmern, zusammen mit einigen anderen Manuskripten, die ebenfalls in den letzten Jahren entstanden waren.

Während der fast vierundzwanzigmonatigen Agententätigkeit für Taubes konnte Borchardt zwei ihrer kürzeren Erzählungen an renommierte Literaturjournale vermitteln: 1965 erschien *The Sharks* (dt. *Die Haie*) in *The Virginia Quarterly Review* und ein Jahr später *The Patient* (dt. *Der Patient*) in der *Transatlantic Review,* einem Magazin, in dem Texte von prominenten und bislang unentdeckten Autoren aus den USA und aus Großbritannien Seite an Seite publiziert wurden. Die 1960er gehörten noch zum goldenen Zeitalter der Literaturjournale, von denen es in den USA zahlreiche gab. Sie gehörten zur selbstverständlichen Lektüre unter den Intellektuellen und wurden als Sprungbrett für Newcomer betrachtet; eine Veröffentlichung in der *The Virginia Quarterly Review* galt damals genauso viel wie ein Abdruck im *New Yorker.*

Auch *Klage um Julia* fand einen Interessenten. Nachdem die Londoner Agentin aufgegeben hatte und Borchardt in den USA den Text mindestens acht Verlagen vorgelegt hatte, bot Taubes das Manuskript im Frühjahr 1965, offensichtlich in Eigeninitiative, dem New Yorker Verleger Ivan Obolensky an – mit Erfolg. Borchardt übernahm die Vertragsverhandlungen, das Buch sollte noch im selben Jahr gedruckt werden. Kurz vor dem Erscheinungstermin schloss Obolensky allerdings sein gerade mal fünf Jahre altes Verlagshaus Ivan Obolenksy Inc., um sich von nun an dem Investmentbanking zu widmen. Zu Taubes' Lebzeiten blieb *Klage um Julia* unveröffentlicht, trotz späterer Vermittlungsversuche durch die Literaturagentin Lynn Nesbit, damals gerade dabei, ihre eigene sehr erfolgreiche Agentur in New York aufzubauen.

In Susan Taubes' Almunae-Akte des Radcliffe Institute befindet sich als Anlage zum Bewerbungsschreiben neben anderen Fürsprachen auch eine Empfehlung von Sontag, datiert auf den 1. November 1964. Neben einer enthusiastischen Einschätzung von Taubes' schriftstellerischen Fähigkeiten erwähnt sie dort auch, dass sie so gut wie alles, was in der Zeit ihrer Bekanntschaft entstanden war, gelesen hat.

Taubes war von 1965 bis 1967 Scholar of the Radcliffe Institute for Independent Study und erhielt anschließend für ein Jahr ein Schriftstellerstipendium der Ingram Merrill Foundation (das übrigens zwei Jahre zuvor auch an Sontag verliehen wurde). Diese Förderungen ermöglichten es ihr, in ihren letzten Jahren einigermaßen frei von Existenznöten die Arbeit an Projekten voranzutreiben, aus denen mehrere Erzählungen hervorgingen, vor allem aber *Divorcing.* Wir wissen, der Roman erschien im Herbst 1969, während Taubes sich in Budapest befand, wenige Wochen vor ihrem Tod. Im hinterlassenen Brief an ihre Freundin Elsa First verweist sie auf eine letzthändige Fassung von *Julia,* die sich unter ihren Papieren befinden würde, und bittet darum, das Manuskript an Nesbit zu übergeben.[623] Dieses Manuskript lag der Übersetzung ins Deutsche zugrunde, die 2015 erschien.

Klage um Julia war für Taubes vielleicht der wichtigste Text. In ihren Aufzeichnungen nahm das Problem der Unmöglichkeit, sämtliche gelebte und nicht gelebte Stationen eines Lebens in Körper, Erinnerung und Handeln ein und derselben Person zu versammeln, immer deutlichere Konturen an. So setzt sich die Autorin zuweilen ins Verhältnis zur Protagonistin ihres Romans. Die Überschrift zu einem Eintrag aus dem Jahr 1965: »The real life of Susan Taubes by Julia Brody«[624]. Es folgen ein paar kurze biographische Erinnerungen. Taubes erwähnt außerdem, die Vollendung von *Julia* habe sie überhaupt erst in die Lage versetzt, über ihre eigene Kindheit zu schreiben. Eine Aufzeichnung ohne Datum wiederum erzählt von einer geträumten Busfahrt. Der Passagierin wird per Fernübertragung eine Nachricht zugestellt, die sie selbst kurz vorher im Flugzeug geschrieben hat: »about Julia: I (and or) infinity sign – written vertically. Some math. insight. Not double«[625]. Erneut fand Taubes im Traum zu einer Erkenntnis, die ihr Leben im Wachsein betraf. Als sie mit der Idee einer Autobiographie als Fortführung von *Julia* spielte, geschah dies in Verbindung mit Überlegungen zum Doppelgängermotiv. Der Träumenden indes erscheint die Romanfigur als eine Tangente: Alles, was Julia war, ist und sein wird, berührt sie nur an einem Punkt; nicht genügend Schnittmenge für eine Doppelgängerin. Die Vorstellung einer Person, die sich über mehrere in unterschiedlichen Zeiten existierende, einander zum Verwechseln ähnliche, aber eben nicht identische Personen auffächert, blieb jedoch ein Faszinosum, ganz gleich, ob sie träumte oder wachte.

Susan Taubes und Susan Sontag: Beide waren von den Möglichkeiten und Ambivalenzen der Doppelgängerin fasziniert, Sontag suchte sie in der Freundin, Taubes begegnete ihr in der Erinnerung, in den Träumen und im Schreiben. Mit dem Freitod entzog sie sich dem Begehren nach der Doppelgängerschaft. Und andererseits scheint es so, als hätte das Ereignis Sontags Oszillieren zwischen Identifikation und Aufkündigung der von ihr selbst proklamierten Doppelgängerschaft verstärkt, davon zeugt eine Bemerkung in einem Brief an den gemeinsamen Freund Joseph Chaikin vom Open Theater, gestempelt am 29. Dezember 1969. Darin schreibt Sontag, durch Taubes' Entscheidung habe sie den Tod als so wirklich (»real«) empfunden wie nie zuvor. Nur eines könne sie dieser Erfahrung abgewinnen: Wenn sie selbst überhaupt jemals daran gedacht habe, sich das Leben zu nehmen, dann sei ihr eine solche Tat jetzt für immer unmöglich geworden.[626] Und noch fünf Jahre darauf heißt es in einer Tagebuchnotiz: »Aber ich will nicht scheitern [...]. Ich will zu den Überlebenden gehören. Ich will nicht Susan Taubes sein.«[627]

Sontag konnte und wollte Taubes' Entscheidung nicht für sich selbst beanspruchen. Den Kontakt zur Erinnerung an ihre Freundin suchte sie durch die Literatur, mit der Erzählung *Debriefing*. In der Schlusspassage versucht die Ich-Erzählerin sich ihres Überlebenswillens angesichts von Julias Tod zu vergewissern: »Du bist die Traurigkeit in allen Dingen, ich bin's nicht. Du weinst um mich, ich werde um dich weinen. Hilf mir, ich will nicht um mich selbst weinen. Ich geb' nicht auf.«[628]

»Debriefing« kann übersetzt werden mit ›Auswertung‹ oder ›Nachbesprechung‹, speziell von Notfalleinsätzen. Als psychologischer Terminus für eine Methode zur Bewältigung von Stress nach belastenden Situationen – Critical Incident Stress Debriefing (CISD), kurz ›Debriefing‹ – wurde der Ausdruck bekannt durch eine Abhandlung des Trauma-Experten Jeffrey T. Mitchell, publiziert 1983, zehn Jahre also nachdem Sontags ihre Erzählung niederschrieb.[629] Die Methode richtet sich zur Vorbeugung eines langsamen Ausbrennens speziell an Einsatzkräfte wie Sanitäter, Polizisten und Feuerwehrleute. Es ist eine Anleitung zur Verarbeitung des Erlebten im gemeinsamen Gespräch, unmittelbar nach einem traumatischen Ereignis. Zu den Traumata, für die Debriefing entwickelt wurde, gehört auch der Suizid.

In Sontags Erzählung *Debriefing* sucht Julia mehr und mehr die Abgeschiedenheit, schließlich nimmt sie sich das Leben. Die Welt kam ihr abhanden, und die Ich-Erzählerin konnte dies nicht verhindern. Ihr Kommentar zum Geschehen: »Mittwoch letzter Woche habe ich Julia gesagt, wie blödsinnig es wäre, Selbstmord zu begehen. Sie war meiner Meinung. Ich fand mich überzeugend. Zwei Tage danach hat sie wieder ihre Wohnung verlassen und sich umgebracht, womit sie mir beweisen wollte, daß es ihr nichts ausmacht, etwas Blödsinniges zu tun.«[630]

Debriefing mutet an wie der Versuch einer Traumabewältigung durch Erzählen. Dies umso mehr, als die sieben Abschnitte der Erzählung analog zu den vorgegebenen sieben Schritten der Krisenintervention nach Mitchell gelesen werden können. Nach einer sechsschrittigen Abfolge von Beschreibung und Reflexion des Erlebten soll im siebten Schritt über einen Wiedereintritt in den Alltag gesprochen, Hilfsangebote und abschließende Fragen geklärt werden. In Sontags Erzählung ist der letzte Abschnitt überschrieben mit »Was ich tue«. Es ist der Abschnitt, in dem Julia sich trotz aller guten Ratschläge im Hudson River ertränkt, das Erzähl-Ich wiederholt von ihrer Rettung träumt und mit Macht dagegen angeht, sich selbst in den Tod reißen zu lassen.

Sontags Julia weist biographische Ähnlichkeiten auf. Die Bezugspunkte für diese Ähnlichkeiten lassen sich jedoch, wenn überhaupt, nur unter großen

Mühen in Taubes' Julia erkennen. Sie lassen sich noch viel weniger in dem erblicken, was wir über Taubes selbst wissen, die sich nicht das Leben genommen hat, um jemandem zu beweisen, dass sie etwas Unsinniges tun kann. Die biographischen Bezüge finden sich zuallererst in Sontags eigenem Erleben, in der Erfahrung, eine Freundin gehabt zu haben, in der sie eine Doppelgängerin, eine Zwillingsschwester sah, und im Schock über deren Tod.

Für Susan Taubes war die Literatur keine Traumatherapie, sie war vielmehr ein Ort für die Erkundung von Zugehörigkeit in der Welt. Am 18. Oktober 1969 schrieb sie im »Budapest Journal« vom Gefühl, nach langem, unruhigem Schlaf am falschen Ort zur falschen Zeit erwacht zu sein. Sie kann nicht in den friedlichen Dämmerzustand zurückkehren, »which generates its own time its own forms«. Auch kann sie sich nicht überwinden, hinauszugehen auf die Straßen von Budapest, weil jeder vertraute Anblick ihre Abwesenheit in greller Deutlichkeit heraufbeschwören würde. Sie kann nicht glauben, dass sie schon 41 ist. Ihre besten Jahre (»my prime«) hat sie doch erst kurz gestreift, in einer vor nicht allzu langer Zeit beendeten Liebesbeziehung. Direkt im Anschluss an diese Gedanken heißt es: »Something of a more or less inadequate life is necessary to give the impetus to create a more adequate counter world in art. And somewhere in all that disordered web, there must be one thread connecting with life, which makes me an extension of something else, like a leaf like a cat.«[631]

Ein Leben, wahrgenommen als »ungeordnetes Netz«, erzeugt die Vorstellung, Teil von etwas zu sein, was man selbst nicht ist – eine solche Zerrissenheit ist die Voraussetzung für eine Erschaffung von Gegenwelten in der Literatur. Der Eintrag entstand kurze Zeit nach Taubes' Wiederbegegnung mit dem Haus in der Pasaréti út. Das Ereignis löste neben der überwältigenden Erinnerung ein schmerzliches Gewahrwerden darüber aus, dass die Elfjährige und die einundvierzigjährige Frau nicht in Übereinstimmung gebracht werden können. Wir erinnern uns: Ebenfalls im »Budapest Journal« schrieb Taubes davon, dass das Kind noch immer in jenem Haus ist, zu dem die Erwachsene jetzt keinen Zutritt hat. Aus ihrer Sicht unterschied sich durch diese Erfahrung ihr eigenes Schicksal von demjenigen vieler anderer Exilierter: In der niemals vollständig erfolgten Trennung gründete ein äußerst fragiles Verhältnis zum Land ihrer Geburt. Jener Teil von ihr, der das Haus verlassen musste, fand keineswegs Zuflucht im Exil. Exiliert vom Exil ist allerdings jede auch nur denkbare Reintegration unmöglich, so Taubes in ihren Aufzeichnungen aus Budapest. Indes: Die Verbindung zum verlorenen Leben wird in einer der literarischen Gegenwelten greifbar. Gleich im Anschluss an die real erlebte Szene vor dem Gartentor liest man:

> A STORY
> An old man in the garden picking up [/] collecting walnuts fallen from tree (Is it possible, it's their old gardener who's now occupant of one of the rooms, living in their dining room or her mother's bedroom with fat Slovak woman and the skinny shallow faced daughter?) Asks me if I'm looking for someone. I say my father's name. Oh he hasn't lived here for many years. Then his daughter, I say. Won't you come in here. I'll see if she is home.[632]

Für die kurze Dauer dieser ersonnenen Begebenheit besteht eine Hoffnung, dem Mädchen von einst in der nächsten Sekunde zu begegnen. Der Gärtner muss nur nachsehen, ob sie zu Hause ist.

Eine andere Stelle im »Budapest Journal«, datiert auf den 16. Oktober 1969, drei Wochen vor Taubes' Tod, zeigt, dass die zerbrechliche Verbindung von Literatur und Leben am Zerreißen ist: »somewhere in reality I feel so sick and the knowledge that this is not a book I'm writing or a dream.«[633]

Anders als Julia in Sontags *Debriefing* war Taubes die Welt niemals abhandengekommen. Im Gegenteil: Ihre letzten Tagebucheinträge zeugen von einem klaren Wissen, in der Welt zu sein, aber auch vom Wissen, darin nicht mehr heimisch werden zu können. Diese Welt ist deutlich unterschieden von ihren Träumen und ihrem Schreiben. Im Augenblick, in dem diese Erkenntnis einsetzt, kann auch die Literatur kein Ort mehr für das Leben sein. Und dies begründet wiederum das Schreiben eines Lebens aus der Perspektive einer Verstorbenen, wie in ihrem letzten großen Schreibprojekt *Divorcing*.

*

Im Frühsommer 1964 brach Susan Taubes erneut in Richtung New York auf und war kurz darauf entschlossen, den Lebensmittelpunkt wieder ganz dorthin zu verlagern. Nach Paris kehrte sie in den kommenden Jahren lediglich für Kurztrips und Zwischenstopps auf ihren zahlreichen Reisen zurück. An Jacob schrieb sie am 16. Juni 1964:

> I am [...] happier in New York than I even anticipated. I think I told you when I decided to settle in Paris that either it will work out or it will

> enable me once and for all to live in New York fullheartedly that is, without feeling acutely misplaced, and the last year has done this job. In short, I've decided to stay in New York.[634]

Ein Jahr zuvor hatte sie ihre Entscheidung für Paris damit begründet, dort als Außenseiterin unter Außenseitern einen Ort zum Bleiben gefunden zu haben. Für ein glückliches Leben in New York aber reicht es schon aus, sich nicht vollkommen fehl am Platz zu fühlen; zu dieser überraschenden Einschätzung hatte die vorangegangene Paris-Erfahrung wesentlich beigetragen. Was war geschehen?

Im Konvolut »Abandoned Works« mit unveröffentlichten Entwürfen, entstanden ab ca. 1964/65, findet sich eine isoliert stehende Passage, überschrieben mit »S in Paris«:

> […] B is terrifying because the greater part of her is submerged in the past. She drags it along like a tenacious animal its torn and maimed body and calls it her treasure. The way she manages to lug this cumbersome, shapeless enormity about, tucking it under her skirt, tying it in her hair, making it appear the lightest thing in the world is of course half her allure.[635]

In Taubes' Skizzen für ihr literarisches Autobiographie-Projekt, aus dem *Divorcing* hervorgehen sollte, changieren die Namen des jeweiligen Erzähl-Ichs zwischen den Kürzeln »S« für »Sophie« und »B« für eine Reihe von wechselnden Vornamen mit diesem Anfangsbuchstaben. Hier wird die Geschichte von S in Paris unvermittelt zur Geschichte von B, die ihre Vergangenheit wie eine Verwundung und zugleich wie einen Schatz am eigenen Körper trägt. Die Schilderung von Bs Bemühungen, ihrer schweren Last den Anschein von Leichtigkeit zu geben, steht in Verbindung mit Sophies an anderer Stelle geäußerter Vorstellung von Paris als Ort einer früheren biographischen Erfahrung und eines künftigen Erbes für ihre Kinder, als Ort, an dem es weder Aus- noch Abgrenzung, sondern nur Zugehörigkeit gab. Zwischen Sophies Überlegungen und Bs Kampf mit dem Teil von ihr, der im Gewesenen verschüttet (»submerged«) blieb, wird eine Bewegung erkennbar: von der ersehnten Rückkehr in ein längst entschwundenes Lebensgefühl zum Gewicht einer Vergangenheit, das sich nur unter Schmerzen und großem Kraftaufwand tragen lässt.

Im Laufe des Jahres 1963 wurde das Hochgefühl der Autorin Susan Taubes, in der bezaubernden Stadt Paris ein Zuhause gefunden zu haben, immer stärker überschattet von unüberwindlich scheinenden Problemen. Die Organisation eines unabhängigen Lebens dort blieb eng verbunden mit der schwierigen Trennung von Jacob.

Bereits im Sommer intensivierten sich die Spannungen zwischen den beiden erheblich. Noch während des New-York-Aufenthalts bei Sontag erreichten Susan aus verschiedenen Quellen Nachrichten über Vertrauensbrüche noch aus der Zeit vor ihrer Trennung, aber auch über aktuelle Winkelzüge von Jacob, mit denen er offenbar hinter ihrem Rücken die Scheidung verhindern oder zumindest erschweren wollte. Der Ton ihrer Korrespondenz kühlte merklich ab. Es waren nunmehr knappe Mitteilungen über den Fortgang von Projekten, finanzielle Angelegenheiten und Planungen bezüglich der Kinder. Vom vertrauensvollen, zugewandten Ton der ersten Paris-Briefe war nichts mehr zu lesen. Ab jetzt wollte Susan Taubes die Trennung bewusst und konsequent als »rite of passage«[636] vollziehen. Den Sommer 1963 verbrachte sie abermals auf den Balearen, diesmal mit Ethan und Tanaquil, und zwar auf Mallorca, im malerisch um einen Hügel gruppierten Städtchen Deià. Ihren Briefen lässt sich entnehmen, dass sie mit Hilfe von Bunty und Alfred Duhrssen, die ebenfalls auf der Insel weilten, ein kleines Haus gemietet hatte. Ähnlich wie auf Ibiza gab es in Deià eine Künstlerkolonie; Taubes befreundete sich mit der dort ansässigen Familie des britischen Dichters Robert Graves. Möglicherweise kannte sie aus Deià auch den Schriftsteller Jakov Lind, mit ihm stand sie in den 1960ern in Kontakt. Lind war ein Jahr älter als Taubes, auch er musste als Elfjähriger aus der Stadt seiner Geburt – Wien – vor den Nationalsozialisten fliehen und führte seither ein unstetes Leben zwischen Ländern und Sprachen. Ab Mitte der 1950er Jahre lebte er in London, zwischendurch in New York, seine Sommerferien verbrachte er regelmäßig in dem mallorquinischen ›Künstlerdorf‹.

Als Jacob seinen Besuch auf Mallorca ankündigte, bat Susan, er möge sich ein eigenes Domizil suchen, und schlug ein gemeinsames Treffen zur Klärung der Situation in Palma oder Barcelona vor. Sie wolle ihn nicht vor den Kopf stoßen, nur sich selbst, ihm und den Kindern klare Verhältnisse signalisieren.[637]

Zurück in Paris, stand ab Herbst 1963 wieder eine Wohnungssuche an. Die Räume in der Rue Soufflot hatte Taubes aufgeben müssen, zur Zwischenmiete residierte sie in der 71 Quai de la Tournelle, einem eleganten vierstöckigen Gebäude aus der Jahrhundertwende nahe beim Seine-Ufer, schräg gegenüber von Notre-Dame. Zu Beginn des Jahres 1964 konnte sie dann endlich eine bezahlbare Eigentumswohnung beziehen, gelegen in einem prächtigen Gebäude im ›Haussmann-Stil‹ am Boulevard St. Germain.

Die Hausnummer 44 gehörte zu jenem Teil des über drei Kilometer langen Boulevards, der durch das Intellektuellenviertel Quartier Latin führte, gesäumt von Cafés, Theatern und Museen. In letzter Sekunde hatte sie Jacob überredet, sich aus dem ursprünglich gemeinsamen Kaufvertrag zurückzuziehen; Susan wollte die Gewissheit haben, über diesen Ort allein und unabhängig verfügen zu können.[638] (Nichtsdestotrotz quartierte sich Jacob unregelmäßig, nach nicht immer gelungener Absprache mit Susan, in der Wohnung ein.) Im Konvolut »Abandoned Works« finden sich Erinnerungen an einen chaotischen Einzug, sie beginnen mit den Worten: »I came to Paris to write … / Today I moved to ~~44 Bd. St. Germain which is going to be home~~ the shabby little flat that's going to be home. Shabby but peaceful I thought the day I signed the Promesse de vente […].«[639] Es folgt die Beschreibung einer Aneinanderreihung von Slapsticks: Eine uralte Heizungstherme kurz vorm Explodieren, eine türkische Toilette im sechsten Stock, Klempner, die Rohre aus den Wänden schlagen. Ein Maler macht astronomische Kostenvoranschläge, nachdem er meterweise Tapete von den Wänden gekratzt hat, ein angelieferter Gasherd ist zu groß, um ihn in die Küche hineinzubekommen, die Handwerker lassen das Gerät mitsamt Verpackung schließlich im Türrahmen stecken. Dazu ein im allgemeinen Durcheinander verschwundener Hausschlüssel – dies alles an einem Tag.

Ein knappes halbes Jahr sollte Taubes in ihrem kleinen, heruntergekommenen, dennoch friedvollen Domizil verbringen, bis sie sich im Juni 1964 für den neuerlichen Umzug nach New York entschied. Die Monate davor sind durch Briefe oder andere Aufzeichnungen kaum bezeugt; allein die wenigen Schreiben von Bernard Pomerance belegen, dass in dieser Zeit die Erzählung *Easter Visit* entstand. In Taubes' Tagebuch von 1965 findet sich auf den letzten Seiten eine handgeschriebene Zeitleiste mit knappen Erwähnungen von Aufenthalten und zentralen persönlichen Erlebnissen seit ihrer Geburt. Für Winter und Sommer 1964 ist jeweils notiert: »Paris – misery N. Y. – Bliss«[640].

Die Winter-Nöte in Paris, das Sommer-Glück in New York. Seit jenem Apriltag im Jahr 1939, als die elfjährige Susan die Gangway der R. M. S. Aquitania verließ, war New York mit seinem pulsierenden, vielfältigen Leben der einzige Ort in den USA geblieben, an dem sie sich nicht einem Gefühl totaler Fremdheit ausgesetzt fühlte. Jetzt, während der Trennungsphase, lebten dort diejenigen von Taubes' Freundinnen, die ihr am intensivsten zur Seite standen; dazu gehörten neben anderen Susan Sontag, einige Frauen aus dem früheren Literaturzirkel, Annette Michelson, Vera Brenson und die Psychoanalytikerin Elsa First; First und Taubes waren einander bereits in Cambridge begegnet; zu Judith Brodsky, der Tochter von Ruth Nanda Anshen, bestand ebenfalls noch Kontakt. Über die alten Verbindungen, auch zur Universität, war es für Taubes nicht annähernd so schwer wie in Paris, eine Bleibe zu finden, dazu waren die Möglichkeiten für ein Einkommen über Lehraufträge oder ein Stipendium breiter gesät. In New York gab es Joseph Chaikins Open Theater, die Borchardts und Lynn Nesbit hatten dort ihre Agenturen, zudem waren am Ort viele bedeutende Literatur-Verlage angesiedelt.

Susan Taubes' letzte New Yorker Jahre waren eine Zeit intensivster literarischer Produktivität. Zwischen 1964 und 1969 entstanden viele der überlieferten Entwürfe, die Mehrzahl ihrer druckreifen Erzählungen und schließlich *Divorcing.* Hervorgegangen war ihr letzter Roman allerdings aus einem anderen Schreibprojekt, geplant war ursprünglich eine groß angelegte Familiensaga mit mythischen Bezügen.

Nach zahllosen Studien, Skizzen und Neuansätzen nahm *Divorcing* seine entscheidende Gestalt im Traum an. Am 5. Juli 1967 notierte Taubes, sie habe gerade die wichtigsten Teile ihres Romans geträumt, sie handelten von Ivan, Sophies Geliebtem, und von Sophie selbst, die mit der ersten Person Singular als Erzählperspektive hadert. Für Taubes waren diese Szenen von einer »truly dead and dream quality«[641].

Wann ist ein Erlebnis dazu geeignet, in Literatur überführt zu werden? Dann, wenn ihm die Merkmale des Todes und des Traums anhaften. Der Aufzeichnung folgt eine Passage, in der die Träumende mit einem befreundeten Schriftsteller zusammentrifft. Ein Gespräch über die Fortschritte ihrer Arbeit beginnt; dabei bleibt sie auf der Hut, im Bewusstsein, dass alles Gesagte zum Roman werden kann. Also weichen beide auf Andeutungen aus, verlieren sich in der Frage, ob man »Aug in Aug« mit dem Kritiker schreiben solle (»Eye – to Eye a Jacob phrase«, kommentiert sie). Wieder allein, im Nachdenken über das Gespräch, wird sie gewahr, dass sie allein deshalb etwas zu Papier gebracht hatte, weil sie selbst nicht mehr existierte. Schließlich werden auf der Schwelle zum Erwachen die geträumten Verstrickungen um Verschwiegenes und Verlautbartes, Tod und Schreiben zum Teil des eigenen Romans. Die Passage endet mit den Worten:

> I shall write all this down.
>
> ***
>
> I wake up and do.[642]

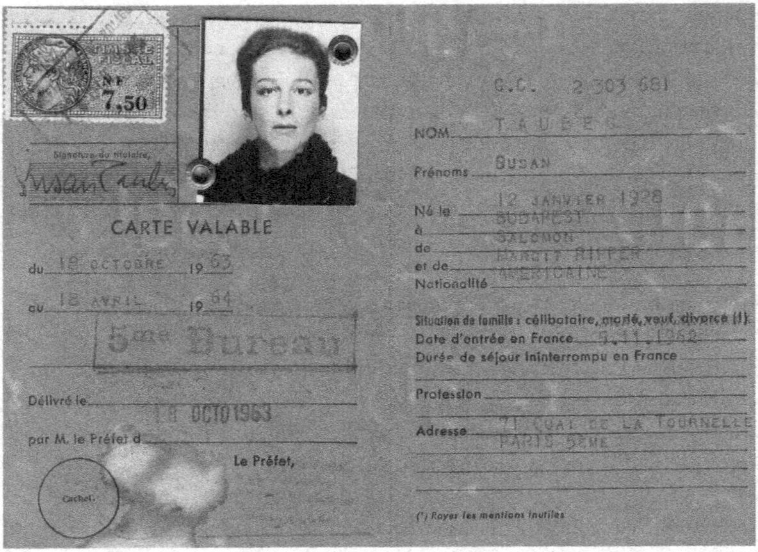

TIMBRE FISCAL
NF 7,50

Signature du titulaire,

CARTE VALABLE

du 18 OCTOBRE 1963

au 18 AVRIL 1964

5me Bureau

Délivré le 18 OCT 1963

par M. le Préfet d

Le Préfet,

Cachet

C.C. 2 303 681

NOM TAUBES

Prénoms SUSAN

Né le 12 JANVIER 1928

à BUDAPEST

de SALOMON

et de MARGIT RIFFER

Nationalité AMERICAINE

Situation de famille : célibataire, marié, veuf, divorcé (1)

Date d'entrée en France 5.11.1962

Durée de séjour ininterrompu en France

Profession

Adresse 71 QUAI DE LA TOURNELLE PARIS 5EME

(1) Rayer les mentions inutiles

Aufenthaltserlaubnis, Frankreich 1963

Susan Taubes, Anfang 1960er Jahre

15. New York

Am 26. Juni 1965, ein Jahr nach ihrer Entscheidung, zurück nach New York zu gehen, schrieb Susan Taubes an Jacob Taubes in Berlin:

> I am happy for myself. The occupational crisis is resolved. To have the novel accepted was vital – but there's more to it. My future work is planned. The troubled era of searching and doubt is over. I have my métier. I will survive one way or another on grants part time teaching – maybe, if I'm lucky I'll eventually find some sinecure as a writer in residence. I am past regrets. I wish you the best. I hope you're on your way to the light or in it – I don't mean anything mystical the light of the day is wonderful enough.[643]

Die schwierige Phase der Zweifel und des Suchens schien überwunden. Sie würde in der Welt bestehen, ihren Platz als Schriftstellerin finden.

Als Taubes im Sommer 1964 in New York eintraf, kam sie für den Anfang bei Freunden unter: zunächst in der Wohnung von Herbert Robbins, Professor für Mathematik an der Columbia, dann bei Susan Sontag. Im Herbst mietete sie schließlich ein Apartment in der 562 West End Avenue, nahe beim Hudson-Ufer an der Upper West Side von Manhattan; später sollte sie wieder das alte Quartier in der Claremont Avenue beziehen. Bis zum Winter 1964 unternahm Susan Taubes keine größeren Reisen. Den Jahreswechsel verbrachte sie dann gemeinsam mit ihren Kindern auf den Balearen, legte dabei Zwischenstopps in Paris ein.

Die erschöpfenden Auseinandersetzungen mit Jacob rissen derweil nicht ab: über die Wohnung in Paris, die Scheidung, die Aufenthalte von Tanaquil und Ethan während der Internatsferien (die Geschwister lebten mittlerweile beide im Landschulheim La Coûme in den Pyrenäen). In Briefen und Telegrammen geht es über lange Passagen um hektische Buchungen und Stornierungen von Flügen und Transfers nach Frankreich, in die Schweiz, nach New York.

Dies alles hielt sie nicht davon ab, ihr Leben als Schriftstellerin abermals in neue Bahnen zu lenken. Ihr Gesuch um eine Lehrtätigkeit am Religious Department für das akademische Jahr 1964/65 hatte sie bereits im März 1963 wieder zurückgezogen. Vom März 1965 hingegen datiert eine im Nachlass enthaltene Anfrage wegen einer Stelle als Assistant Professor, vermutlich am Seminar für Theory of Literature der Columbia.[644] Taubes lässt darin verlauten, in so unterschiedlichen Disziplinen wie Philosophie, Anthropologie und Literatur geforscht und gelehrt zu haben, mit speziellem Interesse an symbolischen Formen sowie an Überschreitungen von Gattungsgrenzen, und merkt an, am Department of Religion habe sie den eigenen Fähigkeiten nie vollständig entsprechen können. Schließlich betont sie ihre besondere Expertise für Literatur und Theater in Antike und Gegenwart. Eine Antwort auf dieses Schreiben ist nicht überliefert; sehr wahrscheinlich hatte Taubes selbst den Plan vorerst nicht weiterverfolgt, weil sie die Reaktion auf ihre Bewerbung für ein Schriftstellerstipendium am Radcliffe Institute for Independent Study abwarten wollte; das legen Korrespondenzen mit dem Institut nahe. Daraus sowie aus den Columbia-Unterlagen geht zudem hervor, dass Taubes zwei Jahre später, von 1967 an, als Associate der University Seminars on the Theory of Literature geführt wurde. (In Briefen an Jacob heißt es auch, dass sie Anfang 1965 Hannah Arendt, Brita und Krister Stendahl sowie Herbert Marcuse um Rat in Universitätsangelegenheiten aufgesucht hatte.[645])

Im März 1965 konnte Taubes ihre Columbia-Pläne erst einmal beiseiteschieben, denn tatsächlich erhielt sie die Zusage für ein zunächst einjähriges, danach noch einmal verlängertes Stipendium zur Realisierung ihres nächsten Romans, aus dem schließlich *Divorcing* hervorging. Die Förderung sollte im Juli 1965 beginnen. Mary Ingraham Bunting, damalige Präsidentin des Radcliffe College, hatte vier Jahre zuvor das Institute for Independent Study gegründet (1978 wurde es in Bunting Institute umbenannt). Das Programm richtete sich an gut ausgebildete Frauen, denen infolge von familiären oder ökonomischen Zwängen der Verzicht auf eine vielversprechende Laufbahn drohte. Mit den Stipendien sollten Künstlerinnen und Wissenschaftlerinnen eine Unterstützung sowohl ideeller als auch finanzieller Art erhalten. Das waren neben dem halbjährlich ausgezahlten Betrag ein eigener Raum zum Arbeiten, der regelmäßige Austausch mit Gleichgesinnten, außerdem ein freier Zugang zu den Institutionen von Radcliffe und Harvard wie Bibliotheken, Labore, Archive.

Taubes hatte die Bewerbung im Herbst 1964 abgeschickt. Aus einem Begleitschreiben geht hervor, wie prekär ihre materielle Situation in jener Zeit war. Aufgrund der instabilen persönlichen Umstände zog man zunächst einen Aufschub der Bewilligung in Betracht. Außerdem hatte Taubes wohl im Auswahlgespräch durchblicken lassen, dass sie allenfalls tageweise nach Cambridge kommen könne, außerstande sei, die gerade neu errichteten Zelte in New York gleich wieder abzubrechen. Nichtsdestotrotz überzeugte sie mit ihrem intellektuellen Werdegang und den bisherigen literarischen Arbeiten. (Vermerkt wurde auch, dass sie mit der charismatischen, engagierten Brita Stendahl, von 1961 bis 1963 selbst Stipendiatin am Radcliffe Institute, befreundet war.) In ihrer »List of completed works« sind die beiden Romane *Downgoing* und *Klage um Julia* aufgeführt, das surreale Theaterstück *The Family* und mehrere Erzählungen, die während und kurz nach der Fertigstellung von *Julia* entstanden waren: *Die Haie, Der Patient, Die goldene Kette, Der letzte Tanz, Osterbesuch, The Return* – vermutlich ein früherer Titel für *Medea* – und schließlich *The Disciple's Dilemma*, eine Art Hincu-Fabel, die allerdings in späteren Auflistungen und bei Vermittlungen durch Literaturagenten keine Rolle spielte.

Auf diese Texte beziehen sich vier begeisterte Empfehlungsschreiben, die Taubes gleichfalls ihrer Bewerbung beigefügt hatte.

Da war zunächst der Soziologe Benjamin Nelson, in jener Zeit Professor an der States University of New York. Er gab an, Taubes bereits als überaus begabte Studentin gekannt zu haben, und bezeichnete sie als »one of the most creative and promising women«, die er jemals in seinem Leben getroffen habe; ihre »extraordinary picaresque novel« sei nur einer von vielen Belegen dafür; damit war zweifellos *Klage um Julia* gemeint. Ausschließlich auf ihre wissenschaftlichen Arbeiten wie die Einleitung zum Band mit afrikanischen Mythen bezog sich der Literaturtheoretiker Kenneth Burke. Er bescheinigte Taubes absolute Professionalität und erwähnt seine Teilnahme an der Sitzung eines ihrer Seminare am Religious Department; zudem kenne man sich seit Jahren persönlich. Steven Marcus, Literaturkritiker und damals Associate Professor of English, schrieb, er habe mehrere von Taubes' literarischen Werken gelesen, und sprach sich wärmstens für sie aus. Marcus bewegte sich in den Columbia-Zirkeln um Susan Sontag und Jacob Taubes, daher rührte der Kontakt. Regelrecht hymnisch fiel schließlich das Urteil von Sontag selbst aus: Niemanden könnte sie so uneingeschränkt für ein Stipendium empfehlen wie die extrem begabte, ernsthafte, kluge Susan Taubes. Gerade weil ihre schriftstellerische Arbeit, bedingt durch die komplizierten privaten Umstände, stetig unterbrochen würde, hätte sie einen solchen ermutigenden Anschub mehr als verdient. Sie selbst, Sontag, habe so gut wie alles Literarische von ihr gelesen und betrachte beide Romane, das Theaterstück und die Erzählungen als Zeugnisse eines Riesentalents.

Taubes erklärte in ihrem Bewerbungsanschreiben, mit den Erzählungen habe sie zur Vorbereitung für das nächste große Romanprojekt verschiedene Schreibpraktiken erproben und entwickeln wollen. Worum ging es ihr genau?

Im Tagebuch mit Einträgen bis zu jenem ›glücklichen Sommer‹ 1965 notierte sie im Mai einige Ideen für ihren künftigen Roman:

> Theme for novel
>
> A woman's tragedy – not a special incident – but because she is a woman.
> Ways of elaborating
> Show in life of X that in situations a, b, c, it is her woman's heart that brings her to grief.
> X – typical life line – she is the tree struck by lightning, who remains standing to the end around A B C
> destroyed in special ways
> deformed.
> Work Against »static« form
> Flaubert.
> Tone changes as life evolves[646]

Eine Geschichte, die allein deshalb tragisch verläuft, weil die Protagonistin weiblich ist. Unterschiedliche Lebenslagen pflanzen in ein weibliches Herz Kummer und Leid. Die Besitzerin dieses Herzens ist ein Baum, in den der Blitz einschlägt. Er steht jedoch weiter an seinem Platz, auf eigentümliche Art beschädigt und entstellt. Flaubert kommt ihr in den Sinn, dessen Heldin Emma Bovary vor dem kalten Auge des Erzählers zugrunde geht, im Versuch, sich gegen alle Sittenvorschriften aus einer bedrückenden Ehe zu befreien.

Taubes konnte einer durchgängig unveränderten Form für ihr Schreiben nichts abgewinnen. Stattdessen entwickelte sie die Vorstellung eines gleichzeitigen Wandels von Sprachregister und erzählter Lebensphase. So heißt es im nächsten Absatz:

> Novel Style – narrative technique changes with stage-phase of life.
> Events, situations, preoccupations appropriate to each phase.
> Calendar: what is reflected in narr. style
> development of consciousness?
> stages of life.[647]

Jede sprachliche Schattierung reflektiert einen anderen Status des Bewusstseins jener Person, deren Leben erzählt wird. In *Divorcing* erreichte die Anpassung der Erzählweise an die jeweilige Station im Leben von Sophie Blind eine maximale Verdichtung. Wird relativ am Ende des Romans die Kindheit in Budapest geradlinig und kohärent entfaltet, erscheinen Sophies Ehe, die Trennung und ihr Unfalltod, geschildert im ersten Kapitel, fragmentarisch und unzusammenhängend. Dabei wirkt das Geschehen mal wie in sanften Nebel getaucht – etwa das Beisammensein mit ihrem Geliebten Ivan –, dann wieder wie in grelles, künstliches Licht, man denke an die Szenen vor Gericht oder in der Pathologie.

In ihren Erzählungen experimentierte Taubes mit diesen verschiedenen Erzählweisen. Ob im Ton der Groteske und des Absurden, des Traums oder Hellwachseins, des schwarzen Humors oder des grausamen Märchens – viele dieser Texte können als Varianten jenes »Motivs für einen Roman« gelesen werden: der Tragödie einer Frau, einfach aus dem Umstand heraus, dass sie eine Frau ist.

Ihre Erzählung *Die goldene Kette* schrieb Taubes 1964, nahezu unmittelbar nach der Ankunft aus Paris in New York.

Die Protagonistin trägt den Namen Rosalie. Schon bald nach der Heirat mit Sylvanus Thrush – den Hochzeitswalzer tanzen sie unter einem van Gogh'schen Sternenhimmel zwischen Humpelnden und Alten auf einem Jahrmarkt, das Festmahl findet auf einem schwankenden Hausboot statt – verbringt Rosalie ihre Tage zunehmend allein, die Geschäftsreisen ihres frisch Angetrauten werden länger. Taucht dieser nach wochenlanger Abwesenheit wieder auf, legt er sich meistens sofort in seinen Kleidern schlafen. Auf Rosalies zaghaft geäußerten Wunsch nach Zärtlichkeit und schließlich nach einem Baby schlägt er ihr vor, Topfpflanzen zu ziehen. Wenn Rosalie in den Stunden ihres Alleinseins am Fenster sitzt, eine lange goldene Kette – Sylvanus' Hochzeitsgeschenk – um den Finger zwirbelt und mit schwacher Stimme versucht zu singen, erinnert sie wahrhaftig an Emma Bovary, die im Grund ihrer Seele auf ein »Ereignis« wartet und dabei wie »Matrosen in Seenot« »einen verzweifelten Blick über die Einsamkeit ihres Lebens schweifen lässt«[648].

Auch Rosalie erwachsen aus dem Gefühl von Vereinsamung Kräfte, mit denen sie sich und ihren Ehemann zerstört. Die Erfüllung ihrer Sehnsucht nach körperlicher Zuwendung und einem Kind erzwingt sie mit Gewalt. Erst demütigt sie Sylvanus mit einer Aufforderung zu bizarren sexuellen Praktiken, woraufhin dieser erkrankt. Dann beginnt sie ein riskantes Spiel: Auf ihrem täglichen Weg vom Markt in die »Wiesen« lässt sie regelmäßig die Kette fallen und wartet mit geschlossenen Augen im hohen Gras liegend darauf, dass einer der Burschen vom Marktplatz das Schmuckstück zurückbringt und im Gegenzug den Geschlechtsakt mit ihr vollzieht. Die letzte dieser Begegnungen ist von hemmungsloser Brutalität, und die Kette bleibt verschwunden.

Dafür wird Rosalie schwanger. Während sie nun nachts an der vergeblichen Suche nach dem Erzeuger ihres Kindes, dem brutalen Liebhaber und Räuber ihrer Kette, verzweifelt, weidet sie sich tagsüber am Siechtum ihres Mannes. Anders als in *Madame Bovary* richtet sich hier nicht ausschließlich der Blick des Erzählers auf den Untergang der Protagonistin; es ist auch die weibliche Hauptfigur selbst, die ihrem Mann scheinbar vollkommen gefühllos beim Sterben zusieht. Allerdings: Zum Schluss wird der Leser Zeuge, wie Rosalie über die Ereignisse augenscheinlich den Verstand verliert. Sylvanus ist tot. Ein Unbekannter gibt ihr die goldene Kette zurück, lässt sie jedoch im Ungewissen über die Vaterschaft ihres Kindes, denn die Kette habe »die Runde gemacht«[649]. Das Neugeborene begegnet ihr daraufhin in Gestalt eines Erwachsenen und verhöhnt sie:

> »Sieh sie nur laufen, das wilde Ding! Sie wird immer weiter laufen und ihre verrückte Kette schwingen, bis sie an einem starken Ast hängenbleibt, und dann wird sie in die Luft hüpfen, um sie wieder freizubekommen, bis sich ihr Kinn in der Kette fängt. Dann wird sie sich langsam drehen, sie wird sich im Kreise drehen, bis sie keinen Boden mehr unter den Füßen hat und ihr Genick einen Knacks macht!«
> Es sprang so rasch umher, dass sie nur sah, dass es silbern war, denn seine Gestalt veränderte sich in der Bewegung. Wenn es in die Höhe sprang, wurde es schmaler und so lang wie ein erwachsener Mann, doch wenn es auf dem Boden auftraf, verkürzte es sich zu einem runden, silbrigen Klumpen.[650]

Als es am Ende wirklich ›knackst‹, ist für niemanden ersichtlich, nicht für den Leser, nicht für den Erzähler, das Kind oder Rosalie selbst, ob sie sich erhängt hat, ob bloß ein toter Zweig zerbrochen ist.

Auch die Erzählung *Medea* endet an einem undeutlich konturierten Ort, wo die Grenzen zwischen Leben und Tod verschwimmen.

Im selben Tagebuch, in dem Taubes ihr »theme for novel« skizziert, lässt sie mit einem anderen Eintrag mehrere tragische Heldinnen der griechischen Mythologie Revue passieren, betrachtet jede einzelne als mögliche Inspiration für einen solchen Roman.

Elektra, gerade weil sie deren Geschichte in sämtlichen überlieferten Versionen kennt, kommt für die Autorin als Tochter eines Psychoanalytikers nicht in Frage.

Für Klytämnestra hingegen, die gemeinsam mit ihrem Geliebten den Gemahl tötete, hegt sie größte Sympathien.

Antigone war nicht uninteressant (»was ok«[651]), da sie aus Liebe zu ihrem Bruder für das Gesetz der Götter einstand.

Identifizieren kann sich die Schriftstellerin Susan Taubes am ehesten mit der schönen, hellsichtigen, jedoch verfluchten Kassandra.

Schließlich Medea: »too obviously vindictive«[652]. Medea tötete aus Vergeltung an ihrem treulosen Ehemann die gemeinsamen Kinder. Obgleich Taubes dieses Motiv für zu plakativ hielt, war es ihr doch eine Überlegung wert. In knappen Stichworten heißt es: »Domestic realm: comedy – not tragedy. Distaste for melodrama«.[653]

Was dabei herauskam, war weder eindeutig eine Tragödie noch ein Melodram und schon gar keine Komödie, eher eine Mischung aus der tragischen Form, Kriminalstück und Phantasmagorie, tatsächlich zunächst angesiedelt in einer häuslichen Umgebung. Im Mittelpunkt steht abermals eine von ihrem Ehemann allein gelassene Frau, Sylvia Jensen. Ihr Schicksal wird in drei Teilen geschildert. Zum Auftakt entfaltet sich die albtraumhaft anmutende Szene eines Mordes an ihren beiden Söhnen vor den Augen des Lesers. Schritt für Schritt folgt er der Protagonistin, erst auf ihrem nächtlichen Gang ins Kinderzimmer, dann bei ihrer Tat. Minutiös wird jede einzelne Bewegung beschrieben, begleitet von unartikulierten Lauten: Schreie, überdeutlich vernehmbare Atemzüge, ein Gluckern und Sprudeln. Die Kinder verbluten, die Dinge im Raum erwachen zum Leben. Spielzeuge ertönen mit künstlichem Geräusch, der Fußboden bäumt sich unter den nackten Füßen der Mörderin.

Ein Schnitt, als würde die Szene abrupt ausgeblendet. Es folgt die Vernehmung von Sylvia Jensen, geführt von zwei Männern. Das weitgehend in nüchterner wörtlicher Rede gehaltene Verhör bringt die Einzelheiten ihrer Ehe zutage: Betrug, Demütigungen, seelische Erpressung. Auch erfährt man von Jensens Tatmotiv: Sie wollte ihrem Mann nichts Bestimmtes begreiflich machen, sondern ihn in dem Maße leiden lassen, wie sie selbst gelitten hatte. Auf die Nachfrage eines der Vernehmer sagt sie aus: »Das war der einzige Zugang zu seinem Herzen, den ich hatte. Er ließ mir keinen anderen Weg.«[654] Eine Antwort auf die Frage nach dem Grab ihrer Kinder bleibt sie schuldig.

Die letzte Szene gleicht einer Kamerafahrt in Sylvia Jensens Inneres. Während sie in einer trüben Gefängniszelle auf den Urteilsspruch wartet, lässt sie jene verborgene, lichtdurchflutete Welt entstehen, in der ihre drei

Kinder – die Söhne und eine noch vor der Geburt verstorbene Tochter – lebendig sind. Der Tod der drei, und jetzt auch ihr eigener, ist bloß eine perfekte Täuschung für alle, die dieser Welt nicht angehören.

Was von außen aussieht wie die seit mythischen Zeiten wiederkehrende Tragödie einer verzweifelten Frau, erweist sich aus der Perspektive ihres Innern als einzig möglicher Weg in ein Leben, in dem es weder Tod noch Einsamkeit gibt.

Wir erinnern uns: Ganz anders, aber gleichfalls von einer zwiespältigen wie obsessiven Begegnung mit dem Tod erzählt auch *Der letzte Tanz*, dort durchgängig im Stile eines Märchens mit humoristischen Brechungen: Nachdem sich die junge Mary Ann des zu langen Wartens schuldig gemacht hat, bleibt ebenfalls unklar, ob ihre unstillbare Sehnsucht nach dem Glück die Zerstörung ihres Leibes überlebte.

Nichts hingegen erfährt man über Gedanken und Gefühle der weiblichen Figur in *Die Haie* (orig. *The Sharks*). Erzählt wird aus der Perspektive eines kleinen Jungen. Nacht für Nacht träumt er davon, wie ihn die Wesen aus der Tiefsee mit mörderischen Zahnreihen zerfleischen. In die Angst vor dem nächsten Traum, in seine Anstrengung, den Schlaf abzuwehren und schließlich in den Kampf unter Wasser mischen sich permanent nächtliche Erlebnisse im Haus, in dem der Junge mit seiner Mutter und der kleinen Schwester lebt. Einmal sucht er Schutz bei der Mutter, hört dann aber von oben ihre Stimme, im Streit mit einem Unbekannten. Ein anderes Mal steigt der Vater durch das Kinderzimmerfenster und zielt mit einer Pistole auf ihn; im nächsten Moment ist das Haus von Wasser umgeben, und der Vater droht ihm von außen durch die Glasscheibe. Schließlich beobachtet der Junge seine Mutter bei rätselhaften Tätigkeiten in der Küche, sie lächelt mit langen Zähnen wie aus Elfenbein. Die Bedrohung hat kein Ende, in der Unterwasserwelt fließt alles ineinander; was tot war, wird lebendig und umgekehrt:

> Er setzte sich im Bett auf. Das Laken lag zerwühlt um ihn herum, grau und fließend. Schrecken lauerte in jeder Falte. Er suchte die Sicherheit der vertrauten Gegenstände in seinem Zimmer, doch sie alle hatten sich mit der Nacht gegen ihn verbündet. Der fransige Lampenschirm, Tisch und Stuhl nahmen die Umrisse der Kreaturen seines Traumes an. Der Boden glänzte gespenstisch feucht. Er nahm seinen ganzen Mut zusammen, kroch aus dem Bett und durchquerte das Zimmer; dabei trat er behutsam auf das Linoleum, mied mit den Blicken das schwarze Loch des Fensters und die halb offene Schranktür, gab sich Mühe, nicht gegen die Möbel zu stoßen, er hatte Angst, irgendetwas zu berühren, ehe er

das Licht anmachte. Er musste sich zusammennehmen, um den Schalter zu drehen, der ebenfalls verzaubert war. Gebannt im elektrischen Schein wurden die Objekte wieder leblos und zu bloßen Oberflächen.[655]

Mit plötzlicher Deutlichkeit tritt der Tod in das Ende der Erzählung. Eines Morgens wacht die Mutter nicht mehr auf; sie wird begraben, die Kinder kommen zu einer Tante, der Junge träumt weiterhin Nacht für Nacht von den Haien, nunmehr ohne Furcht. Jedoch ereignet sich auch dieser Tod in einem schwer auszumachenden Zwischenreich von schlummernden Wünschen und Ängsten. Im Verlauf der Erzählung wird offenbar: Alles Geschehen spielt sich auf den Endlosschwellen eines wiederkehrenden Traums vom Erwachen in einem Albtraum ab.

Gelesen im Lichte von Taubes' intensivem Nachdenken zu den Übergängen von Wachbewusstsein und Traumwirklichkeit in ihren persönlichen Aufzeichnungen, erscheint die Erzählung wie eine in Literatur überführte Erkenntnis, dass die Wahrnehmung im Schlaf von derjenigen im Wachen nicht ohne Weiteres zu unterscheiden ist und dass von dieser Ununterscheidbarkeit eine Bedrohung ausgeht.

Die Haie gehört zu den beiden Erzählungen, die Georges Borchardt im Verlauf seiner zweijährigen Agententätigkeit für Taubes – von Dezember 1963 bis Dezember 1965 – erfolgreich vermitteln konnte. Im Mai 1964 schrieb Charlotte Kohler von der *Virginia Quarterly Review* an Borchardts Frau Anne, aus ihrer Sicht handele es sich um eine interessante Arbeit, abseits ausgetretener Pfade.[656] Kohler galt zu diesem Zeitpunkt seit fast zwanzig Jahren als einflussreiche und couragierte Lektorin. Sie sorgte dafür, dass Autoren wie Jean-Paul Sartre und Pablo Neruda in der *Review* erschienen und hatte ein sicheres Gespür für talentierte Newcomer; so machte sie Ende der 1950er die spätere Nobelpreisträgerin Nadine Gordimer in den USA bekannt. Taubes' Erzählung erschien 1965 in der *Virginia Quarterly Review*, ausgerechnet Seite an Seite mit einem Essay von Hugh Kenner, Verfasser des unsäglichen Verrisses von *Divorcing* in der *New York Times Book Review*.

Bei der zweiten Erzählung, die Taubes mit Borchardts Hilfe veröffentlichen konnte, handelt es sich um *Der Patient*. Sie erschien 1966 in der Zeitschrift *Transatlantic Review*, sieben Jahre zuvor gegründet vom New Yorker Kunstsammler Joseph McCrindle, der es sich zur Aufgabe gemacht hatte, junge Talente mit geringen Chancen auf dem Literaturmarkt und bekannte Autoren in seinem Magazin zusammenzubringen. Im Schreiben an Borchardt sprach sich McCrindle knapp, aber entschlossen für die

Erzählung aus: »Yes, we like Susan Taubes' ›The Patient‹.«[657] (Aus Korrespondenzen mit Borchardt sowie mit dem Radcliffe Institute geht hervor, dass es außerdem von der Londoner *Transatlantic Review* eine Zusage für *Der Letzte Tanz* gab, zu dieser Veröffentlichung kam es allerdings nicht.)

Der Patient gehört in eine Reihe von Texten, die Taubes im psychiatrischen Milieu ansiedelte. Neben subjektiv Erlebtem schimmern in ihnen auch Versatzstücke von Debatten durch, die in jener Zeit unter New Yorks Intellektuellen intensiv geführt wurden: Es ging um eine Neuinterpretation der Psychoanalyse. Entzündet hatten sich die Kontroversen an einer vorherrschenden konservativen Auslegung von Freuds Theorie. Die Betonung von Begrenztheiten und Abgründen des menschlichen Wesens diente dabei oftmals zur Legitimierung gesellschaftlicher Autoritäten, Institutionen und Moralvorstellungen. Zu den prominenten Vertretern eines so verstandenen Prinzips der Sublimierung gehörte Lionel Trilling, Literaturkritiker, Professor an der Columbia und Mitglied im Zirkel um die linksgerichtete *Partisan Review*. Die Vorstellung vom stets unterdrückten, daher unglücklichen Menschen ging mit der Überzeugung einher, die Umwandlung von Trieben in Kultur mittels Unterdrückung sei absolut notwendig für den Fortbestand menschlicher Zivilisation. Dem stand die Vision eines Zusammenlebens unter nichtrepressiven Bedingungen entgegen, entworfen von Denkern wie Marcuse oder dessen Kollegen Norman O. Brown, in jener Zeit Professor für klassische Sprachen und Mythologie, seit den späten 1950ern befreundet mit Susan Sontag. Browns Studie *Life Against Death* (1959) wurde von Trilling positiv besprochen, obwohl die darin geäußerten Thesen dessen eigener Perspektive auf die Psychoanalyse widersprachen. Brown betrachtete Begierden und Wünsche nicht als Unzulänglichkeiten des Menschen, sondern als das, was ihn erst zum Menschen mache: das Erotische, das Intuitive, das Empfindsame. In der Freud'schen Psychoanalyse sah er die Chance, das menschliche Bewusstsein in seiner Totalität darzustellen – Totalität, da er die verlorenen und wiederzuerlangenden Freiheiten des Menschen mit verlorenen Einheiten als elementare Bestandteile seines Wesens gleichsetzte. ›Zivilisation‹, ›Kultur‹ und ›Gesellschaft‹ seien nichts als repressive Systeme. So konkretisiert Brown in *Life Against Death* sein Plädoyer für eine Befreiung des Lustprinzips von der Unterdrückung durch Rationalität und Realitätsprinzip mit einer radikalen Emphase der Leiblichkeit, mit einer Infragestellung von ›Kulturleistungen‹ wie der Ausdifferenzierung von Geschlechtlichkeit und mit einer neuen Aufmerksamkeit für das unzerstörbare Verlangen des Menschen nach Rückkehr in die Kindheit und zum Spiel.

1961 verfasste Sontag eine kurze Besprechung von Browns Buch. Darin stellt sie sich ausdrücklich auf seine Seite, indem sie erklärt, die herkömmliche Psychoanalyse helfe, den Status quo zu stabilisieren, weil sie dem Menschen nahelege, diese Welt zu ertragen, und dies ohne jede Hoffnung.[658]

In einem Brief an Sontag gesteht Brown, er habe zunächst angenommen, die Rezension stamme von Susan Taubes.[659] Wahrscheinlich ist jedoch, dass die beiden einander niemals persönlich begegneten. Verbürgt hingegen ist ein Interesse von Jacob Taubes an Browns Studie, die 1962 unter dem Titel *Zukunft im Zeichen des Eros* in Deutschland erschien. Am 23. Mai 1967 (kurz nach der Scheidung von Susan) sendete der Norddeutsche Rundfunk einen Radiobeitrag, in dem er über »Dialektik und Psychoanalyse« sprach. Darin kreidete er Brown an – bei aller Faszination für dessen Buch –, dieser würde »die geschichtliche Dialektik als eine Dialektik der Neurose« entfalten und dabei »gesellschaftliche Widersprüche mit psychogenen Störungen« verwechseln.[660]

Susan Taubes indes näherte sich der Thematik literarisch und nahm in ihren manchmal grotesken, manchmal komischen, immer auch nachdenklichen Erzählungen beide Seiten aufs Korn: diejenigen, welche (wie ihr Vater) die Menschheit für per se verrückt erklärten, und diejenigen, die jede Form der Therapie kritisierten, sobald sie darin die bemühte Anpassung an eine schlechte Gesellschaft erblickten.

Der Patient erzählt die Geschichte eines Klinikinsassen, der sein fragwürdiges Wissen über persönliche Vergangenheit, Namen, Alter und Geschlecht nur aus eigenen Spekulationen und Andeutungen der behandelnden Psychiater bezieht. Der Text verbindet die Identitätsfrage mit einer luziden Kritik am therapeutischen Jargon, mit dem Taubes bestens vertraut war. Nicht nur gab es in ihrem New Yorker Freundes- und Bekanntenkreis zahlreiche Vertreterinnen und Vertreter von psychotherapeutischen Ansätzen, darunter die Analytikerin Elsa First, die sich auf die Behandlung traumatisierter Kinder spezialisiert hatte. (First war Taubes bereits in Cambridge begegnet und wurde zu einer ihrer engsten Vertrauten. An sie richtete Taubes ihren letzten Willen und die einzige Widmung in *Divorcing*). Vor allem aber war Taubes ja mit einem Analytiker und Professor für Psychiatrie als Vater aufgewachsen.

Dieser fand das Werk seiner Tochter offenbar gelungen, denn in einem Brief an seinen (Ex-)Schwiegersohn vom 23. Januar 1967, kurz nach dem Erscheinen, bezeichnet Sandor S. Feldman es als »excellent« und »full of benevolent satirical humor«[661].

Im Mittelpunkt der Erzählung steht die Frage nach dem »Selbst« als identitätsstiftendem Kern im Innern eines jeden Menschen. Ein »verwegener« Gedanke; er bedroht die »psychische Ökonomie« des Text-Ichs, dem ein solcher Kern genau wie jede Erinnerung daran abhandengekommen ist.

Es ist nun Aufgabe der wechselnden Psychiater – ein Panoptikum aus wichtigtuerischen alten Herren, einer scheintoten Liebhaberin von Zimmerpflanzen und einem zynischen Zwitterwesen mit farbigen Perlen um den stämmigen Hals –, diesem Selbst zur Geburt zu verhelfen. Das verzweifelt räsonierende Ich erreicht dabei verschiedene Entwicklungsstadien, es sieht sich wechselweise als Fötus im dritten Monat, als Knolle, Wurzel oder künftigen Schössling. Die Zukunft muss neu konstruiert werden, für die Vergangenheit hingegen gibt es in dieser Heilanstalt keinen Platz. Genau darin gründet die Krankheit des Ichs: Im letzten Rest seiner Gewissheit, »ein ganzes Leben gelebt, geliebt, gelitten und verloren«[662] zu haben.

Was das für ein Leben gewesen war, bleibt bis zum Schluss ungeklärt. Die vermeintlichen Bewusstseinsstadien, welche das Ich laut eigener Imagination und Auskünfte der Ärzte durchläuft, können ihm darüber keinen Aufschluss geben. Für den Leser indes bleibt offen, ob er sich im Inneren eines Traums, einer Psychose oder im Jenseits befindet. Zumal das Text-Ich aus einer doppelten Perspektive spricht; entsprechend überlagern einander zwei Erzählstile: Da ist einmal der akribische Ton, in dem es die pseudomedizinischen Bemühungen der Ärzte zu Protokoll gibt – von der Traumdeutung über das freie Assoziieren bis zu esoterischen Techniken (»›Ihr Traum sagt uns, dass Sie nicht wissen, wer Sie sind. Wir müssen abwarten, bis Ihr Selbst sich konsolidiert, bis Sie die Antwort in sich selbst finden.‹«[663] Oder: »›Denken Sie nur daran aus Ihrer Mitte heraus zu atmen, dann kommt alles in Ordnung.‹«[664]) Eine sich allmählich befreiende persönliche Redeweise signalisiert, dass das Ich vermehrt in Zukunftsfantasien schwelgt: Es sieht sich als kleines Mädchen, die stiernackige Therapeutin würde es adoptieren und zu einem »Filmstar« machen. Tatsächlich schlägt die passive Verzweiflung über das verlorene frühere Leben in zukunftsgerichtete Aktion um. Diese ›Heilung‹ führt allerdings nicht in die Entlassung, sondern zur vollständigen Hingabe in eine Spieltherapie mit Puppen, bei sonnigem Wetter unterbrochen von Aufenthalten auf dem Hof. Nicht nur gibt es in dieser Klinik keinen Platz für die Vergangenheit; auch ist sie ein Ort ohne Ausgang.

In einer abgeschlossenen Welt spielt auch das Geschehen in *Dr. Rombachs Tochter.* Die Geschichte von Marianna, der isoliert heranwachsenden Tochter eines Psychoanalytikers, welcher mit fortwährendem Rationalisieren die eigene Übergriffigkeit verdeckt, schrieb Taubes Anfang 1965 nieder. Ab Februar bemühte Georges Borchardt sich um eine Vermittlung an Verlage, jedoch vergeblich. Immerhin waren die meisten Ablehnungen von positiven Einschätzungen begleitet. Alice S. Morris, Redakteurin bei *Harper's Bazaar* und selbst Schriftstellerin, hielt Taubes für außerordentlich talentiert, die Erzählung würde einfach nicht in ihr Magazin passen.[665] Robert Brown vom *Esquire*, einem Männermagazin, in dem regelmäßig literarische Texte (fast ausschließlich männlicher Autoren) veröffentlicht wurden, äußerte, er habe an *Dr. Rombachs Tochter* nichts auszusetzen, nur die Figur des Analytiker-Vaters sei so vollendet schrecklich und lächerlich gezeichnet, dass dies einen Bruch in der ansonsten hinreißend traurigen und dabei ausgezeichnet geschriebenen Erzählung darstellen würde.[666]

Nicht passend für das angestammte Publikum, zu anspruchsvoll, zu schwierig, zu feminin (die *Playboy*-Redaktion über *Osterbesuch*[667]), zu düster und traurig seien die Texte dieser dennoch bemerkenswerten unbekannten Autorin – so lassen sich die ablehnenden Reaktionen der zahlreichen Verlage zusammenfassen, denen Borchardt zwischen 1963 und 1965 Taubes' zu dieser Zeit vorliegende Erzählungen und Romane anbot. Während er *Die Haie* und *Der Patient* sowie *Klage um Julia* (da war noch nicht abzusehen, dass der Obolensky-Verlag bald schließen würde) unterbringen konnte, blieben *Downgoing, Dr. Rombachs Tochter, Osterbesuch, Die goldene Kette, Medea* und *Der letzte Tanz* zu Taubes' Lebzeiten unvermittelt.

Dasselbe gilt für die beiden später entstandenen Erzählungen *Eine tödliche Krankheit* und *Schwan* (orig. *Swan*). Letztere entspinnt einen schrillen Reigen aus Anspielungen auf Motive der Psychoanalyse und Symbole des Judentums. Die Hauptfigur ist Griselda Sigismund, die hochgewachsene, geheimnisvoll in sich gekehrte Tochter von Sigmund Sigismund, Leiter der »Bezirksirrenanstalt«[668]. Griselda soll nach dem Willen ihres Vaters baldmöglichst den Bund der Ehe eingehen, denn ihn selbst könne sie ja nicht heiraten (genauso wenig wie einen Baum oder Planeten). Eines Nachts, nach mehreren Gläsern Pfirsichbrandy entspringt der realistischen Halluzination Sigmunds buchstäblich ein umherhüpfendes Männchen namens Isaac Wunder, eine Zwergengestalt mit Kippa, Gebetsschal und großer Ähnlichkeit mit Sigmunds Vater. Genauso rasch wie Griselda und Isaac verheiratet werden, endet diese Mesalliance: Isaac überlebt trotz medizinischen Eingreifens durch seinen Schwiegervater die ›Geburt‹ verschiedener Geschwulste an seinem Körper nicht, während Griselda, die selbst nicht schwanger wurde, der tödlichen Niederkunft ihres Mannes unbeteiligt zusieht. Ein weiterer Versuch besteht in der Vermählung Griseldas mit einem von ihr selbst ausgewählten Anstaltsinsassen. Für diesen geht gleich die erste Begegnung mit seiner Angetrauten tödlich aus, sie selbst hingegen verliert auf unbestimmte Zeit das Bewusstsein. Durchbrochen ist das Geschilderte von Griseldas Fantasien, übersteigerte Darstellungen freigelegter ›Urlandschaften der Seele‹. Die gleichermaßen märchenhaften wie verschrobenen

Inzestträume, Vatermordszenarien, Verwandlungsvisionen – zuletzt nimmt Griselda die Gestalt eines Schwans an und entschwindet in ein fantastisches Naturgefilde – könnten ihrem Dornröschenschlaf entsprungen sein, einer längst vergangenen Zeit angehören oder auch dem Rückblick aus einer bereits glücklich verwirklichten Zukunft.

Der eigentümliche Text muss für Taubes eine besondere Bedeutung gehabt haben. Zusammen mit *Osterbesuch* bot sie ihn noch im August 1969, *Divorcing* war schon in Druck, dem drei Jahre zuvor gegründeten New Yorker Verlag Chelsea an; in ihren Hinterlassenschaften sind die zurückgesendeten Manuskripte mitsamt Taubes' Anschreiben erhalten[669].

Verwandlung, Überschreitung, ein Tod, der ins Leben führt und umgekehrt: Unter Taubes' hinterlassenen Schriften gibt es kaum einen literarischen Text, ob Entwurf oder druckreifes Manuskript, der nicht die hauchdünne Grenze zwischen tot und lebendig erkundet, ihre Fragilität und Uneindeutigkeit herausstellt. Wie auch das kurze Fragment *Begegnung in der U-Bahn* (orig. *Subway Meeting*), eine Etüde, die das Ensemble von Schreibweisen und Erzählperspektiven ergänzt, mit denen Taubes experimentierte. Auf der schwankenden Fahrt in einem U-Bahn-Waggon treffen zwei Wünsche aufeinander: »Er, auf der Suche nach jemandem zum Töten. Sie, getötet zu werden.«[670] Unversehens gleitet die Erzählperspektive gänzlich in die weibliche Vorstellungswelt: Der Umriss eines früheren Liebhabers taucht auf; sie selbst sieht sich als galoppierendes Pferd, mit einem Mal ohne Reiter, erst voller Leben, dann strauchelnd und orientierungslos, vielleicht schon gestorben. Am Ende dieser Traumbilder findet der Leser sich in ihrem Alltag wieder; darin ist sie mit einem Mann verabredet, geht auf Partys, »denn das eine hatte mit dem anderen nichts zu tun«[671]. Der Text spricht mit zwei Stimmen: Er erzählt vom Wunsch, getötet zu werden, und von der Erinnerung an Bruchstücke eines Lebens, das die Protagonistin erträumt, als sie denkt, sie sei tot.

Mehrere von Taubes' Texten kreisen ausdrücklich um die Möglichkeit, sich willentlich das Leben zu nehmen. »I have made drowning an art«[672], notierte Taubes in einem Moment innerer Erschöpfung am 26. Mai 1965, zwei Wochen nachdem sie ihr »theme for novel« skizziert hatte und wenige Tage bevor sie die antiken Heldinnen auf ihre Tauglichkeit als Quellen zur Inspiration in Augenschein nahm. Im selben Tagebuch findet sich auch die Skizze über einen Schriftsteller, der dabei ist, den eigenen Tod zu planen:

> Mad writer – plots his suicide – act takes on such complexity – elaborateness [x] Phantasy must satisfy so many demands (some contradictory)

it takes him months to work out satisfactory scene. (Scheme involves getting so many things done he must live at least another 10–20 years to die to his satisfaction.

This puts him in a state of anxiety – what if he should die accidentally en route.

Develop – the suicidal phantasy before resolution![673]

Die Verzweiflung dieses Schriftstellers wächst, weil es im Leben so viele, zuweilen widerstrebende Erfordernisse auf dem Weg zum Tod zu klären gilt, dass dessen Herbeiführung womöglich unerträglich lange aufgeschoben werden muss. Oder schlimmer: Ein plötzlicher tödlicher Unfall, noch ehe der Tod seinen Zweck als Lösung erfüllen konnte. Als Lösung von was? Die Antwort darauf wäre vielleicht schon ein Teil dieser Lösung. Auch eine Antwort auf die Frage, warum er sich einst zum Schreiben entschlossen hat, könnte vielleicht helfen, die Lösung zu bestimmen. So viel scheint klar: Die sorgfältig errichteten Begrenzungen in seinem Leben ließen sich eines Tages nicht mehr aufrechterhalten. Das so entstandene Chaos erzeugt nun Angst und Unbehagen. Einziger Ausweg kann nur der Tod sein:

He had been a contented man, a fortunate man. His life was separated into 3 compartments

1.) His work

2.) His family

3.) Daydreaming Gratification.

One day, compartments broke down. Why? Think of a hundred causes + you have none. You're nowhere.

Death the only solution[674]

Die Überlegungen des »mad writer« ähneln dem morbiden Brüten von Derby, dem lebensmüden Professor in Taubes' Erzählung *Eine tödliche Krankheit*, entstanden nach 1965. Die letztendliche Rückkehr in den wohlgeordneten Alltag aus Universitätsbetrieb und Familienleben entlässt Derby aus der Spannung einer makabren Dialektik, in die ihn seine Hoffnung, er möge tödlich erkrankt sein, verstrickte. Der Leser ahnt jedoch, dass diese ›Rettung‹ nur eine zeitweilige Unterbrechung des quälenden Wechselspiels zwischen Fantasie vom nahen Tod und Hoffnung auf eine neue Lebendigkeit ist.

In den Aufzeichnungen ihres letzten Lebensjahres verlagerte Taubes die beiden widerstreitenden Todesoptionen, das kalkuliert herbeigeführte Ende und den zufälligen Unfall, in die Perspektiven zweier Personen. Der fragmentarische Entwurf für eine Erzählung datiert vom 15. Mai 1969. Eine unheilbar an Krebs erkrankte Frau und ein Mann, der seinen freiwilligen Tod bereits fest terminiert hat, begegnen sich auf einer Ferieninsel. Er kann die Frau nicht trösten, dennoch hört sie ihm aufmerksam zu. Der Mann hat seinen Teil der ›Lösung‹ – »resolution« – gefunden: nämlich sich selbst von der Suche nach einem vernünftigen Grund für seinen Entschluss zu entbinden. Auf diese Weise befreit von allen Überlegungen die Zukunft betreffend, erfährt er einen nie gekannten Frieden. Allerdings: Dann und wann meldet sich in ihm eine Stimme und stört diesen Frieden, indem sie fragt: »Why not now?«[675] – »Warum nicht jetzt?« Zuerst scheint die Stimme einer Schlange zu gehören. Dann aber findet er sich in Iwan Karamasows Fiebertraum wieder. Zur Erinnerung: In Dostojewskis Roman liefern sich Iwan und der Teufel beim Teetrinken einen Schlagabtausch über den Stellenwert der Vernunft; Letzterer hat eine »Schwäche« dafür, dass auf Erden jedwedes Ding klar abgegrenzt ist: »hier gibt es Formeln, gibt es Geometrie«[676]. Am Ende ihres Gesprächs erhält Iwan die Nachricht, dass ein Mörder sich erhängt hat. Im Traum von Taubes' Romanfigur sind es Iwan Karamasow und Dostojewski selbst, die miteinander ringen; einer von ihnen ist der Teufel – es ist nicht klar wer – und stellt dem anderen fortwährend dieselbe Frage: »Warum nicht jetzt?«

Erneut vernehmbar wird die Stimme im »Budapest Journal«. Am 12. Oktober 1969, unmittelbar nach Taubes' Ankündigung, sich in zwei Wochen das Leben zu nehmen, liest man:

> Why not now? For two years now I've had to answer that question every morning every night. There was a reason why it couldn't be at that time or in that place, or in the ways feasible at the time and the place. Absurd to quibble about time, place and means on the way to nonexistence? It follows however that once when we fail to obey an impulse, be it for the most noble reasons of other duties loves commitments, and all the more [x] we fail to go with the impulse twice thrice, the fourth if not at the third time already offended impulse curls up, we have been delivered in the hand of reasons, henceforth there are only the tangled leashes to manipulate, the heart's out of it, there is only the mechanics of it, the geometric form of the operation, in some ways as arbitrary as the going in and out; but it will be well done; and it will be successful.[677]

In Dostojewskis Gespräch zwischen Iwan und dem Teufel steht der Glaube an Gott auf dem Spiel, in der Begegnung zwischen Dostojewski und seiner

Romanfigur in Taubes' Aufzeichnungen, entstanden kurz vor der Budapest-Reise, der Glaube an das Leben.

Die Heftigkeit, mit der nun im »Budapest Journal« die Schriftstellerin Susan Taubes selbst das Leben verneint, lässt an den Glauben in homöopathischen Dosen denken, die der Teufel Iwan unterstellt, gerade weil dieser jede Spur davon hartnäckig leugnet. Taubes konnte auch nicht ein »Tausendstel« eines solchen Glaubens ins Leben zurückbringen, denn da war nur noch der »mechanische«, »geometrisch geformte Ablauf«, dem sie sich Tag für Tag unterwarf (und dem Dostojewskis Teufel sich mit Freuden hingab). In den letzten Lebenswochen, so scheint es, war Taubes' Dialog mit ihren literarischen Gestalten zum Erliegen gekommen. Die schlussendliche Beteuerung, ihr Plan werde erfolgreich sein, erinnert an den Stolz und die Gelassenheit, mit denen, laut einer Vision Iwan Karamasows, der Mensch künftig »wie ein Gott«[678] den Tod hinnehmen wird.

Vier Jahre zuvor, im Frühling 1965, als sie im Brief an Jacob das wundervolle Tageslicht beschwor, viel schöner als jede mystische Erleuchtung, hatte das Gespräch zwischen der Autorin und ihren eigenen Geschöpfen gerade erst richtig begonnen – mit der Arbeit am nächsten Roman.

*

»Transit« – so lautete der erste Arbeitstitel für Susan Taubes' dritten und letzten Roman, das geht aus privaten Notizen und ihrer Bewerbung für das Radcliffe Institute vom Herbst 1964 hervor. Zwei Jahre darauf, da hatte sie schon einige hundert Seiten über Sophie Blinds komplizierte Kindheit und ihre von Legenden durchwobene Familiengeschichte niedergeschrieben, trug das Projekt den Titel »The Crossing«. Nachdem Random House ihr im Frühjahr 1967 ein Angebot für das Manuskript gemacht hatte, verlieh Taubes dem Text noch einmal eine neue Gestalt. Er gliederte sich nun in vier große Kapitel – I bis IV –, wobei das letzte, im Gegensatz zu den ersten drei, von der Kürze eines Epilogs ist.

Das erste Großkapitel und etwa die Hälfte des zweiten sind der Gegenwart von Sophies Tod und der Geschichte ihrer gescheiterten Ehe mit Ezra gewidmet. Die Erzählungen über ihre Eltern und Großeltern, schließlich die Überquerung des Atlantiks und die Ankunft in Amerika setzen ebenfalls im zweiten Kapitel ein. Kapitel III gilt dann Sophies Erinnerungen an die frühe Kindheit in Budapest bis zur Emigration im Jahr 1939. Die letzten Seiten des vierten Kapitels führen den Leser wieder heraus aus ihrer Vergangenheit, hinein in die Gegenwart des Erwachens aus einem Traum vom Reisen: Sophie im Flieger nach Paris, »Rückflug offen«[679].

Als Taubes ihr Manuskript im Frühjahr 1968 an Random House schickte, stand für sie der Titel fest: »To America and Back in a Coffin« – »Nach Amerika und zurück im Sarg«. Widerwillig und nur auf Drängen des Verlags änderte sie ihn dann um in *Divorcing*.

Ihre ursprüngliche Idee schildert sie im Bewerbungsschreiben von 1964:

> I see it as a first person narrative; the narrator, a man who comes out of hiding at the end of the second world war in Italy, describes a sequence of scenes in which he is involved as they are happening, with emphasis on the physical details, little emotion and no comment. As for plot one possibility I am considering is an adaption of the myth of Orpheus descending to the netherworld in search of his beloved. I may however keep this as the general theme of the book and mute or leave ambiguous the nature of the quest on level of plot.[680]

Orpheus, der auf der Suche nach seiner Geliebten in die Unterwelt hinabstieg und sie für immer verlor, als er sich entgegen dem Verbot der Götter zu ihr umdrehte. Dieses Motiv schwebte Taubes anfangs für ihren Roman vor: Der männliche Ich-Erzähler, ein Überlebender, verlässt nach Ende des Krieges sein Versteck und begibt sich wie der mythische Sänger und Dichter in das Totenreich, in der Hoffnung, seine Liebe ins Leben zurückzuholen.

Am Ende erzählte eine Verstorbene von ihrem Leben als Tote.

Auch Sophie Blind, geborene Landsmann, kann Krieg und Vernichtung in Europa entkommen – ihr neues Leben nach der Emigration überlebt sie nicht. Weder Mord noch Suizid verursachten ihren Tod, sondern ein beiläufiger Unfall auf der Pariser Avenue George V. Als Sophie auf ein Taxi zustürzt, wird sie unvermittelt überfahren – davon wird der Leser gleich im ersten Kapitel Zeuge. Die Plötzlichkeit des Ereignisses führt zu einer Telescopage von Momenten, an denen auf die eine oder andere Weise noch das Leben haftet. Als der Arztbericht schon vorliegt, ein Totenschein aber noch nicht ausgestellt ist, »lebt« das Gefühl, wie ihr »Kopf vom Rumpf gerissen wird, […] noch nach«[681]. Einem solchen Nachleben entspringen in der Folge die vielen ineinandergeschobenen Szenen zwischen Leben und Tod: Selbstgespräche auf dem Seziertisch, eine Hochzeit im Sarg, Gerichtsszenen wie im absurden Theater, ein Gemisch aus Träumen und ungeordneten Erinnerungen im Wachzustand. Nicht auf einmal zu sterben: ein eingelegter Tintenfisch, der langsam in seiner Tinte ertrinkt, so beschreibt Taubes mit einer persönlichen Notiz ein paar Monate vor ihrem Freitod die eigene Vorstellung davon.[682] Sophie legte sie eine andere Formulierung in den Mund, als diese ihren Traum von einem Flugzeugabsturz schildert: »[...]alles hört auf, es hört wirklich alles auf, man hat aber das Licht dabei angelassen.«[683] Ging es in der anfänglichen Roman-Idee darum, den Tod eines geliebten Menschen zu revidieren, erlebt Sophie in *Divorcing* einen Tod, der auf beunruhigende Weise vom Leben nicht vollends geschieden ist.

Sophie Blinds plötzliches Ableben führt zur Lösung, die der lebensmüde Schriftsteller in Taubes' unveröffentlichten Skizzen vergeblich versuchte zu bestimmen. Nur im auf lange Sicht geplanten Tod sieht dieser die Möglichkeit für einen nie gekannten Frieden im Leben. Das zufällige Ende ist für ihn gleichbedeutend mit einem sinnlosen, willkürlichen Ereignis. Was der namenlose männliche Schriftsteller nicht wissen kann, solange er lebt, wurde Sophie nach ihrem Unfall klar: Ihr Tod war die Voraussetzung für den Roman ihres Lebens. So heißt es beim endgültigen Abschied von ihrem Geliebten Ivan: »Jetzt, da ich tot bin, kann ich endlich meine Autobiographie schreiben.«[684]

Im Juni 1965, ein halbes Jahr nachdem Taubes die Orpheus-Idee entwickelte, dachte sie über den Nutzen ihres Schreibprojekts nach sowie über einen geeigneten Anfang dafür. Dabei beschreibt sie im Tagebuch eine zum Abstieg in die Unterwelt gegenläufige Bewegung:

> My personal reason – keep records straight – art [x] what value to anyone else. I have gone so wrong – + found my way out.
> I will write this quickly as it comes – without trying to purify – to reminisce is human, to have lived a life – even a bad one + forgotten – I say no virtue in that. It is not a novel, – a fiction – an artifice, born of crisis or extreme situation. In a moment of peace. Even grace; I have wound through tunnels of many infernos + found my way into the daylight. It is new. Those who were always in daylight – will not understand. Those who are still in hell – may resent its [x] – as I resented. Or not. Those who have gone my path have no need to read this. For whom for myself – years ago – myself born as I was born – perhaps it will be a support – in a veering world full of false counsels, misrepresentation, driveways.
> It is Sad; the beginning; sad + horrible – I will not try to render it amusing.
> Begin where I began, somewhere[685]

Der Weg durch den Tunnel führt die Autorin hinauf ans Tageslicht. Ihr Schreiben entspringt keiner Extremsituation oder Krise, sondern der ganz neuen Erfahrung eines Moments von innerem Frieden. Auch ist es kein Roman, nicht einmal Fiktion, es ist das Leben selbst. Und wenn es ein schlechtes oder schon vergessenes war – sich daran zu erinnern ist das Menschlichste und zugleich Unspektakulärste überhaupt, absolut belanglos für einen potenziellen Leser. Licht in die Dinge zu bringen (»keep records straight«) könnte ihr selbst jedoch helfen, in einer Welt voller Ab- und Irrwege zurechtzukommen.

In denselben Aufzeichnungen, wenige Wochen vor diesem Eintrag, am 6. Mai 1965, schreibt Taubes, die dünne Scheidewand (»[t]hin cartilage – membrane«) zwischen den verschiedenen Parzellen der Vergangenheit (»compartments of past«) sei dabei zu zerreißen; alles, was dahinter einst so sorgfältig komprimiert eingelagert war, fließe nun ungehindert ineinander.[686] Kurz darauf findet man die Notiz über ein extrem gesteigertes Gefühl von Fremdheit. Die Gegenwart eines jeden realen Wesens, egal ob Jude, Nichtjude, schwarz, weiß, Mensch oder Pflanze, lasse sie, Taubes, ihre eigene Nichtigkeit nur noch intensiver spüren.[687]

Als würde die unkontrollierte Bewegung des Vergangenen Taubes' Teilhabe an einer lebendigen Wirklichkeit verhindern. Mit dem Versuch, dennoch Kontakt zu etwas Realem zu finden, kommt die Literatur ins Spiel. Ein paar Blätter weiter, wiederum datiert vom Juni 1965, äußert sie, der Dialog mit einem Roman oder einer Erzählung bedeute ihr mehr als jede persönliche Unterhaltung, denn in erster Linie verbinde einen das Schreiben mit dem, was Wirklichkeit ausmache: Wissen, Gefühle, Berührung. Insofern sei es unmöglich, die Schriftstellerin aus ihrem Projekt, ›Licht in die Dinge zu bringen‹, das hieß auch, den Strom der Erinnerung in Bahnen zu lenken, herauszuhalten.[688] Mit diesen Überlegungen begründete Susan Taubes eine neuerliche Doppelexistenz in ihrem Leben: des Ichs der Autorin und eines Ichs, das sich mal hinter der Schriftstellerin verbarg, mal zu deren Erfindung wurde – und manchmal auch umgekehrt.

Fortan finden sich in ihren Aufzeichnungen Zwiegespräche zwischen beiden Perspektiven; sie begleiten die Anfänge und den Fortgang des Romans. Dabei geraten diese Perspektiven immer wieder in Konflikt, verursacht von Zweifeln über das Wesen ihrer Beziehung und der Schwierigkeit, den Schriftsteller – oft wird er männlich apostrophiert – vom Zweck seiner Aufgabe zu überzeugen, oder davon, wie gleichfalls im Juni 1965 notiert, das ins Spiel versunkene Kind in ihm endlich zurückzulassen und sich aufs Schreiben zu konzentrieren:

Questions can I keep the artist out of this: I mean the child who loves to arrange pebbles into patterns.
I have given the novelist orders to work on novel, to keep him busy, keep him out of my account.
He is worried, perhaps all this is a mistake; I don't know if I want this if it will do me good. I may need your pebbles,
We can share them (He doesn't want that)
You can have them when I'm through.
He is worried the novelist. I've explained to him, he should be doing better things than playing with my pebbles.
What is he really afraid of that he won't have anything to play with, or the will to play, it is a problem.
We'll worry about him later.
(He can be dangerous, maybe I'll let him write one chapter
I'll tell you which […][689]

In den folgenden Monaten, ab Sommer 1965, gelang es Taubes tatsächlich, ihren »novelist« beschäftigt zu halten, ihm ein erstes Kapitel abzuringen. Nach dem fehlgeschlagenen Versuch einer Beschwörung von Zurückliegendem à la Proust nahm sie bald ihre ganz eigenen schamanischen Reisen in die verschiedenen Regionen der persönlichen, auch vorgeburtlichen Lebensgeschichte auf. Sie führte die Interviews mit den in Europa, Südamerika, Australien und in den USA lebenden Verwandten, ließ ihren Vater seine Erinnerungen an die Kindheit in Galanta und Budapest aufschreiben, durchforstete Zeugnisse und Dokumente, versetzte sich in jene entfernt liegenden Welten im Garten der Pasaréti út 35, an Bord der R. M. S. Aquitania oder unter dem graugelben Himmel von Pittsburgh. In Taubes' Aufzeichnungen von 1966 liest man schließlich im Eintrag vom 1. Januar: »Began writing Ch 1«[690].

Unter dem Titel »The Crossing« entstanden zunächst drei größere Erzählabschnitte. In einem werden die Erinnerungen von Rudolf Landsmann, Sophies Vater, an das Aufwachsen im frommen Milieu geschildert.[691] Ein anderer widmet sich Mutmaßungen über die Lebensgeschichte der Mutter, »Speculations on Kamilla«[692]. Der längste Abschnitt, über zweihundert Typoskriptseiten, handelt von Sophies eigener Kindheit in Budapest bis zum Aufbruch 1939.[693] Alle drei Teile gingen in Kapitel II und III von *Divorcing* ein. Die Erzählweise wechselt zwischen Witz und Ernst, Legende und Roman; immer aber ist sie von einer ruhigen Stringenz, mit leichter Distanz zum Geschehen. Nur gelegentlich wird der Fluss unterbrochen, etwa von Reflexionen der am New Yorker Schreibtisch sitzenden Schriftstellerin über ihr Unterfangen, das Kind in Budapest aufzusuchen, oder von Szenen, in denen Sophie die alt gewordenen Eltern befragt. Was die Autorin im Roman bei diesen Recherchen entdeckt und schließlich niederschreibt, weist eine größtmögliche Ähnlichkeit mit der Biographie der Autorin Susan Taubes auf, bezeugt durch ihre schriftlichen Hinterlassenschaften. Die Welt ihrer Vorfahren, in der eine verzauberte Tradition, religiöse Konflikte und Antisemitismus aufeinanderprallten, die bewegte Zwischenkriegszeit mit der verwickelten Liebesgeschichte zwischen ihrem Vater, der Mutter und deren Schwester, die frühen Jahre in der Villa von Buda, die Scheidung der Eltern und kurz darauf die Flucht vor den Nationalsozialisten, ohne Mutter. Der Aufenthalt bei Onkel und Tante im Rust Belt von Pennsylvania, nach dem Krieg die Rückkehr der jungen Studentin ins halb zerstörte Budapest und das Wiedersehen mit den überlebenden Familienmitgliedern. Bis hierhin unterscheiden sich die biographischen Stationen von Sophie Blind nur in wenigen Nuancen vom Lebensweg der Autorin Susan Taubes: andere Namen, ein verschobenes Datum, Details und Anekdoten, von denen man nicht weiß, ob sie den Erinnerungen der Autorin oder denjenigen ihres Geschöpfes entsprangen.

Den Orpheus-Plan hatte Taubes also verworfen. An die Stelle des antiken Mythos war der Mythos ihrer eigenen Herkunft getreten.

In der Bewerbung von Anfang 1966 für eine Verlängerung des Stipendiums am Radcliffe Institute erläutert sie mit einem Exposé die neue Idee, an deren Realisierung sie bereits seit Frühjahr 1965 sitze, eine Saga, angelehnt an die Geschichte ihrer Familie:

> The novel I am writing is a saga based largely on family history and thus involves the historical situation of Hungarian Jewry treated reconstructively from 1730 to the middle of the nineteenth century and in greater detail for the period from roughly 1860 through the two World Wars. It is not presented, however, as a conventional saga in the traditional style, but with the use of different styles of narration and points of view according to theme. The stories told by different members of the family as well as the narrator's own childhood memories, are like variants of a myth whose true original cannot be reconstructed, which exists only in its variants (some, distortions; some, fragmentary flashes) creating a mood of suspension where a tone of gravity and humor can alternate.[694]

Anhand der Entstellungen und bruchstückhaften Blitze des vor allem mündlich Überlieferten gelte es, die vielen Geschichten aus unterschiedlichen Zeiten und Orten zum Leben zu erwecken. Eine Kapitelübersicht räumt mit einem kurzen letzten Abschnitt der Gegenwart der Erzählerin selbst den geringsten Anteil ein; vielmehr sollte deren Suche nach dem Vergangenen als Bezugsrahmen für den gesamten Roman entfaltet werden.

In *Divorcing* findet Sophie eigene Worte für die Art ihrer Recherche: »Aus dem Morast der Erinnerung und der Zersplitterung der Gegenwart etwas bergen – aber was?«[695]

Mit den wechselnden Sprachregistern entwickelte Taubes ihre vormals skizzierte Idee einer dem Bewusstseinszustand der jeweils dargestellten Perspektive entsprechenden Erzählweise fort. Im Bewerbungsschreiben erwähnt sie ihre Faszination für Faulkners Geschichten der »Snopes«, entstanden zwischen 1940 und 1960. Dessen besondere Technik der Integration ganz unterschiedlicher Narrative in dieser sich über mehrere Generationen und Texte erstreckenden Familiensaga inspirierte sie zu ihrer eigenen Methode des jähen Wechsels, der Verschiebung und des Ineinandergleitens von Orten und Zeiten, wie sie dann schließlich im ersten Teil von *Divorcing* ihre komplexeste Gestalt fand: mit der Schilderung einer Gegenwart, die im Moment von Sophies Tod zu zersplittern begann. Anders als noch im Exposé geplant, machten diese Splitter, zusammen mit den geborgenen Erinnerungsfragmenten, schließlich die Hälfte des Umfangs von *Divorcing* aus. Im Gegensatz zur realistisch anmutenden Schilderung der Kindheitserinnerungen überwiegt hier eine Erzählweise des Surrealen und des Traums.

Einige der auf solche Art gestalteten Passagen begegneten uns im Verlauf dieser intellektuellen Biographie: Sophie Blind als Zeugin und Delinquentin im Sektionssaal und vor einem Hybrid aus Scheidungs-, Rabbinats- und Jüngstem Gericht, als Braut und Leichnam im Sarg, umringt von palavernden Verwandten, Liebhabern und dem lamentierenden Ezra. Wir hörten Sophie dabei zu, wie sie einen Schriftstellerkollegen über ihre Vorvergangenheit als Philosophin aufklärt, begleiteten sie nach ihrer Entsorgung der persönlichen Erinnerungen in den Flieger von Paris nach New York und lasen von ihrem Widerstand gegen die Versuchung, durch die Einnahme einer Vergessensdroge den »Flüsterchor« der »alten Israeliten« in sich zum Schweigen zu bringen.

Dazwischen schieben sich Bilder von Sophie als Kind, etwa als sie einem Beamten der amerikanischen Einwandererbehörde erklären soll, warum sie nicht in Auschwitz war. Man liest von der physischen und psychischen Zermürbung in Sophies Ehealltag und vom turbulenten Zusammenleben mit ihren drei Teenager-Kindern. Schließlich die Begegnungen mit ihrem Geliebten, die in ihrer Fragilität und Melancholie jeder Zeit enthoben und zugleich ungeheuer flüchtig wirken –, weil Sophie weiß, dass es ein

Beisammensein mit einem Traumbild ist, das sie mit der »wirkliche[n] Person«[696], der Träumerin, nicht in Übereinstimmung bringen kann. Diese war in Paris geblieben, vielleicht auch hinter der alten Luftschutzverdunkelung im Haus ihres Vaters in einer amerikanischen Kleinstadt oder in Budapest.

Die Bewusstseinsströme, Dialoge oder auch in Gestalt eines Briefes geschriebenen Szenen sind nicht etwa durch eine chronologische Abfolge miteinander verbunden, sondern durch Lochkarten, Interkontinentalen und Videoübertragungen, verdrahtet und verschaltet mit Hilfe der willkürlichen Anwendung von Algorithmen oder chemischen Substanzen.

Was bewirkt im Roman den Wechsel von diesem fremdgesteuerten Erinnerungskaleidoskop in eine sicher voranschreitende Erzählung, mit der Sophie Stück für Stück Souveränität über die eigene Lebensgeschichte zurückgewinnt?

Zu Beginn von Kapitel II beschreibt sie den Bruch mit Ezra als einen »verhängnisvollen Moment, in dem die Vergangenheit sichtbar wird«:

> Ein Block hoher Apartmenthäuser, in fünfzehn Jahren Ehe errichtet, ist ausgebombt worden, und dahinter erscheint eine längst vergessene Landschaft, die jenseits der Mauern verborgen lag. Die Räumung der Trümmer muß vorerst noch warten. Und was ist mit dem Preis oder dem Schaden an Leib, Seele und Geist, den sie durch Auslöschung von fünfzehn Jahren ihres Lebens erlitten hat – oder ist es mehr?
> Als erstes stellt sich die Empfindung des Vergessens wieder ein, wie man durch Jahre hindurchschritt, versiegelt in Vergessenheit. Sie war eine Substanz von eigenem Gewicht und eigener Dichte, ohne Farbe, Struktur oder Geschmack, wie abstrakte Newtonsche Materie, die nichterinnerte Vergangenheit.[697]

Das Verhängnis besteht weder im plötzlichen Wertverlust ihrer einstigen Liebe noch in der abhandengekommenen Unversehrtheit von Leib und Seele. Folgenschwer ist vielmehr Sophies Wiederentdeckung von Vergessenem, sogar des Vergessens selbst, das von all den Jahren unmittelbar nach ihrer Heirat überlagert war. Das Vergessen aber ist eine notwendige Voraussetzung für die Fähigkeit, sich zu erinnern, und damit auch für Empfindungen wie Sehnsucht, Trauer oder Heimweh, die sich jetzt mit einmal Mal wieder einstellen. Seit der Emigration im Jahr 1939 galt: Mit jeder durchlebten Trennung wog das Vergessene schwerer und schwerer, unmerklich während der Ehe, jetzt mit voller Wucht spürbar nach einem neuerlichen Verlust, diesmal von fünfzehn Jahren ihres Lebens.

Um Vergessenes in Erinnertes zu verwandeln, muss Sophie sich ihren Weg durch die Landschaft jenseits der Trümmer bahnen – durch Träume und Trugbilder zuerst, durch die erzählerische Anordnung von Erlebtem zuletzt. Darin folgt die Romanfigur der Strategie von Susan Taubes, die nur im Schreiben eine Möglichkeit erblickte, das Eigenleben ihrer Erinnerungen zu bändigen und mit dem, was ›wirklich‹ war, in Kontakt zu treten.

»Begin where I began, somewhere«[698]. Zum Auftakt ihrer Recherchen notierte Taubes, sie wolle dort beginnen, wo sie selbst begann: »somewhere«. Das Niemandsland wurde in den ersten Entwürfen für »The Crossing« mit den frühesten Erinnerungen von Sophie als Fünfjähriger besiedelt. Mit der Erkenntnis, dass sich eine Verbindung zum beginnenden Leben nur im Schreiben zurückgewinnen ließ, beschloss sie dann, die ursprüngliche Kapitelreihenfolge umzukehren: Die Kindheitsschilderungen folgten nun auf Sophies Tod – denn dieser geht dem Beginn ihrer Autobiographie notwendig voraus.

Den Weg zur sprachlichen Gestaltung wies möglicherweise ihr Traum vom 5. Juli 1967. Unter diesem Datum notierte Taubes, sie habe gerade die wichtigsten Teile ihres Romans geträumt, als kämen sie direkt aus einer Erfahrung des Todes und seien damit absolut geeignet, in Literatur überführt zu werden. Und so beginnt und endet der Roman, der eigentlich »To America and Back in a Coffin« heißen sollte, jeweils mit dem Erwachen aus einem Traum. Beide Male geschieht dies zeitgleich zum Moment, als Sophie annimmt, sie sei gestorben: im ersten Kapitel an einem unbestimmten Ort in der Gegenwart ihres Geliebten, im allerletzten auf der Reise von New York nach Paris – der Ort, wo sie einst ihre Erinnerungen in der Müllverbrennung entsorgt hatte – ohne Datum für eine Rückkehr.

Am 16. April 1968 schrieb Taubes an die damalige Direktorin des Radcliffe Institute, gerade habe sie ihr Manuskript dem Verlag übergeben, rechne aber noch mit Überarbeitungen. Ein halbes Jahr darauf teilte sie mit, Random House plane die Veröffentlichung für den Frühling 1969. Aus Frühling wurde Herbst. Im »Budapest Journal« notierte Taubes am 18. September 1969 – knapp zwei Wochen zuvor war sie aus New York in die ungarische Hauptstadt gereist –, ein Exemplar ihres Buches habe sie via Luftpost erreicht. Es folgt ein kurzer Versuch zur Beschreibung ihres Gefühls: »Pleased? Rather relieved that it arrived; going to come out. But not the happiness the first time I saw it typed out clean. General sense of irrelevance.«[699]

Fünf Jahre lagen zwischen den ersten Entwürfen und dem Glück über das ins Reine geschriebene Manuskript. Als sie dann das druckfrische Buch in Händen hielt, verdrängte ein Gefühl von Belanglosigkeit die aufkommende Freude und Erleichterung. Gewidmet ist *Divorcing* ihrer Freundin Elsa First, »who knew this book before it was a book«. Auf dem Originalumschlag sind Familienfotos der Autorin Susan Taubes zu sehen; der Klappentext bezeichnet den Roman als »often enigmatic, spirited, and highly original drama of a woman today«.

Die Entstehungszeit von *Divorcing* folgte indes einer eigenen Dramatik aus raschen Wechseln von Ermutigungen und Rückschlägen im Leben von Taubes.

Das Stipendium des Radcliffe Institute for Independent Study stellte zunächst eine große Entlastung dar. Taubes konnte allerdings selten am Leben in Cambridge teilnehmen; sie musste in New York sein, wenn ihre Kinder für die Ferien heimkamen oder umgekehrt für ein neues Schuljahr vorbereitet werden mussten. Im Sommer 1966 ging es für zwei Monate abermals auf die Balearen, mit einem vorherigen Abstecher nach London. Doch obwohl Taubes aus Zeitnot diverse Einladungen zu Veranstaltungen am Radcliffe Institute ausschlug, erfuhr sie von dort immense Unterstützung. Eine ursprünglich niedrigere Geldsumme wurde aufgrund ihrer unsicheren finanziellen Lage aufgestockt, man lud sie zum Austausch mit Schriftstellerkolleginnen ein, ermöglichte ihr im Januar 1966 eine Lesung aus eigenen Manuskripten, die, so heißt es im persönlich an Taubes gerichteten Schreiben einer Mitstipendiatin, beim Publikum sehr gut angekommen war[700]. Dazu signalisierte man Taubes fortwährend großes Vertrauen in ihre Arbeit und nahm Anteil an der schwierigen privaten Situation, dem Ringen um eine faire und rechtsgültige Scheidung von ihrem Ehemann.

Der Ton zwischen Susan und Jacob Taubes war inzwischen weiter abgekühlt. Die logistischen Planungen bezüglich ihrer gemeinsamen Kinder gestalteten sich über die Kontinente hinweg komplizierter denn je, das belegt eine Serie von Briefen und Telegrammen aus der ersten Hälfte des Jahres 1965. Als Jacob mit verspäteten oder gänzlich ausbleibenden Reaktionen ein über Monate geplantes Besuchsarrangement torpedierte, musste Susan, anstatt die Oster- und Sommerferien mit Ethan und Tanaquil bei sich zu Hause in New York zu verbringen, ad hoc und gegen ihren Willen gleich zwei anstrengende Europareisen hintereinander unternehmen. Eine aus dieser Zwangslage heraus organisierte Jugoslawien-Tour mit Ethan war eingerahmt von diversen Zwischenstopps, u.a. in Paris, zur Abholung und Übergabe der Kinder. Erschwerend kam hinzu, dass sich in letzter

Zeit eine funktionale Sehschwäche, die bei Taubes bereits im Kindesalter festgestellt wurde, extrem verstärkt hatte, das schrieb sie Jacob wie zur Erklärung für ihre Erschöpfung. Ein eingeschränktes räumliches Sehen und Schwierigkeiten beim Erblicken von kontinuierlichen Bewegungsabläufen erzeugten in ihr die panische Angst, beim Überqueren einer Straße vom Auto überfahren zu werden.[701]

Doch unabhängig davon: Die Ferien-Erlebnisse im Frühling und Sommer 1965 waren für Susan traumatisch. Von nun an wollte sie sich ausschließlich selbst, ohne auf willkürliche Rückversicherungen angewiesen zu sein, um die Aufenthalte von Tanaquil und Ethan kümmern.[702] Auch hatte sie schon früher den Wunsch geäußert, die beiden sollten auf Internate in den USA gehen, um näher bei ihr zu sein und ihnen das anstrengende Hin und Her zwischen den Aufenthaltsorten der Eltern zu erleichtern. Ab 1966 besuchten die Geschwister dann die North Country School in den Adirondacks, Ethan wechselte später an die Cambridge School of Weston in Massachusetts – beides in der Natur gelegene Landschulheime mit progressiven Erziehungsansätzen.

Jacob war indes, nach jahrelangem Pendeln zwischen Columbia und Freier Universität, vollständig nach Berlin übergesiedelt, Susan hatte sich in New York weitgehend eingerichtet und verfolgte ihre Laufbahn als Schriftstellerin.

Im September 1965 schrieb sie an die Direktorin von Radcliffe, ihr zweiter Roman, *Klage um Julia*, solle noch im selben Monat bei Obolensky gedruckt werden, Jacob gegenüber nannte sie Februar 1966 als Termin[703]. Doch weder der eine noch der andere Zeitplan wurde eingehalten, denn ganz kurzfristig, noch 1965, wickelte Ivan Obolensky sein Verlagshaus ab, ohne dass der Roman vorher in Druck ging, obgleich Georges Borchardt gerade erst nach vielen Diskussionen über Verwertungsrechte einen verbindlichen Vertrag ausgehandelt hatte. Von Taubes selbst ist keine Reaktion auf diesen Rückschlag überliefert. Wir wissen jedoch, dass ihr dieser Text sehr wichtig war, zudem wäre es ihre erste Romanveröffentlichung gewesen. Entmutigen ließ sie sich offenbar nicht, das legt ihre enorme Produktivität in jener Zeit nahe.

Da der Vertrag mit Borchardt ausgelaufen war, vertraute sie das Manuskript von *Julia* jetzt der Literaturvermittlerin Lynn Nesbit an. Nesbit (ebenfalls in Radcliffe und an der Sorbonne ausgebildet) war 1965 dabei, ihre eigene Agentur in New York aufzubauen. 1967 war es vermutlich sie, die *Divorcing* an Random House vermittelte und einen veritablen Vorschuss für Taubes aushandeln konnte. Mit *Julia* hatte sie dagegen kein Glück. Ihrer Klientin gegenüber hatte Nesbit offenbar erwähnt, eine Geschichte ohne erkennbare historische und topographische Bezüge oder auch mit nur dem leisesten Anklang an einen Schauplatz in Europa lasse sich in Amerika schwer verkaufen. *Downgoing* habe da bessere Chancen, weil die Handlung eindeutig in New York angesiedelt sei.[704] So riet sie Taubes zu einer Ausarbeitung ihres ersten Romans. Tatsächlich sind im Nachlass einige Entwürfe für zusätzliche Kapitel der 1956 entstandenen Geschichte um Miriam Meyer und Joseph Vilna überliefert, der Text blieb dennoch unveröffentlicht.

Parallel zu den Bemühungen um ihre drei Romane – die Fortschrift von *Downgoing*, die Vermittlung von *Julia*, die Arbeit an »The Crossing« bzw. *Divorcing* – konnte Taubes ihre Edition *The Story Telling Stone. Myths and Tales of the American Indians* bei Dell Publishing herausbringen. Begonnen hatte sie damit 1963 in Paris, im Anschluss an die afrikanischen Mythen und Legenden; beide Anthologien erschienen unter Taubes' Geburtsnamen ›Feldmann‹. Ebenso wie der vorausgegangene Band enthält der zweite neben einer ausführlichen Einleitung über 50 aus zahlreichen Sammlungen ausgewählte Texte, angeordnet nach thematischen Schwerpunkten: die Entstehung der Welt und der Menschen, die besondere Welt der »Trickster« und die Welt, wie sie jetzt ist. Eine der Überlieferungen berichtet von zwei Mädchen, die unter freiem Himmel schlafen und sich wünschen, mit den Sternen verheiratet zu sein – sie erinnern an Griselda Sigismund aus Taubes' Erzählung *Schwan*, ihre Sehnsucht nach der Vermählung mit einem Planeten.

Beide Bände verkauften sich über Jahrzehnte erfolgreich als Studienausgaben. Im Januar 1966, bald nach Erscheinen der *Myths and Tales of the American Indians*, erhielt Taubes das Angebot, drei Monate lang die Produktion einer Fernsehdokumentation über die indigene Bevölkerung Amerikas beratend zu begleiten. Die Direktorin des Radcliffe Institute beglückwünschte Taubes zur Möglichkeit, ihre Expertise mit einem zusätzlichen Verdienst zu verbinden, und drückte zugleich die Hoffnung aus, das neue Vorhaben möge sich mit der Arbeit am Roman vereinbaren lassen.[705]

Die zwischen Optimismus und leichter Sorge schwankende Äußerung war nicht ganz unberechtigt. Zwar gaben ihr die Veröffentlichung und der Job durchaus Auftrieb, dauerhaft stabile ökonomische Verhältnisse bescherte ihr beides nicht. Taubes' finanzielle Situation blieb prekär, doch sie arbeitete dagegen an. Ab 1967 wurde sie als Associate am Seminar on the Theory of Literature der Columbia geführt, wirkte dort an einer Vorlesungsreihe mit. Im Frühling desselben Jahres, kurz vor Ablauf ihres Stipendiums am Radcliffe Institute, konnte sie der Direktorin schließlich gleich mehrere gute Nachrichten überbringen: das Angebot von Random House für *Divorcing*, die Bewilligung einer finanziellen Unterstützung durch die

Ingram Merril Foundation, die ihr bis Mitte 1968 die abschließenden Arbeiten am Roman ermöglichen sollte – und die Scheidung von ihrem Ehemann am 8. April im mexikanischen Chihuahua.

1967: Hinter ihr lag der entscheidende Schritt zur privaten Unabhängigkeit, vor ihr eine Zukunft als Schriftstellerin – das waren jetzt die Koordinaten für Susan Taubes' Leben in New York.

Mittlerweile hatte sie wieder die Wohnung in der Claremont Avenue bezogen, damit konnten Tanaquil und Ethan während der Wochenenden und Ferien in ihr altes Zuhause zurück. Außerdem waren die großzügigen Räume ein guter Ort für gesellige Begegnungen. Wenn sie nicht schrieb oder sich anderen künstlerischen Aktivitäten wie dem Theater widmete, ging sie auf Reisen – den Sommer 1968 verbrachte sie abermals in Europa – und umgab sich mit Bekannten und Freunden.

In ihren privaten Aufzeichnungen von 1965 ist eine Liste verzeichnet, unter der Überschrift »Friends«. Auf ihr findet man u. a. die Namen von Elsa First, Susan Sontag, Judith Brodsky, Annette Michelson, Herbert Marcuse und Bernard Pomerance (manche mit einem Fragezeichen oder Klammern versehen).

Von Aufzeichnungen, Korrespondenzen und Interviews mit Zeitzeugen wissen wir, dass Taubes in ihren letzten Lebensjahren die Gegenwart von Freunden suchte. Dazu pflegte sie alte und neue Bekanntschaften in der New Yorker Kunst- und Literaturszene, so beispielsweise mit dem Romanschriftsteller und Drehbuchautor Rudy Wurlitzer (*Billy the Kid*, 1973). Vermutlich begegneten sich die beiden erstmals 1964 auf Mallorca, denn bevor er Mitte der 1960er nach New York zog, arbeitete Wurlitzer als Sekretär für Robert Graves, mit dem wiederum Taubes während ihrer Zeit in Deià befreundet war. Im Tagebucheintrag vom 1. Januar 1966 – von da datiert auch der Beginn mit dem ersten Kapitel für *Divorcing* – erwähnt Taubes eine Party bei der New Yorker Kunsthistorikerin und Performancekünstlerin Suzi Gablik. Gablik betonte in ihren Werken den eingeschränkten Kontakt einer durch den Einfluss von Technik und Konsum entseelten Gegenwartskunst zum Realen, eine Kritik, die sie später in ihrem Buch *Has Modernism Failed?* (1982) entfaltete. Darin appelliert sie an die soziale Verantwortung des Künstlers, seine Verpflichtung als politische Figur, Priester – und Schamane. Über Gablik lernte Taubes auch Jasper Johns aus dem Umkreis von John Cage und Merce Cunningham kennen. Sein ikonisches Gemälde *The Flag* (1954), ein aus Texten zusammengesetztes, wie durch Schmutz gezogen aussehendes Sternenbanner, wurde zu Zeiten des Vietnamkriegs als Kritik am imperialen Auftreten der USA interpretiert.

In die Zeit ab 1967 fiel auch Taubes' Engagement für das Open Theater. Die Gruppe um Joseph Chaikin war ebenfalls durch die Ereignisse in Vietnam politisiert, die Aufführung von Megan Terrys Stück *Viet Rock* im Jahr 1966, entwickelt in einem der New Yorker Workshops von Chaikin, gehörte zu den am meisten beachteten Aufführungen der Experimentierbühne.

In dieser sprudelnden Atmosphäre bewegte sich Susan Taubes während der letzten Jahre ihres Lebens. Viele ihrer Zeitgenossen erinnerten sich an sie als überaus attraktive Frau mit einer faszinierenden Ausstrahlung, die Esprit und eine gewisse Rätselhaftigkeit vereinte.

Wer konnte wissen, dass sie, zur selben Zeit als sie Hunderte von Manuskriptseiten produzierte, an der Universität lehrte, Künstler-Partys besuchte und die halbe Welt bereiste, gegen ein massiv anwachsendes Gefühl von Hoffnungslosigkeit und Verlorenheit ankämpfte; davon zeugen ihre allerprivatesten Aufzeichnungen, insbesondere ein Tagebuch mit Einträgen von Februar bis August 1969. Darin findet sich auch jene Notiz, von der bereits einmal die Rede war: Die Schilderung einer schönen und charmanten Gastgeberin, aus der alles Leben weicht, sobald die Gäste gegangen sind.

Als die Angst sie nicht mehr schlafen ließ, begab sich Taubes in ärztliche Behandlung. Mit Medikamenten konnte sie das Gefühl vorübergehend betäuben, ihm jedoch weder begegnen noch es beseitigen. Ihre eigene Therapie war das Schreiben. Was aber, wenn der Schreibprozess zum Ende kam? Im Frühjahr 1969 lag das Manuskript für *Divorcing* beim Verlag und würde demnächst gedruckt werden. Zwar geht aus der Korrespondenz mit dem Radcliffe Institute hervor, dass sie ein Theaterstück plante, dafür suchte sie nach Möglichkeiten, über eine längere Zeit Meeressäuger und Vögel beobachten zu können; in ihrem Nachlass findet sich jedoch kaum ein ausgereiftes literarisches Manuskript, das dieser Zeit und einem solchem Projekt zuzuordnen wäre. Im Eintrag vom 16. April liest man von Veränderungen im Verhältnis zwischen ihren beiden Ichs, dem des Autors und dem seiner mal verborgenen, mal als Romanfigur sichtbaren Kreatur:

> About writing; my refusal to write. The kind of abdication of being that keep the novelist turning; the smugness, tinniness – the usurpation of being by an abstract figure spinning his two dimensional world, giving it depth from the decay of the prostrate creature.[706]

Solange der Romanautor mit der Erschaffung abstrakter Welten beschäftigt ist, kann die Kreatur ungestört vor sich hin vegetieren. Ganz ohne Anstrengung verleiht sie mit all ihren Unzulänglichkeiten dem zweidimensionalen Kosmos des Schriftstellers seine Plastizität, kleidet ihn aus mit Erfahrungen. Eine Literatur, die nicht von Leid und Leidenschaft ihres Geschöpfes gespeist wird, bleibt flach, aber sie existiert. Doch kann es umgekehrt für das Geschöpf eine Existenz außerhalb eines Romans oder einer Erzählung geben?

Als Susan Taubes diesen Überlegungen nachging, hatte sie seit Kurzem eine neue Kunst für sich entdeckt, vielmehr ein Kunsthandwerk: die Batik. Insbesondere in den USA waren Textilien mit psychedelischen Mustern gerade im Trend, aufgebracht mit dieser besonderen Färbetechnik indonesischen Ursprungs. Taubes interessierte weniger der modische Aspekt als der Vorgang des Herstellens selbst: Wachs auftragen, in Farbe tunken, bügeln (im Nachlass sind einige Wandbehänge mit abstrakten Ornamenten überliefert). Das Hervorbringen von Formen und Farben, ohne dass Wörter und Sätze daran beteiligt sind, war eine ideale Beschäftigung für die Kreatur, so heißt es weiter im Eintrag vom 16. April:

> Then I say, this woman sick and crazy and blank in five years' isolation on her knees ridiculously ironing newspapers to get the wax out from her batiks, this woman on her knees the steam rising in her face, stupid and miserable, her existence, density abysmallity, should fill, saturate weight these hours, rather than the prestidigitations of the novelist.[707]

Die intensive, direkte Berührung mit Materialien und Aggregatzuständen verleiht ihr mehr Eigengewicht als alle Kunstgriffe des Autors. Es ist ein »Vorgeschmack auf den Tod«, denn auf diese Weise kann sie sich dem Leben in einem Buch entziehen, das immer schon als »Kompromiss« anzusehen war:

> And for the creature it is like a foretaste of death, it offers forbidden delight of experiencing one's death; and a certain immunity from time which is so intolerable to the creature. The compromise (of loaning one's self out to the novelist) this unholy marriage becomes for the creature a way of surviving in an environment which simply has no use for it which would clear it […]. So for the creature who stubbornly wants to remain itself, dumb, abject and dark the pact with the novelist is a way of survival and a way of non involvement and remaining uncompromised and itself – if embalmed and barbarously decorated made out to be a whore so the public won't be embarrassed. Glazed, died, etc; the various organs rearranged so […].[708]

Eine »ungeweihte Hochzeit«, ein »Pakt«: Die Beziehung zwischen Autor und Geschöpf, wie Susan Taubes sie im Tagebuch von 1969 beschreibt, ist eine vorweggenommene Aufkündigung des »autobiographischen Pakts«, wie ihn der Literaturtheoretiker Philippe Lejeune sechs Jahre später zur jahrzehntelang gültigen Definition der Autobiographie als Genre entwickelte. Danach sei diese eine retrospektive Schilderung des eigenen Lebens in Prosaform, aus der Feder einer real existierenden Person. Für Lejeune ist der Pakt ein Versprechen des Autors an die Leserschaft, im Vermächtnis seines Lebens eine außertextuelle Realität darzustellen, die eine größtmögliche »Ähnlichkeit mit dem Wahren«[709] anstrebt. Bei Taubes indes gibt es weder eine Wirklichkeit außerhalb der Literatur noch ein Vermächtnis des Autors. Stattdessen ist, wie in *Divorcing*, der Tod des Autors die Voraussetzung für die Entstehung des Romans. Zugleich war ihr Pakt eine Überlebensstrategie, ausgehandelt nicht mit einem Publikum, sondern zwischen Autor und seinem Geschöpf. Solange die Vereinbarung hielt, konnte dieses Geschöpf leben, wenngleich in einer dunklen Zone der Nutzlosigkeit. Insofern war auch Sophies Tod ein Kompromiss: Sie räsoniert, erinnert sich, legt Zeugnis ab, obwohl sie der Welt der Lebenden nicht mehr angehört.

Der Wunsch, als Figur in einem Buch zu überleben, verlor an Kraft, als der Roman geschrieben war; die Fortsetzung der Tagebuchpassage zeigt es deutlich:

> Of course the creature is in many ways the novelists invention his graphing and mining out; but in the hours when the woman is just ridiculously on her knees ironing this is not so; she is pure waste like the steam from the iron like the wax soaking newspapers that will be discarded burn in incinerators; she is as good as drowned. As for the batik she made, sometimes she has put her dreams into it, but the novelist can do nothing with these, colors, brushstrokes, trapezoids through which to elude the novelist.[710]

Vom in Dampf gehüllten, auf Knien herumrutschenden, »so gut wie ertrunkenen« weiblichen Wesen geht keine Inspiration für das Schreiben aus, seine in bunte Pinselstriche und geometrische Umrisse geformten Träume kann der Autor nicht lesen. Damit ist er außerstande, seiner wichtigsten Aufgabe nachzukommen: die Theologie zu ersetzen, nachdem der Glaube an Gott gestorben ist. Denn die Religion, so kommt Taubes in ihren letzten Aufzeichnungen auf eine sie seit jeher umtreibende Frage zurück, würde, trotz ihrer vielen rein palliativen Nebeneffekte, den Menschen mit allem Wesentlichen in Berührung bringen, mit dem Besten und dem Schlimmsten, wozu dieser fähig sei. Nachdem die Erklärungen der Theologen ausgedient hätten, müsse jetzt der Schriftsteller die Verbindung zu diesen Taten und Träumen aufrechterhalten. Wenn dies aber so sei, so schließt die Passage mit einer Frage, warum könne dann nicht sie selbst, Susan Taubes, einen guten Roman schreiben:

> Too many books are being published; but many good novels are being written. This is so because since belief in God has died everybody must be his own theologian and this function has been delegated to the novelist.
> So then, why good novels aren't being produced in this household.[711]

Was war geschehen? Es war die Rede von fünf zurückliegenden Jahren voller Einsamkeit. In dieser Zeit kumulierten Empfindungen und Zustände, die sie immer mehr vom Leben absonderten: Verrücktheit, Leere, Verzweiflung, Lächerlichkeit. Manche Facetten eines solchen Erlebens standen der Autorin zur Verfügung, als sie begann, die Welten ihrer Figuren zu gestalten: Miriam Meyer, Mary Ann, Marianna Rombach, Rosalie Thrush, Sylvia Jensen, Hester, Derby, Griselda Sigismund, Julia Brody. In hohem Maße verdichtet und differenziert finden wir das Erlebte dann in Sophie Blind. Aus dem Rückzug vom Leben ließ die Autorin Gefühle und Gedanken des Kindes, der jungen Philosophin und Ehefrau, der Romanschriftstellerin lebendig werden: ihre Traurigkeit, wann immer sich ein neuer Verlust einstellte; der Wille, jemand anders zu sein, sobald der Schmerz nicht mehr erträglich erschien. Wechselweise versetzt mit Humor, Zärtlichkeit und gelassener Betrachtung wurde daraus ein Roman.

Warum war es ihr jetzt nicht mehr möglich, die Empfindungen in Geschriebenes zu überführen? An einer Stelle schreibt Taubes, es sei, zumal als Frau, schlichtweg durch äußere Umstände – Familie, Haushalt, allgemeines Unvermögen – kaum möglich, den fragilen Überlebenspakt, jene »rätselhafte, gespaltene Art zu leben« (»mysterious polarized way of being«[712]), dauerhaft aufrechtzuerhalten. Eine andere Antwort findet man gleich zu Beginn der Aufzeichnungen von 1969, und zwar in Gestalt eines Gedichts:

> PUT AWAY THE DAYS
> Put away the days, the days are like dust, put them away. There were always too many days, too many steps, seconds impossible to count, too many heartbeats, light scattered on the point of a thorn; too many words. All is flying dust.
> The days the steps the heartbeats I've put them down, locked in words; and now I want to put back the words in the dictionary but they won't

stay put. They are flying around, the words, the days, dreaming, waking, living, dying it's all the same, all is flying dust.
God, I need a giant Hoover to suck up all this naughty trash. God, give [/] show this child the right chest in your house, the right place; I have played too late now I want to put back all the images, the locomotive and the black revolver, the tinted glass, my lover's eyes, yes all, the dictionary. Pictures on squares of cardboard in a child's game, a birthday present[713]

Nimm hinweg die Tage, die unzählbaren Sekunden und überzähligen Herzschläge. Was die freien Verse beschwören, sind Insignien verschiedener lebensgeschichtlicher Stationen. Die Lokomotive, der Revolver, die Augen des Geliebten: Sie vergegenwärtigen jenes nunmehr unerträgliche Vergehen von Zeit, das die Autorin einst selbst mit Wörtern, Sätzen und Geschichten in Gang setzte. »Dates are tombstones. In the not yet you're always dead.«[714] »Kalendertage sind Grabsteine. Im Zukünftigen ist man immer schon tot«, diese beiden Sätze stehen für sich allein in denselben Aufzeichnungen. Im Gedicht wird mit dem Wunsch, die Schöpfung von Zeit möge rückgängig gemacht und beseitigt werden, einschließlich des Wörterbuchs selbst, eine neue Bewegung lesbar. Sie verhält sich gegenläufig zu jener Urszene für ein Schreiben, das vom Augenblick eines Übergangs und von Fremdheit geprägt war: April 1939, Sophie Landsmann im Schreibsalon der R. M. S. Aquitania, wie sie aus der Betrachtung einzelner, ihr zum Teil unverständlicher Wörter ganze Welten entstehen lässt.

Der Beginn der Entfremdung war die Geburt der Schriftstellerin. Wenn aber die Fremdheit ein Ende haben musste, weil die Sehnsucht nach Zugehörigkeit vielleicht nicht länger auszuhalten war, hatte auch die Schriftstellerin keine Existenzberechtigung mehr.

Im März 1969 schrieb Susan Taubes vom Ausweg aus jener mitunter »schlechten Vermengung von Kunst und Leben«[715]. Ihr Plan: Sie wolle das Geschöpf aus dem Pakt mit dem Autor entlassen, es aus seiner dunklen Ecke herausholen und auf eine reale Reise schicken: »[...] the character embarking on some real adventure commitment does so deludedly with childish arriere pensee – after I've done this I will die. Death automatic reward part of the package.«[716] Der »kindliche Hintergedanke«: Nachdem sie die Figur ihre Abenteuer in der Wirklichkeit bestehen ließ, würde sie selbst sterben; der Tod aber befinde sich ohnehin immer und überall mit im Gepäck.

Knappe vier Monate nach der Niederschrift dieses Gedankens unternahm Taubes mit ihren Kindern eine zweiwöchige Reise in die Karibik. Laut Passstempel flogen sie am 22. Juni nach Trinidad und Tobago, verbrachten dann ab dem 2. Juli noch ein paar Tage auf Martinique.

Auch von diesen zwei Wochen sind Aufzeichnungen überliefert. Notizen über glückliche Momente und Augenblicke schwerster Niedergeschlagenheit folgen dicht aufeinander. Überwältigt von den vielfältigen Reizen beschreibt sie Tiere und Pflanzen einer verzauberten Insellandschaft: ein tauchender Pelikan, üppige Mangroven, schwarze Palmen, ein fleischiger Mond (»Fleshy moon«). Direkt im Anschluss liest man vom Vergleich eines publizierten Manuskripts mit einer Prostituierten (»whore«), als hätte die bevorstehende Veröffentlichung von *Divorcing* sie am Ende doch noch in jenen Pakt mit dem Leser gezwungen, dem sich die Autorin von Anfang an verweigerte – man denke an die »Prolegomena« für eine Autobiographie –, die ›Wahrheit‹ des eigenen Lebens als Roman zu verkaufen. Im Ton der Resignation fragt sie, welche Art von Tod sie als Nächstes erleben und welche Fantasie sie dieses Mal daraus erretten würde.[717]

Am 5. Juli 1969 reiste Taubes mit Tanaquil und Ethan zurück nach New York. Die Geschwister flogen gleich weiter zu ihrem Vater und seiner neuen Frau nach Berlin; die großen Sommerferien an Universitäten und Schulen hatten gerade erst begonnen. Im August notierte Susan Taubes einige Gedanken in Gestalt eines Gedichts:

How quiet it has become.
Everyone [/] All friends left for summer vacation
The moonwalk is since two weeks history
The spacemen like clumsy toddlers in snowsuits
the blurred telephotos engraved in billions of brains
together with personal miscellanies
and perhaps there are intelligent beings on the Mars
but you're not missing much
we're just getting crummier every day
I go on making dazzling banners
un meticulously. An explosion. A
commodity pleasing some and perhaps salable.
Waxing and dying, demonically sublimated, the
way the hopeless coward tears up, slashes with
brush instead of knife painting in
the incredible talons, giant horns and spikes
I wasn't born with, soft mammal, the monkey
hands and sad baffled monkey eyes making masks
on cloth; waiting for one day the grace and power
to affirm the white fabric, the blank blemishless

yards of fabric as my garment, the strength of
believing in that purity of opening to it completely.
The day I will understand, I don't have to put my mark
on it, make it blaze to protest the dull world
This blank sheet is not letter paper, it is not
for communication or play[718]

Wie ruhig es geworden ist, niemand mehr in der Stadt. Die Zeit schreitet umso deutlicher voran: Der erste Spaziergang auf dem Mond war schon seit zwei Wochen Geschichte, das nächste Ziel könnte der Mars sein. Noch immer ist das Ich unermüdlich dabei, in seine textilen Farbgebilde all das einzuarbeiten, was es niemals sein wird: ein Wesen mit wundersamen Hörnern, gigantischen Krallen und Stacheln. Wann werden Kraft und Gleichmut ausreichen, um Ja zu sagen zum weißen, unbemalten Tuch? Wird sich die Erkenntnis einstellen, dass der Raum zwischen dem, was ist, und dem, was hätte sein können, nicht mehr ausgefüllt werden muss? Keine persönliche Mitteilung wird mehr notwendig sein, kein Zeichen der Auflehnung gegen eine als stumpf empfundene Welt.

Für Susan Taubes war dieser Tag noch nicht gekommen. Erst musste sie eine Reise nach Budapest unternehmen.

Susan Taubes, Anfang der 1960er Jahre

16. Budapest

27. September 1969, am bulgarischen Goldstrand. Spätabends sollte das Schiff einer russischen Reederei im nahe gelegenen Varna ablegen und Susan Taubes über das Schwarze Meer nach Istanbul bringen. Bis dahin vertrieb sie sich die Stunden träumend und tagebuchschreibend in einer Hotellobby oder am Wasser. Sie stellte sich vor, wie es wäre, wenn eine Herde von Pelikanen oder Seehunden den Strand bevölkern würde. Die natürliche Anmut der Tiere vermöchte unversehens die künstliche Kulisse dieses sehr deutsch anmutenden Ferienortes – »Could be (is) an extension of Germany«, schreibt sie[719] – mitsamt den plumpen, lärmenden Menschenmassen vergessen machen.

Das seit den späten 1950er Jahren boomende Touristenparadies war lediglich eine Zwischenstation, ein kurzer Zwangsaufenthalt auf ihrer letzten großen Europareise, die sie zwischen dem 6. September und 29. Oktober unternahm, mit Budapest als Ausgangs- und Endpunkt.

Als sie im Frühjahr 1969 mit den Planungen begann, war die »sanfte Super-Realität« (»gentle super-reality«[720]), wie Taubes ihre als fiktiv empfundene Zugehörigkeit zum Leben einmal nannte, so fragil wie nie zuvor; keine neuen Romane und Erzählungen waren am Entstehen, auch nicht das Theaterstück, mit dem sie nach *Divorcing* hatte beginnen wollen. Unter den hinterlassenen Schriften ihres letzten Lebensjahrs finden sich vereinzelte Gedichte und Erinnerungen in Gestalt von Flashbacks oder eines flüchtigen Nachsinnens. Anders als die früher zu Papier gebrachten Erinnerungsströme – Resultate ihrer schamanischen Reisen, mit denen sie die vielen Personen an ihren unterschiedlichen Orten und Zeiten aufsuchte, um schließlich deren Geschichten zu erzählen – riefen diese jüngsten Momente von Wiedererleben abwechselnd Schocks oder Anwandlungen von Trauer hervor.

Von nun an fanden die Erlebnisse von Taubes' Geschöpf den Weg nicht mehr in die Literatur. Und so notierte sie noch immer inmitten des Ferientrubels: »Borges is writing this story a dialogue (?) with B. She is a fictitious character abandoned by author. Or just finished. The book is finished and yet she continues, her anger, boredom, incomprehension.«[721]

Die Rede ist von einer erdachten Figur, verlassen von ihrem Autor. Das Buch ist zu Ende geschrieben, und doch existiert sie weiter, mitsamt ihrer wütenden Ohnmacht, der Gleichgültigkeit, des Nichtbegreifens. Eingeleitet wird die Notiz mit einer Anspielung auf »Borges und Ich« (1960). In der kurzen literarischen Betrachtung des argentinischen Schriftstellers wird eine Spannung zwischen dem Erzähl-Ich und dem Autor Borges beschrieben, die an die Doppelexistenz der beiden Ichs in Taubes' Leben als Schriftstellerin erinnert. Das Ich bei Borges verbringt sein Dasein mit vergeblichen Versuchen, sich aus seiner Beziehung mit dem Autor zu befreien. Auch Taubes hatte davon geschrieben, die Kreatur allein auf Reisen zu schicken. Nun aber schien es so, als sei der Autor seiner Figur zuvorgekommen, indem er sich einfach von ihr abwandte. Doch ganz gleich, auf welchem Wege die Entkoppelung dieser beiden Ichs – des Autors und der Kreatur – geschah: Sie war eine Voraussetzung für die bevorstehende Erkundung der Stadt Budapest, nicht allein als Fluchtpunkt persönlicher Sehnsucht und Erinnerung, sondern auch als Ort einer realhistorischen und politischen Gegenwart. Die Dokumente dieser Reise, Tagebücher und ein Brief an ihre Freundin Elsa First, sprechen mit zwei Stimmen: mal mit der Stimme des nunmehr verlassenen Geschöpfs, mal mit der Stimme der Autorin Susan Taubes, die sich in jenem Herbst 1969 auf ihr Abenteuer außerhalb der Literatur begab.

Für die unmittelbar vorangegangenen Jahre galt: Solange das »Rätsel der gespaltenen Existenz« im Prozess des Schreibens intakt war, blieb die Realisierung einer solchen Reise Wunsch und Gedanke.

So ist es in *Divorcing* allein die Vorstellung der Protagonistin von einer Rückkehr in das Land ihrer Geburt, die zunehmend an Wirklichkeit gewinnt; zunächst in ihren Träumen, später dann im Wachen. Die Schriftstellerin Sophie Blind unternimmt keine Reise nach Budapest. Nichtsdestotrotz endet das letzte Kapitel mit einem Aufbruch – im Halbschlaf –, und zwar nach Paris, jener Stadt, die in einer der ausgesonderten Szenen die Landschaft von Sophies ersten zehn Lebensjahren beschwört. Im Verlauf des Romans erfahren wir, dass alle ihre Träume vom Reisen sie letztlich an den Ort der Kindheit zurückführen. Ganz gleich, welches europäische Land zunächst ihr Ziel ist, immer findet sie sich schließlich in Ungarn wieder, als seien die politischen und geographischen Grenzen Europas »drastisch verschoben worden«[722]:

> Träume haben ihre eigene Topographie, und sie kehrte stets ins Land der Kindheit zurück, mal als reisende Wissenschaftlerin; mal, listig an die

Stelle des Kindes tretend, ging sie im Matrosenhemd, dunkelblauen Faltenröckchen und Schnürschuhen mit einer Gruppe von Schulkindern auf einer breiten Treppe ins Gewölbe hinab. Es ist der Eingang zu den Bädern von St. Gellert mit seinem von Marmorsäulen umstandenen, sprudelnden Becken. Die höhlenartigen Wände sind aus dem Felsen gehauen. Auf dem Berggipfel, hoch über der Donau, steht die Statue eines heiligen Märtyrers, der das apostolische Kreuz emporhält. Den Eingang bildet ein Teil einer alten Basilika: an den Wänden hängen Anschläge wie in französischen Dorfkirchen, auf denen Hochzeiten, Geburten, Taufen, Beerdigungen bekanntgegeben werden sowie die derzeitigen Filmaufführungen und Bücher, die von der geistlichen Obrigkeit entweder empfohlen oder mißbilligt werden. Als die Schlange weiter vorrückt, schiebt sich das Kind zur Wand hin und versucht die Schrift zu entziffern, welche, je näher es ihr kommt, um so unschärfer wird, während dreitausend Meilen und drei Jahrzehnte von dieser Szene entfernt die Träumerin, die ungeduldig die Information erwartet, voller Scheu flüstert: »Dies sind die ältesten Archive des Erinnerungsvermögens …« Das Kind kann kaum den weißen Fleck der Anschlagtafel von der dunkleren Wand unterscheiden. Das Kind kann die Botschaft nicht entziffern und verschwindet. Die Träumerin erwacht.[723]

Die magischen Wasserspiele der prächtigen Thermalbäder aus osmanischer Zeit, das Denkmal des heiligen Märtyrerbischofs Gellért, der einer Legende zufolge in ein Fass gesperrt und den Hügel hinunter in die Donau gestürzt wurde. Noch auf der Schwelle zum Erwachen wird Sophie gewahr, dass sie zum Kind in seiner eigenen geschichtsträchtigen wie sagenumwobenen Welt nicht in Kontakt treten kann. Und auch wenn es nicht schon vor dem Erwachen verschwunden wäre – die Träumende hätte von ihm keine Mitteilung empfangen können, denn für das Kind, dessen Leben eben erst begonnen hat, halten die »Archive des Erinnerungsvermögens« keine Botschaften bereit, bleiben die Anschläge auf der Tafel unlesbar. So macht Sophie sich auf die Suche nach anderen Quellen, um dem Grund ihrer Sehnsucht zu begegnen, »dreitausend Meilen und drei Jahrzehnte von dieser Szene entfernt«, auf der East Side von Manhattan, im plötzlichen Bewusstsein, dass »Ungarn reell vorhanden und nicht das Privateigentum der Träumerin ist«[724]. Zunächst betritt sie ein schäbiges Reisebüro, spezialisiert auf Fahrten nach Budapest. Das Angebot einer Pauschalreise über die Weihnachtstage beschwört unvermittelt Erinnerungen an Schokoladenläden der Vorkriegszeit, den Geschmack einer »herrlich minderwertigen Schokolade«[725] der in funkelndes Silberpapier eingewickelten Nikolaus- und Tierfiguren. Dann entdeckt sie gegenüber eine ungarische Buchhandlung.

Beim Stöbern verliert Sophie sich im Betrachten alter Schulbücher und Gedichtsammlungen, die sie als Mädchen selbst besessen hatte. In einem Band begegnet ihr eine Ballade des ungarischen Nationaldichters János Arany. Das Gedicht setzt in der Leserin eine Bewegung in Gang, weitaus intensiver als eine einfache Empfindung oder der Eindruck einer bestimmten Bedeutung:

> Das Gedicht ist still, hält seinen Atem an, leisetretend wie ein Dieb oder ein Flüchtling. Das Gedicht selbst berührt überhaupt nicht: von der Frau, die ein blutiges Leintuch im Bach wäscht. In der ersten wie in der letzten Strophe wäscht sie den zerlumpten Fetzen, ihr Haupthaar grau, ihre Knie am Eis festgefroren, aber immer noch wäscht sie den dünnen Fetzen, den der Bach ihr verspielt aus der Hand zu reißen versucht, von dem er sie aber nicht befreien kann. Die Geschichte, die in der Mitte des Gedichts erzählt wird – ihre Gefangennahme, ihr Prozeß, ihr Freispruch –, diente nur dazu, dieses einzelne Bild noch größer und eindringlicher hervortreten zu lassen, und bereitet auf die letzte Strophe vor, in welcher der Schlüssel die Tür wieder verschließt.
>
> Sie erschrickt darüber, daß sie sich in einem Buchladen befindet, groß und sperrig in ihrem Mantel, und daß, von ihrem Buch aufsehend, ihr Blick auf die Second Avenue fällt.[726]

Beim Gedicht, an das Sophie sich wiedererinnert, handelt es sich um Aranys Ballade »Frau Agnes« aus dem Jahr 1853. Jede der sechsundzwanzig Strophen, die Bilder am Bach vom Waschen des blutigen Leintuchs ebenso wie die Binnenerzählung, endet mit den Worten »Oh barmherziger Gott, verlass mich nicht!«. Worin gründet die Angst vor der Gottverlassenheit? Zwischen den ersten und den letzten Strophen entspinnt sich die Geschichte: Frau Agnes wird der Mitschuld am Mord des eigenen Gatten, ausgeführt durch ihren Geliebten, angeklagt. Man erfährt von ihrer Verhaftung, der Einsamkeit im Kerker, davon, wie sie dort von Gespenstern heimgesucht wird und schließlich kurz davor ist, wahnsinnig zu werden. Als ihr der Prozess gemacht wird, stimmt ihre Verzweiflung die Richter, »würdevolle Greise«[727], milde. Sie kommt frei und verbringt weiterhin ihre Tage und Nächte am Bach; obgleich am Tuch nichts mehr zu sehen ist, erblickt sie darin immer noch die Spuren der Gewalttat.

Was das Kind im Traum nicht ausrichten konnte, vermag das Gedicht aus Kindertagen. Weder die Frage nach Schuld und Gerechtigkeit noch der gewaltsame Tod rühren Sophie. Es ist das stillgestellte Bild der Verlassenheit und der Trauer, das sie für die Dauer der Lektüre wegträgt, heraus aus dem Laden in der Second Avenue mitten hinein in eine Zeit und an einen Ort, wo die Lieder und die Poesie einer Nation einem versichern, dass man niemals fortgegangen sei.

Am 6. September 1969 kam Susan Taubes nach einem Zwischenstopp in Luxemburg am Flughafen der ungarischen Hauptstadt an. Ein Stempel in ihrem Reisepass bescheinigte die Erlaubnis für einen Aufenthalt von 30 Tagen. Aus einer Tagebuchnotiz geht hervor, dass ihr, noch in den USA, zunächst kein Visum bewilligt wurde, weil sie im Antragsformular als Beruf »author« geschrieben hatte; Taubes hatte vor, eine Reportage zu schreiben. Im Reisebüro erklärte man ihr, herumschnüffelnde Autoren seien in Ungarn unerwünscht, sie solle lieber ›Hausfrau‹ als Profession angeben, die Budapester Adresse ihrer Verwandten als Aufenthalt erwähnen und auf jeden Fall die Schreibmaschine zu Hause lassen. Beteuerungen, sie wolle sich gar nicht kritisch äußern, sondern einen wohlgesinnten Artikel schreiben, würden ihr da nicht nützen. Ein Bekannter gab den Tipp, sich als Börsenmaklerin auszugeben, da nichtvermögende Besucher im Ostblock nicht willkommen seien.[728]

Wir wissen nicht, was für Angaben am Ende so wenig Misstrauen erregten, dass Taubes ungehindert in ihr Geburtsland einreisen konnte. In ihren persönlichen Aufzeichnungen skizzierte sie einen Ausweg aus dem Identitätsdilemma, das die Visafrage ausgelöst hatte:

> I'll pretend I'm a Hungarian humorist
> writing my newspaper column in the Duna cafe
> I was never an American virgin
> returning to bombed bridges
> I was always fat, fifty, popular,
> (comfortably melancholic)[729]

Zwei Tagebücher – teils maschinengeschrieben – entstanden auf Susan Taubes' letzter Reise: Das »Budapest Journal« enthält Einträge vom 8. September bis zum 25. Oktober 1969. Ein separates Notizbuch dokumentiert die Stationen eines Exkurses, zu dem sie am 20. September aufbrach: Von Ungarn aus ging es durch Rumänien und Bulgarien, von dort über Istanbul nach Griechenland. Nach einem Zwischenhalt in Wien landete Taubes am 7. Oktober wieder in Budapest, wo sie dann noch einmal zwei Wochen verbrachte.

Die Schilderungen vom Leben im Zentrum der ungarischen Volksrepublik entsprangen keinesfalls der genüsslichen Melancholie eines feisten Kaffeehaus-Humoristen. Vernehmbar wird vielmehr die Stimme einer behutsamen, teilnehmenden Besucherin. Deren Beobachtungen werden regelmäßig abgelöst von den Äußerungen einer anderen Stimme; sie gehört jener Person, die nicht vergessen konnte, dass sie einst als Rückkehrerin in die Ruinen ihrer Geburtsstadt gereist war. Ihre Erlebnisse und Erinnerungen, Gedanken und Empfindungen haben uns durch die Kapitel dieser Biographie begleitet. Da war zuerst die Wiederbegegnung mit der Pasaréti út 35. Wir konnten lesen, dass ein Teil von ihr dieses Haus niemals verlassen hatte und sie den Zugang zum dort gebliebenen Leben im Schreiben suchte. Mehrere Einträge berichten vom allmählichen Abhandenkommen der Literatur als Ort für das Leben. Der Grund dafür lag im Gewahrwerden von Fragilität und Künstlichkeit ihrer erschaffenen Ichs, der Philosophin und der Schriftstellerin. Während der amerikanischen Jahre hatten sie jenen anderen Teil in ihr geschützt, der fortgegangen war und seither eine unmögliche Wiedergutmachung des zugefügten Verlustes ersehnte.

Wiederholt liest man auch von einer palliativen Wirkung des Reisens; die tausend kleinen Unannehmlichkeiten unterwegs waren leichter zu bewältigen als ihre große Traurigkeit, deren Grund sie irgendwann nicht mehr zu benennen vermochte. Und wir erfuhren, dass Taubes sich von einem Tag auf den andern in der Sprache, die sie seit Jahrzehnten nicht gesprochen hatte, zu Hause fühlte, während das Englische ihr jetzt abstrakt und ausdrucksarm erschien. Schließlich begegneten uns im »Budapest Journal« mit größter Klarheit geführte Erörterungen der Frage nach Zeit, Ort und Grund für ihren Tod; die einzige Antwort, die Taubes mit Gewissheit geben konnte, war, dass sie nicht verhindern können wird, diesen Tod herbeiführen zu wollen.

In den Aufzeichnungen begegnen uns viele solcher intimer Äußerungen über eine tief empfundene Trauer und die schwindende Kraft, sich ein künftiges Leben im Schatten dieses nicht mehr vergehenden Gefühls vorzustellen. Sie stehen Seite an Seite mit lebendigen Schilderungen der Reisejournalistin Susan Taubes; diese sind ganz der Gegenwart gewidmet, Budapest 1969.

Im Journal treffen Beschreibungen ausgiebiger Erkundungen von Stadt und Umgebung, alltäglichem und kulturellem Leben auf kurze Protokolle von Gesprächen, die sie mit alten und neuen Bekannten führte – Arbeiter, Schriftsteller, Dissidenten, aber auch Verwandte von Taubes und ein früherer Kollege ihres Vaters.

Selten sind die Schilderungen von einem bitteren oder verächtlichen Kommentar begleitet, beispielsweise dann, wenn ihr offen geäußerter Antisemitismus oder Nationalchauvinismus begegneten; beides hatte die wechselnden politischen Ordnungen der letzten Jahrzehnte überdauert. Überwiegend verbinden sich in den notierten Eindrücken über die Menschen und ihre Lebensverhältnisse Nüchternheit mit Humor, leise Melancholie mit einer gewissen Zärtlichkeit.

Ihre Ankunft im abendlichen Budapest schildert Taubes als Eintritt in eine andere Wirklichkeit:

> Arriving in the city at night what first strikes is weird beauty of buildings looming darkly and bare of neon and other signs which intrude on claim attention in any large city today, complex web of lights from traffic and advertising covers buildings and streets fills the space. Walking into a nineteenth century engraving, or a Bergman film of an indefinable Eastern Europ. city. A dilapidated and at nights grimly and sinisterly beautiful nineteenth century city.
> World of Cs but also foreign occupation. The blunders of the former (usually admitted a few years later) can cut deep into lives […].[730]

Eine Stadt ohne die gewohnte Neonbeleuchtung. Von den dunklen Umrissen der alten Gebäude geht eine seltsame Schönheit aus. Sie versetzt die Besucherin nicht einfach in ein vergangenes Jahrhundert, sondern zugleich in die Gegenwart eines Films von Ingmar Bergman. Für den zeitgenössischen Schöpfer einer ganz eigenen Form des Experimentalkinos waren gedämpfte Schwarz-Weiß-Einstellungen und der weitgehende Verzicht auf künstliche Lichtquellen ein Versuch, in »Wirklichkeiten außerhalb der Wirklichkeit«[731] einzudringen. Auch in der Tagebuch-Passage erscheinen und verschwinden die Wirklichkeiten nicht einfach mit dem Gang vergehender Zeit. Sie stehen dicht beieinander, überlagern sich: Auf den von Kolonnaden und Denkmälern gesäumten Boulevards und Promenaden geht man wie eine Figur in einem alten Kupferstich. Dabei zeigen die beschädigten Fassaden der Prachtbauten im Dunkeln ihr abweisendes Gesicht und erinnern an eine eben erst erlittene Erfahrung von Gewalt, die tief in das Leben eines jeden Einzelnen hineinschnitt.

»Late afternoon took #5 bus to Pasaréti út«[732] – so lautet lapidar der zweite Satz in Taubes' Journal, notiert am 8. September. Die ausführliche Schilderung des Erlebnisses vor dem Gartentor folgte erst zwei Tage später. Der erste Satz im Journal berichtet indes davon, dass sie in einem privaten Zimmer untergekommen war, und zwar, wie man etwas später erfährt, bei einem »young working class couple«, das gleich mehrere Jobs in Schichten absolvierte und nun, nach vier Jahren Wartezeit, die kleine Wohnung in einem neu errichteten Apartmentbau bezogen hatte. Detailliert schildert Taubes Architektur und Einrichtung, von den Türen in geschmackvollem Avocadogrün über das Sideboard aus hellem Holz bis hin zu modernen Kunstdrucken an den Wänden und einem riesigen Fernseher – die vollendete Verbindung von Schlichtheit, Zweckmäßigkeit und Farbigkeit, wie sie 1969 genauso im Wohnalltag der meisten westeuropäischen Länder zu finden war. In Ungarn herrsche Holzknappheit, erklärte ihr ein Kunsthandwerker, den sie bei einem Ausflug ins nahe, nordwestlich von Budapest gelegene Städtchen Szentendre kennengelernt hatte, deshalb würden so viele geschmacklose Billigmöbel importiert. Ihr letztes Budapester Domizil, das Taubes nach der Rückkehr von ihrer zweiwöchigen Rundreise bezog, war ein Zimmer in einem der alten Mietpaläste auf der östlichen Seite der Donau, deren großzügige Etagen aufgrund von Wohnungsknappheit parzelliert worden waren. Um von ihrem Zimmer zur Haustür zu gelangen, musste sie entweder das Bad oder das Schlafgemach der Vermieter, eines älteren Ehepaars, durchqueren. Taubes sinniert über den Zweck der zahllosen braunen Vasen, die sämtliches Interieur ihrer Unterkunft dekorierten, beschreibt den Ausblick von ihrem Fenster auf Kirchtürme und eine Barockkuppel sowie auf Granateneinschläge an der gegenüberliegenden Hauswand.

Barock und Plattenbauweise, moderne Kunst und Kunsthandwerk als Massenreproduktion, die Spuren vergangener Kämpfe und auch das Schweigen darüber: Das Aufeinandertreffen solcher Gegensätze zieht sich durch Taubes' Schilderungen vom Alltag in einem Land, das sich nach Jahren der stalinistischen Ausrichtung seit Kurzem auf dem Weg zu einer liberalisierten Form des Staatssozialismus befand, westlicherseits leichthin als ›Gulaschkommunismus‹ bezeichnet. Unter Regierungschef János Kádár war 1968 eine Wirtschaftsreform in Kraft getreten, die im Rahmen der sozialistischen Planwirtschaft eine selbstständige Produktion der Betriebe ermöglichen sollte sowie eine Ausrichtung der Preise am Markt. Die Reformen verliefen nicht reibungslos, der ökonomische Aufschwung ging mit immensen Auslandsverschuldungen einher. Dennoch, für weite Teile der Bevölkerung stieg der Lebensstandard; die Auswahl an Konsumgütern wurde reichhaltiger, die Lebenshaltung in vielerlei Hinsicht bezahlbarer; hinzu kamen Erleichterungen wie ein relativ ungehinderter Zugang zu den Medien, größere Reisefreiheit und eine bessere Gesundheitsversorgung. Bis Mitte der 1960er war die Kádár-Regierung einer totalitären Linie gefolgt: mit der ›Vergeltung‹ an den Revolutionären von 1956 (wobei mit jüdischen Intellektuellen besonders hart abgerechnet wurde[733]), der Restaurierung der Diktatur und dem Bemühen um internationale Anerkennung des Systems. Die jetzigen Entwicklungen waren außenpolitisch begleitet von strategischen Begründungen gegenüber den Vereinten Nationen für die gewaltsame Niederschlagung der 1956er-Revolution durch sowjetische Panzer. Die UNO hatte das Vorgehen, bei dem Menschen- und Freiheitsrechte verletzt worden seien, verurteilt. Als Ungarn 1963 eine Generalamnestie für die nach 1956 Verurteilten erließ –, etwa mehrere hundert Todesurteile wurden vollstreckt, Zehntausende Menschen inhaftiert –, strich die UNO im Gegenzug die »ungarische Frage«[734] von der Agenda ihrer Vollversammlung. Der Preis für die moderate Diktatur der folgenden Jahre war das Stillschweigen der Bevölkerung über die Ereignisse von Oktober/November 1956. »Wer nicht gegen uns ist, ist mit uns«, so lautete Kádárs Beglaubigung des neuen Kurses. Danach war es nicht mehr verpflichtend, sich explizit für das System auszusprechen, oppositionelle Handlungen jedoch, egal ob mit Worten oder Taten, wurden nach wie vor verfolgt. Grundsätzlich hatte die Revolution als Konterrevolution zu gelten, weder der Realsozialismus noch die Anwesenheit sowjetischer Truppen im Land durften zur Debatte gestellt werden, genauso wenig wie die neben dem wachsenden Wohlstand weiterhin existierende Arbeitslosigkeit und die Armut.

Während ihres Budapest-Aufenthalts begegnete Taubes vielen Menschen, die vom System enttäuscht waren. Sie hatten sich in den Verhältnissen eingerichtet, im Hinterkopf die Befürchtung, dass oppositionelle Aktivitäten über die gesetzten Tabus hinaus unabsehbare Repressalien zur Folge haben könnten. Die Unsicherheit darüber, was vom Staat toleriert oder strafrechtlich verfolgt wurde, war groß. Unter den Oppositionellen, die Ungarn nach 1956 nicht verlassen hatten – darunter der Autor György Konrád, mit dem Taubes sich mehrmals traf –, war die Vision eines Lebens frei von staatlichem und ideologischem Druck ein ständiges Thema. In den Anreizen zu Privatwirtschaft und Konsum sahen sie vor allem Instrumente zur Entpolitisierung der Gesellschaft, eine Beschwichtigung, die mit der auferlegten Zensur versöhnen sollte.

Viele der Anekdoten und Berichte in Taubes' Aufzeichnungen muten wie Illustrationen der skizzierten Situation an; sie entstammen eigenen Beobachtungen sowie Erzählungen von Bekannten. Oft sind deren Namen nicht ausgeschrieben, zu lesen ist dann nur eine Initiale oder eine Auslassung.

Einmal wurde sie von einem Paar zum Abendessen eingeladen; es wohnte mit seinen beiden kleinen Kindern in der Zweizimmerparzelle eines ehemals hochherrschaftlichen Mietshauses aus dem 19. Jahrhundert. Taubes' Gastgeber sprachen über eine Demokratisierung des Bildungssystems, die eigentlich keine sei, weil die abgeschaffte Unterteilung von höheren und mittleren Schulabschlüssen sich nun lediglich in anderen Bezeichnungen für unterschiedliche Leistungsniveaus abbilde. Vor allem aber gaben sie die Widersprüchlichkeiten ihres neuen Lebens als Kleinbürger zu Protokoll: Früher, vor zehn Jahren, seien sie wirklich arm gewesen, jetzt richte sich ihre Aufmerksamkeit auf die nächste Anschaffung:

> […] the goal here is the same as in the West only we're fifty years behind … Haven't reached point of satiety to be afflicted with boredom and sense of alienation that is the theme of all the Western plays that come here. Something to look forward to … There seems to be a cycle. The final stage of apocalyptic despair the fever of prosperity rages till another calamitous war reduced all to destitution and then we start all over again. In China, she observes, we wouldn't be sitting like this talking about problems with filled stomachs … Wouldn't have chairs to sit on, they separate families, send them in remote provinces; before strangers we'd shut up and even in family circles – and what is not spoken about doesn't exist, in China we wouldn't have problems, she sighs with acid sweetness.[735]

Der ätzende Unterton signalisiert es deutlich: Im vollen Bewusstsein für das damit verbundene Dilemma lebten sie unter den Bedingungen eines Kompromisses, der dazu da war, die jetzige Macht zu stabilisieren: Kühlschränke statt Revolution. Es gab keinen Grund, sich zu beklagen; in anderen Volksrepubliken, zum Beispiel in China, hatte man mit echten existenziellen Problemen zu tun.

Eine beiläufige Beobachtung auf der Straße nahm Taubes zum Anlass, sich mit ihrem Untervermieter über die langen Zeitläufe im Wohnungsbau zu unterhalten: Von einem schwindelerregenden hölzernen Baugerüst wurde zwecks Dacharbeiten an einem achtstöckigen Haus minutenlang ein einziger Eimer Wasser emporgezogen, insgesamt waren höchsten drei Maurer zu sehen. Ihr Gesprächspartner ließ durchblicken, dass Verzögerungen dieser Art an der Tagesordnung seien, die Fertigstellung eines Mietshauses dauere mitunter sechs Jahre. So liege die Baustelle eines Apartmenthauses für sowjetische Funktionäre seit geraumer Zeit brach, weil das ausgesuchte Material schwerer sei als geplant und es momentan keine geeigneten Fahrzeuge für den Transport gebe. Die nicht immer geglückte Umgestaltung der Planwirtschaft führe auch zu Reibungen in der mechanisierten Agrarwirtschaft. Einmal sei es zu einer Bohnenknappheit gekommen. Als die Preise für das Gemüse explodierten, sollten die jungen Arbeiter so schnell wie möglich aufs Land abkommandiert werden; einen Tag zuvor waren sie noch in die Fabriken getrommelt worden.

Schließlich kamen sie auf die bürokratisch gesteuerte Wohnungszuteilung zu sprechen, ein System, das Konrád zusammen mit dem Soziologen Iván Szelényi im selben Jahr, 1969, in einem Aufsatz als Verstetigung sozialer Ungleichheit im Sozialismus kritisierte. Ihr Zimmervermieter wusste zu berichten, dass im ehemals bourgeoisen Viertel von Buda die mitunter nur aus Prinzip, nicht aber aus Notwendigkeit erfolgte Aufteilung der Villen in mehrere Apartments, darunter wahrscheinlich das Haus, das einst Taubes' Vater gehörte, sich noch in anderer Hinsicht als Fehler erwiesen habe: Die Gebäude verkamen, weil sich niemand für die Instandhaltung zuständig fühlte.

Angerührt war Taubes von den kleinen Gesten, mit denen die Menschen diesen alltäglichen Schieflagen begegneten. Da waren die höflichen, dabei niemals unpersönlichen Wortwechsel mit der Garderobenfrau im Palatinus-Bad – Taubes vermutetet in ihr eine ehemalige Aristokratin –, mit dem Straßenbahnschaffner und sogar mit dem Beamten auf der Polizeiwache, wo sie sich nach der Ankunft melden musste. Im altehrwürdigen Belvarosi-Restaurant hörte sie folgenden Dialog zwischen einem Besucher und der Kellnerin:

> – What do you recommend for today?
> – The cream of pea soup is made from yesterday's lesco, my dear Sir, she replies sadly [/] kindly, and the roast beef and potato plate is served cold.[736]

Niemand machte einen Hehl aus dem gelegentlichen Mangel. Die Anziehung, die diese freundliche Gelassenheit auf Taubes ausübte, ist vor dem Hintergrund ihrer Amerikakritik zu verstehen. Die Aversion gegen das Land, in das sie vor dreißig Jahren gegen ihren Willen verpflanzt worden war, trat während der Ungarn-Reise umso heftiger in ihr Bewusstsein. Eine Regierung, die so schlimm sei, dass sie zwangsläufig eine offen kritische Distanz aufrechterhalte, sei immer noch besser als das zersetzende, tödliche »Mickey Mouse Land«[737].

Im »Budapest Journal« schreibt Taubes, wie ihre Feststellung, die Stadt habe sich in all der Zeit wenig verändert, auf Verwunderung stieß, schließlich seien so viele neue Bauten entstanden. Dabei bezog sie sich eher auf eine Ästhetik sowie auch eine Mentalität, in der die bürgerlichen Werte der Vorkriegszeit weiterlebten, im Gegensatz zum mitunter verbissenen Habitus einer vollständigen Identifikation mit der sozialistischen Ideologie, wie Taubes sie später in Bulgarien oder auf einer russischen Fähre glaubte zu beobachten. Ihre Sicht auf das Land, das sie in den 1930er Jahren gekannt hatte, war jedoch weder sentimental noch romantisierend.

Die Kontakte mit Kulturschaffenden und Schriftstellern hatte sie teils von den USA aus hergestellt; so kannte sie dort den Mathematiker Paul Zador, einen Cousin György Konráds; ihr Vater machte sie auf einen alten Freund und Kollegen aufmerksam, der noch immer in Budapest praktizierte. Dieser wirkte, als Taubes ihn in seiner geräumigen, mit Antiquitäten bestückten Dreizimmerwohnung besuchte, wie aus der Zeit gefallen, umgeben von persischen Teppichen und chinesischem Porzellan. Seine wenigen Patienten seien alt, die Jüngeren könnten sich eine Sitzung nicht leisten; die Psychoanalyse sei in Ungarn vergessen wie Sanskrit.[738]

Mit Konrád tauschte sie sich über Literatur und die Lage der Schriftsteller aus. Fünf Jahre jünger als Taubes, war er als Sohn einer jüdischen Familie im Osten Ungarns geboren und aufgewachsen; sowohl seine Geschwister als auch die Eltern hatten den Holocaust überlebt. Während der Revolution von 1956 war er Mitglied der Nationalgarde, nach der Niederschlagung hatte er sich zum Bleiben entschlossen; den Entwicklungen in seinem Land konnte er am besten entgegentreten, wenn er an Ort und Stelle war, ließ er Taubes im Gespräch wissen. (Auch als er 1973 nach der Freilassung aus einer Verhaftung wegen ›staatsfeindlicher Hetze‹ abermals vor der Frage stand, Ungarn zu verlassen, entschied er sich für die ›innere Emigration‹.) Seither arbeitete er neben seiner Tätigkeit als Autor von Artikeln und Romanen – im »Budapest Journal« findet sich eine von Taubes ins Englische übersetzte Passage aus seinem 1969 erschienenen Debüt *Der Besucher* – in den verschiedensten Berufen: als Mitarbeiter für Zeitschriften und Buch-Verlage, als ›Jugendschutzinspektor‹ für den Bezirk VII Erzsébetváros (»Elisabethstadt«). Vor dem Krieg ein Mittelpunkt jüdischen Lebens in Budapest – im Viertel befindet sich auch die Synagoge in der Rumbach utca, einstiger Wirkungsort von Taubes' Großvater –, hatten die deutschen Nationalsozialisten dort 1944 ein Zwangsghetto errichtet; jetzt verwahrlosten die verwinkelten Gassen und der wunderschöne Hofkomplex aus dem 19. Jahrhundert; wer es sich leisten konnte, zog in die modernen Plattenbausiedlungen. Als Taubes 1969 mit Konrád zusammentraf, war er als Soziologe am Institut für Planung und Städtebau beschäftigt. Aufgrund seiner kritischen Auseinandersetzung mit dem Verhältnis der ungarischen Intellektuellen zur Parteielite, einer weiten Vernetzung im Kulturbetrieb und der Erfahrungen im sozialen Bereich wusste er bestens Bescheid über die Situation von Schriftstellern in Ungarn.

Eine entschieden auftretende Opposition aus Künstlern und Intellektuellen sollte sich erst ein paar Jahre später organisieren. Aber auch jetzt kam man in Kaffeehausgesellschaften und privaten Zirkeln zusammen. Taubes wurde mitunter zu solchen Zusammenkünften eingeladen, ein Abendessen, eine Party. Was sie im Journal über Zensur, Publikationspraktiken und materielle Situation schrieb, basierte nicht allein auf Auskünften von Konrád, sondern auch auf Informationen von anderen, deren Namen sie nicht nannte.

Was die staatliche Kontrolle betraf, so biete sie Spielräume, sofern man sich beim Schreiben an die Tabus bezüglich der Revolution von 1956 und die Rolle der Sowjetunion halte. Grass' *Hundejahre* (1963) zum Beispiel sei wegen einiger sowjetkritischer Passagen nicht in ungarischer Sprache erschienen, dafür werde gerade, trotz Pornographie-Verbots, Henry Millers *Tropic of Cancer* übersetzt, wahrscheinlich um den degenerierten Westen vorzuführen.

Insgesamt gebe es in Ungarn eine Handvoll Verlage, alle in Budapest, denen jeweils eine Gruppe, zusammengesetzt aus Schriftstellern, Kritikern und Funktionären, vorstand, wobei Letztere in der Regel wenig Ahnung von Literatur hätten. Die Prüfung von Manuskripten verlaufe nach immer demselben bürokratischen Schema, sehr oft werde ein nach langwierigen Diskussionen schließlich abgelehnter Text in einem der anderen Verlage veröffentlicht; die durchweg niedrige Bezahlung folge einem festgelegten Schlüssel.

Taubes notierte, für die Autoren sei es gang und gäbe, einer Nebentätigkeit nachzugehen. Damit verwies sie auf den in Ungarn mittlerweile fest etablierten grauen Markt, auf dessen Möglichkeiten für einen zusätzlichen Verdienst aufgrund des insgesamt eher niedrigen Einkommens nicht allein Schriftsteller angewiesen waren. Diese arbeiteten nebenbei bevorzugt als Lehrer, Übersetzer oder Journalisten. In ihren Aufzeichnungen finden sich Notizen über Durchschnittsverdienste und Kosten für einzelne Posten der Lebenshaltung, aus denen hervorgeht, dass der alltägliche Bedarf sowie die Teilhabe an Bildung und Kultur erschwinglich waren, im Vergleich allerdings zu den relativ hohen Mieten. Um ein Leben über dem Standard der Grundversorgung zu führen, kam man neben einem Zweitjob auch um die Zahlung von Bestechungs- und übertriebenen Trinkgeldern nicht herum.

In den Gesprächen ging es nicht allein um Materielles oder Fragen der Zensur. So wurde auch Taubes selbst nach der Art ihres Schreibens gefragt. Antwort: »Not realistic. (Realism – what goes by that name is most insidious superimposition of artificial rational categories on experience – don't tell them that) Say: I use everything I experience in the same way as I use my dreams. They like that.«[739] Ein Schreiben, das sich aus Traumerfahrungen speist – dies gefiel den Schriftstellerkollegen, deren Diskussionen sich in jener Zeit um Formen und Funktionen des Realismus drehten. Auch erzählte sie von den Schwierigkeiten, ihren Roman *Klage um Julia* in den USA zu veröffentlichen; offenbar hatte ein potenzieller Verleger ihr gesagt, das Buch hätte bessere Chancen, wenn es sich um eine Übersetzung aus dem Ungarischen handeln würde – möglicherweise als Rechtfertigung für die Fremdheit dieses Textes. Als ihr ungarischer Gesprächspartner erwiderte, hierzulande hätten die Schriftsteller exakt dieselben Probleme, fand Taubes dies absurd.

Ein anderes Thema war der Antisemitismus. Er begegnete Taubes unterschwellig wie offen: als Antizionismus, in der Annahme, dass es noch nicht mal in Israel so viele Juden gebe wie in Ungarn, und mit der Prognose, die Juden würden beim nächsten Aufstand oder einer Revolution zu den ersten Opfern gehören.

»Die Erinnerung an 1956 lebte wie ein unterirdischer Bach«[740] – die Worte des Autors György Dalos, bezogen auf die ersten Jahre der Kádár-Regierung, könnten genauso gut der Erinnerung an den Holocaust gelten. Ein wichtiger Baustein zur Stabilisierung des Regimes war die Verleugnung der Geschichte. Das Gedenken an die Judenvernichtung wurde in jener Zeit vor allem unter Überlebenden und Angehörigen der Ermordeten lebendig gehalten; auf der Agenda des Staates hatte es hingegen eine marginale Bedeutung. Oft wurde die ungarische Beteiligung an den Gewalttaten in Verbindung mit der 1956er-Revolution gebracht. Nach offiziellen Verlautbarungen verantworteten in erster Linie ehemalige Horthy-Anhänger oder Pfeilkreuzler die ›Konterrevolution zur Wiederherstellung eines faschistischen Regimes‹. Kriegsverbrecherprozesse, die in den 1960ern und 70ern anlässlich der Beteiligung an Massakern gegen Juden geführt wurden, hatten vor allem den Zweck, gegenüber In- und Ausland einen staatspolitischen Antifaschismus zu demonstrieren.[741]

Vom 14. September datiert eine Szene im »Budapest Journal«, in der Taubes ihrem »faschistischen Landsmann« in die Augen sieht. In der Straßenbahn, auf dem Heimweg von einem Kinobesuch in Szentendre, begann ein Mann im braunen Anzug sie zu beschimpfen, weil sie Hosen trug. Schon an anderen Stellen hatte Taubes die Beobachtung notiert, dass Frauen und Mädchen auf der Straße im Vorbeigehen belästigt wurden, wenn sie statt Röcke oder Kleider zum Beispiel Jeans anhatten. In der jetzt erlebten Situation ließen die Beschimpfungen nicht nach, wurden im Gegenteil lauter und obszöner. Taubes beschreibt ihre Reaktion: »I ignored him then stared at him, stared straight in his mean blue eyes, thinking so now I'm looking into the eyes of my own native fascist. To compare his look to a tiger's would be unfair to animals; insanity is human.«[742] Der Mann stieg an derselben Station aus wie sie und folgte ihr. In ihrer Bedrängnis hielt sie sich dicht an zwei Frauen und einen Mann, die vor ihr gingen. Die drei führten Hunde mit sich und wirkten leicht betrunken; Taubes kamen sie vor wie Nazis, dennoch, »overcoming paranoia«, bat sie die Leute um Hilfe. Der Mann wies sie an, bei den Frauen zu bleiben, und verschwand mit dem Verfolger im braunen Anzug. Es vergingen Minuten, bis er allein wiederkam und sie schließlich in ein Gespräch verwickelte (die beiden Frauen hatten in der Zwischenzeit kein einziges Wort an sie gerichtet). Er hatte Taubes für eine Touristin aus der DDR gehalten und war nun erstaunt zu erfahren, eine gebürtige Budapesterin vor sich zu haben. Daraufhin ein kurzer Wortwechsel: »When did you leave? '39 I told him reluctantly; as small child. Then you don't remember anything he said. How old were you? Seven I lied, wishing I had lied three. I remember a little I said stupidly. Seven he mused. Then you don't remember anything. I hurried homeward.«[743]

Das Erlebnis hielt Taubes nicht davon ab, abends auszugehen. Oft ging sie ins Kino. Mit Vorliebe sah sie die jüngsten Filme von Miklós Jancsó: *Sterne an den Mützen* (orig. *Csillagosok, katonák* 1967), *Stille und Schrei* (orig. *Csend és kiáltás* 1968), *Schimmernde Wände* (orig. *Fényes szelek* 1968). Der Avantgarde-Regisseur galt in jener Zeit als ungarisches Pendant zu Ingmar Bergman und war bekannt für seine Reinszenierungen historischer Konflikte, die von Macht und Ohnmacht erzählen. Ein Charakteristikum sind extrem lange Einstellungen, in denen stillgestellte Bilder auf Bewegung treffen: galoppierende Reiterstaffeln in der weiten, unbeweglich scheinenden Puszta-Landschaft; dazu einsilbige Dialoge, durch die die Handelnden seltsam flächig wirken, als hätten sie kein Innenleben. *Schimmernde Wände* widmete sich allerdings einem seinerzeit aktuellen Thema: Die Konfrontation zwischen katholischen Gymnasiasten und Studenten eines sozialistischen Volkskollegiums ist im Jahr 1947 angesiedelt, jedoch ausgestattet im Stil der späten 1960er. Taubes über den Film: »The film not very beautiful. Echoes of Antonioni + Godard. Interesting as a study (real?) of Hungarian (maoist?) hippies.«[744]

Wenn sie nicht im Kino war, besuchte Taubes Theateraufführungen und verbrachte Zeit mit Bekannten, bei ihnen zu Hause oder in Restaurants und Kaffeehäusern, die ihr noch von früher in Erinnerung waren: vom betont traditionellen Matyas Pince bis zum opulent mit Kugelleuchten und Galerien ausgeschmückten Hungaria im VII. Bezirk, dem ehemals jüdischen Viertel. Tagsüber begab sie sich auf ausgedehnte Streifzüge, zu Fuß oder mit einem Trolleybus; die zischenden Funken, wenn ein Bügel dieser »elegant yellow insects«[745] in Kontakt mit den Oberleitungen geriet, gehörten zu Taubes' prägnanten Kindheitserinnerungen, das Bild taucht gelegentlich in ihren literarischen Texten auf. Mehrmals besuchte sie die berühmten Thermalbäder, schrieb mit wohliger Erinnerung vom »Champagner-Pool« im Gellert-Bad und den Parkanlagen rund um das Palatinus-Becken. Am 11. September unternahm sie einen Übernachtungstrip nach Sükösd, einer kleinen Ortschaft in der südlich von Budapest gelegenen Donauniederung. Zwei Tage später ging es nach Szentendre; dort ließ sie sich von den Besitzern – Vater und Sohn – eine Keramik-Werkstatt zeigen. Beim anschließenden gemeinsamen Spaziergang durch das malerische (»picturesque«) Barockstädtchen hörte sie deren langen Ausführungen zu: über das florierende Kunsthandwerk (Schilderung des Vaters) und über die degenerierte Jugend (Bericht des Sohns). Sowohl die üppigen Gärten in Szentendre als auch die Picknick-Wiesen auf dem Szabadsághegy (»Freiheitsberg«), wohin sie eine befreundete Familie begleitete, um einmal an einem typischen Sonntagnachmittagsvergnügen teilzuhaben, versetzten sie in die summenden, verträumten Nachmittage als Kind im Garten der Eltern. Und auf ihren Rundgängen durch das Burgviertel von Buda erschienen ihr die zweistöckigen Wohnhäuser aus dem 17. Jahrhundert von einer besonderen, auch früher schon wahrgenommenen Schönheit. Einmal, als die Dämmerung hereinbrach, fragte sie sich, wie lange die pudrig matten Farben der alten Fassaden noch vom grellen Licht der Neonanzeigen verschont bleiben würden.

Auf ihren Erkundungen sammelte sie Alltagsgeschichten, manche tragisch, andere einfach nur traurig. Auf einem Spielplatz, wo sie Zeit mit den Kindern von Bekannten verbrachte, beobachtete sie eine alte Frau, eine ehemalige Bäuerin, und erfuhr von ihrem Schicksal: Der Sohn wurde Ingenieur, heiratete eine Frau aus bürgerlichem Haus und verleugnete fortan seine Mutter. In ihrem Dorf konnte diese sich, verstoßen vom eigenen Sohn, nicht mehr blicken lassen, und so verbrachte sie ihre Tage allein auf den Straßen in Budapest. Oder die Erzählung einer Fluchtgeschichte: Eine ungarische Familie lebte in einer Gegend, die nach dem Ende des Zweiten Weltkrieges nunmehr zu Jugoslawien gehörte. Der Vater, ein Polizist, weigerte sich den jugoslawischen Eid abzulegen, und so entschloss man sich zu einem abenteuerlichen Grenzübertritt, bei dem sämtlicher in einer Babywindel versteckter Schmuck konfisziert wurde. Die Familie lebte nun in Australien, an eine Rückkehr war nicht zu denken.

»The plaque commemoration Christian heroes who died for Buda in 1668. The history of this country is so heartbreaking, almost as horrible as that of the Jews; it's so awful it engenders false hope. There must be a resurrection. [/] But there won't be.«[746] Diese Sätze notierte Taubes am 13. September nach einem Gespräch mit Schriftstellerkollegen über die Frage, ob man in Ungarn auf Dauer bleiben könne. Die Geschichte dieses Landes sei fast so grausam wie die der Juden. Dabei bezog sie sich auf weit zurückliegende Erfahrungen von Gewalt und Belagerung, die in die Gegenwart hineinreichten und dort die irrige Hoffnung auf eine Wiederauferstehung der Nation am Leben hielten.

*

Am 20. September saß Susan Taubes in einem überfüllten Waggon des Balt-Orient-Express und passierte die ungarisch-rumänische Grenze Richtung Kolozsvár (rumänisch Cluji, deutsch Klausenburg – die Stadt gehörte in den vergangenen Jahrzehnten abwechselnd zu Ungarn oder Rumänien und hatte eine große jüdische Gemeinde, deren Angehörige unter der deutschen Verwaltung ab 1940 bis auf wenige Ausnahmen deportiert und ermordet wurden). Die Fahrt war der Auftakt für eine sechzehntägige Tour durch Rumänien, Bulgarien und Griechenland, mit Zwischenstopps in Istanbul und Wien. Gleicht man Taubes' Aufzeichnungen aus jenen Wochen mit den Stempeln in ihrem Pass ab, entsteht der Eindruck einer fiebrigen Reise mit kurzfristigen Entscheidungen über Strecken und Ziele. Am 27. September in Bulgarien, im Anschluss an die Erwähnung der vom Autor verlassenen Kreatur, bezeichnet sie ihre Reise von Amerika nach Europa und zurück als »model of the life journey«[747]; allerdings sei der »small circle«, bevor er sich schließen konnte, jetzt ins Stocken geraten. Alle Pläne, die Erwartungen an den nächsten Tag erschienen ihr nach und nach auf bedrohliche Weise ziellos. Und ein paar Tage zuvor in Bukarest, beim Versuch, den 3-Uhr-Zug morgens nach Varna abzupassen, schrieb Taubes, sie fühle sich aufgrund des ständigen Wartens, Suchens und Organisierens derart auf ihre Grundbedürfnisse – Warmwasser und ein Bett – reduziert, dass es ihr Mühe bereite, die Reisejournalistin in sich aufrechtzuerhalten: »Can hardly get my ›journalist‹ persona to stand straight.«[748]

Und wirklich: Die lakonischen, zwischendurch auch heiteren Schilderungen der einzelnen Reisestationen werden gegen Ende ihrer Aufzeichnungen mehr und mehr abgelöst durch Zeugnisse einer inneren Erschöpfung, davon, dass die Anstrengungen des Lebens von denen des Unterwegsseins bald kaum noch zu trennen waren: ein trauriges Gedicht, die Niederschrift eines Traums von einem längst vergangenen Leben oder einer unwillkürlichen, schmerzenden Erinnerung im Wachen.

Bis zu jener erzwungenen Rast an der bulgarischen Schwarzmeerküste notierte Taubes jedoch ihre spontanen Beobachtungen und Anekdoten, wie sie sie an Ort und Stelle erlebte. In Kolozsvár verbrachte sie eine Nacht im Hotel Continental, ehemals New York Palace; einst ging dort die Bohème ein und aus, jetzt war es das luxuriöseste Hotel der Stadt. Am nächsten Tag reiste sie weiter über Braşov nach Bukarest. Der Schienenweg führte durch Ortschaften und die Umgebung von Siebenbürgen. Vom Zugfenster aus betrachtete sie die endlosen Wiesen und Felder, die blau gestrichenen Häuser in den rumänischen Dörfern; nur hie und da machte sich eine beginnende Verschandelung der Landschaft durch Industriebauten bemerkbar. Eingepfercht im vollbesetzten Sechserabteil, vertrieb Taubes sich die Zeit mit Notizen über die äußeren Erscheinungen ihrer Mitreisenden, deren vornehme, hilflose oder stoische Gesichter. In Entzücken versetzte sie im Vorbeifahren der Anblick von Tieren: ein Pferd, eine Herde Ziegen, ein Schaf mit spiralförmigen Hörnern. Das Gellert-Bad mit seinen wasserspeienden Tigerstatuen kam ihr in den Sinn. Die Eindrücke beschworen jedoch nicht allein Erinnerungen an glückliche Momente der Kindheit. Später, als Taubes schon wieder in Budapest war und sich auf die Rückkehr nach New York vorbereitete, schrieb sie an ihre Freundin Elsa First, ausgerechnet im Tanzlokal einer siebenbürgischen Stadt, inmitten von fröhlichen jungen Menschen, sei unerwartet und mit nie gekannter Heftigkeit die Trauer um ihre beiden Cousinen über sie gekommen.[749] Die Töchter eines Bruders ihres Vaters waren mit den Eltern in Auschwitz ermordet worden.

Im Tagebuch indes überwogen zunächst die Versuche, dem mitunter anstrengenden Reisealltag eine gewisse Leichtigkeit, auch Komik abzugewinnen. Angekommen in der rumänischen Hauptstadt, checkte Taubes im Hotel Gare de Nord ein, einem riesigen Plattenbau in Bahnhofsnähe. »[D]e Luxe«, schrieb Taubes, »doorknobs come off; fluorescent light winces off and on with ominous crackle. But a generous size bath towel.«[750]

Das Stadtbild von Bukarest mutete moderner an als die abgeblätterten Fassaden von Budapest. Tatsächlich war ein Teil der Altstadt niedergerissen worden, um kilometerlangen Boulevards und Wohnblöcken im Stil des sozialistischen Klassizismus Platz zu machen. Die Mienen der vorübereilenden Menschen wirkten auf Taubes jedoch gehetzt und unnahbar, im Gegensatz zur unaufdringlichen Herzlichkeit, die ihr in der ungarischen Hauptstadt oft begegnet war. Angetan war sie von den vielen großflächigen Grünanlagen, dem Gottesdienst in einer rumänisch-orthodoxen Kirche und vom Freilichtmuseum mit den alten Bauernhäusern aus Holz.

Die komplizierte Planung ihrer Weiterreise nach Varna veranlasste sie zur ›Empfehlung‹, auf keinen Fall jenen Reiseführern zu trauen, die versicherten, man käme in der Gegend mit den Sprachen Französisch, Deutsch und Englisch bestens zurecht:

> Didn't do so badly in Transylvania where my Hungarian helped me out. But once in Bucharest worse than not being understood was consistently misguided in broken French English + German.
> This train leaves at 3 in the afternoon, I would repeat in 3 languages – usually 2x in German + the voice would echo reassuringly yes in the afternoon.
> Now it turns out (at special Railway office not in station[)] the train leaves at 3 in the morning and there was a 8 'o clock train about which I also inquired and was told didn't exist. (They don't know anything at the station …)[751]

Wenig später saß Susan Taubes abends im 8-Uhr-Zug nach Varna; dieser existierte entgegen der Auskunft am Fahrkartenschalter nun doch, dafür war die spätere Fahrt spontan eingestellt worden. Nach dem Passieren der bulgarischen Grenze stieg sie beim Halt in Gorna Orjachowiza kurz aus, um Geld zu wechseln. Als sie zurückkam, sah sie nur noch die Rücklichter des letzten Waggons. Die nächtliche Weiterfahrt mit dem Folgezug verbrachte sie dann in Gesellschaft von Abschied feiernden jungen Rekruten.

Am 23. September erreichte sie die Hafenstadt im Nordosten Bulgariens. Von dort aus wollte sie eine Schiffspassage über das Schwarze Meer nach Istanbul nehmen. Die nächste Fähre ging allerdings erst in vier Tagen. Wie sollte sie die Zwischenzeit verbringen? Nach stundenlangem Anstehen in verschiedenen »offices«, dem Erhalt von Fahrplaninformationen, die einander zum Teil widersprachen, hatte sie zuletzt für den 25. September ein Flugticket nach Sofia in der Tasche, Rückflug nach Varna zwei Tage später. Es war einer der Momente, in denen sie ihre Gedanken über den Zweck der vielen kleinen Notwendigkeiten auf einer Reise notierte, den Zweck nämlich, die täglich empfundene Not zu überlagern, weniger spürbar zu machen: »A night spent on a crowded train is not the same as an insomniac night at home.« Eine Nacht in einem überfüllten Zug sei leichter zu ertragen als eine schlaflose Nacht in ihrem New Yorker Apartment. Jede kleinste Veränderung, so heißt es weiter in ihren »Reflections of survival«[752], wird bedeutsam; ein Sitzplatz in einem stickigen Abteil schafft das Bedürfnis nach einer Zigarette im kalten Gang und umgekehrt. Manchmal verließ sie ihren Platz nur, um wieder dorthin zurückkehren zu müssen.

In Sofia verbrachte Taubes zwei Tage. Am ersten erkundete sie zu Fuß das Stadtzentrum, am zweiten unternahm sie eine Bus-Tour hinauf ins etwa 120 Kilometer südlich gelegene Rila-Gebirge, zum berühmten gleichnamigen Kloster. Das im Laufe von Jahrhunderten immer wieder veränderte, zerstörte und neu aufgebaute Gebäudeensemble mit seinem verspielten Innenleben aus Arkaden, Säulen und Rundbögen wurde 1960 zum ›nationalen Kulturkomplex‹ erklärt und verstaatlicht, die Mönche mussten sich auf umliegende Klöster verteilen (in den 1980ern erhielt die orthodoxe Kirche das Kloster zurück). Fasziniert beschreibt Taubes die reichen Holzschnitzereien mit religiösen Motiven – Zeugnisse eines unbegrenzten Blicks ins Innere, angeblich war der schnitzende Mönch über die Jahre seiner Arbeit erblindet.[753]

In diesen stichwortartigen Beobachtungen erschöpfen sich Taubes' Notizen über die bulgarische Hauptstadt und Umgebung; überlagert werden sie ganz unvermittelt von Tagträumen, die kaum in Berührung mit den neuen Eindrücken zu stehen scheinen. Sie handeln von der Scham über das Mädchen, das Taubes einmal war, und von der Trauer um die Frau, die sie nicht mehr sein würde. Die kurzen Einträge vom 26. September, manche in Versform, münden schließlich in eine Reflexion über das Meer; sie mutet an wie die Beschreibung eines Sehnsuchtsortes:

> The sea is not Mother or Father
> I love its tumult
> Shrieks + howls + babble
> of men and animals
> ~~the pain~~
> ~~do not flee~~
> Eternal contentment in its
> roar its hoarse breathing
> its slaps and pounding
> roar of contentment
> the sea is not hungry,
> not lonesome or bored
> it is forever asleep
> its creatures are accidents
> it has no children.[754]

Was macht die Anziehung dieses niemals nachlassenden Aufruhrs der Wellen aus? Die absolute Abwesenheit von Verstrickungen in menschliche Beziehungen, die vollkommene Indifferenz gegenüber jedem Lebewesen, das von ihm umfangen wird, egal ob Tier oder Mensch, ob tot oder lebendig.

In der Nacht des 27. Septembers befand Taubes sich auf dem Seeweg nach Istanbul.

Im Tagebuch finden sich knappe Schilderungen ihrer Erlebnisse auf der russischen Fähre. So kam sie ins Gespräch mit ihren Mitreisenden, darunter viele Familien mit Kindern, ein paar ältere britische Ehepaare, ein sudanesischer Chirurg mit seiner Frau und ein syrischer Student (im Brief an Elsa First war es ein libanesischer Student), der nach drei Wochen an der Universität Moskau das Weite suchte, weil er die Atmosphäre dort als beklemmend und repressiv empfunden hatte. Die russische Besatzung beschrieb Taubes als durchweg humorlos und unfreundlich; sie fragte sich, ob dies Ausdruck eines möglicherweise ideologisch begründeten Prinzips sei. Diese merkwürdige Überheblichkeit unterstrich einerseits das trostlose Pfadfinder-Ambiente im Speisesaal und im »music room«, andererseits stand sie in krassem Widerspruch dazu. Man liest vom Auftritt einer Combo, bestehend aus ältlichen Männern, die mit todernsten Mienen und in verstörend monotoner Weise amerikanische Schlager aus den 1940ern abspulten, während das Publikum bis zum mechanischen Applaus emotionslos der Darbietung folgte. Auch gab es eine Schiffsbibliothek, das berichtet Taubes, mit Bänden auf Russisch, Französisch, Deutsch, Arabisch und Englisch: Elogen auf Lenin oder die sowjetische Eisenbahn.[755]

In Istanbul verbrachte sie nach eigenen Angaben sechs Stunden. Sie schildert den Aufenthalt als anstrengend, die Stadt als laut, voll und staubig. Eine hektische Taxirundfahrt, ein kurzer Kaffee auf einem der Hügel. »Well, I can't deny it was nice hitting corrupt decadent fascist Greece«[756], schrieb sie später an die Freundin. Noch am selben Tag erreichte sie dann die griechische Hauptstadt: Syntagma-Platz, Akropolis: »How often I wonder can you sell the Parthenon?«, fragte sie und gab gleich selbst die Antwort: »Silly question, Greek Nat. Tour. Office has the statistics.«[757] Als sie nach drei Tagen genug vom Trubel hatte, ging es über Piräus auf die Insel Hydra. Die würfelförmigen, blau-weiß gestrichenen Häuser der ›Künstlerkolonie‹ erzeugten in ihr die Fantasie, sich in einem kubistischen Gemälde zu bewegen. Oft war Taubes in Begleitung unterwegs. Auf Hydra wie in Athen begegnete sie sowohl Sympathisanten der seit zwei Jahren herrschenden Militärdiktatur – »nasty pro-regime wheeler dealer types«[758] – als auch Menschen, die verhaftet und gefoltert worden waren. An öffentlichen Orten meinte sie eine gedämpfte Atmosphäre von Angst wahrzunehmen, etwa wenn Cafébesitzer ihre Gäste baten, nicht zu singen, oder eilig die Lautstärke der Jukebox herunterregelten. Am 12. Oktober, da war Taubes schon wieder in Budapest, ihre Rückreise in die Staaten stand bevor, erinnerte sie sich an einen Mann, dem in der Haft sämtliche Knochen gebrochen wurden und der sich nun, nach sechs Monaten, allmählich auf Krücken fortbewegen konnte. Sie schrieb, eine ähnliche Verletzung habe Amerika ihrer Seele zugefügt: Ihre Liebe finde keinen Weg und keinen Halt (»no supports or conduits«[759]) und gleiche darin einer zerschmetterten Hand.

Als sie von der Insel in die Hauptstadt zurückkehrte, überkam sie dort Ekel. Waren die auf den Überresten des Poseidontempels am nahe gelegenen Kap Sounion herumtrampelnden Touristen dafür verantwortlich oder einfach die enorme Gegenwart von »zweitausend bedeutungslosen Jahren« (»Athens dump heap of 2000 irrelevant years«[760])? Laut ihren Aufzeichnungen vermochte sie dies nicht zu sagen. Als Aperçu fügte Taubes an, durch Zufall habe es sie für die letzten Tage ihres Athen-Aufenthalts in ein Hotel namens »Kronos« verschlagen – »my enemy«[761], heißt es in Klammern. Den Gott der Zeit betrachtete sie als ihren Feind.

*

Am 7. Oktober verließ Susan Taubes die griechische Hauptstadt auf dem Luftweg in Richtung Wien, von dort aus ging es zurück nach Budapest. Ihr verlängertes Visum war bis zum 6. November gültig.

Kurz darauf saß sie im privat gemieteten Zimmer mit den vielen Vasen und begann ihren langen Brief an Elsa First. Zum Einstieg heißt es, sie fühle sich durchaus im Gleichgewicht (»coherent«), wenn auch extrem unglücklich (»extremely unhappy«). Der Grund dafür: »Waking up to blank days, blank weeks ahead, a world sometimes beautiful and not without textural interest but so congealed I feel death must have happened already and this slow awful asphyxiation, the blind circling and hourly holding out operations are just another irrelevance.«[762] Die Vorstellung leerer vor ihr liegender Tage und Wochen, die es zu füllen galt, ließ die Welt derart erstarren, dass sie meinen konnte, der Tod sei bereits eingetreten – auch wenn es in dieser Welt durchaus Momente von Schönheit und Bedeutung gab. Auf fünf Typoskriptseiten ließ Taubes ihre Erlebnisse der letzten Wochen Revue passieren. Gleich zu Beginn benennt sie die wenigen Stunden voller Gnade (»hours of grace«) und die erschütterndsten Augenblicke (»moments of shattering anguish«) in einem Atemzug. Erstere verstärkten letztlich nur das Gefühl von allgemeiner Hoffnungslosigkeit; zu ihnen zählte sie zwischenmenschliche Begegnungen und ihre Spaziergänge am Meer. Zu letzteren gehörte vor allem die Wiederbegegnung mit dem Haus ihrer Kindheit. Gegen Ende der Schilderungen beglückwünschte sie ihre Freundin zur deren Profession, Kinder von seelischem Leid zu heilen. »And now enough of this nonsense«, damit schloss Taubes den Brief, erwähnte dann noch das Vorhaben, am Abend ihr Journal fortzusetzen. Jetzt aber wolle sie auf einem Spaziergang durch die Straßen von Budapest den Schmerz darüber auskosten, am Ort ihrer Geburt nicht erwachsen geworden zu sein: »relish the ache of not having grown, wed and bred on my native soil«[763].

Ihren Flug Budapest – Paris hatte Taubes für den 24. Oktober gebucht, am 29. sollte es nach New York weitergehen. An First schrieb sie, fünf Tage französische Küche und Wein sollten ausreichen, um sich auf das Leben in der Claremont Avenue vorzubereiten.

Die bis dahin verbleibenden Wochen verbrachte sie mit Ausflügen in Budapest und Umgebung, oft in Begleitung von Bekannten. Aktivitäten dieser Art vermochten Taubes vorübergehend jene Gefühle von Freude und Lebendigkeit zurückzugeben, die ihr immer dann, wenn sie mit sich allein war, abhandenkamen.

In der Fortsetzung des »Budapest Journals« finden sich Berichte von Theateraufführungen – Ibsen und Tennessee Williams im Vígszínház, dem Budapester Lustspielhaus – und von Museumsbesuchen: eine Rembrandt-Ausstellung im Museum der Bildenden Künste, gelegen in den weitläufigen Grünanlagen des »Stadtwäldchens« Városliget, oder die ethnographische Sammlung des Ungarischen Nationalmuseums. Eine Lesung im Künstlerklub Fészek (auch jetzt noch Originalzeugnis einer knalligen 1950er- und 60er-Innenarchitektur) musste spontan abgesagt werden. »And really, intellectuals are not all that important«[764], bekräftigte Taubes die halb belustigten Kommentare der Schriftsteller zu dieser Anordnung ›von oben‹; dafür ging man auf eine Wohnungseinweihungsparty, wo dann hauptsächlich Prostituierte und einige Hippies feierten.

Einmal unternahm sie mit Bekannten einen Ausflug in die Donaustädte Visegrád und Esztergom mit dem hoch über der Flussbiegung gelegenen Königspalast und der riesigen Basilika, Hauptsitz der ungarischen katholischen Kirche. In Taubes' Kindheitserinnerungen, niedergeschrieben wenige Jahre zuvor, erscheinen die Sommerferien bei einem Bauern im nahe gelegenen Städtchen Nagymaros abenteuerlich und wildromantisch. Jetzt kommentierte sie ihre Eindrücke nicht weiter. Ein Bericht vom Besuch bei Verwandten fällt noch knapper aus: Der Onkel erzählt, wie er mit Hilfe serbischer Partisanen der Deportation entkommen ist, das hilflose Lächeln der Tante.

Nach der Wiederkunft von ihrer Rundreise wurden die Einträge im Journal sichtlich melancholischer. Mit den Bildern von Städten wie Bukarest und Athen vor Augen, kam Taubes die neuerliche Ankunft in der Stadt ihrer ersten Lebensjahre einmal mehr vor wie eine Rückkehr in »some dream-like past«[765], so schrieb sie es an First. Auch äußerte sie, umgeben von den freundlichen Gesten im Alltagsgeschehen, dem warmherzigen, familiären Umgang der Schriftstellerkollegen untereinander, fühle sie sich in diesen Tagen wohler, als es gut für sie sei. Je schöner ihr die Straßen von Budapest erschienen, je selbstverständlicher das Leben dort wurde, desto intensiver verspürte sie die eigene Abwesenheit, den Schmerz über das untrügliche Wissen, nicht dazuzugehören.

Am 12. Oktober, kurz vor dem Vergleich ihrer verwundeten Seele mit der gebrochenen Hand eines Gefolterten, schrieb sie im Tagebuch:

> Possibly that I am in a strange place; I have always been in a strange place, I reflect. But there are degrees, ah yes there are vast differences between one kind of strange place and another, I continue to reflect. Enough difference to warrant calling some rooms some beds familiar. Yet they had all become hateful; the most familiar rooms had become strange, I recall. I grieve, I'm full of terrors because there is no one to comfort me and whom I in turn can comfort. And this grief and terror from which I wrench my head upon awakening and which simply subsides in my trunk, compressed, tempestuous, it tosses irrespective of surroundings, the motion of the train or walls of a transit hotel might dull or intensify it.[766]

Im Augenblick als sie erfuhr, was es heißen könnte, sich heimisch zu fühlen, wurde Taubes in vollem Umfang gewahr, dass sie ihr ganzes Leben an fremden Orten verbracht hatte. Es hatte lediglich unterschiedliche Intensitäten von Fremdheit gegeben: An manchen Orten erschien sie ihr vertrauter als an anderen. Dass da niemand war, dessen Gegenwart ihr ein zu Hause hätte sein können, ließ das Gefühl von Verlorenheit absolut werden. Die daraus resultierende Einsamkeit und die Angst füllten ihren Körper aus; beidem konnte sie begegnen, solange sie unterwegs war.

Von Budapest nach Amerika und zurück.

Jetzt, als sich der Kreis dieses kleinen Abbilds ihrer Lebensreise zu schließen begann, stellte sich kein Frieden ein; dafür wurde der früher schon augenblicksweise wahrgenommene Stillstand unumkehrbar. Gegen Ende des Eintrags vom 12. Oktober heißt es: »No silence only the static of confusion a stifled scream still alive at its center. Static and mechanical talk as a way out or just to fill time.«[767] Und ein paar Tage darauf: »And today last day don't feel like doing anything seeing anything. Continuous fine weather since I arrived, same beautiful sunny fall, gives a sense of stasis.«[768] Die Stasis ereignete sich nicht allein in Taubes' Innerem, dort, wo ihr Kummer gleichbleibend lebendig war. Auch die Welt war stehengeblieben, davon zeugten der nunmehr mechanische Austausch mit ihren Mitmenschen, aber auch der seit ihrer ersten Ankunft am 6. September ununterbrochene Sonnenschein über der Stadt genauso wie die unveränderliche Schönheit der Gärten im Villenviertel von Buda.

Auf ihren Exkursionen spielte Taubes regelmäßig ein Spiel: Sie stieg aufs Geratewohl in eine Straßenbahn, einen Trolley oder in einen Bus und überließ sich der Streckenführung bis zur Endstation. Am 12. Oktober, kurz nachdem sie ihre Gedanken über das Fremdsein und das Reisen zu Papier gebracht hatte, verließ Taubes ihr Zimmer und nahm eine Linie in Richtung Buda. Vom Tag darauf datiert ein Bericht darüber, wie sie im Vorbeifahren noch einmal die Hausnummer 35 der Pasaréti út erblickte:

> Yesterday (Sunday) took the no. 5 to Buda till end station; fleeting glimpse of no 35 Pasaréti út from the bus, and walking back the image of the house seemed as fleeting, blurred unreal, a cursed house and finally unreal: too small and plain a house to contain so much dissension in it we must have lived as cramped as in my mind, more cramped, because that physical space cannot like my inner space be stretched and strewn apart. Still, those beautiful gardens with their bright flowers on tall stalks, apple trees their branches sagging with fruit; never since have I lived anywhere as beautiful.[769]

Wir erinnern uns: Taubes' erste Wiederbegegnung mit der Villa war der Auslöser eines überwältigenden Ansturms von Empfindungen gewesen; kurz darauf hatte sie im »Budapest Journal« eine kleine literarische Skizze entworfen: Ein Gärtner wollte nachsehen, ob das Mädchen von damals zu Hause war. Der vier Wochen später geschilderte Blick auf das Haus und in den Garten mit seinen ewig blühenden Gewächsen lässt dagegen an eine Szene in *Divorcing* denken, an jene eigentümliche Atempause in der Ballade von Frau Agnes' Leintuch mit dem unsichtbaren Blut des Geliebten, die Sophie hinwegtrug an einen anderen Ort in einer anderen Zeit.

Eine ähnliche Spannung zwischen voranschreitender Erzählung und Stillstand verbindet die einzelnen Kapitel dieser intellektuellen Biographie.

Die Geschichte, die in der Mitte erzählt wird – das Leben der Philosophin und der Schriftstellerin –, verweist wieder und wieder auf ein einzelnes Bild: Susan Taubes am Eingang zum Haus ihrer Kindheit. Viele Male war sie dorthin zurückgekehrt: in der Erinnerung, als leibhaftige Rückkehrerin, in der Literatur. Im letzten Kapitel markiert das Gartentor der Pasaréti út nun die Grenze zum Wirklichen. Vor Jahren hatte Taubes hinter diesem Tor auf ihren schamanischen Reisen das Kind aufgesucht, wie es im Gras saß und von seinen eigenen Welten träumte. Sie war ihm auf den gewundenen Treppenläufen, durch die endlos aneinander angrenzenden Zimmer gefolgt und hatte sein Leben Wirklichkeit werden lassen: In Erzählungen von Trennung und Begehren, Tod und Gewalt, zuletzt von einer erzwungenen Reise nach Amerika. Jetzt, auf Taubes' Reise nach Budapest im Jahr 1969, vor sich den Garten und zugleich außerhalb der vielen Orte ihrer Imagination, begann die Realität zu schrumpfen: Unwirklich und klein erschien das Haus, kaum Platz für all die Kümmernisse und Zerwürfnisse zwischen den Menschen, die einst darin wohnten. Geblieben waren die leuchtenden Blüten und die vollbeladenen Apfelbäume.

Susan Taubes, ca. 1968

Anmerkungen

1 S. AC, abgerufen am 23.2.2010.
2 Perec 1997: 10f.
3 STA 103: 10.9.1969.
4 STA 157.
5 STA 97: [Juli] 1956.
6 Diese Information verdanke ich Tanaquil Taubes.
7 Zu den Zusammenhängen zwischen Roman, Leben, Tod und Hinterlassenschaften vgl. Weigel 2003: 133–138 u. 2006: 38f.
8 Taubes 1995: 110.
9 STA 150.
10 Ebd.
11 Ebd.
12 STA 62.
13 Ebd.
14 Ebd.
15 S. Thulin 2012: 175. Die Schilderungen der Konflikte und Entwicklungen, welche der Gründung des Budapester Rabbinerseminars vorangingen, folgen weitgehend ebd.: 161–193.
16 Zu Feldmanns Position am Rabbinerseminar vgl. auch Lengyel 2012: 125 u. Deutsch/Büchler (1906) 2002–2011.
17 S. ST62c.
18 SLBI: Susan Taubes, Notes on work in progress, [Februar] 1966.
19 Ebd.
20 S. STA 62c.
21 S. ebd.
22 S. ebd. u. Roth 1988: 107.
23 S. STA 62c.
24 Ebd.
25 S. STA 62d: Sandor S. Feldman, Excerpt from paper delivered at the meeting of the Eastern Psychoanalytic Society, o. O., o. D.
26 S. STA 62d.
27 S. STA 62c.
28 Taubes 1995: 147.
29 Ebd.
30 STA 62d.
31 Ebd.
32 S. ebd.
33 STA 62.

34 Taubes 1995: 307.
35 S. Taubes 2011: 15.
36 Ebd. 1995: 162 f.
37 STA 62.
38 Taubes 1995: 165.
39 STA 62c.
40 S. ebd.
41 S. ebd.
42 S. STA 62d; ergänzende Informationen über die Schicksale der Kinder von Moses und Josephin Feldmann verdanke ich Noémi Földes-Cappellotto und ihrer Mutter Édua Szűcs, Enkelin bzw. Schwiegertochter von Jenő Feldmann (später Földes).
43 S. STA 62d.
44 Taubes 1995: 151 f.
45 Vgl. Meszaros 2014: 169 f.
46 Vgl. auch Harmat: 157 ff. u. Bos / Groenendijk 2007: V.
47 S. AABL: Sandor S. Feldman, Curriculum vitae, Rochester, 12. März 1949 u. Meszaros 2014: 236 Fn 141.
48 S. Harmat 1988: 74 f.
49 S. STA 62.
50 S. ebd.
51 SLBI: Susan Taubes, Notes on work in progress, [Februar] 1966.
52 Ebd.: Susan Taubes, Januar 1966.
53 STA 151.
54 Ebd.
55 Ebd.
56 Taubes 1995: 264 f.
57 SLBI: Susan Taubes, Notes on work in progress, [Februar] 1966.
58 Taubes 2015: 128 f.
59 Taubes 1995: 267.
60 Ebd.: 292 f.
61 STA 101: [Mai] 1969.
62 Taubes 1995: 172.
63 Ebd.: 175.
64 Ebd.: 176.
65 STA 151.
66 Taubes 1995: 325.
67 STA 62a.
68 S. AABL: Summary of the Work of the Emergency Committee on Relief and Immigration of Bettina Warburg, 1948 American Psychoanalytic Association.
69 Taubes 1995: 333 f.
70 STA 150.
71 Ebd.
72 Ebd.
73 STA 103: 10.9.1969.
74 Taubes 1995: 224 f.
75 Ebd.: 233.
76 Ebd.: 234 f.
77 STA 103: Brief an Elsa First.
78 STA 103: 16.10.1969.
79 Taubes 1995: 129.

80 STA 103: 16.10.1969.
81 STA 150.
82 Ebd.
83 Taubes 1995: 210.
84 STA 102: 24.9.1969.
85 STA 156.
86 Taubes 1995: 211.
87 STA 103: 13.9.1969.
88 SLBI: Susan Taubes, 21.10.1964.
89 Taubes 2015: 133.
90 Ebd.: 42.
91 S. AABL: Summary of the Work of the Emergency Committee on Relief and Immigration of Bettina Warburg, 1948 American Psychoanalytic Association.
92 Taubes 1995: 216.
93 Ebd.: 216.
94 STA 137: Sandor S. Feldman, Rochester, 30.8.1947.
95 STA 150.
96 Ebd.
97 Ebd.
98 STA 151.
99 Ebd.
100 STA 52.
101 Ebd.
102 Ebd.
103 STA 156.
104 S. STA: o.O. [Sommer 1940].
105 S. STA: o.O. [Sommer 1940].
106 Taubes 1995: 217.
107 STA 142: New York, 14.6.1964.
108 S. AABL: Korrespondenz Sandor S. Feldman mit Samuel Atkins, President of the New York Psychoanalytic Institute u. Sara A. Bonnett, Chairman, Educational Committee, Juni–Oktober 1943.
109 Taubes 2011: 140.
110 Ebd.: 69.
111 Taubes 2015: 35.
112 Ebd.: 37ff.
113 STA Sammlungen 2, Kopie.
114 STA 107: [1944].
115 S. Taubes 1953: 195.
116 STA 1.
117 STA 150.
118 Ebd.
119 STA 170: o.O., o.D.
120 STA 171: o.O., 5.2.1946.
121 S. STA 150.
122 S. Weintz 2008: 15.
123 STA 116: *The College News*, Vol. XLIII, No. 10, Wednesday, December 18 1946.
124 STA 125: o.O., o.D.
125 Pirandello: 2013.
126 STA 118.

127 STA 101: [März] 1969.
128 Ebd.
129 Ebd.
130 Ebd.
131 STA Sammlungen 2.
132 STA 108: [1945].
133 Feldman 1944.
134 Feldman 1945: 5.
135 Ebd.: 5.
136 Ebd.: 9.
137 Ebd.: 12.
138 Taubes 2015: 33.
139 STA 104.
140 Ebd.: 108.
141 Harley School Alumni/Development Office.
142 STA 150.
143 Kafka 1996: 307.
144 Ebd.: 304.
145 Ebd.: 313.
146 Ebd.: 300.
147 STA 103: 10.9.1969.
148 STA 125: Bryn Mawr, 19.11.1945.
149 Ebd.: Bryn Mawr, 6.11.1946.
150 Dostojewski 1977: 397.
151 STA 172: [Rochester], 27.8.1945.
152 S. ebd.: Toby, Bryn Mawr, o.D.
153 STA 125: [Bryn Mawr, 1946].
154 Ebd.
155 S. ebd.
156 Ebd.
157 Ebd.: 2.5.1947.
158 Ebd.: [Bryn Mawr], o.D.
159 S. ebd.: Bryn Mawr, 6.10.[1946].
160 Vgl. Redmond 2013.
161 S. STA 125: [Bryn Mawr, 1946].
162 Ebd.: Bryn Mawr, o.D.
163 Ebd.: 25.8.1946.
164 Ebd.
165 Ebd.: Bryn Mawr, [1946].
166 S. ebd.
167 Ebd.: [Bryn Mawr, o.D.].
168 Ebd.: Bryn Mawr, [1946].
169 Ebd.: [Bryn Mawr], o.D.
170 Ebd.: Rochester, 24.8.1946.
171 Ebd.: [Bryn Mawr], o.D.
172 Silber 2002.
173 Ebd.: Paul Weiss, Yale, 19.8.1946.
174 STA 113: Dorothy N. Marshall, 4.10.1951.
175 STA 125: 13.5.1946.
176 S. Taubes 2011: 265 Fn 12.

177 Feldman 1946: 5.
178 Ebd.: 6.
179 S. Taubes 2014: 127.
180 Ebd.: 142.
181 STA 103: Brief an Elsa First.
182 Feldman 1946 2: 29.
183 STA 125: [Bryn Mawr], o. D.
184 Ebd.
185 Feldman 1947: 34f.
186 Ebd.: 35.
187 STA 101: [April o. Mai] 1969.
188 STA 168: Ruth Nanda Anshen, New York, 2.5.1947.
189 Zit. n. Wyckoff.
190 STA 125: [Bryn Mawr], o. D.
191 STA 151.
192 Ebd.
193 Schalamow 2009: 28.
194 Taubes 1995: 218.
195 STA 172: Susan Taubes, [London, Juli 1947].
196 Ebd.
197 Ebd.
198 STA 151.
199 Ebd.
200 STA 137: Sandor S. Feldman, Rochester, 10.11.1947.
201 Ebd.: Sandor S. Feldman, Rochester, 21.2.1948.
202 STA 151.
203 Ebd.
204 Ebd.
205 S. STA 173: Isabel Stearns, Zürich, 23.5.1948.
206 STA 137: Sandor S. Feldman, Rochester, 1.1.1948.
207 Ebd.
208 Ebd.: Sandor S. Feldman, Rochester, 22.12.1947.
209 S. STA 167: Ruth Nanda Anshen, New York, 30.1.1948.
210 STA 137: Sandor S. Feldman, Rochester, 18.4.1948.
211 STA 121.
212 STA 125: London, 2.5.1948.
213 Ebd.
214 STA 137: Sandor S. Feldman, Rochester, 28.6.1948.
215 STA 125: 4.6.1948.
216 STA 151.
217 STA 137: Sandor S. Feldman, Rochester, 7.4.1948.
218 STA 125: London, 5.7.1948.
219 Taubes 1995: 112.
220 Ebd.: 112f.
221 Ebd.: 114f.
222 SLBI: Susan Taubes, List of completed works, 21.10.1964.
223 STA 12b: 167.
224 STA 151.
225 JTSA/47: Leo Baeck, London, 24.10.1947.
226 NLI/ES: Jacob Taubes, o. O., o. D.

227 Taubes 1959: 6.
228 Taubes 2014: 261.
229 Ebd.: 154.
230 Taubes 2011: 80.
231 NLI/ES: Jacob Taubes, New York, 16.12.1948.
232 STA 150.
233 STA 102: 27.9.1969.
234 STA 125: New York, 21.6.1949.
235 NLI/ES: Jacob Taubes, New York, 14.12.1948.
236 LBINY: Jacob Taubes, o. O., o. D.
237 JTaubes 2012: 120.
238 Taubes 2011: 15f.
239 Ebd.: 16.
240 Ebd.: 247.
241 Taubes 2015: 153.
242 Ebd.: 186.
243 Ebd.: 195.
244 Ebd.
245 Taubes 2011: 74.
246 STA 97: [Juli] 1956.
247 NLI/ES: Jacob Taubes, New York, 10.4.1949.
248 JTSA/48–49: Simon Greenberg, New York, 20.5.1949.
249 NLI/ES: Jacob Taubes, New York, 5.4.1949.
250 Ebd.: Jacob Taubes, New York, 10.4.1949.
251 NLI/HB: Jacob Taubes, Princeton, 1.1.1956.
252 JTaubes 2012: 120.
253 STA 151.
254 STA 59.
255 JTaubes 2012: 124.
256 Bentwich 1952: 469.
257 Bergman 1985: 88f.
258 Ebd.: 81.
259 Taubes 2014: 61.
260 NLI/ES: Jacob Taubes, o. O., 19.9.1949.
261 JTaubes 2006: 106.
262 S. Taubes 2011: 278 u. Fn 41.
263 S. ebd.: 278 u. Fn 43.
264 JTaubes 2012: 122.
265 S. HUCA: Joseph Barrat, Office of the Academic Secretary, 1.6.1950.
266 STA 157.
267 Taubes 2014: 62.
268 JTaubes 1947: 18f.
269 NLI/HB: Jacob Taubes, o. O., [Frühjahr 1951].
270 Taubes 2014: 261.
271 Taubes 2011: 36f.
272 Ebd.: 41.
273 Ebd.: 42.
274 Ebd.
275 Ebd.: 216.
276 Ebd.

277 STA 151.
278 Taubes 2011: 138.
279 Ebd.: 118.
280 Ebd.: 162.
281 Ebd.: 84.
282 Ebd.: 64.
283 S. ebd.
284 S. ebd.: 18, mit Bezug auf Heidegger 1929/1943: 308.
285 Heidegger 1950: 250.
286 Heidegger 1981: 162.
287 Taubes 2011: 59.
288 S. ebd.: 138.
289 Ebd.: 145.
290 Zit. n. Neue Jerusalemer 2007: 7, 29.
291 Taubes 2011: 145 f.
292 Ebd.: 114.
293 Ebd.: 153.
294 Ebd.
295 Ebd.: 166.
296 Ebd.: 167.
297 Ebd.
298 Ebd.: 104.
299 Ebd.: 173.
300 Ebd.: 175.
301 MCCL: Speech by Miss McBride, President Bryn Mawr College. In: *Bryn Mawr Alumnae Bulletin* (Summer 1951).
302 JTaubes 2006: 128.
303 HUCA: Edward Poznanski / Academic Secretary, Jerusalem, 4.11.1955.
304 JTaubes 2006: 122 f.
305 Taubes 2011: 288 Fn 59.
306 STA 151.
307 Taubes 2014: 202 u. 262.
308 Ebd.: 200.
309 Ebd.: 89.
310 Ebd.: 11.
311 Ebd.: 18.
312 Ebd.: 224.
313 Den Ausdruck verwendete Herbert Kopp-Oberstebrink in einem Vortrag über Jacob Taubes' Auseinandersetzung mit Heidegger, gehalten am 6. April 2017 in Wien.
314 Taubes 2014: 97.
315 S. ebd.: 33.
316 Ebd.: 97.
317 Ebd.: 31.
318 S. etwa ebd.: 202 u. 262.
319 Ebd.: 52.
320 Ebd.: 80.
321 Ebd.: 38 f.
322 Ebd.: 80.
323 Ebd.: 131.
324 Ebd.: 115.

325 Ebd.: 95.
326 Ebd.
327 S. ebd.: 37.
328 Lévinas (1982) 1986: 41.
329 Taubes 2014: 34.
330 Ebd.: 225.
331 Ebd.: 122f.
332 Ebd.: 136.
333 S. ebd.: 136f.
334 Ebd.: 84.
335 Ebd.: 191.
336 S. ebd.: 150.
337 Ebd.: 54.
338 Ebd.: 69.
339 Ebd.: 123.
340 Ebd.: 162.
341 Ebd.: 186.
342 Ebd.: 196.
343 Ebd.: 182f.
344 Ebd.: 227.
345 Ebd.: 53.
346 S. Taubes 1952: 175.
347 S. ebd.: 173.
348 S. ebd.: 174, mit Bezug auf Camus 1951: 236.
349 S. Taubes 2014: 256ff.
350 Ebd.: 256 mit Bezug auf Camus 1951: 236.
351 Taubes 2014: 258.
352 S. ebd.: 259 mit Bezug auf Camus 1951: 370.
353 Taubes 2014: 225.
354 S. ebd.: 150f.
355 Ebd.: 233.
356 CABM: Susan Taubes, o. O., 16.8.1956.
357 Taubes 1956: 37f.
358 S. Taubes 2014: 62.
359 Ebd.: 51.
360 Taubes 1956: 33.
361 Taubes 1959: 70.
362 Taubes 2014: 229.
363 Taubes 1959: 71.
364 Taubes 2014: 63.
365 Ebd.: 65.
366 Ebd.: 215.
367 Ebd.: 113.
368 S. ebd.: 50f.
369 Vgl. etwa Sloterdijk 2017.
370 Taubes 2014: 143.
371 Ebd.
372 Ebd.: 171.
373 Ebd.: 172.
374 Taubes 1956: 343.

375 JTaubes 1996: 44.
376 Taubes 1959: 65.
377 S. Weigel 2004: 140ff. u. Macho 2000.
378 Taubes 2014: 172.
379 Ebd.: 30.
380 Ebd.: 104.
381 Ebd.
382 Ebd.: 144.
383 NLI/HB: JTaubes, Paris, 7.7.1952.
384 S. Taubes 2014: 263f.
385 S. AC.
386 Taubes 1995: 89.
387 S. Scott 1960 u. Thein 2007: 378.
388 S. ebd.: 379.
389 STA 151.
390 Ebd.
391 Ebd.
392 Ebd.
393 Ebd.
394 STA 96: [Januar] 1955.
395 Ebd.: [Januar] 1955.
396 S. SLSR: Lewis W. Beck, Rochester, 2.2.1953.
397 STA 86.
398 S. Taubes 1953: 193.
399 S. ebd.: 198.
400 S. ebd.: 206
401 Ebd.: 196.
402 Ebd.: 205.
403 Ebd.: 195.
404 Ebd.: 197.
405 Ebd.: 202f.
406 Ebd.: 203.
407 Ebd.
408 Ebd.: 204.
409 S. ebd.: 195.
410 Ebd.
411 S. ebd.
412 Ebd.: 206.
413 Taubes 1954: 323.
414 Ebd.: 325.
415 Ebd.: 324.
416 Ebd.
417 Ebd.: 325.
418 Ebd.
419 Taubes 2014: 186.
420 Ebd.: 204.
421 SLSR: Susan Taubes, Februar 1953.
422 S. SLBI: James Luther Adams, 5.2.1954.
423 Taubes 2014: 199f.
424 Taubes 1954 2: 155.

425 Ebd.: 159.
426 S. ebd.: 160.
427 Ebd.: 158.
428 S. ebd.: 161.
429 PAUK/HJ21-1-28: Hans Jonas, o. D., o. O.
430 S. Taubes 1954 2: 169.
431 Ebd.: 170.
432 Ebd.: 160.
433 Ebd.: 162.
434 S. ebd.: 164.
435 S. ebd.: 168.
436 Ebd.
437 Ebd.
438 Ebd.: 171.
439 S. JTaubes 1996: 160–172.
440 Taubes 1956: 1.
441 Ebd.: 32.
442 S. Taubes 2011: 145.
443 S. Taubes 1956: 25.
444 S. ebd.: 26.
445 S. ebd.: 25, mit Bezug auf Weil, *La Pesanteur et la Grâce*: 148 (dt. *Schwerkraft und Gnade*, 1952).
446 Taubes 1956: 33.
447 Ebd.: 28.
448 S. HUL: Bestätigung der Annahme von Susan Taubes' Dissertation.
449 S. STA 82.
450 S. STA 80.
451 STA 113.
452 Taubes 1955: 6.
453 S. ebd.: 12.
454 Ebd.: 16.
455 Das Interview führte Sigrid Weigel in New York im Frühjahr 2004.
456 Sontag 1963.
457 STA 117a.
458 JTaubes / Goldberg 2011: 66.
459 Ebd.: 67.
460 NLI/HB: Susan Taubes, Nachschrift zu Jacob Taubes, North Haven, Maine, 17.7.1954.
461 Taubes 1956: 37.
462 S. ebd.: 370f.
463 Ebd.: 158.
464 S. ebd.: 160.
465 S. ebd.: 239.
466 Ebd.: 248f.
467 Ebd.: 249.
468 S. ebd.: 307f.
469 Ebd.: 308.
470 Ebd.
471 Ebd.: 308f.
472 Ebd.: 381.

473 Ebd.: 391.
474 Taubes 1959: 66.
475 JTaubes in Muller 2017: 4.
476 Ebd.
477 NLI/HB: Jacob Taubes, Princeton, 1.1.1956.
478 STA 96: 11.5.1957.
479 STA 97: [ca. Juli] 1956.
480 Ebd.: [Mai] 1956.
481 Ebd.: [Mai o. Juni] 1956.
482 Ebd.
483 Ebd.
484 Taubes 2015: 173.
485 Ebd.: 173f.
486 STA 97: [Juli] 1956.
487 Ebd.: [April o. Mai] 1957.
488 STA 96: [November o. Dezember] 1955.
489 S. STA 97: [Juli] 1956.
490 Ebd.: 16.7.1956.
491 S. STA 96: [Dezember 1955 o. Januar 1956].
492 STA 97: [Juli] 1956.
493 Ebd.: 26.4.1957.
494 Ebd.: [zwischen 26. u. 29.4.] 1957.
495 Ebd.: 13.4.1957.
496 S. STA 96: [November o. Dezember] 1955.
497 Ebd.
498 Ebd.: 3.1.1957.
499 STA 103: 12.10.1969.
500 Ebd.
501 STA 96: [November o. Dezember] 1955.
502 Ebd.: [Januar o. Februar] 1956.
503 STA 150.
504 Lopate 2009: 38.
505 STA 37: 1961.
506 S. SCRC: James Luther Adams, [Cambridge], 13.9.1957.
507 Diese Geschichte hörte ich von Ethan Taubes.
508 S. FLRB: Richard Schechner, [Mai 1962]; überliefert sind weitere Briefe, in denen Schechner und Taubes sich über den Text austauschen.
509 Taubes 2014: 149.
510 STA 96: zwischen September u. November 1955.
511 S. STA 99: [Juni] 1965.
512 Taubes 1963: 85.
513 Ebd.: 85.
514 Genet 1960: Vorbemerkung.
515 Taubes 1963: 91.
516 Ebd.: 92.
517 Zit. aus Genet 1962: 106.
518 Taubes 1963: 88.
519 S. ebd.: 90.
520 S. ebd.
521 Ebd.: 91.

522 Ebd.
523 Ebd.
524 Ebd.: 91 f.
525 Ebd.: 86.
526 Ebd.: 86 f.
527 Ebd.: 92.
528 Ebd.: 87.
529 S. Taubes 2015: 108.
530 Ebd.: 111.
531 STA 86.
532 S. ebd.
533 STA Sammlungen 2, Abschrift [1959].
534 STA 86.
535 STA 150.
536 Ebd.
537 Ebd.
538 Ebd.
539 S. Dotzauer 2012.
540 CURBML/JTST/13: John A. Krout, 31.5.1961.
541 S. MCCL: Bryn Mawr Alumnae Survey, April 1961.
542 Music, Drama 1960: 1.
543 SLBI: Susan Taubes, List of completed works, 21.10.1964.
544 STA 56.
545 Taubes 2011: 65.
546 Taubes 1995: 108.
547 Ebd.: 109.
548 S. Hofmann 2013.
549 Taubes 1995: 120.
550 Ebd.: 122 f.
551 S. Anm. 455.
552 Vgl. Isernhagen 2016: 146.
553 Vgl. ebd.: 199.
554 Sontag 2013: 257.
555 Dickstein 2002: 24.
556 Kenner 1969.
557 S. Anm. 455.
558 STA 40.
559 Ebd.
560 Ebd.
561 STA 99: o. D.
562 S. Anm. 455.
563 S. STA 140: Paris, 15.11.1962.
564 STA 40: 22.9.1960.
565 STA 158: 4.7.1961.
566 Ebd.: 4.7.1961.
567 Ebd.
568 Ebd.: [Juni] 1961.
569 STA 150.
570 STA 139: Paris, 1.12.1961.
571 STA 143: New York, 7.4.1965.

572 STA 140: Paris, 15.11.1963.
573 Diese Information verdanke ich Ethan Taubes.
574 CURBML/JTST/4: Grayson Kirk, New York, 3.8.1962.
575 STA 138: [Dezember 1962].
576 STA 140: Ibiza, 25.9.1962.
577 Ebd.: Ibiza, o.D. 1962.
578 Ebd.
579 Taubes 1995: 75.
580 STA 138: Paris, [Dezember] 1962.
581 Ebd.: Paris, [1962].
582 STA 140: Paris, 15.11.1962.
583 STA 141: Paris, 3. März 1963.
584 Ebd.: Paris, [Anfang 1963].
585 S. Cott 1995: 106–136.
586 S. STA 141: Paris, 2.2.1963.
587 Ebd.: Paris, 30.1.1963.
588 Ebd.: Paris, 24.1.1963.
589 Ebd.: Paris, 18.1.1963.
590 Ebd.: Paris, 12.2.1963.
591 NLI/HB: Jacob Taubes, Rochester, 14.6.1953.
592 STA 138: Ibiza, o.D.
593 S. CURBML/JTST/4: Notiz von Horace L. Friess, 13.7.1962 u. Nomination for Presidential Appointment Susan Taubes Department Religion, 6.4.1963.
594 STA 150.
595 STA 141: Paris, 27.1.1963.
596 Ebd.: Paris, 20.2.1963.
597 S. STA 169: Bernard Pomerance, New York, 5. März 1964.
598 STA 96: 26.2.1956.
599 Taubes 2015: 130.
600 STA 99: 16.5.1965.
601 Taubes 2015: 186.
602 Ebd.: 172.
603 S. STA 169: Bernard Pomerance, New York, 15.7.1963.
604 S. CURML/GB: Rosica Colin, London, 8.4.1964, sowie die dazugehörige Korrespondenz.
605 S. STA 140: Paris, 15. u. 20. November 1962.
606 Sontag 2013: 394f.
607 Ebd.: 398.
608 Vgl. Thein 2010: 43–48.
609 Sontag 2013: 395.
610 STA 149: 25.5.1969.
611 S. Anm. 455.
612 Sontag 2013: 357.
613 S. STA 158: 22.10.1966.
614 S. ebd.: o.D.
615 Ebd.: April 1964.
616 STA 99: 16.5.1965.
617 SLBI: Susan Taubes, 21.10.1964.
618 Ebd.: Susan Taubes, Notes on work in progress, [Februar] 1966.
619 Taubes 2015: 229f.

620 S. STA 141: Paris, 26.6.1963.
621 SLBI: Samuel Beckett, 1963.
622 S. CURML/GB: Roger W. Straus, New York, 26.9.1963.
623 S. STA 127.
624 STA 99: o.D.
625 STA 158: 14.6.1965.
626 SCA: Susan Sontag, New York, 29.12.1969 [Poststempel].
627 Sontag 2013: 408.
628 Sontag 1982: 51.
629 Vgl. Thein 2010: 44f.
630 Sontag 1982: 50.
631 STA 103: 18.10.1969.
632 Ebd.: zwischen 8. u. 12.9.1969.
633 Ebd.: 16.10.1969.
634 STA 142: New York, 14.6.1964.
635 STA 156.
636 STA 141: Deià, 26.6.1963.
637 S. ebd.
638 S. STA 138: o.O., o.D.
639 STA 156.
640 STA 99: o.D.
641 STA 158: 5.7.1967.
642 Ebd.
643 STA 143: New York, 25.6.1965.
644 S. STA 86: New York, 13. März 1965.
645 S. STA 143: New York, 27.1. u. 16.2.1965.
646 STA 99: 8. o. 9.5.1965.
647 Ebd.
648 Flaubert 2012.
649 Taubes 2015: 86.
650 Ebd.: 87.
651 STA 99: [Juni] 1965.
652 Ebd.
653 Ebd.
654 Taubes 2015: 59.
655 Ebd.: 22.
656 CURBML/GB: Charlotte Kohler, Charlottesville, 7.5.1965.
657 Ebd.: Joseph McCrindle, London, 26.8.1965.
658 S. Sontag 1980: 302.
659 S. Isernhagen 2016: 149f.
660 JTaubes 2017: 215.
661 STA 126: Sandor S. Feldman, Rochester, 23.1.1967.
662 Taubes 2015: 13.
663 Ebd.: 14.
664 Ebd.: 12.
665 S. CURBML/GB: Alice S. Morris, New York, 24.2.1965.
666 S. ebd.: Robert Brown, New York, [März] 1965.
667 S. ebd.: Frank de Blois, [Chicago], 5.4.1965.
668 Taubes 2015: 91.
669 S. STA 13.

670 Taubes 2015: 89.
671 Ebd.: 90.
672 STA 99: 26.5.1965.
673 Ebd.: 16.5.1965.
674 Ebd.
675 STA 101: 15.5.1969.
676 Dostojewski 1977: 1042.
677 STA 103: 12.10.1969.
678 Dostojewski 1977: 1061.
679 Taubes 1995: 359.
680 SLBI: Susan Taubes, 21.10.1964.
681 Taubes 1995: 14.
682 S. STA 101: o.D.
683 Taubes 1995: 86.
684 Ebd.: 201.
685 STA 99: [Juni] 1965.
686 Ebd.: 6.5.1965.
687 S. ebd.: [Mai] 1965.
688 S. ebd.: [Juni] 1965
689 Ebd.
690 STA 100: 1.1.1966.
691 S. STA 62c u. 62d.
692 S. STA 62e.
693 S. STA 62.
694 SLBI: Susan Taubes, Januar/Februar 1966.
695 Taubes 1995: 43.
696 Ebd.: 74.
697 Ebd.: 204.
698 STA 99: [Juni] 1965.
699 STA 103: 18.9.1969.
700 S. STA 172: Jean Pool an Susan Taubes, o. O., o. D.
701 S. STA 143: New York, 25.6.1965.
702 S. ebd.: New York, 3.5.1965.
703 S. ebd.: New York, 8.6.1965.
704 S. SLBI: Susan Taubes, New York, 28.3.1966.
705 Constance E. Smith, Cambridge, 7.3.1966.
706 STA 101: 16.4.1969.
707 Ebd.
708 Ebd.
709 Lejeune 1994: 40.
710 STA 101: 16.4.1969.
711 Ebd.
712 Ebd.: [März] 1969.
713 Ebd.
714 Ebd.: [August] 1969.
715 S. ebd.: 6.3.1969.
716 Ebd.
717 S. STA 160.
718 STA 101: [August] 1969.
719 STA 102: 27.9.1969.

720 STA 101: [März] 1969.
721 STA 102: 27.9.1969.
722 Taubes 1995: 250.
723 Ebd.: 250f.
724 Ebd.: 252.
725 Ebd.
726 Ebd.: 259.
727 Arany 1883: 23.
728 S. STA 101: [August] 1969.
729 Ebd.
730 STA 103: 10.9.1969.
731 Jahrhundert-Regisseur 2007.
732 STA 103: 8.9.1969.
733 S. Fritz 2014: 248 Fn 2.
734 S. ebd.: 250.
735 STA 103: 17.9.1969.
736 Ebd.: 10.10.1969.
737 Ebd.
738 S. ebd.: 16.9.1969.
739 Ebd.: [10.]9.1969.
740 Zit. n. Oelze 2014: 100.
741 S. Fritz 2012: 249ff.
742 STA 103: 14.9.1969.
743 Ebd.
744 Ebd.: [14.]9.1969.
745 Ebd.: 12.9.1969.
746 Ebd.: 13.9.1969.
747 STA 102: 27.9.1969.
748 Ebd.: [22.]9.1969.
749 S. STA 103: Brief an Elsa First.
750 STA 102: [21.]9.1969.
751 Ebd.
752 Ebd.: 24.9.1969.
753 S. ebd.: 26.9.1969.
754 Ebd.
755 S. ebd.: 27.9.1969, u. STA 103: Brief an Elsa First.
756 Ebd.
757 Ebd.
758 Ebd.
759 STA 103: 12.10.1969.
760 STA 102: o.D.
761 Ebd.
762 STA 103: Brief an Elsa First.
763 Ebd.
764 STA 103: 21.10.1969.
765 STA 103: Brief an Elsa First.
766 STA 103: 12.10.1969.
767 Ebd.
768 Ebd.: zwischen 21. u. 25.10.1969.
769 Ebd.: 13.10.1969.

Quellen und Literatur

Archive – Siglen

STA Susan Taubes Archiv (ZfL Berlin, verantwortlich: Sigrid Weigel, ehem. Direktorin)

- STA 12 Downgoing
- STA 13 Easter Visit. Mit Anschreiben an Verlag Chelsea
- STA 37 Mexico, Hydra. Aufzeichnungen 1961
- STA 40 Paul Lazarus. Literarische Skizzen 1960–1962
- STA 52 Two Children. Fragment ca. 1965
- STA 56 Inspiration in the Year of the Dog. Materialien zu Divorcing
- STA 59 Notes for the Return. Materialien zu Divorcing
- STA 62 The Crossing III. The Childhood. Long Version
- STA 62a First Crossing
- STA 62c The Crossing Part Two B: Simon and Moses
- STA 62d The Crossing Part Two C: About his childhood in Galanta. Rudolf Landsman remembers sixty years later
- STA 62e The Crossing Part Two E: Speculations on Kamilla
- STA 80 Gibbon's »Decline and Fall of the Roman Empire« and Nock's »Conversion«. A Comparison of Historical Method. Seminararbeit
- STA 81 Humanism and Technology. A Critique of Marx's Theory of Alienated Labor. Seminararbeit
- STA 82 Nietzsche and the Use of History. Seminararbeit
- STA 86 Resumé/Applications for Projects in Myth. Universitätskorrespondenzen
- STA 96 A 1955. Tagebuch 1955–1957
- STA 97 Sterling Notebook. Tagebuch 1956–1958
- STA 99 Compositions. Tagebuch 1965
- STA 100 1966 January. Tagebuch 1965–1966
- STA 101 Diary. 1969
- STA 102 Reise-Tagebuch September 1969

STA 103 Budapest Journal. Reise-Tagebuch September-Oktober 1969

STA 104 The Harley School Diploma. 15.6.1945

STA 107 Harley School Reports

STA 108 Harley School. Vermischte Dokumente

STA 113 Bryn Mawr College Bureau of Recommendation. Sammlung von Empfehlungsschreiben

STA 116 Six Characters Too Ambitious For Its Actors. Susan Feldman Stars. The College News 10, Ardmore and Bryn Mawr, PA 1946

STA 117a Promotionsurkunde, Radcliffe College

STA 118 Theater Curriculum Vitae [ca. 1959]

STA 121 Certificate of Registration. Aliens Registration Office, London 1948

STA 125 Briefe an Sandor S. Feldman 1945–1952

STA 126 Korrespondenz zwischen Sandor S. Feldman und Jacob Taubes 1956–1967

STA 127 Brief an Elsa First 1969

STA 137 Briefe von Sandor S. Feldman an Susan Taubes 1947–1948

STA 138 Briefe an Jacob Taubes 1962–1965 ohne eindeutige Datierung

STA 139 Briefe an Jacob Taubes 1961

STA 140 Briefe an Jacob Taubes 1962

STA 141 Briefe an Jacob Taubes 1963

STA 142 Briefe an Jacob Taubes 1964

STA 143 Briefe an Jacob Taubes 1965

STA 149 Earlier Versions. Vermischte Aufzeichnungen 1969

STA 150 Stuff Related to Novel – Early Drafts. Materialien zu Divorcing

STA 151 Stuff Related to Novel – Early Drafts. Materialien zu Divorcing

STA 156 Abandoned Works. Literarische Skizzen 1960er

STA 157 Old Unfinished Stories. Literarische Skizzen 1960er

STA 158 Dreams. Traumaufzeichnungen 1961–1969

STA 160 Misc. Loose Tobago. Vermischte Aufzeichnungen 1969

STA 167 Briefe von Ruth Nanda Anshen u. Judith Anshen Brodsky an Sandor S. Feldman

STA 169 Briefe von Bernard Pomerance an Susan Taubes 1963–1964

STA 172 Briefe an Susan Taubes, diverse Absender hauptsächlich zweite Hälfte 1940er

STA 173	Briefe an Susan Taubes, diverse Absender 1946–1948
STA Sammlungen 2	Zeitungsausschnitte, Programme, Abschriften etc.

AABL	The Abraham A. Brill Library/Archives and Special Collections, The New York Psychoanalytic Society & Institute
AC	Ancestry.com. https://www.ancestry.com/search/
CABM	Centre Albert Camus/Bibliothèque Méjanes, Cité du livre, Aix-en-Provence, Collection Catherine et Jean Camus, Fonds Camus
CURML/GB	Rare Book & Manuscript Library/Columbia University, New York, Collection Georges Borchardt, Box No. 40, Taubes
CURBML/JT/ST	Rare Book & Manuscript Library/Columbia University, New York, Central File, Office of the President Records, Box 282 Folder 4; 13; 14; 17, Taubes, Jacob and Susan
FLRB	Firestone Library/Rare Books and Special Collections, Princeton University, Richard Schechner/TDR Collection, Box 123, Folder 21 Taubes, Susan
HUCA	The Hebrew University of Jerusalem/The Central Archive, Jacob Taubes
HUL	Harvard University Library/Archives
JTSA/48–49	Jewish Theological Seminary/Archives, Jacob Taubes, Box 79, 1948–49, Folder 27
JTSA/47	Jewish Theological Seminary/Archives, Jacob Taubes, Box 62, 1947, Folder 35
LBINY	Leo Baeck Institute New York/Archives, Papers of the Seligsohn Kroner Family 1850–1990, Jacob Taubes, AR 25128/8/27, undated 1948–1949
NLI/ES	National Library of Israel/Personal Archives, Ernst Simon ARC 4° 1751
NLI/HB	National Library of Israel/Personal Archives, Shmuel Hugo Bergman ARC.4° 1502/1435
MCCL	Mariam Coffin Canaday Library/Archives, Bryn Mawr College
PAUK	Philosophisches Archiv Universität Konstanz, Sammlung Hans Jonas
SCA	Special Collections and Archives/Kent State University Libraries, Joseph Chaikin Papers

SLBI	Schlesinger Library/Radcliffe Institute for Advanced Study, Harvard University, Alumnae/Bunting Institute File Susan Taubes
SLSR	Schlesinger Library/Radcliffe Institute for Advanced Study, Harvard University, Student Record Susan Taubes
SCRC	Special Collections Research Center/Syracuse University Libraries, James Luther Adams Papers, Box 104 Taubes Susan, Jacob

Publikationen von Susan Taubes

Aus den literarischen Schriften von Susan Taubes wird nach den deutschen Übersetzungen zitiert, sofern solche in publizierter Form vorliegen.

Schriften von Susan Taubes, hg. v. Sigrid Weigel

–: Bd. 3 Prosaschriften, hg. und mit einem Nachwort von Christina Pareigis. Aus dem Amerikanischen v. Werner Richter, München/Paderborn 2015 [mit zwei zu Lebzeiten publizierten und neun Erzählungen aus dem Nachlass].

–: Bd. 1,2 Die Korrespondenz mit Jacob Taubes 1952, hg. v. Christina Pareigis, München/Paderborn 2014.

–: Bd. 1,1 Die Korrespondenz mit Jacob Taubes 1950–1951, hg. und mit einem Nachwort v. Christina Pareigis, München/Paderborn 2011.

Roman

Taubes, Susan: Scheiden tut weh. Aus dem Amerikanischen von Nadine Miller, München 1995 [orig. Divorcing, New York 1969; Neuaufl. mit einer Einleitung v. David Rieff. Erscheint 2020 in New York].

Erzählungen und Miszellen

Taubes, Susan: The Patient. In: The Transatlantic Review 23 (1966/67), S. 101–108 [Der Patient. In: dies., Prosaschriften a.a.O., S. 11–20].

Taubes, Susan: The Sharks. In: The Virgina Quarterly Review 41 (1965), S. 102–107 [Die Haie. In: dies., Prosaschriften a.a.O., S. 21–25].

Feldman, Susan: Time of Midnight Snow. In: The Title (Winter 1947), Bryn Mawr College, S. 33–35.

Feldman, Susan: Fragment. In: The Title (Fall 1946), Bryn Mawr College, S. 28f.

Feldman, Susan: The Phoenix. In: The Title (Spring 1946), Bryn Mawr College, S. 5–7.

Feldman, Susan: Resolutions and a Pink Hat. In: The Harlequin (1945), Harley School, S. 4–12.

Feldman, Susan: The Imperfect Crime. In: The Harlequin (1944), Harley School, o. Pag.

Feldman, Susan: Reaction to the Conscription Bill at 12:00 a.m. by One Who Does Not Understand War. In: Young America Sings. Anthology of Private High School Poetry, Los Angeles 1945, S. 108.

Herausgeberschaften

Feldmann, Susan: The Storytelling Stone. Myths and Tales of the American Indians, New York 1965 [Neuaufl. 1972; 1975; 1991 mit Untertitel Traditional Native American Myths and Tales; 1999].

Feldmann, Susan: African Myths and Tales, New York 1963 [Neuaufl. 1970; 1971; 1972; 1973; 1975].

Dissertation

Taubes, Susan: The Absent God. A Study of Simone Weil. On the Religious Use of Tyranny, Radcliffe College/MA, 1956 [unveröffentlichtes Manuskript, Untertitel nicht in den offiziellen Akten].

Aufsätze und Rezensionen

Taubes, Susan: The White Mask Falls. In: Tulane Drama Review 7 (Spring 1963), S. 85–92 [überarb. Version des Artikels: On Going to One's Own Funeral. In: The Supplement, Columbia Daily Spectator, 27.10.1961, S. 1 u. 5].

Taubes, Susan: The Riddle of Simone Weil. In: Exodus 1 (Spring 1959), New York, S. 55–71 [Das Rätsel um Simone Weil. In: Der Pfahl. Jahrbuch aus dem Niemandsland zwischen Kunst und Wissenschaft 9 (1995), S. 205–220].

Taubes, Susan Anima: The Absent God. In: The Journal of Religion 35 (1955), Chicago, S. 6–16 [Nachdruck in: Thomas J.J. Altizer (Hg.): Toward a New Christianity. Readings in the Death of God Theology, New York 1967, S. 107–119].

Taubes, Susan: The Gnostic Foundations of Heidegger's Nihilism. In: The Journal of Religion 34 (1954), S. 155–172.

Taubes, Susan: Herbert Weisinger. Tragedy and the Paradox of the Fortunate Fall [Rezension]. In: Ethics 64 (1954), S. 321–325.

Taubes, Susan A. [auf dem Deckblatt irrtümlich die Abkürzung »B.«]: The Nature of Tragedy. In: The Review of Metaphysics 26 (1953), S. 193–206.

Taubes, Shoshana: Albert Camus. L'homme révolté. Paris, Gallimard 1951 [Rezension, hebr.]. In: Iyyun. A Hebrew Philosophical Quarterly 3 (July 1952), S. 173–175.

Literatur zu Susan Taubes

Macho, Thomas: Moderne Gnosis? Zum Einfluß Simone Weils auf Jacob und Susan Taubes. In: Richard Faber/Eveline Goodman-Thau/Thomas Macho (Hg.): Abendländische Eschatologie, a. a. O., S. 545–560.

Pareigis, Christina

–: Salome und der Kopf des Propheten. Zum 90. Geburtstag von Susan Taubes. In: Jalta. Positionen zur jüdischen Gegenwart 4, Gegenwartsbewältigung (2018), S. 12–20.

–: Vom Eigenleben der Hinterlassenschaften. Zur Verzeichnung des intellektuellen Lebens und Schreibens von Susan Taubes. In: Daniel Weidner/Falko Schmieder (Hg.): Ränder des Archivs. Kulturwissenschaftliche Perspektiven auf das Entstehen und Vergehen von Archiven, Berlin 2016, S. 161–176.

–: Außerhalb von Chronos' Familienalbum. Die Zeugnisse der Schriftstellerin und Philosophin Susan Taubes. In: Esther Kilchmann (Hg.): arteFrakte. Holocaust und Zweiter Weltkrieg in experimentellen Darstellungsformen in Kunst und Literatur, Köln/Weimar/Wien 2016, S. 183–194.

–: Hinterlassenschaften/Remnants. In: Schlüsselbegriffe der Kulturwissenschaft/Key Concepts of Cultural Science. Trajekte 30 (April 2015), S. 40–51.

–: Die Schriftstellerin Susan Taubes. Nachwort. In: Taubes, Prosaschriften, a. a. O., S. 233–243.

–: The Connecting Paths of Nomads, Wanderers, Exiles. Stationen einer Korrespondenz. Nachwort. In: Taubes, Die Korrespondenz mit Jacob Taubes 1950–1951, a. a. O., S. 259–288.

–: Searching for the Absent God. Susan Taubes's Negative Theology. In: Telos 150 (Spring 2010), S. 97–110.

–: Letter from Susan Taubes to Jacob Taubes April 4, 1952. In: Telos 150 (Spring 2010), S. 111–114.

–: When an Exile Celebrates her Fate. Zum 40. Todestag von Susan Taubes. In: Dan Diner (Hg.): Jahrbuch des Simon-Dubnow-Instituts/Simon Dubnow Institute Year-book VIII, Göttingen 2009, S. 397–417.

–: Susan Taubes. Bilder aus dem Archiv. In: Trajekte 10 (April 2010), S. 22–29.

–: »Creation is always violent«. Susan Taubes an Jacob Taubes, Zürich, 4. April 1952. In: Trajekte 8 (Okt. 2007), S. 6–15.

Thein, Helen
–: Botschaften. Susan Sontags Auseinandersetzungen mit Simone Weil und die Spuren ihrer Freundschaft mit Susan Taubes. In: Jan Engelmann/Christine Holste/Richard Faber (Hg.): Leidenschaft der Vernunft. Die öffentliche Intellektuelle Susan Sontag, Würzburg 2010, S. 29–48.
–: Das Rätsel um Susan Taubes. Eine Spurensuche. In: Zeitschrift für Religions- und Geistesgeschichte 59 (2007), S. 371–380.
Weigel, Sigrid
–: Between the Philosophy of Religion and Cultural History. Susan Taubes on the Birth of Tragedy and the Negative Theology of Modernity. In: Telos 150 (Spring 2010), S. 115–136.
–: Hinterlassenschaften, Archiv, Biographie. Am Beispiel von Susan Taubes. In: Bernhard Fetz/Hannes Schweiger (Hg.): Spiegel und Maske. Konstruktionen biographischer Wahrheit, Wien 2006, S. 33–48.
–: Zwischen Religionsphilosophie und Kulturgeschichte. Susan Taubes zur Geburt der Tragödie und zur negativen Theologie der Moderne. In: dies.: Literatur als Voraussetzung der Kulturgeschichte. Schauplätze von Shakespeare bis Benjamin, München 2004, S. 127–145.
–: Susan Taubes und Hannah Arendt. Zwei jüdische Intellektuelle zwischen Europa und den USA, zwischen Literatur und Philosophie. In: Ariane Huml/Monika Rappenecker (Hg.): Jüdische Intellektuelle im 20. Jahrhundert. Literatur- und kulturgeschichtliche Studien, Würzburg 2003, S. 133–149.
–: Die Religionsphilosophin Susan Taubes. »Negative Theologie« als Kulturtheorie der Moderne. In: Bernhard Greiner/Christoph Schmidt (Hg.): Arche Noah. Die Idee der ›Kultur‹ im deutsch-jüdischen Diskurs, Freiburg/Br. 2002, S. 383–401.

Sekundärliteratur – Auswahl

Agamben, Giorgio: Homo sacer. Die souveräne Macht und das nackte Leben. Aus dem Italienischen v. Hubert Thüring, Frankfurt/M. 2002.
Amon, Ildi: Time Stands Still. See 1960s Budapest at the Fészek Club, 29.1.2016. Budapest Local. https://budapestlocal.com/feszek-klub-budapest/ (3.7.2018).
Arany, Johannes [János]: Frau Agnes. Ballade. Aus dem Ungarischen v. Karl Göndör, Budapest 1883.
Asmus, Walter: Richard Kroner 1884–1974. Ein christlicher Philosoph jüdischer Herkunft unter dem Schatten Hitlers, 2., überarb. Aufl., Frankfurt/M. 1993.

Augé, Marc: Orte und Nicht-Orte. Vorüberlegungen zu einer Ethnologie der Einsamkeit. Aus dem Französischen v. Michael Bischoff, Frankfurt/M. 1994.

Baecque, Antoine de: La nouvelle vague, portrait d'une jeunesse, Paris 2009.

Bannasch, Bettina/Gerhild Rochus (Hg.): Handbuch der deutschsprachigen Exilliteratur. Von Heinrich Heine bis Herta Müller, Boston/Berlin 2013.

Bányai, Viktória: Ungarisch. In: EJGK a.a.O. Bd. 6 Ta-Z, Stuttgart/Weimar 2015, S. 219–223.

Barbara Lantos geb. Ripper (1894–1962). Psychoanalytikerinnen. Biografisches Lexikon. https://www.psychoanalytikerinnen.de/england_biografien.html#Lantos (3.7.2018).

Bender, Thomas/Carl Schorske (Hg.): Budapest and New York. Studies in Metropolitan Transformation, 1870–1930, New York 1994.

Bentwich, Norman: The Hebrew University in Exile. In: Commentary 13 (1952), S. 469–471.

Bergman, Schmuel Hugo: Tagebücher und Briefe, hg. v. Miriam Sambursky. Bd. 2 1948–1975. Mit einer Einleitung von Nathan Rotenstreich, Königstein 1985.

Bethell, John T.: Harvard Observed. An Illustrated History of the University in the Twentieth Century, Cambridge, MA 1998.

Biographisches Handbuch der Rabbiner, hg. v. Michael Brocke. Teil 1: Die Rabbiner der Emanzipationszeit in den deutschen, böhmischen und großpolnischen Ländern 1781–1971, Bd. 1 Aach-Juspa, München 2004.

Blumenthal, Eileen: Joseph Chaikin. Exploring at the Boundaries of Theater, Cambridge, MA 1984.

Bos, Jaap/Leendert Groenendijk: The Self-Marginalization of Wilhelm Stekel. Freudian Circles Inside and Out, New York 2007.

Bozóki, András: Die demokratische Opposition in Ungarn. Selbstbild, Identität und politischer Diskurs. In: Wolfgang Eichwede/Jan Pauer (Hg.): Ringen um Autonomie. Dissidentendiskurse in Mittel- und Osteuropa, Berlin 2017.

Braham, Randolph L.: The Politics of Genocide. The Holocaust in Hungary, revised and enlarged edition, New York 2001.

Braude, Anne D.: A Short Half-Century. Fifty Years of Women at Harvard Divinity School. Harvard Divinity School. https://hds.harvard.edu/news/2005/09/19/short-half-century-fifty-years-women-harvard-divinity-school (19.7.2017).

Brenson, Michael: Acts of Engagement. Writings on Art, Criticism, and Institutions, 1993–2002, Lanham, MD 2004.

Broner, Erwin: Grupo Ibiza 59, Berlin 1961.

Brown, Theodore M.: The Historical and Conceptual Foundations of the Rochester Biopsychosocial Model. UR Research at the University of Rochester. https://urresearch.rochester.edu/fileDownloadForInstitutionalItem (3.7.2018).

Brun-Lambert, David/Laurent Garnier: Elektroschock. Die Geschichte der elektronischen Tanzmusik. Aus dem Französischen v. Oliver Ilan Schulz, Höfen 2005.

Búr, Gábor: Hungarian Diplomacy and the Non-Aligned Movement in the Cold War. In: István Majoros/Zoltán Maruzsa/Oliver Rathkolb (Hg.): Österreich und Ungarn im Kalten Krieg, Wien/Budapest 2010, S. 353–372.

Burns, Bryan: World Cinema. Hungary, Trowbridge 1996.

Busch, Julia M.: A Decade of Sculpture. The 1960s, Philadelphia 1974.

Campbell, Oscar James: Columbia Plans. University's Fine Arts Center Expects To Help The Legitimate Theatre. In: The New York Times, 1.8.1948.

Camus, Albert: L'homme révolté, Paris 1951.

Chirnside, Marc: RMS Aquitania. The Ship Beautiful, Stroud/Gloucestershire 2008.

Clune, Henry W.: Seen and heard. He knew Freud. In: Rochester Democrat and Chronicle, 2.5.1966.

Cohen, Arthur A./Paul Mendes-Flohr (Hg.): Contemporary Jewish Religious Thought, New York 1987.

Cooper, Roberta Krenksy: The American Shakespeare Theatre. Stratford 1955–1985, Washington 1986.

Cott, Jonathan: Susan Sontag. The Rolling Stone Interview (1978). In: Poague (Hg.), Conversations a. a. O., S. 106–136.

Dalos, György: Ungarn in der Nußschale. Ein Jahrtausend und zwanzig Jahre, 2. Aufl., München 2012.

Deutsch, Gotthard/Alexander Büchler: Budapest. JewishEncyclopedia.com. The unedited full-text of the 1906 Jewish Encyclopedia, 2002–2011. http://www.jewishencyclopedia.com/articles/3796-budapest (3.7.2018).

Diamond, Arlyn/Lee R. Edwards: The Authority of Experience. Essays in Feminist Criticism, Amherst 1977.

Diamond, Liz: Joseph Chaikin. BOMB Magazine, 1.7.1999. https://bombmagazine.org/articles/joseph-chaikin (4.12.2017).

Dickstein, Morris: Leopards in the Temple. The Transformation of American Fiction 1945–1970, Cambridge, MA/London 2002.

Dieringer, Jürgen: Das politische System der Republik Ungarn. Entstehung, Entwicklung, Europäisierung, Opladen 2009.

Diner, Dan: Rituelle Distanz. Israels deutsche Frage, München 2015.

Displaced German Scholars. A Guide to Academics in Peril in Nazi Germany During the 1930s, mit einer Einleitung v. Nathan Kravetz, San Bernardino, CA 1993.

Dobbels, Daniel: Le silence des mimes blancs, Brüssel 2006.

Domján, Thomas: Der Kongress der ungarischen Israeliten 1868–1869. In: Ungarn Jahrbuch. Zeitschrift für die Kunde Ungarns 1 (1969), S. 139–162.

Donhauser, Peter: Elektrische Klangmaschinen, Wien 2007.

Dostojewski, F. M.: Sämtliche Werke. Bd. 10 Die Brüder Karamasoff. Aus dem Russischen v. E. K. Rahsin, München/Zürich 1977.

Dotzauer, Gregor: Die Prinzessin und ihr Priester. In: Der Tagesspiegel, 27.1.2012.

Dov, Amir: Leben und Werk der deutschsprachigen Schriftsteller in Israel. Eine Bio-Bibliographie, München 1980.

Dr. Sandor Feldman, 82, Dies. Pupil of Freud. In: The Times-Union, Rochester, 3.3.1973, S. 36.

Driver, Tom F.: Blues for Mr. Charlie. The Review that was too True to be Published. In: Negro Digest (September 1964), S. 34–40.

Dubbels, Elke: Figuren des Messianischen in Schriften deutsch-jüdischer Intellektueller, Göttingen 2011.

Dussault, Éric: L'invention de Saint-Germain-des-Prés, Paris 2014.

Eisenmann, Linda: Higher Education for Women in Postwar America 1945–1965, Baltimore 2006.

Encyclopaedia Judaica, 10 Bde., Berlin 1928–1934.

Encyclopaedia Judaica, 17 Bde., Jerusalem/New York 1971–1972.

Engel, George Allen: Papers. Introduction. Edward G. Miner Library/University of Rochester Medical Center. https://www.urmc.rochester.edu/libraries/miner/historical_services/archives/Faculty/PapersofGeorgeLibmanEngel.cfm (22.6.2018).

Enzyklopädie Jüdischer Geschichte und Kultur, hg. v. Dan Diner, Stuttgart/Weimar 2011–2015.

Enzyklopädie Philosophie und Wissenschaftstheorie, hg. v. Jürgen Mittelstraß, 8 Bde., Stuttgart/Weimar 2005–2018.

Faber, Richard/Eveline Goodman-Thau/Thomas Macho (Hg.): Abendländische Eschatologie. Ad Jacob Taubes, Würzburg 2001.

Feidel-Mertz, Hildegard: Pitt Krüger, La Coûme und das Prinzip der »Ausgeglichenheit«. In: dies. (Hg.): Schulen im Exil. Die Verdrängte Pädagogik nach 1933, Reinbek 1983, S. 167–177.

Fenner, David E. W.: Introducing Aesthetics, Westport, CT 2003.

Filmkollektiv Frankfurt: Liberty of Cinema. The International (Co-)Productions of Miklós Jancsó, Frankfurt/M. 2015.

Flaubert, Gustave: Madame Bovary. Sitten in der Provinz. Aus dem Französischen v. Elisabeth Edl (E-Book), München 2012.

Freud, Sigmund/Sándor Ferenczi: Briefwechsel, hg. v. Ernst Falzeder/Eva Brabant

–: Bd. II/2 1897–1919, Wien/Köln/Weimar 1996

–: Bd. III/2 1925–1933, Wien/Köln/Weimar 2005.

Friedman, Murray (Hg.): Commentary in American Life, Philadelphia 2005.

Fritz, Regina: Nach Krieg und Judenmord. Ungarns Geschichtspolitik seit 1944, Göttingen 2017.

– /Imke Hansen: Zwischen nationalem Opfermythos und europäischen Standards. Der Holocaust im ungarischen Erinnerungsdiskurs. In: Jan Eckel/Claudia Moisel (Hg.): Universalisierung des Holocaust? Erinnerungskultur und Geschichtspolitik in internationaler Perspektive, Göttingen 2008, S. 59–85.

Galanta. Jewish Virtual Library. American-Israeli Cooperative Enterprise. https://www.jewishvirtuallibrary.org/galanta (9.7.2018).

Gattis, Murrah: Arresting Novel of Inner Feeling, Review. In: Los Angeles Times, 2.11.1969.

Gelb, Arthur: Papp And Troupe Return To Park. Fourth Free Shakespeare Festival Begins, Finally, With ›Julius Caesar‹. In: New York Times, 4.8.1959, S. 30.

Gelvin, James L.: The Israel-Palestine Conflict. One Hundred Years of War, Cambridge, MA 2005.

Genet, Jean: Die Neger. Eine Clownerie. Aus dem Französischen von Katarina Hock und Ben Poller, München 1962.

Genzlinger, Neil: Bernard Pomerance, Who Wrote ›The Elephant Man,‹ Dies at 76, 29.8.2017. The New York Times. https://www.nytimes.com/2017/08/29/theater/bernard-pomerance-dead-wrote-the-elephant-man.html (3.7.2018).

Gerlach, Christian/Götz Aly: Das letzte Kapitel. Realpolitik, Ideologie und der Mord an den ungarischen Juden, Stuttgart 2002.

Glenwick, Henry: A Physician under the Nazis. Memoirs of Henry Glenwick, hg. v. David Glenwick, Lanham, MD 2010.

Goebel, Eckart/Sigrid Weigel: »Escape to Life«. German Intellectuals in New York: A Compendium on Exile after 1933, Berlin/Boston 2012.

Goodman, George Jr.: Dr. John Krout, Scholar, Author And Columbia U. Vice President. In: New York Times, 5.4.1979, S. 23.

Gordon, Neve/Gabriel Motzkin: Between Universalism and Particularism. The Origin of the Philosophy Department at Hebrew University and the Zionist Project. In: Jewish Social Studies 9/2 (2003), S. 99–122.

Greenbaum, Michael B.: Louis Finkelstein and the Conservative Movement. Conflict and Growth, Binghamton 2001.

Grözinger, Karl Erich: Jüdisches Denken. Theologie – Philosophie – Mystik

–: Bd. 1 Vom Gott Abrahams zum Gott des Aristoteles, Frankfurt/M. 2004

–: Bd. 2 Von der mittelalterlichen Kabbala zum Hasidismus, Frankfurt/M. 2005

–: Bd. 3 Von der Religionskritik der Renaissance zu Orthodoxie und Reform im 19. Jahrhundert, Frankfurt/M. 2009.

Groopman, Jerome: The Grief Industry. How Much Does Crisis Counselling Help or Hurt?, 26.1.2004. The New Yorker. https://www.newyorker.com/magazine/2004/01/26/the-grief-industry (2.7.2018).

Grotzky, Johannes: Grenzgänge: Spurensuche zwischen Ost und West, Norderstedt 2010.

Haager, Jutta: Kate Friedländer (1902–1949). Leben und Werk, Köln 1986.

Haas, Hanns/Hans Stekl (Hg.): Bürgertum in der Habsburgermonarchie. Bd. 4 Bürgerliche Selbstdarstellung. Städtebau, Architektur, Denkmäler, Wien/Köln/Weimar 1995.

Harmat, Paul: Freud, Ferenczi und die ungarische Psychoanalyse. Mit einer Einleitung von Béla Grunberger, Tübingen 1988.

Hárs, György Péter: The Faces of the »Stekels« from Vienna and Budapest in the Freud-Ferenczi Correspondence [English Summary]. In: Thalassa 18 (2007), S. 203.

Heller, Joseph: The Stern Gang. Ideology, Politics and Terror 1940–1949, London 1995.

Henley, Paul: The Adventure of the Real. Jean Rouch and the Craft of Ethnographic Cinema, Chicago 2010.

Heidegger, Martin: Gesamtausgabe, Frankfurt/M. 1975 ff.

–: Bd. 4 Erläuterungen zu Hölderlins Dichtung (1936–1968), hg. v. Friedrich-Wilhelm von Herrmann, Frankfurt/M. 1981

–: Bd. 5 Holzwege (1935–1946), hg. v. Friedrich-Wilhelm von Herrmann, Frankfurt/M. 1977

–: Bd. 9 Wegmarken, hg. v. Friedrich-Wilhelm von Herrmann, Frankfurt/M. 1976.

Hofman, Albert: Brief an Ernst Jünger, 15. Mai 1966. In: Frankfurter Allgemeine Zeitung, 9.7.2013, anlässlich der Ausstellung des Deutschen Literaturarchivs Marbach: LSD – der Briefwechsel zwischen Albert Hofmann und Ernst Jünger.

Hutchinson, Elizabeth: The Bush Collection. https://edblogs.columbia.edu/AHISG4862_001_2015_1/sample-page/the-bush-collection/ (3.7.2018).

Idel, Moshe: Alte Welten, neue Bilder. Über jüdische Denker im 20. Jahrhundert, Berlin 2012.
Isabel Stearns 1910–1987. Philosophy Department Bryn Mawr College. In: Proceedings and Addresses of the American Philosophical Association 60, 5 (June 1987), S. 862–863.
Isernhagen, Stephan: Susan Sontag. Die frühen New Yorker Jahre, Tübingen 2016.
Jacobs, Michael: Budapest. A Cultural Guide, Oxford 1998.
Jacoby, Russell: The Repression of Psychoanalysis. Otto Fenichel and the Freudians, Chicago/London 1983.
Jahrhundert-Regisseur: Trauer um Kinolegende Bergman, 30.7.2007. Spiegel Online. http://www.spiegel.de/kultur/kino/jahrhundert-regisseur-trauer-um-kinolegende-bergman-a-497251.html (5.6.2018).
Jasper Deeter. The Father of Hedgerow. Hedgerow Theatre Company. https://hedgerowtheatre.org/about/history-and-mission/the-father-of-hedgerow-jasper-deeter/#site-content (22.6.2018).
Jonas, Hans: Gnosis und spätantiker Geist, Göttingen 1934/54
–: Erster Teil: Die mythologische Gnosis
–: Zweiter Teil, 1. Hälfte: Von der Mythologie zur mystischen Philosophie.
Judt, Tony: Past Imperfect. French Intellectuals 1944–1956, Berkeley/Los Angeles/Oxford 1992.
Kafka, Franz: Bericht für eine Akademie. In: ders.: Drucke zu Lebzeiten, hg. v. Wolf Kittler/Hans-Gerd Koch/Gerhard Neumann, Frankfurt/M. 1996, S. 299–313.
Kaldori, Julia: Jüdisches Budapest, Wien 2004.
Kark, Ruth/Michael Oren-Nordheim: Jerusalem and its Environs. Quarters, Neighborhoods, Villages 1800–1948, Jerusalem 2001.
Karnow, Stanley: Paris in the Fifties, New York 1997.
Katchadourian, Herant: The Way It Turned Out. A Memoir, Boca Raton, FL 2012.
Kellner, Douglas: Herbert Marcuse and the Crisis of Marxism, Houndmills/Basingstoke/Hampshire 1984.
Kenner, Hugh: Divorcing by Susan Taubes, Review. In: New York Times Book Review, 2.11.1969. S. 4.
Kiesel, Diane: She Can Bring Us Home. Dr. Dorothy Boulding Ferebee. Civil Rights Pioneer, Lincoln, NB 2015.
Kimball, Roger: The Long March: How the Cultural Revolution of the 1960s Changed America, San Francisco 2000.
Koch, Waldemar: Aus den Lebenserinnerungen eines Wirtschaftsingenieurs, Köln 1962.

Konrád, György: http://www.konradgyorgy.hu/kritikak.php?lang=ger (3.7.2018).
–: Glück. Aus dem Ungarischen v. Hans-Henning Paetzke, Frankfurt/M. 2003.
–: Die Intelligenz auf dem Weg zur Klassenmacht. Aus dem Ungarischen v. Hans-Henning Paetzke, Frankfurt/M. 1978.
Kraft, Christian: Aschkenas in Jerusalem. Die religiösen Institutionen der Einwanderer aus Deutschland im Jerusalemer Stadtviertel Rechavia (1933–2004) – Transfer und Transformation, Göttingen 2014.
Krause, Mine: Drama des Skandals und der Angst im 20. Jahrhundert. Edward Albee, Harold Pinter, Eugène Ionesco, Jean Genet, Bayreuth 2009.
Krohn, Claus-Dieter: Wissenschaft im Exil. Deutsche Sozial- und Wirtschaftswissenschaftler in den USA und die New School for Social Research, Frankfurt/M./New York 1987.
Kröger, Marianne: »Jüdische Ethik« und Anarchismus im Spanischen Bürgerkrieg. Simone Weil, Carl Einstein, Etta Federn, Frankfurt/M. 2009.
Laburthe-Tolra, Philippe: Claude Tardits (1921–2007). In: L'Homme 184 (2007), S. 221–226.
Lappin, Eleonore: Der Jude, 1916–1928. Jüdische Moderne zwischen Universalismus und Partikularismus, Tübingen 2000.
Lebovic, Nitzan: The Jerusalem School. The Theopolitical Hour. In: New German Critique, 105 (2008), S. 97–120.
Lejeune, Philippe: Der autobiographische Pakt. Aus dem Französischen von Dieter Hornig und Wolfram Bayer, Frankfurt/M. 1994.
Lemke-Santangelo, Gretchen: Daughters of Aquarius: Women of the Sixties Counterculture, Lawrence, KS 2009.
Lengyel, Gábor: Moderne Rabbinerausbildung in Deutschland und Ungarn. Ungarische Hörer an Bildungsinstitutionen des deutschen Judentums (1854–1938), Berlin 2012.
Lévai, Jenő: Eichmann in Ungarn. Dokumente, Budapest 1961.
Lévinas, Emmanuel: Ethik und Unendliches. Gespräche mit Philippe Nemo (1982). Aus dem Französischen v. Dorothea Schmidt, hg. v. Peter Engelmann, Graz 1986.
Lewisohn, Ludwig: Rebirth – a Book of Modern Jewish Thought, Newberg 2007.
Libera, Svetlana: Historische und soziokulturelle Aspekte der indonesischen Batikkunst. Die Bedeutung von Farbsymbolik und Musterung, Herstellung und Verwendung in Kerek und Tuba, Hamburg 2018.
Lippman, Amy: A Conversation with Susan Sontag (1983). In: Poague (Hg.), Conversations a. a. O., S. 199–205.

Living Theatre. Spiel im Exil, 28.7.1965. Spiegel Online. http://www.spiegel.de/spiegel/print/d-46273590.html (1.7.2018).

Lochery, Neill: The Israeli Labour Party. In the Shadow of the Likud, Reading 1997.

L'oeuvre du vingtième siècle. Preuves XV, Numéro Spécial (Mai 1952).

Løland, Ole Jakob: Pauline Ugliness. Jacob Taubes and the Turn to Paul, New York 2020.

London, Scott: On Soul, Shadow and the American Psyche. An Interview with Jean Houston (1997). http://www.scottlondon.com/interviews/houston.html (3.7.2018).

Lopate, Phillip: Notes on Sontag, Princeton 2009.

Loyer, Emmanuelle: Paris à New York. Intellectuels et artistes français en exil (1940–1947), Paris 2005.

Lytle, Mark H.: America's Uncivil Wars. The Sixties Era from Elvis to the Fall of Richard Nixon, New York 2006.

Mazur, Rebecca J.: Past Tense. The Brattle Theatre, 14.2.2013. The Harvard Crimson. https://www.thecrimson.com/article/2013/2/14/brattle-theater-past-tense/ (5.7.2018).

Maaß, Ingrid: Repertoire der deutschsprachigen Exilbühnen 1933–1945, Hamburg 2000.

Macho, Thomas/Peter Sloterdijk: Weltrevolution der Seele. Ein Lese- und Arbeitsbuch der Gnosis von der Spätantike bis zur Gegenwart. Bde. 1 u. 2, München 1991.

Macho, Thomas: Zur Frage nach dem Preis des Messianismus. Der intellektuelle Bruch zwischen Gershom Scholem und Jacob Taubes als Erinnerung ungelöster Probleme des Messianismus. In: Stéphane Mosès/Sigrid Weigel (Hg.): Gershom Scholem. Literatur und Rhetorik, Köln/Weimar/Wien 2000, S. 133–152.

Marcuse, Herbert: Triebstruktur und Gesellschaft, Frankfurt/M. 1967.

Markschies, Christoph: Die Gnosis, München 2010.

Mattern, Jens/Gabriel Motzkin/Shimon Sandbank: Vorwort. In: dies. (Hg.): Jüdisches Denken in einer Welt ohne Gott. Festschrift für Stéphane Mosès, Berlin 2000.

Meigs, Cornelia: What Makes a College? A History of Bryn Mawr, New York 1956.

Mercado, Monica L.: Finding Religion at College? 29.10.2015. Documenting the History of Women in Higher Education. Religion in American History. http://usreligion.blogspot.com/2015/10/finding-religion-at-college-documenting.html (30.6.2018).

Meszaros, Judit: Ferenczi and Beyond. Exile of the Budapest School and Solidarity in the Psychoanalytic Movement During the Nazi Years, London 2014.

Meyer, Michael: The Life and Times of the Literary Agent Georges Borchardt, 23.5.2018. Paris Review. https://www.theparisreview.org/blog/2018/05/23/the-life-and-times-of-literary-agent-georges-borchardt/ (3.7.2018).

Meyer, Thomas: Vom Ende der Emanzipation. Jüdische Philosophie und Theologie nach 1933, Göttingen 2008.

Miller, Richard J.: Drugged. The Science and Culture behind Psychotropic Drugs, New York 2014.

Mühlleitner, Elke: Biographisches Lexikon der Psychoanalyse. Die Mitglieder der Psychologischen Mittwochsgesellschaft und der Wiener Psychoanalytischen Vereinigung 1902–1938, Tübingen 1992.

Muller, Jerry Z.: »I Am Impossible«. An Exchange Between Jacob Taubes and Arthur A. Cohen. In: Jewish Review of Books, 6.9.2017. https://jewishreviewofbooks.com/articles/2672/i-am-impossible-an-exchange-between-jacob-taubes-and-arthur-a-cohen/ (11.9.2017).

Music, Drama, Talks Will Be Presented In Religious Festival. In: Columbia Daily Spectator. 22.4.1960.

Nikolinakos, Marios: Die verhinderte Demokratie. Modell Griechenland, Frankfurt/M. 1969.

1968: Columbia in Crisis. Columbia University Libraries. https://exhibitions.library.columbia.edu/exhibits/show/1968/timeline (3.7.2018).

Oelze, Patrick (Hg.): Revolutionen. Ein historisches Lesebuch, Berlin 2014.

Olitzky, Kerry M.: An Encyclopedia of American Synagogue Ritual. Westport, CT 2000.

Parzen, Herbert: Architects of Conservative Judaism, New York 1964.

Pehnke, Andreas: Widerständige sächsische Schulreformer im Visier stalinistischer Politik (1945–1959). Biografische Skizzen, neue Befunde und eine tschechische sowie ungarische Vergleichsstudie, Frankfurt/M. 2008.

Perec, Georges/Robert Bober: Geschichten von Ellis Island. Oder wie man Amerikaner macht, Berlin 1997.

Peters, Uwe H.: Psychiatrie im Exil, Düsseldorf 1992.

Pétrement, Simone: Simone Weil. Ein Leben. Aus dem Französischen v. Ellen D. Fischer, Leipzig 2007.

Pietsch, Walter: Zwischen Reform und Orthodoxie. Der Eintritt des ungarischen Judentums in die moderne Welt, Berlin 1999.

Pirandello, Luigi: Sechs Personen suchen einen Autor. Aus dem Italienischen v. Georg Richert, überarbeitet v. Michael Rössner/Elke Wendt-Kummer/Maria Sommer (E-Book), Berlin 2013.

Poague, Leland (Hg.): Conversations with Susan Sontag, Jackson 1995.

Poli, Bernard J.: Ford Madox Ford and the Transatlantic Review, Syracuse 1967.

Radcliffe Expands New Institute, 29.9.1961. The Harvard Crimson. https://www.thecrimson.com/article/1961/9/29/radcliffe-expands-new-institute-pa-program/ (2.7.2018).

Redmond, Jennifer: Maids, Porters and the Hidden World of Work at Bryn Mawr College. Celebrating Stories for Black History Month, February 12, 2013. Educating Women. Blog of The Albert M. Greenfield Digital Center for the History of Women's Education at Bryn Mawr College. http://greenfield.blogs.brynmawr.edu/2013/02/12/maids-porters-and-the-hidden-world-of-work-at-bryn-mawr-college-celebrating-stories-for-black-history-month/ (22.6.2018).

Richers, Julia: Jüdisches Budapest. Kulturelle Topographien einer Stadtgemeinde im 19. Jahrhundert, Köln 2009.

Ritter, Kelly: To Know Her Own History. Writing at the Woman's College 1943–1963, Pittsburgh 2012.

Robert Graves. International Recognition (1954–1968). Fundació Robert Graves. https://www.fundaciorobertgraves.org/en/international-recognition-1954-1968/ (3.7.2018).

Rollyson, Carl/Lisa Paddock: Susan Sontag. The Making of an Icon, revised and updated, Jackson 2016.

Rosenberg, Stuart E.: The Jewish Community in Rochester 1843–1925, New York 1954.

Roth, Prof. Ernst, Landerabbiner i.R. Frankfurt/Main – Luxemburg: Naftali Hirz Teves. Der bedeutendste Chazzam in Ffm sowie manche Rabbinatsfrage. In: Udim. Zeitschrift der Rabbinerkonferenz in der Bundesrepublik Deutschland 13 (1988), S. 99–112.

Roubach, Michael: Heidegger in Israel. In: Heidegger Jahrbuch. Bd. V Heidegger und der Nationalsozialismus. Interpretationen, Freiburg/Br./München 2009, S. 419–432.

Rzewski, Frederic. http://delsolquartet.com/commission-posts/frederic-rzewski/ (3.7.2018).

Sagi, Nana: German Reparations. A History of the Negotiations, Jerusalem 1986.

Schalamow, Warlam: Über Prosa. In: ders.: Über Prosa. Aus dem Russischen v. Gabriele Leupold, hg. v. Franziska Thun-Hohenstein, Berlin 2009, S. 7–31.

Schäuble, Martin/Noah Flug: Die Geschichte der Israelis und Palästinenser, München, Wien 2007.

Schell, Michael: Frederic Rzewski at 80. Directions Inevitable or Otherwise. In: Second Inversion, 19.4.2018.

Schmidt-Schweizer, Andreas: Der Kádárismus – das »lange Nachspiel« des ungarischen Volksaufstandes. In: Rüdiger Kipke (Hg.): Ungarn 1956. Zur Geschichte einer gescheiterten Volkserhebung, Wiesbaden 2006, S. 161–192.

Schmidt, Christoph: Die theopolitische Stunde. Zwölf Perspektiven auf das eschatologische Problem der Moderne, München 2009.
Schochet, Elijah Judah and Solomon Spiro: Saul Lieberman. The Man and his Work, New York 2005.
Schoeps, Hans-Joachim: Jüdische Geisteswelt, Darmstadt/Genf 1953.
Scholem, Gershom: Briefe, hg. v. Itta Shedletzky. Bd. II 1948–1970, hg. v. Thomas Sparr, München 1995.
Schreiber, Daniel: Susan Sontag. Geist und Glamour. Biographie, Berlin 2007.
Scott, Bernard: Postscript for Protestants. In: Exodus 3 (1960), S. 81–88.
Scott, Bernard (Bud): http://classic.judson.org/images/Judson_House_59_Bud_Scott.pdf (2.7.2018).
Silber, John: In Memoriam Paul Weiss (1901–2002). In: The Review of Metaphysics 56 (2002), S. 253 f.
Simon, Ernst Akiba: Sechzig Jahre gegen den Strom. Briefe von 1917–1984, hg. v. Leo Baeck Institut Jerusalem, Tübingen 1998.
Sloterdijk, Peter: Nach Gott, Berlin 2017.
Somogyi, Éva: Ausgleich. In: EJGK a. a. O. Bd. 1 A-Cl, Stuttgart/Weimar 2011, S. 207–209.
Sontag, Susan: Simone Weil. In: The New York Review of Books 1 (1963). http://www.nybooks.com/articles/13783 (2.7.2018).
–: Ich schreibe, um herauszufinden, was ich denke. Tagebücher 1964–1980, hg. v. David Rieff. Aus dem Amerikanischen v. Kathrin Razum, München 2013.
–: Wiedergeboren. Tagebücher 1947–1963, hg. v. David Rieff. Aus dem Amerikanischen v. Kathrin Razum, München 2010.
–: Ich, etc. Erzählungen. Aus dem Amerikanischen v. Marianne Frisch/Harry Rowohlt, Frankfurt/M. 1982.
–: Kunst und Antikunst. Essays. Aus dem Amerikanischen v. Mark W. Rien, München 1980.
Spitzer, Shlomo J.: Die Rabbiner Ungarns 1944. Die orthodoxen Gemeinden [Orthodox rabbik Magyarorszagon 1944], Budapest 1999.
Stansell, Christine: American Moderns. Bohemian New York and the Generation of a New Century, New York 2000.
Stearns, Isabel Scribner: The Nature of the Individual, Syracuse 2011.
Stiller, Adolph (Hg.): Ungarn. Architektur der langen 1960er Jahre. Ausstellungskatalog, Wien 2017.
Szekacs-Weisz, Judit/Ivan Ward (Hg.): Lost Childhood and the Language of Exile, London 2004.
Taubes, Fanny: Die Sprache des Herzens. Aus Zeiten jüdischer Erneuerung, Zürich 1959.

Taubes, Jacob: Apokalypse und Politik, hg. v. Herbert Kopp-Oberstebrink/Martin Treml, München/Paderborn 2017.
–: /Carl Schmitt: Briefwechsel mit Materialien, hg. v. Herbert Kopp-Oberstebrink/Thorsten Palzhoff/Martin Treml, München/Paderborn 2012.
–: /Oskar Goldberg: Aufsätze, Briefe, Dokumente, hg. v. Manfred Voigts, Würzburg 2011.
–: Der Preis des Messianismus. Briefe von Jacob Taubes an Gershom Scholem und andere Materialien. Aus dem Italienischen von Astrida Ment, hg. v. Elettra Stimilli, Würzburg 2006.
–: Vom Kult zur Kultur. Bausteine einer Kritik zur historischen Vernunft. Gesammelte Aufsätze zur Religions- und Geistesgeschichte, hg. v. Aleida u. Jan Assmann, München 1996.
–: Der Messianismus und sein Preis. In: ders.: Vom Kult zur Kultur a. a. O., S. 43–49.
–: Vom Adverb ›nichts‹ zum Substantiv ›das Nichts‹. Überlegungen zu Heideggers Frage nach dem Nichts. In: ders.: Vom Kult zur Kultur a. a. O., S. 160–172.
–: Die politische Theologie des Paulus. Vorträge gehalten an der Forschungsstätte der Evangelischen Studiengemeinschaft in Heidelberg, 23.-27. Februar 1987, hg. v. Aleida Assmann, München 1993.
–: Abendländische Eschatologie, Bern 1947.
Taubes, Zwi: Lebendiges Judentum. Das jüdische Zentrum und seine Erneuerung, Genf 1946.
The Cambridge History of American Literature, hg. v. Sacvan Bercovitch. Bd. 7 Prose Writing 1940–1990, hg. v. Cyrus R. K. Patell, Cambridge, MA 1999.
Thulin, Mirjam: Kaufmanns Nachrichtendienst. Ein jüdisches Gelehrtennetzwerk im 19. Jahrhundert, Göttingen 2012.
Trapp, Frithjof/Werner Mittenzwei/Henning Rischbieter/Hansjörg Schneider (Hg.): Handbuch des deutschsprachigen Exiltheaters 1933–1945. Bd. 1 Verfolgung und Exil deutschsprachiger Theaterkünstler, München 1999.
Triendl-Zadoff, Mirjam/Noam Zadoff: Joseph Weiss und Gershom Scholem. Eine Freundschaft in Briefen. In: Münchner Beiträge zur jüdischen Geschichte und Kultur, hg. v. Lehrstuhl für jüdische Geschichte und Kultur an der Ludwig-Maximilians-Universität München, 2 (2007), S. 92–96.
Über die Grenzen. Von Flüchtlingen für Flüchtlinge. Antinationalsozialistische deutsche Exilliteratur 1933–1945 [Zeitschrift], Zürich 1944–1945.
Ulrich, Laurel Thatcher: Yards and Gates. Gender in Harvard and Radcliffe History, New York 2004.
Vitti, Vanda: (Trans-)Formationen jüdischer Lebenswelten nach 1989. Eine Ethnografie in zwei slowakischen Städten, Bielefeld 2015.

Warmburg, Joaquín Medina: Erwin Broner und die Volksarchitektur Ibizas. In: Deutsches Architektenblatt 2 (1998), S. 150f.
Weimann, Robert/Douglas Bruster: Shakespeare and the Power of Performance. Stage and Page in the Elizabethan Theatre, Cambridge, MA 2008.
Weinfeld, Moshe: Feminine Features in the Imagery of God in Israel. The Sacred Marriage and the Sacred Tree. In: Vetus Testamentum 46 (Oct. 1996), S. 515–529.
Weintz, Jürgen: Theaterpädagogik und Schauspielkunst: Ästhetische und psychosoziale Erfahrung durch Rollenarbeit, Berlin/Strasburg 2008.
Wertheimer, Jack: Tradition Renewed. A History of the Jewish Theological Seminary, 2 Bde., New York 1997.
Who's Who in the State of Israel, hg. v. Alexander Aurel-Ariely, Tel Aviv 1949.
Williams, George Huntston (Hg.): The Harvard Divinity School. Its Place in Harvard University and in American Culture, Boston 1954.
Witham, Barry B.: A Sustainable Theatre. Jasper Deeter at Hedgerow, New York 2013.
Woessner, Martin: Heidegger in America, New York 2011.
Wyckoff, Susan: Ruth Nanda Anshen. 1900–2003. Jewish Women's Archive. Jewish Women. A Comprehensive Historical Encyclopedia. http://jwa.org/encyclopedia/article/anshen-ruth-nanda (15.6.2014).
Yaffe, Elaine: Mary Ingraham Bunting. Her Two Lives. Savannah, GA, 2005.
Zadoff, Noam: Gershom Scholem und Joseph Weiss. Eine Freundschaft in Briefen. Aus dem Hebräischen von Dafna Mach. In: Reinhold Boschki/René Buchholz (Hg.): Das Judentum kann nicht definiert werden. Beiträge zur jüdischen Geschichte und Kultur, Berlin 2014, S. 214–229.
Ziegler, Nicole: Flüchtlinge spielen für Flüchtlinge. Die Schauspieltruppe der Zentralleitung der Arbeitslager 1944–1947 [Seminararbeit am Institut für Theaterwissenschaft, Bern], 1998.
Zum Andenken an Fanny Taubes-Blind. 20. April 1899/2. Okt. 1957, Privatdruck, Zürich 1957.

Abbildungen

Alle Bilder entstammen dem Privatbesitz von Tanaquil Taubes und Ethan Taubes. Ihnen gilt Dank für die Erlaubnis zum Abdruck.

Dank

Zwischen der Entdeckung von Susan Taubes' schriftlichen Hinterlassenschaften und dieser Biographie liegt ein langer Weg. Mein erster Dank gilt drei Personen – ohne sie hätte dieser Weg nicht beschritten werden können:

Tanaquil Taubes und Ethan Taubes, den Kindern von Susan Taubes. In ihren New Yorker Privaträumen hüteten sie die hinterlassenen Schriften ihrer Mutter, bis sie im Jahr 2003 einwilligten, die Dokumente nach Deutschland zu überführen, damit sie dort am Zentrum für Literatur- und Kulturforschung Berlin (ZfL) erschlossen und erforscht würden. Den beiden gilt mein großer Dank dafür, dass sie mir während der jahrelangen Arbeit an den Materialien und schließlich an dieser Biographie unermüdlich ihr Vertrauen aussprachen und mir jede Unterstützung zuteilwerden ließen.

Sigrid Weigel, bis 2015 Direktorin des ZfL. In ihre Hände übergaben Ethan Taubes und Tanaquil Taubes die Hinterlassenschaften ihrer Mutter, mit ihrem Engagement und ihrer unglaublichen Energie konnte daraus in den folgenden Jahren ein verzeichneter Nachlass werden und in der Folge die Edition der *Schriften von Susan Taubes* entstehen. Dass ich an alledem mitwirken und schließlich dieses Buch realisieren konnte, verdanke ich zum großen Teil ihrer Förderung und ihrem Vertrauen in meine Person.

Die vorliegende Biographie ist das Ergebnis eines Forschungsprojekts, angesiedelt am ZfL. Durch viele meiner früheren Kolleginnen und Kollegen habe ich Ermutigung und Unterstützung erfahren. Mein ganz besonderer Dank geht an Hannah Markus, Ernst Müller, Martin Treml – und an Wolfgang Kreher, Geschäftsführer der Geisteswissenschaftlichen Zentren Berlin e. V.

Stellvertretend für die vielen Mitarbeiterinnen und Mitarbeiter von Archiven, Bibliotheken und anderen Rechercheorten in den USA, in Israel, Frankreich und Deutschland danke ich Halina Hackert, Ruth Hübner und Jana Lubasch von der Bibliothek des ZfL.

Dafür, dass sie ihre persönlichen Erinnerungen mit mir teilten und ihre privaten Archive öffneten, gilt mein Dank neben Tanaquil Taubes und Ethan Taubes weiteren Angehörigen ihrer Familien: Madeleine Dreyfus, Zachary Edelstein, Noémi Földes-Cappellotto, Susanne Scheiner und Édua Szűcs.

Schließlich danke ich Gottfried Pareigis und Basha Baumkuchen.

Register

Das dieser Publikation zugrunde liegende Forschungsvorhaben wurde von der Deutschen Forschungsgemeinschaft (DFG) gefördert und am Leibniz-Zentrum für Literatur- und Kulturforschung (ZfL) durchgeführt, DFG und ZfL förderten auch die Drucklegung.

DFG Deutsche Forschungsgemeinschaft

ZfL LEIBNIZ-ZENTRUM FÜR LITERATUR- UND KULTURFORSCHUNG

Archivierung und Edition des Nachlasses von Susan Taubes am Leibniz-Zentrum für Literatur- und Kulturforschung (ZfL) wurden zudem von der Stiftung Preußische Seehandlung gefördert.

MIX
Papier | Fördert gute Waldnutzung
FSC® C014496

Penguin Random House Verlagsgruppe FSC® N001967

1. Auflage
Genehmigte Taschenbuchausgabe Januar 2024
btb Verlag in der Penguin Random House Verlagsgruppe GmbH,
Neumarkter Straße 28, 81673 München

Covergestaltung: semper smile, München, nach einem Entwurf von Susanne Gerhards, Düsseldorf, unter Verwendung eines Portraits von Susan Taubes (Privatbesitz der Kinder Tanaquil Taubes und Ethan Taubes)
Druck und Einband: GGP Media GmbH, Pößneck
MK · Herstellung: sc
Printed in Germany
ISBN 978-3-442-77252-0

www.btb-verlag.de
www.facebook.com/penguinbuecher

MARGRET GREINER

»Mutig und stark alles erwarten«
Elisabeth Erdmann-Macke
Leben für die Kunst

352 Seiten, ISBN 978-3-442-75963-7

Auf Freiheit zugeschnitten
Emilie Flöge
Modeschöpferin und Gefährtin Gustav Klimts

304 Seiten, ISBN 978-3-442-71413-1

Margaret Stonborough-Wittgenstein
Grande Dame der Wiener Moderne

304 Seiten, ISBN 9783-442-71875-7

»Ich will unsterblich werden!«
Friederike Beer-Monti und ihre Maler

304 Seiten, ISBN 978-3-442-77087-8